집필진

현민적성팀 : 강현민 윤성욱 홍일호 손철훈 임별

with
국내최고 적성전문가
현민적성

제대로 된 가천대 적성고사 예상문제집

BM 성안당

가천대학교 적성고사 가이드

적성고사 가이드

• 특징

가천대학교 적성고사 출제의 기본 방향은 고교 교육과정의 내용과 수준을 충실히 반영하여 대학교육에 필요한 수학 능력을 평가하는 데 있다. 따라서 가천대학교는 학교 수업에 충실한 학생이면 충분히 해결할 수 있는 핵심적이고 기본적인 내용을 중심으로 출제하여 고교교육 정상화에 기여하고자 한다.

• 출제방향

평소 학교 교육과 수능시험을 충실하게 준비한 학생들이 합격할 수 있도록 함.

• 출제경향

고교 교과과정 내 90% + 고교 교과과정 응용문제 10%

• 준비방법

고교 수업을 통한 내신 및 대학수학능력시험 준비

• 난이도

전년도 대학수학능력시험의 80% 수준

• 대입적성고사 출제과목과 출제유형

영역	출제범위	문항수	시간	배점
국어	화법과 작문, 독서와 문법, 문학을 바탕으로 다양한 소재의 지문과 자료를 활용하여 출제	20	1시간(60분)	– 문항수: 50문항 – 기본점수: 230점 – 총점: 400점
수학	확률과 통계, 미적분 및 수학 2(함수, 수열, 수열의 극한, 지수로그)	20		
영어	영어 1, 2를 바탕으로 말하기, 읽기, 쓰기(문법) 등을 다양한 소재의 지문과 자료를 활용하여 출제	20		

• 평가방법

영역	평가방법
인문	(국어 20문항 x 4점) + (수학 20문항 x 3점) + (영어 10문항 x 3점) + 230점 = 400점
자연	(국어 20문항 x 3점) + (수학 20문항 x 4점) + (영어 10문항 x 3점) + 230점 = 400점

2019학년도 적성고사전형 입시결과

전형명	모집단위	모집 인원	지원 인원	경쟁률	학생부등급 70%	맞은 수 등록자 70%	합격자최종 예비번호
학생부적성우수자	경영학전공	40	1,049	26.2	3.6	34.1	8
학생부적성우수자	글로벌경영학전공	40	896	22.4	3.6	35.0	4
학생부적성우수자	금융수학과	16	280	17.5	3.8	33.9	4
학생부적성우수자	글로벌경제학과	33	609	18.5	3.6	33.2	8
학생부적성우수자	관광경영학과	16	508	31.8	3.4	34.1	2
학생부적성우수자	의료경영학과	17	368	21.7	3.6	32.9	1
학생부적성우수자	응용통계학과	15	387	25.8	3.6	34.5	3
학생부적성우수자	미디어커뮤니케이션학과	17	777	45.7	3.5	35.5	0
학생부적성우수자	사회복지학과	12	368	30.7	3.7	33.9	1
학생부적성우수자	유아교육학과	15	468	31.2	3.3	34.3	5
학생부적성우수자	한국어문학과	13	229	17.6	3.9	32.9	1
학생부적성우수자	영미어문학과	14	258	18.4	3.6	32.6	2
학생부적성우수자	동양어문학과	30	550	18.3	3.7	31.7	6
학생부적성우수자	유럽어문학과	20	405	20.3	3.8	33.4	2
학생부적성우수자	법학과	30	548	18.3	3.6	32.9	7
학생부적성우수자	행정학과	15	385	25.7	3.7	34.1	2
학생부적성우수자	경찰·안보학과	13	567	43.6	3.0	37.0	2
학생부적성우수자	도시계획·조경학부	29	699	24.1	4.1	34.1	3
학생부적성우수자	건축학부	35	1,148	32.8	3.8	35.1	10
학생부적성우수자	설비·소방공학과	24	504	21.0	4.0	34.0	1
학생부적성우수자	화공생명공학과	27	991	36.7	3.3	37.4	1
학생부적성우수자	기계공학과	30	1,121	37.4	3.4	36.9	6

전형명	모집단위	모집 인원	지원 인원	경쟁률	학생부등급 70%	맞은 수 등록자 70%	합격자최종 예비번호
학생부적성우수자	토목환경공학과	20	437	21.9	4.1	34.3	3
학생부적성우수자	산업경영공학과	17	434	25.5	3.9	34.5	1
학생부적성우수자	신소재공학과	17	502	29.5	3.5	35.3	1
학생부적성우수자	식품생물공학과	18	466	25.9	3.2	36.2	2
학생부적성우수자	바이오나노학과	17	453	26.7	3.4	34.5	3
학생부적성우수자	생명과학과	17	499	29.4	3.3	35.9	1
학생부적성우수자	나노물리학과	10	215	21.5	4.2	36.5	1
학생부적성우수자	나노화학과	11	289	26.3	3.4	36.4	0
학생부적성우수자	식품영양학과	20	518	25.9	3.8	34.5	1
학생부적성우수자	전기공학과	26	741	28.5	3.7	34.4	6
학생부적성우수자	소프트웨어학과	40	1,608	40.2	3.5	35.8	7
학생부적성우수자	컴퓨터공학과(자연)	31	1,322	42.7	3.7	36.5	10
학생부적성우수자	컴퓨터공학과(인문)	17	418	24.6	3.8	34.7	3
학생부적성우수자	전자공학과	33	1,085	32.9	3.6	36.2	5
학생부적성우수자	패션디자인전공	12	360	30.0	4.0	33.1	3
학생부적성우수자	자유전공(인문)	45	1,060	23.6	3.8	34.1	3
학생부적성우수자	간호학과(자연)	43	1,973	45.9	3.0	38.7	5
학생부적성우수자	간호학과(인문)	35	1,480	42.3	3.0	36.7	6
학생부적성우수자	의용생체공학과	17	361	21.2	3.4	35.4	1
학생부적성우수자	치위생학과	13	448	34.5	3.6	33.4	3
학생부적성우수자	응급구조학과	13	396	30.5	3.8	32.8	3
학생부적성우수자	방사선학과	13	471	36.2	3.5	35.4	2
학생부적성우수자	물리치료학과	13	811	62.4	3.2	36.2	2
학생부적성우수자	운동재활복지학과	13	424	32.6	3.8	35.2	4

• 학생부교과전형 | 적성우수자전형 모집단위 및 모집인원

계열	모집단위	모집인원
인문	경영학전공	36
	글로벌경영학전공	38
	금융수학과	16
	미디어커뮤니케이션학과	17
	관광경영학과	16
	경제학과	35
	의료경영학과	17
	응용통계학과	17
	사회복지학과	12
	유아교육학과	16
	심리학과	17
	한국어문학과	13
	영미어문학과	14
	동양어문학과	30
	유럽어문학과	20
	법학과	30
	경찰·안보학과	13
	행정학과	16
	패션디자인전공	12
	자유전공학부	21
자연	도시계획·조경학부	29
	건축학부	35
	설비·소방공학과	24
	화공생명공학과	27
	기계공학과	30
자연	토목환경공학과	20
	산업경영공학과	17
	신소재공학과	17
	식품생물공학과	18
	식품영양학과	16
	바이오나노학과	17
	생명과학과	17
	물리학과	17
	화학과	17
	소프트웨어전공	27
	인공지능전공	13
	컴퓨터공학과(인문)	15
	컴퓨터공학과(자연)	28
	전자공학과	34
	전기공학과	27
	간호학과(인문)	40
	간호학과(자연)	43
	의용생체공학과	18
	치위생학과	14
	응급구조학과	7
	방사선학과	14
	물리치료학과	14
	운동재활복지학과	14
	계	1,015

전형방법

학생부교과 60% + 적성고사 40%

선발원칙

학생부 교과성적(60%)과 적성고사 성적(40%)을 합산하여 총점 순으로 선발한다.
단, 학생부가 없는 지원자의 경우 적성고사 성적으로 비교 내신을 적용한다.

지원자격

고교졸업(예정)자 또는 법령에 따라 이와 동등 이상의 학력이 있다고 인정되는 사람

수능최저학력기준

없음

제출서류

구분	제출서류
국내 고교 졸업(예정)자	– 제출서류 없음. – 단, 학생부 온라인 제공 비동의자는 입학원서, 학교생활기록부 제출
검정고시 합격자	– 제출서류 없음. – 단, 온라인 제공 비동의자는 입학원서, 검정고시 합격증명서 및 성적증명서 제출
외국 고교 졸업자	– 입학원서(인터넷 원서접수 후 출력) – 외국 고등학교 졸업증명서 및 성적증명서 제출(아포스티유 확인 또는 고등학교 소재국의 한국 영사관에서 영사확인을 받은 후 제출)

동점자 처리기준

- 적성고사 성적 중 정답 문항수가 많은 자
- 적성고사 국어, 영어, 수학 순으로 취득점수가 높은 자(자연계열: 수학, 영어, 국어)
- 국어교과목 석차등급 우수자(자연계열: 수학)
- 영어교과목 석차등급 우수자

전형일정

구분	일시	비고
원서접수	2019. 9. 6.(금) 10:00 ~ 9. 10(화) 18:00	인터넷 접수(www.gachon.ac.kr)
서류제출	2019. 9. 11.(수)까지	본 대학 홈페이지(www.gachon.ac.kr) 및 본 대학 내 지정장소
고사장 확인	2019. 10. 17.(목)	
적성고사	2019. 11. 24.(일)	
합격자 발표	2019. 12. 10.(화)	
최초합격자 문서등록기간	2019. 12. 11.(수) ~ 12. 13.(금)	
충원합격자 발표 및 문서등록기간	2019. 12. 14.(토) ~ 12. 20.(금)	

Contents

차례

제대로 된
가천대

적성고사
예상문제집

국어

01 화법

출제경향 및 대책

화법은 수능처럼 복합 유형이나 고난이도의 문제가 출제되지 않습니다.

화법에서는 대화와 토론에 관한 일반이론을 직접 묻는 문제나, 대화문 속에서 이론을 적용하여 문제를 해결하는 종합적인 능력을 평가하는 문제 등이 출제되고 있습니다.

화법은 문제를 먼저 본 후 지문과 비교하면서 문제를 푸는 것이 유리하고, 전체적인 문제 중 문제 풀이 시간을 절약할 수 있는 부분이기도 합니다.

1 화법의 성격

구두 언어적 성격	• 구두 언어를 통해 이루어지는 의사소통 행위임. • 화자와 청자 간의 즉각적인 상호 작용이 가능하고, 어조, 억양 등의 반(半)언어적 요소와 표정, 몸짓 등의 비(非)언어적 요소가 많은 비중을 차지함.
상호 교섭적 성격	• 화자와 청자가 의사소통 과정에서 서로 의미를 교섭해 가면서 끊임없이 새로운 의미를 창조함.
대인 관계적 성격	• 화법은 상대에 대한 일방적인 전달 행위가 아니라 상대와 더불어 소통하는 행위임. • 사회 구성원들이 관계를 형성하고 유지하며 발전시킬 수 있도록 해 줌.
사회 · 문화적 성격	• 연령, 사회적 계층, 성(性)의 차이 등에 따라 화법의 문화가 형성되며, 이러한 문화가 화법의 배경으로 작용함. • 다양한 사회 · 문화적 현상과 그 현상의 배경을 이해하고, 이에 적합한 의사소통 자세를 갖추려는 노력이 필요함.

2 화법의 유형

1 참여자 구성에 따른 유형

① 공식성 정도에 따라 : 사적인 화법, 공적인 화법

② 화자와 청자의 관계에 따라

대화	상대와 직접 마주 대하여 이야기하는 것 예 일상 대화, 공식 대화
대중 화법	여러 사람 앞에서 주로 혼자 이야기하는 것 예 강연, 연설, 구두 보고
집단 화법	여러 사람이 함께 모여 집단으로 이야기하는 것 예 토의, 토론

2 의사소통 목적에 따른 유형

친교적 화법	타인과 친밀한 관계를 맺고, 그 관계를 유지하고 발전시키려는 목적으로 하는 말하기
정보 전달적 화법	정보, 지식, 기술, 경험, 문화 등을 청중에게 알려 주는 것을 목적으로 하는 말하기
설득적 화법	화자가 말을 사용하여 청자의 신념, 태도, 행동 등의 변화를 유발하는 말하기
오락적 화법	일상생활에서 오는 정신적 긴장감을 이완하고, 감정을 정화하는 말하기

3 효과적인 표현

1 효과적인 언어적 표현

내용과 상황에 어울리는 낱말 선택하기	개인이 사용하는 낱말은 사람의 지식이나 교양 정도, 청자에 대한 배려심을 드러내는 척도가 되므로, 내용과 상황에 어울리는 낱말을 다양하게 선택하여 말해야 함.
표준어와 비표준어를 구별하여 말하기	공식적인 상황에서는 표준어를 사용하여 의사소통의 효율을 도모하고, 비공식적인 상황에서는 방언의 사용을 존중하여 언어생활을 더욱 풍요롭게 해야 함.
표준 발음으로 말하기	표준어 규정에 명시된 표준 발음법의 원리를 알고, 구어 상황에서 정확하게 발음하는 능력과 태도를 길러야 함.
어법에 맞게 말하기	어법에 맞는 정확한 문장을 구사함으로써 의사소통의 효율성을 높일 수 있어야 함.

2 효과적인 반언어적 표현

억양	화자의 감정이나 의도의 변화에 따라 자연스럽게 변화를 줄 수 있음.
성량	대화를 할 때에는 목소리가 작아도 되지만 발표, 연설을 할 때에는 성량이 풍부해야 함.
속도	청자가 자연스럽게 들을 수 있을 정도로 적절하게 변화를 주면서 속도를 조절해야 함.
어조	어조의 변화에 따라 감정을 효과적으로 전달할 수 있음.

3 효과적인 비언어적 표현

시선	관심이나 호감의 표현으로 해석될 수 있으나, 상대에 따라 높낮이를 적절히 조절해야 함.
표정	마음속의 감정, 정서, 심리 상태를 대상이나 상황에 따라 적절히 조절해야 함.
몸짓	목적, 대상, 상황에 따라 적절하게 조절하여 사용하되, 특히 문화적 차이에 주의해야 함.

4 듣기 전략

1 공감적 듣기

상대에게 감정 이입을 하여 상대의 말을 들어주는 것으로, 상대가 마음의 벽을 허물고 신뢰감과 친밀감을 가질 수 있도록 함.

소극적인 들어주기	적극적인 들어주기
상대에게 관심을 드러내면서 화자가 계속 이야기를 이어갈 수 있도록 맥락을 조절하여 주는 격려하기 기술이 중심을 이룸.	청자가 화자의 말을 요약하고 정리하여 반영하는 기술을 통해서 화자가 스스로 문제를 해결할 수 있도록 함.

2 추론적 듣기

언어적 · 반언어적 · 비언어적 표현들을 단서로 활용하여 상대의 말에 함축된 의미를 파악하면서 듣는 것을 의미함.

소통 방식의 추리	다양한 유형의 담화에 참여하는 사람들이 서로를 어떤 방식으로 대하면서 의미를 구성해 나가는지 추리해 보는 것은 의사소통에 참여하는 방법을 이해하는 데 도움이 됨.
의도의 추리	상대의 의도를 효과적으로 파악하면 적절하고 효과적으로 의사소통에 참여할 수 있지만, 그렇지 못한 경우에는 불필요한 오해나 갈등을 유발하거나 감정을 상하게 함.
상황의 추리	의사소통 상황을 적절히 파악하면 발화의 의미나 발화자의 의도를 더 잘 이해할 수 있음.

③ 평가적 듣기

의사소통의 과정에서 상대의 말을 비판적으로 듣는 것을 의미함.

신뢰성	• 정보나 자료의 출처가 믿을 만한가 하는 것 • 출처가 불확실하거나 정확하지 않은 정보를 예로 들거나, 인정할 수 없는 권위를 인용한 경우 내용을 신뢰하기 어려움.
타당성	• 말의 내용이 이치에 맞는가 하는 것 • 자료나 근거로부터 결론을 이끌어 내는 방식이 합리적인지, 그 내용이 현실이나 이치에 부합하는 것인지 등을 따져 평가할 수 있음.
공정성	• 말의 내용이나 주장이 공평하고 정의로운가 하는 것 • 사실 판단이나 가치 판단에서 어느 한쪽에 치우쳤는지 여부, 진실에 부합하고 도리에 맞는지 여부를 따져 보는 것임.

5 대화의 원리

① 협력의 원리

대화 참여자가 대화의 목적에 성공적으로 도달하기 위해 지켜야 하는 원리

양(量)의 격률	대화의 목적에 필요한 만큼의 정보를 제공하라.
질(質)의 격률	타당한 근거를 들어 진실을 말하라.
관련성의 격률	대화의 목적이나 주제와 관련된 것을 말하라.
태도의 격률	모호성이나 중의성이 있는 표현을 피하고, 예절을 갖추어 간결하고 조리 있게 말하라.

② 공손성의 원리

상대방에게 공손하지 않은 표현은 최소화하고 공손한 표현은 최대화하는 원리

요령의 격률 (부담스럽지 않게 말하기)	상대에게 부담이 되는 표현은 최소화하고, 이익을 극대화하는 표현을 최대화하라.
관용의 격률 (내 탓으로 돌려 말하기)	화자 자신에게 혜택을 주는 표현은 최소화하고, 부담을 주는 표현을 최대화하라.
찬동의 격률 (칭찬하기)	다른 사람에 대한 비방은 최소화하고, 칭찬을 극대화하라.
겸양의 격률 (겸손하게 말하기)	자신에 대한 칭찬은 최소화하고, 비방을 극대화하라.
동의의 격률 (상대 의견에 동의하기)	자신의 의견과 다른 사람의 의견 사이의 차이점은 최소화하고, 일치점을 극대화하라.

정답 및 해설 p.284

01

대화의 맥락을 고려할 때, ㉠~㉣에 대한 설명으로 적절하지 않은 것은?

> **후배1, 2:** (함께) 안녕하세요, 선배님. ○○ 고등학교 후배들입니다.
> **후배1:** 저희가 청소년 축제를 기획하고 있는데, 축하 무대 출연을 부탁 드리려고 합니다.
> **선배:** 아, 그래요. 연락은 받았어요.
> **후배1:** 이번 축제의 취지는 다양한 끼와 열정을 가졌으면서도 이를 즐기고 분출할 만한 기회가 적은 청소년에게 유쾌한 하루를 선물하는 것입니다. 어떠세요?
> **선배:** 저에 대해서 많이 알아보셨나요?
> **후배1 :** ㉠음……. 우리 고등학교 선배님이시잖아요. 후배들의 청을 들어주실 거죠?
> **선배:** 제가 요즘 시간을 내기가 너무 ㉡어려워서……. (말끝을 흐린다.)
> **후배1:** 그야 물론…….
> **선배:** (후배의 말을 끊은 채 난처한 표정으로) 그게 쉽게 결정할 수 있는 문제가 ㉢아닌데……. 제 소속사랑 상의해서 답변 드릴게요.
> **후배1:** 출연해 주신다면 저희가 선배님에 대한 홍보 영상을 만들어 드리겠습니다. 선배님의 주요 활동에 대한 장면 등을 동영상으로 꾸며 선배님을 확실하게 띄워 드리겠습니다.
> **선배:** ㉣…… (잠시 후) 좋아! 모교 후배들의 열정이 막 느껴져. 참석할게, 참석한다!

① ㉠: 자신을 낮추면서 선배의 말에 호응하고 있다.
② ㉡: 축하 무대 출연을 우회적으로 거절하고 있다.
③ ㉢: 제안 받은 내용에 대해 타협의 여지를 남기고 있다.
④ ㉣: 선배가 명확한 표현으로 후배의 부탁을 승낙하고 있다.

02

㉠~㉣에 대한 설명으로 가장 적절한 것은?

> **후배:** 선배, 축하해요. ㉠이번 ○○대학교 일대일 모의 면접에서 큰 칭찬을 받았다면서요? 정말 부러워요. 저한테도 비결 좀 가르쳐 주세요. 아니다, 이 기회에 우리 동아리 회원들이 다 모여서 선배 이야기를 들으면 어떨까요?
> **선배:** 아서라, 아서. 비결이랄 건 없어. ㉡(잠시 생각하며) 뭐랄까, 진솔하고 담백하게 말하면서도 자기 장점을 충분히 부각할 필요가 있다는 정도?
> **후배:** 음, 그렇게 쉬울 것 같지는 않은데요.
> **선배:** 광고처럼 현란하게 나를 부각하기보다는 내가 학교생활에 충실하려고 어떻게 노력했는지 담담하게 말했던 게 주효했던 것 같아. 예를 들어 면접관이 "2학년 때보다 1학년 때 성적이 낮은데, 이유가 있나요?"라고 물었는데, ㉢(겸연쩍인 미소를 지으며) 그때 참 당황스러웠거든.
> **후배:** 그래서요?
> **선배:** "1학년 때 성적이 낮은 것이 아니라, 학교생활에 충실했더니 자연스럽게 2학년 때 성적이 오른 것입니다. 저희 학교만의 독서 프로그램과 방과 후 학교 프로그램에 적극 참여해 노력한 결과라고 생각합니다." 이렇게 대답했어.
> **후배:** ㉣(고개를 끄덕이며) 1학년 때 성적이 낮은 이후를 말하는 대신 학교생활에 충실했기 때문에 2학년 때 성적이 올랐다고 대답한 게 인상적이네요.

① ㉠: 비언어적 표현을 곁들여 상대방의 호응을 유도하고 있다.
② ㉡: 청유형의 제안을 사용하여 상대방이 의견을 말하도록 하고 있다.
③ ㉢: 상대방이 알고 있는 정보를 제시하여 자신의 의견에 동조하도록 하고 있다.
④ ㉣: 들은 내용을 자신의 말로 재진술하여 상대방의 말을 경청하고 있음을 드러내고 있다.

03

㉠~㉣에 대한 설명으로 적절하지 않은 것은?

> **사회자**: ㉠지금부터 '○○시 신규 택지 개발 계획의 합리적 방안은 무엇인가'라는 주제로 토의를 하겠습니다. ○○시에서는 생태계 보존과 관련하여 개발 계획을 조정하겠다고 합니다. 택지 개발의 취지와 관련하여 ○○시청 담당 공무원께서 먼저 말씀해 주시지요.
>
> **담당 공무원**: ㉡최근 우리 시 주변에 대규모 산업 단지가 조성되었기 때문에 우리 시의 인구가 늘어날 것으로 예상하고 있습니다. 또한 택지 개발 사업비가 총 1조 원에 달해 지역 경제 활성화에 큰 영향을 줄 것입니다.
>
> **사회자**: 그럼 어느 정도 규모로 언제쯤 개발할 예정인지 건설사 측에서 설명해 주시지요.
>
> **건설사 대표**: ㉢개발 계획에 따르면 가장 먼저 개발될 예정인 곳은 3지구인데, 그 이유는 이곳이 법원과 검찰청 등 공공 기관이 이전할 예정지이기 때문입니다. 3지구에는 3천억 원이 투자되어 내년 말부터 공사를 시작할 예정입니다.
>
> **사회자**: 택지 개발이 주택난 해소와 지역 경제 활성화에 도움을 줄 수는 있겠지만 시민들의 걱정과 불안도 많습니다. 시민들의 의견을 직접 들어 보도록 하겠습니다.
>
> **청중1**: ㉣택지 개발도 좋지만 3지구에는 생태계 보존 가치가 있는 습지가 있습니다. 우리 지역 주민들은 습지 보존 계획이 구체적으로 어떻게 진행되고 있는지 설명을 듣고 싶습니다.
>
> **사회자**: 이와 관련해서는 건설사 측의 답변을 들어 보겠습니다.
>
> **건설사 대표**: 습지 주변을 생태 공원으로 정비하고 그 안에 생태 문화관을 지어 ○○시에 기부하겠습니다.

① ㉠: 토의 주제를 소개하며 토의 결과가 어떻게 활용될지 밝히고 있다.
② ㉡: 인구 증가와 지역 경제 활성화를 택지 개발의 이유로 제시하고 있다.
③ ㉢: 개발 예정지와 선정 이유, 투자 규모 등을 제시하고 있다.
④ ㉣: 지역 공동체가 우려하고 있는 사안을 제시하며 반대하고 있다.

※ 다음은 학생의 발표의 일부분이다. 물음에 답하시오. [4~5]

> 저는 오늘 최근 몇 년 사이에 더욱 발전한 드론 관련 산업의 다양한 성과에 대해 여러분께 소개해 드리려고 합니다.
>
> 먼저 소개해 드릴 것은 드론 택시입니다. (화면을 보여 주며) 지금 보시는 화면은 2017년에 독일의 한 박람회에서 전시된 드론 택시의 모습입니다. 일반적인 드론과 달리 비행체 내부에 사람이 탑승할 수 있도록 좌석이 설치되어 있는 게 보이시죠? (다음 화면을 보여 주며) 이 화면은 방금 보신 드론 택시의 주요 제원을 표로 정리한 것입니다. 그중에서도 특히 빨간색으로 표시된 글자와 수치를 눈여겨봐 주십시오. 2인승이며, 최대 비행 속력인 시속 70km로 이동할 때 최대 27km를 비행할 수 있다고 되어 있습니다. 이 정도면 도심에서 일반 택시를 이용하던 고객층을 많이 끌어들일 수 있을 것 같지 않나요? 드론 택시가 상용화된다면 관광 상품으로 많은 인기를 누릴 수 있고, 나아가 도심의 교통 체증 문제를 해소하는 데 많은 도움이 될 것으로 보입니다. 하지만 아직 안전 문제가 완전히 해결되지 않았고, 이와 관련된 법이 개정되지 않았기 때문에 상용화되기까지는 몇 년 더 걸릴 것으로 예상됩니다.
>
> 다음으로 낚시용 수중 드론을 보시겠습니다.
>
> 물속에서 이동하는 것이기 때문에, 본래 비행체에 한정됐던 드론이라는 용어가 확장된 의미로 쓰인 경우라고 하겠는데요, 이 드론은 내장 카메라로 촬영한 물속의 모습을 조종자의 스마트폰으로 전송해서 보여 줄 뿐만 아니라, 음파 탐지기를 통해 물고기가 많은 지점을 알려주고, 조명 장치를 통해서 물고기를 유인할 수도 있습니다. (화면을 보여 주며) 지금 보시는 것은 수중 드론이 촬영하여 전송한 스마트폰 화면을 캡처한 것입니다. 조종자가 스마트폰에 연결된 VR장비를 눈에 착용하면 마치 자신이 직접 물속에 들어가 물고기 떼를 보고 있는 듯한 느낌을 받을 수도 있습니다. 낚시용 수중 드론은 이미 시판되고 있지만 아직은 가격이 높아 대중화되고 있지는 않습니다.
>
> 마지막으로 소개해 드릴 것은 드론을 탐지하는 시스템입니다. 왜 드론을 탐지해야 할까요?
>
> (대답을 확인하고) 그렇습니다. 사생활 침해, 정보 유출, 테러 등 드론을 악용하려는 시도에 맞서 보안을 유지해야 하기 때문입니다. ○○ 산업 연구소의 보고서에 따르면

드론의 성능이 점점 좋아짐에 따라 드론으로부터 안전을 지키고자 하는 사람들의 욕구도 점점 높아져 드론 탐지 시스템 시장도 점점 커지고 있습니다. (화면을 보여 주며) 이 화면은 드론 시장 규모의 연도별 추이와 드론으로부터 안전을 지키기 위한 상품 시장 규모의 연도별 추이를 그래프로 나타낸 것입니다. 최근 5년간 양쪽 모두 꾸준히 규모가 커지고 있음을 확인할 수 있습니다.

04

다음 중에서 발표자가 시각 자료로 활용하지 않은 것은?

① 지진 해일이 해안을 덮치는 현장을 촬영한 사진과 화산 폭발의 근접 촬영사진
② 드론과 드론 탐지 시스템의 시장 규모에 대한 통계 자료
③ 사람이 탈 수 있는 드론의 박람회 사진
④ 물고기 떼의 뒤에서 근접 촬영한 사진

05

다음 중에서 발표를 들은 청중이 떠올릴 수 있는 생각으로 적절하지 않은 것은?

① 2018 평창 동계올림픽 개/폐회 공연에서 드론의 군무는 예술적으로 승화된 사례였군.
② 최근 아파트나 원룸촌에서 드론을 이용한 몰래카메라 신고가 들어오고 있다는 뉴스가 생각나는군.
③ 아마존의 드론을 통한 물류 배송은 드론의 새로운 활용 가능성을 보여 줬군.
④ 가격과 기술적인 면에서 드론이 실생활에 들어오는 것은 멀고 먼 미래의 일이군.

06

다음은 대입 모의 면접의 일부이다. 면접자와 면접 대상자의 질문과 답변에 대한 이해로 적절하지 않은 것은?

면접자: 지원자가 읽었던 소설 중에 상상력을 통해 미적 쾌감을 얻었던 작품이 있었나요? 있었다면 소개하여 주시겠습니까?

면접 대상자: 소설가 최인호 씨의 「타인의 방」을 재미있게 읽었습니다. 현대 사회에서 사물화된 인간의 모습을 상징적으로 그려 내고 있는 작품인데요, 동화적인 설정들이 상상력을 자극하여 재미있게 읽을 수 있었습니다.

면접자: 최인호 씨의 작품이 지원자의 상상력을 자극했군요. 다음 질문입니다. 지원 서류에 전공과 관련하여 가장 기억에 남는 교내 활동으로 여행 동아리 활동을 적어 놓았는데요, 여행 동아리와 한국어문학이라는 전공이 어떻게 연관되는지 잘 이해가 안 되는데 설명을 부탁드립니다.

면접 대상자: 저는 한국어문학과에서 소설에 대해 집중적으로 공부하여 좋은 소설가가 되고 싶습니다. 소설을 쓰기 위해서는 세상에 대한 많은 지식과 경험이 필요하다고 생각합니다. 저는 여행 동아리 활동을 통해 세상에 대해 많은 정보를 탐색하고, 방학 중에는 실제로 여행을 다니면서 다양한 지역을 돌아보며 세상에 대한 시야를 넓힐 수 있었습니다. 또한 이를 통해 많은 작품의 소재와 배경을 얻기도 하였습니다. 이런 면에서 여행이 한국어문학과 관련 있다고 생각되어 서류에 이 내용을 작성하여 제출한 것입니다.

면접자: 자신이 여행한 곳 중에서 가장 인상 깊었던 곳은 어디였습니까?

면접 대상자: 네, 저는 고등학교 2학년 때 방문했던 전라남도의 작은 섬인 OO도가 가장 인상 깊었습니다. 젊은이들이 도시로 떠나 노인분들만 살고 계신 섬이었습니다. 그곳에 사시는 분들은 아픈 세월 속에서 가족처럼 서로를 돕고 의지하며 살아오셨고 지금도 그렇게 살고 계십니다. 그분들의 삶과 말씀을 통해, 시간에 쫓기며 이기적으로 살아가는 저의 삶에 대해 다시 한번 성찰할 수 있었습니다.

면접자: 지원자는 소설가가 되고 싶다고 하셨는데, 문학가는 노력만으로 이루어지는 것이 아니라 상당한 재능이 뒷받침되어야 한다고 생각합니다. 본인은 문학가로서의 상당한 재능이 있다고 판단하고 있는지요? 있다면 이를 입증할 만한 것은 무엇인지 말씀해 주십시오.

면접 대상자: 중학교 1학년 국어 선생님께서 제게 글쓰기 재능이 있으니 문예부에 들어가 기본적인 훈련을 받아 보라고 조언하셔서 3년 동안 소설에 대한 기본적인 훈련을 받았습니다. 그리고 고등학교에 진학하여 각종 문학 공모전에 꾸준히 응모하여 소설 분야 장원을 차지하는 등 다수의 상을 수상하였습니다. 비록 부족하지만 이런 수상이 제가 이 분야에 재능이 있음을 증명해 주는 것이라고 생각하게 되었고 더욱 열심히 글을 쓰게 된 원동력이 되었습니다.

면접자: 전공과 관련된 재능을 살리기 위해 많은 준비를 하셨군요. 잘 들었습니다.

① 면접자는 면접 대상자의 재능을 입증할 근거를 제시하도록 요구하고 있다.
② 면접자는 면접 대상자가 의도에서 벗어난 대답에 수정할 기회를 주고 있다.
③ 면접 대상자는 자신이 읽은 작품을 구체적으로 설명하여 신뢰를 얻고 있다.
④ 면접 대상자는 자신의 여행과 전공 선택이 상호 관련이 있음을 밝히고 있다.

01

다음 대화에서 ㉠~㉣을 통해 알 수 있는 내용이 아닌 것은?

> **민수**: 삼촌, 진로에 대한 조언 고맙습니다. 이럴 줄 알았으면 진작 삼촌을 찾아올 걸 그랬어요. 이메일로만 여쭤보다가 이렇게 만나서 얘기하니 훨씬 좋은데요. ㉠궁금한 걸 바로 여쭤 보고 답도 들을 수 있어서요.
> **삼촌**: 그래, 오늘 얘기 도움이 좀 됐니?
> **민수**: 그럼요. 지난번 대학에 다니는 선배에게 비슷한 얘길 들었을 땐 확신이 서지 않았어요. 그런데 ㉡만화가인 삼촌께서 자세히 말씀해 주시니 훨씬 분명해졌어요.
> **삼촌**: 그래, 도움이 되었다니 다행이구나. 강바람이 참 좋구나. 좀 더 걸을까?
> **민수**: 네, 좋아요. 상쾌하고 마음도 후련해지네요. ㉢좀 전 복잡한 지하철에선 진로 얘길 하기가 거북했는데, 이렇게 탁 트인 강변에 오니 자연스럽게 말할 수 있어서 정말 좋아요. 해 주신 말씀이 이해도 잘 되고요.
> **삼촌**: 응, 그래. 그런데 여기 오니 옛날 생각이 나네. 너만 할 때 고민이 생기면 생각도 할 겸 회수권도 아낄 겸 일부러 여기까지 걸어오곤 했지.
> **민수**: 회수권이요? 회수권이 뭐죠?
> **삼촌**: 아, 너희 또랜 모르겠구나. 학생들이 쓰는 버스 승차권을 그땐 그렇게 말했지.
> **민수**: 아, 네. 그때 삼촌도 저처럼 진로 문제로 걱정이 많으셨던 거예요?
> **삼촌**: 응, 그랬었지. 너처럼 만화가가 되고 싶어서 갈등이 많았지.
> **민수**: 아, 그러셨구나. 그래서 말인데요, 사실은…….
> **삼촌**: 괜찮아. 망설이지 말고 말해 보렴.
> **민수**: 사실 전 아버지를 많이 존경하는데 이 문제로 요즘 좀 서먹해졌어요. 자꾸 피하게 되고…….
> **삼촌**: 응, 그래. 그러니까 네 말은 네가 하고자 하는 일을 아버지가 달가워하지 않으신다는 말이지?
> **민수**: 네, 맞아요. 제가 아버지께 잘못하고 있는 걸까요?
> **삼촌**: 전혀 그렇지 않아. 삼촌도 비슷한 과정을 겪어서 네 심정 잘 알아. 그런데 너처럼 고민하는 친구들도 있을 텐데?
> **민수**: 글쎄요. ㉣친한 애들은 많은데 그런 거에 관심이 없어요. 그래서 아예 그런 얘긴 안 꺼내요.
> **삼촌**: (고개를 끄덕이며) 그래, 그동안 많이 답답했겠구나.

① ㉠에서 직접적이고 즉각적인 상호 작용에 기여하는 구두 언어의 특성을 알 수 있다.
② ㉡에서 말하는 이의 전문성이 전달 내용의 신뢰도에 영향을 주는 요소임을 알 수 있다.
③ ㉢에서 공간적 상황이 메시지 전달과 수용에 영향을 주는 요소임을 알 수 있다.
④ ㉣에서 참여자 사이의 지위 차이가 화제 선정에 영향을 주는 요소임을 알 수 있다.

02

다음 대화에 나타난 '은영'의 고민을 해소하기 위한 조언으로 가장 적절한 것은?

> **지호**: 너 표정이 굳어 보이는데, 괜찮니?
> **은영**: 그러게 말이야. 난 발표하려면 꼭 이래. 지난번에도 너무 긴장해서 완전히 망쳤는데.
> **지호**: 맘 편하게 먹어. 다 외울 정도로 준비 많이 했잖아.
> **은영**: 그러게. 왜 나만 이렇게 긴장하는지 모르겠다. 다른 애들은 잘만 하는 것 같은데.
> **지호**: 너같이 활달한 애가 이러니까 의외다.
> **은영**: 나도 이상해. 이번 발표를 잘하면 곧 있을 반장 선거에도 도움이 될 텐데.
> **지호**: 심호흡을 크게 한번 해 봐. 몸도 좀 풀고.
> **은영**: 그럴까? 암튼 발표 직전의 이 불안감, 정말 싫어. 발표 내내 이러면 안 되는데…….

① 지금의 느낌을 너무 부정적으로만 여기면 역효과를 가져올 뿐이야. 오히려 누구나 겪는 자연스런 감정으로 받아들여.
② 남들 앞에서 하는 발표를 너무 가볍게 생각하면 안 돼. 무엇보다도 발표를 완벽하게 해야겠다는 각오가 필요해.
③ 즉흥적인 대처 능력만 믿으면 안 돼. 충분한 연습과 준비를 통해 발표 내용을 거의 외우다시피 해야 돼.
④ 과거의 실수를 잊으면 안 돼. 한시라도 과거의 경험을 잊지 말고 실수를 반복하지 않도록 노력하자.

※ 다음 글을 읽고, 물음에 답하시오. [3～4]

선생님: 오늘은 기부 문화 정착 방안에 대해 함께 이야기를 해 보겠습니다. 먼저, 기부 문화가 정착되지 못한 원인을 생각해 볼까요?

여학생: 선생님, 외국의 경우, 큰돈을 번 기업인들이 재산의 대부분을 사회에 환원함으로써 기부 문화 정착에 크게 기여했다고 합니다. 이런 예를 볼 때, 우리나라에 기부 문화가 정착되지 못한 것은 사회 지도층이 적극적으로 기부하지 않기 때문입니다.

남학생: 글쎄요. 사회 지도층이 기부를 많이 하지 않아서 기부 문화가 정착되지 않은 걸까요? 저는 한 여론 조사 결과를 보며 다른 생각을 해 봤는데요, 우리나라 국민들은 기부 문화가 정착되지 않은 원인을 자기 자신보다는 다른 데서 찾고 있음을 알 수 있습니다. 기부를 기업과 같은 단체나 사회 지도층이 주로 하는 것으로 생각하고 있다는 것이죠. 그러다 보니 일반 대중의 개인적인 기부가 적어 기부 문화가 정착되지 않은 것입니다. 전문가 의견에 따르면 기부 문화가 잘 정착된 나라에서는 전체 기부액에서 개인의 기부액이 차지하는 비율이 매우 높은 데 반해 우리나라는 낮다고 합니다.

선생님: 그렇다면 기부 문화 정착을 위한 구체적인 방안은 어떤 것이 있을까요?

여학생: 정부에서 기부자에 대한 세제 혜택을 지금보다 더 많이 줘야 합니다. 그러면 사회 지도층의 기부가 더 활성화될 것입니다. 그리고 언론에서는 그런 기부 사례를 적극 홍보해서 사회 전반에 기부 문화를 확산시켜야 합니다.

남학생: 여론 조사 결과를 보면, 기부 문화 정착을 위해서는 기부금 모금 단체의 투명성 확보가 필요하다고 합니다. 기부금 모금 단체를 정부에서 잘 관리하고 감독하는 것도 하나의 방안이 될 수 있다는 거죠.

선생님: 맞습니다. 그런데 기부는 지금 교실에서 수업 중인 여러분도 예외가 아니라는 거 잘 알죠?

여학생: 저희같이 돈을 벌지 않는 청소년들은 기부를 하는 데 한계가 있지 않을까요?

선생님: 기부는 돈뿐만 아니라 지식, 재능 등 자신이 가진 것을 나누는 것으로 보면 좋겠어요. 그렇다면 여러분도 얼마든지 기부에 참여할 수 있겠죠?

03

이 대화의 전개 방식에 대한 설명으로 가장 적절한 것은?

① 여학생과 남학생이 서로의 의견을 절충하여 타협점을 찾아내고 있다.
② 자료에 바탕을 둔 사실적 정보와 개인적 의견을 차례로 제시해 나간다.
③ 여학생과 남학생이 서로의 생각의 차이점을 비판하면서 논의를 심화한다.
④ 선생님이 질문하고 학생들은 답변하면서 화제에 대한 생각을 구체화해 나간다.

04

대화 참여자들이 공통으로 인정하는 내용으로 적절한 것은?

① 우리나라의 기부 문화는 아직 성숙한 단계로는 볼 수 없다.
② 기부 문화를 활성화하기 위한 정부의 의지와 실천이 부족하다.
③ 경제 활동을 하는 인구들만 기부 문화의 실천에 동참해야 한다.
④ 우리나라의 사회 지도층은 적극적으로 기부하기를 꺼리는 경향이 있다.

※ 다음 토의 내용을 잘 보고, 물음에 답하시오. [5~6]

사회자: 얼마 전 우리 동네 주민 도서관에 대한 건의를 받았습니다. 이를 토대로 지난번 토의에 이어 이번 토의에서도 도서관 측과 이용자 측 발표자를 모시고 도서관 운영의 문제점과 해결 방안에 대해 논의해 보고자 합니다. 먼저 도서관 측에서 말씀해 주십시오.

도서관 측 발표자: 현재 도서관 운영에 여러 문제가 있지만, 가장 큰 문제는 도서관이 본연의 기능을 수행하지 못한다는 것입니다. 도서관은 자료를 열람하는 시설입니다. 그런데 일반 열람실은 물론 자료를 쉽게 보도록 서가 옆에 책상을 비치해 놓은 개가식 열람실까지도 사람들이 자기 책을 가지고 공부하는 공부방으로 변질되어 버렸습니다. 이렇게 되면서 도서관 자료를 열람하려는 사람들이 어려움을 겪고 있습니다. 따라서 도서관 본연의 기능을 잘 살리기 위해서는 개가식 열람실의 공간을 확대해서 좌석을 늘리고 서가가 없는 일반 열람실을 축소할 필요가 있습니다.

사회자: 자료를 찾아서 바로 볼 수 있는 개가식 열람실을 확대해야 한다는 말씀이시죠? 다음은 이용자 측에서 말씀해 주시죠.

이용자 측 발표자: 사실 일반 열람실을 이용하는 사람도 많이 있습니다. 그래서 저는 일반 열람실을 축소하는 것에는 반대합니다. 그보다는 지난번 토의에서도 언급되었듯이 개가식 열람실 개방 시간을 늘려 주셨으면 합니다. 저희 아이는 주말에만 개가식 열람실을 이용할 수 있어요. 평일에는 학생들이 방과 후 활동을 마치고 도서관에 가면 개가식 열람실은 문을 닫은 상태죠.

㉠ **사회자:** 두 분의 의견을 정리하면, 첫째는 공간 조정 문제인데, 이에 대해서는 양측 의견이 엇갈리는 부분이 있네요. 둘째는 개가식 열람실 개방 시간에 관한 문제인데요, 이용자 측 발표자께는 죄송하지만 개방 시간 연장은 이미 지난 번 토의에서 예산과 인력 때문에 현재로서는 실시하기 어렵다는 이야기가 있었습니다. 특별히 덧붙일 말씀이 있으시면 말씀해 주시고, 그 후에는 공간 문제에 초점을 맞추어 토의를 진행했으면 합니다.

이용자 측 발표자: 네. 알겠습니다. 개방 시간 연장이 예산과 인력 문제 때문에 현실적으로 어려우시다고 하니, 새로운 안을 하나 제안하고자 합니다. 인터넷으로 자료를 이용할 수 있게 해 주시면 어떻겠습니까? 그러면 이용자 입장에서 자료 이용이 훨씬 편리해지지 않을까요?

도서관 측 발표자: 글쎄요. 개방 시간 연장도 그렇지만, 인터넷을 통한 자료 제공도 어려운 점이 있습니다. 자료 구축에 소용되는 비용과 시간도 문제이고, 저작권 문제가 있어서 자료 제공이 쉽지 않습니다.

05

도서관 측 발표자의 의견으로 적절하지 않은 것은?

① 도서관이 본연의 기능을 수행하지 못한다.
② 대부분의 열람실이 사람들이 공부하는 곳이 되었다.
③ 개가식 열람실 대신 일반 열람실 공간을 확대해야 한다.
④ 인터넷을 통한 도서관 자료의 제공은 어려운 점이 있다.

06

㉠의 기능으로 볼 수 없는 것은?

① 양측의 입장 차이를 드러낸다.
② 앞에서 나온 의견들을 정리한다.
③ 논의를 마무리할 시점을 알린다.
④ 이후에 토의할 내용을 명확히 한다.

※ 다음은 엄마와 아들의 대화이다. 물음에 답하시오. [7～8]

> **아들**: 엄마, 이번 여름방학 때 전국 일주 배낭여행을 한번 해 보려고 하는데 엄마 생각은 어떠세요?
>
> **엄마**: ㉠내 생각? 글쎄……. 새로운 것을 체험해 볼 수 있고 자립심도 기를 수 있는 기회가 될 듯하다만 한편으로는 좀 위험할 것 같아 불안한 생각도 드네.
>
> **아들**: ㉡엄마 말씀은 여행은 좋은데 위험할 수 있어서 허락하기는 그렇다는 말씀이네요. 혼자 가는 것도 아니고, 친구들과 같이 가니까 위험하지 않을 거예요. 사고가 나지 않게 계획도 철저히 세울 생각이고요.
>
> **엄마**: 지금 결정할 수는 없고, 아빠하고 상의해 볼게. 아빠가 반대하시면 안 되는 거잖아. 만약에 아빠가 허락하시면 안전 사고 예방과 관련된 계획은 엄마가 다 세워 줄게.
>
> **아들**: ㉢저도 알아요. 아빠 생각이 중요하죠. 아빠 말씀 들어 보고 허락해 주셔도 돼요. (웃으면서) 잘 생각해 보세요.
>
> **엄마**: 그럼 나도 알아볼 테니까 일단 너도 계획을 철저히 잘 세워 보렴. 그거 가지고 아빠와 이야기해 볼게. 우리 아들은 뭘 하더라도 야무지게 하니까 아마 계획도 잘 세울 거야.
>
> **아들**: 제가 뭘 하나나 잘 하는 게 있나요. 엄마가 늘 도와주니까 그럭저럭 해 온 거지요. 하여튼 알았어요, 엄마.
>
> **엄마**: ㉣엄마가 학교 다닐 때는 방학 때 여행을 가겠다거나 하는 생각은 꿈에도 해 보지 못했는데 너는 엄마보다 똑똑해.

07

이 대화에서 ㉠～㉣에 대한 설명으로 적절하지 않은 것은?

① ㉠: 대화를 하다 보면 발화의 지연이 일어날 수 있음을 알 수 있다.
② ㉡: 들은 내용들을 확인하는 것도 대화에서 사용됨을 알 수 있다.
③ ㉢: 상대의 말에 동의하며 대화가 진행되고 있다는 것을 알 수 있다.
④ ㉣: 사회 · 문화적 배경의 차이가 듣기에 영향을 주는 요소임을 알 수 있다.

08

〈보기〉를 바탕으로 이 대화에서 '공손성의 원리'의 예를 찾아본 것이다. 적절하지 않은 것은?

> 〈보기〉
>
> 대화에서 '공손성의 원리'란 상대방과의 관계를 좋게 하기 위한 대화의 원리를 의미한다. 공손성의 원리에는 '관용의 격률', '동의의 격률', '요령의 격률', '칭찬의 격률', '겸양의 격률' 등 5가지 격률이 있다.

	격률	내용	발화의 예
①	관용의 격률	화자 자신에게 혜택을 주는 표현은 최소화하고 부담을 주는 표현을 최대화하라.	"만약에 아빠가 허락하시면 안전 사고 예방과 관련된 계획은 엄마가 다 세워 줄게."
②	동의의 격률	남과 의견이 다른 점은 최소화하고 일치점을 극대화하라.	"저도 알아요. 아빠 생각이 중요하죠. 아빠 말씀 들어 보고 허락해 주셔도 돼요."
③	요령의 격률	상대방에게 부담이 되는 표현은 최소화하고 이익을 극대화하는 표현을 최대화하라.	"그럼 나도 알아볼 테니까 일단 너도 계획을 철저히 잘 세워 보렴."
④	칭찬의 격률	다른 사람에 대한 비방은 최소화하고 칭찬을 극대화하라.	"우리 아들은 뭘 하더라도 야무지게 하니까 아마 계획도 잘 세울 거야."

※ 다음은 지수와 성호의 대화이다. 물음에 답하시오. [9~10]

(등굣길에서 만난 지수와 성호가 대화를 나누고 있다.)

지수: 어제 강연 괜찮지 않았니?

성호: ⓐ응, 좋았어. 강연을 듣고 공부 방법을 바꿔 볼까 해.

지수: 맞아! 지금 우리한테 꼭 필요한 강연이었어. ⓑ강연에서 꿈을 가져야 한다는 말도 했는데 넌 꿈이 뭐니?

성호: ㉠지겨운 네 얼굴 대학까지 쭉 보는 게 내 꿈이다.

지수: (놀라며) 설마……, 너도 로봇 공학자니?

성호: 그럼! 이래 봬도 ㉡어릴 적부터 만든 로봇 조립모형만 족히 100개가 넘는다고. 중학교 때는 간단한 전기회로도 만들어 본 적 있어. ⓒ그리고 앞으로 로봇 산업이 우리나라의 주도적인 산업이 될 거라는 말들도 돌아서 전망이 밝을 것 같아.

지수: 그랬구나. 진작 물어볼 걸. 그런데 난 같이 갈 수 있을지 모르겠다. 수학 성적도 안 나오는데…….

성호: (고개를 저으며) ㉢수학 못한다고 공대 못 간단 법 있냐?

지수: 그렇지? 그래서 요즘엔 나름대로 열심히 하고 있긴 한데, 그게 뜻대로 안 돼.

성호: ㉣그냥 열심히 하지만 말고 너에게 맞는 공부 방법을 찾아야지. 얘가, 강연은 나만 들은 거야?

지수: 아, 맞다. 자신에게 맞는 공부 방법! 그리고 성호야, 앞으로 수학 모르는 거 좀 물어봐도 되지?

성호: (고개를 끄덕이며) 그래, 좋은 방법을 찾고 열심히 공부해 가면 분명 성적이 올라갈 거야. 나도 옆에서 도와줄게. 그런데 말야, 공짜는 없다.

지수: 내 그럴 줄 알았다. 그래야 홍성호지. 근데 지금 몇 시지?

성호: ⓓ이런, 골목으로 가로질러 가야겠다.

지수: 이러다 지각하는 거 아냐?

성호: 큰일 날 소리! (서로 경쟁하듯 달린다.)

09

㉠~㉣에 대한 설명으로 옳지 않은 것은?

① ㉠: 대화 참여자 간의 반어적 표현으로 친근함을 드러냈다.
② ㉡: 관련된 정보를 추가로 언급하여 발화 내용의 진실성을 강조하고 있다.
③ ㉢: 표현된 발화 형식은 '질문'이지만 발화에 담긴 의미는 '격려'로 볼 수 있다.
④ ㉣: 참고할 만한 자신의 경험을 제시하고 이에 대한 상대방의 의견을 묻고 있다.

10

〈보기〉를 참조할 때, ⓐ~ⓓ 중, '협력의 원리'에서 '질의 격률'을 지키지 않은 것은?

〈보기〉

'협력의 원리'란 의사소통의 기본 전제인 상호성을 바탕으로 의사소통의 흐름에 합치되도록 말을 하고 해석하는 것을 말한다. 여기에는 네 가지의 하위 원리가 있다.

- 양의 격률: 대화의 각 단계에서 의사소통에 필요한 만큼만 말하고 해석하는 것
- 질의 격률: 진실한 정보만을 말하고, 근거가 불충분한 정보는 말하지 않는 것
- 관련성의 격률: 말하기의 목적에 부합되는 내용만을 말하는 것
- 태도의 격률: 모호한 표현은 피하고 명료하고 간결하며 조리 있게 말하는 것

① ⓐ　　② ⓑ
③ ⓒ　　④ ⓓ

02 작 문

출제경향 및 대책

작문에서는 글의 뼈대를 구성하는 개요를 작성하는 문제, 글쓰기 조건에 맞게 쓴 글을 선택하는 문제, 고쳐쓰기 문제 등이 출제됩니다. 또한 작문의 기본 개념 지식을 묻는 문제가 출제됩니다.

따라서 기본 개념 지식을 숙지해야 합니다.

특히 고쳐쓰기 문제는 문법적인 지식도 함께 요구되는 영역이므로, 기본적인 문법과 어휘 등의 배경지식에 대한 준비가 필요합니다.

1 작문 절차

계획하기	글의 주제, 목적, 유형, 내용 생성, 글의 조직에 대해 계획하기

⬇

내용 생성하기	주제를 중심으로 체계적이고 창의적으로 사고하기

⬇

내용 조직하기	작문의 상황과 내용, 글의 통일성과 응집성을 고려하여 조직하기

⬇

표현하기	작문의 상황과 내용에 적합한 어휘와 표현 기법으로 표현하기

⬇

고쳐쓰기	작문의 상황에 따라 내용, 전개, 표현을 수정하고 보완하기

2 작문 전략

1 내용 생성하기

① 창의적이고 논리적으로 사고한다.

◆ 창의적 사고 활동
- 브레인스토밍: 비판 없이 자유롭게 가능한 한 많은 내용을 떠올리는 방법
- 자유 연상: 꼬리를 물고 떠오르는 생각의 흐름을 따라가며 내용을 떠올리는 방법

◆ 논리적 사고 활동
- 개요 작성: 위계와 구조를 고려하여 내용을 어구나 문장으로 표현하는 방법
- 내용 구조도 활용: 도표 등을 활용하여 내용을 떠올리는 방법

② 중심 내용과 세부 내용을 생성한다.

필자의 생각을 잘 전달하기 위해서는 세부 내용이 중심 내용을 뒷받침해야 한다.
- 중심 내용에 관한 구체적 사례를 들기
- 중심 내용을 더 쉽고 상세하게 풀기
- 중심 내용을 하위 내용으로 분석하기
- 중심 내용의 근거나 이유를 찾기

③ 자료를 효과적으로 활용한다.

주제를 뒷받침할 수 있는 자료로 주제와 짝을 이루는 자료만 가능하다.
- 문제의 현황과 실태 – 문제의 심각성·경각심 고취
- 문제의 원인 – 해결 방안과 짝을 이룸.
- 문제의 해결 방안 – 문제의 원인과 짝을 이룸.

2 내용 조직하기

① 일반적인 내용 조직 방법을 고려한다.
- 처음: 글을 쓰는 이유와 목적, 문제 제기의 이유와 목적 제시
- 가운데: 대상에 대한 본격적 내용, 문제 해결의 토대와 근거, 방법 제시
- 끝: 중요 내용 요약, 주제 부각

② 일반적인 내용 전개 방법을 고려한다.
- 시간적 순서: 일기, 기행문, 보고문 등
- 공간적 순서: 대상이나 풍경을 묘사하는 글
- 논리적 순서: 설명하거나 논증하는 글

③ 통일성과 응집성을 고려해 쓴다.

3 표현하기

① 작문 상황과 내용에 적합한 어휘를 선택한다.

예상 독자, 글의 목적 등 작문 상황과 내용을 고려한다. 예를 들어 공적인 상황이라면 정중하고 예의를 갖춘 표현을 쓴다.

② 어법에 맞는 문장을 쓴다.

맞춤법, 문장 성분 간 호응, 중의적이거나 모호한 표현 등에 유의하며 쓴다.

③ 적절한 수사적 표현 방법을 사용한다.

내용을 잘 드러내기 위해 비유법, 변화법, 강조법 등을 적절히 사용한다.

④ 효과적이고 개성적인 문체로 쓴다.

작문 상황과 내용에 어울리며 개성을 드러낼 수 있도록 문어체, 구어체, 간결체, 만연체 등을 쓴다.

⑤ 그림이나 도표 등의 자료를 적절히 활용한다.

4 고쳐쓰기

① 글, 문단, 문장, 단어 수준에서 고쳐 쓴다.

- **글 수준에서 고쳐 쓰기**
  글의 목적, 예상 독자, 글 전체의 통일성, 응집성을 고려함.
- **문단 수준에서 고쳐 쓰기**
  긴 문장의 구분, 내용의 배열 순서 등을 조정함.
- **문장 수준에서 고쳐 쓰기**
  문장의 단어 간 관계 및 적격성을 고려함.
- **단어 수준에서 고쳐 쓰기**
  어법 및 문맥, 작문의 상황을 고려하여 단어의 적절성을 판단함.

② 작문의 각 과정에서 활용한 전략을 평가하고 보완한다.

작문 과정 전체를 검토하여 자신이 활용한 문제 해결 전략이 적절하고 효율적이었는지 판단한 후 수정 및 보완한다.

01

다음의 〈개요〉로 글을 쓰려 한다. 아래의 〈자료〉를 활용하여 ㉠~㉣을 표현했을 때, 그 내용으로 적절하지 않은 것은?

〈 개요 〉

Ⅰ. 서론: 건강 불평등 격차에 대한 의견 제시 ------------ ㉠
Ⅱ. 본론: 건강 불평등 격차에 따른 문제점 분석 및 해결 방안 제안
(1) 문제점 분석 ------------ ㉡
(2) 해결 방안 제안 ------------ ㉢
Ⅲ. 결론: 문제 해결을 위해 제안한 내용에 담긴 기대 효과 제시 ------------ ㉣

〈 자료 〉

〈자료 1〉 신문 기사

건강 불평등 격차를 조사한 국제구호개발기구 발표에 따르면 우리나라는 조사 대상 176개국 중 38위로 전체 순위에서는 비교적 상위권이지만 고소득 국가 중에서는 중하위권에 머물렀다. 우리와 같이 고소득 국가로 분류되는 일본은 17위로 건강 불평등 격차가 낮은 수준이며, 미국은 46위를 차지해 고소득 국가 중에서는 건강 불평등 격차가 높은 수준이었다. 건강 불평등 격차는 사회 통합을 방해하는 요인이 되기도 한다. 이에 따라 WHO와 OECD 등 주요 국제기구들은 건강 불평등 해결 방안을 국가 보건 정책에 반영하도록 권고하고 있다.

〈자료 2〉 연구 자료

병·의원의 접근성은 현재의 건강 상태에 영향을 미친다. 또한 운동 시설, 인간관계, 사회 활동 참여 등도 건강 상태에 영향을 미치는 중요한 요인이다. 그런데 이들 요인에 대한 측정값은 지역에 따라 차이가 나타난다.

변수	측정값(5점 만점)		
	대도시	중소 도시	농어촌 도시
병·의원 접근성	3.64	3.35	2.88
운동 시설 구비 정도	3.40	3.05	2.97
인간관계의 폭	3.11	3.06	2.96
사회 활동 참여도	3.25	3.20	2.91

① ㉠: 〈자료 1〉을 근거로 한 국가 안에서 건강 불평등 격차가 발생하는 것이 바람직하지 않다는 의견을 제시한다.
② ㉡: 〈자료 1〉을 근거로 건강 불평등 격차가 사회 통합을 방해한다는 문제점을 지적한다.
③ ㉢: 〈자료 2〉를 근거로 녹지가 부족한 대도시에 공원을 조성해야 한다는 해결 방안을 제시한다.
④ ㉣: 〈자료 2〉의 각 변수에 대한 도시 간의 격차가 줄면 지역 주민들이 보다 건강한 생활을 할 수 있다는 기대 효과를 진술한다.

※ 다음은 학생이 쓴 자기소개서의 초고이다. 물음에 답하시오. [2~4]

저는 고등학교에 들어오기 전까지의 저의 진로에 대한 목표가 명확하지 않았습니다. 그런데 ㉠예상대로 아주 우연한 기회에 저는 진로 목표를 세울 수가 있었습니다. 국어 시간에 한학기 한 권 읽기 프로젝트로 진로 독서를 실시하였는데, 우연히 읽게 된 책 속에 수록된 한편의 글이 저를 변화시켰습니다.

그것은 낸시 펄이 쓴 「상상을 실현하는 자가 세상을 바꾼다」라는 글이었습니다. 이 글은 작가의 독서 경험을 담은 것인데 작가가 독서를 통해 어떻게 변화된 삶을 살았는지 보여 주고 있었습니다.

처음에 독서가 현실에서 벗어나기 위한 도피처였다면 어느 순간 독서는 그녀가 세상을 바라보는 통로이자 도구가 되어 주었습니다. 1998년에 시애틀 공공 도서관 사서였던 그녀는 '한 도시 한 책읽기' 운동을 전개하였고, 이후 이 운동이 미국 전역에 ㉡확산시켰습니다. 낸시 펄은 꾸준히 많은 사람들에게 책을 소개하고 나누는 활동을 전개하였으며, 여기에 참여한 사람들은 책을 통해 변화했고 마음이 치유되었습니다. 한 권의 책이 사람들을 이어주고 사람들의 삶에 큰 변화를 일으킬 수 있다는 그녀의 신념이 사회를 변화시킨 것입니다.

저는 ㉢책처럼 사람들을 변화시킬 수 있고, 마음을 치유해 줄 수 있는 훌륭한 도구가 될 수 있다는 사실을 새삼 깨닫게 되었습니다. 그래서 저도 낸시 펄처럼 사람들에게 좋은 책을 소개하고, 책을 나누는 삶을 살면 가치 있는 삶이 되지 않을까 하고 생각하게 되었습니다. 제 꿈을 펼치기 위해서 저는 학교에서 저와 생각이 비슷한 친구들과 함께 책 나눔 동아리를 만들었고, 도서관의 사서 선생님을 찾아가 저의 생각을 말씀드렸더니 흔쾌히 도와주시겠다고 하셔서 저는 우리 학교의 책 나눔 동아리 회장을 맡게 되었습니다.

우리 학교에는 도서관의 도서 정리를 도와주는 독서 동아리도 있었지만 저는 동아리 활동의 영역을 교내로 한정하지 않고 학교 밖 마을로 확장하고 싶었습니다. ㉣그래서 저는 우리 마을에 있는 ○○ 도서관을 찾아갔습니다. 저는 도서관장님께 마을 도서관과 마을에 사는 학생들이 함께 하는 다양한 독서 나눔 행사에 관한 제안을 드렸는데 마침 ○○ 도서관에서도 학생들의 독서 활동을 지원하는 행사들을 기획 중이라고 하셨습니다. 몸이 불편해서 도서관에 나오지 못하는 할아버지, 할머니들을 위해서 학교 앞 노인정에 책을 배달하는 활동도 하였습니다. 처음에는 어색해 하시던 분들이 봉사를 시작한 지 한 달도 되지 않아 책이 오는 날을 기다리기 시작하셨습니다. 새 책을 가지고 가끔 책도 읽어 드리고 원하시는 책 목록도 받아 오는 날이면 그 뿌듯한 마음을 이루 설명할 수 없을 정도였습니다. 학교에서는 가을 독서 주간에 '책 아나바다' 행사도 진행하여, 집에 있는 책들을 다른 친구들과 나누고 책갈피 만들기도 하며 즐거운 시간을 보냈습니다.

02

위의 자기소개서에 대한 담임선생님의 조언으로 가장 적절한 것은?

① 학교 동아리 활동을 부각시켜서 적극적인 성격을 잘 드러냈는데, 지원 대학의 인재상과 연결 짓는다면 더 좋겠어.
② 미래의 직업에 대한 뚜렷한 각성이 있는 것이 좋은데, 재능을 키우기 위한 공부가 추가되면 좋겠어.
③ 동아리 활동으로 얻은 즐거움과 어려움이 잘 피력되었는데, 공부와도 연결시킬 수 있으면 좋겠어.
④ 직업 선택과 관련해서 자신의 부족한 부분에 학과 공부 외에 다른 어떤 공부가 필요한지도 기술되면 좋겠어.

03

아래는 초고를 작성하는 과정에서 참고한 점검 목록이다. 반영되지 않은 것은?

〈보기〉

ㄱ. 읽을 사람을 고려하여 어법과 어조에서 격식을 갖추었는가?
ㄴ. 지원자의 성장과정과 성격상 장·단점을 드러내었는가?
ㄷ. 진로와 관련한 교내·외 활동을 드러내었는가?
ㄹ. 재학 중의 자기주도 학습 경험을 진술하였는가?
ㅁ. 진로와 관련해서 미래의 포부와 비전을 제시하였는가?

① ㄱ, ㄴ ② ㄷ, ㄹ
③ ㄱ, ㄷ ④ ㄹ, ㅁ

04

㉠~㉣의 고쳐 쓰기가 적절하지 않은 것은?

① ㉠: 이어지는 문맥을 고려하여 '뜻밖에도'로 수정한다.
② ㉡: 주·술 관계가 부적절하여 '확산되었습니다'로 수정한다.
③ ㉢: 조사의 쓰임이 부적절하여 '책이'로 수정한다.
④ ㉣: 접속사의 쓰임을 고려하여 '그러나'로 수정한다.

※ 다음을 읽고, 물음에 답하시오. [5 ~ 7]

(가) 글쓰기를 문제 해결의 과정으로 간주하는 입장은 글쓰기에 대한 접근 방식 또는 태도에 있어 완성된 글에 관심을 갖는 입장과는 사뭇 ㉠틀리다. 문제를 해결해야 하는 필자의 최우선적 관심사는 글쓰기의 형식과 관습에 맞고 문법에 맞는 정확한 표현과 세련된 문체로 작성된 완성된 글이 아니다. 이들의 관심사는 글쓰기의 목적, 즉 글을 통해서 무엇을 이야기하고 무엇을 할 것인가에 있다.

완성된 글에 관심을 두는 필자가 형식적 특성에 대해 주로 생각하는 것과 달리, 이들은 ㉡필자로써 어떻게 자신의 목표를 이룰 수 있을 것인가를 주로 생각한다. 즉, 문제 해결이란 목표 지향적 사고의 틀이다.

목표에 집중해서 목표 지점에 도달하려는 것은 사람들에게 자신이 알지 못했던 놀라운 기술이나 지식이 필요할 것이라고 생각하게 만든다. 사실 누구나 새로운 글을 쓸 때 어느 정도는 막연하고 막막하게 느끼게 되는데 이것은 자연스러운 현상이다. ㉢그렇지만 문제 해결자들은 이런 난관을 "그럼, 내가 구체적으로 무엇을 할 수 있을까를 생각해 보자."라는 매우 실제적인 태도로 자신의 기능과 전략을 활용하여 극복해 간다. 문제 해결적 접근 방식은 글쓰기를 하는 데 있어서 '더 나은 방법'이 있고, 사람들은 자신의 글쓰기 전략의 목록들을 확장해 나갈 수 있다고 가정한다. 물론 어떤 특정한 전략도 글쓰기의 성공을 전적으로 보장해 줄 수는 없다. 어떤 문제는 아주 어려울 수도 있기 때문이다. 그렇지만 글을 쓰는 과정에서 문제를 해결하기 위해 판단하고 여러 대안을 생각할 수 있다면, 필자는 스스로 적절한 방법을 선택할 수 있는 힘을 가지게 될 것이다.

(나) 쓰는 것은 어떠한가. ㉣펜으로 쓰던 타이핑을 하던, 양도 줄어들었지만 글의 외양도 많이 바뀐 것 같다. 가장 주목할 만한 현상은 글의 길이가 짧아졌다는 것이다. 인터넷 시대에 등장한 글쓰기를 살펴보면, 누리집에 이어 블로그를 거쳐 최근 페이스북이나 트위터에 이르기까지 글의 길이는 지속적으로 짧아져 왔다. 심지어 트위터는 한글 140자밖에 쓰지 못한다. 글의 길이가 짧아진 것은 두 가지로 설명될 수 있다. 첫째, 속도의 논리에 따라 빠르게 움직이는 현대 사회의 요구에 부응하기 위해서는 의사소통의 속도도 빨라져야 하기 때문이다. 둘째, 모바일 미디어가 보편화되는 상황에서 '틈새 시간 미디어'를 활용해 긴 글을 쓰기란 거의 불가능하기 때문이다. 짧은 글 자체가 문제가 될 수는 없지만 짧은 글만 쓰이고 소비되는 것이 문제다.

05

(가)에 대한 이해로 가장 적절한 것은?

① 문제 해결적 글쓰기에서는 세련된 표현보다 글쓰기의 목적이 더 중요하다.
② 글쓰기를 문제 해결의 과정으로 간주하는 입장일수록 글쓰기의 형식과 관습을 중요시한다.
③ 형식적 특성에 관심을 두는 글쓰기에서는 문제를 해결할 수 있는 '더 나은 방법'이 있다고 가정한다.
④ 세련된 문체나 정확한 표현을 추구하는 글쓰기는 새로운 해결책을 제시할 수 없다.

06

(나)에 대한 이해로 적절하지 않은 것은?

① 인터넷 시대에 글쓰기가 짧아진 것은 현대사회가 속도를 중시하기 때문이다.
② 이른바 '틈새 시간 미디어'는 글쓰기가 짧아지도록 강제하고 있다.
③ 글이 짧아질수록 그 의미의 밀도는 높아지게 된다.
④ 짧은 글이 문제가 아니라 짧은 글만 소비되는 것이 문제이다.

07

㉠ ~ ㉣의 고쳐 쓰기가 적절하지 않은 것은?

① ㉠: 단어의 쓰임을 고려하여 '다르다'로 수정한다.
② ㉡: 전후 문맥을 고려하여 '필자로서'로 수정한다.
③ ㉢: 접속사의 쓰임을 고려하여 '그래서'로 수정한다.
④ ㉣: 맞춤법을 고려하여 '쓰든', '하든'으로 수정한다.

※ 다음은 건의문의 초고이다. 물음에 답하시오. [1~2]

> 존경하는 교장 선생님.
> 안녕하십니까? 저는 17대 학생회장 박은지입니다.
> 다름이 아니오라 학교생활 중에 불편한 점이 있어 건의를 드리고자 합니다. 우리 학교에는 현재 매점이 없습니다. ㉠한참 성장하는 시기이다 보니 학생들은 중식이나 석식 시간이 되기 전에 자주 배고픔을 느끼곤 합니다. ㉡그런데 무엇인가를 사 먹기 위해 교문 밖으로 무단 외출을 하다가 적발당하는 학생들이 많습니다. 이런 문제를 해결하기 위해서는 교내에 매점이 꼭 설치되어야 합니다.
> 두뇌 회전을 위해서는 아침 식사를 꼭 해야 한다고 합니다. 그러나 실제로 아침을 제대로 챙겨 먹고 오는 학생들이 많지 않은 실정입니다. 물론 아침 식사를 하면 좋지만 그러려면 등교 시간이 좀 늦춰져야 합니다. ㉢물론 우리 학교도 인근 학교와 마찬가지로 등교 시간을 30분 정도 늦출 필요가 있다고 생각합니다. 매점이 있다면 학생들이 간단히 간식을 사 먹고 학업에 보다 열중할 수 있을 듯합니다.
> ㉣학교에서는 매점으로 인해 학교 환경이 훼손될 것을 우려하시겠지만, 이는 구성원 모두의 노력으로 해결이 가능한 문제입니다. 저희 학생부에서 학생회를 중심으로 환경지킴이를 선발하여 쉬는 시간과 점심시간에 학교 환경 정화를 위해 노력하겠습니다. 매점이 있는데도 깨끗한 학교는 많습니다. 학교 환경은 학교와 학생들의 협력과 노력에 달려 있다고 생각합니다.
> 매점이 설치되면 학생들이 허기를 달랠 수 있어 학업 능률도 높아지고 교문 밖으로 몰래 나가는 불미스러운 일도 없어질 것입니다. 이와 같은 사항들을 고려해 주셨으면 좋겠습니다. 감사합니다.

01

㉠~㉣을 고쳐 쓰기 위한 방안으로 적절하지 않은 것은?

① ㉠은 문맥을 고려하여 '한창'으로 수정한다.
② ㉡은 앞뒤 문장의 의미를 고려하여 '그래서'로 수정한다.
③ ㉢은 글의 주제와 관련성이 떨어지므로 삭제한다.
④ ㉣은 각 문단의 내용을 고려하여 앞 문단의 끝으로 옮긴다.

02

이 글을 쓰기 위해 글쓴이가 메모한 내용이다. 이 글에 반영되지 않은 것은?

〈보기〉
- 글의 성격에 맞게 격식 있는 표현을 사용해야겠어. …… ⓐ
- 학교 운영에 관한 문제이니 교장 선생님을 독자로 설정해야겠어. …… ⓑ
- 감정에 호소하는 표현을 사용해서 좀 더 효과적으로 설득을 시도해야겠어. …… ⓒ
- 문제 상황·해결 방안·기대 효과라는 건의문의 일반적인 구성 방식에 따라 글을 써야겠어. …… ⓓ

① ⓐ　② ⓑ
③ ⓒ　④ ⓓ

※ 다음은 학생이 쓴 초고의 일부이다. 물음에 답하시오. [3~4]

> 유통 구조와 소비자의 상품 구매 ㉠행태의 변화로 인해 재래시장은 상권이 크게 위축되고, 매출은 급속히 줄고 있다. 재래시장의 활성화를 위한 방안은 없는 것일까? 우리는 이 의문의 실마리를 ○○시장을 직접 방문해서 얻을 수 있었다.
> 다른 재래시장과 다르게 이곳에는 사람들이 북적거렸다. ㉡그래서 흥미롭게도 많은 사람들이 빈 도시락을 들고 시장을 돌아다니고 있었다. 이곳 ○○시장에는 뷔페식으로 운영되는 '도시락 카페'가 있다. 손님이 고객 센터에서 쿠폰을 산 뒤, 빈 도시락을 들고 시장 곳곳 20여 개의 반찬 가게, 분식집, 떡집 등을 돌면서 원하는 음식을 골라 담아 카페 안에서 먹으면 된다. ㉢카페 밖에는 햇살이 비추고 있었다. 시장에는 어린이부터 어른들까지 모두의 입맛에 맞는 다양한 종류의 반찬이 구비되어 있었다. 먹고 싶은 반찬만 담고 계산했을 때 가격을 보고 이곳에 왜

사람이 많은지 알 수 있었다. 같은 반찬으로 비교적 저렴한 식당에서 ㉣ 해결하려면 5,000원, 내로라하는 식당이라면 10,000원 이상이 필요하지만 이곳에서는 3,000원 정도면 충분했다. 한편 ○○시장에는 먹거리 이외에도 빈 가게를 활용한 전시장인 '꿈보다 해몽 공작소', 시장을 찾은 손님들이 상인들과 함께 목공 기술을 배우고 목공 제품을 만드는 '내 맘대로 DIY 공방'이 운영되고 있었다.

[㉮]

03

이 글을 고쳐 쓰기 위한 방안으로 적절하지 않은 것은?

① ㉠은 문맥적 의미를 고려하여 '방식'으로 수정한다.
② ㉡은 문장 간의 관계를 고려하여 '그렇지만'으로 수정한다.
③ ㉢은 통일성을 깨뜨리고 있으므로 삭제한다.
④ ㉣에는 문장의 의미가 명확하도록 '한 끼의 식사를'과 같은 내용을 추가한다.

04

〈조건〉을 고려할 때, ㉮에 들어갈 내용으로 가장 적절한 것은?

〈조건〉
- 전체 글의 맥락과 어울리는 내용으로 작성한다.
- 효과적인 표현을 위해 속담과 설의법을 활용한다.

① 구렁이 담 넘어가듯 지금의 경제 위기가 해결될 것이라 생각하면 안 된다. 상인들 각자의 살아남기 위한 노력이 절실한 때이다.
② 달도 차면 기운다. 정부 정책도 필요하지만 당장 생업을 위해서라도 상인들 스스로 서로의 생각이나 힘을 하나로 모을 필요가 있지 않을까?
③ 꿔다 놓은 보릿자루처럼 생계유지가 어렵다고 말만 할 것이 아니라 정부에 재래시장 활성화를 위한 정책을 꾸준히 요구해야 하지 않을까?
④ 낙숫물이 댓돌을 뚫는다고 했다. 비록 상인들의 작은 아이디어라 할지라도 그것들이 모여서 발전을 이룬다면 지금의 위기를 극복할 수 있는 중요한 열쇠가 되지 않을까?

※ 다음은 식사문이다. 물음에 답하시오. [5~6]

새해를 맞아 여러분 가정에 만복이 깃들기를 기원합니다.

오늘, ㉠친애하는 우리 ○○ 가족 여러분! 새해 첫날 아침을 맞이하게 된 것을 매우 기쁘게 생각합니다.

돌이켜 보면 지난해는 창업 이래로 우리 회사 전 직원이 경영 혁신 및 경영 체질 개선을 위해 정진(精進)한 1년이었다고 생각됩니다. 여러분들이 보여 준 회사에 대한 애정과 끊임없는 열정이 오늘의 성장을 이끌어 온 밑거름이 되었습니다.

올해도 어느 해 못지않은 어려움이 예상됩니다. ㉡하지만 연은 순풍이 아니라 역풍에 가장 높이 난다는 윈스턴 처칠의 말처럼 이런 때일수록 기본에 충실한 것이 회사 발전을 위해 가장 현명한 방법이라고 생각합니다. 그런 의미에서 자랑스러운 우리 ○○ 회사 직원 여러분에게 ㉢제가 간곡히 부탁드리고자 하는 세 가지 내용을 말씀드리고자 합니다.

첫째, 회사는 업(業)의 본질에 충실해야 하겠습니다. 지금까지 우리 ○○ 회사는 괄목(刮目)할 만한 성과를 얻었지만 이런 때일수록 처음으로 돌아갈 필요가 있다고 생각합니다.

각 사업의 책임을 맡고 있는 구성원들은 우리는 왜 이 사업을 하며, 이루고자 하는 목표가 무엇인가를 늘 염두에 두어야 합니다.

둘째, 직원 개개인은 맡은 바 역할에 충실해야 하겠습니다. 우리 ○○ 회사는 각기 자신이 맡은 직책과 직무에 따라 수행해야 할 책임과 의무를 다해야 하겠습니다. 그러기 위해서는 자기에게 주어진 업무가 무엇인지 명확히 알아야 하는 것은 물론이고, 업무의 시작부터 끝까지 최선을 다하는 자세가 필요합니다.

셋째, 개인과 회사는 모두 정해진 원칙에 충실해야 하겠습니다. ㉣자랑스러운 우리 ○○ 회사의 전 직원은 회사의 규정과 절차를 준수해야 합니다. 회사는 공사(公私)의 구분, 성과에 상응하는 직원 대우, 회계의 투명성 유지 등 상식적으로 지켜야 할 것은 반드시 지켜 나갈 필요가 있습니다.

올해는 우리 ○○ 회사가 창립 20주년을 맞는 해로서, 지나온 시간을 돌아보고, 앞으로의 20년, 30년을 기약하는 뜻깊은 해입니다.

– ○○ 회사 회장 곽○○

05

다음은 윗글을 작성하기 위해 구상한 생각이다. 윗글에 반영되지 않은 것은?

〈보기〉

창사 20주년을 기념해서 새해 신년식에 발표할 글을 작성해야겠어. ⓐ새해 회사의 첫 업무를 시작하는 신년식 행사의 특성이 드러나도록 해야지. 신년식 행사에 참여한 회사 직원들이 청중임을 고려할 때 ⓑ처음에는 지난 1년 동안 회사를 위해 노력한 직원들에 대한 감사의 인사로 시작해야겠어. 그리고 ⓒ올해 회사의 발전을 위해 직원들이 실천할 내용들을 제시해야겠어. ⓓ이때 청중들의 반응을 파악하면서 그 내용이 실천 가능한지 점검해 보는 기회도 가지도록 해야지.

① ⓐ
② ⓑ
③ ⓒ
④ ⓓ

06

㉠~㉣에서 사용한 표현 전략으로 적절하지 않은 것은?

① ㉠: 청중을 가족으로 표현하여 친밀감과 유대감을 드러내고 있다.
② ㉡: 명언을 활용하여 청중의 공감을 유도하고 있다.
③ ㉢: 호소하는 표현을 통해 청중의 인식 변화를 요구하고 있다.
④ ㉣: 비유적 표현을 활용하여 전달하고자 하는 의도를 강조하고 있다.

07

다음 개요를 〈보기〉와 같은 수정 · 보완 의견에 따라 수정할 때, 적절하지 않은 것은?

〈개요〉

Ⅰ. 서론: 저작권 침해 사례가 급증하고 있는 실태
Ⅱ. 본론
  1. 저작권 보호의 필요성 ······ ㉠
    가. 미래 지식 정보 사회의 성장 동력이 될 수 있음.
  2. 저작권 침해의 원인 ······ ㉡
    가. 저작물의 범위에 대한 일반인들의 인식 부족
    나. 저작권 침해 사항에 대한 무분별한 고발 ······ ㉢
    다. 인터넷 포털 사이트의 불법 다운로드 행위 방치
  3. 해결 방안
    가. 저작권 보호와 관련된 시민 단체에 대한 재정 지원 ······ ㉣
    나. 인터넷 포털 사이트의 저작권 보호 시스템 구축
    다. 저작권 보호 센터 등 저작권 관련 정부 기관의 추가 인력 채용
Ⅲ. 결론: 관심과 대책 마련 촉구

〈보기〉

- 저작권 보호의 필요성 중 저작권자의 입장을 고려한 내용을 추가했으면 좋겠어.
- 본론에서 각각의 원인과 해결 방안이 대응될 수 있도록 수정하는 것이 좋겠어.
- 논지와 관련 없는 내용은 삭제하는 것이 좋겠어.
- 결론에서 제안의 대상을 구체적으로 제시하는 것이 좋겠어.

① ㉠: 저작권자의 정당한 권리를 보장하여 창작 동기를 증진시킨다는 내용을 추가한다.
② ㉡: 저작물의 불법 이용 행위를 감시하는 인력이 부족하다는 내용을 추가한다.
③ ㉢: 논지와 관련이 없으므로 삭제한다.
④ ㉣: 관련 법 개정을 통해 법률 조항에 저작물의 범위를 보다 구체적으로 명시해야 한다는 내용으로 바꾼다.

※ 〈보기 1〉은 논설문을 쓰려는 학생의 의견이고, 〈보기 2〉는 활용하려는 자료의 일부이다. 물음에 답하시오. [8~9]

〈보기1〉

오늘 신문에서 재래시장의 활성화에 대한 글을 읽었는데, 대형 마트로 인해 많은 재래시장이 경제적 어려움을 겪고 있다는 것을 알게 되었어. 그래서 정부에서는 '재래시장을 활성화하기 위해 대형 마트의 규제를 강화한다.'는 대책을 세우고 있지만, 나는 관점을 바꿔 재래시장이 재생력을 가질 수 있도록 스스로 노력해야 한다는 점에 초점을 맞추어 글을 쓰려고 해. 그러려면 먼저 재래시장이 갖고 있는 문제점을 찾아 관련된 통계 자료를 보여 주어야겠지. 그리고 재래시장을 활성화하기 위해 어떤 대책이 시급한지 소비자들의 의견을 분석한 통계 자료를 제공해야겠어. 이를 통해 재래시장을 활성화하기 위해 어떤 노력을 해야 할지 방향이 제시될 수 있을 것 같아.

〈보기2〉

[가] 재래시장을 자주 찾지 않는 이유

(단위: %)

시장을 찾지 않는 이유		응답률
교통 시설	주차하기 불편하다	29
	교통이 불편하다	17
가격 / 결제 / 환불	가격 정보가 없다	15
	카드결제가 안 된다	10
	교환 및 환불이 어렵다	6
환경 시설이 미흡하다(계절별 온도/악취)		23

[나] 소비자들이 생각하는 재래시장 활성화를 위한 정책

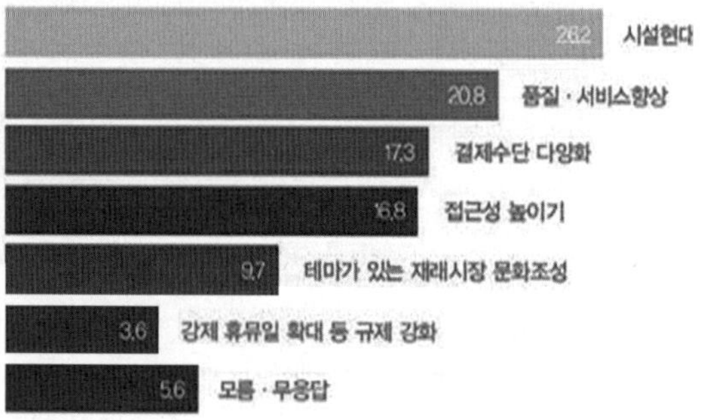

08

〈보기 1〉과 〈보기 2〉를 반영하여 작성한 개요이다. 자료 제시 및 내용 수정 방안으로 적절하지 않은 것은?

〈개요〉

Ⅰ. 서론 ······ ㉠
Ⅱ. 본론
 1. 재래시장을 찾지 않는 이유
  (1) 교통 불편과 주차 시설의 부족 ······ ㉡
  (2) 환경 시설의 미비 ······ ㉢
  (3) 결제 수단의 불편
 2. 재래시장의 활성화 방안
  (1) 교통 편의 시설 확충 ······ ㉣
  (2) 환경 시설의 현대화
  (3) [㉤]
Ⅲ. 결론

① ㉠에 전년도 대비 재래시장의 수입 감소를 조사하여 통계 자료로 제시해 주어야겠어.
② ㉡과 ㉢은 중복되는 내용이므로 '시설의 현대화'로 묶어야겠어.
③ ㉣을 '버스 정류장의 확충과 주변 시설물을 이용한 주차 공간 확보'로 구체화해야겠어.
④ ㉤에는 '정보화를 통한 결제 수단의 다양화'를 넣어야겠어.

09

재래시장 활성화 방안으로 개선된 재래시장에 국민의 적극적인 동참을 홍보하는 캠페인 문구를 작성하고자 한다. 〈조건〉을 모두 충족한 것은?

〈조건〉
- 대구와 대조의 표현을 사용할 것.
- 국민들의 참여를 직접적으로 나타낼 것.

① 넓찍한 주차 공간, 가까워진 지하철역
당신의 장바구니가 ○○시장을 최고로 만들어갑니다.
② 냄새 나는 시장은 시장이 아닙니다.
이제 ○○시장은 화원의 향기로 당신을 모시겠습니다.
③ 현금도 되옵니다. 카드도 되옵니다.
번잡한 결제 방법 ○○시장에는 없습니다.
④ 여름에는 시원합니다. 겨울에는 따뜻합니다.
당신이 ○○시장의 봄과 가을을 만들어 주세요.

10

다음 글에서 학생이 활용한 쓰기 전략으로 적절하지 않은 것은?

강원도에서 보낸 2박 3일

본교 1학년 학생들은 학교 교육 과정에 따른 1학년 체험 활동을 수행하기 위해 지난 3월 26일부터 28일까지 강원도 원주시에 위치한 치악산 ○○ 밸리에서 설레이는 첫 수련회에 참가하였다.

학생들은 수련 활동장에 도착하자마자 강당에 모여 입소식에 참가하고, 다음으로 반별로 숙소를 배정받았다. 그리고 학생들의 수련회 활동을 돕기 위한 자치회를 구성한 후 본격적으로 프로그램에 참여하였다.

첫 번째 활동은 '우리 반을 소개합니다'라는 프로그램으로 시작되었다. 학생들은 자신의 학급을 소개하기 위해 학급 신문 만들기와 소원을 담은 풍선 만들기 프로그램에 참여하였다. 첫 오전 일정을 마치고 휴식을 취한 뒤, 오후 활동으로 모든 학급의 구성원들이 일체감을 느낄 수 있는 심신 수련 활동을 경험하였다. 둘째 날은 수련 활동장 주변의 경관을 둘러보는 산책으로 활동을 시작하였다. 이어서 오곡 찐빵 만들기, 황토 천연 염색, 목재 체험 프로그램 중에서 학생들이 각자가 원하는 활동을 선택하여 참여하였다. 저녁에는 각종 상품을 놓고 학급별로 준비한 공연과 장기 자랑을 펼치는 시간을 가졌다.

수련회 마지막 날인 셋째 날은 2박 3일 동안의 활동 결과를 정리하는 '활동 다큐! 우리들의 이야기' 동영상을 감상하였다.

이번 수련회에 참여한 1학년 3반 정○○는 이번 수련회 활동이 앞으로 학교 생활에서 자긍심과 단결력을 높일 수 있는 계기가 되었다고 소감을 밝혔다.

① 독자들에게 정확하게 내용을 전달해야 하므로 핵심 정보를 명확하게 표현해야지.
② 육하원칙에 따라 수련회 활동에 대해 독자들이 알고 싶어하는 내용을 구체적으로 제시해야지.
③ 전문은 기사의 주요 내용이 드러나도록 수련회 활동을 준비하는 느낌을 강조해서 표현해야지.
④ 본문은 수련회 활동에서 경험한 프로그램을 일정별로 서술하여 독자들이 한눈에 정보를 파악할 수 있도록 작성해야지.

03 문법

출제경향 및 대책

문법은 음운, 단어, 문장, 문법 요소, 어문규정, 표준 발음법, 국어사 등에서 고루 출제됩니다.

적성고사에서 고득점을 받으려면 문법 문제는 매우 중요하며, 동시에 시험시간의 효율적인 관리를 위해 최대한 빨리 풀고 다음 문제로 넘어가야 합니다.

따라서 문법 전 영역의 기본 개념을 충실히 암기한 후 많은 문제 풀이를 통해 빠르게 문제를 해결하는 능력을 길러야 합니다.

1 음운

말의 뜻을 구별해 주는 소리의 최소 단위

예 보리 ⇔ 소리(ㅂ : ㅅ), 노루 ⇔ 나루(ㅗ : ㅏ)

1 음운의 종류

분절 음운(분리할 수 있는 음운) / 비분절 음운(분리할 수 없는 음운)

분절 음운	• 자음: 공기가 방해를 받아서 나오며 홀로 쓰이지 못하는 소리 예 ㄱ, ㄴ, ㄷ, …… • 모음: 공기가 방해를 받지 않으며 홀로 발음되는 소리 예 ㅏ, ㅓ, ㅗ, ㅜ, …… • 반모음: 공기가 방해를 받지 않으나 홀로 쓰이지 못하는 소리 예 y, w

비분절 음운	장단: 소리의 길이로 단어의 뜻을 변별 예 눈:(雪) ⇔ 눈(目)

① 현대 국어의 단모음 체계

발음할 때 입술이나 혀가 움직이지 않는 모음

허의 앞뒤	전설 모음		후설 모음	
혀의 높이 \ 입술 모양	평순 모음	원순 모음	평순 모음	원순 모음
고모음	ㅣ	ㅟ	ㅡ	ㅜ
중모음	ㅔ	ㅚ	ㅓ	ㅗ
저모음	ㅐ		ㅏ	

② 현대 국어의 이중모음

발음할 때 입술이나 혀가 움직이는 모음

'ㅑ, ㅒ, ㅕ, ㅖ, ㅘ, ㅙ, ㅛ,ㅝ, ㅞ, ㅠ, ㅢ'가 있음.

③ 현대 국어의 자음 체계

조음 방법 \ 조음 위치		두 입술	윗잇몸, 혀끝	센입천장, 혓바닥	여린입천장, 혀 뒤	목청 사이
파열음	예사소리(평음)	ㅂ	ㄷ		ㄱ	
	된소리(경음)	ㅃ	ㄸ		ㄲ	
	거센소리(격음)	ㅍ	ㅌ		ㅋ	
파찰음	예사소리(평음)			ㅈ		
	된소리(경음)			ㅉ		
	거센소리(격음)			ㅊ		
마찰음	예사소리(평음)		ㅅ			ㅎ
	된소리(경음)		ㅆ			
비음		ㅁ	ㄴ		ㅇ	
유음			ㄹ			

④ 비분절 음운

비분절 음운	같은 모음을 특별히 길게 소리냄으로써 단어의 뜻을 구별하는 경우가 많다. 이처럼 소리의 길이는 뜻을 구별하여 준다는 점에서 자음과 모음 같은 음운의 기능(비분절 음운)을 한다고 볼 수 있다. 예 눈(眼), 눈:〔雪〕/ 말(馬), 말:〔言〕 예 밤(夜), 밤:〔栗〕/ 성인(成人), 성:인(聖人) 긴소리는 일반적으로 단어의 첫째 음절에서 나타나는데, 특이하게도 본래 길게 발음되던 것도 둘째 음절 이하에 오면 짧은소리로 발음되는 경향이 있다. 예 한국 + 말: → 한국말, 함박 + 눈: → 함박눈

2 음운의 변동

① 교체(대치, 동화)

한 음운이 수적인 변화 없이 다른 음운으로 바뀌는 음운 현상

음절의 끝소리 규칙	음절 끝에 올 수 없는 자음이 'ㄱ, ㄷ, ㅂ' 중 하나로 바뀌는 현상 예 밖 → [박], 바깥 → [바깐], 잎 → [입] (ㄱㄴㄷㄹㅁㅂㅇ)
비음화	① ㅂ, ㄷ, ㄱ이 비음 ㅁ, ㄴ을 만나면 ㅁ, ㄴ, ㅇ으로 바뀌는 현상 예 밥물[밤물], 집는[짐는], 앞날[압날 → 암날], 믿는[민는], ② ㅂ, ㄷ, ㄱ이 ㄹ을 만나면 비음 ㅁ, ㄴ, ㅇ으로 바뀌고 ㄹ도 ㄴ으로 바뀌는 현상(상호동화) 예 섭리[섭니 → 섬니], 백로[백노 → 뱅노], 몇리[멷리 → 면니] ③ 비음 ㅁ, ㅇ이 ㄹ앞에서 ㄴ으로 바뀌는 현상 예 남루[남누], 종로[종노]
유음화	'ㄹ'에 인접한 'ㄴ'이 'ㄹ'로 바뀌는 현상 예 칼날 → [칼랄], 물놀이 → [물로리], 천리 → [철리]
구개음화	형태소의 끝소리인 'ㄷ, ㅌ'이 'ㅣ'로 시작하는 형식 형태소와 만날 때 'ㅈ, ㅊ'으로 바뀌는 현상 예 굳이 → [구지], 같이 → [가치], 밭이 → [바치]

된소리되기	예사소리(평음)가 된소리(경음)로 바뀌는 현상 ① 'ㄱ(ㄲ, ㅋ, ㄳ, ㄺ), ㄷ(ㅅ, ㅆ, ㅈ, ㅊ, ㅌ), ㅂ(ㅍ, ㄼ, ㄿ, ㅄ)' 뒤에 연결되는 'ㄱ, ㄷ, ㅂ, ㅅ, ㅈ'은 된소리로 발음한다. 예 국밥[국빱] / 넋받이[넉빠지] / 닭장[닥짱] 뻗대다[뻗때다] / 옷고름[옫꼬름] ② 어간 받침 'ㄴ(ㄵ), ㅁ(ㄻ)' 뒤에 결합되는 어미의 첫소리 'ㄱ, ㄷ, ㅅ, ㅈ'은 된소리로 발음한다. 예 신고[신:꼬] / 껴안다[껴안따] 앉고[안꼬] / 얹다[언따] ③ 자음 앞에서 [ㄹ]로 발음되는 어간 받침 'ㄼ, ㄾ'은 뒤에 연결되는 'ㄱ, ㄷ, ㅅ, ㅈ'이 된소리로 발음된다. 예 넓게[널께] / 핥다[할따]

② **탈락**

한 음운이 단순히 없어지는 음운 현상

자음군 단순화	겹받침 중 하나가 탈락하는 현상 예 닭 → [닥], 넓고 → [널꼬], 옮는 → [옴:는]
ㄹ-탈락	'ㄹ'이 'ㄴ, ㄷ, ㅅ, ㅈ' 등의 자음 앞에서 탈락하는 현상 예 알+(는 → [아:는], 달+(달+(이 → [다달이], 살+(시다 → [사:시다], 바늘+(질 → [바느질]
ㅎ-탈락	어간 말의 'ㅎ'이 모음으로 시작하는 문법 형태소 앞에서 탈락하는 현상 예 넣어 → [너어], 좋은 → [조은], 쌓이다 → [싸이다]
으-탈락	용언 어간 말의 '—'가 모음으로 시작하는 어미 앞에서 탈락하는 현상 예 크어 → [커], 쓰어서 → [써서]
'ㅏ/ㅓ' 탈락	모음 'ㅏ, ㅓ'로 끝난 어간에 '-아/-어, -았-/-었-'이 어울릴 적에는 준 대로 적음. 예 가아 → 가 / 가았다 → 갔다 나아 → 나 / 나았다 → 났다

③ **첨가**

없던 음운이 새로 생기는 음운 현상

• ㄴ-첨가: 합성어, 접두사가 결합되는 파생어, 단어와 단어 사이 등 매우 다양한 환경에서 일어난다.

ㄴ-첨가	합성어 및 파생어에서, 앞 단어나 접두사의 끝이 자음이고 뒤 단어나 접미사의 첫 음절이 '이, 야, 여, 요, 유'인 경우에는, 'ㄴ' 소리를 첨가하여 [니, 냐, 녀, 뇨, 뉴]로 발음한다. 예 솜-이불[솜니불] / 홑-이불[혼니불] / 막-일[망닐]

• 사이시옷: 사이시옷이 붙은 단어는 다음과 같이 발음한다.

사이시옷	① 'ㄱ, ㄷ, ㅂ, ㅅ, ㅈ'으로 시작하는 단어 앞에 사이시옷이 올 때는 이들 자음만을 된소리로 발음하는 것을 원칙으로 하되, 사이시옷을 [ㄷ]으로 발음하는 것도 허용한다. 예 냇가[내:까/낻:까] / 샛길[새:낄/샏:낄] / 빨랫돌[빨래똘/빨랟똘] 콧등[코뜽/콛뜽] / 깃발[기빨/긷빨] / 햇살[해쌀/핻쌀] ② 사이시옷 뒤에 'ㄴ, ㅁ'이 결합되는 경우에는 [ㄴ]으로 발음한다. 예 콧날[콘날 → 콘날] / 아랫니[아랟니 → 아랜니] 툇마루[퇻:마루 → 퇸:마루] / 뱃머리[밷머리 → 밴머리] ③ 사이시옷 뒤에 '이' 소리가 결합되는 경우에는 [ㄴ]으로 발음한다. 예 베갯잇[베갣닏 → 베갠닏] / 깻잎[깯닙 → 깬닙] 나뭇잎[나묻닙 → 나문닙] / 도리깻열[도리깯녈 → 도리깬녈]

④ **축약**

인접한 두 음운이 합쳐져서 제3의 음운으로 바뀌는 음운 현상

• 자음 축약: 거센소리 되기

자음 축약	받침 'ㅎ'의 발음은 다음과 같다. 'ㅎ(ㄶ, ㅀ)' 뒤에 'ㄱ, ㄷ, ㅈ'이 결합되는 경우에는, 뒤 음절 첫소리와 합쳐서 [ㅋ, ㅌ, ㅊ]으로 발음한다. 예 좋던[조:턴], 많고[만:코], 닳지[달치]

• 모음 축약

모음 축약	ㅏ, ㅓ, ㅗ + ㅣ → ㅐ, ㅔ, ㅚ ㅣ + ㅓ, ㅗ, ㅐ → ㅕ, ㅛ, ㅒ 예 오+아서 → 와서, 두+었다 → 뒀다 뜨+이다 → [띄다], 되+어 → 돼 싸이어 → 쌔어/싸여, 보이어 → 뵈어/보여 쏘이어 → 쐬어/쏘여, 누이어 → 뉘어/누여

2 단어

1 형태소

일정한 뜻을 가진 가장 작은 말의 단위

자립성의 유무에 따라	자립 형태소	홀로 쓰일 수 있는 형태소
		명사(의존명사 포함), 대명사, 수사, 관형사, 부사, 감탄사
	의존 형태소	홀로 쓰일 수 없으며, 다른 형태소와 함께 쓰이는 형태소
		조사, 용언(동사·형용사)의 어간, 선어말 어미, 어말어미, 접사
실질적인 의미의 유무에 따라	실질 형태소	구체적인 대상·상태·동작을 나타내는 실질적인 의미를 지닌 형태소
		명사(의존명사 포함), 대명사, 수사, 관형사, 부사, 감탄사, 용언(동사·형용사)의 어간, 보조 용언의 어간
	형식 형태소	실질 형태소에 붙어서 문법적 관계나 형식적 의미를 더해 주는 형태소
		조사, 선어말 어미, 어말어미, 접사

2 단어

문장에서 자립할 수 있는 말 중에서 가장 작은 단위. 단, 조사는 자립할 수 없으나 단어로 봄.

1) 어근과 접사

① **어근**: 단어를 이루는 형태소 중에서 실질적인 의미를 나타내는 부분
예 '먹이'의 '먹-'

② **접사**: 어근에 붙어 뜻을 제한하는 요소
예 '풋사과'의 '풋-', '선생님'의 '-님'

2) 단어의 형성

① **단일어**: (어미를 제외한 부분이) 하나의 실질 형태소로 이루어진 단어 예 하늘, 바다, 매우, 푸르다

② **복합어**: 하나의 실질 형태소에 접사가 붙거나 두 개 이상의 실질 형태소가 결합된 말

합성어	어근과 어근의 결합으로 이루어진 단어 예 봄빛, 논밭, 높푸르다, 철들다, 이리저리
파생어	어근과 접사의 결합으로 이루어진 단어 예 햇밤, 풋사랑, 슬기롭다, 말썽꾸러기, 어른스럽다, 사랑하다, 먹히다

3) 합성어의 종류

단어 배열법	통사적 합성어	우리말의 일반적 단어 배열과 같은 유형의 합성어이다. • 명사 + 명사 예 돌다리, 손발, 밤낮, 책장 • 관형어(용언의 관형형) + 명사 예 새마을, 작은집, 새해 • 주어 / 목적어 / 부사어 + 서술어(조사 생략) 예 손쉽다 (손이 쉽다), 본받다 (본을 받다) • 용언 어근 + 아/어(연결 어미) + 용언 어근 예 넘어가다, 돌아가다
	비통사적 합성어	일반적인 우리말의 통사적 구성 방법과 어긋나는 방법으로 형성된 것을 말한다. • 용언 어간 + 명사 예 덮밥(덮은 밥), 늦잠(늦은 잠), 접칼(접은 칼) • 부사+명사 예 부슬비, 산들바람, 척척박사 • 어간+어간 예 굶주리다, 오르내리다, 날뛰다, 여닫다, 우짖다, 검푸르다, 굳세다

의미 관계	대등합성어	어근과 어근이 대등한 의미 관계로 결합한 합성어 예 논밭, 남녀
	종속합성어	한쪽의 어근이 다른 한쪽의 어근에 의미적으로 매여서 결합된 합성어 예 꽃밭, 뛰어가다
	융합합성어	원래의 의미를 잃어버리고 새로운 의미를 갖게 된 합성어 예 밤낮(늘), 돌아가시다(죽다)

4) 파생어

접두사에 의한 파생어	특정한 뜻을 더하거나 강조하면서, 즉 뜻을 한정하는 의미적 기능(한정적 접사)을 하면서 새로운 말을 만들어 낸다. 접두사는 접미사에 비해서 그 숫자가 상대적으로 적다. 그 분포에 있어서도 명사, 동사, 형용사에만 존재하고 있다. 예 군소리, 날고기, 맨손, 돌배, 한겨울 → (접두사 + 명사) 짓누르다, 엿보다, 치솟다 → (접두사 + 동사) 새까맣다, 얄밉다, 드높다 → (접두사 + 형용사)
접미사에 의한 파생어	뜻을 더하는 의미적 기능뿐만 아니라 어근의 품사를 바꾸는 문법적 기능도 하면서 새로운 말을 만들어 낸다. 접미사는 접두사에 비해 숫자에 있어서 뿐만 아니라, 그 분포에 있어서도 매우 다양하다. 접미사가 붙어서 파생어가 되는 품사 유형은 명사, 대명사, 수사, 동사, 형용사, 부사, 조사 등 매우 다양하다. 예 놀이 : 놀- + -이 : 놀다(동사) → 놀이(명사) 달리기 : 달리- + -기 : 달리다(동사) → 달리기(명사) 지우개 : 지우- + -개 : 지우다(동사) → 지우개(명사) 개구리 : 개굴- + -이 : 개굴(부사) → 개구리(명사) 오르막 : 오르- + -막 : 오르다(동사) → 오르막(명사)

5) 품사

성질이 공통된 것끼리 모아 분류해 놓은 단어의 각 갈래

형태	기능	의미	개념
불변어	체언	명사	사람이나 사물, 장소 등의 이름을 나타내는 말
		대명사	사람이나 사물, 장소 등의 이름을 대신하여 가리키는 말
		수사	주로 사물의 수량이나 순서를 나타내는 말
	관계언	조사	체언이나 부사 따위에 붙어 그 말과 다른 말과의 문법적 관계를 표시하거나 그 말의 뜻을 도와주는 말 (단, 서술격 조사는 가변어)
	독립언	감탄사	말하는 이의 놀람이나 느낌, 부름, 응답 따위를 나타내는 말

불변어	수식언	관형사	주로 체언 앞에 놓여 체언을 자세하게 꾸며 주는 말
		부사	주로 용언 앞에 놓여 용언을 자세하게 꾸며 주는 말
가변어	용언	동사	사람이나 사물 따위의 움직임을 나타내는 말
		형용사	사람이나 사물 따위의 성질이나 상태를 나타내는 말

① 체언: 문장에서 주로 주체의 기능을 하는 단어

명사	① 구체적인 대상이나 추상적인 대상의 이름을 나타내는 단어 예 사람, 한라산, 학교, 사랑, 아파트, 그루 ② 자립성에 따라 '자립명사, 의존명사', 사용 범위에 따라 '고유명사, 보통명사', 대상의 구체성 정도에 따라 '구체명사, 추상명사' 등으로 분류하여 설명하기도 함.
대명사	① 어떤 대상이나 사물, 장소 등의 이름을 대신하여 가리키는 단어 ② 사람을 표시하는 인칭 대명사와 사물이나 장소를 나타내는 지시 대명사가 있음. 예 인칭 대명사: 나, 그녀, 우리 예 지시 대명사: 이것, 저기, 그곳
수사	① 사물의 수량이나 순서를 나타내는 단어 ② 대상이나 수량을 세는 양수사와 순서를 가리키는 서수사가 있음. 예 양수사: 하나, 둘, 일, 이 예 서수사: 첫째, 둘째, 제일, 제이

② 용언: 문장에서 주어의 동작이나 작용, 상태나 성질 등을 나타내는 단어

동사	① 사물이나 사람의 동작이나 작용을 나타내는 단어 ② 동작이나 작용이 그 주어와만 관련되는 자동사, 움직임이 주어 이외에 목적어와도 관련되는 타동사가 있음. 예 자동사: 솟다, 일어나다 / 타동사: 보다, 찾다, 먹다
형용사	① 사물이나 사람의 성질이나 상태를 나타내는 단어 ② 성질이나 상태를 나타내는 성상 형용사, 성상 형용사의 의미를 대신 가리키는 지시 형용사가 있음. 예 성상 형용사: 아름답다, 붉다, 크다 예 지시 형용사: 이러하다, 그러하다

③ 수식언: 문장에서 다른 말을 꾸며 주는 구실을 하는 단어

관형사	① 체언을 꾸며 주는 구실을 하는 단어 ② 체언의 성질이나 상태를 제한하는 성상 관형사, 대상을 가리키는 지시 관형사, 사물의 수량이나 순서를 표시하는 수 관형사가 있음. 예 성상 관형사: 새, 헌, 옛, 맨 예 지시 관형사: 이, 그, 저, 고, 이런, 그런, 저런 예 수 관형사: 한, 두, 세/서/석, 여러, 모든
부사	① 용언이나 문장을 꾸며 주는 구실을 하는 단어 예 너무, 활짝, 매우 ② 관형사나 다른 부사를 꾸미기도 하고 드물게 명사를 꾸미기도 함. 예 너무 헌 옷, 아주 높이, 바로 뒤 ③ 비교적 어순이 자유로움. 예 어서 학교에 가라 / 학교에 어서 가라 ④ 특정 문장 성분을 꾸미는 성분 부사와 문장 전체를 꾸며 주는 문장 부사가 있음. 예 성분 부사: 배가 너무 아파서 화장실로 빨리 뛰어갔다. 예 문장 부사: 과연 그게 사실일까? / 제발 비가 왔으면 좋겠다.

④ 관계언: 다른 단어의 뒤에 붙어서 문법적 관계를 표시하거나 특별한 의미를 더해 주는 단어

조사	① 자립성이 없으므로 자립성이 있는 말 뒤에 붙어서 나타남. ② 조사는 쓰임에 따라 격조사, 보조사, 접속조사가 있음. ㉠ 격조사: 앞에 오는 체언이 문장 안에서 일정한 자격을 갖도록 하는 조사로, 주격 / 서술격 / 목적격 / 보격 / 관형격 / 부사격 / 호격 조사가 있음. 예 이/가, 께서, 이다, 을/를, 의, 에, 에서, (으)로, 아/야 ㉡ 보조사: 앞말에 특별한 의미를 더해 주는 조사로, 격조사와 달리 생략되지 않으며 다양한 문장 성분과 결합할 수 있음. 예 은/는(대조), 만(단독), 도(포함) ㉢ 접속조사: 두 단어를 같은 자격으로 이어 주는 구실을 함. 예 와/과, 하고

⑤ 독립언: 다른 문장 성분과 문법적 관계를 맺지 않고 독립성을 가지는 단어

감탄사	① 놀람, 느낌, 부름, 대답 등을 나타내는 말로 다른 말과 떨어져 홀로 쓰일 수 있음. 예 앗, 와, 얼씨구, 오호, 야, 네 ② 문장의 다른 요소들과 특별한 관계를 맺지 않는 독립적인 요소를 나타내기 위해 감탄사 뒤에는 흔히 반점(,)이나 느낌표(!)를 찍음.

3 문장

우리의 생각이나 감정을 완결된 내용으로 표현하는 기본 단위

1 문장 성분

문장은 문장 안에서 일정한 문법적 기능을 하는 부분들로 이루어진다. 이러한 각 부분들을 문장 성분이라고 한다. 문장 성분은 문장을 이루는 데 골격이 되는 주성분, 주로 주성분의 내용을 수식하는 부속 성분, 다른 문장 성분과는 직접적인 관련이 없는 독립 성분으로 나뉜다. 주성분에는 서술어, 주어, 목적어, 보어가 있고, 부속 성분에는 관형어, 부사어가 있으며, 독립 성분에는 독립어가 있다.

서술어	주어의 동작, 상태, 성질 따위를 풀이하는 기능을 하는 문장 성분 ㉮ 동사, 형용사, 체언 + 서술격 조사의 구조 ㉯ 그 성격에 따라 필요로 하는 문장 성분의 개수가 다름. ㉠ 한 자리 서술어: 주어만을 필요로 하는 서술어 ㉡ 두 자리 서술어: 주어 외에 목적어, 부사어, 보어를 필수적으로 요구하는 서술어 ㉢ 세 자리 서술어: 주어, 목적어, 부사어를 필수적으로 요구하는 서술어 **한 자리 서술어**: • 새가 날아간다. • 꽃이 예쁘다. • 그는 학생이다. **두 자리 서술어**: • 우정은 보석과 같다. • 그는 연극을 보았다. • 차가 벽에 부딪쳤다. • 물이 얼음이 되었다. **세 자리 서술어**: • 할아버지께서는 우리들에게 세뱃돈을 주셨다.
주어	동작, 상태, 성질의 주체가 되는 문장 성분 ㉮ 체언 + 주격 조사(이/가, 께서, 에서), 체언 + 보조사 예 • 정부에서 실직자들을 위한 적절한 대책을 마련 중이다. → 단체 무정 명사일 경우 '에서' 결합 • 철수가 등산을 좋아한다. → 주격 조사 '이/가' 결합 • 철수는 등산을 좋아한다. → 보조사 '은/는' 결합 • 철수만이 등산을 좋아한다. → 보조사 + 주격 조사 결합 • 선생님께서 오라고 하셨어. → 주격 조사 '께서' 결합

목적어	서술어(타동사)의 동작 대상이 되는 문장 성분 – 체언 + 목적격 조사(을/를), 체언 + 보조사 예 • 나는 과일을 좋아해. • 난 과일 좋아해. • 나는 과일도 좋아해.
보어	'되다, 아니다'의 필수 성분으로 기능하는 문장 성분 – 체언 + 보격 조사 (이/가) 예 • 그는 학생이 아니다. • 어느덧 봄이 되었습니다. • 물이 얼음이 되었다.
관형어	체언을 수식하는 문장 성분 – 용언의 관형사형(–는, –(으)ㄴ, –(으)ㄹ, –던), 체언 + 관형격 조사(의) 예 • 아기가 새 옷을 입었다. • 그녀는 내가 사랑하는 사람이다. • 그녀의 자식 사랑은 끝이 없다. • 소녀는 시골(의) 풍경을 좋아한다.
부사어	용언, 관형어, 부사어 등을 수식하는 문장 성분 – 부사, 체언 + 부사격 조사, 용언의 부사형 예 • 코스모스가 참 예쁘다. (성분 부사어) • 모름지기 청년은 꿈을 가져야 한다. (문장 부사어) • 그러나 아주 희망이 사라진 것은 아니다. (접속 부사어) • 나는 철수보다 잘 생겼다. • 네가 먹고 싶은 만큼 먹어라. • 순이가 아무 소리 없이 흐느낀다.
독립어	문장의 어느 성분과도 직접적인 관련이 없는 문장 성분 – 감탄사, 체언 + 호격 조사(아, 이여) 예 • 야! 드디어 우리들이 기다리던 소풍날이 왔다. • 신이시여, 우리에게 은총을 내리소서. • 청춘, 이는 듣기만 하여도 가슴이 설레는 말이다.

2 문장의 짜임

홑문장	주어와 서술어의 관계가 한 번만 나타나는 문장 절이 아닌 관형어나 부사어, 독립어는 아무런 영향을 끼치지 않음. 예 • 꽃이 예쁘다. • 꽃이 피었다.
겹문장	주어와 서술어의 관계가 두 번 이상 나타나는 문장 다른 문장을 절의 형식으로 안고 있는 '안은 문장'과 둘 이상의 홑문장들이 이어진 '이어진 문장'으로 나뉨. 예 • 꽃이 예쁘다. + 꽃이 피었다. → 예쁜 꽃이 피었다. (관형절을 안은 문장) • 이것은 장미꽃이고, 저것은 국화꽃이야. (대등하게 이어진 문장)

3 겹문장의 종류

1) 안은 문장과 안긴 문장 : 다른 문장 속에 들어가 하나의 성분처럼 쓰이는 홑문장을 안긴 문장이라고 하며, 이 홑문장을 포함한 문장을 안은 문장이라고 한다.

명사절을 안은 문장	명사형 어미 '-(으)ㅁ, -기'와 '것' 등이 붙어 만들어진 명사절(안긴 문장)이 문장(안은 문장) 안에서 주어, 목적어, 부사어 등의 기능을 한다. 예 • 그가 정당했음이 사실로 밝혀졌다. • 우리는 그가 정당했음을 깨달았다. • 지금은 집에 가기에 이른 시간이다.
관형절을 안은 문장	관형사형 어미 '-(으)ㄴ, -는, -(으)ㄹ, -던' 등이 붙어 만들어진 관형절(안긴 문장)이 문장(안은 문장)에서 관형어의 역할을 한다. 예 이 책은 내가 (읽은 / 읽는 / 읽을 / 읽던) 책이다.
부사절을 안은 문장	부사형 어미 '-이, -게, -도록, -(아/어)서' 등이 붙어 만들어진 부사절(안긴 문장)이 문장(안은 문장) 안에서 부사어의 기능을 한다. 예 • 그는 아는 것도 없이 잘난 척을 한다. • 그 곳은 그림이 아름답게 장식되었다. • 철수는 발에 땀이 나도록 뛰었다. • 길이 비가 와서 질다.
서술절을 안은 문장	절 전체가 서술어의 기능을 하는 문장으로, 주어가 두 개 있는 것처럼 보이는 문장에서 앞의 주어를 제외한 부분이 서술절이다. 예 정아가 얼굴이 예쁘다.
인용절을 안은 문장	다른 사람의 말을 인용한 것을 절의 형식으로 안고 있는 문장이다. 예 • 기환은 당황한 어조로 "무슨 일이지?"라고 말하였다. (직접 인용절) • 그 사람은 자기가 학생이라고 주장하였다. (간접 인용절)

2) 이어진 문장 : 두 개 이상의 홑문장이 연결 어미에 의해서 이어진 전체 문장을 말한다.

대등하게 이어진 문장	두 문장이 대등적 연결 어미 '-고, -(으)며, -든지'(나열)와 '-지만, -(으)나'(대조) 등에 의해 대등하게 이어진 문장 예 • 인생은 짧고, 예술은 길다. (나열) • 눈이 내리지만, 날씨가 춥지는 않다. (대조)
종속적으로 이어진 문장	두 문장이 종속적 연결 어미 '-(아/어)서'(원인), '-(으)면'(조건), '-(으)려고'(의도), '-는데'(배경), '-(으)ㄹ지라도'(양보) 등에 의해 종속적으로 이어진 문장 예 • 비가 와서, 길이 질다. (원인) • 근로자가 없으면, 기업도 없다. (조건) • 산에 가려고, 우리는 아침 일찍 일어났다. (의도) • 내가 집에 가는데, 저쪽에서 누군가 달려왔다. (배경) • 설령 비가 올지라도, 우리는 어김없이 출발한다. (양보)

4 문법 요소

1 문장의 종결 표현

	뜻	예
평서문	말하는 이가 듣는 이에게 특별히 요구하는 바 없이, 하고 싶은 말을 단순하게 진술하는 문장	지구는 태양 주위를 돈다.

의문문	말하는 이가 듣는 이에게 질문을 하여 대답을 요구하는 문장	• 이 식물의 특성은 무엇이지요? (설명 의문문) • 오늘 오후에 시간 있으세요? (판정 의문문) • 누가 이순신 장군을 모르겠니? • 그렇게만 되면 얼마나 좋을까? • 추우니까 문 좀 닫아 주겠니? (수사 의문문)
명령문	화자가 청자에게 어떤 행동을 하도록 강하게 요구하는 문장 주어는 항상 청자가 되어야 하며, 서술어로는 동사만 올 수 있음.	날씨가 추울 테니 (너는) 옷을 입어라.
청유문	화자가 청자에게 어떤 행동을 함께 하도록 요청하는 문장 주어는 화자가 함께 포함되어야 하며, 서술어로는 동사만 올 수 있음.	자, (우리) 함께 집에 가자.
감탄문	말하는 이가 듣는 이를 별로 의식하지 않거나 거의 독백하는 상태에서 자기의 느낌을 표현하는 문장	꽃이 참 아름답구나.

2 높임 표현

주체 높임법

서술의 주체를 높이는 방법으로, 화자보다 서술의 주체가 나이나 사회적 지위 등에서 상위자일 때 사용한다. 선어말 어미 '-(으)시-', 주격 조사 '께서', 접사 '-님' 등이 붙어 실현된다. 또한 '계시다, 잡수시다' 등의 일부 특수 어휘를 통해 실현되기도 한다.

① 직접 높임: 화자가 주어를 직접 높이는 표현

예 • 아버지가 오신다. / 아버지께서 오신다.
아버님께서 오신다.
• 아버지께서는 안방에 계신다.

② 간접 높임: 높여야 할 주체와 관련된 대상을 통하여 주체를 간접적으로 높이는 표현

예 • 선생님의 말씀이 있으시겠습니다.
• 할머니께서는 귀가 밝으십니다.

객체 높임법

목적어나 부사어가 지시하는 대상, 즉 서술의 객체를 높이는 방법으로, '모시다, 드리다'와 같은 특수한 어휘나 부사격 조사 '께'를 통해 실현된다.

① 특수 어휘(동사) '모시다, 드리다'

예 나는 아버지를 모시고 병원으로 갔다

② 조사 '께'

예 나는 선생님께 과일을 드렸다.

상대 높임법

화자가 청자에 대하여 높이거나 낮추어 말하는 방법으로, 국어의 높임법 가운데 가장 발달되어 있으며, 종결 표현으로 실현된다.

		평서법	의문법	명령법	청유법	감탄법
격식체	하십시오체 (가장 높임)	가십니다	가십니까?	가십시오	(가시지요)	-
	하오체 (많이 높임)	가(시)오	가(시)오?	가(시)오, 가구려	갑시다	가는구려
	하게체 (조금 높임)	가네, 감세	가는가? 가나?	가게	가세	가는구먼
	해라체	간다	가냐? 가니?	가(거)라, 가렴, 가려무나	가자	가는구나
비격식체	해요체 (두루 높임)	가요	가요?	가(세/셔)요	가(세/셔)요	가(세/셔)요
	해체 (반말)	가, 가지	가? 가지?	가, 가지	가, 가지	가, 가지

3 시간 표현

시간을 나타내기 위한 언어 표현

① 발화시 : 화자가 말하는 시점

② 사건시 : 동작이나 사건이 일어나는 시점

<table>
<tr><td>과거 시제</td><td>사건시가 발화시보다 앞서 있는 시제
– 실현 방법
㉠ 선어말 어미 : '–았/었–' (–았었/었었–) / '–더–'
㉡ 관형사형 어미 : 동사(–(으)ㄴ), 형용사(–던), 서술격 조사
㉢ 시간 부사어 : 예 어제, 옛날
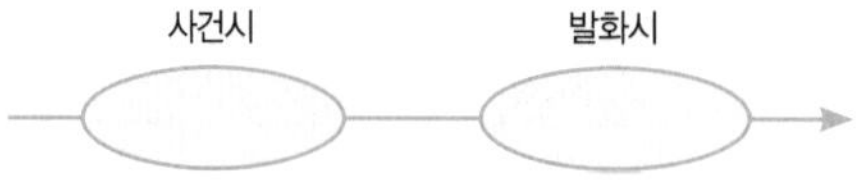

예 • 나는 어제 그 영화를 보았다.
• 그 해 겨울 밤은 정말 포근하게 느껴졌었지.
• 철수가 어제 도서관에서 공부하더라.
• 아까 네가 먹은 우유는 유통기한이 지난 거야.
• 그렇게 예쁘던 순희가 지금 이렇게 변했다니.</td></tr>
<tr><td>현재 시제</td><td>발화시와 사건시가 일치하는 시제
– 실현 방법
㉠ 선어말 어미 : 동사(–는/ㄴ–), 형용사,
서술격 조사(Ø 영형태)
㉡ 관형사형 어미 : 동사(–는), '형용사(–(으)ㄴ)',
서술격 조사
㉢ 시간 부사어 : 예 지금, 오늘
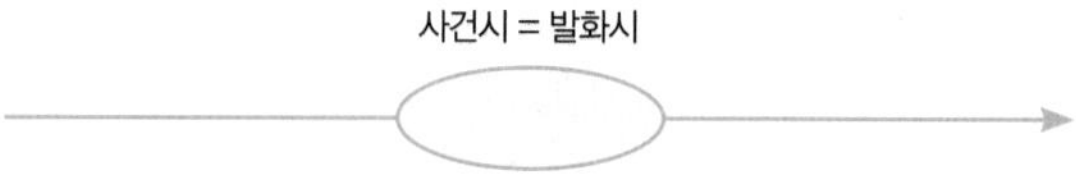

예 • 아이들이 운동장에서 공을 찬다. / 공을 차는 아이
• 우리 아기 잘도 자는구나. / 잠을 자는 아기
• 영희는 참 아름답다. / 참 아름다운 영희
• 철수는 학생이다. / 학생인 철수</td></tr>
<tr><td>미래 시제</td><td>사건시가 발화시보다 나중인 시제
– 실현 방법
㉠ 선어말 어미 : '–겠–' / '–으리–'
cf. '–겠–'은 추측, 의지, 가능성 등을 표현하기도 함.
㉡ 관형사형 어미 : '–(으)ㄹ'
㉢ 관형사형 어미 + 의존명사 : '–(으)ㄹ 것이–'
㉣ 시간 부사어 : 예 내일
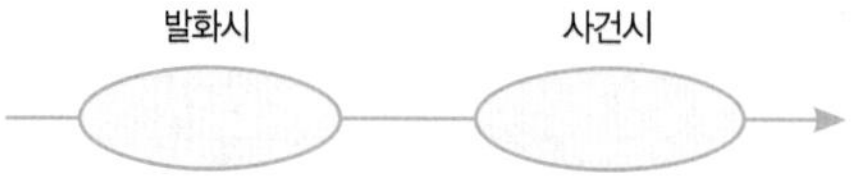

예 • 내일 오겠습니다. / 내일 다시 오리다.
• 몇 시간 후면 떠날 사람이 도대체 어디를 돌아다니는 거야.
• 계획대로 했으면 그 일을 이루어 냈을 것입니다.
• 내일은 비가 오겠다. (추측) / 그 일은 제가 꼭 하겠습니다. (의지)</td></tr>
</table>

참고 '-겠-'의 쓰임

① 미래 시제 표현
  예 내일은 이 일을 꼭 끝내겠다.
② 양태적 의미 표현
  • 추측: 예 내일도 비가 오겠다.
  • 의지: 예 내가 먼저 가겠다.
  • 가능성: 예 나도 그것은 알겠다.
③ 현재의 사건 추측
  예 지금은 고향에도 벚꽃이 피겠다.
④ 과거의 사건 추측
  예 고향에는 벌써 살구꽃이 피었겠다.

4 동작상

발화시를 기준으로 동작이 일어나는 모습을 표현

㉮ 동작상 표현의 범주

㉠ 완료상: -어 버리다(보조 용언), -고서(연결 어미)

㉡ 미완료상

ⓐ 진행상: -고 있다, -어 가다(보조 용언), -으면서(연결 어미)

ⓑ 예정상: -게 되다, -게 하다(보조 용언), -려고, -고자, -러(연결 어미)

예
- 영이는 밥을 다 먹어 버렸다. (완료상)
- 그는 이미 자고 있었다. (진행상)
- 그녀는 밥을 다 먹고서 집을 나섰다. (완료상)
- 운동장에서 많은 학생들이 놀고 있다. (진행상)
- 영이는 밥을 다 먹어 간다. (진행상)
- 그녀는 얼굴에 웃음을 지으면서 대답하였다. (진행상)

5 피동 표현

① 능동 표현: 주어가 동작을 제 힘으로 하는 것

② 피동 표현: 주어가 다른 주체에 의해서 동작을 입는 것

㉮ **파생적 피동문**: 능동사 어간 + 피동 접사 (-이/히/리/기/되-)
- 능동문: 주어 + 목적어 + 타동사 예 그는 나를 잡았다.
- 피동문: 주어 + 부사어 + 피동사 예 내가 그에게 잡혔다.

㉯ **통사적 피동문**: -게 되다, -어지다
- 능동문: 주어 + 목적어 + 타동사 예 그가 진실을 밝혔다.
- 피동문: 주어 + 부사어 + 어간 + '-어지다/-게 되다'
  예 진실이 그에 의해 밝혀졌다.

참고 잘못된 피동의 사용

- 이런 곳에서 내가 생활한다는 것이 믿겨지지 않는다. → 믿어지지
- 손에 들려져 있어야 할 물건이 보이지 않았다. → 들고
- 열려져 있는 창문으로 모기가 들어왔네. → 열려

⇒ 불필요한 피동 표현이 쓰이고 있다.

6 사동 표현

① 주동 표현: 주어가 직접 동작을 하는 것

② 사동 표현: 주어가 남에게 동작을 하도록 시키는 것

㉮ **파생적 사동문**: 주동사 어간 + 파생 접사(-이-/-히-/-리-/-기-/-우-/-구-/-추-)

㉠ 자동사 · 형용사
- 주동문: 주어 + 자동사 예 얼음이 녹다.
- 사동문: 주어 + 목적어 + 사동사 예 철수가 얼음을 녹이다.

㉡ 타동사

• 주동문 : 주어 + 목적어 + 타동사 예 그가 책을 읽는다.

• 사동문 : 주어 + 부사어 + 목적어 + 사동사 예 내가 그에게 책을 읽혔다.

㉯ **통사적 사동문 :** 연결 어미(-게) + 보조 용언(하다)

• 얼음이 녹는다.
→ (난롯불이) 얼음을 녹인다. (주어 → 목적어)
→ (난롯불이) 얼음을 녹게 한다. (주어 → 목적어)

• 담이 높다.
→ (아저씨가) 담을 높인다. (주어 → 목적어)
→ (아저씨가) 담을 높게 한다. (주어 → 목적어)

• 철수가 짐을 졌다.
→ (아버지가) 철수에게 짐을 지웠다. (주어 → 부사어)
→ (아버지가) 철수에게 짐을 지게 한다. (주어 → 부사어)

㉰ **파생적 사동문과 통사적 사동문의 의미 차이 구분하기**

• 파생적 사동문에서는 직접, 간접 행동이 모두 나타날 수 있는데, 통사적 사동문의 경우에는 주어의 간접 행위만 나타난다.

7 부정 표현

① **의미에 따라**

㉮ 의지 부정 : 부정 부사 '안', 부정 용언 '아니하다' 사용

예 • 철수가 밥을 안 먹는다.
• 철수가 밥을 먹지 않는다. (먹기 싫어서)

㉯ 능력 부정 : 부정 부사 '못', 부정 용언 '못하다' 사용

예 • 철수가 밥을 못 먹는다.
• 철수가 밥을 먹지 못한다. (몸이 아파서)

② **길이에 따라**

㉮ 짧은 부정문 : 부정 부사 '안, 못'에 의한 것

예 • 나는 그를 못 만났다. (능력)
• 나는 그를 안 만났다. (의지)

㉯ 긴 부정문 : 부정 용언 '아니하다, 못하다'에 의한 것

예 • 나는 그를 만나지 못했다.
• 나는 그를 만나지 않았다.

참고 명령문과 청유문에서의 긴 부정문

명령문과 청유문에서의 긴 부정문은 '마/마라', '말자'를 사용한다.
예 그를 만나지 마라. (명령문) / 그를 만나지 말자. (청유문)

음운

01

㉠~㉢의 예로 모두 적절한 것은?

> 음운의 변동에는 한 음운이 다른 음운으로 바뀌는 ㉠교체, 한 음운이 단순히 없어지는 ㉡탈락, 새로운 음운이 덧붙는 ㉢첨가, 두 음운이 결합하여 제3의 음운으로 줄어드는 축약이 있다.

	㉠	㉡	㉢
①	권력	외곬	솜이불
②	국물	여덟	생산량
③	국밥	않는	예사말
④	절약	닭아	신여성

02

㉠~㉢에 해당하는 예로 적절하지 않은 것은?

〈조건〉

> 단모음으로 끝나는 어간과 단모음으로 시작하는 어미가 결합하면 모음의 변동이 자주 일어난다. 그 결과 ㉠두 개의 단모음 중 하나가 없어지기도 하고, ㉡두 개의 단모음이 합쳐져 이중모음이 되기도 하며, ㉢단모음 사이에 반모음이 첨가되기도 한다.

① ㉠: 배우+어 → [배워]
② ㉡: 오+아서 → [와서]
③ ㉡: 살피+어 → [살펴]
④ ㉢: 피+어 → [피여]

03

〈보기〉의 ㉠에 들어갈 설명으로 가장 적절한 것은?

〈보기〉

> 한 단어 내에서 음운의 변동은 한 가지만 나타나지 않고 여러 유형이 나타날 수도 있다. '넓적하다[넙쩌카다]'와 '삯일[상닐]'에 일어나는 음운 변동의 공통점과 차이점을 비교해 설명하면 다음과 같다.
>
> ㉠

① '넓적하다'와 '삯일' 모두 음운의 첨가 현상이 일어난다.
② '넓적하다'는 '삯일'과 달리 세 번의 음운 변동이 일어난다.
③ '넓적하다'와 '삯일' 모두 음운의 교체와 탈락 현상이 일어난다.
④ '넓적하다'와 달리 '삯일'은 음운 변동이 일어나기 전보다 음운의 수가 줄어든다.

04

㉠~㉢에서 설명하는 음운 변동의 예가 바르게 짝지어진 것은?

〈보기〉

> ㉠ 한 음운이 다른 음운으로 바뀌는 음운 변동
> ㉡ 한 음운이 탈락하여 없어지는 음운 변동
> ㉢ 두 개의 음운이 결합하여 제3의 음운으로 줄어드는 음운 변동

	㉠	㉡	㉢
①	달+님[달림]	크+어[커]	밭+이[바치]
②	국+밥[국빱]	삶+도[삼도]	닳+지[달치]
③	밥+만[밤만]	가+아서[가서]	젊+다[점따]
④	솜+이불[솜니불]	쌓+고[싸코]	입+학[이팍]

05

〈보기〉는 국어의 단모음 체계이다. 이에 대한 설명으로 가장 적절한 것은?

혀의 앞뒤	전설 모음		후설 모음	
입술 모양 / 혀의 높이	평순 모음	원순 모음	평순 모음	원순 모음
고모음	ㅣ	ㅟ	ㅡ	ㅜ
중모음	ㅔ	ㅚ	ㅓ	ㅗ
저모음	ㅐ		ㅏ	

① '오똑이〉오뚝이'는 혀의 높낮이가 바뀌는 변화에 해당한다.
② '믈〉물'은 혀의 앞뒤와 입술 모양이 바뀌는 변화에 해당한다.
③ '오똑이〉오뚝이'는 혀의 높낮이가 바뀐다는 점에서 '블〉불'과 같다.
④ '믈〉물'은 입술 모양이 바뀐다는 점에서 '깡총깡총〉깡충깡충'과 같다.

단어

06

㉠, ㉡의 예로 적절하게 묶인 것은?

> 어근에 접미사가 결합된 파생어는 표기 양상에 따라 두 가지로 나눌 수 있다. 하나는 ㉠어근의 원형을 그대로 밝혀서 표기하는 경우이다. '길이, 높이' 등이 여기에 속한다. 이 단어들의 어근 '길-, 높-'은 접미사와 분리되어 그 원형이 표기되었다. 다른 하나는 ㉡어근의 원형을 그대로 밝히지 않는 경우이다. 예컨대 '너머, 마감' 등이 그러하다. 이 단어들의 어근 '넘-, 막-'은 따로 밝히지 않고 연철시켜 버렸다.

	㉠	㉡
①	만듦	얼음
②	쇠붙이	주검
③	무덤	마개
④	마중	다듬이

07

㉠, ㉡의 예로 적절하게 묶인 것은?

> 어근에 접미사가 결합된 파생어는 표기 양상에 따라 두 가지로 나눌 수 있다. 하나는 ㉠어근의 원형을 그대로 밝혀서 표기하는 경우이다. '길이, 높이' 등이 여기에 속한다. 이 단어들의 어근 '길-, 높-'은 접미사와 분리되어 그 원형이 표기되었다. 다른 하나는 ㉡어근의 원형을 그대로 밝히지 않는 경우이다. 예컨대 '너머, 마감' 등이 그러하다. 이 단어들의 어근 '넘-, 막-'은 따로 밝히지 않고 연철시켜 버렸다.

	㉠	㉡
①	만듦	얼음
②	마중	마개
③	땀받이	올가미
④	까마귀	다듬이

08

㉠~㉣의 설명으로 적절하지 않은 것은?

> • 철수는 ㉠새 옷을 입었다.
> • ㉡이 새 책은 누구의 것이냐?
> • 자동차가 ㉢빨리 달린다.
> • ㉣저리 잘 달리는 여성은 처음 본다.

① ㉠과 ㉡은 문장 성분이 같다.
② ㉡과 ㉢은 조사를 취할 수 있다.
③ ㉢과 ㉣은 활용을 할 수 없다.
④ ㉢과 ㉣은 품사가 동일하다.

09

㉠, ㉡의 예로 적절하게 묶인 것은?

> 국어의 조사 중에는 결합하는 앞말과 다른 말과의 관계를 표시하는 ㉠격 조사와 특별한 뜻을 더해 주는 ㉡보조사가 있다. 격 조사는 특정한 문장 성분에만 쓰인다. 가령, 주격 조사는 주어에, 목적격 조사는 목적어에 쓰인다. 반면 보조사는 하나의 문장 성분에만 쓰이는 것이 아니라 여러 문장 성분에 쓰일 수 있다.

	㉠	㉡
①	나는 사과와 배를 먹는다.	그는 드디어 대학생이 되었다.
②	이 가방은 철수의 것이다.	나는 친구에게 선물을 주었다.
③	이것은 연필이다.	철수가 국어는 좋아한다
④	우리 반에서 너까지 백점이다.	철수야, 빨리 와서 공부해라.

10

㉠~㉣의 용례로 적절하지 않은 것은?

> 부사는 꾸며 주는 대상이 매우 다양하다. ㉠용언을 꾸며 주기도 하고 ㉡관형사나 다른 부사를 꾸며 주기도 하고 ㉢문장이나 절을 꾸며 주기도 한다. 그리고 ㉣체언을 꾸밀 수도 있다.

① ㉠: 저 아이의 꽃이 매우 곱다.
② ㉡: 철수는 아주 헌 가방을 메고 있다.
③ ㉢: 엄청 빨리 가는 거북이도 토끼보다는 느리다.
④ ㉣: 그들은 많은 과일 중에 겨우 하나만 골랐다.

11

〈보기〉의 문장에서 ㉠, ㉡에 해당하는 단어로 바르게 짝지어진 것은?

〈보기〉

> 경주는 옛 모습을 간직하고 있는 도시이다.
>
> [어미 활용을 합니까?]
> ⇩ 예
> [다른 말과의 문법적 관계를 표시합니까?]
> ⇩ 예 → ㉠　　⇩ 아니요 → ㉡

	㉠	㉡
①	는	간직하고
②	이다	간직하고, 있는
③	는, 이다	옛, 간직하고, 있는
④	을, 이다	옛, 간직하고, 있는

12

〈보기〉의 내용을 참고할 때, 설명으로 적절하지 않은 것은?

〈보기〉

> 형태소는 의미를 가진 가장 작은 단위이다. 가령 '소리'는 더 이상 쪼개지지 않는 하나의 형태소이고, '먹었다'는 '먹-', '-었-', '-다'의 세 형태소로 나눌 수 있다. 단어는 자립하여 쓰일 수 있는 단위이다. '소리'는 자립할 수 있으므로 하나의 형태소이면서 동시에 하나의 단어가 된다. 반면 '먹었다'는 세 개의 형태소로 이루어졌지만, 이것들은 모두 자립하지 못하기 때문에 '먹었다' 전체가 하나의 단어가 된다. 단어 중에는 자립성을 가지지 않는 예외도 일부 존재하는데, 조사와 의존 명사가 대표적이다.

① 가을이: 2개의 형태소이면서 2개의 단어이다.
② 되어: '되-'와 '-어'가 결합한 1개의 단어이다.
③ 예쁘게: 1개의 형태소이면서 1개의 단어이다.
④ 물들었다: 4개의 형태소가 결합한 1개의 단어이다.

13

다음 ㉠~㉢에 해당하는 예가 모두 올바르게 짝지어진 것은?

> 합성어나 파생어는 어근과 접사의 결합 방식에 따라 좀 더 다양한 구조를 가질 수 있다. 어근과 접사가 셋 이상 결합하여 합성어나 파생어를 이룰 때 그러하다. 가령 합성어는 '어근'과 '어근+어근'이 결합된 것, ㉠'어근'과 '어근+접미사'가 결합된 것, ㉡'어근+접미사'와 '어근'이 결합된 것 등이 있을 수 있다. 또한 파생어도 ㉢'어근+어근'에 '접미사'가 결합된 것, '접두사+어근'에 '접미사'가 결합된 것 등이 있을 수 있다.

	㉠	㉡	㉢
①	찜질	병따개	나들이
②	나들이	찜질	볶음밥
③	병따개	볶음밥	나들이
④	찜질	볶음밥	병따개

14

〈보기〉는 조사의 의미를 학습하기 위한 자료의 일부이다. ㉠과 ㉡에 해당하는 예들이 올바르게 짝지어진 것은?

> 〈보기〉
> 격조사 '으로/로'는 다른 말과 결합하여 문장에서 주로 부사어로 기능하지만, 그 구체적인 의미는 ㉠'원인', '재료', '도구', '변화의 결과', ㉡'자격', '방향'과 같이 다양하다.

① ㉠: 작은 실수로 인해 큰 사고가 났다.
㉡: 얼음으로 조각 작품을 만들었다.
② ㉠: 아저씨는 붓으로 글씨를 쓰신다.
㉡: 우리는 그를 대표로 뽑았다.
③ ㉠: 그는 큰 소리로 떠들었다.
㉡: 물이 포도주로 변했다.
④ ㉠: 비 소리에 잠에서 깼다.
㉡: 그는 반장으로 회의에 참석했다.

문장

15

㉠~㉣의 문장 성분으로 적절하지 않은 것은?

> **영미**: ㉠수요일에 이 원피스를 샀는데 교환할 수 있나요?
> **점원**: ㉡네, 영수증이 있으시면 교환이 가능해요. 그런데 왜 교환하려고 하세요?
> **영미**: 어머니가 사셨는데 제 취향과 달라서요. ㉢다른 색은 뭐가 있어요?
> **점원**: 어떡하죠? ㉣이 디자인은 지금 초록색밖에 없어요.

① ㉠: 부사어
② ㉡: 독립어
③ ㉢: 서술어
④ ㉣: 관형어

16

㉠~㉣에 대한 설명으로 적절하지 않은 것은?

> **영미**: ㉠수요일에 이 원피스를 샀는데 교환할 수 있나요?
> **점원**: 네. 그런데 왜 교환하려고 하세요?
> **영미**: 어머니가 사셨는데 제 취향과 ㉡달라서요. 다른 색은 뭐가 있어요?
> **점원**: 어떡하죠? ㉢이 디자인은 지금 초록색밖에 없어요.
> **영미**: 그럼 딴 것으로 교환할 수 있어요?
> **점원**: ㉣그렇게 하세요.

① ㉠: 명사에 부사격 조사가 붙은 부사어이다.
② ㉡: 형용사 '다르다'를 활용한 서술어이다.
③ ㉢: 관형사이면서 관형어의 기능을 나타낸다.
④ ㉣: 지시대명사 '그'에 부사형 어미가 붙은 부사어이다.

17

'안은 문장'으로 묶인 것은?

> ㉠ 빨간 장미를 꺾었다.
> ㉡ 철수와 영호는 학교에서 만났다.
> ㉢ 그는 아무 준비 없이 집을 나갔다.
> ㉣ 철수는 혼자서 치킨을 다 먹어 버렸다.
> ㉤ 우리는 선생님께서 퇴근하셨다는 사실을 알았다.

① ㉠, ㉡, ㉣ ② ㉠, ㉢, ㉤
③ ㉡, ㉢, ㉣ ④ ㉡, ㉣, ㉤

18

〈보기〉의 조건을 모두 만족하는 문장은?

〈보기〉
- 명사절을 안고 있는 문장
- 안긴 문장 속에 서술어의 동작 대상이 되는 문장 성분을 포함한 문장

① 친구들은 철수가 여행 가기를 원한다.
② 나는 정수와 영희가 결혼한 사실을 몰랐다.
③ 부모님께서 기뻐하시게 선물을 사 드리고 싶다.
④ 철수는 사과를 좋아하고, 영희는 딸기를 좋아한다.

19

다음은 관형어의 종류와 예문이다. ㉠~㉣ 중 적절하지 <u>않은</u> 것은?

관형어의 종류	예문
첫째, 관형사가 그대로 관형어로 기능한다.	㉠＿＿＿＿.
둘째, ㉡＿＿＿＿.	그는 <u>도시의</u> 삶을 꿈꾼다.
셋째, 용언 어간에 관형사형 어미가 결합하면 관형어로 기능한다.	㉢＿＿＿＿.
넷째, ㉣＿＿＿＿.	그는 <u>우리</u> 학교 학생이다.

① ㉠: 철수가 <u>새</u> 옷을 입었다.
② ㉡: 체언에 관형격 조사가 결합되어 관형어로 기능한다.
③ ㉢: 그는 자기 일 밖의 <u>다른</u> 일에는 관심이 없다.
④ ㉣: 체언이 연속하는 구성일 때 선행 체언이 그대로 관형어로 기능한다.

20

㉢에 대한 설명과 해당 용례가 모두 바른 것은?

> 문장의 길이를 줄이거나 표현의 효과를 높이기 위해 두 홑문장을 하나의 겹문장으로 만들기도 한다. 이때 두 홑문장 중 특정 성분이 생략되기도 한다.
>
> ㉠아기가 곤히 잠을 잔다. + ㉡엄마가 아기를 안아 주었다.
> →㉢엄마가 곤히 잠을 자는 아기를 안아 주었다.

① ㉠이 ㉡에 명사절로 안기는 과정에서 ㉠의 목적어가 생략되었다.
예 내가 읽을 책이 책장에 가득하다.
② ㉠이 ㉡에 관형절로 안기는 과정에서 ㉠의 주어가 생략되었다.
예 향기가 좋은 꽃이 방안에 가득하다.
③ ㉠이 ㉡에 명사절로 안기는 과정에서 ㉠의 목적어가 생략되었다.
예 내가 태어난 그해에 그 일이 벌어졌다.
④ ㉠이 ㉡에 관형절로 안기는 과정에서 ㉠의 주어가 생략되었다.
예 내가 공부한 학교는 저 언덕 위에 있다.

정답 및 해설 p.287

21

㉠과 ㉡이 속한 문장 성분에 대한 설명으로 적절하지 않은 것은?

> • 그분께서 ㉠일본으로 출장을 가셨다.
> • 여기에는 ㉡우리가 좋아하는 그림이 많다.

① ㉠은 용언을 수식하는 부속 성분의 부사어이다.
② ㉡은 체언을 수식하는 부속 성분의 관형어이다.
③ ㉠과 ㉡은 한 자리 서술어에 필수적이지 않은 문장 성분이다.
④ ㉠과 달리 ㉡은 두 자리 서술어에 필수적인 경우가 있는 문장 성분이다.

문법 요소

22

〈보기〉에 따랐을 때, "아버지는 할머니께 선물을 드리셨다."는 문장의 높임 표현으로 적절한 것은?

〈 보기 〉

> 국어의 높임 표현은 주체, 상대(청자), 객체의 세 요소를 높이느냐 높이지 않느냐에 따라 결정된다. 각 요소를 높이는 경우를 '+'로 표시하고, 높이지 않는 경우를 '−'로 표시한다.

	[주체 높임]	[주체 높임]	[객체 높임]
①	+	+	+
②	+	−	+
③	−	+	−
④	−	−	−

23

㉠~㉢의 용례로 가장 적절한 것은?

> 우리말에서 높임 표현은 화자가 자기와 대상 사이 혹은 주체와 대상 사이의 관계에 따라 표현하는 것이 보통이다. 곧 원칙적으로 주체가 자기보다 높다고 생각하면 ㉠주체 높임을 쓰고 객체가 자기보다 높다고 생각하면 ㉡객체 높임을 쓰며 청자가 자기보다 높다고 생각하면 ㉢상대 높임의 높은 등급을 쓴다.

① ㉠: 그 분은 머리가 하얗게 세셨다.
② ㉡: 선생님, 다음에 또 들리겠습니다.
③ ㉡: 아버지께서 철수에게 용돈을 주셨습니다.
④ ㉢: 손님, 주문하신 상품은 품절이십니다.

24

〈보기〉의 ㉠, ㉡에 해당하는 용례로 적절한 것끼리 묶인 것은?

〈 보기 〉

> 한국어의 동작상에는 진행상과 완료상이 있다. ㉠진행상은 어떤 사건이 계속 이어지고 있음을 나타내고, 완료상은 어떤 사건이 끝났거나 끝난 후의 결과 상태가 지속되고 있음을 나타낸다. 그런데 경우에 따라 ㉡진행상으로 해석할 수도 있고, 완료상으로 해석할 수도 있는 문장이 있다.

① ㉠: 철수가 친구를 믿고 있다.
㉡: 철수가 물을 마시고 있다.
② ㉠: 영희가 밥을 먹고 있다.
㉡: 영희가 세수를 하고 있다.
③ ㉠: 민수가 양말을 신고 있다.
㉡: 민수가 운동장을 뛰고 있다.
④ ㉠: 창희가 소설을 읽고 있다.
㉡: 창희가 말을 타고 있다.

맞춤법, 올바른 문장, 국어사

25

㉠~㉢의 표준 발음을 설명할 수 있는 단어를 순서대로 나열한 것은?

> • 사이시옷이 붙는 단어의 표준 발음
> ㉠ 'ㄱ, ㄷ, ㅂ, ㅅ, ㅈ'으로 시작하는 단어 앞에 사이시옷이 올 때에는 이들 자음만을 된소리로 발음하는 것을 원칙으로 하되, 사이시옷을 [ㄷ]으로 발음하는 것도 허용한다.
> ㉡ 사이시옷 뒤에 'ㄴ, ㅁ'이 결합되는 경우에는 사이시옷을 [ㄴ]으로 발음한다.
> ㉢ 사이시옷 뒤에 '이' 음이 결합되는 경우에는 사이시옷을 [ㄴ]으로 발음하고 뒤의 '이' 음에 [ㄴ]을 첨가하여 발음한다.

① 만둣국, 아랫니, 뒷일
② 북엇국, 예삿말, 뒷윷
③ 고갯짓, 머릿말, 깻잎
④ 전셋방, 뱃머리, 깻잎

26

㉠~㉣에 대한 설명으로 적절하지 <u>않은</u> 것은?

〈보기〉

> ᄆᆞᆯᄀᆞᆫ ᄀᆞᄅᆞᆷ ᄒᆞᆫ ᄀᆞᄇᆡ ㉠<u>ᄆᆞᅀᆞᆯᄒᆞᆯ</u> 아나 흐르ᄂᆞ니
> 긴 ㉡<u>녀ᄅᆞᆷ</u> 강촌(江村)애 일마다 유심(幽深)ᄒᆞ도다
> 절로 가며 절로 ㉢<u>오ᄂᆞ닌</u> 집 우흿 져비오
> 서르 친(親)ᄒᆞ며 서르 갓갑ᄂᆞ닌 믌 ㉣<u>가온딧</u> ᄀᆞᆯ며기로다
>
> 맑은 강 한 굽이 마을을 안아 흐르니
> 긴 여름 강촌에 일마다 그윽하도다
> 절로 가며 절로 오는 것은 집 위의 제비요
> 서로 친하며 서로 가까운 것은 물 가운데의 갈매기로다

① ㉠: 중세 국어의 목적격 조사는 'ᄒᆞᆯ'의 형태였다.
② ㉡: '녀름'이 오늘날 '여름'으로 형태가 변했다.
③ ㉢: 중세 국어의 '이어 적기'를 확인할 수 있다.
④ ㉣: 중세 국어의 관형격 조사가 현대 국어와 달랐다.

27

〈보기〉를 바탕으로 중세 국어의 접속 조사에 대해 탐구한 내용으로 적절하지 <u>않은</u> 것은?

〈보기〉

> • 深山(심산)에 드러 果實(과실)와 믈와 좌시고
> (「월인석보」 권1)
> [현대어 풀이] 깊은 산에 들어가 과일과 물을 드시고
> • 입시울와 혀와 엄과 니왜 다 됴ᄒᆞ며
> (「석보상절」 권19)
> [현대어 풀이] 입술과 혀와 어금니와 이가 다 좋으며
> • 하ᄂᆞᆯ콰 ᄯᅡ콰 ᄉᆞᅀᅵ예
> (「두시언해」 권8)
> [현대어 풀이] 하늘과 땅의 사이에

① '니왜'를 보니 현대 국어에 쓰이지 않는 접속 조사가 사용되었군.
② '혀와', '엄과'를 보니 선행하는 체언에 따라서 접속 조사의 형태가 달리 사용되었군.
③ '믈와', 'ᄯᅡ콰'을 보니 중세 국어에서 체언이 나열될 때 접속 조사가 마지막 체언과 결합하기도 했군.
④ '하ᄂᆞᆯ콰'를 보니 접속 조사가 '하ᄂᆞᆯ'과 같은 ㅎ 종성 체언의 ㅎ과 결합한 형태로 실현되기도 하였군.

28

〈보기〉에 나타난 중세 국어의 특징을 분석한 내용으로 적절하지 않은 것은?

〈보기〉

孔子(공ᄌᆞ) ㅣ 曾子(증ᄌᆞ)ᄃᆞ려 닐러 ㉠ᄀᆞᆯᄋᆞ샤ᄃᆡ 몸이며 얼굴이며 머리털이며 ᄉᆞᆯᄒᆞᆫ 父母(부모)ᄭᅴ 받ᄌᆞ온 거시라 敢(감)히 헐워 샹ᄒᆡ오디 아니 홈이 효도㉡ᄋᆡ 비르소미오 몸을 셰워 道(도)를 行(ᄒᆡᆼ)ᄒᆞ야 ㉢일홈을 後世(후셰)예 베퍼 ㉣ᄡᅥ 父母(부모)ᄅᆞᆯ 현뎌케 홈이 효도ᄋᆡ ᄆᆞᄎᆞᆷ이니라

[현대어 풀이]

공자가 증자에게 일러 가로되, 몸이며 모습이며 머리털이며 살은 부모님께 받은 것이라 감히 헐어서 상하게 하지 아니함이 효도의 시작이요 몸을 세워 도를 행하여 이름을 후세에 베풀어 부모님을 드러나게 함이 효도의 마침이다.

① ㉠: '-시-'의 형태가 현대 국어와 달리 표현되었다.
② ㉡: 현대 국어의 관형격 조사와 차이가 있었다.
③ ㉢: 'ㅎ' 종성 체언이 사용되었다.
④ ㉣: 어두에 합용 병서가 사용되었다.

29

〈보기〉를 참고할 때, 이에 대한 설명으로 적절하지 않은 것은?

〈보기〉

중세 국어의 '돌(石)'은 'ㅎ'으로 끝나는 체언이었다. 이 단어가 홀로 쓰이거나 그 뒤에 조사 '이', '과'가 결합하면 각각 '돌, 돌히, 돌콰'와 같이 실현되었다.

① 중세 국어에는 현대 국어와 달리 'ㅎ'으로 끝나는 체언이 존재했다.
② 중세 국어의 'ㅎ'으로 끝나는 체언이 단독으로 쓰일 경우 'ㅎ'을 표기하였다.
③ 중세 국어의 'ㅎ'으로 끝나는 체언과 모음의 조사가 결합하면 'ㅎ'을 이어적기 하였다.
④ 중세 국어의 'ㅎ'으로 끝나는 체언과 'ㄱ'으로 시작하는 조사가 결합하면 음운 축약 현상이 일어났다.

정답 및 해설 p.287~288

01

ㄱ~ㄷ의 음운 현상을 설명하려고 할 때, 적절하지 않은 것은?

〈보기〉

ㄱ. 좋고 → [조코]
ㄴ. 햇빛이 → [핻삐치]
ㄷ. 꽃잎만 → [꼰님만]

① 파열음이 비음 앞에서 비음으로 동화된다.
② 인접한 두 자음이 합쳐져서 하나의 자음으로 줄어든다.
③ 예사소리끼리 만날 때, 뒤의 예사소리가 된소리로 바뀐다.
④ 형태소의 끝소리인 'ㄷ, ㅌ'이 'ㅣ'앞에서 'ㅈ, ㅊ'으로 바뀐다.

02

(ㄱ), (ㄴ)에 공통으로 적용된 음운 현상을 바르게 설명한 것은?

〈보기〉

(ㄱ) 부엌만 → [부엉만], 숲만 → [숨만], 밭만 → [반만]
(ㄴ) 읽는 → [잉는], 밟는 → [밤:는], 값만 → [감만]

① 'ㄹ'에 인접한 'ㄴ'은 'ㄹ'로 발음된다.
② 파열음이 비음 앞에서 비음으로 동화된다.
③ 형태소의 끝소리인 'ㄷ, ㅌ'이 'ㅣ' 앞에서 'ㅈ, ㅊ'으로 바뀐다.
④ 자음으로 끝나는 말과 'ㅣ'나 'y'로 시작하는 말 사이에 'ㄴ'이 첨가된다.

03

〈보기〉의 '음절의 끝소리 규칙'을 적용하여 발음해야 할 사례에 해당하지 않는 것은?

〈보기〉

'음절의 끝소리 규칙'이란 어떤 자음이라도 끝소리(받침)가 되면 대표음인 'ㄱ, ㄴ, ㄷ, ㄹ, ㅁ, ㅂ, ㅇ' 중의 하나로 발음되는 현상을 말한다. 이때 받침은 다른 형태소와 만날 때 다음과 같은 규칙을 적용받는다. 첫째, 받침이 자음으로 시작되는 형태소와 만날 때 그 받침은 대표음으로 발음된다. 둘째, 받침이 모음으로 시작되는 실질 형태소와 만날 때 그 받침은 대표음으로 발음된다.

① 꽃　② 덮다
③ 못이　④ 부엌

04

〈보기〉를 참고하여 단어의 합성법을 분석한 내용으로 적절하지 않은 것은?

〈보기〉

우리 국어에서 합성어는 결합 방식에 따라 통사적 합성어와 비통사적 합성어로 나눌 수 있다. 통사적 합성어는 우리말의 일반적인 단어 배열법과 일치한다. 이를테면 명사(형)와 명사의 합성, 관형사(관형사형)와 명사의 합성, 부사와 부사의 합성 등처럼 문법적으로 정상적인 수식, 피수식 관계나 병렬 관계를 형성하는 합성어를 말한다. 반면에 비통사적 합성어는 우리말의 일반적인 단어 배열법에서 벗어나 있다. 이를테면 용언의 어간에 곧장 명사가 결합하는 경우, 용언의 어간에 다른 용언이 결합하는 경우, 부사와 명사가 결합하는 경우 등이 여기에 해당한다. 따라서 이 경우에 우리 국어의 일반적인 배열법이 되려면 관형사형 어미와 같은 특정한 요소의 보충이 필요하다.

	단어	합성법의 종류	판단의 근거
①	새해	통사적	관형사와 명사가 결합하였다.
②	작은형	통사적	형용사의 관형형과 명사가 결합하였다.
③	부슬비	비통사적	의태부사와 명사가 결합하였다.
④	밤낮	비통사적	명사와 명사의 결합으로 조사 '-과'가 필요하다.

05

〈보기〉는 인칭 대명사에 대한 설명이다. ㉠~㉣에 대해 학생들이 이해한 내용으로 적절한 것은?

〈보기〉

인칭 대명사는 지시 대상이 누구인지, 특정 대상을 지시하는지의 여부에 따라 나눌 수 있다. 우선 지시 대상에 따라, 지시 대상이 화자인 경우를 1인칭 대명사, 청자인 경우를 ㉠2인칭 대명사, 화·청자가 아닌 제3자인 경우를 ㉡3인칭 대명사라고 한다. 또한 지칭하는 대상의 성격에 따라, 앞서 나온 3인칭 주어를 다시 반복할 때 사용하는 ㉢재귀 대명사, 정해지지 않은 대상을 지칭하는 ㉣부정칭 대명사, 특정한 대상이지만 아직 모르는 대상을 가리키는 미지칭 대명사가 있다.

① '할머니는 뭐든지 당신 고집대로 하셨다.'에서 '당신'은 ㉠에 해당하겠군.
② '오로지 나만이 이 일을 해결할 수 있다.'에서 '나'는 ㉡에 해당하겠군.
③ '철수가 자기 이야기를 하였다.'에서 '자기'는 ㉢에 해당하겠군.
④ '영희가 누구야?'에서 '누구'는 ㉣에 해당하겠군.

06

다음은 '형태소'에 관해 조사한 자료들이다. 〈보기 1〉을 참고로 하여 〈보기 2〉를 탐구한 내용으로 적절하지 않은 것은?

〈보기1〉

- '일정한 뜻을 가진 가장 작은 말의 단위'로서 '문법적 또는 관계적인 뜻만을 나타내는 단어나 단어의 부분'을 형태소라고 한다.
- 형태소는 '자립 형태소'와 '의존 형태소'로 나눌 수 있는데, 이는 형태소가 단독으로 쓰일 수 있느냐, 다른 말에 기대어 쓰이느냐에 따른 분류이다.
- 형태소는 '실질 형태소'와 '형식 형태소'로 나눌 수 있는데, 이는 형태소가 구체적이고 실질적인 의미를 갖느냐, 말과 말 사이에서 문법적인 관계만을 나타내느냐에 따른 분류이다.

〈보기2〉

ㄱ. 별이 반짝이는 밤이 되었다.
ㄴ. 철수는 황소만큼 걸음이 느리다.

① ㄱ을 형태소 단위로 분석하면 '별, 이, 반짝, -이-, -는, 밤, 이, 되-, -었-, -다'가 되는군.
② ㄱ에서 '반짝이는'은 자립 형태소와 의존 형태소가 결합되어 만들어졌군.
③ ㄱ의 '되-'와 ㄴ의 '느리-'는 자립 형태소는 아니지만 실질 형태소라 할 수 있군.
④ ㄴ에서 '는, 만큼, 걸-, -음, -다'는 의존 형태소이면서 형식 형태소겠군.

07

〈보기〉를 이용해서 문장의 구조에 관한 발표 수업을 진행하였다. 발표 내용으로 적절하지 않은 것은?

〈보기〉

ㄱ. 아버지께서는 인정이 많으시다.
ㄴ. 그녀는 뺨에 흐르는 눈물을 닦았다.
ㄷ. 민정이는 발에 땀이 나도록 걸었다.
ㄹ. 지금은 영화관에 가기에 늦은 시간이다.

① ㄱ에서 '인정이 많으시다'는 '아버지께서는'의 서술어 기능을 하고 있는 서술절입니다.
② ㄴ의 '뺨에 흐르는'은 '눈물이'라는 주어가 생략된 관형절입니다.
③ ㄷ의 '발에 땀이 나도록'은 '발에 땀이 나다'에 '-도록'이 붙어 만들어진 부사절입니다.
④ ㄹ에서 '영화관에 가기'는 명사형 어미'-기'가 붙은 명사절로, 목적어 기능을 하고 있습니다.

08

〈보기 1〉을 바탕으로 〈보기 2〉의 문장 성분을 분석한 것으로 적절하지 않은 것은?

〈보기 1〉

문장을 이루는 요소인 문장 성분에는 주어, 서술어, 목적어, 보어처럼 문장을 이루는 데 골격이 되는 주성분이 있고, 관형어, 부사어와 같이 주성분의 내용을 수식하는 부속 성분, 그리고 독립어처럼 다른 성분과 직접적 연관성이 없는 독립 성분이 있다.

〈보기 2〉

ㄱ. 아버지께서 주무신다.　　ㄴ. 그녀는 학자가 되었다.
ㄷ. 아야, 이가 너무 아프다.　　ㄹ. 삼촌이 새 자동차를 샀다.
ㅁ. 그는 설익은 밥을 재빨리 먹었다.

① ㄱ과 ㄴ은 주성분만으로 이루어진 문장이다.
② ㄷ은 독립 성분을 포함하고 있는 문장이다.
③ ㄹ과 ㅁ은 주성분인 목적어를 포함하고 있는 문장이다.
④ ㄷ과 ㄹ은 주성분에 해당하는 문장 성분의 개수가 동일한 문장이다.

09

다음은 틀린 문장을 고쳐 쓴 것이다. 적절하게 고쳐 쓴 것을 모두 고른 것은?

〈보기〉

(가) 문장 성분 간의 호응
• 무엇보다 시급한 점은 낙후된 경쟁력을 키워야 한다.
⇒ 무엇보다 시급한 점은 낙후된 경쟁력을 키워야 한다는 것이다. ········ ㉠
• 그녀는 바야흐로 노래를 부를 것이다.
⇒ 그녀는 바야흐로 노래를 부르게 되었다. ········ ㉡

(나) 중의적인 표현
• 나는 철수와 영희를 만났다. [철수와 영희가 나를 만난 경우]
⇒ 나는 철수와, 영희를 만났다. ········ ㉢
• 선생님이 보고 싶은 학생이 많다. [선생님이 학생을 보고 싶은 경우]
⇒ 선생님은 보고 싶은 학생이 많다. ········ ㉣

① ㉠, ㉢　　② ㉠, ㉣
③ ㉡, ㉢　　④ ㉡, ㉣

10

㉠~㉣의 높임 표현에 대한 설명으로 적절하지 않은 것은?

〈보기〉

선생님: (학급의 모든 학생들에게) 자, 숙제 검사하겠습니다. ㉠과제물 내세요.
학생: 죄송해요, 선생님. 깜빡 잊고 과제물을 안 가져왔어요.
선생님: 아~, ㉡그러셨어요?
학생: ㉢내일 선생님께 주면 안 될까요?
선생님: 그래. ㉣내일은 꼭 갖고 와.
학생: 감사합니다. 선생님. 사랑해요.

① ㉠: 다수의 학생에게 하는 말이므로 청자를 높이는 표현을 쓰고 있다.
② ㉡: '-시-'가 사용되었지만 주체를 높이기 위한 표현은 아니다.
③ ㉢: 객체인 '선생님께'를 높이기 위해 '주면'을 '드리시면'으로 바꿔야 한다.
④ ㉣: 손아래 청자이므로 가장 낮은 등급의 상대 높임이 실현되고 있다.

11

〈보기〉의 ㄱ~ㄷ에서 높임을 받는 대상을 바르게 짝지은 것은?

〈보기〉

우리말은 말하는 대상이나 상대방이 자신보다 어느 정도로 높고 낮은지에 대해 언어적으로 구별하는 높임법이 발달하였다. 높임의 대상은 문장의 발화 상황에 등장하는 인물의 나이나 사회적 지위 등에 의해 결정된다.

ㄱ. 할머니께서 댁으로 가셨다.
ㄴ. 철수가 아버지께 전화를 드렸다.
ㄷ. 삼촌께서 방금 집으로 오셨어요.

	ㄱ	ㄴ	ㄷ
①	화자	행위의 주체	행위의 대상
②	화자	행위의 대상	행위의 주체
③	청자	화자	행위의 대상
④	행위의 주체	행위의 대상	행위의 주체, 청자

12

〈보기 1〉을 바탕으로 할 때, 〈보기 2〉에서 높임법이 제대로 적용된 것은?

〈보기 1〉

1. **주체 높임법**: 서술의 주체를 높이는 방법으로, 화자보다 서술의 주체가 나이나 사회적 지위 등에서 상위자일 때 사용된다. 기본적으로 서술어에 선어말 어미 '-(으)시-'가 붙어 실현된다.
   (1) 직접 높임: 서술의 주체, 즉 주어를 직접 높임.
   (2) 간접 높임: 주어와 관련된 대상을 통해 주어를 간접적으로 높임.
   ※ 주체 높임의 제약: 주어가 화자보다는 높으나, 청자보다는 낮을 때에는 제약을 받는다.
2. **객체 높임법**: 목적어나 부사어가 지시하는 대상, 즉 서술의 객체를 높이는 방법이다. 객체 높임법에는 주로 특수 어휘, 그중에서도 특수한 동사를 사용한다.
3. **상대 높임법**: 화자가 청자에 대하여 높이거나 낮추어 말하는 방법으로, 종결 표현으로 실현된다.
   (1) 격식체: 해라체, 하게체, 하오체, 하십시오체
   (2) 비격식체: 해체, 해요체

〈보기 2〉

하늘: 창렬아, ㉠선생님께서 교무실로 오시래.
창렬: 응, 알았어. 고마워.
(교무실)
창렬: 안녕하세요, 선생님. ㉡저를 찾았다고 들었어요.
선생님: ㉢제주도 방언을 잘 아시는 분이 자네 동네에 사신다고 하던데…….
창렬: ㉣마침 제가 아시는 분이 거기에 계세요.
선생님: 그러면 안내를 부탁해도 될까?
창렬: 예, 그러세요.
선생님: 그래, 고맙네. 방과 후에 같이 가지.
창렬: 예, 그럼, 선생님 수고하세요.

① ㉠　② ㉡
③ ㉢　④ ㉣

13

〈보기 1〉을 바탕으로 〈보기 2〉를 분석한 내용으로 적절하지 않은 것은?

〈보기 1〉

미래 시제는 사건시가 발화시보다 나중인 시제이다. 미래 시제는 선어말 어미 '-겠-'이나 '-(으)ㄹ 것이-'를 사용하여 나타내며, '내일'과 같은 시간을 나타내는 부사에 의해 표시되기도 한다. '-겠-'이나 '-(으)ㄹ 것이-'는 미래 시제뿐 아니라 추측이나 의지와 같은 화자의 태도를 표현하기 위해 사용되기도 한다. 관형사형에서는 '-(으)ㄹ'이 쓰인다.

〈보기 2〉

ㄱ. 제가 그 일을 내일 하겠습니다.
ㄴ. 다음 주에는 윤미가 올 것입니다.
ㄷ. 어서 가자, 학교 늦겠다.
ㄹ. 나는 장차 네가 가는 곳으로 따라가겠다.

① ㄱ은 '내일'이라는 부사와 '-겠-'을 사용하여 미래 시제와 화자의 의지를 나타내고 있다.
② ㄴ은 '-(으)ㄹ 것이-'를 써서 미래에 대한 화자의 추측을 나타내고 있다.
③ ㄷ은 '-겠-'을 사용하여 앞으로 일어날 일에 대한 화자의 추측을 나타내고 있다.
④ ㄹ은 '장차'라는 부사와 '-겠-'을 사용하여 미래 시제와 화자의 추측을 나타내고 있다.

14

〈보기〉의 내용을 참고할 때, ㉠~㉢의 조건을 모두 갖춘 문장은?

〈보기〉

• **문장의 짜임새**

(1) 홑문장: 주어와 서술어의 관계가 한 번만 맺어져 있는 문장

(2) ㉠겹문장: 주어와 서술어의 관계가 두 번 이상 맺어져 있는 문장. 겹문장에는 안은 문장과 이어진 문장이 있음.

ㄱ. ㉡안은 문장: 하나의 홑문장이 절(節)의 형식(명사절, 관형절, ㉢부사절, 서술절, 인용절)으로 바뀌어, 다른 문장 속의 한 성분이 된 겹문장

ㄴ. 이어진 문장: 둘 이상의 홑문장이 연결 어미에 의해 이어져서 이루어진 겹문장

① 오늘은 기분이 굉장히 좋구나.
② 함박눈이 내리지만 날씨가 춥지는 않다.
③ 나는 철수에게 책을 빌려 준 기억이 없다.
④ 그는 얼굴이 험상궂은 것과는 다르게 무척 자상하다.

15

〈보기〉를 바탕으로 '서술어'에 대해 탐구한다고 할 때, 적절하지 않은 것은?

〈보기〉

서술어는 그 성격에 따라서 필요로 하는 문장 성분들의 개수가 다른데, 이를 서술어의 자릿수라고 한다. 예를 들어, '그녀는 예뻤다.'라는 문장의 서술어는 주어 하나만 필요로 하기 때문에 한 자리 서술어라고 하고, '그는 연극을 보았다.'라는 문장의 서술어는 주어 이외에 목적어를 필수적으로 더 요구하므로 두 자리 서술어라고 한다. 또 '할아버지께서 우리들에게 세뱃돈을 주셨다.'라는 문장의 서술어는 주어와 목적어, 그리고 부사어의 세 가지를 필수적으로 요구하므로 세 자리 서술어라고 한다.

① '우정은 보석과 같다.'에 사용된 '같다'는 한 자리 서술어이다.
② '물이 얼음이 되었다.'에 사용된 '되다'는 두 자리 서술어이다.
③ '소낙비가 쏟아진다.'에 사용된 '쏟아지다'는 한 자리 서술어이다.
④ '아이가 편지를 우체통에 넣는다.'에 사용된 '넣다'는 세 자리 서술어이다.

04 독 서

출제경향 및 대책

독서는 다양한 영역(인문, 사회, 과학, 기술, 예술)에서 출제되고 있습니다.

최근 지문의 길이가 길어지면서 시간 조절의 어려움이 커지고 있으며, 체감 난이도가 상당히 높게 느껴지고 있습니다.

독서에서 가장 기본이라고 할 수 있는 내용 일치 문제와 설명 방식을 묻는 문제가 출제되고 있기 때문에, EBS 연계 교재 내용과 기출 발문을 충실히 분석하는 것이 중요합니다.

국어편 출제경향이 보이는 가천대 기출문제

정답 및 해설 p.289

※ 다음 글을 읽고, 물음에 답하시오. [1～2]

극의 구조적 측면에서 볼 때 극 중 현실에 해당하는 극을 '틀 극(frame play)', 그 안에 포함된 극을 '극중극(play within play)'이라고 한다.

즉, 연극 안에 또 하나의 연극이 있을 때 이를 '극중극'이라고 한다. 예를 들어 어떤 연극에서 주인공의 역할이 연극배우이고, 그가 극 중에서 다시 연극 공연을 할 때, 극 중의 연극 공연이 '극중극'이 된다. 이것을 액자식 구조라고 표현하기도 한다.

극중극이 틀 극에 삽입되는 유형은 일반적으로 완전 삽입 구조, 병렬식 구조, 해체된 삽입 구조로 나눌 수 있다. 완전 삽입 구조는 틀 극의 인물이 극중극의 배우와 관객으로 양분되고 극중극의 관객이 줄곧 무대 위에 남아 있으면서 극중극이 진행되는 도중에 논평을 하는 유형이다.

병렬식 구조는 틀 극과 극중극이 교차하며 병렬식으로 전개되는 유형이다. 병렬식 구조는 주로 극중극이 여러 개의 독립된 상황으로 구성된 복수 삽입의 방식으로 나타난다.

해체된 삽입 구조는 삽입된 극중극의 극 행동이 중간에 여러 번 중단되는 유형으로, 병렬식 구조와 달리 해설자나 무대 위 관객의 개입으로 인해 극중극이 중단되는 경우가 많다. 빈번한 극 행동의 중단은 작가가 무대 위 관객의 감상과 논평을 유도하기 위해 인위적으로 극의 단절을 이용하기 때문에 생기게 된다. 해체된 삽입 구조는 틀 극의 등장인물이 연극배우이며, 배우들의 리허설을 극중극으로 할 때 흔하게 나타난다.

극중극은 고대 그리스 시대로부터 현대에 이르기까지 다양한 유형으로 존재해 왔다. 극중극은 틀 극의 진행 과정에서 흥겨운 볼거리를 제공할 수 있고, 틀 극의 상황을 다양하게 전개하는 도구로 쓸 수 있다. 그리고 극중극이 인위적이고 연극적이라는 느낌이 강하게 들수록 관객이 틀 극을 사실처럼 받아들이는 효과도 얻을 수 있다. 현대 연극의 극중극은 연극 자체에 대한 성찰과 성숙한 인식을 시도하는 메타 연극의 특성을 잘 보여준다. 일반적으로 메타 연극은 작가나 배우들이 자신들이 하는 작업에 대해 문제 제기를 하는 방식으로 나타난다. 극중극에서 연극과 삶에 대해 토론하며 자신들의 역할과 소명에 대해 고민하는 등장인물의 모습은 연극 예술의 창작에 대한 반성과 관련이 있으며, '연극은 곧 인생이다'는 말을 가슴에 새길 때 궁극적으로 삶 자체에 대한 성찰로 이어질 수 있다.

01

윗글에 대한 이해로 가장 적절한 것은?

① 극을 내용적 측면에서 볼 때 틀 극과 극중극으로 나눌 수 있다.
② 극중극은 무대 위 관객의 개입을 배제한다.
③ 극중극이 인위적일수록 틀 극의 연극적 성격이 부각된다.
④ 극중극은 틀 극의 상황을 다양하게 펼치는 데 사용된다.

02

윗글을 바탕으로 〈보기〉에 대해 설명한 것으로 적절하지 않은 것은?

〈보기〉

셰익스피어의 「햄릿」 3막 2장을 보면, 햄릿은 숙부인 클로디어스가 자신의 아버지를 죽였다고 의심하고, 이를 확인하기 위해 배우들을 섭외해 유사한 정황을 담은 무언극 「곤자고의 살인」을 공연하게 한다. 무언극이 진행되는 중에 햄릿을 비롯한 극 중 관객들의 논평이 끼어들고, 무언극이 끝나면 햄릿과 오필리아의 짧은 대화가 이어진다.

① 「햄릿」은 틀 극, 「곤자고의 살인」은 극중극이다.
② 「곤자고의 살인」은 완전 삽입 구조로 틀 극에 끼워졌다.
③ 햄릿은 틀 극의 인물이자 극중극의 배우이다.
④ 「햄릿」은 액자식 구조로 되어 있다.

※ 다음 글을 읽고, 물음에 답하시오. [3~4]

데카르트는 그리스 시대부터 이어져 온 심신 이원론을 명료하고 정교하게 정리했다. 그는 정신이 육체와 독립되어 있다는 구체적 논거를 제시했다. 돌, 나무, 꽃, 당나귀, 나아가 인간의 육체와 같은 물리적 실체는 공간상에 일정한 부분을 차지하고 있다는 공통점이 있다. 그는 이러한 특성을 '연장성(延長性)'이라고 하였다. 그런데 인간은 물리적 실체에서 발견되는 '연장성'과 전혀 다른 성질도 지니고 있다. 예를 들어 슬픈 느낌을 갖기도 하고, 무엇인가를 결단하기도 하며, 자신과 주위의 것에 관해 생각을 하기도 한다. 그는 이러한 특성을 '사유성(思惟性)'이라고 하였다. 데카르트는 연장성과 사유성은 별개로서, 하나의 실체가 연장성과 사유성을 동시에 지닐 수 없다고 여겼다. 즉 인간은 연장성과 사유성을 동시에 드러내지만, 이는 인간에게 두 특성을 별도로 갖는 두 실체, 즉 육체와 정신이 있음을 의미한다는 것이다.

그가 심신 이원론을 주장한 것은 인간의 육체를 포함한 물리적 세계에 신이 개입하는 것을 막기 위해서였다. 중세에는 물리적 세계가 신의 의지나 섭리에 의해 작동하고 있다고 믿었는데, 데카르트는 이런 생각에 반발하여 물리적 세계가 이 세계를 이루는 각 요소들 사이의 인과적 작용에 의해 자율적으로 움직인다고 주장했다.

이를 '물리적 세계의 인과적 폐쇄성 원칙'이라고 한다. 이 원칙에 따르면 물질은 신과는 독립되어 있는 실체이므로 신은 물리적 세계에 속하는 현상에 아무런 영향을 미치지 않는다.

그런데 데카르트는 정신과 육체가 독립된 실체이지만, 둘이 서로 인과적인 영향력을 주고받음이 분명하다고 생각했다. 예컨대 손바닥이 바늘에 찔리는 물리적 사건으로 인해 깜짝 놀라는 정신적 사건이 발생한다. 반대로 어떤 이유로 슬픔을 느끼는 정신적 사건으로 인해 눈물이 흐르는 물리적 사건이 발생하기도 한다. 이러한 관찰을 통해 데카르트는 정신과 육체가 서로 인과적인 작용을 주고받는다는 '상호 작용론'을 내세우게 된 것이다.

하지만 ㉠'상호 작용론'은 그가 주장한 심신 이원론과 모순되는 문제가 발생했다.

후대 철학자 중에는 이 문제를 해결하기 위해 정신적 사건과 물리적 사건이 그 자체로 정신이나 육체가 아닌 어떤 단일한 실체가 보이는 두 측면에 불과하다고 주장하기도 했다. 이를 ㉡'양면 이론'이라고 하는데, 이에 따르면 정신적 사건과 물리적 사건 사이에 상관 관계가 있지만 인과 관계는 없다. 또 다른 철학자는 두뇌 속의 사고나 느낌과 같은 정신적 현상이 신경 조직의 과정이나 두뇌 과정과 같은 물리적 현상과 동일한 속성에서 비롯된다고 주장했다. 이러한 주장을 ㉢'동일론'이라고 하는데, 이에 따르면 모든 정신적 사건은 물리적 사건에 불과하다. 예를 들어 두려움이 얼굴의 찡그림을 유발하는데, 이는 두뇌의 섬유 조직의 작용과 얼굴의 찡그림 사이에 성립하는 인과 관계라는 것이다.

03

㉠에 대한 설명으로 가장 적절한 것은?

① 심신 이원론은 정신과 육체를 별개의 실체로 보지만, 상호 작용론은 그렇지 않다.
② 상호 작용론은 정신과 육체의 상관 관계를 부정하지만, 심신 이원론은 인정한다.
③ 심신 이원론은 정신과 육체의 인과 관계를 부정하지만, 상호 작용론은 인정한다.
④ 상호 작용론은 정신과 육체를 실체의 두 측면으로 보지만, 심신 이원론은 그렇지 않다.

04

윗글을 바탕으로 ㉡, ㉢에 대한 이해로 적절하지 않은 것은?

① ㉡과 ㉢에 의하면 인간은 연장성과 사유성을 지니지 않는다.
② ㉡과 ㉢은 물리적 세계의 인과적 폐쇄성 원칙에 배치되지 않는다.
③ ㉢은 ㉡과 달리 정신적 사건을 물리적 사건의 일종으로 해석한다.
④ ㉡은 ㉢과 달리 정신적 사건과 육체적 사건 간의 상관 관계를 주장한다.

※ 다음 글을 읽고, 물음에 답하시오. [5~6]

대기와 해양 사이, 그리고 해양 속에서는 다양한 형태의 탄소 순환 현상이 나타나는데, 이러한 해양에서의 탄소 순환에는 유체의 이동을 의미하는 '펌프'라는 이름을 붙인다.

대기와 해양 사이에서는 이산화탄소가 활발하게 이동한다. 이산화탄소의 이동 방향은 주로 대기와 해양에 있는 이산화탄소의 농도 차이에 의해 정해진다. 기체의 농도는 분압* C로 나타낼 수 있는데, 대기의 이산화탄소 분압이 해양 표층수보다 높아지면 대기에서 해양으로 이산화탄소가 이동한다. 이러한 이동을 ㉠'용해 펌프'라고 한다. 역으로 표층수의 이산화탄소 분압이 높아지면 해양에서 대기로 이산화탄소가 방출된다. 그런데 이산화탄소 분압은 저온일수록 낮아진다. 따라서 수온이 낮은 곳일수록 용해 펌프가 더 활발히 작동한다.

해양의 표층으로 들어온 탄소는 생물에 의해 심층으로 이동하는데, 이를 ㉡'생물 펌프'라 한다. 해양의 표층에서는 식물 플랑크톤이 광합성을 할 때 해수 중의 무기 탄소를 유기물로 변화시킨다. 유기물 형태로 변화된 탄소는 해양의 먹이 사슬에 따라 고차원 영양 단계로 이동하는데, 이 과정에서 탄소가 축적된 배설물이나 생물의 유해 등이 중력에 의해 차츰 심해로 떨어져 심층수에서 용해된다.

해수에 녹은 탄소가 표층에서 심층으로, 심층에서 심층으로 해수의 흐름을 따라 이동하기도 하는데, 이를 ㉢'역학 펌프'라 한다. 해수의 무기 탄소의 총량인 총 무기 탄소의 농도는 북대서양이 가장 낮고, 남대서양, 인도양, 남태평양, 북태평양 순으로 증가한다. 이런 현상은 전 해양을 잇는 심층수의 흐름으로 설명할 수 있다. 심층수의 흐름은 겨울철 추운 극 지역이나 고위도 지역에서 물의 온도가 낮아져 밀도가 높아진 표층수가 심층으로 가라앉는 현상에 기인한다. 북대서양 북부 해역에서 만들어진 심층수는 대서양을 남하하여 남극에서 만들어진 심층수와 합쳐진다. 이 심층수는 인도양으로 가기도 하고, 남태평양을 거쳐 북태평양의 심층으로 흘러가기도 한다. 그런데 심층수가 발생한 곳에서 멀어질수록 생물 펌프의 작용으로 운반된 무기 탄소가 심층수에 더 많이 축적된다. 해역에 따라 총 무기 탄소의 농도에 차이가 나는 것은 바로 이 때문이다.

* 분압: 두 종류 이상의 기체가 혼합되어 있을 때 각 성분 기체가 나타내는 압력.

05

㉠~㉢에 대한 적절한 설명을 모두 고른 것은?

a. ㉠, ㉡은 표층수의 탄소 농도 변화와 관련 있다.
b. ㉠, ㉢은 탄소가 해수에 용해되는 방식과 관련 있다.
c. ㉡, ㉢은 표층수에서 심층수로의 탄소 이동과 관련 있다.
d. ㉠, ㉡, ㉢은 해수의 온도와 관련 있다.

① a, b　　② a, c
③ b, d　　④ c, d

06

〈보기〉를 보고 윗글을 바탕으로 적도에서의 탄소 순환에 대해 추론했다. 적절하지 않은 것은?

〈보기〉
극지역이나 고위도 지역에서 흘러온 심층수가 뜨거운 적도를 지나면서 해수의 밀도 차에 의해 표층으로 상승한다.

① 적도 해역으로 유입되는 심층수에는 무기 탄소가 많겠군.
② 심층수가 상승하면 표층수의 탄소 농도가 높아 지겠군.
③ 표층 수온이 높으니 표층수의 이산화탄소 분압이 높아지겠군.
④ 적도 해역에서는 탄소가 대기에서 해수로 활발하게 유입되겠군.

※ 다음 글을 읽고, 물음에 답하시오. [1～4]

(가) 대기, 즉 공기는 그 자체의 무게를 가지고 있다. 해수면에서 우주가 시작되는 높이까지 제곱인치당 공기의 무게는 14.7lb* 정도이며, 이를 활용해 표준 대기 조건에서 해수면의 대기 압력을 14.7psi*라고 표시한다. 대기의 압력과 온도는 고도가 올라갈수록 낮아지는데, 특히 대기의 압력이 일정 수준 이하로 낮아지면 체내로 산소 공급이 제대로 이루어지지 않아 인간이 생활하는 것이 불가능하다. 따라서 항공기의 실내는 반드시 인간이 활동하는 데 필요한 압력으로 유지해 주어야 한다. 이러한 기능을 항공기의 '여압'이라고 하며 일반적으로 조종실과 객실에 여압을 실시한다.

(나) 항공기에서 여압을 실시할 때에는 '객실 고도', '객실 차압', '객실 상승률' 등을 ⓐ고려한다. 객실 고도란 객실 내의 압력을 고도로 표시한 것으로, 항공기 객실의 압력이 표준 대기 조건의 대기압과 같은 지점의 고도로 나타낸다. 즉 객실 내 압력이 10.92psi인 경우, 객실 고도는 표준 대기 조건의 대기압이 10.92psi가 되는 8,000ft*가 된다. 다음으로 객실 차압은 항공기 객실 내부의 압력과 외부 대기압과의 압력 차이를 표현하는 용어이다. 객실 차압은 기체 구조의 강도, 항공기의 최대 비행 고도와 밀접한 관련이 있다. 마지막으로 객실 상승률은 객실 고도의 변화율을 나타내는 것으로 1분당 변화하는 객실 고도의 피트 수로 표현한다.

(다) 제트 엔진을 사용하는 항공기는 여압을 위해 엔진의 압축기에서 공급된 '블리드 공기'와 항공기 외부의 공기를 혼합해 사용한다. 고도가 높으면 항공기 외부 공기의 온도와 압력이 낮아 이것만으로 여압을 실시하는 것이 어렵기 때문에, 상대적으로 압력과 온도가 높은 블리드 공기를 사용한다. 하지만 엔진의 압축기는 연료를 연소시킬 때 필요한 고압의 공기를 공급하는 장치이므로, 블리드 공기를 많이 사용할 경우 엔진 추력*이 줄어들기 때문에 블리드 공기의 사용을 최소화해야 한다. 그래서 넓은 객실에 대량의 여압용 공기를 공급해야 하는 중대형 제트 항공기의 경우 '터보 컴프레서'를 설치한다. 블리드 공기가 터보 컴프레서에 설치된 터빈을 돌리면, 터빈은 같은 축에 연결된 터보 컴프레서의 압축기를 ⓑ구동시킨다. 그러면 이 압축기에 의해 항공기 외부에서 유입되어 압축된 공기와, 터빈을 거친 블리드 공기가 혼합되어 여압용 공기로 공급된다.

(라) 항공기에서는 객실 내 기압이 최소한 대기압과 같거나 대기압보다 높게 유지될 수 있도록 압력과 온도가 조절된 여압용 공기를 객실에 공급한다. 항공기는 객실 내 공기가 ⓒ누설되지 않도록 다양한 장치를 사용하지만 기체 내외부가 완전히 차단되지는 않는다. 그러므로 여압용 공기는 필요 압력보다 약간 높은 압력까지 공급한 후 일정 비율로 공기가 빠져나가도록 하여 객실 압력을 조절한다. 또 급격한 압력 변화로 승객들이 불편을 겪지 않도록 여압용 공기는 일정한 압력 상승률로 공급된다. 민간 항공기에서는 객실 고도가 8,000ft 이상이 되는 것을 금지하고 있는데, 이는 고도 8,000ft 이상의 대기압에서는 인간의 정상적인 활동이 불가능하기 때문이다. 항공기의 고도가 8,000ft 이하일 때는 객실에 별도의 여압을 실시하지 않지만, 항공기가 상승 또는 하강할 때에는 ⓓ적정한 객실 상승률을 유지해 승객이 불편을 느끼지 않도록 한다.

(마) 여압에서 중요한 요소는 기체 구조가 외부 대기압과 객실 압력의 차이에서 생기는 압력 하중을 견딜 수 있어야 한다는 것이다. 객실 차압을 견디기 위해서는 기체를 튼튼한 재료로 만들면 되지만 무게를 고려해야 하기 때문에 이러한 재료를 사용하는 데에는 한계가 있다. 따라서 객실 고도를 일정 수준 이하로 유지하면서 항공기의 고도를 높이기 위해서는 높은 압력 하중을 견디도록 항공기를 설계해야 하며, 이는 기체 구조 강도에 따라 항공기의 최대 비행 고도가 제한된다는 것을 의미한다.

(바) 객실 압력은 조종실의 객실 압력 제어기에 의해 조절된다. 객실 압력 제어기를 통해 객실 고도, 객실 상승률 등을 설정할 수 있으며, 입력된 설정값에 따라 객실에 공급되는 여압용 공기의 양과, 감압 밸브로 빠져나가는 객실 내 공기의 양이 조절된다. 고고도*에서는 보통 객실과 외부 대기와의 객실 차압을 가급적 크게 유지하여 여압 장치가 고장 나더라도 8,000ft 이하로 하강하는 동안 여압을 최대한 유지할 수 있도록 한다. 또 항공기가 하강하는 경우 감압 밸브를 서서히 열어 여압용 공기가 서서히 빠져나가도록 조절하며, 항공기가 지상에 착륙하거나 머무르는 경우 감압 밸브가 완전히 열려 외부 공기가 들어오도록 한다. 통상적으로 민간 항공기는 2개의 감압 밸브를

설치하거나 1개의 감압 밸브에 복수의 회로를 설치해 여압 조절의 안정성을 높인다.

* lb : 파운드, 약 454g.
* psi : 압력의 단위, 1제곱인치당 파운드.
* ft : 피트, 30.48cm.
* 추력 : 프로펠러의 회전 또는 분사 가스의 반동에 의하여 생기는 추진력.
* 고고도 : 지상(地上)으로부터 7~12km의 높이.

01

윗글의 내용 전개에 대한 설명으로 적절한 것은?

① 항공기에 대한 전문가의 견해를 인용하고 있다.
② 브리드 공기와 항공기 외부 공기를 비교하여 설명하고 있다.
③ 항공기의 유형에 따른 최대 비행 고도를 소개하고 있다.
④ 항공기 여압 장치의 작동 과정에 대해 설명하고 있다.

02

윗글에서 언급한 내용이 아닌 것은?

① 여압의 개념
② 엔진 압축기의 기능
③ 객실 차압과 항공기의 최대 비행 고도와의 관계
④ 객실 내부 공기의 누설 방지를 위한 장치의 종류

03

ⓐ~ⓓ의 문맥적 의미를 사용하여 만든 문장으로 적절하지 않은 것은?

① ⓐ : 상황을 고려해서 계획을 세우다.
② ⓑ : 전기 모터를 이용하여 엔진을 구동시켰다.
③ ⓒ : 비밀이 다른 회사로 누설되어 곤란해졌다.
④ ⓓ : 적정한 방법을 찾아 효율적인 업무를 진행했다.

04

윗글을 바탕으로 〈보기〉를 이해한 것으로 옳지 않은 것은?

〈보기〉

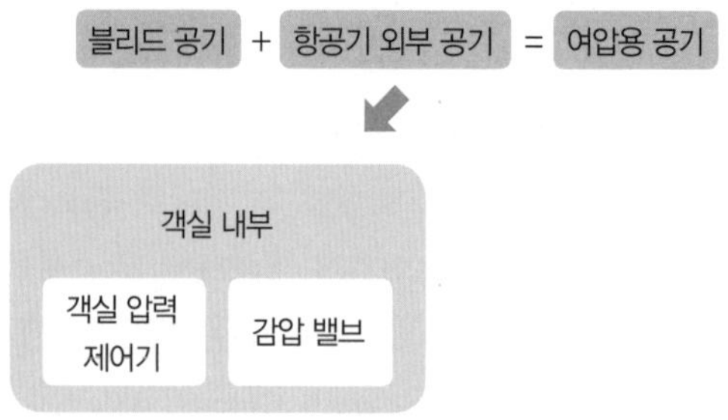

① 블리드 공기와 항공기 외부 공기가 혼합되어 객실 내부에 공급된다.
② 감압 밸브를 통해 여압용 공기가 객실에 공급된다.
③ 객실 압력 제어기는 적정한 객실 상승률을 유지하여 승객이 불편을 느끼지 않도록 한다.
④ 객실 압력 제어기는 객실 고도를 8,000ft 이하로 유지한다.

※ 다음 글을 읽고, 물음에 답하시오. [5~8]

(가) 열선 감지기는 동작 감지기라고도 하며 주로 실내의 천장에 설치하여 침입을 감지하는 데 사용한다. 열선 감지기는 적외선을 이용해 감시하고 있는 영역 내에 일정 시간 동안 열 또는 온도의 변화가 생기면 이를 감지하고 알람 신호를 내보낸다. 물체가 ⓐ복사하는 적외선은 물체의 온도에 비례하여 그 양이 다르기 때문에 물체의 온도를 측정할 수 있고 낮과 밤에 관계없이 목표 물체를 관찰할 수 있어 가시광선을 이용하는 것보다 침입 감지에 적당하다.

(나) 열선 감지기는 집광 렌즈, 초전 소자, 증폭기, 비교기 등으로 이루어진다. 집광 렌즈는 적외선을 모아 초전 소자에 전달한다. 일반적으로 빛을 모으기 위해서는 볼록 렌즈를 사용하지만, 열선 감지기용으로는 이보다 매우 얇은 프레넬 렌즈를 사용한다. 프레넬 렌즈는 볼록 렌즈의 내부를 제거하여 두께가 매우 얇으면서도 같은 초점 거리를 갖도록 만든 것이다. 열선 감지기는 감지 영역 내에 침입자가 생기면 특정 구역의 온도가 바뀌게 되어 침입 상황을 인식하는 원리인데, 감지 영역이 넓으면 침입자가 움직여도 전체적인 온도 변화가 없어 감지할 수 없다. 따라서 열선 감지기에서는 하나의 집광 렌즈에 여러 개의 프레넬 렌즈를 ⓑ배치하여 사용한다. 한 개의 프레넬 렌즈마다 하나씩 구역을 나누어 할당하면 침입자가 움직였을 때 온도 변화를 감지할 수 있다. 만약 침입자가 일정 시간 내에 계속 이동하면 감시 구역이 바뀌게 되어 바뀐 구역 수만큼 감지 신호가 발생한다. 한편 구역 내에 침입자가 움직이지 않고 가만히 있다면 더 이상의 온도 변화가 없어서 열선 감지기의 신호는 변화가 없게 된다.
(다) 집광 렌즈에 의해 모아진 적외선은 초전 소자의 표면에 ⓒ입사된다. 초전 소자의 내부는 진공으로 되어 있으며, 윗부분에는 적외선만 투과하는 투과창이 있어서 감지를 방해하는 요소들인 전등의 불빛 등을 차단한다. 열선 감지기에 사용하는 초전 소자의 내부에는 양(+)전하들이 한끝에 표면을 따라 배열되어 있으며, 그 반대편 끝에는 같은 양의 음(-)전하들이 배열되어 있다. 이를 자발 분극이라 한다. 이 전하들은 대기 중에 ⓓ부유하는 전하들을 포획하여 전기적으로 중성을 유지하고 있기 때문에, (+) 방향에는 (-)전하들이, (-) 방향에는 (+)전하들이 포획되어 있다.
(라) 초전 소자에 적외선이 입사되면 적외선의 열에 의해 초전 소자의 온도가 상승하고, 분자가 열운동을 하면서 초전 소자 내부의 전하의 배열이 흐트러진다. 이로 인해 자발 분극은 감소하는데, 초전 소자 표면의 전하는 이러한 분극의 변화에 신속히 대응해 변하기 어려워서 과잉의 전하가 나타난다. 이를 초전 현상이라 한다. 초전 소자의 (+)와 (-) 양극을 외부 전기 회로에 연결하면 온도 변화에 의하여 발생된 과잉 전하의 차이만큼 이 회로에 전류가 흐르게 된다. 초전 소자는 입사되는 적외선의 강도가 충분히 크지 않아 소량의 전류가 흐르게 되므로 증폭기에서 전류나 전압을 증폭하여 출력한다. 비교기에서는 전압을 측정하여 미리 정해진 감시 기준 전압 이상인지를 확인한다. 만약 감시 기준 전압보다 높으면 일정 시간 내에 몇 번 감시 기준 전압을 넘었는지 확인하고 감지 상태로 판단되면 발광 다이오드(LED)를 켜고 신호를 보내 침입 상태를 알려 준다.
(마) 열선 감지기가 대부분 실내에 설치되어 사용되는 반면에 창고 등의 외곽을 감시하고자 하는 목적으로는 능동형 적외선 감지기를 많이 사용한다. 능동형 적외선 감지기는 투광기와 수광기로 구성된다. 투광기는 적외선 LED를 통해 적외선을 내보내고 투광기와 떨어져 설치되는 수광기에서는 투광기에서 나온 적외선을 수신한다. 따라서 침입자가 발생하면 적외선이 차단되어 수광기에 전달되지 않기 때문에 적외선이 차단되는 시간으로 침입 여부를 판단한다. 투광기의 LED에서 방출하는 적외선은 레이저와 같은 직선 빔이 아니고 어느 정도 각도를 가지고 퍼져서 나오게 된다. 경계 감시 거리를 늘리기 위해서는 투광기에서 적외선을 멀리까지 보내야 하므로 렌즈로 적외선을 집중시켜 직선에 가까운 빔을 사용한다.

05

윗글의 내용을 이해한 것으로 옳은 것은?

① 동작 감지기는 실내의 천장에 설치하여 온도 변화로 침입 여부를 감지한다.
② 침입자가 생기는 경우 침입자의 온도로 인해 방출되는 적외선의 양이 작아진다.
③ 감지 구역 내 침입자의 움직임이 없어도 온도 변화가 생기므로 열선 감지기에서 알람 신호를 보낸다.
④ 초전 소자로 입사되는 적외선의 양은 물체에 상관없이 동일하다.

06

열선 감지기의 작동 과정을 이해한 내용으로 적절하지 <u>않은</u> 것은?

① 집광 렌즈가 모은 적외선은 물체의 온도에 비례하여 물체가 복사한 것이다.
② 집광 렌즈에서 모은 적외선은 초전 소자에 입사되어 초전 소자의 온도를 높인다.
③ 초전 소자 내부의 전하 배열이 흐트러지면서 초전 현상이 나타난다.
④ 초전 소자의 양극과 음극을 외부 회로에 연결하면 과잉 전하의 차이만큼 많은 양의 전류가 흐르게 된다.

07

윗글을 바탕으로 〈보기〉를 이해한 내용으로 적절하지 <u>않은</u> 것은?

〈보기〉

ⓐ 겨울철을 맞아 새로 장만한 온풍기를 가동하자, 열선 감지기 경보음이 울렸다.
ⓑ 동쪽으로 창이 난 건물에서 여름철이 되면 해가 뜨는 시간에 열선 감지기 경보음이 울렸다.
ⓒ 열선 감지기가 감지하지 못하는 구역에서는 침입자가 발생해도 경보음이 울리지 않았다.
ⓓ 열선 감지기가 설치된 휴대폰 가게에서 절도 사건이 일어나 CCTV를 확인해 본 결과, 범인은 우산을 쓴 상태로 침입하여 절도 행위를 저질렀다.

① 〈보기〉의 사례 모두 열선 감지기의 오작동 사례군.
② ⓐ를 보니 열선 감지기는 사람이 아닌 다른 물체에도 반응할 수 있겠군.
③ ⓑ를 보니 햇빛과 같은 자연현상에도 반응하는 것으로 보아 빛이 잘 들어오는 곳은 설치를 피해야겠군.
④ ⓒ를 보니 반드시 지나갈 수밖에 없는 통로에 열선 감지기를 설치해야겠군.

08

ⓐ～ⓓ의 문맥적 의미로 적절하지 <u>않은</u> 것은?

① ⓐ복사하다: 물체로부터 열이나 전자기파가 사방으로 방출됨.
② ⓑ배치하다: 서로 반대로 되어 어그러지거나 어긋남.
③ ⓒ입사되다: 소리나 빛의 파동이 하나의 매질 속을 지나 다른 매질의 경계면에 도달됨.
④ ⓓ부유하다: 물 위나 물속, 또는 공기 중에 떠다님.

※ 다음 글을 읽고, 물음에 답하시오. [9～12]

(가) 레이더는 접시 모양이나 평판 모양의 안테나로부터 발신된 전자파가 목표물에 반사되어 되돌아오는 신호를 분석해 목표물의 거리, 각도, 형태 등의 정보를 얻는 장치를 말한다. 현재 비행기에 사용되고 있는 대부분의 레이더들은 ㉠<u>기계식 레이더</u>로, 기수 부분에 있는 접시나 평판 모양의 안테나가 기계식 장치에 의해 회전하면서 전자파를 주사하고 수신하는 구조로 되어 있다. 그런데 좁은 기수 부분에 장착된 기계식 레이더는 구조적, 기계적 한계로 인해 목표물에 대한 정보를 ⓐ<u>습득하는</u> 시간이 지연되고 사각지대가 발생할 수 있다. 이러한 기계식 레이더의 단점을 극복하기 위해 최근 개발, 보급되고 있는 것이 AESA 레이더, 즉 능동 전자 주사 레이더이다.

(나) AESA 레이더는 기계식 레이더와 같이 기수 부분에 있는 평판을 통해 전자파를 발신하고 수신하지만 회전하지 않는 평판에 전자 모듈(TRM)을 ⓑ<u>장착하여</u>, 전자파의 세기와 방향 등을 전자적으로 제어할 수 있는 레이더이다. 이 레이더는 크게 AESA 안테나 장치, RF 처리 장치, 냉각 장치로 구성되어 있는데, AESA 안테나 장치에는 전자파 송수신 고밀도 집적 장치인 TRM이 적게는 수백 개에서, 많게는 1,000개 이상 배열되어 있다. TRM은 탐지의 목적과 대상에 따라 전자파의 방향, 파장, 세기 등을 전자적으로 제어하여 주사하는 장치로, 기계식 레이더가

전자파를 한 방향으로 주사하는 것과 달리 TRM의 일부 혹은 전체를 서로 다른 방향과 세기, 파장으로 주사할 수 있다. 또 TRM은 반사된 전자파를 수신한 후 기계식 레이더에 비해 훨씬 간단한 경로로 RF 처리 장치에 전달해 정확한 정보를 빠르게 얻을 수 있도록 한다.

(다) RF 처리 장치는 주사하고자 하는 전자파의 파장, 방향, 세기 등의 정보를 신호로 처리해 AESA 안테나 장치에 전달하는 역할을 한다. RF 처리 장치에서는 공중, 지상, 해상 또는 두 개 이상의 영역에 TRM이 전자파를 어떤 방향과 세기로 주사할 것인지를 신호로 전달한다. 아울러 TRM에서 수신된 전자파를 분석해 필요 없는 정보나 노이즈를 제거하고 유의미한 정보만을 선별한다. 마지막으로 냉각 장치는 TRM에서 발생하는 열을 처리하는 기능을 담당한다. 기계식 레이더의 경우 TRM이 없어 공랭식 냉각 장치를 사용하지만, AESA 레이더는 TRM과 전원 공급 장치에서 기계식 레이더에 비해 더 많은 열이 발생하므로 액체 형태의 유체를 순환시켜 냉각하는 방식을 사용한다.

(라) 이러한 구조적, 기능적 특성으로 인해 AESA 레이더는 기존의 기계식 레이더보다 다양한 기능과 뛰어난 성능을 발휘한다. 기계식 레이더의 경우 평판이 모터에 의해 회전하는데 이것이 한쪽 방향을 비추면 반대편에 사각지대가 발생하며, 특정 방향을 재탐지하는 데 약 1초의 시간이 ⓒ<u>소요된다</u>. 따라서 빠르게 이동하는 물체에 대한 정보를 ⓓ<u>탐지하는</u> 데 한계가 있다. 하지만 AESA 레이더는 TRM에서 전자파를 조절해 약 1/1,000초 정도의 시간에 특정 방향을 재탐지할 수 있어 목표물에 대한 지속적인 추적이 가능하다. 또 전자파를 동시에 여러 방향으로 주사하여 다양한 방향을 동시에 탐색할 수 있다. 즉 기계식 레이더로는 공중과 지상 또는 공중과 해상을 동시에 탐색하는 것이 어려웠지만, AESA 레이더는 동시에 여러 영역을 탐색하는 것이 가능하다.

(마) 이뿐만 아니라 AESA 레이더는 목표물이 먼 거리에 있는 경우, 비록 다른 대상에 대한 탐지 능력이 떨어지기는 하지만 TRM에서 주사되는 전자파를 특정 방향으로 집중시키면 원거리 탐지도 가능하다. 또 강력한 전자파를 집중시켜 상대의 레이더를 무력화하는 기능도 수행할 수 있다. 반대로 자신이 발신한 전자파의 신호를 상대가 분석해 추적하지 못하도록 상대의 레이더 전자파 감지 범위보다 약한 세기의 전자파를 발신하거나 전자파의 주사 간격을 조절해 은밀성을 높일 수 있다.

(바) 이러한 AESA 레이더의 장점과 기능으로 인해 최근에는 일부 항공기와 해군 함정에 장착된 기계식 레이더가 AESA 레이더로 교체되고 있다. 그리고 발열이 심하고 고가인 TRM의 소재에 대한 연구와 좁은 기수 부분에 TRM을 효율적으로 배열하고 집적도를 높이는 연구가 활발히 진행되고 있다.

09

윗글에 대한 설명으로 <u>틀린</u> 것은?

① 레이더의 개념을 제시하고 있다.
② 기계식 레이더와 AESA 레이더를 대조하고 있다.
③ 기계식 레이더의 단점과 함께 보완점을 제시하고 있다.
④ AESA 레이더의 구성 요소와 구성 요소의 각각의 기능을 설명하고 있다.

10

㉠에 대한 설명으로 옳은 것은?

① 현재 비행기에서 잘 사용하지 않는 레이더이다.
② 기수 부분에 회전하는 평판 모양의 안테나가 있다.
③ 발열이 심하고 고가여서 이 부분에 대한 개선이 필요하다.
④ 발생하는 열은 액체 형태의 유체를 순환시키는 방식으로 처리한다.

11

윗글을 미루어 짐작할 수 있는 내용이 <u>아닌</u> 것은?

① 기계식 레이더는 사각지대가 발생할 수 있다.
② 기계식 레이더는 기수 부분의 평판 모양의 안테나를 통해 전자파를 발신하고 수신한다.
③ AESA 레이더의 TRM은 정확한 정보를 빠르게 얻을 수 있도록 한다.
④ AESA 레이더는 목표물이 먼 거리에 있는 경우 탐지가 불가능하다.

12

윗글의 ⓐ~ⓓ를 넣어 만든 문장으로 잘못된 것은?

① ⓐ: 그는 출근길에 습득한 지갑을 경찰서에 가져다줬다.
② ⓑ: 차에 새로 에어백을 장착했다.
③ ⓒ: 이사하는 데 소요되는 비용이 너무 크다.
④ ⓓ: 적의 미사일이 우리 레이더에 탐지되지 않고 있다.

※ 다음 글을 읽고, 물음에 답하시오. [13~16]

모든 사물을 '질료'와 '형상'의 두 측면으로 나누어 보는 아리스토텔레스의 질료 형상설은 서구의 사유에 지대한 영향을 미쳤다. 서구의 회화 역시 질료와 형상의 관계를 통해서 사유되었는데, 이때 초점은 늘 형상에 있었으며 질료는 이차적인 것으로 간주되어 왔다. 질료는 형상을 받아들이는 수동적인 바탕에 불과한 것으로 여겨졌고 이러한 사유는 20세기 초반까지 이어졌다.

20세기 초반 추상 미술을 이끌었던 몬드리안은 대상의 특징을 기하학적인 형태인 점, 선, 면으로 단순화하여 표현하는 기하학적 추상을 선보였다. 이는 ㉠'차가운 추상'으로 불렸는데, 몬드리안은 가장 기본적인 조형 요소와 정형화된 양식을 통해 형상을 표현해 내는 것이 사물의 본질을 드러내고 조화와 균형을 보여 준다고 생각했으며, 이러한 생각은 당대의 많은 미술가들에게 영향을 미치게 되었다. 그러나 2차 세계 대전 이후, 이러한 정형화된 양식, 계획적으로 의도된 것에 반발하면서 즉흥적이며 자유분방한 표현을 추구하고 질료를 중시하는 양식인 '앵포르멜(Informel)'이 대두되었고, 이는 ㉡'뜨거운 추상'이라 불리게 되었다.

'앵포르멜'은 '형태가 없는'이라는 뜻을 지닌 형용사 '앵포름(informe)'에서 유래한 것으로, 형상보다는 질료에 중점을 두면서 질료 그 자체의 촉각적 질감에 주목하고, 비정형(非定型) 속에서 의미를 찾고자 하는 미술 양식을 말한다. 앵포르멜로 인해 질료는 형상을 받아들이는 수동적인 바탕에 불과한 것이 아니라 그 자체로서 존재하는 것이 되었다. 앵포르멜 계열의 작품들은 종종 '타시슴(Tachisme)'이라 불리기도 하는데, 이는 얼룩을 의미하는 '타슈(tache)'에서 유래한 이름으로 두꺼운 물감을 덕지덕지 발라 만든 얼룩과 같은 작품이라는 뜻을 담고 있다. 즉흥적으로 붓질을 하거나, 튜브에서 물감을 짜 그대로 화면에 흘리거나 찍어 대는 방법은 앵포르멜이 '타시슴'이라 불리는 이유를 말해 준다.

앵포르멜의 대표적인 작가인 뒤뷔페는 물감에 시멘트, 석고, 모래, 풀 등을 섞은 반죽을 화면에 두껍게 발라 올리는 '오트 파트'라는 기법으로 작품을 만들었다. 그는 종종 '질감학', '재료학'이라는 작품명을 사용함으로써 '날것 그대로'의 질료에 대한 선호를 나타내었으며, "나는 거칠고 덜 된 것에서 만족감을 얻는다."라는 말을 통해 거친 질감에 주목하는 모습을 보였다. 또한 뒤뷔페는 어린아이나 정신병자의 작품, 도시의 낙서 이미지에 관심을 가졌는데, 이는 예술적인 문화에 오염되지 않은 사람들이 창조한 미술, 다듬어지지 않은 미술이야말로 훨씬 더 진실한 모습을 보여 준다고 보았기 때문이다. 그래서 직설적인 장면이나 단순화된 형태, 활력 있는 낙서 자국을 특징적으로 사용하였고, 이를 통해 사회적 체면과 예의 뒤에 숨겨져 있는 원시적이고 본능적인 모습을 드러내고자 하였다.

프랑스의 평론가 타피에는 앵포르멜 작품들에 나타나는 물질과 행위가 정형화된 양식에서 벗어나 비정형을 향하는 새로운 탐구의 문을 열었다고 보았다. 이렇게 미술에 대한 완전히 새로운 방식을 제시한 앵포르멜 미술은 다른 여러 나라에 전파되면서 기존의 관념들을 뒤집는 미술 운동의 성격을 획득하게 되었다.

13

윗글에 대한 설명으로 가장 적절한 것은?

① 앵포르멜 미술의 유형을 구분하고 각 유형의 변모 과정에 대해 설명하고 있다.
② 앵포르멜 미술이 현대 사회에 끼친 영향력과 현대 사회에서 찾아볼 수 있는 앵포르멜 미술 작품에 대해 설명하고 있다.
③ 앵포르멜 미술을 바라보는 두 가지 대립적 관점에 대해 설명하고 있다.
④ 서구 회화의 특징을 소개하고 이에 반대되는 특성을 드러내며 등장한 앵포르멜 미술에 대해 설명하고 있다.

14

㉠과 ㉡에 대한 설명으로 적절하지 않은 것은?

① ㉡은 ㉠과 달리 질료는 그 자체로서 존재하는 것으로 본다.
② ㉡은 ㉠과 달리 기존의 관념을 뒤집는 새로운 발상을 보여주었다.
③ ㉠은 ㉡과 달리 비정형적인 형태를 활용하여 조화와 균형을 나타내었다.
④ ㉡은 ㉠과 달리 정형화된 양식에 얽매이지 않는 즉흥적인 표현을 추구하였다.

15

윗글을 이해한 내용으로 적절한 것을 〈보기〉에서 고른 것은?

〈보기〉

ㄱ. 2차 세계 대전 이전의 서구의 사유에서는 형상이 질료보다 더 중시되었다.
ㄴ. 앵포르멜은 형상을 받아들이는 바탕으로서의 수동적인 바탕인 질료의 성격을 뚜렷하게 드러내었다.
ㄷ. 앵포르멜은 정형화된 양식으로 물감을 덕지덕지 발라 만든 얼룩과 같은 작품이라는 의미에서 '타시슴'이라 불리었다.
ㄹ. 뒤뷔페는 물감에 여러 물질을 섞은 반죽을 두껍게 발라 올리는 '오트 파트' 기법을 통해 '날것 그대로'의 질료에 대한 관심을 나타내었다.

① ㄱ, ㄴ　　② ㄱ, ㄹ
③ ㄴ, ㄷ　　④ ㄴ, ㄹ

16

윗글에 대한 감상으로 적절한 것은?

① 우진: 몬드리안은 주로 차가운 색감을 사용하여 차가운 추상을 선보였구나.
② 선우: 몬드리안의 표현은 2차 세계 대전 이후로 바뀌는군.
③ 우찬: 앵포르멜은 몬드리안 때문에 대두되었구나.
④ 민수: 앵포르멜은 미술에 대한 완전히 새로운 방식을 제시했어.

※ 다음 글을 읽고, 물음에 답하시오. [17~20]

(가) 독일의 철학자 카시러는 '상징 형식'이라는 개념을 통해 예술이 무엇인지를 설명하고자 하였다. 상징 형식을 이해하기 위해서는 먼저 상징 형식을 만드는 능력인 '상징적 기능'에 대한 이해가 선행되어야 한다. 상징적 기능이란 인간의 의식이 갖고 있는 본래적인 정신적 능력으로, 이는 인간의 의식에 들어온 모든 특수한 내용을 다른 내용들 및 그것들 전체와의 관계망 속에 위치시키는 작용을 한다. 상징적 기능의 이러한 작용을 통해 인간 경험 속의 특수한 내용은 시·공간적으로 한정되어 있던 상태로부터 벗어나 보편적 형식을 획득하게 되며, 이러한 보편적 형식을 토대로 인간은 의미 세계를 형성하고 세계를 바라보는 틀을 갖추게 되는데 이를 상징 형식이라고 한다.

(나) 상징 형식에는 신화, 언어, 예술, 종교, 과학 등이 있는데 상징 형식으로서의 예술을 이해하기 위해서는 먼저 신화와 언어에 대해 알아볼 필요가 있다. 상징 형식으로서의 '신화'는 세계를 객관적으로 보는 것이 아니라 '느낌'을 통해 이해하여 자연 현상의 기원이나 의미를 초자연적 존재를 빌려 설명하는 이야기이며, 이를 토대로 인간은 세계를 바라보게 된다. 여기에는 인간의 정신 능력들 중 상상력의 역할이 중요하게 요구된다. 또한 상징 형식으로서의 '언어'는 변화무쌍한 사물들의 세계를 고정불변의 성질이라는 관점에서 이해하고 기호로 나타냄으로써 의미 세계를 형성하는 상징 형식으로, 여기에는 인간의 인식 능력의 역할이 중요하게 요구된다.

(다) 상징 형식으로서의 '예술'은 사물들의 내적 의미에 대해 '느낀다'는 점에서 신화와 유사하며, 그 느낌들을 물질적 매체, 선의 형태, 색채의 조화와 대비와 같은 예술 작품의 형식을 통해 드러낸다는 점에서 언어와 유사하다고 볼 수 있다. 이런 의미에서 예술은 신화와 언어의 중간적 성격을 지니는 상징 형식이며, 상상력과 인식 능력의 조화로운 역할이 중요하게 요구된다.

(라) 카시러는 예술은 일상적 경험을 재생하고 재현하는 것이 아니라 사물들의 내적 의미에 대해 느끼고 현실을 발견하는 것이라고 보았다. 그는 레오나르도 다빈치가 사용한 '볼 줄 안다'라는 말을 사용해서 예술가의 위상에 대해 설명하였는데, 일상적 사물들을 수천 번 접해도 그 내적 의미를 느끼지 못하고 현실을 발견하지 못하는 일반인에 비해, 예술가는 예술적 상상력을 통해 이를 느끼고 발견하는, 즉 '볼 줄 아는' 사람이라는 것이다. 예술가는 사물들을 제대로 바라보는 것에 그치지 않고 진흙, 청동, 대리석과 같은 물질적 매체, 선의 형태, 색채의 조화와 대비와 같은 예술 작품의 형식을 통해 볼 수 있고 만져 볼 수 있는 것으로 작품을 구성하게 되며, 감상자는 이를 통해 예술가의 눈으로 사물들의 내적 의미를 느끼고 현실을 발견할 수 있게 된다. 즉 예술에서 보이는 미는 사물들에 대한 예술가의 직관과 상상력이 작품의 형식으로 변형되어 나타나는 것으로 볼 수 있으며, 예술 작품이 감상자들에게 감동을 주는 것은 바로 이 형식의 구조, 균형, 질서라 고 볼 수 있다.

17

윗글에서 확인할 수 있는 내용이 아닌 것은?

① 상징 형식을 이해하기 위해서는 먼저 상징 형식을 만드는 능력인 '상징적 기능'에 대한 이해가 선행되어야 한다.
② 상징 형식으로서의 예술을 이해하기 위해서는 먼저 신화와 언어에 대해 알아볼 필요가 있다.
③ '언어'는 변화무쌍한 사물들의 세계를 고정불변의 성질이라는 관점에서 이해하고 기호로 나타낸다.
④ 예술에서는 상상력과 느낌의 조화로운 역할이 중요하게 요구된다.

18

윗글에 대한 설명으로 가장 적절한 것은?

① 상징적 기능이란 인간의 의식이 갖고 있는 본래적인 정신적 능력이다.
② 예술 작품이 감상자들에게 감동을 주는 것은 바로 예술 의미의 구조, 균형, 질서이다.
③ 일반인이 일상적 사물들을 반복적으로 접한다면 별다른 안목의 변화가 없이도 그 내적 의미를 느낄 수 있다.
④ 상징적 형식이란 주관적 형식을 토대로 인간이 의미 세계를 형성하고 세계를 바라보는 틀을 갖추게 되는 것이다.

19

다음 중 윗글의 제목으로 가장 적절한 것은?

① 상징 형식과 예술에 대한 카시러의 견해
② 상징 형식으로서의 예술의 변모 과정
③ 상징적 기능의 개념과 작용의 예
④ 상징 형식의 종류와 각 종류의 차이점

20

〈보기〉를 참고하여 이해한 내용으로 가장 적절한 것은?

〈보기〉

언어는 처음에 자연의 소리를 그대로 흉내내는(모방) 단계에서 자연의 소리를 비유하는 단계 그리고 마지막으로 상징하는 단계로 나아간다.

예술도 언어와 비슷하게 '모방'에서 '고정된 기법'을 거쳐 다시 '양식'으로 나아간다. '모방'이란 예술가가 인상의 수동성에서 벗어나지 못해 대상에 의해 서술이 제한되어 있는 것이다. '고정된 기법'은 예술가가 대상과 대립되어 인상의 수동성에서 벗어나 자신의 주관적인 고유한 형식을 갖게 된 것을 말한다. '양식'은 예술가의 주관성에서 한 걸음 더 나아가 최고의 객관성에 도달함으로써 획득한 '예술의 주관성'이다.

① 서현 : '고정된 기법'은 예술가의 직관과 상상력에 의해 나타나겠군.
② 재호 : 예술도 언어와 마찬가지로 '비유'의 단계가 나타나는군.
③ 윤미 : 예술은 주관성을 배제한 '최고의 객관성'을 추구하는군.
④ 은찬 : '인상의 수동성'을 벗어나기 위해서는 예술가는 사물들의 외적 의미에 대해 느껴야겠군.

※ 다음 글을 읽고, 물음에 답하시오. [21~24]

(가) '어떻게 외부 세계가 존재한다는 것을 알 수 있는가?'라는 물음에 대해 우리는 오감을 통해 직접 세계를 경험하기 때문이라고 답할 수 있다. 이렇게 물리적 대상이 엄연히 존재하고 있어 오감으로 대상 자체가 지닌 고유한 특성을 알게 된다는 견해를 ㉠'상식적 실재론'이라 한다. 상식적 실재론을 포함한 모든 형태의 실재론은 이렇게 직간접적으로 지각할 수 있는 외부 세계가 독립적으로 존재한다는 입장을 고수한다., 하지만 철학적 회의주의자들은 감각 기관을 통해 세계를 있는 그대로 지각할 수 있다는 주장을 부정한다. 그들은 우리가 지각할 수 있는 것이 있는 그대로의 세계가 아니라 감각 기관을 통해 지각된 현상임을 들어, 세계가 우리의 감각과 무관한 독립적 실재로 지각될 수 없으며 우리가 접근할 수 있는 것은 감각으로 지각되는 현상일 뿐이라고 주장한다.

(나) 이에 대해 로크는 세계가 우리 마음에 직접 나타나지는 않지만, 우리는 물리적 대상에 대한 관념들을 통해 세계와 간접적으로 접촉할 수 있다고 ⓐ보았다. 이렇게 세계와 우리 마음 사이에 물리적 대상을 대표하는 관념을 설정함으로써 상식적 실재론의 난점(難點)을 보완하려는 입장을 ㉡'표상적 실재론'이라 한다. 표상적 실재론에 의하면 관념은 물리적 대상에 대한 경험에서 야기된 것으로, 대상과 부분적으로 유사성을 갖는 동시에 그것을 지각하는 관찰자의 감각과도 관련된다. 예컨대 형태, 색, 맛 등 사과에 대한 관념은 사과라는 대상의 실재와 부분적으로 유사성을 가지는 동시에 관찰자의 고유한 감각의 산물이기도 하다. 표상적 실재론은 철학적 회의주의자들의 논리에 의해 쉽게 부정되지 않는다. 표상적 실재론자는 동일한 사과의 색도 다른 불빛 아래에서 관찰자의 감각에 의해 달리 지각될 수 있음을 용인하기 때문이다.

(다) 그렇다면 어떤 관념이 외적 대상에 의해 야기되며 어떤 관념이 우리의 감각에 의존할까? 이를 설명하기 위해 로크는 '제1성질'과 '제2성질'이라는 개념을 동원한다. '성질'은 관념들을 생기게 하는 대상의 능력이다. 제1성질은 지각되는 조건들에 상관없이 대상 자체가 갖고 있는 특성으로 대상의 고유한 성질이다. 반면 제2성질은 지각하는 사람에게 감각을 일으키는 것으로 색, 맛 등을 포함하며 대상을 지각하는 사람들의 마음에 형성되는 성질이다.

그래서 제1성질은 고정불변적이고 측정 가능한 객관적 성질인 반면, 제2성질은 지각하는 사람을 중심으로 다양한 상호 작용에 따라 달라질 수 있고 측정 불가능한 주관적 성질이다.

(라) 외부 세계에 관해 우리가 어떤 정보를 얻기 위해서는 대상의 제1성질과 제2성질에 의해 감각으로 지각된 관념들을 통해야 한다. 감각이 우리에게 가장 먼저 제공하는 것은 '단순 관념'이다. 단순 관념은 감각적 경험을 통해 갖게 되는 관념으로, 사과를 지각할 때 우리가 갖게 되는 둥근 형태, 빨간색, 달콤한 맛 등의 관념들이 이에 해당한다. 단순 관념들은 외부 세계에 대한 지식의 소재가 되는 가장 원초적인 것들이라 할 수 있다. 우리는 단순 관념들을 다양한 방식으로 결합하여 '복합 관념'을 만들어 낸다. 사과라는 복합 관념은 형태, 색, 맛 등의 단순 관념이 결합한 것이다. 이렇게 감각을 통해 얻어진 단순 관념을 결합해 무수한 복합 관념을 만들어 내는 우리 마음의 능력을 '지성(understanding)'이라 한다. 지성은 비록 단순 관념들을 만들어 낼 수는 없더라도 다양한 단순 관념들을 비교, 추상하거나 결합해 새로운 복합 관념을 만들어 낼 수 있다. 로크는 저급한 수준이나마 동물도 단순 관념들을 바탕으로 복합 관념을 만들어 내는 능력의 일부를 지니고 있다고 보았지만, 동물은 추상의 능력을 갖고 있지 않아 인간에 비견할 지성은 지니지 못한다고 보았다. 이때 추상의 능력이란 개별적 관념을 대상이 놓인 특정 상황으로부터 분리하여 일반화하는 능력을 말한다.

(마) 로크에게 있어 인간의 지식은 우리가 가진 단순 관념들을 바탕으로 지성에 의해 만들어진 복합 관념들로 획득되는 것이었다. 그러므로 외부 세계에 대한 우리의 지식은 그 확실성의 정도에 있어 언제나 개연성의 수준을 넘어설 수 없는 것이다. 표상적 실재론에 따르면 우리의 지식은 외부 세계와의 직접적 접촉에 의해 획득된 것이 아니라, 마음과 외부 세계 사이에 자리 잡은 관념들을 자료로 삼는 확률적인 것이기 때문이다.

21

윗글의 서술 방식으로 가장 적절한 것은?

① 여러 가지 이론을 구체적인 예시를 통해 설명하고 있다.
② 상반되는 이론을 제시하고 이에 대한 절충안을 모색하고 있다.
③ 두 가지 이론을 제시하고 그 중 하나를 선택하여 내용을 전개하고 있다.
④ 구체적인 사례를 고찰하여, 일반적인 원리를 도출해 내고 있다.

22

다음 중 윗글에 대한 이해로 적절하지 않은 것은?

① 인간을 감각을 통해 '단순 관념'을 제공받는다.
② 제1성질과 제2성질을 통해 얻어지는 관념은 '단순 관념'이다.
③ 동물은 단순 관념들을 비교, 추상하여 복합 관념을 만들어 내는 능력의 일부를 지녔다.
④ 대상을 지각할 때 인간이 갖게 되는 형태, 색 등은 단순 관념에 해당한다.

23

다음 중 ㉠과 ㉡을 비교한 것으로 적절한 것은?

① ㉡과 달리 ㉠은 물리적 대상에 대한 관념을 통해 대상을 직접적으로 인식할 수 있다고 보았다.
② ㉡과 달리 ㉠은 감각 기관을 통해 세계를 있는 그대로 지각할 수 있다는 주장을 부정하였다.
③ ㉠과 달리 ㉡은 대상의 측정 가능한 객관적 성질을 선별하여 감각 기관을 통해 인식한다고 주장하였다.
④ ㉠과 ㉡ 모두 대상이 물리적으로 고유한 성질을 지니고 있음을 인정하였다.

24

밑줄 친 단어의 문맥적 의미가 ⓐ와 유사한 것은?

① 민서의 행동은 실수로 볼 수 없다.
② 친구들이 모두 집에 돌아갔나 보다.
③ 이번 주말에 중학교 동창생들과 보기로 했다.
④ 넌 그런 일을 당해 보지 않아서 내 심정을 모른다.

※ 다음 글을 읽고, 물음에 답하시오. [25～28]

(가) 아들러가 직접 창안하고 이름 붙인 개인 심리학은 심리학의 한 분야로, 개인의 사회적 감정을 중요시한다. 개인 심리학을 창안하기 전에 아들러는 프로이트 초기 학파의 일원이었다. 아들러는 프로이트의 「꿈의 해석」에 대한 서평을 쓴 것을 계기로 프로이트와 인연을 맺게 된다. 그의 학설에 흥미를 느낀 아들러는 학회의 초대 회장을 맡는 등 활발하게 활동하였다. 그런데 프로이트가 성(性) 충동을 인간 행동의 근원으로 파악하고 이를 모든 인간에게 일률적으로 적용하는 데에 아들러가 반박하면서부터 아들러와 프로이트 사이에 거리가 생기기 시작하였다.

(나) 프로이트와 아들러는 사회적 관계와 본능적 욕구 중 어떤 것이 인간의 성격 형성에 더 큰 영향을 미친다고 보는지에서 차이를 보였다. 프로이트는 사회적 관계보다 본능적인 욕구가, 아들러는 본능적인 욕구보다 사회적 관계가 더 큰 영향을 미친다고 보았다. 특히 아들러는 사회적 존재인 인간의 성격이 형성되는 데에 열등감의 역할을 강조하였다.

(다) 아들러는 인간이 사회적 존재이기 때문에 열등감을 갖게 된다고 보았다. 즉 인간은 사회 속에서 다른 사람들과 어울려 살아가는 존재이고, 그 과정에서 자신을 타인과 비교하면서 열등감이 생긴다는 것이다. 그래서 갓 태어난 아기에게서는 열등감이 나타나지 않는다고 했는데, 열등감은 인간이 어느 정도 사회성을 갖게 된 이후에야 마음에 영향을 미치기 때문이다. 아들러는 인간은 누구나 뛰어난 존재가 되고 싶다는 욕구, 즉 우월감을 갖고 싶어 한다고 여겼다. 열등감은 우월감을 갖고 싶어 하는 인간의 욕구 때문에 생기는 것으로, 병적인 것이 아니라 모든 인간이 가지고 있는 일반적인 심리라고 생각하였다. 인간은 자신을 둘러싼 이들에게 뒤처져 있다는 생각을 하게 되면 그들보다 더 우월해 보이고 싶어 하는데, 이때 열등감은 열등감을 극복하여 우월감을 갖기 위해서 목표를 설정하고 그 목표가 구체화되는 것을 돕는 역할을 한다. 이렇게 의지를 가지고 열등감을 극복하여 남에게 인정받으려는 마음의 움직임이 인간을 행동하게 만드는 추진력인데, 아들러는 이를 '권력에의 의지'라고 하였다. 따라서 아들러는 우월감에 대한 욕구가 인간을 움직이는 최대의 동기라고 보았다.

(라) 프로이트가 신경증의 원인으로서 성 충동을 중시한 데 반해서 아들러는 자아의 욕구나 성격 경향이 신경증을 낳는다고 주장한 최초의 인물이었다. 다시 말하자면, 프로이트는 성 충동이 억제된 과거의 경험이 어떤 사람을 규정한다고 여긴 반면, 아들러는 어떤 사람이 과거의 경험을 어떻게 해석하고 어떤 목적을 갖느냐에 따라 그의 모습과 미래가 변화하는 것이라고 믿었다. 프로이트가 과거의 경험이 '원인'이 되어 현재의 모습이 규정된다고 본 데 비해, 아들러는 어떠한 '목적'을 갖느냐에 따라 현재의 모습이 규정된다고 본 것이다. 아들러는 최초로 사회·문화적 요인을 신경증의 원인 중 하나로 언급하면서, 당시 여성들이 지니고 있던 열등감이 남성들보다 사회적 지위가 낮은 데에서 생긴 것이라고 지적하기도 하였다.

(마) 아들러는 인간은 누구나 여러 가지 원인으로 열등감을 가질 수밖에 없으며 자기 긍정을 위해서는 이에 대한 보상이 필요하다고 보았다. 그런데 만일 열등감에 대한 보상이 없거나 과도하면 인격의 왜곡이 생긴다고 하면서, 열등감에 대한 과다 보상의 결과로 뛰어난 업적, 반사회적 행동 등을 들었다. 열등감에 대한 과다 보상의 결과가 긍정적으로 나타나는 예로는 뛰어난 업적을, 부정적으로 나타나는 예로는 반사회적 행동을 든 것이다. 아들러는 열등감 극복을 위해 노력하는 과정에서 한 사람의 생활양식이 형성되어 가기 때문에 그 방향이 잘못되었을 때는 이를 시정하기 위한 재교육이 중요하다고 보았다.

(바) 이처럼 아들러는 인간이 과거의 경험에 얽매여 있다는 원인론적, 결정론적 이론과는 다른 관점을 보여 주었다. 경험이 우리의 인격을 형성하지만 가장 중요한 점은 그 경험을 해석하고 그것을 바탕으로 지니게 되는 목적이라면서 목적론적, 비결정론적 이론을 주장한 것이다. 이는 인간은 충분히 변화할 수 있다는, 특히 인간은 사회적 존재이므로 사회적 연대, 공동체 의식, 개인의 용기와 노력이 결합함으로써 미래가 긍정적으로 바뀔 수 있다는 믿음을 바탕으로 한 것이다. 그런 까닭에 아들러는 인간이 자신의 문제를 직면하고 극복할 용기를 가지면 변모할 수 있다고 설파한 것이다.

25

다음 〈보기〉 중 윗글을 이해한 학생으로 가장 적절하지 않은 것은?

〈보기〉

① 영수: 아들러는 원래 프로이트 학파의 멤버였어.
② 민희: 프로이트가 일률적으로 성 충동을 적용해 아들러와 마찰이 생겼지.
③ 수정: 프로이트는 열등감에 대한 보상이 필요하다고 했어.
④ 민영: 프로이트와 아들러는 신경증에 있어서 서로 다른 원인을 주장하고 있어.

① 영수 ② 민희
③ 수정 ④ 민영

26

'열등감'에 대한 아들러의 견해로 적절한 것은?

① 인간은 태어나자마자 열등감을 지닌다.
② 인간이 자신을 타인과 비교하면서 열등감이 생긴다.
③ 열등감은 병적인 상태이기 때문에 가급적 없는 것이 좋다.
④ 모든 인간이 뛰어난 존재가 되고 싶어하진 않기에 모두에게 열등감이 있는 것은 아니다.

27

〈보기〉에서 적절하게 묶인 것은?

〈보기〉

ㄱ. 영희가 열등감을 가지고 있다면 프로이트가 병적인 것이라고 본 반면에 아들러는 일반적인 현상이라고 볼 것이다.
ㄴ. 영희가 열등감을 극복했다면 아들러는 이를 과다 보상의 결과로 볼 것이다.
ㄷ. 영희가 트라우마를 극복했다면 아들러는 목적론적 관점에서 이를 해석할 것이다.

① ㄱ ② ㄷ
③ ㄱ, ㄷ ④ ㄱ, ㄴ

28

〈보기〉에 대해 프로이트와 아들러가 보일 반응으로 적절하지 않은 것은?

〈보기〉

심리학 분야에서 트라우마(trauma)는 '정신적 외상', '(영구적인 정신 장애를 남기는) 충격'을 가리키는 것으로, 과거에 경험했던 위기나 공포와 비슷한 일이 발생했을 때 당시의 감정을 다시 느끼면서 심리적 불안을 겪는 증상을 말한다.

A는 어렸을 때 물에 빠져 죽을 뻔한 적이 있어서 성인이 된 후에도 물에 들어가기를 두려워한다. 이런 경우, A가 어렸을 때 경험했던 공포감을 극복하지 못하여, 즉 트라우마 때문에 현재도 물에 들어가기를 두려워하는 것이라고 해석하기도 한다.

① 프로이트는 A의 사례가 인간의 삶에 대한 원인론적, 결정론적 시각의 타당한 근거라고 주장할 것이다.
② 프로이트는 A의 과거의 경험이 현재의 모습에 영향을 끼쳤다고 주장할 것이다.
③ 아들러는 A의 현재 모습에 대해 목적과 관련하여 주장할 것이다.
④ 프로이트와 아들러 둘 다 사회·문화적 요인을 근거로 A의 사례를 판단할 것이다.

※ 다음 글을 읽고, 물음에 답하시오. [29～32]

(가) 상대주의자는 어떤 사람 또는 어떤 문화에 대해 참인 주장이 다른 사람이나 다른 문화에 대해서는 거짓일 수 있다는 주장을 한다. 어떤 주장이 참이라는 것은 언제나 개인 또는 문화에 따라 상대적으로 참이라는 것이다. 그들에 따르면 어떤 문제에 대한 절대적인 진리 같은 것은 없다.

(나) 상대주의는 상당한 논쟁거리를 제공하는 흥미로운 주장이지만, 따분한 상대주의와 헷갈리지 말아야 한다. 나와 친구가 모두 "나는 떡볶이를 좋아해."라고 말했다고 할 때, 같은 문장을 말했지만 '나'가 누구를 가리키는지가 다르기 때문에 서로 다른 주장을 하고 있다. 내가 말한 문장은 참이고 친구가 말한 문장은 거짓일 수 있기에 상대주의라고 부를 수 있을지 모르지만, 서로 다른 주장에 대한 것이므로 관심을 가질 만한 흥미로운 상대주의는 아니다. 흥미로운 상대주의는 같은 주장이 어떤 사람이나 어떤 문화에 대해서는 참일 수 있지만 다른 사람이나 다른 문화에 대해서는 거짓일 수 있다는 관점이다. 다시 말해서 흥미로운 의미에서의 상대적인 진리들은 서로 양립할 수 없다.

(다) 상대주의의 역사는 고대 그리스의 프로타고라스까지 거슬러 올라간다. 그는 "인간은 만물의 척도"라고 선언했는데, 이는 개개인의 견해가 모두 참으로 간주될 수 있다는 주장이다. 플라톤은 모든 진리가 상대적이라는 주장에 대해, 모든 진리가 상대적이라는 주장이 절대적으로 참이라면 자기 반박이 된다고 강력한 반론을 제시했다. 프로타고라스 같은 상대주의자들은 모든 진리가 상대적이라는 진리 자체도 단지 상대적이라고 주장해야 하기 때문이다.

(라) 상대주의자가 이 반론을 피해 갈 수 있는 방법은 모든 진리가 상대적인 것은 아니고 어떤 진리는 상대적이라고 주장하는 것이다. 가장 인기 있는 상대주의의 종류는 '도덕 상대주의'이다. 이것은 서로 다른 문화에는 서로 다른 도덕률이 존재한다는 전제로부터, 도덕성에는 객관적인 진리가 없다는 결론을 도출하는 이론이다. 옳고 그름은 관점의 문제일 뿐이며 그러한 관점은 문화마다 다르다는 것이다. 이러한 주장을 하는 도덕 상대주의자는 열린 마음, 평등, 자유의 수호자로 자처하기도 하고, 이것에 반대하는 사람들을 자신들만의 고유한 진리를 다른 사람들에게 강요하는 오만한 사람으로 간주하기도 한다. 도덕 상대주의에 반대하는 것은 문화적 제국주의를 찬성하는 것으로 여겨지기도 하며, 더 나아가 인종 차별주의와 동일시되기도 한다.

(마) 그러나 도덕 상대주의자가 내세운 전제는 결론을 지지해 주지 못한다. 이 논증의 전제는 사람들이 무엇을 '믿느냐'와 관련된 것으로, 어떤 사회에 속한 사람들이 믿는 바는 다른 사회에 속한 사람들이 믿는 바와 다르다는 것이다. 그런데 결론은 '실제로는 어떠한가'와 관련되어 있다. 사람들이 믿는 바와 관련된 전제에서는 실제와 관련된 결론은 논리적으로 도출될 수 없다. 이를 쉽게 이해하기 위해서는 어떤 사회에서는 지구가 평평하다고 믿고 또 다른 사회에서는 지구가 둥글다고 믿는다고 해서 지구에 대한 객관적 사실이 없다는 결론이 도출되지 않는다는 것을 생각해 보면 된다.

(바) 전제에서 결론이 도출되지 않는다는 것은 결론을 지지하는 논거가 부족하다는 지적이지 결론이 틀렸다는 주장은 아니다. 도덕 상대주의의 결론에 오류가 있음을 보여 주어야 한다. 도덕성에는 객관적인 진리가 없다는 도덕 상대주의의 결론은 옳고 그름의 척도란 없으며 각 사회의 기준만 있다는 주장이다. 이 주장을 전적으로 수용하게 된다면 결국 우리가 동의하기 힘든 결론에 이를 수도 있다는 점을 지적하여 도덕 상대주의의 오류를 드러낼 수 있다. 첫째, 이제 더 이상 다른 사회의 관습이 우리 사회의 관습보다 도덕적으로 열등하다고 말할 수 없게 된다. 도덕 상대주의를 받아들이는 사람들도 노예제나 나치의 집단 학살이 옳지 않다고 생각할 것이다. 그러나 도덕 상대주의에서는 이러한 사회적 관습이나 역사적 사실에 대해 비난의 여지가 없다고 받아들여야만 한다. 둘째, 어떤 행위가 옳은지 그른지는 그 사회의 기준만을 참조해야 판단할 수 있게 된다. 가령 1975년에 남아프리카의 어떤 주민이 인종 분리 정책이 도덕적으로 옳은 것인지 판단할 때 자신이 속한 사회의 도덕률에 부합하는지 질문해서, 만약 부합한다면 이 정책은 적어도 도덕적 관점에서는 전혀 고민거리가 아니게 된다. 셋째, 도덕적 진보라는 개념이 의문시되고 만다. 우리는 어떤 사회적 변화는 더 나은 방향으로 개선되어 간다고 생각한다. 여성의 사회적 지위를 예로 들어 생각해 보면 된다. 그러나 도덕 상대주의가

옳다면 다른 시대의 기준으로 이전 시대를 판단하는 것은 잘못이므로 시대 간의 판단은 불가능하다.

(사) 도덕 상대주의라고 주장하는 것은 사실 '문화 상대주의'를 오해한 것이다. 문화 간에는 엄청난 차이가 있는 것처럼 보이지만 잘 분석해 보면 그렇게 다르지 않다는 것을 발견하게 된다. 예컨대 소고기를 먹는 것이 나쁘다고 믿는 문화는 윤회를 믿어 그 소가 자신의 할머니일 수도 있다고 믿고 있기 때문이라고 해 보자. 이 문화와 소고기를 먹는 것이 나쁘다고 믿지 않는 문화의 도덕률이 서로 다르다고 말해야 할까? 소고기를 먹는 것이 나쁘다고 믿지 않는 문화도 할머니를 먹어서는 안 된다는 것에 동의할 것이므로, 의견이 일치하지 않는 부분은 그 소가 할머니일 가능성이 있는지에 대한 것일 뿐이다. 모든 도덕률이 문화에 따라 달라질 수는 없는 것이고, 같은 도덕률이 서로 다른 문화에서 다른 방식으로 드러나는 것뿐이다. 이 점은 문화 상대주의에서도 받아들이는 주장이다.

29

윗글에 대한 설명으로 적절하지 않은 것은?

① 상대주의는 논쟁이 되고 있는 사항이다.
② 상대주의의 결론은 전제로부터 도출되기 어려울 수 있다.
③ 상대주의자들 사이에 절대적 진리관에 대한 논쟁이 존재한다.
④ 상대주의에 따르면 어떤 문화에서는 참이지만 다른 문화에서는 거짓인 주장이 있다.

30

윗글에 대한 설명으로 적절하지 않은 것은?

① 상대주의의 두 종류가 서로 구분되어야 함을 주장한다.
② 프로타고라스와 플라톤은 현재의 입장에서 볼 때 상대주의자이다.
③ "인간은 만물의 척도"라는 말은 상대주의적 입장으로 해석할 수 있다.
④ 상대주의의 종류 중 특정 상대주의에 초점을 맞추고 있다.

31

윗글에서 거론되는 상대주의자에 대한 설명으로 적절하지 않은 것은?

① 자신들을 자유의 수호자라 칭한다.
② 진리의 상대성에 대한 신념이 있다.
③ 옳고 그름의 관점은 문화에 따라 결정된다.
④ 자신들과 반대되는 사람들을 문화 제국주의자라 생각하면서도 자신들을 인종 차별주의자라 생각한다.

32

윗글을 읽고 〈보기〉를 이해한 내용으로 적절하지 않은 것은?

〈보기〉

고대 페르시아의 왕인 다리우스는 여행 중에 경험한 문화의 다양성에 대하여 흥미를 갖게 되었다. 그는 칼라시아족은 죽은 조상의 시신을 습관적으로 먹어 치운다는 것을 발견하였다. 반면에 그레시아 사람들은 시신을 화장하였다. 어느 날 그는 궁전에 우연히 들른 몇 명의 그레시아 사람들을 모아 놓고 그들에게 그들의 죽은 조상의 시체를 먹는 조건으로 어떤 대가를 원하는지 물어보았다. 그레시아 사람들은 충격을 받고 아무리 많은 돈을 주더라도 그러한 일을 하도록 설득할 수는 없을 것이라고 대답하였다. 그러자 이번에는 몇 사람의 칼라시아 사람들을 불러들이고, 그들의 죽은 조상의 시체를 화장한다는 조건으로 어떤 상금을 받겠는가는 물어보았다. 칼라시아 사람들은 공포에 질린 채 제발 그 같은 무시무시한 말을 하지 말아 달라고 애원하였다.

① 문화 상대주의자는 시신을 처리하는 서로 다른 관습들 중 어느 관습이 더 우월하고 열등한지에 대해 판단을 내릴 수 없다고 하겠군.
② 도덕 상대주의자는 두 관습 중 도덕적으로 어느 관습이 옳은지 말할 수 없겠군.
③ 도덕 상대주의자는 두 관습은 각 사회의 기준에 따라 평가되어야 한다고 하겠군.
④ 각 문화에 살고 있는 부족원들이 도덕 상대주의자가 아니라면 서로의 문화의 도덕성에 대해 왈가왈부할 수 없다고 생각하겠군.

※ 다음 글을 읽고, 물음에 답하시오. [33～36]

법은 인간의 생활 관계에서 바른 질서의 실현을 목적으로 하는 사회 규범이다. 일반적으로 법의 적용은 삼단 논법을 따르는데, 추상적인 법규를 대전제로 하고 구체적인 사실 관계를 소전제로 하여 판결이라는 결론을 이끌어 낸다. 대전제인 법규가 명확하고 소전제인 사실 관계가 ⓐ확정된 것이라면 삼단 논법을 통해 논리 필연적으로 어떤 결론에 도달할 수 있다. 하지만 법은 소송을 제기한 측인 원고(原告)와 소송을 당한 측인 피고(被告)의 분쟁을 다루는 도구이기에 그렇게 간단히 삼단 논법을 ⓑ적용할 수 없는 경우가 많다. 그런 경우 중 하나는 소전제가 되는 사실 관계가 확정되지 않은 경우이다.

우리나라 법제에서 사실 관계의 확정은 반드시 증거에 기초하여야 하는데, 그 사실 관계는 원고가 제출한 증거가 ⓒ조사됨으로써 인정될 수 있다. 다만 소송에서 원고가 제출한 증거를 피고가 그대로 인정하면 증거를 조사할 필요 없이 바로 판결로 이어진다. 이른바 청구의 인낙(認諾)*이라고 하는데, 이렇게 청구의 인낙이 일어나는 경우는 대개의 소송에서 찾아보기 어렵다. 대신 원고가 제출한 증거는 그대로 인정하면서도 법률상 다른 주장을 펴는 예가 가끔 있는데, 이 경우에도 증거 조사를 할 필요가 없다. 증거 조사란 사실 관계에 대하여 쌍방 간에 다툼이 있을 때 하는 것이기 때문이다. 이때에는 바로 판결을 하는데, 그 결론은 원고가 승소할 가능성이 높다. 예외가 있다면 원고의 주장이 그 자체로서 타당한 근거를 가지지 못한 경우이다.

그러면 원고가 제출한 증거를 피고가 인정하지 않는 일반적인 사건에 있어서 원고의 증거 제출에 대해 피고가 변론(辯論)할 때 어떤 태도를 취할 수 있을까? 그러한 사실이 없다고 주장하는 부인(否認), 그러한 사실 관계의 존재 여부를 잘 모르겠다고 하는 부지(不知), 아무런 말도 하지 않는 침묵(沈默)의 태도를 취할 수 있다. 이때 피고가 어떠한 태도를 취하는가는 그 후의 심리(審理)*전개에 결정적인 영향을 미친다. 침묵의 태도를 취한 경우 여러 가지 사정을 종합하여 원고의 주장을 명백하게 부인하는 것이 아니라고 인정되면 자백을 한 경우와 마찬가지로 받아들여진다. 부인을 한 경우와 부지로 답한 경우는 원고가 증거로 인정될 만한 자료를 제출하여 ⓓ입증을 해야 한다.

이러한 과정을 거쳐 적법하게 법정에 제출된 자료가 증거로 인정되면, 법관은 이를 바탕으로 사실 관계를 확정하는 심증(心證)을 형성하고 법을 적용하여 판결에 이르게 된다. 그러나 제출된 자료를 증거로 인정하기 위해 증거에 쓰이는 기초 사실을 증명하는 일은 쉽지 않은 일이고, 때로는 불가능한 경우도 있다. 이런 경우에는 입증에 따르는 곤란을 피하기 위해 일정한 사실 관계의 존재나 부존재를 ㉠추정(推定)하거나 ㉡의제(擬制)하기도 한다. 추정은 어떤 사항과 동일한지의 여부가 불확실한 다른 사항을, 사실이 명확하지 않은 경우에 일단 진실로 가정하여 법적 효과를 발생시키는 것을 말하는 것이다. 두 사람이 동일 사건으로 사망한 경우 동시에 사망한 것으로 추측하여 인정하는 것이 추정의 예인데, 추정은 불이익을 받는 자가 반대 사실 관계를 입증하면 번복될 수도 있다. 그리고 의제란 어떤 사항이 다른 사항과 본질은 같지 않지만 법률에서 두 사항을 동일한 것으로 처리하여 동일한 효과를 주는 일을 말하는 것인데, 예를 들어 불법 행위에 대한 손해 배상의 청구권에 있어서 태아(胎兒)를 이미 출생한 것으로 보는 경우를 들 수 있다. 즉 법이 공익상의 필요 등 때문에 사실 관계의 존재나 부존재를 법 정책적으로 확정하는 것인데, 실제로는 진실이 아니라고 하더라도 사회생활의 필요에 의해 사실로 확정해 버리는 것이기 때문에 반증만으로 번복되지 않는 것이 특징이다.

* 청구의 인낙: 피고가 원고의 청구 내용인 권리나 주장을 전면적으로 긍정함.

* 심리: 재판의 기초가 되는 사실 관계 및 법률 관계를 명확히 하기 위하여 법원이 증거나 방법 따위를 심사하는 행위.

33

윗글의 표제와 부제로 가장 적절한 것은?

① 법이 적용되는 과정
 – 삼단 논법이 적용되기 어려운 경우 사실 관계 입증 여부에 따라

② 삼단 논법의 원리
 – 대전제, 소전제, 결론을 중심으로

③ 의제와 추정의 공통점과 차이점
 – 현실에서 사용되는 사례

④ 피고의 변론 방법
 – 부인, 부지, 침묵을 중심으로

34

㉠, ㉡에 대한 이해로 적절한 것은?

① ㉠은 확실한 사실만을 진실한 것으로 인정하는 특징이 있다.
② ㉡은 본질이 다른 것을 법률상 동일한 것으로 처리하여 상이한 효과를 발생시킨다.
③ ㉠은 ㉡과 달리 반대 사실 관계만 입증된다면 번복될 수 없다.
④ ㉡은 법규에 의해 일정한 사실 관계의 존재나 부존재를 확정한다.

35

ⓐ~ⓓ의 사전적 의미로 적절한 것은?

① ⓐ: 체계나 견해, 조직 따위가 굳게 섬. 또는 그렇게 함.
② ⓑ: 어떠한 것을 받아들임.
③ ⓒ: 사물의 내용을 명확히 알기 위하여 자세히 살펴보거나 찾아봄.
④ ⓓ: 어떤 사실이나 주장이 옳지 아니함을 그에 반대되는 근거를 들어 증명함. 또는 그런 증거.

36

윗글에 대한 설명으로 가장 적절한 것은?

① 법이 적용되는 과정을 살펴보고 적용되지 않는 경우의 방법을 경우에 따라 나누어 설명하였다.
② 다른 학자의 이론적 틀에 따라 법의 적용을 분석하고 있다.
③ 통설의 내용을 논리적으로 분석한 후 새로운 해석 방향을 제시하고 있다.
④ 여러 학자들의 의견을 비교하며 법의 현실에 대한 적용 가능성을 검토하고 있다.

※ 다음 글을 읽고, 물음에 답하시오. [37~40]

셰익스피어의 희곡 「로미오와 줄리엣」에서 사랑에 빠진 줄리엣은, 로미오가 자기 가문과 원수 관계인 몬테규 가문 사람인 것을 알고 심란해서 혼자 이렇게 중얼거린다. “이름에 뭐가 있담? 장미꽃은 다른 이름으로 불러도 똑같이 향기로운 게 아닌가? 로미오도 이름과 관계없이 본래의 미덕은 그대로일 텐데.” 사랑에 빠진 이들은 줄리엣처럼 이름보다 본질이 더 중요하다고 수백 년 동안 생각해 왔다. 그러나 변호사들의 생각은 다르다. 이들은 이름을 보호 받아야 할 법적 재산으로 여긴다. 실제로 몇몇 경우에 이름이 가리키는 대상보다 이름 자체가 더 중요해지기도 했다. 이는 기업과 상표의 등장이라는 중요한 변화 때문으로, 어떤 학자는 상표와 기업의 등장이 긴밀히 연결되어 있다는 주장을 펴기도 했다.

옛날에는 상표(brand)라는 개념이 없었다. 맛이나 향기처럼 한 물건을 다른 물건과 구별하는 특징은 그 물건에 내재해 있다고 믿었다. 포장을 해서 파는 제품과 광고를 하는 제품은 별로 없었다. 제품의 명성은 입소문이나 시장을 개척하는 상인들을 통해 퍼졌을 뿐이다. 구매자를 위한 법적 보호 장치도 없었고 제품의 품질을 따져 볼 책임은 제품을 사는 사람에게 있었다. 그래서 제품의 품질을 보증해 주는 것은 판매자 개인에 대한 평판이나 구매자의 안목뿐이었다. 판매량은 많지 않았고 판매자와 구매자의 관계는 인격적이었다.

이런 상황은 산업화의 진전으로 같은 제품을 대량 생산할 수 있는 기업들이 19세기에 등장하면서 변하기 시작했다. 규모가 커진 기업들이 대량 소비 시장을 겨냥해 제품을 만들고 광고망을 구축하였다. 제품을 실제로 만드는 사람은 노동자들이었지만 이름을 내건 것은 기업들이었다. 운송의 효율이 개선돼 먼 곳까지 제품을 가져다 팔아도 수지가 맞게 되면서, 구매자들이 전보다 훨씬 넓은 지역에 퍼져 있는 시대가 되었다. 같은 기업이 여러 지역에 공장을 세우면서 한 제품이 특정 지역과 연결되는 일도 없어졌다. 생산자와 소비자 사이의 Ⓐ<u>인격적 거래 관계</u>는 없어졌고, 소비자는 생산자가 아니라 기업의 이름을 보고 제품을 선택하는 시대가 되었다. 대량 소비 시장은 각 거래에서 발생하는 이윤이 전보다 적어졌기 때문에 기업들은 반복 구매에 승부를 걸게 되었다. 구입한 제품에 한 번

만족한 소비자들은 계속 같은 제품을 구입할 것이기 때문이다.

한편 19세기 들어 포장된 제품과 통조림이 많이 보급되면서 구매자들은 내용물을 직접 확인하지 못한 채 제품을 사게 되었다. 따라서 제품을 살 때 포장에 적힌 제품의 정보를, 특히 상표나 기업의 이름을 믿을 수밖에 없었다. 따라서 구매자들이 제품의 품질을 믿게 하기 위해 기업은 불순물을 섞어 파는 사람들이나 위조범들로부터 상표나 기업의 이름을 보호해야 했다. 결국 Ⓑ<u>비인격적 거래 관계</u>는 구매자들로 하여금 기업을 금방 생각나게 해 주는 상표를 믿도록 만들었다. 즉 기업의 등장으로 실제 생산자의 이름은 아무런 의미가 없어져 드러내지 않았으며, 상표나 기업의 이름이 무엇보다 중요해진 것이다.

통상의 규모가 전 지구적으로 커지자 한 제품이 많이 알려질수록 그에 따르는 잠재 이익도 엄청나게 커졌다. 이제 기업들은 제품 수요를 자극해야 했다. 여기에는 많은 광고비가 들었다. 광고의 내용은 제품의 사용법이나 성분을 알리는 것에서 다른 제품과의 차별성을 드러내는 것으로 바뀌어 갔다. 상표에 대한 구매자들의 충성도가 높아지면 제품 가격에 프리미엄도 붙었다. 상표의 가치는 기업의 가장 중요한 자산이 되곤 했다. 상표 덕분에 기업들은 총판권을 가질 수 있었고, 거대 복합 기업들에 여러 분야의 사업이 집중되었다. 전문성을 전혀 갖고 있지 않은 기업도 유명 상표를 사들이기만 하면 쉽게 한 분야에 진입할 수 있게 되기도 했다.

상표가 유용한 것은 구매자들이 그 상표를 오래된 친구처럼 익숙하게 느끼고, 상품에 대한 믿음을 갖도록 만들기 때문이다. 그러나 오래된 친구와 달리 상표는 자본의 요구를 따르는 비인격적 자산일 뿐이다. 장미에 다른 이름을 붙여도 그 향기는 감미로울 것이다. 하지만 상표를 다른 이름으로 부르면 전에는 생각하지 못했던 다른 이미지가 떠오를 것이고, 그러면 기업의 자산으로서는 쓸모가 없어질 것이다. 이름이 도대체 무엇이냐고? 이름은 손도, 발도, 얼굴도 아니다. 그러나 기업에 이윤을 가져다 주는 것이라는 점은 분명하다.

37

윗글에 대한 설명으로 적절하지 <u>않은</u> 것은?

① 상표가 탄생하고 변화하는 흐름을 특정 역사적 사건을 기준으로 하여 설명하고 있다.
② 원인과 결과를 반복적으로 제시하여 상표의 중요성이 증대되는 과정을 설명하고 있다.
③ 유명 문학 작품의 구절을 글의 첫머리에 인용하여 글을 시작함으로써 핵심 화제를 제시하고 독자의 흥미를 유발하고 있다.
④ 시간의 흐름에 따라 변화하는 대상의 특징을 비판적 관점에서 바라본 후, 이를 해결하기 위한 대책 마련을 촉구하며 글을 마무리 짓고 있다.

38

윗글의 내용과 일치하지 <u>않는</u> 것은?

① 해당 분야에 전문성을 전혀 갖고 있지 않던 기업도 유명 상표를 사들이기만 하면 쉽게 한 분야에 진입할 수 있게 되었다.
② 통상 규모가 전 지구적으로 확대되면서 기업들은 잠재 이익을 실제 이익으로 실현시키기 위해 수요를 자극하기 위한 광고를 했다.
③ 19세기 들어 포장과 통조림이 많이 보급되면서 구매자들이 내용물을 확인할 수 없게 되어 제품을 사려면 판매자의 평판을 믿을 수밖에 없게 되었다.
④ 산업화의 진전으로 똑같은 제품을 대량 생산할 수 있는 기업들이 생김에 따라 소비자들은 생산자의 이름이 아닌 기업의 이름을 보고 제품을 선택하게 되었다.

39

윗글을 읽고 보인 반응으로 적절한 것은?

① 상표에 대한 구매자들의 충성도가 높아져도 제품 가격에 프리미엄을 붙이면 판매가 급격히 떨어지겠군.
② 기업들이 상표의 가치를 높이기 위해 구체적인 상품이 아니라 상표 자체를 중심으로 하는 광고를 만들기도 하겠군.
③ 유명한 상표가 없는 기업들이라도 제품의 질이 좋다면 상품을 처음 판매하는 데에도 어려움이 없겠군.
④ 기업들이 왜 제품의 품질을 최우선으로 유지하기 위해 신경 쓰는지 알겠군.

40

Ⓐ, Ⓑ에 대한 이해로 적절하지 않은 것은?

① Ⓐ는 생산자와 소비자 사이의 거래가 인격적이고, Ⓑ는 그렇지 않다.
② Ⓐ는 파는 사람에 대한 신뢰가 있고, Ⓑ는 상표에 대한 신뢰가 있다.
③ Ⓐ는 실제로 상품을 생산한 사람에 대한 정보가 드러나는 반면에, Ⓑ는 그 정보가 드러나지 않는다.
④ Ⓐ와 달리 Ⓑ는 상품을 사는 사람과 실제로 생산하는 사람 사이의 믿음이 전제가 된다.

※ 다음 글을 읽고, 물음에 답하시오. [41～44]

인류의 정치 체제는 부족 및 부족 연맹에서 폴리스, 봉건 영주제, 종교 공동체, 도시 및 도시 연맹, 왕조, 국민 국가, 연방과 연합, 제국 등에 이르기까지 매우 다양하게 존재해 왔다. 그중 근대 국가는 자본주의와 더불어 성장해 온 근대 특유의 제도로서 인류가 경험했던 다양한 형태의 정치 체제 가운데 하나이다. 근대 국가가 탄생하기 이전까지 정치는 지역적, 공동체적 혹은 도시적인 것으로 인식되었지만, 근대 국가가 성립되면서 정치는 곧 국가에 관련된 것이라는 인식이 자리 잡게 되었다. 또 근대 국가는 국가와 관련한 모든 요소들을 중앙 집권화, 위계화하였으며 스스로를 배타적인 정치체로 만들었다.

17세기 중반에 체결된 베스트팔렌 조약으로 인해, 가톨릭교회의 영향력 아래 유럽을 지배하던 신성 로마 제국이 사실상 붕괴되면서 주권 국가의 개념이 생겨났다. 이후 주권 국가는 근대 정치 체제를 대표하는 전형이 되었다. 주권 국가의 형태로 발전해 온 근대 국가는 대내적으로 특정한 영토와 그에 속한 사람들에 대한 배타적인 지배권을 가지고 독특한 형태의 기구들을 발전시켰다. 그리고 대외적으로는 해당 영토 내에서 유일한 주권체로 인정받았으며, 모든 국가는 평등하다고 간주되었다. 한편 이러한 근대 국가는 절대주의 국가에서 점차 국민 국가로 변형되어 갔다. 절대주의 국가와 국민 국가는 특정한 지리적 영토나 공간에 대한 독점적 태도를 의미하는 영토성을 갖는다는 점에서 유사하지만 주권의 관점에서는 커다란 차이가 존재한다. 절대주의 국가의 주권이 군주에게 있었다면 국민 국가의 주권은 국민에게 있기 때문이다.

베링턴 무어는 주권이 군주에서 국민으로 이양되는 경로를 민주주의, 파시즘, 공산주의로 유형화하여 파악하였는데, 국민 주권이 형식적인 것이든 실질적인 것이든 18세기에서 20세기 초반에 이르기까지 유럽은 국민 국가화 과정을 거치게 되었다. 그리고 이러한 변화는 제국주의 시기를 거쳐 전 세계로 확산되었고, 제2차 세계 대전 이후에는 본격적인 국민 국가의 시대가 꽃피게 되었다. 오늘날의 국가는 그 규모와 형태의 차이에도 불구하고 모두 국민 국가로 간주된다. '국제 연합(UN)'에서도 국가의 규모와 형태에 관계없이 모든 국가를 형식적으로나마 동등한 권리를 지닌 국민 국가로 간주한다.

한편 근대 국가의 출현과 성격을 설명하는 유력한 이론으로는 세 가지가 있다. 첫째, ㉠자유주의자들은 정치권력의 부재로부터 야기될 수 있는 소유권이나 생명에 대한 분쟁의 해결을 위해 계약에 의해 성립된 정치적 결사체, 즉 국가가 탄생했다고 설명한다. 이러한 논리는 시장과 국가가 별개라고 주장하는 자유주의의 일반적인 관념과는 달리 사회 혹은 시장에 대한 국가의 개입을 전제하고 있다. 국가가 사유 재산을 절대적으로 보장하든, 자원의 배분을 계획하고 통제하든, 사회적 약자를 보호하기 위해 복지 정책을 펴든, 국가는 어떤 형태로든 사회 혹은 시장에 개입하게 된다는 것이다.

둘째, ㉡마르크스는 국가를 지배 계급의 도구라고 규정했는데, 이때 지배 계급은 정치 · 경제적으로 노동자나 농민을 억압하는 계급을 의미한다. 그는 역사의 발전 과정에 따라 계급이 철폐되고 궁극적으로는 국가가 소멸될 것이라고 주장하였다. 그러나 역사적으로 자본주의 국가는 자본에 대한 끊임없는 수정을 통해 자본주의를 재생산해 왔으며, 그 과정에서 국가는 자본에 종속된 것이 아니라 그것으로부터 상대적으로 자율적이라는 견해가 대두되었다.

마지막으로 ㉢베버는 국가를 역사적으로 존재하는 하나의 제도로 파악했다. 그는 이념적인 측면보다 역사적인 측면에서 국가를 분석하고자 했으며, 국가는 그 자체로 다른 여러 수준의 제도를 초월하여 자율적으로 존재하는 제도라고 주장했다. 따라서 국가가 존재하기 위해 필요한 수단들로 인해 개인이나 집단이 상당한 수준으로 억압될 수밖에 없다고 지적했다.

개인의 재산과 권리를 중시하는 자유주의자들은 국가를 필요악으로 보았으며, 마르크스는 사회주의 국가를 이행기적인 필요악으로 간주하고 특히 자본주의 국가를 타도의 대상으로 보았다. 이와 달리 베버는 국가가 역사적으로 존재해 왔고 앞으로도 결코 사라지지 않을 것이라고 보았다.

41

윗글의 내용과 일치하지 않는 것은?

① 제국주의 시기에는 주권이 군주에서 국민에게 이양되는 경향이 확산되었다.
② 절대주의 국가와 국민 국가는 영토성이라는 점에서 차이점이 드러난다.
③ 근대 국가가 성립되면서 정치는 곧 국가에 관련된 것이라는 인식이 자리 잡게 되었다.
④ '국제 연합(UN)'에서는 국가의 규모와 형태에 관계없이 모든 국가를 형식적으로나마 동등한 권리를 지닌 국민 국가로 간주한다.

42

윗글을 바탕으로 〈보기〉를 이해하였을 때 적절하지 않은 것은?

〈보기〉

국민 주권을 공고히 하는 데 기여했던 근대 국가는 동시에 많은 폐단을 드러내기도 하였다. 특히 근대가 진행됨에 따라 확장되었던 제국주의 국가의 식민지 착취와 두 차례의 세계 대전을 비롯해 자국의 이익을 위해 강대국들이 벌였던 수많은 전쟁의 전면에는 늘 국가가 함께하였다.

① 근대 국가는 주권을 군주에서 국민으로 공고히 하였군.
② 국가가 다른 국가와 구별되는 배타성이 강하기 때문에 일어난 현상이겠군.
③ 근대 국가의 폐단이란 자국의 이익을 위해 타국을 침략하고 식민지화한 것이겠군.
④ 근대 국가의 이러한 폐단을 벗어나려면 국민 주권을 약화하고 군주 주권제로 돌아가는 게 맞겠군.

43

㉠, ㉡, ㉢의 견해를 비교한 내용으로 적절하지 않은 것은?

① ㉠과 ㉡은 모두 국가를 없는 것이 바람직하지만 사회적인 상황에서 어쩔 수 없이 요구되는 존재로 인식하기도 하였다.
② ㉠은 국가가 사유 재산을 절대적으로 보장하는 경우나 사회적 약자를 보호하기 위해 복지 정책을 펴거나 할 때는 국가가 개입해야 하고, 자원의 배분을 계획하고 통제하는 경우에는 국가의 개입이 필요 없다고 보았다.
③ ㉡은 ㉠과 달리 국가를 지배 계급의 도구로 보았다.
④ ㉢은 ㉡이 국가를 이념적 측면으로만 보는 것을 부정하고 역사적 측면에서 접근하고자 하였다.

44

윗글의 서술 방식으로 가장 적절한 것은?

① 적절한 유추와 예시를 활용하여 대상에 대한 이해도를 높였다.
② 중심 화제가 성립되는 과정을 살펴보고, 이에 대한 주요 이론을 비교·대조하여 설명하였다.
③ 전체를 부분으로 나누어 각 부분의 특성을 설명하였다.
④ 구체적인 사실들에 대한 판단을 제시하고, 이를 다른 현상을 이해하는 자료로 활용하고 있다.

※ 다음 글을 읽고, 물음에 답하시오. [45～48]

(가) 형상 기억 효과란 물질이 특정한 온도에서의 형상을 기억하고 있어서, 힘을 가해 전혀 다른 형상으로 변형시킨 후 이를 다시 특정한 온도로 가열하면 본래의 형상으로 돌아가는 현상이다. 이와 같은 형상 기억 효과를 나타내는 물질로는 형상 기억 합금이 있다.
(나) 금속은 탄성 한계를 가지고 있다. 탄성 한계보다 작은 힘을 받아 일어난 변형의 경우, 그 가해진 힘을 없애면 본래의 형상으로 되돌아간다. 이것을 탄성 변형이라 한다. 그러나 탄성 한계보다 큰 힘을 가하면 가했던 힘을 없애도 본래의 형상으로 돌아가지 않는 소성 변형이 일어난다. 그런데 형상 기억 합금은 외견상으로 소성 변형된 다음에도 다시 가열하면 본래의 형상으로 되돌아간다.
(다) 형상 기억 합금이 이러한 성질을 갖는 것은 온도에 따라 결정 구조가 변하기 때문이다. 금속은 원자의 가장 바깥쪽에 있는 자유 전자가 어느 한 원자에 속하지 않고 원자들 사이를 자유롭게 이동하면서 원자들을 결합하는 '금속 결합'을 한다. 그러나 외부의 힘에 의해 형태가 변형되면 원래 있던 금속 결합이 풀린 후 내부의 원자가 이동하면서 새로운 결합이 생성되어 그 변형된 형태가 고정된다. 합금은 하나의 금속에 성질이 다른 금속이나 원소를 섞어서 만든 것으로, 원래의 금속이 지닐 수 없는 성질을 갖는다. 대부분의 금속 합금은 어느 정도 온도가 변해도 크게 영향을 받지 않는 결정 구조를 가지고 있다. 열을 가해 주면 단지 그 성분 원자가 더 빠르게 진동해서 힘이 가해질 때 형태가 변화되기는 하지만 결정 구조가 변하지는 않는다.
(라) 형상 기억 합금은 온도에 따라 결정 구조가 바뀐다. 즉 온도가 변화함에 따라 하나의 결정 구조가 다른 결정 구조로 바뀌게 된다. 이런 변화가 일어나는 온도를 임계 온도라고 하며 임계 온도는 합금마다 다르다. 니티놀은 니켈과 타이타늄을 동일한 비율로 섞어 만든 합금으로, 고온에서는 오스테나이트라는 구조로 되어 있으나 저온에서는 일부의 원자가 조금씩 움직여 전체의 구조가 느슨한 마텐자이트라고 하는 결정 구조로 변한다. 마텐자이트 결정 구조는 외부에서 힘을 가하면 원자 결합이 파손되지 않고 제한된 변형이 일어난다. 이 마텐자이트 구조에 열을 가하면 마텐자이트 구조가 변형되었는지에 상관없이 원래의 오스

테나이트 구조가 복구되며 원래의 형상으로 회복된다.

(마) 형상 기억 합금은 단방향성 또는 양방향성의 두 가지 기억 방식을 갖는다. 니티놀과 같은 단방향 형상 기억 합금은 임의의 형상을 기억하고 있는 합금을 냉각하여 저온에서 형상을 변화시킨 후 일정한 온도 이상으로 가열하면 본래의 형상으로 회복된다. 이것을 다시 저온으로 해도 온도를 올리기 전의 변형된 모양으로 돌아가지는 않는다. 이와 달리 양방향 형상 기억 합금은 고온에서의 형상과 온도를 올리기 전 저온에서의 형상을 동시에 기억한다. 즉 가열과 냉각을 통해 두 형상이 반복되는 가역적인 동작이 가능하다. 양방향 형상 기억 효과는 편리하고 사용이 용이할 것 같지만 양방향성의 동작 특성을 얻으려면 합금에 특수한 열처리를 하는 등 공정상의 어려움이 있어 많이 사용되지 않고 있다.

45

윗글의 표제와 부제로 가장 적절한 것은?

① 형상 기억 효과를 나타내는 형상 기억 합금
 – 형상 기억 효과를 나타내는 다양한 합금을 중심으로
② 형상 기억 효과의 장점과 단점
 – 형상 기억 합금의 구조와 성질을 중심으로
③ 일반 금속과 형상 기억 합금의 성질
 – 일반 금속의 한계를 보완하는 방법을 중심으로
④ 형상 기억 효과를 나타내는 형상 기억 합금
 – 형상 기억 합금의 구조와 성질을 중심으로

46

윗글에 대한 이해로 적절하지 않은 것은?

① 금속 안의 자유 전자는 원자 사이를 자유롭게 이동한다.
② 금속에 탄성 변형이 일어나면 본래의 형상으로 돌아간다.
③ 금속과 금속을 결합하여 만든 합금은 원래의 금속과 다른 성질을 가질 수는 없다.
④ 합금은 금속에 다른 원소를 섞어서 만든다.

47

윗글을 바탕으로 할 때, 형상 기억 합금인 '니티놀'의 특징으로 가장 적절한 것은?

① 고온 상태에서 냉각되면 원자가 느슨해져서 오스테나이트의 구조를 지닌다.
② 탄성 한계를 넘어서는 힘이 가해지면 본래의 형태로 돌아갈 수 없다.
③ 니켈과 타이타늄을 1:3의 비율로 혼합하여 만든 것이다.
④ 고온에서는 오스테나이트, 저온에서는 마텐자이트의 구조를 지닌다.

48

윗글을 근거로, 〈보기〉에 대해 이해한 것으로 가장 적절한 것은?

〈보기〉

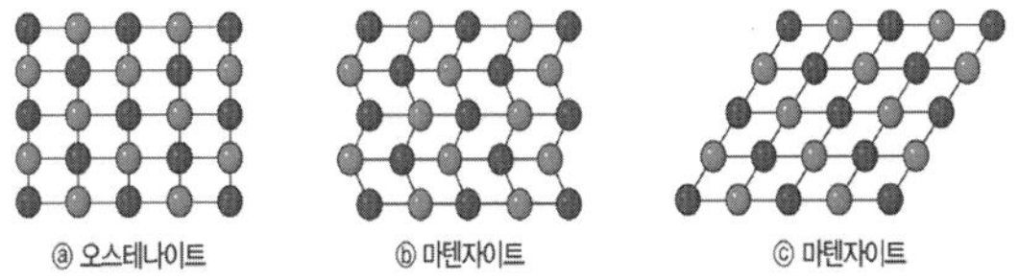

ⓐ~ⓒ는 형상 기억 합금인 니티놀의 결정 구조를 2차원으로 나타낸 것으로, ⓒ는 외부에서 힘을 가해 형태가 변형된 상태이다. (단, 온도와 힘 이외에 형상에 영향을 주는 외부 요인은 없다고 가정한다.)

① ⓑ와 ⓒ는 모두 고온 상태의 결정 구조를 보여 준다.
② ⓑ의 결정 구조를 갖는 물질에 열을 가하더라도 ⓐ의 결정 구조로 회복되지는 않을 것이다.
③ ⓐ와 ⓒ의 결정 구조는 동일하다.
④ ⓒ의 결정 구조를 갖는 물질을 가열하면 ⓐ의 구조로 회복될 것이다.

※ 다음 글을 읽고, 물음에 답하시오. [49～52]

(가) 인간의 장기 가운데 폐는 탄성력이 있어 부피가 늘어났다가 바로 복원되는 특성을 가지고 있다. 이처럼 폐가 쉽게 늘어날 수 있는 정도를 신전성(compliance)이라고 하는데, 폐의 신전성이 크면 클수록 폐가 잘 늘어나기 때문에 일정량의 공기가 들어오는 데 필요한, 호흡근이 소비하는 에너지양은 감소하게 된다. 폐의 신전성은 폐에서의 표면 장력과도 관련이 있다. 표면 장력은 액체의 표면이 스스로 수축하여 가능한 한 작은 면적을 취하려는 힘으로, 액체의 표면을 이루는 분자층에 의하여 생긴다. 폐포 내 표면은 얇은 액체층으로 싸여 있으며 이 액체층은 표면 장력을 가진다. 우리가 숨을 들이마셔 폐가 팽창될 때에는 표면 장력을 가진 액체층도 팽창된다. 표면 장력은 액체 성분에 따라 다르고, 표면 장력이 클수록 액체가 펴져 나가게 하기 위해서 더 많은 에너지가 필요하다. 만약 액체층의 표면 장력이 커진다면, 동일한 크기의 에너지로 팽창시킬 수 있는 정도가 작아지기 때문에 폐의 신전성은 감소하게 된다.

(나) 그렇다면 표면 장력이 폐의 신전성을 감소시키는 것에 그치지 않고 폐포 자체에 더 큰 영향을 미칠 여지는 없을까? 폐포 내 액체층의 물 분자 사이에 있는 수소 결합은 서로를 끌어당겨 동그란 물방울을 형성하려고 하는데, 이 작용으로 인해 폐포 벽이 안쪽으로 당겨져 폐포가 오그라드는 일이 일어날 것이라 생각할 수도 있다. ㉮하지만 그렇게 폐포 자체가 붕괴되는 일은 다행히도 일어나지 않는다. 폐포가 붕괴되지 않는 이유를 이해하기 위해서는 비눗방울에서 나타나는 현상을 이해하면 된다. 비눗방울 표면은 물을 포함하고 있기 때문에 표면 장력이 작용하여 비눗방울 표면을 안쪽으로 끌어당기려고 한다. 그러나 비눗방울이 오그라들려고 하면 비눗방울 내에 들어 있는 공기의 압력이 증가하게 되어 비눗방울이 붕괴되려는 것의 반대 방향으로 압력이 작용한다. 즉, 팽창하려는 공기압이 존재하는 한, 비눗방울은 안정 상태의 부피가 유지된다. 마찬가지 이유로 폐가 팽창하거나 수축하지 않을 때, 폐포의 부피는 안정 상태가 유지된다.

(다) 폐포 벽에 위치한 II형 폐포 세포는 계면 활성제를 분비하는데, 이 역시 신전성과 관련 있다. II형 폐포 세포에서 분비된 계면 활성제는 물 분자 사이에 있는 수소 결합을 방해하는데, 이로 인해 폐포 내를 둘러싼 액체의 표면 장력이 감소되기 때문이다. 이 계면 활성제 덕분에 표면 장력에 의해 감소했던 신전성이 증가하고 호흡에 필요한, 호흡근이 소비하는 에너지양은 감소하게 된다.

(라) 폐포를 구형이라고 가정한다면 폐포의 붕괴를 막는 데 필요한 공기압은 표면 장력에 정비례하고 폐포의 직경에 반비례하게 된다. 그러므로 하나는 크고, 하나는 조금 작은 두 개의 폐포가 같은 표면 장력의 영향을 받으면, 작은 폐포는 안쪽에서 붕괴되는 것을 막기 위해 더 큰 압력이 필요해진다. 숨을 들이마시고 내쉴 때의 마지막 시점에서 공기압은 모든 폐포 내에서 균일하다. 하지만 폐포들은 항상 같은 크기가 아니다. 만약 폐포에 계면 활성제가 없다면 어떻게 될까? 큰 폐포의 붕괴만 막아 줄 수 있는 정도의 공기압일 경우, 작은 폐포가 붕괴되는 것을 막기에는 부족할 것이다. 그러므로 두 개의 폐포가 맨 처음에 같은 압력에 놓이게 된다면, 작은 폐포는 오그라들어 내부의 공기압이 증가할 것이며 큰 폐포의 공기압보다 더 높아질 것이다. 그래서 공기압의 차이에 따라 작은 폐포에서 큰 폐포 쪽으로 공기가 흘러가게 된다. 하지만 실제 폐에는 계면 활성제가 있고, 작은 폐포 내에는 큰 폐포보다 더 높은 농도의 계면 활성제가 있다. 이 결과, 작은 폐포의 표면 장력은 큰 폐포의 표면 장력보다 작아서 작은 폐포의 붕괴를 막기 위해 필요한 공기압을 감소시킨다. 그리하여 작은 폐포와 큰 폐포는 모두 안정 상태의 부피가 유지되는 것이다.

49

윗글의 내용과 일치하는 것은?

① 폐포를 구형이라고 가정한다면 폐포의 붕괴를 막는 데 필요한 공기압은 표면 장력에 반비례하고, 폐포의 직경에 정비례한다.
② 우리가 숨을 들이마셔 폐에 공기가 들어가게 되면 폐가 압축되어 표면 장력을 가진 액체층은 팽창하게 된다.
③ 표면 장력은 액체의 표면이 외부 자극으로 인해 가능한 한 큰 면적을 취하려는 힘이다.
④ 폐포 내 계면 활성제는 물 분자 사이에 있는 수소 결합을 방해하여 폐포 내를 둘러싼 액체의 표면 장력을 감소시킨다.

50

윗글을 바탕으로 할 때, ㉮의 이유로 가장 적절한 것은?

① 표면 장력에 의해 폐포가 팽창하기 때문이다.
② 신전성은 시간이 지날수록 차츰 줄어들기 때문이다.
③ 폐포 벽에 위치한 Ⅱ형 폐포 세포가 공기압을 발생시키기 때문이다.
④ 폐포를 붕괴시킬 수 있는 힘과 반대 방향으로 팽창하려는 공기압이 균형을 이루기 때문이다.

51

윗글을 바탕으로 〈보기〉의 빈칸에 알맞은 말을 바르게 작성한 것은?

〈보기〉

'갑'은 Ⅱ형 폐포 세포에 문제가 생겨 계면 활성제 분비가 정상 수치에 비해 크게 (Ⓐ)하였다. 이처럼 계면 활성제의 분비가 (Ⓐ)하게 되면 폐의 신전성이 감소되어 호흡근이 일정 용적(容積)까지 폐를 (Ⓑ)시키기 위해 더 많은 에너지를 쓰게 된다.

	Ⓐ	Ⓑ
①	감소	팽창
②	증가	팽창
③	감소	수축
④	유지	수축

52

윗글의 글쓰기 전략으로 적절한 것은?

① 설명 대상을 친숙한 현상에 빗대어 설명하여 독자의 이해를 돕고 있다.
② 필요할 때마다 적절한 예를 들어가며 설명하여 독자의 이해를 돕고 있다.
③ 구체적인 사례들을 고찰하여, 일반적인 원리를 추출해 내고 있다.
④ 독자의 관심을 환기하기 위해 묻고 답하는 방식으로 내용을 전개하고 있다.

※ 다음 글을 읽고, 물음에 답하시오. [53~56]

(가) 지각에 가장 많이 존재하는 금속 원소는 무엇일까? 철이라고 생각할지 모르지만 사실 Ⓐ알루미늄이다. 알루미늄은 지각에서 첫째로 많은 금속이고 셋째로 많은 원소이다. 사람들은 19세기 초만 해도 이 흔한 알루미늄을 금보다 귀하게 여겼다. 알루미늄은 철보다 가벼우며 열전도성과 전기 전도성이 탁월한 금속이다. 말하자면 '쉽게 구할 수 있는 유용한 금속'이다. 그런데도 고대 문명은 알루미늄이 아니라 구리에서 시작되어 철에 의해 계승되었다. 알루미늄은 왜 희귀 금속으로 여겨졌으며 인류의 고대 문명 건설에 큰 기여를 하지 못한 것일까?

(나) 구리나 철은 순수한 금속의 비율이 높은 광석째로 묻혀 있어 구리 광산이나 철광산이 존재한다. 그러나 알루미늄은 대부분 흙 속에 흩어져 있기 때문에 광산을 찾기 어렵다. 그리고 알루미늄은 다른 물질과 쉽게 반응하기 때문에 대부분이 원소 형태가 아닌 산화물 형태로 존재한다. 알루미늄이 산소와 결합한 산화 알루미늄(Al_2O_3)의 형태로 흙 속에 들어 있는 것이다. 그런데 산화 알루미늄은 광택이 없고 부서지기 쉬운 물질로, 알루미늄이 가지고 있는 탁월한 성질을 갖고 있지 않다.

(다) 알루미늄의 함량이 가장 많은 광물은 보크사이트이다. 보크사이트는 여러 종류의 산화물이 섞인 혼합물 인데 보크사이트 안의 알루미늄은 산소와 매우 강하게 결합해 있다. 철은 철광석에 코크스를 섞어 용광로에서 녹이면 쉽게 분리할 수 있지만, 알루미늄은 같은 방법을 사용해도 보크사이트에서 분리되지 않는다. 전기 분해법이 개발되기 전에 알루미늄은 화학적 환원 반응법을 통해 얻었는데, 비용이 많이 들어서 알루미늄의 가격이 금보다 훨씬 비쌌다.

(라) 전기 분해는 이온들이 전극으로 이동할 수 있을 때만 가능하다. 이온의 이동성을 증가시키는 통상의 방법은 전기 분해될 물질을 용해시킨 수용액을 만들어 도금 석출하는 것이다. 그런데 수용액 속에 있는 알루미늄 이온(Al^{3+})에서 알루미늄을 도금 석출하는 것은 불가능하다. 이렇게 활성이 큰 금속은 수용액을 전기 분해해서 얻을 수 없는데, 그 이유는 물이 이러한 금속보다 더 먼저 환원되기 때문이다. 전기 분해에서 환원 반응은 음극에서 일어나는데 알루미늄 수용액을 전기 분해하려고 하면 음극에서 알루

미늄 금속이 아니라 물이 환원된다. 그래서 알루미늄 금속을 석출하기 위해서는 알루미늄 이온(Al^{3+})을 함유하는 수용액이 아니라 산화 알루미늄을 고온으로 가열하여 액체 상태로 만든 후에 이를 전기 분해하는 방법을 써야 한다. 보크사이트 원석을 화학 처리하면 농축된 산화 알루미늄을 얻을 수 있다. 그런데 산화 알루미늄은 녹는점이 2,000℃가 넘기 때문에 단순한 전기 분해법으로는 산화 알루미늄에서 알루미늄을 분리하는 데에 비용이 많이 들었다.

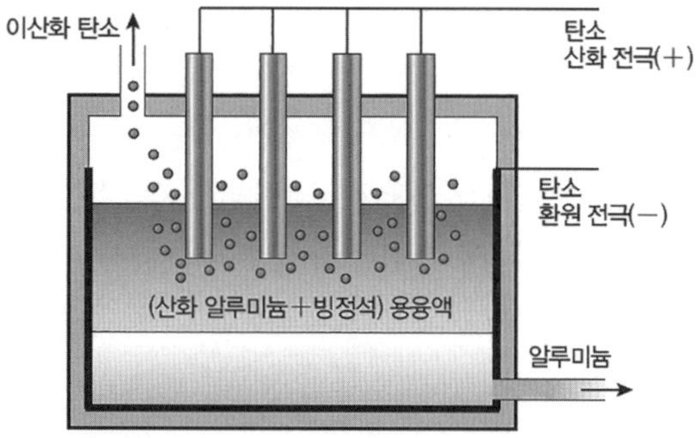

(마) 찰스 홀은 1886년에 비교적 저렴한 비용으로 알루미늄을 분리하는 방법을 찾아냈다. 이 방법은 그 공정의 동시 발견자인 폴 에루의 이름도 따서 홀–에루 법이라고 한다. 전기 분해에서 다른 금속이 같이 생기지 않도록 먼저 보크사이트에서 산화 알루미늄만 분리한다. 산화 알루미늄은 강산과 강염기 모두에 녹지만 보크사이트에 소량 존재하고 있는 다른 금속 화합물들은 강염기에 잘 녹지 않는다. 따라서 보크사이트를 수산화 나트륨 용액에 녹여서 거른 용액에서 재결정의 방법으로 산화 알루미늄만 분리하는 과정을 거친다. 다음은 홀–에루 법의 핵심 공정을 적용하는데, 바로 빙정석(Na_3AlF_6)을 용융시켜 산화 알루미늄의 용매로 사용하는 것이다. 산화 알루미늄과 빙정석의 혼합물은 산화 알루미늄과 달리, 1,000℃ 아래의 온도에서 녹아 효과적인 전기 전도체가 된다. 이 용융 혼합물을 전기 분해하면 금속 알루미늄을 얻을 수 있다. 흑연봉이 산화 전극으로 사용되는데 전기 분해를 하는 동안 흑연봉의 탄소가 산소 이온과 반응하여 이산화 탄소가 발생하면서 전자를 내놓는다. 이 전자가 환원 전극에서 알루미늄 이온과 결합하면 알루미늄이 석출되고, 석출된 알루미늄은 용기 아래에 가라앉는다. 이 과정을 반복할 때 흑연봉은 계속 갈아 줘야 한다.

(바) 이 방법이 상용화되자 이전보다 저렴한 가격으로 많은 양의 알루미늄을 생산할 수 있었다. 그러나 여전히 전기가 많이 소모되어 현재 미국에서는 알루미늄 생산에 전국 전기 소모량의 2%가 투입될 정도이다. 알루미늄을 재활용하는 데 드는 전력은 알루미늄을 보크사이트에서 추출하는 데 드는 전력에 비해 20분의 1밖에 안 된다. 이것이 바로 알루미늄 캔을 함부로 버리지 말고 재활용을 해야 하는 이유이다.

53

윗글에 대한 설명으로 가장 적절한 것은?

① 알루미늄의 매장량을 국가별로 설명하고 있다.
② 알루미늄을 분리하는 방법의 한계와 극복 과정을 알려주고 있다.
③ 알루미늄을 활용하는 범위가 갈수록 줄어드는 원인을 통시적으로 설명하고 있다.
④ 알루미늄이 함유된 광석을 찾지 못했던 까닭을 당시 과학적 지식의 한계를 중심으로 설명하고 있다.

54

윗글의 내용과 가장 일치하는 것은?

① 전기 분해법이 개발된 후에도 비용 문제로 화학적 환원 반응법으로 알루미늄을 얻었다.
② 구리와 알루미늄은 광석으로 존재하는 데 비해 철은 산화철의 형태로 존재한다.
③ 알루미늄은 알루미늄 이온을 함유하는 수용액을 전기 분해해서 얻을 수 있다.
④ 보크사이트에서 알루미늄을 추출할 때 드는 전력은 알루미늄을 재활용할 때의 20배이다.

55

Ⓐ에 대한 설명으로 적절하지 <u>않은</u> 것은?

① 지각에 가장 많이 존재하는 금속 원소이다.
② 구리, 철과 함께 고대 문명 건설에 큰 기여를 하였다.
③ 산화물이나 광물로부터 분리하기 위해서는 홀-에루 법을 주로 사용한다.
④ 지각에서 셋째로 많은 원소이지만, 19세기 초까지 금보다 귀하게 여겨졌다.

56

윗글을 이해한 내용으로 가장 적절한 것은?

① 홀-에루 법이 발명되기 이전에 기존의 전기 분해법으로도 보크사이트에서 알루미늄을 분리할 수 있었다.
② 화학적 환원 반응법을 통해서는 알루미늄을 분리할 수 없었기 때문에 전기 분해법을 시도하였다.
③ 화학적 환원 반응법을 통해 얻는 방법과 홀-에루 법을 이용하여 알루미늄을 분리하는 방법 모두 전기가 많이 소모된다.
④ 기존의 전기 분해법으로 알루미늄을 분리하는 데 드는 비용에 비해 홀-에루 법이 경제성을 갖추었지만 여전히 비싼 비용으로 인한 알루미늄 사용은 어려웠다.

05 문 학

출제경향 및 대책

문학은 가천대에서 가장 비중을 많이 차지하는 영역입니다. 현대시, 고전운문, 현대산문, 고전산문, 극/수필 등 문학의 모든 영역이 출제됩니다. EBS 연계 교재의 문학 지문을 그대로 제시하는 경우가 많고, 그중에서도 유명한 작가의 작품이나 널리 알려진 작품들을 출제하고 있습니다.

따라서 EBS 연계 교재의 내용 이해를 바탕으로 기본적인 주제나 내용전개 방식의 암기가 필수입니다. 또한 어휘나 한자 성어 문제도 필수적으로 출제되기 때문에 평상시 공부할 때 자주 나오는 어휘나 한자 성어를 반드시 정리해야 합니다.

국어 편 출제경향이 보이는 가천대 기출문제 문학 - 현대시

※ 다음 글을 읽고, 물음에 답하시오. [1~2]

(가) 밤의 식료품 가게
케케묵은 먼지 속에
죽어서 하루 더 손때 묻고
터무니없이 하루 더 기다리는
북어들,
㉠북어들의 일 개 분대가
나란히 꼬챙이에 꿰어져 있었다.
나는 죽음이 꿰뚫은 대가리를 말한 셈이다.
한 쾌의 혀가
자갈처럼 죄다 딱딱했다.
㉡나는 말의 변비증을 앓는 사람들과
무덤 속의 벙어리를 말한 셈이다.
말라붙고 짜부라진 눈,
북어들의 빳빳한 지느러미.
막대기 같은 생각
빛나지 않는 막대기 같은 사람들이
가슴에 싱싱한 지느러미를 달고
헤엄쳐 갈 데 없는 사람들이
불쌍하다고 생각하는 순간,
느닷없이
북어들이 커다랗게 입을 벌리고
거봐, 너도 북어지 너도 북어지 너도 북어지
귀가 먹먹하도록 부르짖고 있었다.

– 최승호, 「북어」

(나) 님은 갔습니다. 아아, 사랑하는 나의 님은 갔습니다.

㉢푸른 산빛을 깨치고 단풍나무 숲을 향하여 난 작은 길을 걸어서, 차마 떨치고 갔습니다.

황금의 꽃같이 굳고 빛나던 옛 맹서는 차디찬 티끌이 되어서 한숨의 미풍에 날아갔습니다.

날카로운 첫 키스의 추억은 나의 운명의 지침을 돌려놓고, 뒷걸음쳐서 사라졌습니다.

나는 향기로운 님의 말소리에 귀먹고, 꽃다운 님의 얼굴에 눈멀었습니다.

사랑도 사람의 일이라, 만날 때에 미리 떠날 것을 염려하고 경계하지 아니한 것은 아니지만, 이별은 뜻밖의 일이 되고, 놀란 가슴은 새로운 슬픔에 터집니다.

그러나 이별을 쓸데없는 눈물의 원천을 만들고 마는 것은 스스로 사랑을 깨치는 것인 줄 아는 까닭에, ㉣걷잡을 수 없는 슬픔의 힘을 옮겨서 새 희망의 정수박이에 들어부었습니다.

우리는 만날 때에 떠날 것을 염려하는 것과 같이, 떠날 때에 다시 만날 것을 믿습니다.

아아, 님은 갔지마는 나는 님을 보내지 아니하였습니다.

제 곡조를 못 이기는 사랑의 노래는 님의 침묵을 휩싸고 돕니다.

– 한용운, 「님의 침묵」

01

(가)와 (나)에 대한 설명으로 가장 적절한 것은?

① (가)와 (나) 모두 시상의 전환을 통해 새로운 인식을 유도하고 있다.
② (가)와 (나) 모두 과거의 기억을 회상하며 상실감을 표현하고 있다.
③ (가)와 달리 (나)는 반어적 표현으로 대상을 비판하고 있다.
④ (나)와 달리 (가)는 명령적 어조로 청자의 태도 변화를 요구하고 있다.

02

㉠~㉣의 감상으로 적절하지 않은 것은?

① ㉠: 시적 대상이 획일적인 상황에 놓여 있음을 알 수 있군.
② ㉡: '나'가 비판하는 대상이 특정 세대라는 사실을 알 수 있군.
③ ㉢: '님'이 떠나간 사실을 색채 이미지의 대비로 부각하고 있군.
④ ㉣: 화자는 이별의 슬픔을 희망으로 바꾸려 하고 있군.

※ 다음 글을 읽고, 물음에 답하시오. [3~4]

(가) ㉠하늘은 날더러 구름이 되라 하고
땅은 날더러 바람이 되라 하네
청룡 흑룡 흩어져 비 개인 나루
잡초나 일깨우는 잔바람이 되라네
뱃길이라 서울 사흘 목계 나루에
아흐레 나흘 찾아 박가분 파는
가을볕도 서러운 방물장수 되라네
산은 날더러 들꽃이 되라 하고
강은 날더러 잔돌이 되라 하네
㉡산서리 맵차거든 풀 속에 얼굴 묻고
물여울 모질거든 바위 뒤에 붙으라네
민물 새우 끓어 넘는 토방 툇마루
석삼년에 한 이레쯤 천치로 변해
짐 부리고 앉아 쉬는 떠돌이가 되라네
하늘은 날더러 바람이 되라 하고
산은 날더러 잔돌이 되라 하네

– 신경림, 「목계 장터」

(나) ㉢뒷동산 청솔잎을 빗질해 주던 바람이
무어라 무어라 하는 솔나무의 속삭임을 듣고
푸른 햇살 요동치는 강변으로 달려갔다 하자.
달려가선, 거기 미루나무에게 전하니
알았다 알았다는 듯 나무는 잎새를 흔들어
강물 위에 짤랑짤랑 구슬 알을 쏟아 냈다 하자.
그 의중 알아챈 바람이 이젠 그 누구보단
앞들 보리밭에서 물결치듯 김을 매다
이마의 구슬땀 씻어 올리는 여인에게 전하니,
㉣여인이야 이윽고 아픈 허리를 곧게 펴곤
눈앞 가득 일어서는 마을의 정자나무를 향해
고개를 끄덕끄덕, 무언가 일별*을 보냈다 하자.

아무려면 어떤가, 산과 강과 들과 마을이
한 초록으로 짙어 가는 오월도 청청한 날에,
소쩍새는 또 바람결에 제 한 목청 다 싣는 날에.

– 고재종, 「초록 바람의 전언」

*일별: 한 번 흘낏 봄.

03

(가)와 (나)에 대한 설명으로 가장 적절한 것은?

① (가)와 (나) 모두 자연물에 인격을 부여하며 시상을 전개하고 있다.
② (가)와 (나) 모두 구체적인 청자에게 말을 건네며 시적 정서를 드러내고 있다.
③ (가)와 달리 (나)는 민요조의 전통적 율격으로 리듬감을 형성하고 있다.
④ (나)와 달리 (가)는 공간의 대비를 통해 화자가 지향하는 가치를 드러내고 있다.

04

㉠~㉣의 감상으로 적절하지 않은 것은?

① ㉠: 떠돌이 삶을 살아가는 화자의 의식을 알수 있군.
② ㉡: 자신의 운명에 맞서겠다는 화자의 태도가 나타나 있군.
③ ㉢: '바람'의 이동을 통해 봄날의 생동감을 형상화하고 있군.
④ ㉣: 자연과 서로 화답하고 조응하는 '여인'의 모습을 표현하고 있군.

※ 다음 글을 읽고, 물음에 답하시오. [5~6]

(가) 거울속에는소리가없소
저렇게까지조용한세상은참없을것이오

㉠거울속에도내게귀가있소
내말을못알아듣는딱한귀가두개나있소

거울속의나는왼손잡이오
내악수(握手)를받을줄모르는-악수를모르는왼손잡이오

거울때문에나는거울속의나를만져보지를못하는구료마는
거울아니었들내가어찌거울속의나를만나보기만이라도했겠소

나는지금(至今)거울을안가졌소마는거울속에는늘거울속의내가있소
잘은모르지만외로된사업(事業)에골몰할게요
㉡거울속의나는참나와는반대(反對)요마는또꽤닮았소
나는거울속의나를근심하고진찰(診察)할수없으니퍽섭섭하오

– 이상, 「거울」

(나) ㉢산모퉁이를 돌아 논가 외딴 우물을 홀로 찾아가선 가만히 들여다봅니다.

우물 속에는 달이 밝고 구름이 흐르고 하늘이 펼치고 파아란 바람이 불고 가을이 있습니다.

그리고 한 사나이가 있습니다.
어쩐지 그 사나이가 미워져 돌아갑니다.

돌아가다 생각하니 그 사나이가 가엾어집니다.
도로 가 들여다보니 사나이는 그대로 있습니다.

다시 그 사나이가 미워져 돌아갑니다.
돌아가다 생각하니 그 사나이가 그리워집니다.

㉣우물 속에는 달이 밝고 구름이 흐르고 하늘이 펼치고 파아란 바람이 불고 가을이 있고 추억처럼 사나이가 있습니다.

– 윤동주, 「자화상(自畵像)」

05

(가)와 (나)에 대한 설명으로 가장 적절한 것은?

① (가)와 달리 (나)는 영탄적인 표현을 활용하여 화자의 바람을 드러내고 있다.
② (나)와 달리 (가)는 역설적인 표현을 통해 화자의 현재 상황을 제시하고 있다.
③ (가)와 (나) 모두 관습적인 정서법이나 율격을 파괴하고 있다.
④ (가)와 (나) 모두 계절적 배경을 묘사하며 시적 분위기를 조성하고 있다.

06

㉠~㉣의 감상으로 적절하지 않은 것은?

① ㉠: 거울 속의 '나'와 의사소통이 불가능함을 알 수 있군.
② ㉡: 거울을 통해 자아를 인식하는 데에는 성공했지만 교감에는 실패했음을 알 수 있군.
③ ㉢: '논가 외딴 우물'에서 고독과 침잠의 상황에서 내면 성찰이 가능함을 알 수 있군.
④ ㉣: 화자의 내적 고민이 해결되었다는 사실을 알 수 있군.

- 김영랑, 「독을 차고」

※ 다음 글을 읽고, 물음에 답하시오. [1~3]

(가) 내 가슴에 독(毒)을 찬 지 오래로다.
아직 아무도 해(害)한 일 없는 새로 뽑은 독
벗은 그 무서운 독 그만 흩어 버리라 한다.
㉠나는 그 독이 선뜻 벗도 해할지 모른다 위협하고,

독 안 차고 살어도 머지 않아 너 나 마주 가버리면
억만 세대(億萬世代)가 그 뒤로 잠자코 흘러가고
나중에 땅덩이 모지라져 모래알이 될 것임을
'허무(虛無)한듸!' 독은 차서 무엇하느냐고?

아! 내 세상에 태어났음을 원망 않고 보낸
어느 하루가 있었던가, '허무한듸!' 허나
㉡앞뒤로 덤비는 이리 승냥이 바야흐로 내 마음을 노리매
내 산 채 짐승의 밥이 되어 찢기우고 할퀴우라 내맡긴 신세임을

나는 독을 차고 선선히 가리라
막음 날 내 외로운 혼(魂) 건지기 위하여.

– 김영랑, 「독을 차고」

(나) ㉢그래 살아봐야지
너도 나도 공이 되어
떨어져도 튀는 공이 되어

살아봐야지
쓰러지는 법이 없는 둥근
공처럼, ㉣탄력의 나라의
왕자처럼

가볍게 떠올라야지
곧 움직일 준비 되어 있는 꼴
둥근 공이 되어

옳지 최선의 꼴
지금의 네 모습처럼
떨어져도 튀어오르는 공
쓰러지는 법이 없는 공이 되어.

– 정현종, 「떨어져도 튀는 공처럼」

01

(가)와 (나)의 공통점으로 가장 적절한 것은?

① 이상 세계에 대한 동경이 나타나 있다.
② 임에 대한 간절한 그리움을 나타나 있다.
③ 현실에 대해 체념하는 모습이 드러나 있다.
④ 화자가 지향하는 삶의 자세가 드러나 있다.

02

(가)의 '독'에 대한 이해로 가장 적절한 것은?

① '나'는 '독'에 대해 심한 거부감을 지니고 있습니다.
② '나'와 '벗'이 느끼는 허무감의 원인이 바로 '독'입니다.
③ '나'에게 있어 '독'은 사물이 아닌 마음가짐을 의미합니다.
④ '나'가 '독'을 지닌 이유는 '벗'과 다름을 드러내기 위해서입니다.

03

㉠~㉣에 대한 설명으로 적절하지 않은 것은?

① ㉠: 벗의 충고를 따르지 않겠다는 화자의 강한 신념을 드러내고 있다.
② ㉡: 제재의 속성을 활용하여 화자가 처한 위태로운 상황을 암시하고 있다.
③ ㉢: 담담한 어조를 통해 화자의 냉소적인 삶의 태도를 드러내고 있다.
④ ㉣: 비유적 표현을 통해 화자의 긍정적인 인식을 부각하고 있다.

※ 다음 글을 읽고, 물음에 답하시오. [4~5]

[A]
내 가슴에 독(毒)을 찬 지 오래로다.
아직 아무도 해(害)한 일 없는 새로 뽑은 독
벗은 그 무서운 독 그만 흩어 버리라 한다.
나는 그 독이 선뜻 벗도 해할지 모른다 위협하고,

독 안 차고 살아도 머지 않아 너 나 마주 가 버리면
억만 세대(億萬世代)가 그 뒤로 잠자코 흘러가고
나중에 땅덩이 모지라져 모래알이 될 것임을
'허무(虛無)한듸!' 독은 차서 무엇하느냐고?

아! 내 세상에 태어났음을 원망 않고 보낸
어느 하루가 있었던가, '허무한듸!' 허나
앞뒤로 덤비는 이리 승냥이 바야흐로 내 마음을 노리매
내 산 채 짐승의 밥이 되어 찢기우고 할퀴우라 내맡긴 신세임을

나는 독을 차고 선선히 가리라
막음 날 내 외로운 혼(魂) 건지기 위하여.

– 김영랑, 「독(毒)을 차고」

04

윗글의 표현상 특징으로 적절한 것은?

① 사계절의 변화에 따른 시상 전개를 보이고 있다.
② 영탄의 어조를 사용하여 화자의 정서를 부각하고 있다.
③ 공감각적 이미지를 활용하여 시적 대상을 표현하고 있다.
④ 원경에서 근경으로 시선을 이동하여 시상을 전개하고 있다.

05

[A]에 대한 이해로 적절하지 않은 것은?

① 1연에서는 '나'가 '독'을 차게 된 지 장시간이 흘렀음을 나타내고 있다.
② 1연에서 '벗'의 말은 '나'가 단호한 입장을 드러내도록 하는 계기가 된다.
③ 1연에서 2연으로 전개되면서 '독'에 대한 '벗'의 생각이 구체적으로 나타나 있다.
④ 2연에서는 '너'에 대해 '나'의 '허무'가 나타나게 된 사연을 비유적으로 설명하고 있다.

- 김수영, 「눈」

※ 다음 글을 읽고, 물음에 답하시오. [6~8]

㉠눈은 살아 있다
떨어진 눈은 살아 있다
마당 위에 떨어진 눈은 살아 있다

㉡기침을 하자
젊은 시인이여 기침을 하자
눈 위에 대고 기침을 하자
눈더러 보라고 마음 놓고 마음 놓고
기침을 하자

눈은 살아 있다
㉢죽음을 잊어버린 영혼과 육체를 위하여
눈은 ㉣새벽이 지나도록 살아 있다

기침을 하자
젊은 시인이여 기침을 하자
눈을 바라보며
밤새도록 고인 가슴의 가래라도
마음껏 뱉자

– 김수영, 「눈」

06

윗글에 대한 설명으로 가장 적절한 것은?

① 청유형 어미를 반복 사용하여 화자의 의지를 강조하고 있다.
② 사물을 의인화하여 과거에 대한 그리움을 간접 표현하고 있다.
③ 자연적 공간을 화자가 지향하는 세계의 의미로 확대하고 있다.
④ 대조적 소재를 열거하여 화자의 고조된 감정을 드러내고 있다.

07

㉠ ~ ㉣에 대한 설명으로 적절하지 않은 것은?

① ㉠: 상징적인 의미가 대상의 색깔과 관련되어 나타난다.
② ㉡: 현실에 대한 화자의 인식이 내재되어 있는 소재이다.
③ ㉢: '젊은 시인'의 지향점과 반대에 있는 부정적 요소이다.
④ ㉣: 화자의 자기 정화 의지를 방해하는 장애물을 의미한다.

08

윗글과 〈보기〉를 비교한 내용으로 가장 적절한 것은?

〈보기〉

쪼그마한 숯덩이만 한 게 짧은 날개를 파닥이며……
날아온다 꺼칠한 굴뚝새가
서둘러 뒷간에 몸을 감춘다.
그 어디에 부리부리한 솔개라도 도사리고 있다는 것일까.
길 잃고 굶주리는 산짐승들 있을 듯
눈 더미의 무게로 소나무 가지들이 부러질 듯
다투어 몰려오는 힘찬 눈보라의 군단,
때죽나무와 때 끓이는 외딴집 굴뚝에
해일처럼 굽이치는 백색의 산과 골짜기에
눈보라가 내리는
백색의 계엄령.

– 최승호, 「대설주의보」에서

① 윗글의 '눈'과 〈보기〉의 '눈보라'는 모두 동적인 이미지를 지닌다.
② 윗글과 〈보기〉 모두 부정적 현실에 대한 극복 의지가 나타난다.
③ 윗글의 '눈'은 〈보기〉의 '눈보라'와 달리 긍정적 이미지를 지닌다.
④ 윗글은 〈보기〉와 달리 시어의 대립을 통해 주제를 드러내고 있다.

※ 다음 글을 읽고, 물음에 답하시오. [9～10]

> 눈은 살아 있다
> 떨어진 눈은 살아 있다
> 마당 위에 떨어진 눈은 살아 있다
>
> 기침을 하자
> 젊은 시인(詩人)이여 기침을 하자
> 눈 위에 대고 기침을 하자
> 눈더러 보라고 마음 놓고 마음 놓고
> 기침을 하자
>
> 눈은 살아 있다
> 죽음을 잊어버린 영혼(靈魂)과 육체(肉體)를 위하여
> 눈은 새벽이 지나도록 살아 있다
>
> 기침을 하자
> 젊은 시인이여 기침을 하자
> 눈을 바라보며
> 밤새도록 고인 가슴의 가래라도
> 마음껏 뱉자
>
> – 김수영, 「눈」

09

이 시를 읽고 감상한 내용으로 적절하지 않은 것은?

① '마음 놓고'란 표현의 반복을 통해 평소에 마음 놓고 기침을 할 수 없었던 억압된 현실을 반영하고 있다고 할 수 있어.
② '눈은 살아 있다'는 표현은 어쩐지 낯설면서도 참신한 느낌을 주는군. 이것을 보면 시인은 '눈'을 관습적 상징의 틀에서 벗어나 새롭게 해석하려는 것 같아.
③ '눈은 살아 있다'며 '기침을 하자'는 말을 반복하는 시적 화자는 세상의 더러움에 휩쓸리지 않고 바른 양심을 가지고 살아가고자 하는 인물로 생각되는군.
④ 이 시의 청자는 '젊은 시인'으로, 시적 화자가 자꾸 그에게 '기침을 하라'고 권유하는 것으로 보아 두 사람은 서로 대립 · 갈등하는 관계임에 틀림없어.

10

이 시의 표현 기법에 대한 설명으로 적절하지 않은 것은?

① 시간의 경과에 따라 시상을 전개하고 있다.
② 자연 현상에 상징적 의미를 부여하고 있다.
③ 의미의 점층 구조를 통해 리듬감을 살리고 있다.
④ 동일한 구절을 반복하여 의미를 고조시키고 있다.

- 정호승, 「희망을 만드는 사람이 되라」

※ 다음 글을 읽고, 물음에 답하시오. [11～13]

> 이 세상 사람들 모두 잠들고
> ⓐ어둠 속에 갇혀서 꿈조차 잠이 들 때
> ㉠홀로 일어난 새벽을 두려워 말고
> 별을 보고 걸어가는 사람이 되라.
> 희망을 만드는 사람이 되라.
>
> 겨울밤은 깊어서 눈만 내리어
> ㉡돌아갈 길 없는 오늘 눈 오는 밤도
> 하루의 일을 끝낸 작업장 부근
> ㉢촛불도 꺼져 가는 어둔 방에서
> 슬픔을 사랑하는 사람이 되라.
> 희망을 만드는 사람이 되라.
>
> ㉣절망도 없는 이 절망의 세상
> 슬픔도 없는 이 슬픔의 세상
> 사랑하며 살아가면 봄눈이 온다.
> 눈 맞으며 기다리던 기다림 만나
> 눈 맞으며 그리웁던 그리움 만나
> 얼씨구나 부둥켜안고 웃어 보아라
> 절씨구나 뺨 부비며 울어 보아라.
>
> 별을 보고 걸어가는 사람이 되어
> 희망을 만드는 사람이 되어
> 봄눈 내리는 보리밭 길 걷는 자들은
> 누구든지 달려와서 가슴 가득히
> 꿈을 받아라.
> 꿈을 받아라.
>
> – 정호승, 「희망을 만드는 사람이 되라」

11

이 시에 대한 설명으로 적절하지 않은 것은?

① 핵심적인 시어를 반복하여 주제를 강조하고 있다.
② 명령형 문장을 사용하여 강한 의지를 드러내고 있다.
③ 중의적인 시어를 사용하여 시적 상황을 암시하고 있다.
④ 유사한 문장 구조를 반복하여 화자의 생각을 드러내고 있다.

12

이 시에서 〈보기〉의 내용이 담긴 시구로 적절한 것은?

〈보기〉

시적 화자의 의도가 담긴 명령문으로, 반복을 통해 그 의미가 강조되고 있으며, 이 표현을 통해 희망에 대해 수동적 태도가 아닌 능동적 태도를 가지라고 꿈과 희망을 잃어버린 사람들에게 행동의 지침을 주고 있다.

① 희망을 만드는 사람이 되라.
② 절망도 없는 이 절망의 세상 / 슬픔도 없는 이 슬픔의 세상
③ 사랑하며 살아가면 봄눈이 온다.
④ 얼씨구나 부둥켜안고 웃어 보아라. / 절씨구나 빰 부비며 울어 보아라.

13

ⓐ와 문맥적 의미가 다른 하나는?

① ㉠　② ㉡
③ ㉢　④ ㉣

※ 다음 글을 읽고, 물음에 답하시오. [14～15]

이 세상 사람들 모두 잠들고
㉠어둠 속에 갇혀서 꿈조차 잠이 들 때
홀로 일어난 새벽을 두려워 말고
㉡별을 보고 걸어가는 사람이 되라.
희망을 만드는 사람이 되라.

㉢겨울밤은 깊어서 눈만 내리어
돌아갈 길 없는 오늘 ㉣눈 오는 밤도
하루의 일을 끝낸 작업장 부근
㉤촛불도 꺼져 가는 어둔 방에서
슬픔을 사랑하는 사람이 되라.
희망을 만드는 사람이 되라.

절망도 없는 이 절망의 세상
슬픔도 없는 이 슬픔의 세상
사랑하며 살아가면 봄눈이 온다.
눈 맞으며 기다리던 기다림 만나
눈 맞으며 그리웁던 그리움 만나
얼씨구나 부둥켜안고 웃어 보아라.
절씨구나 빰 부비며 울어 보아라.

별을 보고 걸어가는 사람이 되어
희망을 만드는 사람이 되어
㉥봄눈 내리는 보리밭길 걷는 자들은
누구든지 달려와서 가슴 가득히
꿈을 받아라.
꿈을 받아라.

– 정호승, 「희망을 만드는 사람이 되라」

14

이 시의 시적 화자에 대한 설명으로 적절한 것은?

① 봄눈 내리는 보리밭 길을 걷고 있다.
② 현실에서 겪는 고난으로 고통 받고 있다.
③ 절망과 슬픔에 빠진 사람들을 사랑하고 있다.
④ 이 세상을 부정하여 은둔자가 되려 하고 있다.

15

㉠～㉥을 함축적인 이미지에 따라 나눈 것으로 적절한 것은?

① ㉠, ㉢, ㉣ // ㉡, ㉤, ㉥
② ㉠, ㉢, ㉤ // ㉡, ㉣, ㉥
③ ㉠, ㉣, ㉥ // ㉡, ㉢, ㉤
④ ㉢, ㉣, ㉥ // ㉠, ㉡, ㉤

- 김수영, 「어느 날 고궁을 나오면서」

※ 다음 글을 읽고, 물음에 답하시오. [16~18]

왜 나는 조그마한 일에만 분개하는가
저 왕궁(王宮) 대신에 왕궁의 음탕 대신에
50원짜리 갈비가 기름 덩어리만 나왔다고 분개하고
옹졸하게 분개하고 설렁탕집 돼지 같은 주인 년한테 욕을 하고
옹졸하게 욕을 하고

한번 정정당당하게
붙잡혀 간 소설가를 위해서
언론의 자유를 요구하고 월남(越南) 파병에 반대하는
자유를 이행하지 못하고
20원을 받으러 세 번씩 네 번씩
찾아오는 야경꾼들만 증오하고 있는가

옹졸한 나의 전통은 유구하고 이제 내 앞에 정서(情緖)로 가로놓여 있다
이를테면 이런 일이 있었다
부산에 포로수용소의 제14 야전 병원에 있을 때
정보원이 너스들과 스펀지를 만들고 거즈를
개키고 있는 나를 보고 포로 경찰이 되지 않는다고
남자가 뭐 이런 일을 하고 있느냐고 놀린 일이 있었다
너스들 옆에서

지금도 내가 반항하고 있는 것은 이 스펀지 만들기와
거즈 접고 있는 일과 조금도 다름없다
개의 울음소리를 듣고 그 비명에 지고
머리에 피도 안 마른 애놈의 투정에 진다
떨어지는 은행나무 잎도 내가 밟고 가는 가시밭

아무래도 나는 비켜서 있다 절정(絶頂) 위에는 서 있지
않고 암만해도 조금쯤 옆으로 비켜서 있다
그리고 조금쯤 옆에 서 있는 것이 조금쯤
비겁한 것이라고 알고 있다!

그러니까 이렇게 옹졸하게 반항한다
이발쟁이에게
땅 주인에게는 못하고 이발쟁이에게
구청 직원에게는 못하고 동회 직원에게도 못하고
야경꾼에게 20원 때문에 10원 때문에 1원 때문에
우습지 않으냐 1원 때문에

모래야 나는 얼마큼 작으냐
바람아 먼지야 풀아 나는 얼마큼 작으냐
정말 얼마큼 작으냐……

– 김수영, 「어느 날 고궁을 나오면서」

16

이 시의 표현상 특징으로 적절하지 않은 것은?

① 일상적이고 사소한 사건을 나열하여 주제를 부각하고 있다.
② 의도적으로 비속어를 사용하여 시적 화자의 속된 모습을 드러내고 있다.
③ 영탄과 반복을 통해 불의에 저항하지 못하는 소시민적 태도를 강조하고 있다.
④ 자연물에 의미를 부여하여 시적 화자가 추구하는 이상적인 가치를 형상화하고 있다.

17

〈보기〉의 화자가 이 시의 화자에게 해 줄 수 있는 말로 가장 적절한 것은?

〈보기〉

매운 계절의 채찍에 갈겨
마침내 북방(北方)으로 휩쓸려 오다.

하늘도 그만 지쳐 끝난 고원(高原)
서릿발 칼날 진 그 위에 서다.

어디다 무릎을 꿇어야 하나
한 발 제겨디딜 곳조차 없다.

이러매 눈 감아 생각해 볼밖에
겨울은 강철로 된 무지갠가 보다.

– 이육사, 「절정」

① 자신의 행동을 돌아보고 반성하는 시간을 가져 봐.
② 살다 보면 어려운 때가 있기 마련이니까 잠시 쉬어 가도 좋아.
③ 힘들고 어려운 때일수록 자기를 사랑하는 마음을 가지도록 해.
④ 암울하고 부정적인 현실을 극복하기 위해 당당히 맞서려는 태도를 가져야 해.

18

이 시에 쓰인 시구를 다음과 같이 나누어 본다고 할 때 적절하지 않은 것은?

	본질적	비본질적
①	왕궁의 음탕	기름 덩어리
②	붙잡혀 간 소설가	언론의 자유
③	월남 파병	야경꾼
④	절정	스펀지 만들기

※ 다음 글을 읽고, 물음에 답하시오. [19～20]

㉠왜 나는 조그마한 일에만 분개하는가
㉡저 왕궁 대신에 왕궁의 음탕 대신에
50원짜리 갈비가 기름 덩어리만 나왔다고 분개하고
옹졸하게 분개하고 설렁탕집 돼지 같은 주인 년한테 욕을 하고
옹졸하게 욕을 하고

㉢한번 정정당당하게
붙잡혀 간 소설가를 위해서
언론의 자유를 요구하고 월남 파병에 반대하는
자유를 이행하지 못하고
20원을 받으러 세 번씩 네 번씩
찾아오는 야경꾼들만 증오하고 있는가

옹졸한 나의 전통은 유구하고 이제 내 앞에 정서(情緖)로 가로놓여 있다
이를테면 이런 일이 있었다
부산에 포로수용소의 제14 야전 병원에 있을 때
정보원이 너스들과 스펀지를 만들고 거즈를
개키고 있는 나를 보고 포로 경찰이 되지 않는다고
남자가 뭐 이런 일을 하고 있느냐고 놀린 일이 있었다
너스들 옆에서

지금도 내가 반항하고 있는 것은 이 스펀지 만들기와
거즈 접고 있는 일과 조금도 다름없다
개의 울음소리를 듣고 그 비명에 지고
머리에 피도 안 마른 애놈의 투정에 진다
떨어지는 은행나무 잎도 내가 밟고 가는 가시밭

㉣아무래도 나는 비켜서 있다 절정 위에는 서 있지
않고 암만해도 조금쯤 옆으로 비켜서 있다
그리고 조금쯤 옆에 서 있는 것이 조금쯤
비겁한 것이라고 알고 있다!

그러니까 이렇게 옹졸하게 반항한다
이발쟁이에게
땅 주인에게는 못 하고 이발쟁이에게
구청 직원에게는 못 하고 동회 직원에게도 못 하고
야경꾼에게 20원 때문에 10원 때문에 1원 때문에
우습지 않으냐 1원 때문에

모래야 나는 얼마큼 작으냐
바람아 먼지야 풀아 나는 얼마큼 작으냐
정말 얼마큼 작으냐……

– 김수영, 「어느 날 고궁을 나오면서」

19

윗글에 대한 설명으로 적절하지 않은 것은?

① 비판적이고 자조적인 성격을 띤다.
② 자기반성을 통해 주제 의식을 드러내고 있다.
③ 명사형으로 시상을 마무리하여 여운을 남기고 있다.
④ 자신이 직접 겪은 일화를 나열하여 삶을 성찰하고 있다.

20

㉠～㉣에 대한 설명으로 적절하지 않은 것은?

① ㉠: 분노해야 할 일에는 침묵하고 사소한 일에만 분노하는 화자 자신의 모습을 자문하고 있다.
② ㉡: '왕궁의 음탕'은 권력자들의 부정과 부도덕성을 상징하며 이는 '50원 짜리 갈비가 기름 덩어리'만 나온 일과 대조된다.
③ ㉢: 소설가의 구속 사건이나 월남 파병과 같이 중요한 사건에 대해서는 침묵하고 있음을 의미한다.
④ ㉣: 자유와 정의를 실천하기 위한 노력이 구체적 행동으로 나타남을 의미한다.

- 정호승, 「저문 강에 삽을 씻고」

※ 다음 글을 읽고, 물음에 답하시오. [21~22]

흐르는 것이 물뿐이랴
우리가 저와 같아서
강변에 나가 삽을 씻으며
거기 ㉠슬픔도 퍼다 버린다
일이 끝나 저물어
스스로 깊어 가는 강을 보며
쭈그려 앉아 담배나 피우고
나는 돌아갈 뿐이다
㉡삽자루에 맡긴 한 생애가
이렇게 저물고, 저물어서
㉢샛강 바닥 썩은 물에
㉣달이 뜨는구나
우리가 저와 같아서
흐르는 물에 삽을 씻고
먹을 것 없는 사람들의 마을로
다시 어두워 돌아가야 한다.

– 정희성, 「저문 강에 삽을 씻고」

21

다음은 윗글의 창작 노트이다. 윗글에 반영되지 않은 것은?

[중심 제재]
– 노동자의 고단한 삶과 강물 ············ ①
[시상 전개 방식]
– 해질녘부터 달밤까지의 시간의 흐름에 따라 전개한다. ············ ②
– '나'의 삶의 과정을 강물의 흐름과 결부하여 전개한다. ············ ③
[표현 방식]
– 유사한 구절을 반복하여 화자의 굳은 의지를 드러낸다. ············ ④

22

〈보기〉를 참고하여 ㉠~㉣을 이해한 내용으로 가장 적절하지 않은 것은?

〈보기〉

윗글은 1970년대 산업화 사회에서 힘겹게 살아가는 노동자의 모습을 통해 국가 경제가 초고속으로 성장하는 산업화의 이면에서 환경이 오염되고 노동자들은 가난하게 살아야 했던 현실을 간접적으로 고발하고 있다.

① ㉠: 노동자의 삶의 비애를 구체화한 것이군.
② ㉡: 노동자의 삶을 상징적으로 표현한 것이군.
③ ㉢: 산업화에 따른 환경 오염을 표현한 것이군.
④ ㉣: 국가 경제의 초고속 성장을 표현한 것이군.

※ 다음 글을 읽고, 물음에 답하시오. [23~25]

㉠흐르는 것이 물뿐이랴
우리가 저와 같아서
강변에 나가 삽을 씻으며
㉡거기 슬픔도 퍼다 버린다
일이 끝나 저물어
스스로 깊어 가는 강을 보며
쭈그려 앉아 담배나 피우고
㉢나는 돌아갈 뿐이다
삽자루에 맡긴 한 생애가
이렇게 저물고, 저물어서
㉣샛강 바닥 썩은 물에
달이 뜨는구나
우리가 저와 같아서
흐르는 물에 삽을 씻고
먹을 것 없는 사람들의 마을로
다시 어두워 돌아가야 한다.

– 정희성, 「저문 강에 삽을 씻고」

23

이 시에 나타난 화자의 태도로 적절한 것은?

① 차분하고 절제된 어조로 노동자의 비애를 표출하고 있다.
② 가난한 사람들을 연민하고 이들을 사랑하고자 하고 있다.
③ 어떤 어려움도 극복할 수 있다는 의지적 자세가 드러난다.
④ 관념적 이미지인 희망을 긍정적인 시선으로 바라보고 있다.

24

㉠~㉣을 이해한 내용으로 적절하지 않은 것은?

① ㉠: 노동자의 삶도 흐르는 물과 같다는 의미이다.
② ㉡: 삽을 씻는 행위를 슬픔을 씻는 행위와 동일시하고 있다.
③ ㉢: 소극적이고 무기력한 노동자의 모습이 나타나고 있다.
④ ㉣: 오염된 자연이지만 삶의 희망이 있음을 보여 주고 있다.

25

이 시에 대한 설명으로 적절하지 않은 것은?

① 자연물을 통해 삶의 의미를 성찰하고 있다.
② 작품의 배경과 화자의 삶이 대응을 이루고 있다.
③ 부정적인 삶의 환경이 시 창작의 배경이 되고 있다.
④ 감정이 절제된 목소리로 화자의 내면을 노래하고 있다.

- 한용운, 「나룻배와 행인」

※ 다음 글을 읽고, 물음에 답하시오. [26~30]

나는 나룻배
당신은 행인

당신은 흙발로 나를 짓밟습니다.
나는 당신을 안고 물을 건너갑니다.
나는 당신을 안으면 깊으나 옅으나 급한 여울이나 건너갑니다.

만일 당신이 아니 오시면 나는 ㉠바람을 쐬고 ㉡눈비를 맞으며 밤에서 낮까지 당신을 기다리고 있습니다.
당신은 물만 건너면 나를 돌아 보지도 않고 가십니다그려.
그러나 당신이 언제든지 오실 줄만은 알아요.
㉮나는 당신을 기다리면서 날마다 날마다 낡아 갑니다.

나는 나룻배
당신은 행인

– 한용운, 「나룻배와 행인」

26

이 시의 소통 구조와 표현에 관해 토의한 내용으로 적절하지 않은 것은?

① '나는 나룻배'에서 보듯이 이 시의 화자는 '나'야. 이럴 경우 '나'는 시인의 분신이라고 볼 수도 있어.
② 말하는 사람이 있다면 듣는 사람도 있어야 하는데, 청자도 비교적 명확해. '당신은 행인'이라고 했으니까. 그러나 현재 화자 앞에 청자가 없으니까 이 시는 독백이라고 봐야 할 거야.
③ 같은 구절을 시의 앞뒤에 배치하는 수미상응의 방법을 써서 시상 전개에 안정감을 주고 있어.
④ 2연은 반어적인 표현을 통해 '당신'에 대한 화자의 사랑과 희생이 무조건적임을 드러내려고 한 것 같아.

27

이 시에 대한 설명으로 적절하지 않은 것은?

① 시적 화자는 사랑하는 대상과의 만남을 기대하고 있다.
② 시적 화자는 자신의 현재 처지를 비관적으로 인식하고 있다.
③ 시적 화자는 앞으로의 바람직한 미래에 대한 확신에 차 있다.
④ 고도의 은유법을 구사하여 주제를 효과적으로 표현하고 있다.

28

㉮에 드러난 시적 화자의 자세를 형상화한 것에 가장 가까운 것은?

① 내가 그의 이름을 불러주기 전에는 / 그는 다만 / 하나의 몸짓에 지나지 않았다.

– 김춘수, 「꽃」

② 겨울 바다에 가 보았지 / 인고(忍苦)의 물이 / 수심(水深) 속에 기둥을 이루고 있었네.

– 김남조, 「겨울 바다」

③ 차마 아니 솟는 가락 눈이 잠겨서 / 제 피에 취한 새가 귀촉도(歸蜀道) 운다. / 그대 하늘 끝 호올로 가신 님아.

– 서정주, 「귀촉도」

④ 가을에는 / 호올로 있게 하소서……. / 나의 영혼, / 굽이치는 바다와 / 백합(百合)의 골짜기를 지나 / 마른 나뭇가지 위에 다다른 까마귀 같이.

– 김현승, 「가을의 기도」

29

다음 밑줄 친 시어 중, ㉠과 ㉡에 대응되는 상징적 의미를 지닌 것은?

① 지금 눈 내리고 / 매화(梅花) 향기(香氣) 홀로 아득하니 / 내 여기 가난한 노래의 씨를 뿌려라.

– 이육사, 「광야」

② 파란 녹이 낀 구리 거울 속에 / 내 얼굴이 남아 있는 것은 / 어느 왕조(王朝)의 유물(遺物)이기에 / 이다지도 욕될까.

– 윤동주, 「참회록」

③ 아름다운 나무의 꽃이 시듦을 보시고 / 열매를 맺게 하신 당신은 // 나의 웃음을 만드신 후에 // 새로이 나의 눈물을 지어 주시다.

– 김현승, 「눈물」

④ 겨울은, / 바다와 대륙 밖에서 / 그 매운 눈보라 몰고 왔지만 / 이제 올 / 너그러운 봄은, 삼천리 마을마다 / 우리들 가슴 속에서 움트리라.

– 신동엽, 「봄은」

30

〈보기〉는 이 시에 대한 설명이다. A~C에 들어갈 시어를 적절하게 묶은 것은?

〈보기〉

이 시는 중생을 삶의 고통에서 건져 극락 세계로 이끌어 내기 위한 '제도(濟度)' 행위와 관련된 불교적 가치관을 전달하고 있는 작품이다. 글쓴이는 유추적 방법을 통해 이를 표현하고 있는데, (A)은/는 고통과 번뇌에 빠져 구제해야 할 대상을 가리키며, (B)은/는 넘어야 할 인생의 단계를 가리킨다. 또한, (C)은/는 화자가 참아야 하는 인고의 대상을 의미한다.

	A	B	C
①	행인	여울	눈비
②	나룻배	흙발	물
③	행인	물	흙발
④	나룻배	바람	밤

※ 다음 글을 읽고, 물음에 답하시오. [1~2]

어젯밤 별 한 개 쳐다볼 때마다 100원씩 내라던 당신의 말이 생각납니다. 오늘은 ㉠소나무 한 그루 만져볼 때마다 돈을 내야겠지요. 사실 서울에서는 그보다 못한 것을 그보다 비싼 값을 치르며 살아가고 있다는 생각이 듭니다. 언젠가 경복궁 복원공사현장에 가 본 적이 있습니다. 일제가 파괴하고 변형시킨 조선 정궁의 기본 ㉡궁제(宮制)를 되찾는 일이 당연하다고 생각하였습니다. 그러나 막상 오늘 이곳 소광리 소나무 숲에 와서는 그러한 생각을 반성하게 됩니다. 경복궁의 복원에 소요되는 나무가 원목으로 200만 재, 11톤 트럭으로 500대라는 엄청난 양이라고 합니다. 소나무가 없어져가고 있는 지금에 와서도 기어이 소나무로 복원한다는 것이 무리한 고집이라고 생각됩니다. 수많은 소나무들이 베어져 눕혀진 광경이라니 감히 상상할 수가 없습니다. 그것은 이를테면 고난에 찬 ㉢몇백만 년의 세월을 잘라내는 것이나 마찬가지입니다. 우리가 생각 없이 잘라내고 있는 것이 어찌 소나무만이겠습니까. 없어도 되는 물건을 만들기 위하여 없어서는 안 될 것들을 마구 잘라내고 있는가 하면 아예 사람을 잘라내는 일마저 서슴지 않는 것이 우리의 현실이기 때문입니다. 우리가 살고 있는 이 지구 위의 ㉣유일한 생산자는 식물이라던 당신의 말이 생각납니다. 동물은 완벽한 소비자입니다. 그 중에서도 최대의 소비자가 바로 사람입니다.

– 신영복, 「당신이 나무를 더 사랑하는 까닭」

01

윗글에 대한 설명으로 적절하지 않은 것은?

① 대화 형식으로 '당신'을 설득하고 있다.
② 경어체를 사용하여 친근감을 더하고 있다.
③ 자신의 생각을 '당신'의 견해와 함께 서술하고 있다.
④ 편지글 형식으로 작가와 독자 간의 거리를 좁히고 있다.

02

㉠~㉣에서 의미하는 바가 다른 것은?

① ㉠ ② ㉡
③ ㉢ ④ ㉣

※ 다음 글을 읽고, 물음에 답하시오. [3~4]

[앞부분 줄거리] 장돌뱅이인 허 생원은 봉평 장에서 동업자인 조 선달과 함께 장사를 일찍 마치고 주막으로 간다. 그곳에서 허 생원은 장돌뱅이 청년 동이가 충줏집과 수작을 하는 것을 보고 동이를 심하게 나무라며 쫓아낸다. 그 이후 동이가 아이들 장난에 허 생원의 나귀가 흥분했다는 사실을 알려주려 황급히 허 생원을 부르러 온다. 해가 기울자 대화 장까지 세 사람이 동행하게 된다.

"달밤에는 그런 이야기가 격에 맞거든."

조 선달 편을 바라는 보았으나, 물론 미안해서가 아니라 달빛에 감동하여서였다. 이지러는 졌으나 보름을 가제* 지난달은 부드러운 빛을 흐뭇이 흘리고 있다. 대화까지는 칠십 리의 밤길, 고개를 둘이나 넘고 개울을 하나 건너고 벌판과 산길을 걸어야 된다. 길은 지금 긴 산허리에 걸려 있다. 밤중을 지난 무렵인지 죽은 듯이 고요한 속에서 짐승 같은 달의 숨소리가 손에 잡힐 듯이 들리며, 콩 포기와 옥수수 잎새가 한층 달에 푸르게 젖었다. 산허리는 온통 메밀밭이어서 피기 시작한 꽃이 소금을 뿌린 듯이 흐붓한 달빛에 숨이 막힐 지경이다.

〈중략〉

동이의 탐탁한 등어리가 뼈에 사무쳐 따뜻하다. 물을 다 건넜을 때에는 도리어 서글픈 생각에 좀 더 업혔으면도 하였다.

"진종일 실수만 하니 웬일이요, 생원?"

조 선달은 바라보며 기어코 웃음이 터졌다.

"나귀야. 나귀 생각하다 실족을 했어. 말 안 했던가? 저 꼴에 제법 새끼를 얻었단 말이지. 읍내 강릉집 피마* 에게 말일세. 귀를 쫑긋 세우고 달랑달랑 뛰는 것이 나귀 새끼같이 귀여운 것이 있을까? 그것 보러 나는 일부러 읍내를 도는 때가 있다네."

"사람을 물에 빠치울 젠 딴은 대단한 나귀 새끼군."

허 생원은 젖은 옷을 웬만큼 짜서 입었다.

이가 덜덜 갈리고 가슴이 떨리며 몹시도 추웠으나 마음은 알 수 없이 둥실둥실 가벼웠다.

"주막까지 부지런히들 가세나. 뜰에 불을 피우고 훗훗이 쉬어. 나귀에겐 더운 물을 끓여 주고, 내일 대화 장 보고는 제천이다."

"생원도 제천으로……?"

"오래간만에 가 보고 싶어. 동행하려나, 동이?"

나귀가 걷기 시작하였을 때, 동이의 채찍은 왼손에 있었다.

– 이효석, 「메밀꽃 필 무렵」

*가제 : 갓.
*피마 : 다 자란 암말.

03

윗글에 대한 설명으로 가장 적절한 것은?

① 과거와 현재를 교차하여 사건의 인과 관계를 보여 주고 있다.
② 내적 독백을 통해 사건의 긴장감을 심화하고 있다.
③ 인물의 대립 구조를 통해 주제의식을 부각하고 있다.
④ 대화의 내용에서 인물의 내면 심리가 드러나고 있다.

04

〈보기〉를 참조하여 윗글을 감상한 내용으로 적절하지 않은 것은?

〈보기〉

허 생원은 물레방아 간에서 성 서방네 처녀와 인연을 맺게 된다. 그러던 어느 날 허 생원은 봉평에서 대화로 넘어가는 길에 장돌뱅이 동이와 함께 동행을 하게 되고, 그가 자신과 같은 왼손잡이라는 점을 발견하게 된다.

① 한밤중의 산행은 장돌뱅이 허 생원 삶의 애환을 보여 주고 있군.
② 서정적인 배경은 허 생원과 성 서방네 처녀의 내적 갈등을 부각하고 있군.
③ 허 생원의 실족은 동이와 심리적 친밀감을 확인하는 기회로 작용하고 있군.
④ 나귀는 동이가 허 생원의 아들일 수 있음을 암시하는 대상일 수 있군.

※ 다음 글을 읽고, 물음에 답하시오. [5~6]

초시는 이날 저녁에 박희완 영감에게서 들은 이야기를 딸에게 하였다. 실패는 했을지라도 그래도 십수 년을 상업계에서 논 안 초시라 출자(出資)를 권유하는 수작만은 딸이 듣기에도 딴사람인 듯 놀라웠다. 딸은 즉석에서는 가부를 말하지 않았으나 그의 머릿속에서도 이내 잊혀 지지는 않았던지 다음날 아침에는, 딸 편이 먼저 이 이야기를 다시 꺼내었고, 초시가 박희완 영감에게 묻던 이상으로 시시콜콜히 캐어물었다. 그러면 초시는 또 박희완 영감 이상으로 손가락으로 가리키듯 소상히 설명하였고 일 년 안에 청장*을 하더라도 최소한도로 오십 배 이상의 순이익이 날 것이라 장담 장담하였다.

딸은 솔깃했다. 사흘 안에 연구소 집을 어느 신탁회사(信託會社)에 넣고 삼천 원을 돌리기로 하였다. 초시는 금시 발복이나 된 듯 뛰고 싶게 기뻤다.

"서 참의 이놈, 날 은근히 멸시했것다. 내 굳이 널 시켜 네 집보다 난 집을 살 테다. 네깟 놈이 천생 가쾌*지 별 거냐……."

그러나 신탁회사에서 돈이 되는 날은 웬 처음 보는 청년 하나가 초시의 앞을 가리며 나타났다. 그는 딸의 청년이었다. 딸은 아버지의 손에 단 일 전도 넣지 않았고 꼭 그 청년이 나서 돈을 쓰며 처리하게 하였다. 처음에는 팩 나오는 노염을 참을 수가 없었으나 며칠 밤을 지내고 나니, 적어도 삼천 원의 순이익이 오륙만 원은 될 것이라, 만 원 하나야 어디로 가랴 하는 타협이 생기어서 안 초시는 으슬으슬 그, 이를테면 사위 녀석 격인 청년의 뒤를 따라나섰다.

일 년이 지났다.

모두 꿈이었다. 꿈이라도 너무 악한 꿈이었다.

삼천 원 어치 땅을 사놓고 날마다 신문을 훑어보며 수소문을 하여도 거기는 축항이 된단 말이 신문에도, 소문에도 나지 않았다. 용당포(龍塘 浦)와 다사도(多獅島)에는 땅값이 삼십 배가 올랐느니 오십 배가 올랐느니 하고 졸부들이 생겼다는 소문이 있어도 여기는 감감소식일 뿐 아니라 나중에, 역시, 이것도 박희완 영감을 통해 알고 보니 그 관변 모씨에게 박희완 영감부터 속아 떨어진 것이었다. 축항 후보지로 측량까지 하기는 하였으나 무슨 결점으로인지 중지되고 마는 바람에 너무 기민하게 거기다 땅을 샀던, 그 모씨가 그 땅 처치에 곤란하여 꾸민 연극이었다.

돈을 쓸 때는 일 원짜리 한 장 만져도 못 봤지만 벼락은 초시에게 떨어졌다. 서너 끼씩 굶어도 밥 먹을 정신이 나지도 않았거니와 밥을 먹으러 들어갈 수도 없었다.

– 이태준, 「복덕방」

*청장(淸帳): 장부를 청산함. 빚 따위를 깨끗하게 갚음.
*가쾌(家儈): 집을 흥정을 붙이는 일을 직업으로 가진 사람. 집주릅.

05

윗글에 대한 설명으로 가장 적절한 것은?

① 인물의 행동과 상황의 변화를 통해 주제의식을 드러내고 있다.
② 구체적인 외양 묘사를 통해 인물의 생동감을 부여하고 있다.
③ 서술자의 객관적인 논평을 통해 인물의 성격을 부각하고 있다.
④ 다양한 서술자의 관점을 통해 인물 간의 갈등 원인을 제시하고 있다.

06

윗글에 대한 이해로 적절하지 않은 것은?

① 안 초시는 사들인 땅이 '축항'이 되었다는 소식을 듣지 못해서 좌절했다.
② 안 초시의 딸은 아버지의 출자 권유를 받은 후에 돈을 구해서 청년에게 맡겼다.
③ 관변 모씨는 자신이 처한 현실적 상황을 모면하기 위해서 주변 사람을 이용했다.
④ 박희완 영감은 '축항'이 될 것이라는 정보가 거짓임을 알고서도 모르는 척했다.

- 임철우, 「아버지의 땅」

※ 다음 글을 읽고, 물음에 답하시오. [1～5]

노인의 음성은 낮았지만 강하고 무거웠다. 그러면서도 노인은 고개를 숙인 채 뼛조각에 묻은 흙을 정성스레 닦아 내고 있었다. 무슨 귀한 물건마냥 서두르는 기색도 없이 신중히 손질하고 있는 노인의 자그마한 체구를 우리는 둘러서서 지켜보았다. 모두들 한동안 입을 다물었고 나는 흙에 적셔진 노인의 손끝이 가늘게 떨리고 있음을 깨달았다.

〈중략〉

그래. 아버진 죄를 지었단다. 아직은 넌 모를 테지만, 그 때문에 아버지는 집을 떠나신 거여. 하지만…… 네 아버지는 눈매가 고운 분이셨다. 우리 마을에서 단 하나뿐인 학생이었고……. 남들이 사람을 해치려는 걸 한사코 말리시려고 했지. 그 때문에 살아난 사람도 여럿이 있어. 정말이여.

그런 어머니의 변명은 끝끝내 내 마음을 어루만져 주지 못했다.

그 후로 나는 좀처럼 아버지에 대한 얘기를 꺼내지 않게 되었다. 뜻밖에도 아버지의 죄를 순순히 시인하는 그녀의 한마디가 내게는 그토록 엄청난 충격으로 깊이 남겨졌던 탓이리라. 바로 그 순간부터 나는 아버지의 그 죄라는 것을 내 스스로 함께 나누어 지니고 만 느낌이었고, 그 때문에 나이에 걸맞지 않게 나는 눈빛이 깊고 어두운 아이가 되어 가고 있었다.

〈중략〉

어머니는 훌쩍 등을 돌리고 앉았다. 그리고는 주섬주섬 저고리섶을 끌어올리는 것이었다. 어머니가 울고 있었다. 외아들 앞에선 좀체 눈물을 비치지 않던 그녀였다. 아무리 앓아누웠을 때라도 입술을 앙다물고 애써 태연해 보이던 그녀가 눈물을 쭐쭐 흘리고 있는 것이었다. 아아, 나는 까맣게 잊고 있었던 것이다. 어머니가 그토록 오랫동안 누군가를 기다려 왔었음을. 내 유년 시절의 퇴락한 고가의 마루 밑 그 깜깜한 어둠 속에서 음습하고 불길한 냄새와 함께 나를 쏘아보고 있던 한 사내의 눈빛을, 그리고 청년이 된 지금까지도 가슴을 새까맣게 그을려 놓으며 깊숙한 상흔으로만 찍혀져 있을 뿐인 그 증오스런 사내의 이름을, 어머니는 스물다섯 해가 넘도록 혼자서 몰래 불씨처럼 가슴속에 키워 오고 있었던 것이다. 어머니한테 그 사내는 다른 아무것도 아니었다. 다만 곱고 자상한 눈매로서만, 나직한 음성으로서만 늘 곁에 남아 있었던 것이다.

하지만 그녀가 울고 있는 건 그 미련스럽도록 끈질긴 기다림 때문만은 아니었으리라. 아니, 사실상 어머니는 누구보다도 더 잘 알고 있을 터였다. 그녀의 기다림이 얼마나 까마득하게 손이 닿지 않는 먼 곳으로 자꾸만 자꾸만 밀려 나가고 있는 것인가를 말이다. 스물다섯 해의 세월이, 스스로 묶어 놓은 그 완고한 기만이 목에 잠기어 흐느낌도 없이 지금 어머니는 울고 있는 것이었다. 밥상을 받아 놓은 채 나는 고개를 처박고 앉아 있었다. 눈앞에는 우리 가족의 그 오랜 어둠과 같은 미역 가닥이 국그릇 속에서 멀겋게 식어 가고 있을 뿐이었다.

이제 노인의 모습은 더 이상 보이지 않았다. 그새 수북이 쌓인 눈을 밟으며 나는 오던 길을 천천히 되돌아가기 시작했다. 걸음을 옮길 때마다 어깨에 멘 소총이 수통과 부딪치며 쩔렁쩔렁 소리를 냈다. 나는 어깨로부터 전해 오는 그 섬뜩한 쇠붙이의 촉감과 확실한 중량을 새삼스레 확인하고 있었다. 그리고 항상 누구인가를 겨누고 열려 있는 총구의 속성을, 그 냉혹함을, 또한 그 조그맣고 둥근 구멍 속에서 완강하게 또아리를 틀고 앉아 있는 소름끼치는 그 어둠의 깊이를 생각했다.

까우욱. 까우욱.

어느 틈에 날아왔는지 길 옆 밭고랑마다 수많은 까마귀들이 구물거리고 있었다. 온 세상 가득히 내려 쌓이는 풍성한 눈발 속에 저희들끼리만 모여서 새까맣게 구물거리며 놈들은 그 음산함과 불길함을 역병처럼 퍼뜨리고 있는 것이었다. 얼핏, 쏟아지는 그 눈발 속에서 나는 얼어붙은 땅 밑에 새우등으로 웅크리고 누운 누군가의 몸 뒤척이는 소리를 들었다. 아버지였다. 손발이 묶인 아버지가 이따금 돌아누우며 낮은 신음을 토해 내고 있었다. 나는 황량한 들판 가운데에 서서 그 몸집이 크고 불길한 새들의 펄렁거리는 날갯짓과 구물거리는 모습을 오래오래 지켜보았다.

[A] 머리 위로 눈은 하염없이 쏟아져 내리고 있었다. 함박눈이었다. 굵고 탐스러운 눈송이들은 세상을 가득 채워 버리려는 듯이 밭고랑을 지우고, 밭둑을 지우고, 그 위에 선 내 발목을 지우고, 구물거리는 검은 새 떼를 지우고, 이윽고는 들판과 또 마주 바라뵈는 거대한 산의 몸뚱이마저도 하얗게 하얗게 지워 가고 있었다.

그것은 어머니가 새벽마다 샘물을 길어 와 소반 위에 떠서 올려놓곤 하던 바로 그 사기대접의 눈부시도록 하얀 빛깔이었다.

– 임철우, 「아버지의 땅」

01

윗글의 서술상 특징으로 가장 적절한 것은?

① 서술자를 바꾸어 다양한 관점을 제시하고 있다.
② 작품 속 인물이 자신이 들은 일을 서술하고 있다.
③ 후반부로 갈수록 인물 간의 갈등이 극대화되고 있다.
④ 상징적 소재를 사용하여 주제를 효과적으로 드러내고 있다.

02

아버지를 바라보는 가족에 대한 설명이다. 그 설명이 적절하지 <u>않은</u> 것은?

① 나는 아버지의 죄를 알고부터 마음이 무거워졌다.
② 어머니는 매일 아버지의 안녕을 기원하며 천지신명께 기도하였다.
③ 어머니는 떠난 아버지에 대한 원망보다 기다림으로 세월을 보내셨다.
④ 나는 어머니가 아버지를 기다려 왔음을 알았으나 애써 외면해 버렸다.

03

[A]에 나타난 눈과 가장 유사한 의미를 지닌 것은?

① 새해의 눈시울이 / 순수의 얼음꽃 / 승천한 눈물들이 다시 땅 위에 떨구이는 / 백설을 담고 온다.

– 김남조, 「설일」

② 우리가 눈발이라면 / 허공에서 쭈빗쭈빗 흩날리는 / 진눈깨비는 되지말자. / 세상이 바람 불고 춥고 어둡다 해도 / 사람이 사는 마을 / 가장 낮은 곳으로 / 따뜻한 함박눈이 되어 내리자.

– 안도현, 「우리가 눈발이라면」

③ 가난하다고 해서 외로움을 모르겠는가, / 너와 헤어져 돌아오는 / 눈 쌓인 골목길에 새파랗게 달빛이 쏟아지는데, / 가난하다고 해서 두려움이 없겠는가.

– 신경림, 「가난한 사랑 노래」

④ 길 잃은 등산객들 있을 듯 / 외딴 두메마을 길 끊어 놓을 듯 / 은하수가 펑펑 쏟아져 날아오듯 덤벼드는 눈, / 다투어 몰려오는 힘찬 눈보라의 군단, / 눈보라가 내리는 백색의 계엄령.

– 최승호, 「대설주의보」

04

〈보기〉는 윗글의 내용을 구조화한 것이다. 이에 대한 설명으로 적절하지 <u>않은</u> 것은?

〈보기〉

과거의 나	➡	노인의 행동	➡	현재의 나
ⓐ	ⓑ	ⓒ	ⓓ	

① ⓐ: 아버지에 대한 감정이 부정적이다.
② ⓑ: 여전히 아버지를 떠올릴 때마다 증오의 마음이 가득하다.
③ ⓒ: 나의 아버지에 대한 태도를 돌이켜 보게 된다.
④ ⓓ: 혼자 길을 돌아오면서 자신의 냉혹함을 돌아보게 된다.

05

윗글을 읽고 〈보기〉가 떠올랐다고 했을 때, ⓐ~ⓓ와 관련하여 연상한 내용으로 적절하지 않은 것은?

〈보기〉

「엄마의 말뚝2」는 ⓐ한 가족이 겪은 비극적인 사건과 그로 인한 현재적 고통을 그림으로써 분단의 비극이 아직도 계속되고 있음을 보여 주고 있다.

이 소설의 핵심에 놓여 있는 것은 ⓑ오빠의 죽음이다. 오빠는 이미 30년 전에 죽었지만 오빠의 죽음으로 인한 고통은 지금까지도 이어진다. ⓒ혼수상태에서 죽은 오빠의 이름을 부르며 발작 증세를 보이는 어머니의 모습에서 평온한 노년을 보내는 것으로 믿었던 ⓓ나는 그동안의 삶이 사실은 얼마나 고통스럽고 황폐한 것이었는지를 이해하게 된다. 오빠의 죽음은 한 가족 구성원의 죽음일 뿐 아니라 민족사와 직결되는 죽음이며, 그로 인한 어머니의 고통 역시 개인적인 고통인 동시에 집단적인 차원에서 경험하는 고통이다. 이런 어머니의 고통이 죽음 직전에 이르러 의식이 없는 상태에서 겨우 터져 나올 수 있었던 것은, 분단 상황이 지속되고 있는 현재 상황에서 볼 때, 이 고통이 살아 있는 동안에는 치유될 길이 없다는 것을 보여 주고 있다.

① ⓐ: 나와 어머니, 아버지가 헤어져 지낸 삶과 유사하다.
② ⓑ: 나의 아버지가 얼어붙은 땅 밑에 웅크리고 있는 소리를 들었다고 서술하는 것으로 보아 닮아 보인다.
③ ⓒ: 아버지의 삶을 부정하는 자식 때문에 속상해하는 어머니의 모습이 떠오른다.
④ ⓓ: 내가 어머니의 눈물을 통해 어머니가 마음속에 담아 온 것을 이해하는 것과 유사하다.

- 염상섭, 「삼대」

※ 다음 글을 읽고, 물음에 답하시오. [6~9]

[앞부분의 줄거리] 방학을 맞아 집에 돌아왔다가 다시 동경으로 떠날 준비를 하고 있는 유학생 덕기는 부모가 아닌 조부(영감)와 한집에 살고 있다. 조부는 젊은 첩(수원댁)을 들이면서 못마땅하게 여기던 아들 내외를 집에서 내보냈으며, 덕기가 결혼하자 손주 내외를 들여 함께 살고 있다.

혼인한 이듬해에는 건넌방에서도 아이 우는 소리가 나게 되었다. 첫아들이었다. 집안이 경사 났다고 떠들었다. 그러나 입으로만이었다. 서조모는 소견이 좁았다. 보고 배운 것이 없었다. 공연히 건넌방 아이 – 증손자를 시기하는 것이었다. 네 살짜리의 할머니와 세 살 먹은 손주가 자라 갈수록 손이 맞아서 일을 일리고 어른 싸움을 버르집게 하는 것이다.

증조부가 간혹 건넌방 아이를 좀 안아 주면 안방마마의 눈귀가 가로 째지는 것이었다.

노영감도 불공평하자는 것이 아니나 몸이 괴로웠다. 결국에는 자기 딸이 귀엽고 젊은 첩에게로 쏠리건만…….

"아버지 계셔요?"

덕기는 마루로 나와서 또 한 번 커다랗게 하품을 하고 방에다 대고 물었다. 부친에게 길 떠나는 문안을 갈 생각이다.

"몰라! 사랑에 계신지 나가셨는지."

㉠모친의 대답은 냉담하였다. 원체 이 중늙은이 내외는 이름만 걸린 내외였다.

식사도 사랑, 잠도 사랑, 세수까지도 사랑에서 내다가 하는 것이었다. 남편의 코빼기도 못 보는 날이 많다. 그래도 남 보기에는 그리 의가 좋지 않은 것 같지도 않다. 검다 희다 말이 도대체 없기 때문이다. 그가 특별히 하느님의 아들 노릇을 하기 때문에 세속 일에 대범하고 초연해서 그런지? 도를 닦아서 여인에게는 근접을 안 하느라고 그런지? 어쨌든 사십에 한둘 넘은 이 ㉡중년 부인은 얼굴을 잊어버리게 된 남편을 미워하고 원망하는 것이었다.

"이 애는 어디 갔니?"

모친은 손주 새끼의 얼굴이 보고 싶은 것이다.

"업고 나갔어요. 사랑 마당에서 노는지요."하고 어린 며느리는 안방 애 보는 년을 불러내어서 나가 보라고 이른다.

"얘, 얘, 사랑에 나가건 영감님께 화개동 마님께서 오셨다고 여쭈어라."

㉢며느리는 안방 아이를 업고 마루로 내려가는 계집년에게 소곤소곤 일렀다. 자기 시어머니가 시할아버지께 문안드릴 기회를 만들자는 생각이다.

노영감이 곧 들어왔다. 며느리가 그리 급히 보고 싶은 것이 아니라 온종일 할 일이 없어서 하루에도 몇 십 번씩 들락날락하는 것이 유일한 소일인데, 성미가 급하여서 듣기가 무섭게 들어온 것이다.

사랑문에서부터 기침을 칵 하는 소리에 건넌방에서 며느리가 나왔다.

"음……."

㉣며느리를 쳐다보고는 이렇게 한마디 하고 마루 끝에서 일본 자리옷을 입고 세수를 하다가 일어서는 손자를 보고,

"무슨 옷을 저렇게 해갈을 해 입었니?"

하고 우선 한번 쏜 뒤에,

"어제는 어디를 갔다가 몇 시에 들어왔단 말이냐?"

하고 역정을 낸다. 몇 시에 들어온 것은 오늘 아침에 벌써 안방마마의 보고로 알고 있으면서 묻는 것이다.

덕기는 물 묻은 얼굴로 가만히 비켜섰을 수밖에 없었다. 영감이 안방으로 들어가니까 며느리도 따라 들어가서 절을 하였다. 비로소 시서모와 대면을 하였다.

"응, 별고 없지?"

영감이 출입이 별로 없고 며느리도 이 집에를 여간한 일이 아니면 오기를 싫어하니까 시아버지 문안이 한 달에 한 번도 될까 말까다.

"내일모레 제사까지 묵어갈 테냐?"

며느리는 천만의외의 소리를 시아버지에게 들었다. 잠자코 섰을 뿐이다.

생각해 보니 모레가 바로 시할아버지 제사 – 이 영감에게는 친기(親忌)인 것을 깜박 잊어버렸던 것이다.

"급한 일 없거든 왔다 갔다 하느니 아주 묵으려무나. 어린것들만 맡겨 두어두 안 될 것이고 하니……."

며느리의 입에서는 '네' 소리가 좀처럼 아니 나왔다. 시아버지는 못마땅하였다.

"그럼! 좀 있어서 차려 주어야지. 나 혼자서는 어린것을 데리고 이 짧은 해에……."

한옆에 모로 앉았던 젊은 시서모가 비로소 말참견을 했다. 어린것들에게만 내맡겨 둘 수 없다는 영감의 말이 며느리 앞에서 자기에게 모욕이나 준 것 같아 못마땅하였던 것이다. 며느리는 꿀 먹은 벙어리처럼 여전히 입을 봉하고 섰다.

첫째 그 반말이 듣기 싫었다. 마주 반말을 해도 좋으나 그래도 밑지는 수밖에 없는 것이 분하다.

'첩 노릇은 할지언정 원 바닥이 있고 얌전하다면서 소대상을 차리니 말인가. 무슨 장한 제사를 차린다고 엄두를 못 내는 것이람! 어린애 핑계를 하니 아이 기르는 사람은 제사도 못 지내던가…….'

이런 생각도 하여 보았다.

"너희는 예수교인지 난장인지 한다고 조상 봉제사(奉祭祀)도 개떡같이 알더라마는 내가 살아 있는 동안에는 막무가내하다!"

며느리가 끝끝내 잠자코 섰는 것이 못마땅하니까 연년이 제사 지낼 때마다 부자간에 충돌이 생기던 것을 생각하고 주름살 많은 얼굴이 발끈 상기가 되며 치미는 화를 참는다.

며느리는 좀 선뜻하였으나 무어라고 입을 벌릴 수는 없었다.

"그래 너두 이제는 천주학쟁이가 되었니? 내가 죽은 뒤에는 어떤 연놈이 물 한 방울 떠 놓겠니?"

시아버지의 언성은 점점 더 높아 갔다.

수원집(시서모는 수원 태생이다)은 영감이 며느리 꾸짖는 것을 보고 까닭 없이 시원하였다.

며느리가 무어라고 말대답이나 한마디 하였으면 좋겠다고 생각하였다.

"아녜요. 재 떠나는 것도 보고 아주 제사까지 치르고 가겠에요. 그렇지 않아두 그럴 생각으로 왔에요."

– 염상섭, 「삼대(三代)」

06

이 작품에 대한 설명으로 적절하지 않은 것은?

① 재산 배분을 둘러싼 세대 간의 갈등을 다루고 있다.
② 물질만능주의에 빠진 인간 군상의 모습이 나타나 있다.
③ 서술자의 말과 인물의 대사 모두 간결체로 이루어져 있다.
④ 당대 현실을 치밀하게 묘사한 사실주의 계열의 작품이다.

07

㉠~㉣ 중 가리키는 대상이 이질적인 것은?

① ㉠ ② ㉡
③ ㉢ ④ ㉣

08

이 작품에 등장하는 '조부-부친-덕기' 삼대의 세대적 특징으로 가장 적절한 것은?

	조부	부친	덕기
①	물질주의자 – 보수적	정신주의자 – 금욕적	중도파 – 현실적
②	유교 – 종적 관계 중시	무교 – 개인주의	기독교 – 횡적 관계 중시
③	유교주의자 – 이기적	개화 지식인 – 이중적	지식인 – 중도적
④	중간층 – 처세의 달인	상류층 – 현실의 수용	상류층 – 이상의 추구

09

윗글의 인물에 대한 설명으로 적절하지 않은 것은?

① 상훈은 개화기의 인물로 기독교인이다.
② 영감은 전통적인 가치를 지향하는 인물이다.
③ 덕기의 부모는 무관심으로 인해 관계가 소원하다.
④ 덕기 부인은 전통적인 여성으로 수동적 행동을 한다.

- 최윤, 「회색 눈사람」

※ 다음 글을 읽고, 물음에 답하시오. [10~13]

그 즈음 검열과 조사가 극에 달했고 신문에서는 거의 매일 사람들의 검거 기사와 이적 출판 행위의 처단에 대한 기사가 실렸다. 벌써 얼마 전부터 우리는 삼백 면 가량의 부정기 간행물의 출판을 위해 거의 매일 저녁 인쇄소에 모였다. 그들의 말에 의하면 이미 우리가 조판하고 있는 글의 필자 중 두 명이 붙잡혔다고 했다. 기껏해야 일주일가량을 남기고 있는 중요한 회합에 절대적으로 필요하다고 하면서 '안'은 일을 재촉했고 자정이 넘게 일을 하는 경우도 있었기 때문에, 그리고 아침에는 인쇄소를 깔끔하게 치워 놓아야 했기 때문에 그들은 번갈아 가면서 혹은 둘이 짝이 되어 인쇄소에서 밤을 보내는 것 같았다. 대부분 '김'과 '안'이 남아 있었다. 차질 없이 들어온 원고를 내가 초교를 보면서 의문 부호 표지를 해 넘긴 부분은 손이 가해져 어김없이 하루나 이틀 뒤에는 교정지용 플라스틱 바구니 안에 놓이곤 했다.

자연스럽게 어느 날 나는 자정을 넘겨 인쇄소에 남아 있었다. '정'과 '김'은 다른 곳에서 처리할 일이 있었던 모양으로 일찌감치 일을 내게 떠맡겼다. 뒤처리를 내가 하고 갈 테니 먼저 들어가라고 해도 '안'은 쓸 것이 있다고 하면서 오히려 그를 돕기 위해 내가 인쇄소에 남아 있는 것을 당연하게 생각하는 것 같았다. 나는 양철통 속에 담겨 있는 조개탄을 듬뿍 난로 속에 집어넣었다. ㉠<u>오랫동안 살아 온 나의 집을 덥히기 위해서 하는 것 같은 익숙한 나의 동작에 내 자신이 놀랐다</u>. '안'은 내게서 등을 돌리고 철제 책상에 앉아 무언가를 쓰고 있었다. 나는 그가 쓰고 있는 글의 내용을 벌써 몰래 훔쳐본 바 있었고 그 진행이 궁금했다. 나는 연속 방송극을 좇아가는 심정으로 그의 글의 진전을 흥미롭게 지켜보았다. 나 또한 플라스틱 바구니 속에 들어 있는 교정 용지를 집어 들었다.

자정이 지나면 바람도 차지는 모양인지 허술한 창밑으로 쌩쌩 바람이 들이찼다. 나는 난로의 문을 조금 열어 놓고 그 옆에 의자를 놓고 교정쇄를 무릎 위에 놓고 앉았다. '안'이 지나치는 말투로 물었다. 내가 안을 만난 지 백십일 일이 지나려 하고 있는 저녁에 처음으로 한 반말이었다.

㉡<u>"강양은 여기 일에 깊이 연루되지 말고 일찌감치 손을 떼는 게 어떠니."</u>

나는 '안'의 말을 어떻게 해석해야 좋을지 몰라 그를 멍하니 쳐다보았다. 그는 쓰는 일을 멈추지도 않은 채였다. 나는 그의 말을 괘념치 않기로 하고 다시 교정지로 시선을 돌렸다.

"학교도 계속해야 할 것이구. 그 다음엔 안정된 직장도 가지구, 시집도 가야 할 테고."

평소 같으면 한 사람에 대한 결정적인 평가절하로 연결된 이런 진부한 말이 고개를 돌린 그의 어두운 표정 때문인지 의도적인 모욕으로 들렸다.

"그럴려면 일이 터진 다음에는 곤란할 거야."

그는 내 쪽으로 돌아앉았다. 난로 불이 막 활활 일기 시작했고 열기가 얼굴로 옮아 붙는 듯해서 나는 의자를 뒤로 당겼다. 그렇다고 '안'이 농담을 하고 있다고는 생각되지 않았다. 피로로 인해 그의 얼굴의 요철이 더욱 분명하게 드러날 뿐이었다. 어쩌면 한 사람의 얼굴이 저렇게 달라 보일 수 있을까. 난생 처음 보는 사람과 한밤중에 마주 앉은 것처럼 나는 그를 뚫어지게 바라보았다.

"내가 하는 말을 불쾌하게 들으면 안 돼."

"그 정도로 자신이 없는 일에 왜 매달려요, 안 선생님은?"

"지금 나는 나에 대한 말을 하고 있는 게 아니라구. 언젠가 가까운 미래에 좀더 자신 있는 사람이 많이 생기기를 바라기 때문이겠지."

우리는 잠시 침묵했다. '안'과 나와의 대화의 내용과는 관계없이 나는 그와의 한밤중의 이 드문 속살거림이 한편으로는 오래 계속되기를 바랐고 다른 한편으로는 그가 어서 저 피곤하고 지쳐 시든 얼굴을 다시 원고지 위로 돌려주었으면 좋겠다는 두 가지 상반된 마음이었다.

그러나 한번 크게 기지개를 켠 '안'은 한 순간에 평소의 생기를 회복한 듯했다. 그는 책상 쪽으로 돌아앉으면서 말했다.

"어떻든 이번 일이 끝나면 당분간 집에서 내가 연락할 때까지 기다리는 게 낫겠어."

그들은 이렇게 나에 대한 계획을 세워두었던 것일까. 하기는 신원도 색깔도 불분명한 나 같은 애가 처치 곤란은 하겠지. 지금까지 같이 일을 해 오면서도 어떤 더 분명한 증거를 그들은 원하는 것일까. '안'은 부드러운 목소리로 덧붙였다.

"미리 등록금을 조금 도와주지."

이런 도움이 자존심을 자극하는 것을 보니 지난 몇 달 간의 생활이 여유로웠던 것인지도 모른다. 그의 음성의 따뜻함까지가 내게는 계산된 차가운 거리로 다가왔다.

"안 선생님, 나에 대해서 걱정하지 마세요. 조만간에 나는 이 나라를 떠날 예정이에요. 여권 절차도 벌써 마쳤구요."

조금은 희극적으로 들릴 수 있는 나의 갑작스런 발언에 그는 뒤돌아보지 않았다. 나의 말에 반응하지 않았다.

두 시가 넘자 그는 일을 끝냈는지 불을 끄고 군용 침대를 펴고 누웠다. 나는 잠도 오지 않고 할 일도 있었지만 그의 수면을 방해하고 싶지 않아 난로에 남아 있는 조개탄을 던져 넣고 불구멍을 줄인 후, 그가 나를 위해 남겨둔 난로 곁의, 군용 침대보다는 편안한 낡은 장의자에 누웠다. 나는 오랫동안 잠이 들지 못한 채 뒤척이면서 소음을 내지 않으려 애썼다. 숨소리를 가다듬으려 했기 때문에 오히려 큰 한숨이 솟아나기도 했다. 나는 눈을 감고 '안'에게 얘기하는 것을 상상했다.

[A]

선생님은 나에 대해서 아무것도 몰라요. 나는 말이죠, 충청도 시골에서 태어났어요. 어린 시절요? 가난하고 불행했어요. 좀 더 큰 다음에는 이모네 집에서 살았어요. 어머니가 일자리를 구해 도회지로 나갔기 때문인데, 이모네도 시골이었어요. 엄마가 돈을 보내오긴 한 모양인데 가난하고 불행하긴 마찬가지였어요. 중학교는 중간에 그만두고 고등학교를 검정고시를 쳤어요. 그 때도 역시……

'안'의 고른 숨소리와 뒤척임을 들으면서 나는 잠이 들었다. 한밤중, 누군가 목까지 담요를 끌어다가 가볍게 눌러 주는 것을 그리고 그 동일한 손이 나의 움푹 들어가고 까칠한 뺨을 살짝 스치는 것을 멀리, 마치 먼 과거의 꿈처럼 느끼면서 나는 깊고 짧은 잠에 빠져 들었다. 잠 속에서 나는 오랫동안 흐느껴 울었던 것도 같다.

– 최윤, 「회색 눈사람」

10

윗글에 대한 설명으로 적절한 것끼리 묶은 것은?

〈보기〉

㉮ 과거와 현재를 교차하는 방식으로 서술하고 있다.
㉯ 인물에 대한 서술자의 논평이 사용되고 있다.
㉰ 독백조의 어조로 인물의 내면을 고백하고 있다.
㉱ 작품 속 서술자가 과거를 회상하며 서술하고 있다.

① ㉮, ㉯ ② ㉮, ㉰
③ ㉯, ㉰ ④ ㉰, ㉱

11

〈보기〉를 참조하여 윗글을 감상한 것으로 적절하지 않은 것은?

〈보기〉

우울과 외로움에 시달리던 나는 지하 운동 단체 겸 인쇄소에서 우연히 아르바이트를 하다가 그들의 일에 가담하게 되고, 그곳에서 일하는 사람들과의 만남을 통해 삶의 만족감과 생동감을 얻게 된다. 그들과의 활동은 70년대 척박한 곳에서 민주주의를 향한 기대를 키우게 되어 이전과 다른 나의 생에 대한 만족을 경험하게 하는 것이었기에 내게 의미있게 다가온다. 나는 그들과 함께 하는 사이에 '안'을 사랑하게 되고, 그들을 '우리'라고 부르고 싶은 마음이 든다.

① '안, 김, 정'과의 만남은 나의 삶에 대한 태도가 바뀌는 계기가 되었다.
② '나'는 의도하지는 않았지만 민주주의를 위한 노력에 가담했다고 볼 수 있다.
③ '안'과의 만남과 대화는 척박한 현실에서 벗어나고 싶은 나의 열망을 충족시켜 주었다.
④ 그들을 '우리'라고 부르고 싶다는 것은 내가 그들에 대해 동료 의식을 갖고 있음을 보여 준다.

12

㉠과 ㉡의 관계에 대한 설명으로 가장 적절한 것은?

① ㉠과 같은 생각을 가진 '나'는 ㉡에 대해 분노감을 표출한다.
② ㉠에 나타난 '나'의 모습을 ㉡을 통해 비로소 낯설게 느끼게 된다.
③ ㉠과 같은 생각을 가진 '나'에게 ㉡은 그러한 생각을 포기하게 만든다.
④ ㉠과 같은 태도를 가지고 있기에 ㉡에 대해 '나'는 혼란스러움을 느낀다.

13

[A]에 대한 반응으로 가장 적절한 것은?

① 나는 '안'을 비롯한 여러 사람들을 통해 가난한 어린 시절의 상처를 위로 받았다는 말이겠지.
② 자신의 마음을 이해해 주지 못하는 '안'에게 생각만으로라도 자신의 마음을 표현하려는 것이겠지.
③ 불행했던 어린 시절을 회상함으로써 현재의 삶에 대해 객관적이고 냉철한 인식을 하려는 것이겠지.
④ 가난한 어린 시절과의 비교를 통해 현재의 풍족한 삶에 만족감을 느끼고 있음을 표현하고 있는 것이겠지.

- 김소진, 「자전거 도둑」

※ 다음 글을 읽고, 물음에 답하시오. [14～17]

혹부리 영감은 아버지한테 무슨 큰 특혜를 내려 주듯이 거래를 터 준다고 허락을 놓았었다. 같은 함경도 동향이기 때문이라는 말을 덧붙이면서, 하긴 혹부리 영감한테는 매번 소주 열 병 안짝에다 새우깡 열 봉지, 껌 대여섯 개, 빵 예닐곱 개 등 일반 소매 가격 구매자보다 더 많은 물건을 떼어가지도 않으면서 부득부득 도매 값으로 해 달라고 통사정을 해 쌓는 아버지 같은 사람 하나쯤 거래를 끊어도 장부상 거의 표가 나지 않을 것이었다.

결국 아버지는 자신의 과오를 인정하지 않을 수 없었다. 당신의 자그마한 구멍가게로 돌아와 나머지 열여덟 병의 진로 소주를 넋 나간 사람처럼 쓰다듬던 아버지는 기어코 아들인 내 앞에서 눈물을 보이고 말았다. 아! 아버지…….

한 닷새쯤 지났을까, 아버지와 나는 다시 그 수도 상회로 물건을 떼러 갔다. 아버지는 또 고만고만한 물건들로 구색을 맞춰 골랐고 혹부리 영감은 일일이 헤아린 다음 우리 부자가 가져온 정부미 자루에 집어넣으라고 손짓을 했다. 아버지와 나는 허겁지겁 물건들을 자루에 휩쓸어 담았다. 평소와 달리 아버지의 손은 약간 떨려서 헛손질을 많이 해 일부러 나한테 훼방질을 놓는 사람 같았다.

내가 그 이유를 모를 리가 있겠는가. 아버지는 그 혹부리 영감의 눈을 속여 미리 진로 소주 두 병을 은밀히 자루에 더 넣어 두었던 것이다. 셈을 치르고 문턱을 가까스로 나서려는 순간, 이게 무슨 운명의 조화런가, 혹부리 영감이 우리를 불러 세우는 것이었다.

"거 영감, 이보우다. 그 포대 좀 풀어 다시 한번 헤아려 봅세. 계산이래 안 맞아."

나는 그때 겁에 질린 송아지처럼 눈에 흰자위가 유난히 많아진 아버지의 눈동자를 지금도 똑똑히 기억한다. 아버지는 어린 아들인 내가 무슨 구세주라도 돼 주었으면 하는 간절한 눈으로 내 얼굴을 쳐다봤던 것 같았다. 그러나 난들 달리 뾰족한 수가 있을 턱이 없지 않은가.

결국 혹부리 영감은 두 병이 더 들어간 것을 밝혀 냈고 아버지에게 해명을 요구했다. 나는 내가 희생양이 돼야 함을 느꼈다.

"예, 맞아요. 그건 말예요. 제가 영감님 몰래 넣은 건데요……. 왜냐하면 접때 접때 우리 집에서 사실 두 병을 빠뜨리고 갔기 때문에 응, 쌤쌤이어서요……."

나는 이상하게도 맘이 편하고 당당했다. 나도 모르게 입가로 번져 나온 미소를 단속하느라 손바닥으로 입을 몇 번인가 틀어막기도 했다. 혹부리 영감은 얼굴에 별다른 표정을 짓지 않고는 고개를 끄덕거렸다. 일단 직접적 책임을 모면한 아버지는 헤설픈 표정으로 날 쳐다볼 뿐이었다.

그러나 한편으로는 그 혹부리 영감이 당신과는 이제 거래 끝이야 하고 선언할까 봐 [㉠]하는 얼굴이었다. 아버지처럼 이북 출신인 그 영감은 시장통에서 신용 하나는 보증 수표나 다름없었지만 성질이 불같고 매몰차기로 소문이 자자한 위인이었기에 그런 상황은 쉽게 상상해 볼 수 있었다.

"내레 이까짓 걸루다 당신하고 거래를 끊지는 않갔어. 다 물정 모르는 아이들이 저지른 짓인데 으잉?"

"아유, 고맙습네다 영감님. 그저 어떻게 헤헤…… 우리 아이가 평소에는 그렇게 민한 애가 아닌데 어쩌다……."

"단."

혹부리 영감이 아버지의 말끝을 가로챘다.

"내 앞에서 저 아이를 호되게 가르치는 꼴을 봬 주라우. 내가 그깟 술 두 병이 아까워서 기러는 게 아니야. 하지만 기렇게 따끔하게 가르치는 건 바로 자식에게 말이야, 부모 된 도리를 다하는 것 아니갔습매? 내 이 자리서 이녁이 하는 깜냥을 두고 보고서리 까짓것 그 술 두 병은 거저라두 주갔어. 내 이제껏 남한테 콩알 반 쪼가리도 거저 준 적은 없지만서두, 이건 경우가 다르다우 아암."

"호되게라믄…… 어떠케?"

"쯔쯧, 이녁도 함경도 아바이 출신이믄 부랄값도 못하는 자식이 잘못을 저질렀을 때 어드러케 다루는지는 알만하잖소? 그걸 왜 내게 묻소 으응? 아안 그렇소?"

[A]
"야! 간나야, 니 다시는 이런 민한 짓이래, 하겠니, 안 하겠니? 어서 말 좀 해 보라우."

짐짓 호령을 하는 아버지의 손이 부들부들 떨며 허공 높이 허우적거렸다. 단 한 대에 내 뺨은 무섭게 부풀어 오르며 감각을 잃어갔다.

"길티 기게 바로 진짜 교육이야."

혹부리 영감의 격려를 받은 아버지는 고개를 돌려 그에게 굽신거린 다음 또 한 차례 내 뺨을 기세 좋게 올려붙였다. 그러나 이 지독한 연극을 지켜보면서 나는 아픔을 거의 느끼지 못했던 것 같다. 머릿속에서 뭔가가 맑아지는 느낌뿐이었다. 그리고 투시해 버리고 말았다. 어린 나이에도. 아버지의 눈 속에 흐르지도 못하고 괴어 있는 눈물을. 차라리 죽는 한이 있어도 애비라는 존재는 되지 말자. 아마도 나는 그때 그런 끔찍한 다짐을 했는지도 모른다.

– 김소진, 「자전거 도둑」

14

윗글의 서술상의 특징으로 가장 적절한 것은?

① 배경 묘사를 통해 상황의 비극성을 부각하고 있다.
② 서술자의 경험과 생각을 중심으로 사건을 전개하고 있다.
③ 객관적인 묘사를 바탕으로 독자의 판단을 유도하고 있다.
④ 의식의 흐름에 따라 서술하여 인물의 심리를 섬세하게 드러내고 있다.

15

윗글의 내용과 일치하지 않는 것은?

① 소주 두 병을 훔친 것은 '나'가 아니라 아버지였다.
② 아버지는 혹부리 영감과 한 고향에서 함께 자랐다.
③ 혹부리 영감에게 아버지는 중요한 고객이 아니었다.
④ 혹부리 영감은 신용은 좋으나 인정이 넉넉하지 않았다.

16

〈보기 1〉은 〈보기 2〉의 영화를 보고 난 '나'의 감상평이다. [A]를 바탕으로 〈보기 1〉의 밑줄 친 부분의 의미를 추리한 것으로 가장 적절한 것은?

〈 보기1 〉

이 영화를 볼 때마다 난 무엇보다 외로움을 느꼈다. 안토니오의 무너진 등이 견딜 수 없이 시큰해졌고, 그보다는 무너져 내리는 아버지의 뒷모습을 목격해야 하는, 그럼으로써 평생 씻을 수 없는 <u>내면의 상처</u>를 끌어안고 살아갈 어린 아들 브루노 때문에 나는 혀를 깨물어야 했다.

〈 보기2 〉

오랜만에 일자리를 구하게 된 안토니오는 헌 옷가지를 전당포에 맡기고 일에 필요한 자전거를 구한다. 어린 아들 브루노를 데리고 출근해 어느 모퉁이에 자전거를 잠시 세워 놓은 사이 누가 자전거를 훔쳐 타고 달아난다. (중략)

스쳐 지나가려는데 경기장에서는 축구 경기가 한창 무르익고 있다. 안토니오의 눈에는 경기장 밖에 즐비하게 세워 놓은 자전거들이 들어온다. 아들 브루노에게 먼저 집에 가 있으라고 이르고는 자전거 한 대를 잽싸게 훔쳐 달아나지만 곧 주인에게 붙잡힌다.

아들의 면전에서 봉변을 당하는 안토니오의 처지를 가련하게 여긴 자전거 주인이 선처를 베푼 덕분에 안토니오는 철창 신세를 면한다. 긴 그림자가 드리워지는 석양의 거리를 아들은 뒤따르고 안토니오는 어깨가 축 늘어진 허탈한 모습으로 하염없이 걸어간다.

– 영화 「자전거 도둑」 줄거리

① 아버지가 도둑질을 한 것으로 인한 충격
② 위기의 상황에서 아버지를 구원하지 못한 자책감
③ 아버지라는 권위의 상징이 무너진 것으로 인한 충격
④ 아들을 위해 자신을 희생하는 아버지의 숭고한 사랑

17

㉠에 들어갈 말로 적절한 것은?

① 망연자실(茫然自失)
② 고두사죄(叩頭謝罪)
③ 심사숙고(深思熟考)
④ 전전긍긍(戰戰兢兢)

- 손창섭, 「잉여인간」

※ 다음 글을 읽고, 물음에 답하시오. [18~21]

[앞부분 줄거리] 전쟁 직후, 치과 의사인 만기가 운영하는 병원에는 그의 친구 봉우와 익준이 매일 찾아와 소일한다. 익준은 신문을 읽다가 사회의 부정에 대해 격렬하게 분노하지만 현실적으로 무능력하다. 봉우는 아내의 외도마저 방관할 만큼 매사에 무관심하고 실의에 빠져 지내지만 간호원인 인숙을 짝사랑한다. 만기는 유능한 치과 의사로서 도덕적으로 고귀한 인물이지만 바로 그 때문에 경제적 궁핍에 시달린다. 봉우의 아내는 만기의 병원이 세 든 건물의 주인으로서 만기를 유혹하다가 거절당한다. 그로 인해 만기는 병원 문을 닫아야 할 처지에 몰린다. 그러던 중 만기는 익준의 아내가 죽었다는 소식을 듣는다.

소년의 가족이 들어 있는 집은 지붕을 기름종이로 덮은 토담집이었다. 소년의 어린 두 동생이 거지 아이 꼴을 하고 문턱에 기운 없이 걸터앉아 있었다. 역한 냄새가 울컥 코를 찌르는 침침한 방 안에는 옆방에 산다는 주인 노파가 역시 이웃 아낙네와 마주 앉아 시체를 지키고 있었다. 방바닥에 착 달라붙은 듯한 시체 위에는 낡은 담요 조각이 덮여 있었다. 우선 집주인 노파에게 인사를 하고 나서 만기는 할 일을 생각했다. 주인이 없더라도 사망 진단서와 사망 신고 등의 절차는 밟아 두어야 했다. 요행 반장의 협력을 얻어서 그런 일들은 무난히 끝낼 수가 있었다. 아이들의 외할머니는 저녁때가 되어서야 비린내 나는 광주리를 이고 돌아왔다. 딸이 죽은 것을 알고도 그리 슬퍼하지도 않았다. 그저 노파의 전신에는 보기에 딱하리만큼 심한 피로가 배어 있었다.

노파의 말에 의하면 익준은 이삼일 전에 인천 방면의 어느 공사판을 찾아갔다는 것이다. 환자에게 주사 몇 대라도 맞혀 주면 한이나 풀릴 것 같아서 벌이를 떠났다는 것이다. 부득이 만기가 주동이 되어서 장례식 일을 맡아보아 주는 수밖에 없었다. 첫째 비용이 문제였다. 만기는 자기 호주머니를 툭툭 털어서 당장 사소한 비용을 썼다. 봉우는 그저 시무룩하니 앉아서 만기 눈치만 살피다가 어디를 나가면 그림자처럼 따라다닐 뿐이었다. 상가에서 밤을 새우고 나서 만기는 이튿날 아침 잠깐 병원에 들러 보았다. 물론 봉우도 함께 와서 대합실 구석 자리에 앉아 있었다. 만기도 나른히 지쳐 있었다. 인숙이가 걱정스레 만기를 바라보며 무슨 말을 할 듯하다가 말았다. 만기는 한동안 묵연히 생각에 잠겨 있다가 대합실 소파로 가서 봉우 옆에 바싹 다가앉았다.

㉠<u>"여보게, 같이 가서 자네 부인을 좀 만나 보구 올까!"</u>

"아니, 건 또 무슨 소리야."

"당장 장례 비용이 있어야 할 게 아닌가. 그러니 자네두 같이 가서 조언을 좀 해 줘야겠단 말이네. 〈중략〉

봉우 처에게 전화를 걸었더니 딴 사람이 전화를 받았지만 이내 만날 수 있게 연락을 해 주었다. 지정한 다방으로 가 보니 봉우 처가 기다리고 있었다. 앞장서 들어서는 만기를 보고 반색을 하다가, 뒤따라 들어오는 자기 남편을 보더니 여자는 놀라는 눈치였다. 마주 앉기가 바쁘게 만기는 용건부터 얘기했다. 익준이와 봉우와 자기는 중학 시절 이래 막역한 친구임을 말하고 나서 익준이네 비참한 가정 형편을 들려주었다. 그러고는 장례 비용을 희사하거나 빌려 주기를 간청한 것이다.

㉡<u>"정말야, 이 친구 말대루야. 나두 보구 가만있을 수가 없어. 몇 달 동안 내 용돈을 안 타 써두 좋으니까 사정을 봐줘."</u>

봉우는 제법 용기를 내서 아이가 어머니에게 조르듯이 옆에서 거들었다. 그사이 봉우 처는 몇 번이나 낯색이 변하였다.

"선생님에게두 저 같은 여자가 소용에 닿을 때가 있군요. 좋아요. 저는 점잖은 선생님의 청을 거절할 용기가 없어요!"

여자는 언어 이상의 의미를 표정으로 나타내고 나서 일어서 저쪽으로 가려다가,

"오만 환 정도라면 당장 되겠어요? 물론 현금이 좋으시겠죠."

대답도 듣지 않고 카운터 뒤로 사라지더니 좀 뒤에 현찰을 신문지에 꾸려 가지고 돌아왔다. 만기가 치하를 하고 일어서려니까,

"이 돈 그냥 드리는 건 아니에요." / 여자가 그래서,

"알겠습니다. 이 자리에서 기일 약속은 할 수 없지만 반드시 책임지고 갚아 드리겠습니다."

그랬더니 봉우 처는 문간까지 따라 나오며 애교 띤 농담조로,

"고지식한 양반, 그렇다면 원금만 가지고는 안 되겠어요. 적당한 이자까지 듬뿍. 아시겠어요?"

거의 아양에 가까운 교태였다. 봉우의 눈치를 곁눈질로 살피며 당황히 줄달음을 치듯 나오는 만기의 등 뒤에다 대고,

㉢"일간 다시 들러 주세요. 선생님 일루 꼭 의논할 일이 있으니까요!"

여자는 거리낌 없이 소리를 지르는 것이었다.

하여튼 그 돈으로 간소하나마 격식을 갖추어 장례식을 무사히 치를 수 있은 것은 다행한 일이었다. 관을 사 오고, 광목을 떠다 아이들에게 상복을 지어 입히고, 고무신도 사다 신겼다. 의논해서 화장을 않고 망우리에 무덤을 남기기로 했다. 장지로 향하는 차 안에서 익준이가 없는 것을 만기가 탄식했더니,

"살아서두 남편 구실 못한 위인, 죽은 댐에야 있으나마 나지!"

익준의 장모는 개의치 않았다. 그러나 좀 늦게나마 남편 구실을 못한 익준이 그날로 집에 돌아오기는 한 것이다. 거의 황혼 무렵이 되어서 산에서 돌아온 일행이 익준네 집 골목 어귀에서 차를 내렸을 때였다. 저쪽에서 머리에 흰 붕대를 감고 이리로 걸어오는 허줄한 사내가 있었다. 아들이 먼저 알아차리고,

"아, 아버지다!"

소릴 질렀다. 아, 그러자 익준은 멈칫 걸음을 멈추었고, 이쪽에서들도 일제히 그리로 시선을 보냈다. 익준은 머리에 상처를 입은 모양이었다. 한 손에는 아이들 고무신 코숭이가 삐죽이 내보이는 종이 꾸러미를 들고 있었다. 그는 무표정한 얼굴로 이쪽을 향하고 꼼짝 않고 서 있었다. 석상(石像)처럼 전혀 인간이 느껴지지 않는 얼굴이었다.

㉣"어이구, 차라리 쓸모없는 저따위나 잡아가지 않구 염라대왕두 망발이시지!"

익준의 장모는 사위를 바라보면서 그렇게 중얼대고 인제야 눈물을 질금거리었다. 그래도 아이들이 제일 반가워했다. 입곱 살 먹은 끝의 놈은,

"아부지!"

하고 부르며 좇아가서 매달렸다.

"아부지, 나, 새 옷 입구, 자동차 타구, 산에 갔다 왔다!"

어린것이 자랑스레 상복 자락을 쳐들어 보여도 익준은 장승처럼 선 채 움직일 줄을 몰랐다.

– 손창섭, 「잉여인간」

18

윗글의 인물들에 대한 설명으로 적절하지 않은 것은?

① 익준: 경제적 무능으로 인해 아내의 임종을 지키지 못한다.
② 만기: 친구를 위해 적극적으로 행동하는 인물로, 책임감이 강하다.
③ 봉우: 친구의 불행 앞에서 자신의 재산을 내놓는 결단력 있는 인물이다.
④ 봉우의 처: 자신의 부도덕한 욕망을 위해 경제력을 이용하는 인물이다.

19

〈보기〉를 읽고 윗글을 이해한 내용으로 가장 적절한 것은?

〈보기〉

한국의 전후 소설은 전후의 상황에서 비롯된 허무주의와 실존적 불안감을 근거로 하여 출발한다. 수많은 인간이 죽어 나간 전장에서 극도의 불안과 허무를 경험한 젊은이들은 기성세대의 허위와 가식을 체험하게 되고, 극한 상황 속에서 실존의 문제와 맞부딪히게 된다. 전쟁터에서 물러 나왔을 때 이들 젊은이들은 죽음의 공포와 절망의 의식에서 헤어나지 못하고, 기존의 가치관에 반항하면서 전쟁의 상흔을 안고 살아갈 수밖에 없었던 것이다. 6·25를 전후해 등장한 대부분의 작가들이 이러한 전쟁 체험과 전후의 시대적 상황을 공통 기반으로 하여 출발하고 있었으며, 이들 전후 작가들은 기존 가치관의 상실, 전쟁의 체험으로 얻게 된 불안과 허무 의식, 극한 상황을 극복하려는 몸부림들을 작품에 집중적으로 그려낸다.

① 전쟁을 경험한 세 인물의 불안감을 사물에 투영하여 나타내고 있다.
② 전쟁의 고통을 이겨 낸 인물들의 삶에 대한 희망을 반어적으로 형상화하고 있다.
③ 전통적 가치관이 상실된 전후의 상황에서 무능력하고 무기력한 인물들의 삶을 그리고 있다.
④ 전쟁의 상흔을 가진 인물들을 통해 기성세대의 허위와 가식에 대한 저항 의지를 드러내고 있다.

20

윗글과 〈보기〉를 비교한 것으로 적절하지 않은 것은?

〈보기〉

1930년대 서울, 안 초시는 여러 차례 사업이 실패하여 서 참의의 복덕방에서 무료하게 보내면서 재기를 꿈꾸고 있었다. 안 초시의 딸 안경희는 무용가로 유명하나 가난하고 보잘것없는 신세인 아버지를 매우 부담스럽게 여긴다. 복덕방 주인 서 참의는 구한말에 무관인 훈련원 참의였으나 일제 강점 후 생계를 꾸려 나가기 위해 복덕방을 개업하였다. 박희완 영감은 서 참의의 친구로, 재판소에 다니는 조카를 핑계로 대서업을 한답시고 일본어 공부를 열심히 하고 있다. 재기를 노리던 안 초시에게 박 영감이 부동산 투자에 관한 정보를 알려 주고, 일확천금을 꿈꾸던 안 초시는 딸과 의논 끝에 투자한다. 그러나 그 정보는 박 영감조차 속아 넘어간 사기극이라는 사실이 밝혀지고, 충격을 받은 안 초시는 자살한다. 아버지의 자살로 자신의 명예가 훼손될 것만을 걱정한 안경희는 서 참의의 권유를 받아들여 장례식을 성대하게 치른다. 장례식에 참석한 서 참의와 박희완 영감은 문상에는 관심이 없고 안경희를 보려고 몰려든 조문객들을 보며 마음이 더욱 착잡해진다.

– 이태준, 「복덕방」

① 두 작품 모두 성격이 다른 세 친구가 등장한다.
② 두 작품 모두 당시 사회에 대한 비판적 인식이 담겨 있다.
③ 두 작품 모두 현실에 관심이 없고 무기력한 성격의 인물이 등장한다.
④ 윗글은 전쟁 직후를, 〈보기〉는 일제 강점기를 시대적 배경으로 한다.

21

윗글을 희곡으로 바꿔 쓸 때, ㉠~㉣에 들어갈 지시문으로 적절하지 않은 것은?

① ㉠: 결심을 했다는 듯 굳은 표정으로
② ㉡: 권위적인 표정과 목소리로
③ ㉢: 콧소리를 섞어서 애교를 부리면서
④ ㉣: 슬픔과 책망이 뒤섞인 낮은 목소리로

– 오정희, 「중국인 거리」

※ 다음 글을 읽고, 물음에 답하시오. [22~26]

㉠철로 너머 제분 공장의 굴뚝에서 울컥울컥 토해 내는 검은 연기는 전쟁으로 부서진 도시의 하늘에 전진(戰塵)처럼 밀려들고 있었다.

전쟁사에 길이 남을 것이라는 치열했던 함포 사격에도 제 모습을 고스란히 지니고 있는 것은 중국인 거리라고 불리우는, 언덕 위의 이층집들과 우리 동네 낡은 적산 가옥들뿐이었다.

시가지 쪽에는 아직 햇빛이 머물러 있는데도 낙진처럼 내려앉는, 북풍에 실린 저탄장의 탄가루 때문일까, 중국인 거리는 연기가 서리듯 누눅한 어둠에 잠겨 들고 있었다.

시의 정상에서 조망하는 중국인 거리는, 검게 그을린 목조 적산 가옥 베란다에 널린 얼룩덜룩한 담요와 레이스의 속옷들은, 이 시의 풍물(風物)이었고 그림자였고 불가사의한 미소였으며 천칭의 한쪽 손에 얹혀 한없이 기우는 수은이었다. 또한 기우뚱 침몰하기 시작한 배의, ㉡이미 물에 잠긴 고물(船尾)이었다.

시의 동쪽 공설 운동장에서 때 이른 횃불이 피어올랐다. 잔양(殘陽) 속에서 그것은 단지 하나의 흔들림, 너울대는 바람의 자락이었다. 그리고 사람들은 와아와아 함성을 질렀다. ㉢체코, 폴란드, 물러가라, 꼭두각시, 괴뢰 집단 물러가라, 와아와아. 여름 내내 햇빛이 건히면 한 집에서 한 명씩 뽑혀 나간 사람들은 공설 운동장에 모여 발을 구르며 외쳤다. 할머니는 돌아와 밤새 끙끙 허리를 앓았다.

중립국 감시 위원단 중 공산 측이 추천한 체코와 폴란드가(그들은 소련의 위성 국가입니다) 그들의 임무를 저버리고 유엔군 측의 군사 기밀을 캐내어 공산 측에 보고하는 스파이가 되었기 때문입니다.

전체 조회에서 교장 선생님은 말했다.

무릎을 세우고 앉아 그 사이에 깊이 고개를 묻으면 함성은 병의 좁은 주둥이에 휘파람을 불어 넣을 때처럼 아스라하게 웅웅대며 들려왔다. 땅속 깊숙이에서 울리는, 지층이 움직이는 소리, 해일의 전조로 미미하게 흔들리는 물살, 지붕 위를 핥으며 머무는 바람.

집으로 돌아왔을 때 어머니는 수채에 쭈그리고 앉아 으윽으윽 구역질을 하고 있었다. 임신의 징후였다. 이제 제발 동생을 그만 낳아 주었으면 좋겠다고 생각하며 나는 처음으로 여자의 동물적인 삶에 대해 동정했다. 어머니의 구역질에는 그렇게 비통하고 처절한 데가 있었다. 또 아이를 낳게 된다면 어머니는 죽게 될 것이다.

〈중략〉

다음 날 나는 아무도 몰래 반닫이를 열고 손수건 뭉치를 꺼냈다. 그러고는 공원으로 올라가 장군의 동상에서부터 숲 쪽으로 할머니의 나이 수대로 예순다섯 발자국을 걸어 숲의 다섯 번째 오리나무 밑에 깊이 묻었다.

겨울의 끝 무렵 우리는 할머니의 부음을 들었다. 택시에 실려 떠난 지 두 계절 만이었다.

산월을 앞둔 어머니는 새삼스럽게 할머니가 쓰던, 이제는 우리들의 해진 옷가지들이 뒤죽박죽 되는 대로 쑤셔 박힌 반닫이를 어루만지며 울었다.

저녁 내내 아무도 찾아내지 못할, 골방의 잡동사니들 틈에서 숨을 죽이고 있던 나는 밤이 되자 공원으로 올라갔다. 아주 깜깜했지만 나는 예순다섯 걸음을 걷지 않고도 정확히 숲의 다섯 번째 오리나무를 찾을 수 있었다.

깊은 땅속에서 두 계절을 묻혀 있던 손수건은 썩은 지푸라기처럼 축축하게 손가락 사이에서 묻어났다. 동강난 비취 반지와 녹슨 버클, 몇 닢 백동전의 흙을 털어 가만히 손안에 쥐었다. 똑같았다. 모두가 전과 다름없었다. 잠시의 온기와 이내 되살아나는 차가움.

나는 다시 손안의 물건들을 나무 밑에 묻고 흙을 덮었다. 손의 흙을 털고 나무 밑을 꼭꼭 밟아 다진 뒤 일정한 보폭(步幅)을 유지하는 데 신경을 쓰며 장군의 동상을 향해 걸었다. ㉣<u>예순 번을 세자 동상이었다</u>. 나는 고개를 갸웃했다. 분명히 두 계절 전 예순다섯 걸음의 거리였다. 앞으로 다시 두 계절이 지나면 쉰 걸음으로도 닿을 수가 있을까, 다시 일 년이 지나면, 그리고 십 년이 지나면 단 한 걸음으로 날듯 닿을 수 있을까.

아직 겨울이고 깊은 밤이어서 나는 굳이 사람들의 눈을 피하지 않고도 쉽게 장군의 동상에 올라갈 수 있었다. 키를 넘는, 위가 잘려진 정사면체의 받침돌에 손톱을 박고 기어올라 장군의 배 위에 모아 쥔 망원경 부분에 발을 딛고 불빛이 듬성듬성 박힌 시가지를 내려다보았다. 지난해 여름 전진(戰塵)처럼 자욱이 피어오르던 함성은 이제 들려오지 않았다. 다만 조용했다. 귀 기울여 어둠 속에 부드럽게 흐르는 소리를 좇노라면 땅속 가장 깊은 곳에서 숨어 흐르는 수맥이라도 손끝에 닿을 것 같은 조용함이었다.

나는 깜깜하게 엎드린 바다를 보았다. 동지나해로부터 밤새워 불어오는 바람, 바람에 실린 해조류의 냄새를 깊이 들이마셨다. 그리고 중국인 거리, 언덕 위 이층집의 덧문이 열리며 쏟아져 나와 장방형으로 내려앉는 불빛과 드러나는 창백한 얼굴을 보았다. 차가운 공기 속에 연한 봄의 숨결이 숨어 있었다.

나는 따스한 핏속에서 돋아 오는 순(筍)을, 참을 수 없는 근지러움으로 감지했다.

인생이란…….

나는 중얼거렸다. 그러나 뒤를 이을 어떤 적절한 말도 떠오르지 않았다. 알 수 없는, 다만 복잡하고 분명치 않은 색채로 뒤범벅된 혼란에 가득 찬 어제와 오늘과 수없이 다가올 내일들을 뭉뚱거릴 한마디의 말을 찾을 수 있을까.

다시 봄이 되고 나는 6학년이 되었다. 오빠는 어디서인지 강아지를 한 마리 얻어 와 길을 들이는 중이었다. 할머니가 없는 집 안에 개는 멋대로 털럭을 날리고 똥을 쌌다. 나는 일 년 동안 키가 한 뼘이나 자랐고 언니가 쓰던, 장미가 수놓여진 옥스퍼드 천의 가방을 들게 된 것은 지난해부터였다.

– 오정희, 「중국인 거리」

22

윗글에 대한 설명으로 적절하지 <u>않은</u> 것은?

① '나'의 유년 시절에 대해서 서술하고 있다.
② 개인과 개인 사이의 외적 갈등이 드러나고 있다.
③ 주인공인 '나'가 자신의 이야기를 직접 전달하고 있다.
④ 공간적 배경의 묘사를 통해 시대적 상황을 나타내고 있다.

23

윗글의 서술상의 특징으로 적절하지 <u>않은</u> 것은?

① 대화 대신 서술을 통한 사건의 진행
② 과거형 어미를 통한 회상적 어조의 사용
③ 묘사를 통한 시대적, 공간적 배경의 제시
④ 서술자의 변화를 통한 다양한 시점의 사용

24

중국인 거리를 비유한 표현으로 옳지 않은 것은?

① 풍물
② 기우는 수은
③ 불가사의한 미소
④ 베란다에 널린 얼룩덜룩한 담요와 레이스

25

㉠~㉣ 중 적절하지 않은 것은?

① ㉠: 전쟁 직후 어둡고 스산한 도시의 모습을 표현했다.
② ㉡: 가난하고 궁핍한 중국인 거리의 모습을 은유적으로 나타냈다.
③ ㉢: 반공 집회로 떠들썩하던 당대의 시대적 상황과 연관이 있다.
④ ㉣: '나'가 육체적으로 뿐만 아니라 '정신적'으로도 성숙했음을 보여 주고 있다.

26

윗글의 내용과 일치하지 않는 것은?

① '나'는 스스로의 성장을 인식하고 있다.
② '나'가 지내고 있는 중국인 거리는 밝은 느낌의 공간이 아니다.
③ '나'는 일련의 사건들을 통해서 육체적, 정신적으로 성장했다.
④ '나'가 땅에 묻어 놓은 손수건을 다시 꺼냈을 때 '내'가 생각한 물건이 전부 있지 않았다.

※ 다음 글을 읽고, 물음에 답하시오. [1~3]

인간 이별 만사 중에 독수공방 더욱 섧다
상사불견(相思不見) 이내 진정 제 뉘라서 알리
맺힌 시름 이렁저렁이라 흐트러진 근심 다 후리쳐 던져 두고
자나 깨나 깨나 자나 임 못 보니 가슴이 답답
ⓐ어린 양자(樣姿) 고운 소리 눈에 암암 귀에 쟁쟁
㉠보고지고 임의 얼굴 듣고지고 임의 소리
비나이다 하나님께 임 생기라 하고 비나이다
전생(前生) 차생(此生) 무삼 죄로 우리 둘이 생겨나서
죽지 마자 하고 백년 기약
만첩청산(萬疊靑山)을 들어간들 어느 우리 낭군이 날 찾으리
산은 첩첩하여 고개 되고 물은 충충(衝衝) 흘러 소(沼)가 된다
오동추야(梧桐秋夜) 밝은 달에 ⓑ임 생각이 새로 난다
한 번 이별하고 돌아가면 다시 오기 어려워라
천금주옥(千金珠玉) 귀 밖이요 세사(世事) 일분(一分) 관계하랴*
근원 흘러 물이 되어 깊고 깊고 다시 깊고
사랑 맺어 뫼가 되어 높고 높고 다시 높아
무너질 줄 모르더니 끊어질 줄 어이 알리
㉡조물이 새우는지* 구신이 희짓는지*
일조(一朝) ⓒ낭군 이별 후에 소식조차 영절(永絶)*하니
오늘이나 들어올까 내일이나 기별 올까
〈중략〉
천지 인간 이별 중에 나 같은 이 또 있는가
해는 돋아 저문 날에 꽃은 피어 절로 지니
㉢이슬 같은 이 인생이 무삼 일로 생겨나고
바람 불어 궂은비와 구름 끼어 저문 날에
나며 들며 빈방으로 오락가락 혼자 서서
기다리고 바라보니 이내 상사(相思) 허사로다
ⓓ공방미인(空房美人) 독상사(獨相思)는 예로부터 이러한가
나 혼자 이러한가 남도 아니 이러한가
나 사랑 하던 끝에 남 사랑 하시는가
㉣무정하여 그러한가 유정하여 이러한가
산계야목(山鷄夜鶩)* 길을 들여 놓을 줄을 모르는가
노류장화(路柳墻花) 꺾어 쥐고 춘색(春色)*으로 다니는가
가는 꿈이 자취 되면 오는 길이 무되리라
한번 죽어 돌아가면 다시 보기 어려우니
아마도 옛 정이 있거든 다시 보게 삼기소서

– 작자 미상, 「상사별곡」

*세사 일분 관계하랴: 세상일에 조금이라도 관계하랴.
*새우는지: 시기하는지.
*희짓는지: 방해하는지.
*영절: 아주 끊어져 없어짐.
*산계야목: 산꿩과 들오리.
*춘색: 아름다운 얼굴. 기뻐하는 모습.

01

윗글의 화자에 대한 설명으로 적절하지 않은 것은?

① 화자는 현재의 처지를 한탄하고 있다.
② 화자는 낭군을 찾아 첩첩산중으로 들어갔다.
③ 화자는 자연물에 자신의 감정을 이입하고 있다.
④ 화자는 임을 그리워하는 마음을 독백조로 읊고 있다.

02

㉠~㉣ 중 〈보기〉의 밑줄 친 부분과 표현 방법이 다른 것은?

〈보기〉
물아 일체어니, 흥이ᄋᆡ 다ᄅᆞᆯ소냐
시비(柴扉)예 거러 보고, 정자애 안자 보니
소요 음영(逍遙吟詠)ᄒᆞ야, 산일(山日)이 적적ᄒᆞᆫᄃᆡ
한중진미(閒中眞味)를 알 니 업시 호재로다

① ㉠　② ㉡
③ ㉢　④ ㉣

03

ⓐ~ⓓ 중 의미하는 대상이 다른 것은?

① ⓐ: 어린 양자
② ⓑ: 임
③ ⓒ: 낭군
④ ⓓ: 공방미인

정답 및 해설 p.300

※ 다음 글을 읽고, 물음에 답하시오. [4～5]

(가) ㉠뎨 가ᄂᆞᆫ 뎌 각시 본 듯도 ᄒᆞᆫ뎌이고
텬샹(天上) ᄇᆡᆨ옥경(白玉京)을 엇디ᄒᆞ야 니별(離別) ᄒᆞ고
ᄒᆡ 다 뎌 져믄 날의 눌을 보라 가시ᄂᆞᆫ고
어와 네여이고 내 ᄉᆞ셜 드러 보오
내 얼굴 이 거동이 님 괴얌 즉ᄒᆞᆫ가마ᄂᆞᆫ
엇딘디 날 보시고 네로다 녀기실ᄉᆡ
나도 님을 미더 군ᄠᅳ디 전혀 업서
이ᄅᆡ야 교ᄐᆡ야 어ᄌᆞ러이 ᄒᆞ돗ᄯᅥᆫ디
반기시ᄂᆞᆫ ᄂᆞᆺ비치 녜와 엇디 다ᄅᆞ신고
㉡누어 ᄉᆡᆼ각ᄒᆞ고 니러 안자 혜여ᄒᆞ니
내 몸의 지은 죄 뫼ᄀᆞ티 ᄡᅡ혀시니
하ᄂᆞᆯ히라 원망ᄒᆞ며 사ᄅᆞᆷ이라 허믈ᄒᆞ랴
셜워 플텨 혜니 조믈(造物)의 타시로다
글란 ᄉᆡᆼ각 마오
ᄆᆡ친 일이 이셔이다
님을 뫼셔 이셔 님의 일을 내 알거니
믈 ᄀᆞᄐᆞᆫ 얼굴이 편ᄒᆞ실 적 몃 날일고
츈한고열(春寒苦熱)은 엇디ᄒᆞ야 디내시며
츄일동텬(秋日冬天)은 뉘라서 뫼셧ᄂᆞᆫ고
죽조반(粥早飯) 죠셕(朝夕) 뫼 녜와 ᄀᆞᆺ티 셰시ᄂᆞᆫ가
기나긴 밤의 ᄌᆞᆷ은 엇디 자시ᄂᆞᆫ고
님다히 쇼식(消息)을 아므려나 아쟈 ᄒᆞ니
오ᄂᆞᆯ도 거의로다 ᄂᆡ일이나 사ᄅᆞᆷ 올가
내 ᄆᆞ음 둘 ᄃᆡ 업다 어드러로 가쟛 말고
잡거니 밀거니 놉픈 뫼희 올라가니
구롬은ᄏᆞ니와 안개ᄂᆞᆫ 므ᄉᆞ 일고
산쳔(山川)이 어둡거니 일월(日月)을 엇디 보며
지쳑(咫尺)을 모ᄅᆞ거든 쳔 리(千里)ᄅᆞᆯ ᄇᆞ라보랴
ᄎᆞᆯ하리 믈ᄀᆞ의 가 ᄇᆡ 길히나 보랴 ᄒᆞ니
ᄇᆞ람이야 믈결이야 어둥졍 된뎌이고
샤공은 어ᄃᆡ 가고 븬 ᄇᆡ만 걸렷ᄂᆞᆫ고
강텬(江天)의 혼자 셔셔 디ᄂᆞᆫ ᄒᆡᄅᆞᆯ 구버보니
님다히 쇼식(消息)이 더옥 아득ᄒᆞᆫ뎌이고

– 정철, 「속미인곡(續美人曲)」

(나) ㉢임금은 아버지요
신하는 사랑하실 어머니요
백성은 어린아이로고! 하실지면
백성이 사랑을 알리이다.
꾸물거리며 살손 물생이
이를 먹어 다스려져
이 땅을 버리고 어디 가려! 할진대
나라 안이 유지될 줄 알리이다.
㉣아으 임금답게, 신하답게, 백성답게 할지면
나라 안이 태평하니이다.

– 충담사, 「안민가(安民歌)」

04

(가)와 (나)에 대한 설명으로 가장 적절한 것은?

① (가)와 달리 (나)는 교훈성보다는 서정성이 더 강하게 드러나고 있다.
② (나)와 달리 (가)는 두 화자의 대화 형식으로 내용이 전개되고 있다.
③ (가)와 (나) 모두 구체적인 지명을 사용하여 사실감을 더하고 있다.
④ (가)와 (나) 모두 계절 변화가 화자의 심리에 끼치는 영향을 제시하고 있다.

05

㉠～㉣의 감상으로 적절하지 않은 것은?

① ㉠: 님과 이별한 화자가 살던 곳을 떠났다는 사실을 알 수 있군.
② ㉡: 자신을 떠난 님을 원망하는 화자의 마음을 직접적으로 제시하고 있군.
③ ㉢: 임금과 신하가 백성을 '어린아이'처럼 보살펴야 한다고 강조하고 있군.
④ ㉣: 나라가 태평해지는 방법을 압축적으로 제시하며 마무리하고 있군.

※ 다음 글을 읽고, 물음에 답하시오. [6~7]

(가) 홍진(紅塵)에 뭇친 분네 이내 생애(生涯) 엇더훈고
녯 사름 풍류(風流)를 미출가 뭇 미출가
천지간(天地間) 남자(男子) 몸이 날만훈 이 하건마는
산림(山林)에 뭇쳐 이셔 지락(至樂)을 므롤 것가
수간모옥(數間茅屋)을 벽계수(碧溪水) 앏픠 두고
송죽(松竹) 울울리(鬱鬱裏)예* 풍월주인(風月主人) 되어셔라
엇그제 겨을 지나 새봄이 도라오니
㉠도화 행화(桃花杏花)는 석양리(夕陽裏)예 퓌여 잇고
녹양방초(綠楊芳草)는 세우 중(細雨中)에 프르도다
칼로 몰아 낸가 붓으로 그려 낸가
조화신공(造化神功)이 물물(物物)마다 헌ᄉᆞ롭다
수풀에 우는 새는 춘기(春氣)를 못내 계워
소리마다 교태(嬌態)로다
물아일체(物我一體)어니 흥(興)이ᄋᆡ 다룰소냐
㉡시비(柴扉)예 거러 보고 정자(亭子)애 안자 보니
소요음영(逍遙吟詠)* ᄒᆞ야 산일(山日)이 적적(寂寂)한듸
한중진미(閑中眞味)를 알 니 업시 호재로다

– 정극인, 「상춘곡(賞春曲)」

*울울리예: 빽빽하게 우거진 속에.
*소요음영: 천천히 거닐며 나직하게 읊조림.

(나) ㉢물외(物外)예 조훈 일이 어부(漁父) 생애 (生涯) 아니러냐
빅 떠라 빅 떠라
어옹(漁翁)을 욷디 마라 그림마다 그렷더라
지국총(至匊悤) 지국총 어ᄉᆞ와(於思臥)
ᄉᆞ시(四時) 흥(興)이 훈가지나 츄강(秋江)이 은듬이라

〈추(秋) 1〉

슈국(水國)의 ᄀᆞ올히 드니 고기마다 슬져 읻다
닫 드러라 닫 드러라
만경 딩파(萬頃澄波)의 슬ᄏᆞ지 용여(容與) ᄒᆞ쟈*
지국총(至匊悤) 지국총 어ᄉᆞ와(於思臥)
㉣인간(人間)을 도라보니 머도록 더옥 됴타

〈추(秋) 2〉

– 윤선도, 「어부사시사(漁父四時詞)」

*용여ᄒᆞ쟈: 한가하고 평화롭게 지내자.

06

(가)와 (나)에 대한 설명으로 가장 적절한 것은?

① (가)와 달리 (나)는 여음구를 넣어 생동감 있게 내용을 전개하고 있다.
② (나)와 달리 (가)는 이질적 공간을 대비하여 현실에 내재된 문제점을 밝히고 있다.
③ (가)와 (나) 모두 의성어를 활용하여 시적 대상을 생생하게 제시하고 있다.
④ (가)와 (나) 모두 질문의 형식으로 화자가 가진 걱정이나 고민을 강조하고 있다.

07

㉠~㉣의 감상으로 적절하지 않은 것은?

① ㉠: 소재의 색채를 부각하여 자연의 아름다움을 강조하고 있군.
② ㉡: 산속에서 지내는 화자의 외롭고 쓸쓸한 생활을 나타내고 있군.
③ ㉢: 자연 속에서 누리는 여유로운 '어부'의 삶을 질문의 형식으로 노래하고 있군.
④ ㉣: 인간 세상이 멀수록 좋다고 하며 속세에 대한 거부감을 드러내고 있군.

- 정지상, 「송인」

※ 다음 글을 읽고, 물음에 답하시오. [1~3]

> 비 개인 긴 둑엔 풀빛 더 파란데
> 남포에서 임 보내니 슬픈 노래 울린다.
> 대동강 저 물은 언제나 다할 것인고?
> 해마다 흘린 눈물로 푸른 물결 더 보태네.
>
> 雨歇長堤草色多
> 送君南浦動悲歌
> 大同江水何時盡
> 別淚年年添綠波
>
> – 정지상, 「송인」

01

이 시에 대한 설명으로 적절하지 않은 것은?

① 기승전결의 4단 구성으로 짜여 있다.
② 경(景)에 기대어 정(情)을 드러내고 있다.
③ '비, 강, 물, 물결'은 눈물의 이미지와 연결된다.
④ 색채 이미지를 통해 현실 극복 의지를 드러내고 있다.

02

이 시를 감상한 내용으로 적절하지 않은 것은?

① 아름다운 자연의 모습과 이별의 인간사를 대비하여 슬픔을 표현하고 있다.
② 다양한 표현 기법을 사용하여 시적 화자의 정서를 효과적으로 드러내고 있다.
③ '풀빛이 더 파랗다'는 것은 '임과 이별하는 시적 화자의 처지'를 더욱 부각하고 있다.
④ 시각적, 청각적 이미지를 사용하여 이별의 슬픔을 극복하려는 의지를 보여 주고 있다.

03

〈보기〉를 바탕으로 이 시를 이해한 것으로 적절하지 않은 것은?

> 〈보기〉
> 정지상은 고려 시대에 시(詩)로 이름을 떨친 인물이다. 특히 이 작품은 대조를 통한 슬픔의 고조와 소재의 동일시를 통한 슬픔의 깊이를 더해 가는 전개 방식으로 이별의 아픔을 노래해, 당시뿐 아니라 후대에도 그의 명성을 높이고 있는 작품이다.

① '풀빛'과 '슬픈 노래'가 대조되면서 화자의 정서를 고조시키고 있군.
② 기구(起句)에 드러난 자연의 아름다움은 승구(承句)의 슬픈 이별과 대비되어 이별의 상황을 부각시키고 있군.
③ '비'가 풀빛을 더욱 짙게 만든 것처럼 '눈물'이 대동강 물결을 더욱 푸르게 만든다는 것은 의미 역할의 동일성을 통해 주제를 강조하기 위한 설정이군.
④ '대동강'은 이별의 공간인 '남포'와 동일시되면서 이별로 인한 깊은 슬픔을 보여 주고 있군.

- 「청산별곡」

※ 다음 글을 읽고, 물음에 답하시오. [4~8]

> 살어리 살어리랏다 청산(靑山)애 살어리랏다.
> 멀위랑 ᄃᆞ래랑 먹고 청산(靑山)애 살어리랏다.
> 얄리얄리 얄랑셩 얄라리 얄라
>
> 우러라 우러라 새여 자고 니러 우러라 새여.
> 널라와 시름 한 나도 자고 니러 우니노라.
> 얄리얄리 얄라셩 얄라리 얄라
>
> 가던 새 가던 새 본다 믈 아래 가던 새 본다.
> 잉무든 장글란 가지고 믈 아래 가던 새 본다.
> 얄리얄리 얄라셩 얄라리 얄라

이링공 뎌링공 ᄒᆞ야 나즈란 디내와손뎌,
오리도 가리도 업슨 바므란 ᄯᅩ 엇디 호리라.
얄리얄리 얄라셩 얄라리 얄라

어듸라 더디던 돌코 누리라 마치던 돌코.
믜리도 괴리도 업시 마자셔 우니노라.
얄리얄리 얄라셩 얄라리 얄라

살어리 살어리랏다 바ᄅᆞ래 살어리랏다.
ᄂᆞᄆᆞ자기 구조개랑 먹고 바ᄅᆞ래 살어리랏다.
얄리얄리 얄라셩 얄라리 얄라

가다가 가다가 드로라 에졍지 가다가 드로라.
사ᄉᆞ미 짒대예 올아셔 ᄒᆡ금(奚琴)을 혀거를 드로라.
얄리얄리 얄라셩 얄라리 얄라

가다니 ᄇᆡ브른 도긔 설진 ㉠<u>강수</u>를 비조라.
조롱곳 누로기 ᄆᆡ와 잡ᄉᆞ와니 내 엇디 ᄒᆞ리잇고.
얄리얄리 얄라셩 얄라리 얄라

– 작자 미상, 「청산별곡」

04

이 시의 시적 화자에 대한 설명으로 적절한 것은?

① 삶의 비애로 인해 괴로워하고 있다.
② 부정적 현실을 적극적으로 이겨 내고자 한다.
③ 자신을 구제해 줄 어떤 대상을 기다리고 있다.
④ 이상향에 도달하여 속세에 대한 미련을 버렸다.

05

이 시에 쓰인 소재의 의미로 적절하지 <u>않은</u> 것은?

① 2연의 '새': 동병상련의 대상
② 4연의 '밤': 절망적인 고독
③ 5연의 '돌': 자아 성찰의 계기 제공
④ 6연의 '바다': 이상향에 대한 동경

06

이 시에 나타난 '청산'과 〈보기〉 시에 나타난 '청산'에 대한 설명으로 알맞은 것은?

〈보기〉

산아, 우뚝 솟은 푸른 산아. 철철철 흐르듯 짙푸른 산아. 숱한 나무들, 무성히 무성히 우거진 산마루에 금빛 기름진 햇살은 내려오고, 둥둥 산을 넘어, 흰구름 건넌 자리 씻기는 하늘, 사슴도 안 오고, 바람도 안 불고, 너멋 골 골짜기서 울어 오는 뻐꾸기…….

산아, 푸른 산아. 네 가슴 향기로운 풀밭에 엎드리면, 나는 가슴이 울어라. 흐르는 골짜기 스며드는 물소리에 내사 줄줄 줄 가슴이 울어라. 아득히 가 버린 것 잊어버린 하늘과 아른아른 오지 않는 보고 싶은 하늘에 어쩌면 만나도질 볼이 고운 사람이 난 혼자 그리워라. 가슴으로 그리워라.

① 이 시의 '청산'은 그리움의 대상이지만, 〈보기〉의 '청산'은 성찰을 가져오는 대상이다.
② 이 시의 '청산'은 일종의 도피처이지만, 〈보기〉의 '청산'은 아름다운 미래를 약속하는 공간이다.
③ 이 시의 '청산'은 미래에 대한 소망을 드러내지만, 〈보기〉의 '청산'은 과거의 추억을 회상하게 한다.
④ 이 시의 '청산'은 화자가 도달하지 못한 공간이지만, 〈보기〉의 '청산'은 화자가 이미 존재하는 공간이다.

07

㉠에 대한 설명으로 적절한 것은?

① 현실의 고통을 잊게 하는 매개체이다.
② 화자의 갈등을 심화시키는 매개체이다.
③ 화자의 정서를 유발하는 객관적 상관물이다.
④ 화자와 자연의 물아일체 상태를 드러내는 소재이다.

08

이 시에 대한 설명으로 적절하지 <u>않은</u> 것은?

① 3음보의 율격을 느낄 수 있다.
② 시어의 반복을 통해 음악성을 느낄 수 있다.
③ 소박하고 진솔한 삶의 모습이 잘 드러나 있다.
④ 후렴구를 통해 삶의 고통과 번민을 드러내고 있다.

– 박인로, 「선상탄」

※ 다음 글을 읽고, 물음에 답하시오. [9～13]

늙고 病(병)든 몸을 舟師(주사)로 보ᄂᆡ실ᄉᆡ, 乙巳(을사) 三夏(삼하)애 鎭東營(진동영) ᄂᆞ려오니, ㉠關防重地(관방중지)예 病(병)이 깁다 안자실랴. 一長劍(일장검) 비기 ᄎᆞ고 兵船(병선)에 구테 올나, 勵氣瞋目(여기진목)ᄒᆞ야 對馬島(대마도)을 구어보니, ㉡ᄇᆞ람 조친 黃雲(황운)은 遠近(원근)에 사혀 잇고, 아득ᄒᆞᆫ 滄波(창파)ᄂᆞᆫ 긴 하ᄂᆞᆯ과 ᄒᆞᆫ 빗칠쇠.

船上(선상)에 徘徊(배회)ᄒᆞ며 古今(고금)을 思憶(사억)ᄒᆞ고, ㉢어리미친 懷抱(회포)애 軒轅氏(헌원씨)를 애ᄃᆞ노라. 大洋(대양)이 茫茫(망망)ᄒᆞ야 天地(천지)예 둘려시니, 진실로 ᄇᆡ 아니면 風波萬里(풍파만리) 밧긔, ⓐ어ᄂᆡ 四夷(사이) 엿볼넌고. 무ᄉᆞᆷ 일ᄒᆞ려 ᄒᆞ야 ᄇᆡ 못기를 비롯ᄒᆞᆫ고. 萬世千秋(만세천추)에 ᄀᆞ업ᄉᆞᆫ 큰 弊(폐) 되야, 普天地下(보천지하)애 萬民怨(만민원) 길우ᄂᆞ다.

어즈버 깨달으니 秦始皇(진시황)의 탓이로다. 배 비록 있다 하나 倭(왜)를 아니 생겼던들 日本(일본) 對馬島(대마도)로 빈 배 절로 나올런가 童男童女(동남동녀)를 그토록 들여다가 海中(해중) 모든 섬에 난당적(難當敵)을 끼쳐 두고 痛憤(통분)한 羞辱(수욕)이 華夏(화하)애 다 미친다. 長生(장생) 不死藥(불사약)을 얼마나 얻어내어 萬里長城(만리장성) 높이 쌓고 몇 萬年(만년)을 살았던고 남대로 죽어가니 有益(유해)한 줄 모르겠다. 어즈버 생각하니 ⓑ서불 등이 已深(이심)하다. 人臣(인신)이 되어서 亡命(망명)도 하는 것가. 神仙(신선)을 못보거든 수이나 도라오면 舟師(주사) 이 시름은 전혀 없게 삼길렀다.

두어라, 旣往不咎(기왕불구)라 일너 무엇 ᄒᆞ로소니. 속절 업ᄉᆞᆫ 是非(시비)를 후리쳐 더뎌 두쟈. 潛思覺悟(잠사각오)ᄒᆞ니 내 ᄠᅳᆮ도 固執(고집)고야. 黃帝作舟車(황제작주거)ᄂᆞᆫ 왼 줄도 모ᄅᆞ로다. 張翰(장한) 江東(강동)애 秋風(추풍)을 만나신들, 扁舟(편주) 곳 아니 타면, 天淸海濶(천청해활)ᄒᆞ다 어ᄂᆡ 興(흥)이 절로 나며, 三公(삼공)도 아니 밧골 第一江山(제일강산)애, 浮萍(부평) ᄀᆞᆺᄒᆞᆫ 漁父生涯(어부생애)을 一葉舟(일엽주) 아니면, 어ᄃᆡ 부쳐 ᄃᆞᆫ힐ᄂᆞᆫ고. 언 닐 보건ᄃᆡ, ᄇᆡ 삼긴 制度(제도)야 至妙(지묘)ᄒᆞᆫ 덧ᄒᆞ다마ᄂᆞᆫ, 엇디ᄒᆞᆫ 우리 물은 ᄂᆞᄂᆞᆫ ᄃᆞᆺᄒᆞᆫ 板屋船(판옥선)을 晝夜(주야)의 빗기 ᄐᆞ고, 臨風咏月(임풍영월)호ᄃᆡ 興(흥)이 전혀 업ᄂᆞᆫ게오? 昔日(석일) 舟中(주중)에ᄂᆞᆫ 杯盤(배반)이 狼藉(낭자)터니, 今日(금일) 舟中(주중)에ᄂᆞᆫ 大劍長鎗(대검장창)ᄲᅮᆫ이로다. ᄒᆞᆫ 가지 ᄇᆡ언마ᄂᆞᆫ 가진 ᄇᆡ 다라니, 其間(기간) 憂樂(우락)이 서로 ᄀᆞᆺ지 못ᄒᆞ도다.

㉣시시(時時)로 멀이 드러 북신(北辰)을 ᄇᆞ라보며, 상시노루(傷時老淚)를 천일방(天一方)의 디이ᄂᆞ다. 오동방(吾東方) 문물(文物)이 한당송(漢唐宋)애 디랴마ᄂᆞᆫ, 국운(國運)이 불행(不幸)ᄒᆞ야 ⓒ해추 흉모(海醜兇謀)애 만고수(萬古羞)을 안고 이셔, 백분(百分)에 ᄒᆞᆫ 가지도 못 시셔 ᄇᆞ려거든, 이 몸이 무상(無狀)ᄒᆞᆫᄃᆞᆯ 신자(臣子)ㅣ 되야 이셔다가, 궁달(窮達)이 길이 달라 몬 뫼ᄋᆞᆸ고 늘거신ᄃᆞᆯ, 우국 단심(憂國丹心)이야 어ᄂᆡ 각(刻)애 이즐넌고.

강개(慷慨) 계운 장기(壯氣)ᄂᆞᆫ 노당익장(老當益壯) ᄒᆞ다마ᄂᆞᆫ, 됴고마ᄂᆞᆫ 이 몸이 병중(病中)에 드러시니, 설분신원(雪憤伸冤) 어려올 듯 ᄒᆞ건마ᄂᆞᆫ, 그러나 ㉮사제갈(死諸葛)도 생중달(生中達)을 멀리 좃고, 발 업ᄉᆞᆫ 손빈(孫臏)도 방연(龐涓)을 잡아거든, ᄒᆞ믈며 이 몸은 수족(手足)이 ᄀᆞ자 잇고 명맥(命脈)이 이어시니, ⓓ서절구투(鼠竊狗偸)을 저그나 저흘소냐. 비선(飛船)에 ᄃᆞᆯ려드러 선봉(先鋒)을 거치면, 구시월(九十月) 상풍(霜風)에 낙엽(落葉)가치 헤치리라. 칠종칠금(七縱七擒)을 우린ᄃᆞᆯ 못 ᄒᆞᆯ 것가.

준피 도이(蠢彼島夷)들아 수이 걸항(乞降) ᄒᆞ야ᄉᆞ라. 항자불살(降者不殺)이니 너를 구틔 섬멸(殲滅)ᄒᆞ랴. 오왕(吾王) 성덕(聖德)이 욕병생(欲竝生) ᄒᆞ시니라. 태평천하(太平天下)애 요순 군민(堯舜君民) 되야 이셔, 일월 광화(日月光華)ᄂᆞᆫ 조부조(朝復朝) ᄒᆞ얏거든, 전선(戰船) ᄐᆞ던 우리 몸도 어주(魚舟)에 창만(唱晩)ᄒᆞ고, 추월 춘풍(秋月春風)에 놉히 베고 누어 이셔, 성대(聖代) 해불양파(海不揚波)를 다시 보려 ᄒᆞ노라.

– 박인로, 「선상탄」

09

윗글의 화자에 대한 설명으로 적절하지 않은 것은?

① 왜적에 대한 적개심을 나타내고 있다.
② 배를 처음 만든 헌원씨를 원망하고 있다.
③ 병선을 타고 왜군을 정벌하러 가고 있다.
④ 전쟁이 빨리 끝나 평화롭게 살기를 바라고 있다.

10

윗글의 내용으로 보아 ㉮를 인용한 의도로 가장 적절한 것은?

① 자신의 기백과 기개를 강조하기 위해서
② 위정자들이 각성해야 함을 촉구하기 위해서
③ 외세를 몰아내야 한다는 점을 부각시키기 위해서
④ 어떻게 사는 것이 바람직한 삶인지 밝히기 위해서

11

㉠~㉣에 대한 설명으로 적절하지 <u>않은</u> 것은?

① ㉠: 설의적 표현으로 작자의 심정을 드러내고 있다.
② ㉡: 가을날 풍요로운 농촌의 모습을 묘사하고 있다.
③ ㉢: 배를 만듦으로써 일본이 한반도를 침략하게 된 계기가 되었다고 생각하고 있다.
④ ㉣: 화자의 우국 충정을 드러내는 말이다.

12

ⓐ~ⓓ 중, 의미하는 바가 <u>다른</u> 하나는?

① ⓐ ② ⓑ
③ ⓒ ④ ⓓ

13

다음 중, 이 글의 서정적 자아의 목소리와 가장 비슷한 것은?

① 선인교 내린 물이 자하동에 흐르니 / 반천 년 왕업이 물소리뿐이로다 / 아이야 고국 흥망을 물어 무엇하리요.
② 한송정 달 밝은 밤에 경포대에 물결 잔 제 / 유신한 백구는 오락가락 하건마는 / 어떻다 우리의 왕손은 가고 아니 오는고
③ 장검을 빼어들고 백두산에 올라 보니 / 대명천지(大明天地)에 성진(醒塵)이 잠겼에라 / 언제나 남북 풍진을 헤쳐 볼꼬 하노라.
④ 촉석루 밝은 달이 논 낭자의 넋이로다. / 향국(向國)한 일편단심 천만 년에 비치오리. / 아마도 여중충의(女中忠義)는 이뿐인가 하노라.

- 정철, 「관동별곡」

※ 다음 글을 읽고, 물음에 답하시오. [14~18]

> 毗비盧로峰봉 上샹上샹頭두의 올라 보니 긔 뉘신고.
> 東동山산 泰태山산이 어느야 놉돗던고.
> 魯노國국 조븐 줄도 우리는 모르거든,
> 넙거나 넙은 天텬下하 엇찌ᄒ야 젹닷 말고.
> 어와 <u>뎌 디위</u>를 어이ᄒ면 알 거이고.
> 오르디 못ᄒ거니 ᄂ려가미 고이ᄒᆞᆯ가.
> 圓원通통골 ᄀᄂ 길로 獅ᄉ子ᄌ峰봉을 ᄎ자가니,
> 그 알 너러바회 化화龍룡쇠 되어셰라.
> ㉠<u>千쳔年년 老노龍룡</u>이 구구 서려 이셔,
> 晝듀夜야의 흘녀 내여 滄창海히예 니어시니,
> 風풍雲운을 언제 어더 ㉡<u>三삼日일雨우</u>를 디련ᄂ다.
> ㉢<u>陰음崖애예 이온 플</u>을 다 살와 내여ᄉ라.
> 磨마訶하衍연 妙묘吉길祥샹 雁안門문재 너머 디여,
> 외나모 뻐근 ᄃ리 佛블頂뎡臺ᄃ 올라ᄒ니,
> 千쳔尋심絶졀壁벽을 半반空공애 셰여 두고,
> 銀은河하水슈 한 구비ᄅᆞᆯ 촌촌이 버혀 내여,

실ᄀᆞ티 플텨이셔 뵈ᄀᆞ티 거러시니,
㉣<u>圖도經경 열두 구븨</u> 내 보매ᄂᆞᆫ 여러히라.
李니謫뎍仙션 이제 이셔 고텨 의논ᄒᆞ게 되면,
廬녀山산이 여긔도곤 낫단 말 못ᄒᆞ려니.
山산中듕을 ᄆᆡ양 보랴 東동海ᄒᆡ로 가쟈ᄉᆞ라.
藍남輿여緩완步보ᄒᆞ야 山산映영樓누의 올나ᄒᆞ니,
玲녕瓏농碧벽溪계와 數수聲셩啼뎨鳥됴ᄂᆞᆫ 離니別별을 怨원ᄒᆞᄂᆞᆫ 듯,
旌졍旗긔를 ᄯᅥᆯ티니 五오色이 넘노ᄂᆞᆫ 듯,
鼓고角각을 섯부니 海ᄒᆡ雲운이 다 것ᄂᆞᆫ 듯.

– 정철, 「관동별곡」

14

이와 같은 갈래의 특성을 〈보기〉에서 골라 알맞게 묶은 것은?

〈보기〉

㉠ 구비문학으로 전송되다가 한글 창제 이후 기록되었다.
㉡ 민중의 생각과 감정을 자유롭게 표출한 산문 문학으로 평가 받는다.
㉢ 조선 전기에는 연군(戀君)이나 자연 친화에 관한 내용이 노래되었다.
㉣ 마지막 행이 시조의 종장과 같은 율격을 지닌 가사를 '정격가사'라 한다.
㉤ 4음보 연속체로 한 음보를 이루는 음절의 수는 3 · 4음절이 많고 행수에는 제한이 없다.

① ㉠, ㉡, ㉢
② ㉠, ㉢, ㉣
③ ㉡, ㉢, ㉣
④ ㉢, ㉣, ㉤

15

이 글의 표현법에 대한 설명으로 적절한 것은?

① 설의적 표현으로 화자의 감회를 표현하고 있다.
② 대구를 활용하여 화자의 갈등을 부각시키고 있다.
③ 은유적 표현을 통해 임금에게 각성을 촉구하고 있다.
④ 풍자적 표현을 사용하여 백성의 고통을 비판하고 있다.

16

'뎌 디위'가 함축하고 있는 의미와 관련 있는 한자 성어는?

① 무아지경(無我之境)
② 일취월장(日就月將)
③ 호연지기(浩然之氣)
④ 청출어람(靑出於藍)

17

㉠~㉣에 대한 설명으로 적절하지 <u>않은</u> 것은?

① ㉠: 경륜과 선정의 포부를 지닌 화자 자신
② ㉡: 선정 또는 임금님의 은총
③ ㉢: 고통 받고 헐벗는 백성들
④ ㉣: 선정을 베풀기 위해 넘어야 할 열 두 고비

18

이 글을 통해 알 수 있는 내용이 <u>아닌</u> 것은?

① 공자의 고사
② 십이 폭포의 장관
③ 신선에 비유한 화자의 모습
④ 산에서 바다로의 여정의 변화

- 이이, 「고산구곡가」

※ 다음 글을 읽고, 물음에 답하시오. [19～20]

Ⓐ
고산구곡담(高山九曲潭)을 사람이 모르더니,
주모복거(誅茅卜居)*하니 벗임네 다 오신다.
무이(武夷)*를 상상(想象)하고 학주자(學朱子)를 하리라.
〈제1수〉

Ⓑ
오곡(五曲)은 어드매고 은병(隱屛)*이 보기 죠희
수변정사(水邊精舍)는 소쇄(瀟灑)함도 가이 업다.
이 중(中)에 강학(講學)도 하려니와 영월음풍(詠月吟風)하리라.
〈제6수〉

Ⓒ
칠곡(七曲)은 어디매고 풍암(楓岩)에 추색(秋色)이 됴타
청상(淸霜) 엷게 치니 절벽(絕壁)이 금수(錦繡) ㅣ로다
한암(寒岩)에 혼자 안자서 집을 닛고 잇노라.
〈제8수〉

Ⓓ
구곡(九曲)은 어드메고, 문산(文山)에 세모(歲暮)커다.*
기암괴석(奇巖怪石)은 눈 속에 뭇쳐셰라.
유인(遊人)*이 오지 아니하고 볼 것 업다 하더라.
〈제10수〉

– 이이, 「고산구곡가(高山九曲歌)」

*주모복거(誅茅卜居): 풀을 베고 터를 지어 삶.
*무이(武夷): 주자가 후학을 양성하기 위해 지었다는 정사(精舍).
*은병(隱屛): 그윽한 병풍처럼 둘러 있는 절벽.
*세모(歲暮)커다: 한 해가 다 저물다.
*유인(遊人): 놀러 다니는 사람. 세상 사람.

19

이 글에 대한 설명으로 적절하지 않은 것은?

① 묻고 대답하는 방식으로 시상을 전개하고 있다.
② Ⓐ의 공간적 배경을 Ⓑ~Ⓓ에서 구체화하고 있다.
③ 자연 속에서의 풍류와 학문하는 즐거움이 드러난다.
④ Ⓐ에서 Ⓓ로 갈수록 시적 의미가 점점 고조되고 있다.

20

〈보기〉는 이 글에 대한 해설의 일부이다. 〈보기〉의 관점에 따라 이 글의 시어나 시구를 감상한 내용으로 적절하지 않은 것은?

〈보기〉

「고산구곡가(高山九曲歌)」는 율곡 이이가 황해도 해주 고산의 석담에 은거하면서 후학들을 가르칠 때 지은 총 10수의 연시조이다. 이 작품에서 이이는 고산의 아홉 계곡을 소재로 하여 자연의 아름다움을 노래하고 있는데, 여기서 자연은 단순히 아름다운 경치를 지닌 자연만을 의미하는 것이 아니라, 진리를 탐구하는 학문의 세계를 비유적으로 표현한 것이기도 하다.

① Ⓐ에서 '고산구곡담을 사람이 모르더니'라고 한 것은 세상 사람들이 고산의 아름다운 풍경뿐만 아니라, 학문의 길을 모른다는 뜻도 되겠군.
② Ⓑ에서 '은병(隱屛)이 보기 죠희'라고 한 것은 아름다운 경치가 보기 좋다는 말이면서 동시에 학문을 가르치고 연구하는 삶에 만족한다는 말이기도 하군.
③ Ⓒ에서 '풍암(楓巖)'과 '청상(淸霜)'은 자연의 아름다움을 드러내는 소재이면서 동시에 자연의 이치를 탐구하려는 학자들의 연구 대상을 비유하는 소재도 되겠군.
④ Ⓓ에서 '문산(文山)'과 '기암괴석(奇巖怪石)'은 자연의 아름다운 경치를 의미하는 말이면서 동시에 학문 세계의 깊고 오묘한 즐거움을 뜻하는 말이라고 볼 수 있겠군.

※ 다음 글을 읽고, 물음에 답하시오. [21～23]

(가) 高山九曲潭(고산구곡담)*을 살룸이 몰으든이*,
ⓐ誅茅卜居(주모복거)*ᄒᆞ니 ㉠벗님네 다 오신다.
어즙어, 武夷(무이)*를 想像(상상)ᄒᆞ고 學朱子(학주자)를 ᄒᆞ리라.

〈제1수〉

(나) 二曲(이곡)은 어드미고 花岩(화암)*에 ⓑ春滿(춘만)커다.
ⓒ碧波(벽파)에 곳츨 띄워 野外(야외)에 보내노라.
㉡살룸이 勝地(승지)를 몰온이 알게 ᄒᆞᆫ들 엇더리.

〈제3수〉

(다) 六曲(육곡)은 어드미고 釣峽(조협)*에 물이 넙다.
나와 고기야 뉘야 더욱 즑이는고.
黃昏(황혼)에 낙대를 메고 ⓓ帶月歸(대월귀)*를 ᄒᆞ노라.

〈제7수〉

(라) 九曲(구곡)은 어드미고 文山(문산)에 歲暮(세모)커다*.
奇巖怪石(기암괴석)이 눈 속에 뭇쳐셰라.
遊人(유인)*은 오지 아니ᄒᆞ고 볼 것 없다 ᄒᆞ더라.

〈제10수〉

– 이이, 「고산구곡가(高山九曲歌)」

*高山九曲潭(고산구곡담): 고산의 아홉 번 굽이 도는 계곡.
*몰으든이: 모르더니.
*誅茅卜居(주모복거): 풀을 베어 내고 집을 지어 살 곳을 정함.
*武夷(무이): 주자가 정사를 짓고 학문을 닦던 곳.
*花岩(화암): 꽃바위(바위 이름).
*釣峽(조협): 낚시질하기 좋은 골짜기.
*帶月歸(대월귀): 달과 함께(달빛을 받으며) 돌아옴.
*歲暮(세모)커다: 한 해가 저물도다.
*遊人(유인): 놀러 다니는 사람, 세상 사람.

21

이 작품에 대한 설명으로 적절하지 않은 것은?

① (가)~(라)에서는 학문의 즐거움과 자연 속의 풍류를 노래하고 있다.
② (나)와 (라)에는 계절의 변화가 드러나 있다.
③ (나)에는 자신의 생활에 대한 긍지가 나타나 있다.
④ (라)에는 세상 사람들과 풍류를 함께 하는 즐거움이 담겨 있다.

22

㉠과 ㉡을 관련지어 이해한 내용으로 적절한 것은?

① 친구들이 여기에 왔다가(㉠) 다른 속세의 사람들은 이곳을 잘 알지 못하니(㉡) 알리자고 한다.
② 친구들이 여기에 찾아와서 놀고 있지만(㉠) 이곳이 경치 좋다는 것을 알지 못하니(㉡) 깨우쳐 주고 싶다.
③ 과거에는 사람들이 많이 모여 살았지만(㉠) 이제는 속세 생활에 바빠 아름다운 경치를 모르고 지낸다(㉡).
④ 사람들이 이처럼 경치 좋은 곳을 모르더니(㉡) 이제는 널리 알려져 많이들 와(㉠) 경치도 즐기고 학문도 닦고 있다.

23

ⓐ～ⓓ에 대한 설명으로 적절하지 않은 것은?

① ⓐ: '터를 닦아 집을 짓고 살게 되니'의 뜻이다.
② ⓑ: 봄기운이 다 사라진 시간적 배경을 드러낸다.
③ ⓒ: '푸른 물결'의 뜻이다.
④ ⓓ: '달빛을 받으며 돌아온다.'는 뜻이다.

-「창 내고자」

※ 다음 글을 읽고, 물음에 답하시오. [24~27]

(가) 노래 삼긴 사람 시름도 하도할샤
일러 다 못 일러 불러나 풀었던가
진실로 풀릴 것이면 나도 불러 보리라
- 신흠

(나) 창(窓) 내고자 창을 내고자 이 내 가슴에 창 내고자
고모장지 세살장지 들장지 열장지 암돌쩌귀 수돌쩌귀 배목걸새 크나큰 장도리로 뚝딱 박아 이 내 가슴에 창 내고자
이따금 하 답답할 제면 여닫아 볼까 하노라.
- 작자 미상

24

(가), (나)의 공통점으로 적절한 것은?

① 대상에 대한 화자의 원망을 드러내고 있다.
② 회상을 통해 화자의 정서를 표현하고 있다.
③ 이상 세계에 대한 화자의 동경을 드러내고 있다.
④ 현실의 고뇌로부터 벗어나고자 하는 의지를 드러내고 있다.

25

(가), (나)의 화자가 가상으로 대화를 나눈다고 할 때, 내용으로 적절하지 않은 것은?

① (가): 저는 요즘 근심이 매우 많습니다.
② (나): 저도 마찬가지입니다. 마음이 답답해서 죽을 지경이랍니다.
③ (가): 시름을 풀어 마음의 평정을 찾을 수만 있다면 좋을 텐데요.
④ (나): 저는 창을 만드는 일에 집중하면서 근심, 걱정을 잊어보려 합니다.

26

(나)에 사용된 표현 방법을 〈보기〉에서 바르게 묶은 것은?

〈보기〉
ⓐ 사물을 나열하여 해학적으로 표현하였다.
ⓑ 시구의 반복을 통해 화자의 심정을 강조하였다.
ⓒ 색채어를 활용하여 분위기를 다채롭게 조성하였다.
ⓓ 하강의 이미지를 사용하여 화자의 처지를 드러내었다.

① ⓐ, ⓑ　② ⓐ, ⓒ
③ ⓑ, ⓒ　④ ⓑ, ⓓ

27

(나)와 〈보기〉의 공통점으로 적절하지 않은 것은?

〈보기〉
한숨아 세한숨아 네 어내 틈으로 들어오느냐
고모장지 세살장지 가로닫이 여닫이 암돌쩌귀 수돌쩌귀 배목걸새 뚝딱 박고 용거북 자물쇠로 수기수기 채웠는데 병풍이라 덜컥 접은 족자라 데굴데굴 마느냐 네 어내 틈으로 들어오느냐
어인지 너 온 날 밤이면 잠 못 들어 하노라
- 작자 미상

① 근심에 젖어 있는 화자의 모습이 드러나 있군.
② '창문'이라는 공통된 소재가 화자의 시름을 풀어 주는 기능을 하는군.
③ 화자가 처한 부정적 상황을 웃음으로 승화시키고 있군.
④ 중장의 유사한 표현으로 보아 두 작품은 서로 영향 관계가 있었군.

※ 다음 글을 읽고, 물음에 답하시오. [1~2]

[앞부분 줄거리] 상제의 시녀가 득죄하고 인간에 내려와 시랑과 부인의 여아로 탄생하니 성은 홍이요 이름을 계월이라. 도사를 청하여 여아의 상을 보니 오 세에 부모와 이별하고 십팔 세에 부모를 다시 만나 공후작록(公侯爵祿)을 올릴 것이요 명망이 천하에 가득할 것이라는 말을 듣고 계월을 남복(男服)을 입혀 초당에 두었다. 계월이 다섯 살 때 난리 속에 부모와 헤어지고 강에 던져진다. 여공이 계월을 구하여 아들 보국과 형제처럼 키웠다. 계월은 이름을 평국이라 고친 후 장원 급제하고 원수가 되어, 중군장이 된 보국과 함께 전쟁에서 대승을 거둔다. 이후 여자임이 밝혀졌으나 천자는 너그럽게 용서하고 계월의 벼슬을 그대로 둔 채 보국과 결혼하게 한다. 결혼한 계월은 보국과 갈등을 겪는데 오왕 초왕이 반란하여 쳐들어오자 다시 천자의 명을 받는다.

이때 평국이 규중에 홀로 있어 매일 시비를 데리고 장기와 바둑으로 세월을 보내더니 사람이 나와 명초하시는 영(令)을 전하거늘, 평국이 놀라 급히 여복을 벗고 조복으로 사관을 따라 탑하에 엎드리니 천자 기뻐하사 이르기를,

"경이 규중에 처한 후로 오래 보지 못하여 밤낮으로 사모하더니 이제 경을 보매 기쁘기 측량없거니와 짐이 덕이 없어 지금 오, 초 양왕(兩王)이 반하여 남관을 넘어 황성을 범하고자 한다 하니 경은 자당(自當) 처사(處事)하와 사직(社稷)을 안보하게 하라."

하신대 평국이 부복(俯伏)하여 아뢰기를,

"신첩 외람하와 폐하를 속이옵고 공후 작록이 높아 영화로 지내옵기 황공하오되 죄를 사하옵시고 이대도록 사랑하시오니 신첩이 비록 우매하오나 힘을 다하여 폐하의 성은을 만분지일이나 갚고자 하오니 근심하지 마옵소서."

한대, 천자 크게 기뻐하사 천병만마를 즉시 조발(調發)* 하여 상림원에 진을 치고 원수 친히 붓을 잡아 보국에게 전령하되, '지금 적병이 급하매 중군은 바삐 대령하여 군령을 어기지 말라.'하였거늘, 보국이 군령을 보고 분함을 이기지 못하여 부모께 여쭈오되,

"계월이 또 소자를 중군으로 부리려고 하오니, 이런 일이 어디 있사오리까?"

하니 여공이 말하기를,

"내 전일에 너더러 무엇이라 이르더냐. 계월을 괄시하다가 이런 일을 당하니 어찌 그르다 하리오. 국사(國事) 지중(至重)하니 무가내하(無可奈何)*라."

하고 바삐 감을 재촉하니 보국이 하릴없어 갑주를 갖추고 진문(陣門)에 나아가 원수 앞에 엎드리니, 원수 분부하기를,

"만일 영을 거역하는 자면 군법을 시행하리라."

하니, 보국이 황겁하여 중군 처소로 돌아와 영 내리기를 기다리는지라. 원수 제장의 소임을 각각 정하고 추구월 갑자일에 행군하여 십일월 초일일에 남관에 당도하여 삼 일 유진(留陣)하고 즉시 오 일 만에 천축산을 지나 연경루에 다다르니, 적병이 평원광야에 진을 쳤는데 굳기가 철통같은지라 원수 적진을 대하여 진을 치고 하령(下令)하기를,

"장령(將令)을 어기는 자면 세워 두고 베리라."

호령이 추상(秋霜)같거늘 제장 군졸이 황겁하여 어찌할 줄을 모르고, 보국도 조심이 무궁하더라. 이튿날, 원수 중군에게 분부하되,

"수일은 중군이 나가 싸워라."

하니, 중군이 청령(聽令)하고 말에 올라 삼척장검을 들고 적진에 외치기를,

"나는 명나라 중군 대장 보국이다. 대원수의 명을 받아 너희 머리를 베려 하니, 너희는 바삐 나와 칼을 받으라."

적장 운평이 그 소리를 듣고 대로하여 말을 몰아 싸우더니 수 합이 못하여 보국의 칼이 빛나며 머리 말 아래에 떨어지니 적장 운경이 운평의 죽음을 보고 분노하여 말을 몰아 달려들거늘, 보국이 승기 등등하여 장검을 높이 들고 서로 싸우더니 수 합이 못하여 보국이 칼을 날려 운경의 머리를 베어 들고 본진으로 돌아오던 중, 적장 구덕지 대로하여 장검을 높이 들고 말을 몰아 크게 고함하며 달려올새, 난데없는 적병이 또 사방으로 달려들거늘, ㉠보국이 황겁하여 피하고자 하더니 경각(頃刻)에 적장이 함성을 지르고 보국을 천여 겹 에워싸는지라 사세 위급하매 보국이 앙천 탄식(仰天歎息)하더니, 이때 원수 장대에서 북을 치다가 보국의 급함을 보고 급히 말을 몰아 장검을 높이 들고 좌충우돌하며 적진을 헤치고 구덕지 머리를 베고 보국을 구하여 몸을 날려 적진을 충돌할새, 동에 번듯

서장을 베고 남에 번듯 북장을 베고 좌충우돌하여 적장 오십여 원을 한칼로 소멸하고 본진으로 돌아올새, 보국이 원수 보기를 부끄러워하거늘, 원수 보국을 꾸짖어,

"저러하고 평일에 남자라 칭하고 나를 업수이 여기더니, 언제도 그리할까."

하며 무수히 조롱하더라.

– 작자 미상, 「홍계월전」

*조발 : 군사로 쓸 사람을 강제로 뽑아 모음.
*무가내하 : 달리 어찌할 수 없음.

01

윗글의 내용으로 적절하지 않은 것은?

① 평국과 보국은 부부의 연을 맺는다.
② 평국은 여장 남자임이 밝혀진 후에도 나라가 위태로울 때 전장에 나간다.
③ 보국은 계월이 자기를 중군으로 부르는 것에 불만을 품고 부모에게 하소연한다.
④ 보국은 용감하게 적장의 목을 베어 돌아온 후계월이 여장 남자임을 조롱한다.

02

㉠의 상황에 가장 적절한 것은?

① 권토중래(捲土重來)
② 사면초가(四面楚歌)
③ 각주구검(刻舟求劍)
④ 와신상담(臥薪嘗膽)

※ 다음 글을 읽고, 물음에 답하시오. [3~4]

[앞부분 줄거리] 남궁두는 과거를 보아 문명을 떨치자 자신의 재주만 믿고 고을 수령에게 예를 다하지 않아 미움을 산다. 첩과 당질이 정을 통하는 것을 본 남궁두는 두 사람을 죽이고 붙잡혀 죽을 지경에 이르게 되나, 아내의 도움으로 탈옥하게 된다. 그 후 이곳저곳을 떠돌던 남궁두는 치상산에 들어가 장로의 가르침에 따라 도사의 선술을 연마한다.

선생의 나이는 그해에 여든셋이었으나 얼굴은 마치 마흔예닐곱 살 된 사람과 같았고, 보고 듣는 능력이 조금도 쇠약하지 않았고, 눈초리가 깊었고, 머리털이 검었으며, 빨리 걷는 것이 마치 여윈 학과 같았다. 더러는 며칠씩을 먹지도 않고 자지도 않으며 「참동계」나 「황정 경」을 외기에 그치지 않았는데, 그때마다 가르쳐 타일렀다.

"남몰래 험악한 일을 하지 말며, '귀신이 없다'고도 말하지 말게. 착한 일을 행하여 덕을 쌓고, 욕심을 끊고 마음을 단련한다면 신선이 되어 하늘에 오르는 것을 이룰 수 있으며, 난새와 학이 멀지 않은 앞날에 내려와 맞아줄 것이네."

나는 선생이 마시고 먹는 것, 또 먹고 쉬는 것이 보통 사람과 똑같음을 보고서 괴이하게 여겼더니, 선생이 말했다.

"내가 처음에는 신선이 되어 날아서 하늘로 오르리라 여겼는데 빨리 이루려다 결국 이루지 못하고 말았네. 우리 스승님께서 이미 지상선이 될 수 있음을 인정하셨으니, 부지런히 수련한다면 팔백 년이야 기필할 수 있을 것이네.

요즘 산중이 자못 한가하고 적막하여 속세로 내려왔으나 아는 사람 하나도 없을뿐더러, 가는 곳마다 젊은이들이 나의 늙고 누추함을 멸시하니, 인간의 재미라고는 전혀 없네.

〈중략〉

우리 스승께서 일찍이 내게 '참을성이 있다' 고 하셨는데 참아 내지 못하고 이 지경에 이르렀으니, '인(忍)'이란 한 글자는 선가(仙家)의 오묘한 비결인 만큼 그대 또한 삼가 지녀 잃지 말기를 바라네."

그는 수십 일을 머물다가 옷을 떨치며 떠나 버렸다. 이때 사람들은 '그가 용담으로 다시 갔다'고 하였다.

– 허균, 「남궁선생전(南宮先生傳)」

03

윗글에 대한 설명으로 가장 적절한 것은?

① 꿈과 현실을 교차하여 사건의 긴박감을 고조하고 있다.
② 우화적인 비유로 당대 현실을 비판하고 있다.
③ 앞으로 일어날 사건을 암시하여 극적 긴장감을 고조하고 있다.
④ 인물 간의 대화에서 주제의식이 드러나고 있다.

04

윗글의 인물에 대한 이해로 적절하지 않은 것은?

① 남궁두는 스승이 자신을 믿고 있음을 알고 있었군.
② 남궁두는 자신의 명성을 의식하여 선계에서 수련을 시작하였군.
③ 남궁두는 자신을 무시하는 인간 세상에 대해 흥미를 잃어버렸군.
④ 남궁두는 도의 경지에 이르지 못한 원인을 인(忍)의 부족함에서 찾고 있었군.

※ 다음 글을 읽고, 물음에 답하시오. [5～6]

자허의 위쪽은 곧 복건을 쓴 사람이고, 그 위의 다섯 사람이 차례대로 자리하였다.

자허가 어찌된 영문인지 헤아릴 수 없어 심히 스스로 편안하지 못했다. 임금이 말하기를, / "일찍이 향기로운 명성을 듣고서 하늘에 닿는 높은 의리를 깊이 사모하였소. 좋은 밤에 우연히 만났으니 의아하게 여기지 마시오."

하자, 자허가 이에 자리에서 일어나 사례하였다.

㉠자리가 정해진 뒤에 고금의 흥망을 서로 토론하면서 지칠 줄 몰랐다. 복건을 쓴 사람이 크게 탄식하며 말하기를, / "요(堯), 순(舜), 우(禹), 탕(湯)이 나라를 주고받은 이후로 간교한 꾀로 선양(禪讓)* 받는 자가 이들을 빙자하고 신하로서 임금을 치는 자가 이들을 명분으로 삼았습니다. 천년토록 모두 다 이와 같아서 마침내 구원할 수 없게 되었으니, 아아, ㉡네 임금이 영원히 이들의 효시(嚆矢)가 되고 말았습니다." / 하였다.

말이 미처 끝나기 전에 임금이 곧 정색하고 말하기를, "아, 이 무슨 말인가. 네 임금과 같은 성스러운 덕이 있으면서, 네 임금과 같은 시대 상황에 처한다면 괜찮겠지만, 네 임금과 같은 성스러움이 없는데다가 네 임금과 같은 시대 상황이 아니라면 옳지 않으니, 네 임금에게 어찌 죄가 있겠는가. ㉢도리어 빙자하거나 명분으로 삼는 자들이 잘못된 것이다." / 하였다.

복건을 쓴 사람이 머리를 조아려 절하며 사죄하기를, "속마음이 불평하여 자신도 모르게 말이 격분되었습니다." / 하니, 임금이 말하기를,

"그만두어라. 귀한 손님이 자리에 계시니 모쪼록 다른 일을 한가롭게 논하지 않아야 할 것이다. 달이 밝고 바람이 맑으니 이렇게 좋은 밤을 어떻게 하겠는가."

하고, 이에 비단 도포를 벗어 강촌에 가서 술을 사 오게 하였다.

술이 몇 잔 돌았을 때에 임금이 술잔을 잡고 목 메어 흐느끼며 여섯 사람을 돌아보고 말하기를, / ㉣"경들은 어찌 각각 자신의 뜻을 말하여 원통함을 서술해 보지 않는가."

하니, 여섯 사람이 말하기를, / "성상께서 노래를 지으시면 신들이 이어서 이루겠습니다." / 하였다.

– 임제, 「원생몽유록(元生夢遊錄)」

*선양: 임금의 자리를 물려 줌.

05

윗글에 대한 설명으로 가장 적절한 것은?

① 서술자가 개입하여 과거 사건을 요약하여 제시하고 있다.
② 전기적 요소를 활용하여 인물의 기이한 능력을 강조하고 있다.
③ 역사적 인물의 사례를 통하여 현실의 좌절감을 부각하고 있다.
④ 몽환적인 공간을 설정하여 인물의 현실 극복의지를 보여 주고 있다.

06

〈보기〉를 참조하여 ㉠～㉣을 감상한 것으로 적절하지 않은 것은?

〈보기〉

윗글은 조선 중기 임제가 지은 것으로 원자허의 꿈을 통해 단종, 사육신으로 짐작되는 사람들의 이야기를 담고 있다. 이 작품을 통해 작가는 세조 정권의 정당성을 문제 삼고 당대 정치권력의 모순을 비판하고자 하였다.

① ㉠: 자허는 역사와 정치에 관해 많은 지식과 관심을 갖고 있군.
② ㉡: 복건을 쓴 사람은 나라 흥망의 원인을 위정자의 권력 욕망에서 찾고 있군.
③ ㉢: 단종은 세조의 왕위 찬탈보다 이를 이용한 자들의 옳지 않음을 지적하고 있군.
④ ㉣: 단종은 자신이 말로 표현하지 못한 원한과 원망이 있음을 암시하고 있군.

-「조신의 꿈」

※ 다음 글을 읽고, 물음에 답하시오. [1～4]

옛날 신라가 서울이었을 때 세규사(世逵寺) - 지금의 흥교사(興敎寺) - 의 장원(莊園)*이 명주(溟洲)* 날리군(捺李郡)*에 있었는데, 본사(本寺)에서 중 조신(調信)을 보내서 장원을 맡아 관리하게 했다.

조신이 장원에 와서 ㉠태수 김흔(金昕)의 딸을 좋아하고 아주 반했다.

여러 번 나산사(洛山寺) 관음보살 앞에 가서 남몰래 그 여인과 살게 해 달라고 빌었다.

이로부터 몇 해 동안에 그 여인에게는 이미 배필이 생겼다. 그는 또 불당 앞에 가서, 관음보살이 자기의 소원을 들어 주지 않는다고 원망하며 ㉡날이 저물도록 슬피 울다가 생각하는 마음에 지쳐서 잠시 잠이 들었다.

꿈 속에 갑자기 김씨 낭자가 기쁜 낯빛을 하고 문으로 들어와 활짝 웃으면서,

"저는 일찍부터 스님을 잠깐 뵙고 알게 되어 마음 속으로 사랑해서 잠시도 잊지 못했으나 부모의 명령에 못 이겨 억지로 딴 사람에게로 시집 갔었습니다. 지금 내외(內外)가 되기를 원해서 온 것입니다."

이에 조신은 ㉢매우 기뻐하며 그녀와 함께 고향으로 돌아갔다.

그녀와 사십여 년간 같이 살면서 자녀 다섯을 두었다. 집은 다만 네 벽뿐이고, 좋지 못한 음식마서도 계속해 갈 수가 없었고, 마침내 꼴이 말이 아니어서 식구들을 이끌고 사방으로 다니면서 얻어먹고 지냈다. 이렇게 십 년 동안 초야(草野)로 두루 다니니 옷은 여러 조각으로 찢어져 몸도 가릴 수가 없었다. 마침 명주 해현령(蟹縣嶺)을 지날 때 십오 세 되는 큰아이가 갑자기 굶어 죽어 통곡하면서 길가에 묻었다. 남은 네 식구를 데리고 그들 내외는 우곡현(羽曲縣) - 지금의 우현(羽縣) - 에 이르러 길가에 모옥(茅屋)*을 짓고 살았다. 이제 내외는 늙고 병들었다. 게다가 굶주려서 일어나지도 못하니, 십 세 된 계집아이가 밥을 빌어다 먹는데, 다니다가 마을 개에게 물렸다. 아픈 것을 부르짖으면서 앞에 와서 누웠으니 부모도 목이 메어 눈물을 몇 줄이고 흘렸다.

부인이 눈물을 씻더니 갑자기,

"내가 처음 그대를 만났을 때는 얼굴도 아름답고 나이도 젊었으며 입은 옷도 깨끗했었습니다. 한 가지 음식도 그대와 나누어 먹었고 옷 한 가지도 그대와 나누어 입어, 집을 나온 지 오십 년 동안에 정(情)은 맺어져 친밀해졌고 사랑도 굳게 얽혔으니 가위 두터운 인연이라고 하겠습니다. 그러나 근년에 와서는 쇠약한 병이 해마다 더해지고 굶주림과 추위도 날로 더욱 닥쳐 오는데 남의 집 곁방살이나 하찮은 음식조차도 빌어서 얻을 수가 없게 되었으며, 수많은 문전(門前)에 걸식하는 부끄러움은 산더미보다 더 무겁습니다. 아이들이 추워하고 배고파 해도 미처 돌봐 주지 못하는데 어느 겨를에 사랑이 있어 부부 간의 애정을 즐길 수가 있겠습니까? ㉣붉은 얼굴과 예쁜 웃음도 풀 위의 이슬이요, 지초(芝草)*와 난초 같은 약속도 바람에 나부끼는 버들가지입니다. 이제 그대는 내가 있어서 누(累)가 되고 나는 그대 때문에 더 근심이 됩니다. 가만히 옛날 기쁘던 일을 생각해 보니, 그것이 바로 근심의 시작이었습니다. 그대와 내가 어찌해서 이런 지경에 이르렀습니까? 뭇 새가 다 함께 굶어 죽는 것보다는 차라리 짝 잃은 난조(鸞鳥)*가 거울을 향하여 짝을 부르는 것만 못할 것입니다. 추우면 버리고 더우면 친하는 것은 인정에 차마 할 수 없는 일입니다. 하지만 행하고 그치는 것은 인력(人力)으로 되는 것이 아니고, 헤어지고 만나는 것도 운수가 있는 것입니다. 원컨대 이 말을 따라 헤어지기로 합시다."

조신이 이 말을 듣고 ㉤크게 기뻐하여 가각 아이 둘씩 나누어 데리고 장차 떠나려 하니 여인이,

"나는 고향으로 갈 테니 그대는 남쪽으로 가십시오."

이리하여 서로 작별하고 길을 떠나려 하는데 꿈에서 깨었다.

타다 남은 등잔불은 깜박거리고 ㉥밤도 이제 새려고 했다. ㉦아침이 되었다. 수염과 머리털은 모두 희어졌고 망연히 세상 일에 뜻이 없어졌다. 괴롭게 살아가는 것도 이미 싫어졌고 마치 한평생의 고생을 다 겪고 난 것과 같아 재물을 탐하는 마음도 얼음 녹듯이 깨끗이 없어졌다. 이에 관음보살의 상(像)을 대하기가 부끄러워지고 잘못을 뉘우치는 마음을 참을 길이 없었다.

그는 돌아와서 해현에 묻은 아이를 파 보니 그것은 바로 돌미륵이었다. 물로 씻어서 근처에 있는 절에 모시고 서울로 돌아가 장원을 맡은 책임을 내놓고 사재(私財)를

내서 정토사(淨土寺)를 세워 부지런히 착한 일을 했다. 그 후에 어디서 세상을 마쳤는지 알 수가 없다.

– 작자 미상, 「조신의 꿈」

*장원(莊園): 귀족이나 절이 소유한 대규모의 토지.
*명주(溟洲): 지금의 강릉 지방.
*날리군(捺李郡): 지금의 양양군.
*모옥(茅屋): 띠풀을 엮어 지은 초라한 집.
*지초(芝草): 신령스러운 버섯, 즉 영지(靈芝)버섯. 옛날에는 복초(福草)라 하여 상서로운 것으로 여겼음.
*난조(鸞鳥): 봉황과 유사하다는 전설상의 새.

01

이 글의 서술상의 특징에 대한 설명으로 적절한 것은?

① 서술자가 작품의 내부에서 인물의 심리를 서술하고 있다.
② 작가가 설명적인 논평을 덧붙여 독자들의 이해를 돕고 있다.
③ 작품의 배경을 구체적으로 제시하여 진실성을 강조하고 있다.
④ 시간의 흐름을 의도적으로 바꾸어서 사건을 전개시켜 나간다.

02

㉠~㉦에 대한 설명으로 옳지 않은 것은?

① ㉠은 인물의 세속적 욕망을 이끄는 역할을 한다.
② ㉡과 ㉥, ㉦의 시간 흐름은 '욕망 → 깨달음'의 전개와 연결된다.
③ ㉢과 ㉤을 비교하면 인간의 욕망이 끝없음을 헤아릴 수 있다.
④ ㉣의 '이슬'과 '버들가지'는 삶의 무상함을 드러내는 비유물이다.

03

〈보기〉의 ⓐ~ⓓ 중, 이 글에서 알 수 있는 인물의 상황과 일치하는 것은?

〈보기〉

흥부 부부가 ⓐ박덩이를 사이 하고
가르기 전(前)에 건넨 웃음살을 헤아려 보라.
금(金)이 문제리.
ⓑ황금 벼이삭이 문제리.
웃음의 물살이 반짝이며 정갈하던
그것이 확실히 문제다.
ⓒ없는 떡방아 소리도 / 있는 듯이 들어 내고
손발 닮은 처지끼리
같이 웃어 비추던 ⓓ거울면(面)들아.
웃다가 서로 불쌍해
서로 구슬을 나누었으리.
그러다 금시 / 절로 면(面)에 온 구슬까지를 서로 부끄리며
먼 물살이 가다가 소스라쳐 반짝이듯 서로 소스라쳐
본(本)웃음 물살을 지었다고 헤아려 보라.
그것은 확실히 문제다.

– 박재삼, 「흥부 부부상」

① ⓐ　② ⓑ
③ ⓒ　④ ⓓ

04

〈보기〉는 '인물의 욕망'을 중심으로 하여 이 글의 구성을 그림으로 나타낸 것이다. ⓐ~ⓓ에 대한 설명으로 잘못된 것은?

〈보기〉

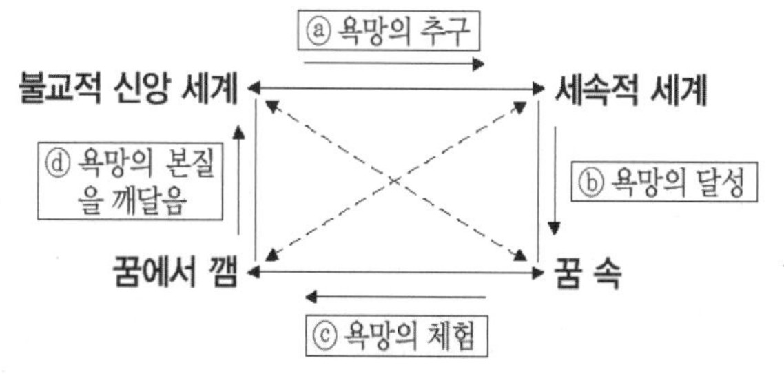

① ⓐ: 인간들이 삶 속에서 흔히 가지는 보편적인 것이다.
② ⓑ: 궁극적 행복이 아니라 오히려 번뇌의 원천이 된다.
③ ⓒ: 세속적 삶의 본질을 집약적으로 보여 주고 있다.
④ ⓓ: 아내와의 이별이 갈등 해소의 계기가 되어 분위기가 반전된다.

- 「조웅전」

※ 다음 글을 읽고, 물음에 답하시오. [5~8]

하루는 소저 시비를 데리고 목욕하러 가거늘 부인과 월경이 소저의 행장을 펴 보니 다른 것은 고사하고 한 자루 부채 있거늘 자세히 보니 과연 공자의 부채뿐이라. 부채에 풍월을 썼으되, '장 씨에게 신물(信物)로 주노라.' 하고 '조웅은 서(書)하노라.' 하였으니 다시 의심이 없어 부인과 월경이 크게 기뻐하여 부인이 월경더러 치사하여 이르기를, / "대사의 명감은 귀신도 측량하지 못할지라. 이 사람이 무슨 연고로 행색이 이러한고? 기이한 일이로다."

하며 둘이 수작하더니 소저 들어와 부인을 보니 희색이 안면에 가득하거늘 소저 묻기를,

"희색이 상안(上顔)에 천연히 나타나오니 무슨 즐거운 일이 있나이까?" / 부인이 말하기를,

"자식을 난중에 보내고 사생을 알지 못하더니 아까 대사를 데리고 불전에 정성으로 발원하여 소식을 들으니 과연 즐거운 마음이 있도다."

소저 역시 자식을 난중에 보냈다는 말을 듣고 일변 괴이히 여기고 일변 반가운 마음이 중심에 나는지라. 소저 묻기를, / "어찌 소식을 알았나이까?" / 부인이 말하기를,

"이 절 불상은 각별 신령하여 정성이 지극하면 소원을 다 가르치나니 소저도 무슨 소원이 있거든 정성으로 대사를 모시고 불전에 가 발원하라."

소저 즉시 기꺼 행장을 내어 무엇을 찾나가 대경실색하거늘 부인이 거짓 놀래어 묻기를,

"무엇이 없느냐?" / 소저 정색하여,

"행장에 신물을 두었삽더니 없사오매 가장 괴이하여이다."

부인이 말하기를, / "잃은 것이 부모의 신물이냐?"

소저 묵묵부답하고 눈물이 솟아 옥면에 흐르는지라. 시비 곁에 있다가 종시 속이지 못하여 여쭈어 가로되,

"과연 소저 낭군을 처음 만나와 즉시 이별하올 제 낭군이 주고 가신 신물이로소이다."

하거늘 부인이 그제야 비회를 이기지 못하여 소저의 손을 잡고 가로되,

"네 어찌 장 소저면 장 소저는 나의 며느리라."

하시며 부채를 내어 주며 말하기를,

"이 부채는 자식 웅의 부채라. 연전에 강호 왕래할 때에 장 진사 댁 사위가 되었노라 하고 네 말을 하되 생전에 보지 못하고 죽을까 주야 한이 되었더니 오늘날 이리 만날 줄이야 꿈에나 뜻하였으리요?"

하며 반갑고 사랑하온 마음을 어찌 다 측량하리요?

〈중략〉

"대원수는 뉘시니까? 옥석을 가리어 주시고 미천한 목숨을 살려 보내시니 감격하여이다."

원수 말하기를,

"부인이 옥중에 오래 고생하시매 정신이 없어 몰라보시도소이다. 소생은 부인 댁 은혜 끼친 조웅이로소이다."

부인이 그제야 그윽이 보다가 실색하여 원수의 손을 잡고 통곡하며 말을 하지 못하거늘, 원수 위로하며 전후 사정을 자세히 묻자오니 부인이 정신을 진정하며 전후사를 설화하고,

"여아는 모월 모일에 시비가 에워 어디로 가온지 지금까지 거처를 몰라 사생을 알지 못하니 이런 답답하고 서러운 일이 어디 있사오리요?"

하며 무수히 통곡하니, 정상을 차마 보지 못할러라.

원수 이 말을 듣고 정신이 삭막한지라. 이윽히 진정하여 부인을 위로하여 말하기를,

"인명이 재천하와 사생은 유수하오니 비록 종적이 없사오나 설마 죽사오리까?" / 하며,

"만나 보올 날이 있사올 것이니 너무 심려하지 말으소서. 소생이 아무쪼록 찾아 부인의 원을 풀게 하올 것이니 소생과 한가지로 모친 계신 강선암으로 가사이다."

하고 부인의 가정을 다 거느리고 이날 선문(先文) 놓고 강선암으로 향할새 그 선문에 하였으되, '대국 충신 위국 대원수 겸 각도 안찰어사 조웅'이라 하였더라.

이때 왕 부인이 소저와 월경 대사와 그 선문을 보고 일경일희(一警一喜)하여 부인을 모시고 산정에 높이 올라 오는 양을 구경하더니 이윽고 동구(洞口)에 천병만마 덮어 들어오나니 그 가운데 일원 소년 대장이 황금 갑주에 삼척검을 비껴들고 금안 준마(金鞍駿馬)에 뚜렷이 앉았으니 황룡이 오운에 싸여 일월광(日月光)을 앗음 같은지라. 시문 밖에 유진하고 암당에 들어가니 제승이 부인을 모시고 원수를 맞을새 부인이 원수를 붙들고 일희일비 말하기를,

"꿈이냐 생시냐? 네가 분명 웅이냐 아니냐?"

하시매 여광여취(如狂如醉)하여 실성함 같은지라. 원수 위로 말하기를,

"모친은 정신을 수습하옵소서."

하며 붙들고 앉히며 위로하니 부인이 정신을 진정하여 말하기를,

"너를 난중에 보내고 소식이 적조하니 살아 돌아옴을 일시(一時)인들 잊으리오? 대체 그때 일을 대강 설화하라."

하신대 원수 다시 땅에 엎드려 말하기를, 서번을 쳐 항복 받고 위국을 도와 평정한 말씀이며 대원수 되어 오옵는 길에 강호에 들렸삽더니 진사 댁이 환란을 만나 이러이러하옵거늘 다른 옥수들도 통개옥문(洞開獄門)하여 놓삽고 자사는 죄상이 거중하옵기로 처참하옵고 장 소저는 도망하여 부지거처(不知去處)하옵기로 위 부인을 모셔 오는 사연을 자상히 아뢰니 부인과 월경이며 제승이 다 듣고 기꺼 칭찬하며 즐기더라.

부인이 말하기를,

"혈혈단신이 이렇듯이 귀히 와 나의 목전에 영화를 뵈니 귀함을 어찌 다 측량하며, 장 진사 댁 소식은 먼저 들었노라. 모월 모일에 장 소저 도망하여 이리 왔기로 내 서로 수회를 저겨 있고 서로 의지하여 있더니 네 오늘날 사부인을 모셔 오니 이런 즐거움이 어디 있으리오?"

하며 소저를 청하니 소저 나가 위 부인 오심을 듣고 급히 나오니 위 부인이 소저를 안고 궁굴며 통곡하니 즐거운 암당이 도리어 비창한지라. 부인이 또한 위로하여 말하기를,

"모녀 상봉하였으니 이제야 무슨 근심이 있사오리까? 너무 슬퍼 마옵소서."

위 부인이 정신을 차려 말하기를,

"경아 네 죽어 혼이 왔느냐? 살아 육신이 왔느냐?"

하며 보고 다시 보며 아마도 꿈인가 싶으다 하고 하 반겨하며 하 슬퍼하니 보는 사람이 뉘 아니 울리요?

– 작자 미상, 「조웅전(趙雄傳)」

05

이 글에 나타난 '웅'의 모습으로 적절한 것은?

① 분노를 다스리지 못해 위험한 행동을 하고 있다.
② 동지를 규합하여 장차 벌어질 싸움에 대비하고 있다.
③ 현재의 집권 세력에 대해 적대적 태도를 보이고 있다.
④ 장 소저 모친의 불안한 마음을 위로하기 위해 애쓰고 있다.

06

이 작품 전체에 대한 설명으로 적절하지 않은 것은?

① 작품 밖의 서술자가 등장인물의 행동을 서술하고 있다.
② 인물 간의 만남에 있어서 사건 전개의 우연성이 드러나 있다.
③ 주동 인물과 반동 인물의 대립을 축으로 사건이 전개되고 있다.
④ 서술자가 인물의 미래에 대해 직접 설명하는 부분이 드러나 있다.

07

이 글에 대한 설명으로 가장 적절한 것은?

① 사건이 액자식으로 구성되어 있다.
② 인물들이 다시 재회할 것이 암시되어 있다.
③ 현실의 사건과 인물의 회상이 교차되고 있다.
④ 시간적 배경을 통해 비극적 분위기를 드러내고 있다.

08

이 작품을 영화화할 때 적절하지 않은 것은?

① 조웅이 위 부인을 위로할 때에는 잔잔한 음악이 흐르도록 한다.
② 왕 부인을 연기하는 배우는 거짓말을 능청스럽게 하는 모습을 보여야 한다.
③ 위 부인을 연기하는 배우는 조웅을 만날 때 편안한 얼굴로 연기해야 한다.
④ 장 소저를 연기하는 배우는 윗사람의 말을 잘 따르는 태도를 보여야 한다.

-「수궁가」

※ 다음 글을 읽고, 물음에 답하시오. [9~12]

[앞부분의 줄거리] 용왕이 병이 나서 죽게 되자 용궁에서는 어전 회의가 열린다. 토끼의 간이 영약이라는 사실을 안 용왕은 이를 구해 오라고 하나 어느 누구도 나서지 않는다. 이때 별주부가 육지에 가서 토끼를 잡아 오겠다고 자청하여 나선다.

〈진양조〉

"우리 용궁 별천지라. 하늘과 땅에 바다가 으뜸이고, 세상 물건 중 신이 최고니라. 넓은 바다에 천여 간 집을 짓고, 유리 기둥, 호박 주추, 단청 누각이 하늘에 솟았는데, 우리 용왕 즉위하사 온 백성 떠받들고, 우러러 모시더라. 선녀 보낸 신선주와 옥쟁반에 담은 안주, 불로초 불사약을 싫도록 먹은 후에, 술기운 점점 올라 기생 노래 갖은 풍류를 놀잇배에다 가득 싣고 산보다 물이 훨씬 좋다. 선녀못 돌아드니, 칠백 리 산길은 물속에 벌여 있고, 모래밭에 해당화는 강물 위에 붉었는데, 바다 잔잔 맑은 달 강물 위의 피리 소리를 화답하고, 경수 위수 낙수 회수 양진 포진 팽려 소상 왔다 갔다 왕래할 때, 적벽강 소동파와 채석강 이태백이 여기 와서 알았으면 인간 세상 왜 있으며, 약을 캐던 진시황과 신선 찾던 한무제가 이런 흥미를 알았으면, 이 세상에 있을쏜가? 원컨대 토 선생도 나를 따라 용궁을 가면, 훨씬 나은 저 풍채에 좋은 벼슬을 할 것이요, 미녀 · 악공을 밤낮으로 데리고 만세 인생을 살 터이나, 올 테면 오고, 말 테면 마오."

㉠<u>〈아니리〉</u>

이렇듯 말을 하고 앙금앙금 내려가니, 토끼 따라가며, "여보, 별주부. 그러면 내 우리 산중 친구들한테 인사나 하고 오리다." 별주부 듣고 하는 말이, "큰일을 여기저기 묻는 법이 아니오. 각각 생각이 달라 위험하니 가지 말라는 이도 있을 테요, 그 일 정말 좋다 하고 가라는 이도 있을 테니, 길가에 집 짓기는 삼 년이 걸려도 못 짓는다는 말이 있습니다." "그러면 내 우리 아내에게나 말하고 오리다." "허허이! 큰일을 아내와 꾀하다가는 망하는 법이거늘, 아, 용궁 가서 귀히 된 후 가마 보내 모셔 가면 그 얼마나 좋을 일이오?" "그러면 그냥 갑세." 앞서거니 뒤서거니 내려갈 때,

〈중모리〉

자라는 앞에서 앙금앙금, 토끼는 뒤에서 깡짱깡짱 용궁을 내려갈 때, 건넌산 바위틈에 여우란 놈이 나앉으며, "여봐라, 토끼야!" "왜야!" "너 어디 가느냐?" "나 용궁 간다." "용궁은 무엇 하러 가느냐?" "나 용궁에 벼슬하러 간다!" "허허, 자식 실없는 놈. 불쌍하다, 저 토끼야. 천박한 네놈 마음 돌려 무엇 하랴마는, 옛 성인 이르기를 여우가 토끼 돌봐 주니, 너와 나와 이 산중의 굴속에 길들었고, 산속에서 같이 늙어, 비 오고 안개 낀 날 발자취 서로 찾아 이별하지 말쟀더니, 저 지경이 웬일이냐? 옛일을 모르느냐? 예부터 타국에 벼슬 갔다, 못되면 굶어 죽고, 잘되면 객사하느니라. 가지 마라! 가지 마라. 용궁이라고 하는 데가 한번 가면 못 오느니라. 위험한 곳에는 얼씬도 마라, 용궁길을 가지 마라."

〈아니리〉

토끼 듣더니 뒤로 발딱 나자빠지는데, "여보, 별주부. 잘 가시오. 벼슬하면 죽는다니, 객사하러 갈 수야 있소? 내 저 여우 사촌 아니었으면 큰일 날 뻔 보았소." 별주부 기가 막혀, "예, 퇴공. 가려면 잘 가시오. 좋은 친구 두었으니, 둘이 가서 잘 지내시오." 썩 돌아서며 남의 오장 쑤시는 웃음을 한 번 턱 웃고 혼잣말로, "허허허, 제 복이 아닌 것을 권한다고 될 일인가?" 앙금앙금 내려가니, 토끼 따라가며, "여보, 별주부. 내 복이 아니라니, 그 어떻게 하는 말이오?" 주부 슬며시 돌아보며, "남의 친구 좋은 인정 나쁜 말이 부당하나, 당신이 물으니 내 말이나 하리다. 사실은 내가 육지에 온 지가 여러 날이오. 처음에 여우 저놈을 만나 가지고 저를 데려가 달라 하나, 간교한 저놈 심술 가까이 안 하려고 못 하겠다 했더니만, 이 속을 어찌 알고 토 선생을 떼어 버리고 제가 따라가 보려고 하는 짓이오." 토끼 듣더니, "여보, 별주부. 말이 나왔으니 말이지, 저놈 심술이 영락없이 그렇소. 내 열 놈이 백 말을 해도 따라가겠소." 한참을 따라가더니, "그러나저러나 여, 너무 멀어서 다리 아프면은 어디 가겠소?" "허허, 또 저런 소리를 하네그려."

〈중모리〉

"용궁 천 리 멀다 마소. 맹자도 불원천리 양혜왕을 가 보았고, 위수 어부 강태공도 문왕 따라 주에 가고, 수렁

많은 촉나라 길을, 얼굴 누런 한신이도 소하 따라 한에 가서 장군단에 올랐으니, 토 선생도 나를 따라 우리 용궁 들어가면, 소년 대장을 할 것이니, 염려 말고 따라갑세." "그러면 갑세." 강물을 바라보니, 넘실넘실 떴는배는 한가한 강에 어부 시인 싣고 가는 밴가. 양자강 푸른 물결에 왕래하던 거룻밴가. 강 건너 술집으로, 술 사 싣고 가는 밴가. 푸른 물결 노니면서 쌍쌍 갈매기 떠다니네. "쓸쓸한 가을 바람에 슬피 우는 저 기럭아. 가지 말고 게 잠깐 머물러 나의 한 말을 들어 봐라. 구름 속에 놀던 토끼가 바다 용궁에 벼슬하러 가더라고, 우리 벗님 앵무새에 섭섭타 안부를 전하여라. 용궁 가서 높이 되면 첫째로 마누라와 친구도 데려가지." 잔소리하고 내려갈 때, 하필 그날에 바람이 불어, 물결이 '워르르르르르르 출렁 쇄' 뒤틀려서 흘러간다.

〈아니리〉

토끼 깜짝 놀라, "아이고, 저 물 봐라. 저 물속에 들어가서 훈련대장은 말고, 나더러 용왕 노릇 하래도 내 저 물 무서 못 가겠소. 저 물이 짜기까지도 하다는데, 두어 모금만 먹으면은 창자가 녹을 테라. 아이고." 하더니, 따뜻한 양지 끝으로 가서, 그 잘생긴 낯짝을 요리 뒤적 저리 뒤적하고 앉았겠다. 별주부가 기가 막혀, "예레이, 순 잡놈의 자식! 벼슬하러 가자니까 용깃발 뒷줄 당기듯 너무 내뺀다. 오려면 오고, 가려면 썩 가거라, 이놈."

– 작자 미상, 「수궁가(水宮歌)」

09

이 글에 나타난 '토끼'의 인물됨을 가장 적절하게 평가한 것은?

① 자신의 뜻대로 상황을 주도해 갈 만큼 영악하다.
② 소심하고 주관이 뚜렷하지 못하여 변덕이 심하다.
③ 심술이 심하여 일부러 상대방을 골탕 먹이고 있다.
④ 어떤 상황에서도 의지를 굽히지 않을 만큼 강인하다.

10

이 글에서 별주부가 토끼를 수궁에 데려가기 위해 사용하고 있는 방법으로 거리가 먼 것은?

① 옛 고사를 인용하여 토끼의 욕망을 자극하고 있다.
② 거짓말이나 거짓 행동으로 토끼를 안심시키고 있다.
③ 자신의 처지를 호소하여 토끼의 동정심을 유발하고 있다.
④ 토끼의 용궁행을 만류하는 산중 친구들의 시도를 차단하고 있다.

11

이 글에 대한 설명으로 옳지 못한 것은?

① 인물의 갈등이 나타나 있다.
② 산문체의 문체로 일관하고 있다.
③ 시간의 흐름에 따라 사건이 전개되고 있다.
④ 우화적 수법으로 인간 세계를 풍자하고 있다.

12

㉠의 쓰임과 효과에 대한 설명으로 알맞은 것은?

① 판소리의 장단 중 하나로 진양조보다 느린 곡조이다.
② 판소리에 삽입된 재담에 해당하며, 작품의 해학적 요소를 강조한다.
③ 극적 갈등이 시작되는 부분에서 상황을 관객에게 예고하는 기능을 한다.
④ 이야기하듯 말하는 부분으로, 상황을 설명하거나 내용을 요약하고 다음 이야기로 나아가게 한다.

-「숙영낭자전」

※ 다음 글을 읽고, 물음에 답하시오. [13～16]

백상군 부부는 집을 나간 아들 선군의 소식을 알지 못하여 근심 걱정으로 해와 달을 보내던 중, 하루는 말발굽 소리가 문전에 들리더니 뜻밖에도 집을 나간 선군이 돌아왔다.

선군은 곧장 집 안으로 들어와 부모님께 절을 한 후, 그동안 다녀온 자초지종을 이야기하였다. 양친은 잃었던 외아들을 다시 찾은 듯이 기뻐하였다.

"그동안 어떤 곳을 두루 다녔느냐? 네가 집을 나간 뒤에 사방을 찾아 헤매어도 너의 자취를 찾을 수 없어 늙은 우리는 연일 문에 기대어 너 오기만을 학수고대하였단다."

"부모님께 그동안 걱정을 끼쳐 드려 소자 죄송지감에 몸둘 바를 모르겠나이다. 저는 옥연동에 가서 그동안 마음속에 그리던 낭자를 만났나이다."

집을 나간 후 다시 돌아오기까지의 자초지종을 낱낱이 말씀드리고, 한편 낭자를 집안으로 들여 부모님을 뵙게 하였다.

낭자가 종종 걸음으로 사뿐사뿐 걸어서 부모께 절을 하니, 부모는 천만 뜻밖이라 낭자를 자세히 살펴보았다. 그 기품 있는 체모와 아리따운 얼굴이 도저히 인간이라고는 믿어지지 않았다.

꿈인가 생시인가, 부모는 기뻐하여 낭자를 애지중지하고 동별당에 침소를 정해주니, 선군과 낭자의 금실은 실과 바늘처럼, 물과 물고기처럼 결코 떨어질 줄 몰랐다.

이렇듯 선군은 낭자와 한 시를 떨어지지 않고 있으니 드디어는 학업을 전폐하기에 이르렀다. 부친이 선군의 장래를 위하여 매우 걱정하였으나, 낭자와의 떨어짐을 권유하면 또 다시 상사(想思)의 병이 될까 하여 그냥 두고 지켜보는 수밖에 별 도리가 없었다.

세월은 유수같이 흘러서 어느덧 팔 년이란 세월이 흘렀다.

〈중략〉

부친은 아들 선군을 불러놓고 조용히 타일렀다.

"나라에서 이번에 과거를 실시한다 하니 너도 꼭 응시하여라. 다행히 급제하게 된다면 조상을 빛내고 부모도 영화롭지 않겠느냐?"

부친의 타이름을 들은 선군은 정좌한 채로 여쭈었다.

"아버님, 불효불측한 자식 굽어 살피소서. 과거며 공명은 모두가 한낱 속물이 탐하는 헛된 욕심이옵니다. 우리 집에는 수천 석을 헤아리는 전답이 있삽고, 비복 등이 천여 명이나 되며, 하고자 하는 일을 마음대로 할 수 있사온데 무슨 복이 또 부족하여 과거에 급제하여 벼슬아치 되기를 바라시나이까? 만약에 제가 과거에 응시하고자 집을 나선다면 낭자와는 이별하게 될 것이온즉 사정이 절박하옵니다."

하고는 동별당으로 돌아와 낭자에게 부친의 과거 응시 권고를 말하였다. 그 말을 듣고 낭자는 조용히 미소를 지으며 사랑이 그윽한 눈길로 선군을 타이르는 것이었다.

[A] "과거를 보시지 않겠다는 낭군님의 말씀이 그릇된 줄로 아옵니다. 대장부가 세상에 나면 입신양명하여 부모님을 영화롭게 하여 드리는 것이 자식된 도리입니다. 그리하온데 낭군께서는 어찌하여 저 같은 규중처자에 얽매인 나머지 장부의 당당한 일을 포기하고자 하시니, 이것은 불효가 되고 그 욕이 마침내 저에게 돌아오니 결코 마땅한 일이 아닌 줄로 아옵니다. 하오니 낭군께서는 깊이 생각하시어 속히 과거 준비를 하시고 상경하여 남의 웃음을 면하시도록 유념하소서."

이처럼 충고하면서 또한 과거에 응시할 차림과 여정의 행장을 갖추어 주는 것이었다. 행장이 차려지자 낭자는 다시 강경한 다짐을 선군에게 하는 것이었다.

"낭군께서 이번 과거에 급제하시지 못하고 낙방거사가 되어 돌아오신다면 저는 결코 살지 아니할 것이옵니다. 하오니, 다른 잡념 일체를 버리시고 오직 시험에 대한 일념으로 상경하셔서 꼭 급제하여 돌아오시기 바라옵니다."

부모에게 듣던 말보다도 낭자에게 들으니 선군의 급제는 스스로 더욱 절실하게 생각되어졌다. 할 수 없이 부모님께 하직인사를 올리고 떠나려 하다가 다시 낭자에게 들려 말하기를,

"내가 과거 급제하여 돌아올 때까지 부디 부모님 잘 모시고 편안한 마음으로 기다리시오."

하고는 평범한 말로 이별을 고하였다. 겉으로는 태연한 척 하였지만, 사랑하는 아내를 두고 떠나려 하니 걸음이 옮겨지지 않아 한걸음에 멈추어 서고 두 걸음에 뒤를 돌

아다보며 애련한 정을 뿌리치지 못하였다.

이를 보고 낭자가 중문 밖에까지 따라 나가 배웅을 하면서 남편과 마찬가지로 기쁨과 슬픔을 억제하지 못하였다. 선군은 마침내 눈물이 앞을 가려 처절한 정경을 보이면서 사랑하는 숙영낭자와 이별하였으나 발걸음이 떨어지지 않아 그 날은 하루 종일 삼십 리밖에 가지 못하였다.

주막집을 찾아들어 저녁상을 받고서도 오직 낭자 생각에만 골몰하여 음식조차 먹을 수가 없었다. 이를 본 하인이 민망히 여기여 근심을 토로하였다.

"그토록 식사를 아니 하시면 앞으로 천 리 길을 어떻게 가시려 하나이까?"

"아무리 먹으려 해도 밥이 목구멍으로 넘어가질 않는구나."

하고는 길게 탄식할 뿐이었다. 적막한 주막집 방을 좌정하고 앉으니 더욱 마음이 산란해지는 것이었다.

마치 낭자가 곁에 있는 듯하여 껴안아 보면 허공뿐이라 허전하기 이를 데 없고, 낭자의 소리가 들려오는 듯하여 숨을 멈추고 귀를 기울이면 낭자의 목소리 대신 창밖의 소슬한 바람 소리가 공허한 적막감을 더욱 무겁게 해줄 뿐이었다. 밤이 깊어갈수록 점점 더 잠이 오지 않아 그 허전한 마음은 결국 실신할 것만 같았다.

시간이 흐를수록 낭자의 생각이 간절해진 선군은 하인이 잠들기를 기다려 부랴부랴 신발을 둘러메고 날걸음으로 집에 돌아와, 담을 넘어 아내의 방으로 들어갔다. 잠자리에 누워 있던 낭자가 크게 놀라며 일어나 앉았다.

"이 밤중에 어인 일이오이까? 아침에 떠나신 분이 어느 곳에 계시다가 다시 돌아오셨나요?"

하고는, 낭자의 고운 손을 이끌어 금침 속으로 끌어들여 밤이 다하도록 애뜻한 정회를 풀었다.

이때 부친 백공(白公)이 아들을 서울로 과거 응시를 보내고는 심사가 허전하여 잠을 못 이루다가 도적을 살피려고 청려장을 짚고 마당 안을 돌아다니며 문단속을 살피고 동정을 가늠하였다. 그런데 동별당에 이르러 본 낭자의 방안에서 갑자기 다정하게 주고받는 말소리가 들리지 않는가? 남편인 아들이 집을 비우고 없는 이 마당에 며느리 방에서 웬 남자의 목소리가 들리다니 백공은 기절초풍을 면치 못할 지경이었다. 한편으로는 귀를 의심하면서도 한편으로는 해괴한 생각을 금할 수가 없었다.

"며느리 숙영이는 얼음같이 차갑고 옥같이 맑은 마음과 송죽(松竹)처럼 굳은 절개를 가진 숙녀이거늘, 어찌 외간 남자를 끌어들여 음행한 짓을 하랴? 하지만 세상일이란 알 수 없는 것이니 한번 알아봐야겠구나."

– 작자 미상, 「숙영낭자전」

13

윗글에 대한 이해로 적절한 것은?

① 백상군 부부는 숙영의 용모를 보고 매우 흡족해 했다.
② 숙영은 길을 떠난 남편이 도중에 돌아올 것을 예견했다.
③ 백공은 선군이 숙영의 꾐에 빠져서 집으로 돌아왔다고 생각했다.
④ 하인은 먼 길을 떠나기 싫어 선군이 과거를 포기하도록 부추겼다.

14

[A]에 나타난 낭자의 말하기 방식에 대한 설명으로 적절하지 <u>않은</u> 것은?

① 화자 자신의 목숨을 언급하며 상대방을 압박하고 있다.
② 다른 사람들의 평가를 거론하며 결단을 촉구하고 있다.
③ 가족 간의 관계에서 존중되어야 할 가치를 언급하고 있다.
④ 상대방이 얻게 될 현실적 이득을 나열하며 호소하고 있다.

15

〈보기〉를 참조하여 이 글을 감상한 내용으로 적절하지 않은 것은?

〈보기〉

이 작품에는 본능적 욕구를 긍정하는 새로운 가치관이 부각되면서, 가부장적 권위 아래 입신양명을 최고의 효행으로 여기던 중세의 유교적 가치관이 도전 받는 양상이 나타나고 있다. 무엇보다 부모의 결정이 절대적이었던 혼인 문화에서 탈피하고자 하는 인물들의 주체적인 행동을 통해 새로운 가치관을 보여 주고 있는데, 이처럼 애성을 성취하기 위해 부모하게 행동하는 인물의 태도에서 애정 지상주의라고 평할 수 있는 새로운 가치관을 엿볼 수 있다.

① 부모의 허락도 없이 숙영을 데리고 온 선군의 행위를 통해 인물이 지닌 새로운 가치관을 읽을 수 있군.
② 과거를 보러 집을 나섰다가 다시 아내의 처소로 숨어드는 선군의 모습에서 입신양명보다는 애정 지상주의적인 인물의 가치관을 확인할 수 있어.
③ 벼슬아치가 되는 것에 별다른 가치를 두지 않는 선군의 모습을 통해 유교적 가치관에서 탈피하고자 하는 인물 유형을 보여 주고 있어.
④ 과거 시험과 아내 사이에서 갈등하는 선군의 모습을 통해 상반된 가치관이 혼재된 당시 상황이 인물에게 미친 부정적인 영향을 알 수 있어.

16

이 작품에 대한 설명으로 적절하지 않은 것은?

① 조선 후기의 판소리계 소설이다.
② 초현실적인 사건이 그려져 있다.
③ 유교적인 도덕 관념에 충실하다.
④ 선과 악의 구분이 비교적 명확하다.

- 이첨, 「저생전」

※ 다음 글을 읽고, 물음에 답하시오. [17~21]

선생의 성은 저(楮)요, 이름은 백(白)이다. 자(字)는 무점(無玷)으로, 회계(會稽) 사람이다. 한(漢)나라 중상시(中常侍) 상방령(尙方令)을 지낸 채륜(蔡倫)의 후예이다.

그가 태어남에 난초꽃 욕탕에서 목욕시키고 흰빛 옥구슬로 어르면서 흰 띠풀을 가지고 꾸렸으므로, 그 빛깔이 반드르르하였다. / 같은 배에서 난 그의 아우는 전부 열아홉인데, 서로 간에 모두 친목하여 한순간도 그 순서를 잃는 일이 없었다.

천성이 본디 깨끗하고 조촐하니 무인(武人)을 좋아하지 않는 대신, 글하는 선비와 즐겨 노닐었다. 중산 (中山)의 모학사(毛學士)가 각별히 맺어진 벗이었으니, 아무 때고 허물없이 가까웠던지라 아무리 그 얼굴에 다 점을 찍어 더럽혀도 씻어 닦는 법이 없었다. ⓐ<u>학문을 하여 천지 · 음양의 이치와 성현(聖賢), 성명(性命)의 근원에 통달하였으며</u>, 제자백가의 글과 이단(異端) · 적멸(寂滅)의 교의(敎義)에 이르기까지 기록해 적지 않음이 없었으니, 찾아내어 분명히 살펴볼 수 있다.

한(漢)나라가 선비들에게 책문(策問)*을 실시하자, 이에 방정과(方正科)에 응시하여 바야흐로 논변을 펴 올렸다.

"예로부터 책의 이루어짐은 대개 대쪽을 엮고 겸하여 흰 비단을 사용하기도 했지만 둘 다 불편합니다. 신이 비록 대단치는 않사오나 성심으로 대신할까 바라오니, 만일 그 같은 보람이 나타나지 않으면 제게 먹칠하여 주옵소서."

화제(和帝)가 시험토록 하였는데 과연 기억력이 뛰어나서 백에 하나도 놓침이 없었으매 죽간(竹簡)으로 된 책은 쓰지 않아도 좋게 되었다. 이에 그를 치하하여 저국공(楮國公)에 백주자사(白州刺史)의 벼슬을 수여하고 만자군(萬字軍)을 다스리게 하니, 바야흐로 그 봉읍(封邑)으로 성씨를 삼았다.

수부(樹膚), 마두(麻頭), 어망(魚網), O근(O根)*의 네 사람도 함께 아뢰었지만, 모두 그 아뢴 내용만큼 감당할 수 없다고 하여 제외당하였다.

이윽고는 장생(長生)의 술법을 배워 비바람을 피할 수 있었고, 좀이 슬지도 않았다. 이레째 되는 날이면 햇볕의 정기를 마시고 티끌을 털어 냈으며, 그 옷을 태우면서 고요히 처하였다.

진(晉)나라의 좌태충(左太沖)이 「제도부(齊都賦)」와 「삼도부(三都賦)」를 지은 것이 있는데, 선생이 한 번 보고는 기록하여 외워 버리니 사람들이 다투어 베끼었다. 그 바람에 비록 평상시에 서로 잘 아는 사이라 할지라도 그를 만나 보기 어려울 정도였다.

뒷날 왕우군(王右軍)의 필적을 받으매 천하에 기묘한 서법의 본보기가 되었다. 양(梁)나라에 벼슬하여 태자인 소통(蕭統)과 더불어서 「고문선(古文選)」을 엮어 세상에 알렸는가 하면, 황제의 명을 받들어 위수(魏收)*와 함께 국사(國史)를 편수하기도 했다. 그러나 위수의 좋아하고 싫어하는 편견이 공정을 잃었으므로 '예사(穢史)'라 일컫고는 사직을 청하며 소작(蘇綽)과 함께 회계의 일이나 살폈으면 좋겠다고 하니, 윤허하는 조서를 내려 주었다. 이에 지출은 붉은빛, 수입은 검정빛으로 전체의 밝힘을 분명하게 한 바, 사람들이 그 재능을 칭찬하였다.

그 후에 진(陳)의 후주(後主)에게 사랑을 받아 매양 총신(寵臣)인 안학사(安學士)의 무리와 어울려 임춘각(臨春閣)에서 시도 짓고 하였다.

수(隋)나라 군대가 경구(京口)를 넘어올 제, 진(陳)나라 장군이 밀서를 보내 급하다고 알렸으나 저생이 감추고 봉한 것을 열지 않는 바람에 진나라가 패하고 말았다.

수나라 대업(大業) 연간에는 왕주(王胄), 설도형(薛道衡)과 양제(煬帝)를 섬기면서 함께 정초(庭草) 및 연니(燕泥)에 관한 구절을 읊었다. 얼마 지나지 않아 양제가 다른 사람이 자기 위에 드러남을 탐탁히 여기지 않는 바람에 드디어는 소외와 홀대를 당하니, 종이 말듯 처신을 감추고 속으로만 품어 간직하게 되었다.

당(唐)나라가 일어나 홍문관(弘文館)을 설치함에, 저생이 본관(本官) 겸 학사(學士)의 자격으로 저수량(褚遂良), 구양순(歐陽詢)들과 앞 시대의 일들을 강론하고 정사를 신중히 헤아리고 정하여 이른바 정관(貞觀)의 다스림*에 이르게 하였다.

송(宋)나라가 흥성하면서 염락(濂洛)의 모든 선비들이 똑같이 문명의 다스림을 천명하였다. 사마온공(司馬溫公)은 바야흐로 「자치통감(資治通鑑)」을 엮을 때 저생을 해박하고 고상한 군자라 하면서 매번 더불어 자문하였다.

마침 왕형공(王荊公)이 권세를 부리는 차에 「춘추(春秋)」의 가르침을 달갑게 여기지 않아 그 책을 일러 망가져 문드러진 정치 문서라 하니, 저생이 옳지 않다고 하자 마침내는 쫓겨나 쓰이지 못하였다.

원(元)나라 초기에 이르러는 본래의 사업에 힘쓰지 아니하고, 오로지 장사만을 몸에 익혔다. 몸에 돈 꾸러미를 차고 찻집과 술집 등을 드나들면서 푼[分]과 리(厘)를 셈해 따지게 되니, 사람들 간에는 비루하게 여기기도 하였다.

원(元)이 망하고 명(明) 황실에 벼슬하면서 그제야 황제의 총애와 신임을 입게 되었다.

자손이 아주 많았으니, 어떤 부류는 사씨(史氏)로 대를 이었고, 또 어떤 부류는 시인 집안으로 문벌을 이루었으며, 혹은 선(禪)에 관한 기록을 산더미처럼 쌓아 놓기도 하였다. 등용이 되어 관직에 있던 자는 돈과 곡식의 수효를 맡고, 군무(軍務)에 종사하던 자는 군사의 전공을 기록했다. 그 직업 따라 하는 일에 비록 귀천이 있기는 했지만, 누구도 직책에 소홀하다는 비난은 듣지 않았다. 대부(大夫)가 된 뒤로는 모두가 다 흰 띠를 둘렀다고 한다.

– 이첨, 「저생전(楮生傳)」

*책문: 정치에 관한 계책을 물어서 답하게 하던 과거(科擧) 과목.
*수부, 마두, 어망, ㅇ근: 나무껍질, 삼베 결, 고기 잡는 그물, 미상.
*위수: 남북조 시대 북위(北魏)의 학자.
*예사: 더럽혀진 역사. 혹은 사실(史實)을 왜곡하여 쓴 역사서.
*정관의 다스림: 정관은 당태종의 연호. 명군(明君)이던 당태종의 치세(治世)가 태평성세를 이루었으므로 그 연호를 따서 '정관지치(貞觀之治)'라 일컬음.

17

이 글의 서술상의 특징을 〈보기〉에서 골라 묶은 것으로 적절한 것은?

〈보기〉
ㄱ. 대립적인 의견에 대한 절충안을 마련하여 중재를 하고 있다.
ㄴ. 다른 인물과의 대립을 통해 주인공의 업적과 성격을 나타내고 있다.
ㄷ. 사물을 의인화하여 시간의 흐름에 따라 사건이 전개되고 있다.
ㄹ. 작중 상황을 다양한 인물들의 시각에서 서술하고 있다.
ㅁ. 동시에 일어난 다른 공간의 사건을 입체적으로 서술하고 있다.

① ㄱ, ㄷ
② ㄴ, ㄷ
③ ㄱ, ㄹ, ㅁ
④ ㄷ, ㄹ, ㅁ

18

이 글의 내용과 일치하지 않는 것은?

① 저생은 원나라 때에 본업보다는 장사를 더 좋아했다.
② 저생은 당나라 때에 정관의 좋은 정치를 이룩하는 데 일조했다.
③ 저생은 송나라 때에 자치통감을 편찬할 때 주도적인 역할을 했다.
④ 저생은 한나라 때에 방정과에 응시하였고, 저국공 백주자사의 벼슬에 임명되었다.

19

〈보기〉의 내용을 이 글과 연관 지어 추론한 것으로 가장 적절한 것은?

〈보기〉
이첨(1345~1405): 고려 충목왕 때 태어나 조선 태종 5년까지 생존했던 문장가. 고려 말에서 조선 초까지 '충목왕 → 충정왕 → 공민왕 → 우왕 → 창왕 → 공양왕 → (조선) 태조 → 정종 → 태종' 등 9명의 임금을 섬겼으며, 이인임 등을 탄핵하여 유배 생활을 하기도 했다.

① 작가는 권력에 욕심이 많고 출세 지향적이어서 파란만장한 삶을 살게 되었다.
② 작가는 여러 왕을 섬기면서 벼슬도 많이 했지만 반대파를 비판하다가 배척을 당하기도 했다.
③ 작가는 한 왕조에 대한 지조와 절개를 끝까지 지키지 않아서 결국 백성들의 인심을 얻지 못했다.
④ 작가는 일부 문신들과만 가까이 지내면서 파당을 만들었고, 그로 인해 관직 생활에 우여곡절이 많았다.

20

〈보기〉와 이 글을 비교하여 설명한 내용으로 적절하지 않은 것은?

〈보기〉
일반적으로 가전체는 '도입부 – 전개부 – 평설부'의 3단계로 구성되어 있다. 즉, 도입부는 주인공의 출생과 신분, 가계 등을 서술하는 부분이며, 전개부는 주인공의 행적을 중심으로 서술하는 부분이며, 평설부는 작자가 작품의 주인공에 대하여 평가를 내리는 부분이다. 이때 평설부는 사관(史官)의 말이라는 형식을 빌려서 시작된다. 그러나 이 작품에서는 이러한 일반적인 전개 방식에 약간의 변화를 보이고 있다.

① 이 글의 도입부에는 주인공의 출생과 신분에 대한 작가의 평가가 제시되어 있다.
② 이 글은 가전체의 일반적인 구성 방식과 같이 3단계로 나누어 볼 수 있다.
③ 이 글에서는 '태사공은 말한다.'부터 평설부가 시작되는 것으로 볼 수 있다.
④ 이 글의 전개부에서는 주인공의 행적에 대해 시대 순서에 따라 서술하고 있다.

21

ⓐ와 관련 있는 한자 성어로 적절하지 않은 것은?

① 개세지재 ② 군계일학
③ 거두절미 ④ 철중쟁쟁

- 함세덕, 「동승」

※ 다음 글을 읽고, 물음에 답하시오. [1～4]

도념: (미망인에게 매달리며) 어머니, 저를 데려가 주세요.

미망인: 응, 염려 마라.

주지: 염려 말라니요? 아씨는 그저 애를 데려갈 작정이십니까?

미망인: 그럼은요.

친정 모: 못 한다. 넌 얘 하는 짓을 지금껏 두 눈으로 똑똑히 보구두 이러니?

미망인: 어머니, 봤기에 더 한층 데려가구 싶은 생각이 솟았어요. 얼마나 어머니를 그리워했으면 그런 짓을 했겠어요? 지금 이 애를 바른길루 이끌어 갈라면, 내 사랑 속에서 키우는 것밖에 딴 도리가 없어요.

친정 모: 얘는 전생에 제 부모의 죄를 받구 태어났기 때문에, 아무리 구할랴구 해두 구할 수가 없단다. 홍역 마마 하듯 이렇게 피하지 못할 죄가 하나씩 둘씩 발생하지 않니? 얘보담, 우리 인철이 영혼 축원할 도리나 걱정해라.

미망인: 인철인 기왕 죽은 애니까 재를 다시 지내면 그만 아니에요?

친정 모: 얘가 토끼 목도리를 존상 뒤에다 감춰만 뒀다면 모를까, 젊은 별좌(別座) 얘길 들으니까 어젯밤에 떡 그 더러운 것을 관세음보살님 목에다 걸어 놓구 물끄러미 바라다보구 있었다는구나.

미망인: (울며 미친 듯이) 어머니, 난 애당초에 생각이나 안 먹었으면 모를까, 한번 먹어 논 것이라 잃구는 살 수가 없어요. 얘 없이는 살 수가 없어요.

주지: 아씨께서 진정으로 얘를 사랑하신다면, 눈앞에 두구 노리개를 삼으실랴구 하시지 말구 얘 매디매디에 사무쳐있는 전생의 죄 속에서 영혼을 구하게 이 절에 둬주십시오. 자기 한 몸의 죄만 아니라 제 아비 제 어미 죄도 씻어야 할 테니까 얘는 여간한 공덕을 쌓기 전에는 저승에 가서 무서운 지옥을 면치 못하게 될 것입니다.

도념: 스님, 죽어서 지옥에 가더래두 난 내려가겠어요. 찾아오는 사람을 막지 않구 떠나는 사람을 붙들지 않는 것이 우리 절 주의라구 늘 말씀하시지 않으셨습니까?

주지: (열화같이 노하며) 수다스러. 한번 못 간다면 못 가는 줄 알어라. (미망인을 보고 선언하듯) 아씨께서 서방님을 잃으시고 외아들마저 잃으신 것두 다 전생에 죄가 많으셨던 탓입니다. 아씨 죄두 미처 벗지 못하시구 이 죗덩이를 데려다가 어떻게 하실랴구 이러십니까? 두 번 다시 이 이야기를 꺼내시려거든 다신 이 절에 오시지 마십시오.

주지, 뒤도 안 돌아보고 원내로 들어간다. 친정 모도 뒤따른다. 미망인, 주지의 말에 찔리어 전신을 부르르 떤다. 염하다 놓친 사람 모양으로 털벅 나뭇등걸에 주저앉아 운다.

도념: 어머님, 이대루 그냥 도망이라두 가시지요.

미망인 : 그렇게는 못 한다. 넌 이 절에 남어서 스님의 말씀 잘 듣구 있어야 한다.

도념: 촛불만 깜박깜박하는 법당을 또 어떻게 혼자 지켜요? 궂은비가 줄줄 내리는 밤이나 부엉이가 우는 새벽엔 무서워 죽겠어요.

미망인: 너한테는 그게 숙명이니까 내 힘으루는 어떻게 할 도리가 없구나.

미망인, 도념을 누구에게 빼앗길 듯이 세차게 껴안고 운다. 정심, 산문에서 나온다.

정심: 도념아, 빨리 종 쳐라.

도념: (눈물을 닦고) 네.

정심, 산문 앞의 등잔에 불을 켜고 다시 원내로 들어간다.

미망인: 내가 원체 죄가 많은 년이니까 너를 데리고 갔다가 너한테까지 또 무슨 화가 끼칠지, 난 그게 무서워졌다.어서 들어가자. 그 대신 내가 한 달에 한 번씩 보름날 달 밝은 밤엔 꼭 널 보러 오마.

미망인, 우는 도념을 달래 가지고 원내로 들어간다. 주위는 차츰차츰 어두워진다. 이윽고 범종 소리 들려온다. 멀리 산울림. 초부, 나무를 안고 나와 지게에 얹고, 담배를 한 대 피운다. 흩날리는 초설을 머리에 받은 채 슬픈 듯한 표정으로 종소리를 듣는다.

사이.

이윽고 종소리 그친다. 도념, 고깔을 쓰고 바랑을 걸머지고, 깽매기를 들고 나온다.

– 함세덕, 「동승」

01

이 글의 인물에 대한 설명으로 적절하지 않은 것은?

① 초부는 절을 떠나는 도념의 처지를 염려하고 있다.
② 도념과 주지는 속세의 세상을 긍정적으로 생각하고 있다.
③ 미망인은 도념과의 인연을 계속 이어가기를 희망하고 있다.
④ 도념은 부모의 죄로부터 비롯되었다고 하는 자신의 숙명을 거부하고 있다.

02

이 글을 읽고 등장인물에 대해 제대로 이해한 것은?

① 도념은 절에서 미망인을 만나기 전에는 속세에서의 삶에 대해 생각해 본 적이 없다.
② 주지는 도념이 속세로 내려가서 자신의 친어머니를 만나게 될까 봐 두려워하고 있다.
③ 도념은 자신의 종교적 숙명보다 어머니에 대한 그리움이 더 커서 속세를 지향하고 있다.
④ 미망인의 친정 모는 도념이 계율을 깨면서까지 토끼 목도리를 만든 이유를 이해하고 있다.

03

이 글에 등장하는 인물들의 말하기 방식의 특징에 대해 설명한 것 중 가장 적절한 것은?

	화자	청자	말하기 특징
①	도념	주지	연민과 동정에 호소하면서 자기의 뜻을 관철하려고 한다.
②	주지	도념	두려움을 자극하여 상대의 행동을 만류하려고 한다.
③	미망인	친정모	주장을 뒷받침할 수 있는 객관적인 사례를 제시하고 있다.
④	주지	미망인	상대방의 삶을 근거로 자신의 주장을 설득하고 있다.

04

이와 같은 글의 특징으로 적절하지 않은 것은?

① 현재형 시제를 사용한다.
② 인물의 행동을 알려주는 지시문이 있다.
③ 무대 위에서 공연되는 것을 목적으로 한다.
④ 서술자가 인물의 마음 속을 상세하게 설명해 준다.

-「하회 별신굿 탈놀이」

※ 다음 글을 읽고, 물음에 답하시오. [5~8]

초랭이: 헤헤헤…… 우습데이, 우스워 세상 이런 일이 다 있노. 어, 근데, 중놈하고 부네하고 어데로 갔노. 누가 중놈하고 부네하고 어데로 갔는지 본 사람 있니껴? (꽃신을 발견하고) 어, 요게 머로? (초랭이는 그것이 꽃신인 줄 모르고 무엇인가 살피다 살짝 건드려 보다 놀라 뒤로 물러난다. 두 번 정도 물건을 살피는 행동을 한 후 그제서야 꽃신인 줄 알고 살며시 잡고) 아-, 중놈하고 부네하고 노다 빠자 넣고 간 꽃신이구나! 아이고 고와래이-.

초랭이는 좋아서 꽃신을 꼭 껴안는 등 굉장히 아끼는 행동을 한다.

초랭이: 보소, 이거 이뿌지요? 이거 주까요? 안돼니더. (다른 이에게) 이거 니 주까? 안돼 헤헤헤…… (독백) 에이고 중하고 부네하고 춤추고 노는 세상인데 나도 이메나 불러 춤이나 추고 놀아야 될따. (이메가 입장하는 곳을 가서) 야야, 이메야- 이메야, 이메 이놈아야. 얼른 나오이라.

이메: 왜 그노 이놈아야.

〈중략〉

다시 초랭이는 관중들과 함께 부산을 떨고 선비는 연신 못마땅한 표정을 짓는다. 부네는 양반의 어깨를 주무르다 말고 양반의 머리에서 이를 잡는 시늉을 한다. 초랭이가 이를 보고

초랭이: 헤헤, 양반도 이가 다 있니껴?

양반과 선비가 모두 일어난다. 선비는 일어나면서 '엣기 고얀지고'라며 심경을 토로한다.

양반: 오냐, 부네라, 어흠, 국추 단풍에 지체후 만강하옵시며 보동댁이 감환이 들어 자동 양반 문안드리오.

부네: 보 – 옥.

양반: 허허, 그곳이 하도 험악하여 보호차로 왔나이다. 수목은 울창하며 양대꽃이 만발하니 거기에 들어가기만 하면 백혈을 토하고 죽어가기에 보호하러 왔나이다.

선비는 못마땅한 표정을 지으며 안절부절못한다.

양반: 애 부네야, 그래 우리 춤이나 한번 추고 놀아 보자.

(굿거리) 상쇠의 가락에 맞춰 양반, 선비, 부네, 초랭이가 어울려 '노는 춤'을 추며 마당은 곧 흥에 넘친다. 그러나 양반과 선비는 부네를 사이에 두고 서로 차지하려고 하여 춤은 두 사람이 부네와 같이 춤추려는 내용으로 이어져 간다. 부네는 요염한 춤을 추며 양반과 선비 사이를 왔다 갔다 하며 두 사람의 심경을 고조시킨다. 이것을 간파한 초랭이는 양반과 선비를 싸움 붙이려는 계략을 꾸민다. 우선 양반에게로 가 무언가를 얘기한다. 이에 양반은 초랭이가 시키는 대로 선비에게로 가 그를 데리고 그 무언가를 얘기하면 선비는 관중석에서 누군가를 찾기 시작한다. 이를 기회로 양반은 부네와 춤을 계속 추게 되었다. 관중 속에서 열심히 무언가를 찾던 선비는 부네와 어울려 춤추는 양반을 보고는 '속았다'는 생각에 노발대발하여 양반을 부른다.

선비: 여보게 양반–

이를 신호로 상쇠는 가락을 멈춘다.

선비: 여보게 양반, 자네가 감히 내 앞에서 이럴 수가 있는가?

[A]

양반: 허허, 무엇이 어째? 그대는 내한테 이럴 수가 있단 말인가?

선비: 아니, 그라마 그대는 진정 내한테 그럴 수가 있는가?

양반: 허허, 뭣이 어째? 그러면 자네 지체가 나만 하단 말인가?

선비: 아니 그래, 그대 지체가 내보다 낫단 말인가?

양반: 암, 낫고 말고.

선비: 그래, 낫긴 뭐가 나아.

양반: 나는 사대부(士大夫)의 자손일세.

선비: 아니 뭐라꼬, 사대부? 나는 팔대부(八大夫)의 자손일세.

양반: 아니, 팔대부? 그래, 팔대부는 뭐로?

선비: 팔대부는 사대부의 갑절이지.

양반: 뭐가 어째, 어흠, 우리 할뱀은 문하시중(門下侍中)을 지내셨거든.

선비: 아, 문하시중. 그까지 꺼……. 우리 할뱀은 바로 문상시대(門上侍大)인 걸.

양반: 아니 뭐, 문상시대? 그건 또 머로?

선비: 에헴, 문하(門下)보다는 문상(門上)이 높고 시중(侍中)보다는 시대(侍大)가 더 크다 이 말일세.

양반: 허허, 그것 참 빌 꼬라지 다 보겠네. 그래, 지체만 높으면 제일인가?

선비: 에헴, 그라만 또 머가 있단 말인가?

양반: 학식이 있어야지, 학식이. 나는 사서삼경(四書三經)을 다 읽었다네.

선비: 뭐 그까지 사서삼경 가지고. 어흠, 나는 팔서육경(八書六經)을 다 읽었네.

양반: 아니, 뭐? 팔서육경? 도대체 팔서는 어디에 있으며 그래 대관절 육경은 또 뭔가?

초랭이는 여태까지 두 사람의 얘기를 귀담아듣다가 잽싸게 끼어든다.

초랭이: 헤헤헤, 난도 아는 육경 그것도 모르니껴. 팔만대장경, 중의 바라경, 봉사의 앤경, 약국의 길경, 처녀의 월경, 머슴의 새경 말이시더–.

– 작자 미상, 「하회 별신굿 탈놀이」

05

이 글에 대한 설명으로 적절하지 않은 것은?

① 양반이 노골적인 풍자의 대상이 되고 있다.
② 농촌 탈춤의 대표적인 작품으로 전승되고 있다.
③ 관객과 연희자 사이에 벽이 존재하는 정통극이다.
④ 마을의 주민이 모여 큰 굿을 하는 행사의 일환으로 연희되었다.

06

'선비'에 대한 설명으로 적절하지 않은 것은?

① 초랭이의 계략으로 양반에게 속아 조롱을 당한다.
② 부네에 대한 욕심으로 양반에게 질투심을 느끼고 있다.
③ 양반을 공격하기도 하지만, 동시에 풍자의 대상이 되고 있다.
④ 양반보다 벼슬이 우위에 있음을 이용하여 주도권을 장악하고 있다.

07

이 글과 〈보기〉를 비교하여 감상한 내용으로 적절한 것은?

〈보기〉

말뚝이: 쉬이. (춤과 반주 그친다.) 여보, 악공들 말씀 들으시오. 오음 육률(五音六律) 다 버리고 저 버드나무 홀뚜기 뽑아 다 불고 바가지장단 좀 쳐 주오. / 양반들 아아, 이놈, 뭐야!

말뚝이: 아, 이 양반들, 어찌 듣소. 용두 해금(奚琴), 북, 장고, 피리, 젓대 한 가락도 뽑지 말고 건건드러지게 치라고 그리하였소.

양반들: (합창) 건건드러지게 치라네. (굿거리장단으로 춤을 춘다.)

생원: 쉬이. (춤과 장단 그친다.) 말뚝아. / 말뚝이 예에.

생원: 이놈, 너도 양반을 모시지 않고 어디로 그리 다니느냐?

말뚝이: 예에, 양반을 찾으려고 찬밥 국 말어 일조식(日照食)하고, 노새 원님을 끌어다가 등에 솔질을 솰솰 하여 말뚝이님 내가 타고 서양(西洋) 영미(英美), 법덕(法德), 동양 삼국 무른 메주 밟듯 하고, 동여울 서구월 남드리 북향산 방방곡곡(坊坊曲曲) 면면촌촌(面面村村)이, 바위 틈틈이, 참나무 결결이 다 찾아다녀도 샌님 비뚝한 놈은 없습디다.

– 작자 미상, 「봉산 탈춤」

① 이 글과 달리 〈보기〉에서는 양반에 대한 적대감이 드러나 있다.

② 이 글과 달리 〈보기〉에서는 해학성을 강조하여 웃음을 유발하고 있다.

③ '선비'와 '생원'은 경제적으로 몰락한 양반의 행태를 보여 주고 있다.

④ 이 글의 '초랭이'와 〈보기〉의 '말뚝이'는 모두 양반 계층을 희화화하는 역할을 하고 있다.

08

[A]의 표현상 특징에 대한 평가로 가장 적절한 것은?

① 장황한 대화를 이어가도록 하여 내용을 강조한다.

② 상징적인 표현을 사용하여 계층 간의 갈등을 보여 준다.

③ 언어유희적인 대사를 바탕으로 인물의 허위의식을 느끼도록 유도한다.

④ 과장된 대사를 통해 관객들이 일상적인 경험에서 벗어나도록 이끈다.

- 권근, 「주옹설」

※ 다음 글을 읽고, 물음에 답하시오. [9~13]

(가) 손(客)이 주옹(舟翁)에게 묻기를,

"그대가 배에서 사는데, 고기를 잡는다 하자니 낚시가 없고, 장사를 한다 하자니 돈이 없고, 진리(津吏) 노릇을 한다 하자니 물 가운데만 있어 왕래(往來)가 없구려.

변화불측(變化不測)한 물에 조각배 하나를 띄워 가없는 만경(萬頃)을 헤매다가, ㉠바람 미치고 물결 놀라 돛대는 기울고 노까지 부러지면, 정신과 혼백(魂魄)이 흩어지고 두려움에 싸여 ㉡명(命)이 지척(咫尺)에 있게 될 것이로다. 이는 지극히 험한 데서 위태로움을 무릅쓰는 일이거늘, 그대는 도리어 이를 즐겨 오래오래 물에 떠가기만 하고 돌아오지 않으니 무슨 재미인가?"

하니,

(나) 주옹이 말하기를,

"아아, 손은 생각하지 못하는가? 대개 사람의 마음이란 다잡기와 느슨해짐이 무상(無常)하니, 평탄한 땅을 디디면 태연하여 느긋해지고, 험한 지경에 처하면 두려워 서두르는 법이다. ㉢두려워 서두르면 조심하여 든든하게 살지만, 태연하여 느긋하면 반드시 흐트러져 위태로이 죽나니, 내 차라리 위험을 딛고서 항상 조심할지언정, 편안한 데 살아 스스로 쓸모없게 되지 않으려 한다.

하물며 내 배는 정해진 꼴이 없이 떠도는 것이니, 혹시 무게가 한쪽으로 지우지면 그 모습이 반드시 기울어지게 된다. 왼쪽으로도 오른쪽으로도 기울지 않고, 무겁지도 가볍지도 않게 내가 배 한가운데서 평형을 잡아야만 기울어지지도 뒤집히지도 않아 내 배의 평온을 지키게 되나니, 비록 풍랑이 거세게 인다 한들 편안한 내 마음을 어찌 흔들 수 있겠는가?

(다) 또, 무릇 인간 세상이란 한 거대한 물결이요, ㉣인심이란 한바탕 큰 바람이니, 하잘것없는 내 한 몸이 아득한 그 가운데 떴다 잠겼다 하는 것보다는, 오히려 한 잎 조각배로 만 리의 부슬비 속에 떠 있는 것이 낫지 않은가? 내가 배에서 사는 것으로 사람 한 세상 사는 것을 보건대, 안전할 때는 후환(後患)을 생각지 못하고, 욕심을 부리느라 나중을 돌보지 못하다가, 마침내는 빠지고 뒤집혀 죽는 자가 많다. 손은 어찌 이로써 두려움을 삼지 않고 도리어 나를 위태하다 하는가?"

(라) 하고 주옹은 뱃전을 두들기며 노래하기를,

아득한 강 바다여, 유유(悠悠)하여라.
빈 배를 띄웠네, 물 한가운데.
밝은 달 싣어라, 홀로 떠가리.
한가로이 지내다 세월 마치리.

하고는 손과 작별하고 간 뒤, 더는 말이 없었다.

– 권근, 「주옹설(舟翁說)」

09

이 글의 서술상 특징으로 적절하지 않은 것은?

① 손이 묻고 주옹이 답하는 방식으로 이야기를 전개하고 있다.
② 산문에 운문을 삽입하여 주옹의 생각을 엿볼 수 있게 하였다.
③ 손과 주옹의 갈등을 중심으로 사건을 긴박하게 서술하고 있다.
④ 배 위에서의 생활을 인간 삶의 모습으로 확대하여 유추하고 있다.

10

〈보기〉는 이 글을 읽은 학생의 질문이다. 이어질 교사의 대답으로 가장 적절한 것은?

〈보기〉

학생: 평소에는 편안하게 살다가, 위태로움이 오면 그때만 현명하게 대처해서 위험해서 벗어나면 되지 않을까요? 굳이 험하고 위태로운 곳을 찾아가서 산다면 더 위험해지고, 안전으로부터 더 멀어지잖아요. 주옹이 물결치고 바람 부는 물가에는 아예 안 가는 것이 더 좋지 않을까요?
교사: 주옹의 말에 따르면 ____________________

① 위태로움에 맞서 싸워 위험을 극복하는 자세가 필요합니다.
② 주옹의 직업이 사공이라 땅에서 평안하게 살 수 없는 것입니다.
③ 늘 위태로움에 처하게 되면 보다 조심하게 되므로 오히려 더 안전할 수 있습니다.
④ 중용을 바탕으로 마음의 평정만 잃지 않는다면 물이나 땅, 어느 곳에 살든지 상관없습니다.

11

이 글을 읽은 다음, 해소되지 않는 의문은?

① 주옹이 배 위에서 사는 이유는 무엇인가?
② 주옹은 언제부터 배 위에서 생활하게 되었을까?
③ 보통 사람들이 세상을 살아가는 모습은 어떠한가?
④ 안전할 때 뒷일을 대비하지 않으면 어떻게 되는가?

12

'주옹'이 추구하는 삶을 다음의 표에서 고른다면?

〈보기〉

	평탄한 곳	위험한 곳
서두름	㉠	㉡
중용	㉢	㉣
느긋함		

① ㉠　② ㉡
③ ㉢　④ ㉣

13

㉠~㉣을 한자 성어로 나타낼 때, 적절하지 않은 것은?

① ㉠: 백척간두(百尺竿頭)
② ㉡: 풍전등화(風前燈火)
③ ㉢: 유비무환(有備無患)
④ ㉣: 인지상정(人之常情)

제대로 된

가 천 대

적성고사

예상문제집

수학

01 함 수

출제경향 및 대비법

함수에서 일대일함수, 일대일대응, 합성함수나 역함수의 정의와 성질을 이용해 함숫값을 구하는 문제가 예상된다. 일대일함수 또는 일대일 대응이 되기 위한 조건, $f(g(x))$의 함숫값을 구하는 과정이나 f로부터 f^{-1}를 구하는 과정에 대한 문제가 출제되었다. 유리함수, 무리함수 문제는 그래프 해석을 묻는 문제들이 많이 출제되었다. 유리함수의 정의역, 치역, 점근선을 구하고, 점근선을 기준으로 그래프의 개형이 어떤지 그래프 해석 문제와, 무리함수의 그래프를 그리고 직선과의 교점을 묻는 문제가 예상된다.

1 여러 가지 함수

(1) 일대일대응

함수 $f: X \to Y$에서

① 치역과 공역이 같고

② 정의역 X의 임의의 두 원소 x_1, x_2에 대하여 $x_1 \neq x_2$이면 $f(x_1) \neq f(x_2)$

(2) 항등함수

정의역의 각 원소가 자기 자신에 대응하는 함수 ⇒ $f(x)=x$

(3) 상수함수

정의역의 모든 원소가 공역의 하나의 원소에만 대응하는 함수 ⇒ $f(x)=c$ (c는 상수)

2 합성함수

(1) 합성함수

두 함수 $f: X \to Y$, $g: Y \to Z$의 합성함수 $g \circ f$는 다음과 같이 정의한다.

$(g \circ f)(x)=g(f(x))$

(2) 합성함수의 성질

세 함수 f, g, h에 대하여

① $f \circ g \neq g \circ f$

② $(f \circ g) \circ h = f \circ (g \circ h)$

③ $f \circ I = I \circ f = f$ (I는 항등함수)

3 역함수

(1) 역함수의 정의

함수 $f: X \to Y$가 일대일 대응일 때, Y의 원소 y에 대하여

$f(x)=y$가 되는 $x \in X$를 대응시키는 함수를 f의 역함수라 하고, 다음과 같이 나타낸다.

$f^{-1}: Y \to X$, $y \to x$, $y=f^{-1}(x)$

(2) 역함수를 갖기 위한 조건: 일대일 대응이어야 한다.

(3) 역함수 구하는 법 : x와 y를 바꾸어서 y에 대하여 푼다.

(4) 역함수의 성질

① $f^{-1} \circ f = I$ ② $(f^{-1})^{-1}=f$

③ $(f \circ g)^{-1}=g^{-1} \circ f^{-1}$ ④ $f(a)=b \Leftrightarrow f^{-1}(b)=a$

(5) 역함수의 그래프

① $y=f(x)$와 $y=f^{-1}(x)$는 직선 $y=x$에 대하여 서로 대칭이다.

② $y=f(x)$와 $y=f^{-1}(x)$, $y=x$의 그래프의 교점은 일치한다.

개념더하기

▶ 일대일 대응이 되기 위한 조건
함수 f가 일대일 대응이 되려면 함수 f는 증가함수 또는 감소함수이어야 한다.

▶ 역함수를 구할때는 정의역과 치역에 주의한다.
① $y=f(x)$의 정의역은 $y=f^{-1}(x)$의 치역으로!!!
② $y=f(x)$의 치역은 $y=f^{-1}(x)$의 정의역으로!!!

▶ $y=f(x)$와 $y=f^{-1}(x)$의 교점을 구할 때는 $y=f(x)$와 $y=x$ 또는 $y=f^{-1}(x)$와 $y=x$의 교점을 구하면 편할 때가 많다.

정답 및 해설 p.306

01

모의

실수 전체의 집합 R에서 R로의 함수 f를

$$f(x)=\begin{cases} ax+1 & (x<0) \\ \frac{1}{2}x+1 & (x \geq 0) \end{cases}$$

로 정의할 때, f가 일대일 대응이기 위한 필요충분조건은?

① $a \neq 0$

② $a > 0$

③ $a < 0$

④ $a \geq 0$

02

모의

그림은 집합 $X=\{1,\ 2,\ 3,\ 4\}$에서 X로의 함수 f를 나타낸 것이다.
함수 $g: X \rightarrow X$가 $(f \circ g)(2)=4$, $(g \circ f)(3)=4$를 만족시킬 때, $(g \circ f)(1)+(f \circ g)(3)$의 값은?

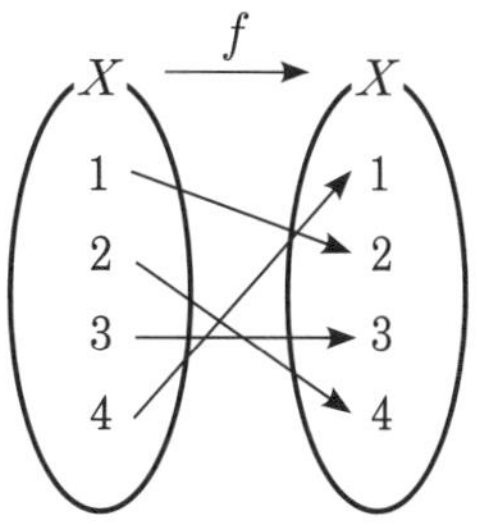

① 2

② 3

③ 4

④ 5

03

모의

그림은 집합 $X=\{-2, -1, 0, 1, 2\}$에서 X로의 함수 f를 나타낸 것이다. 함수 $f(a)f^{-1}(b)=0$를 만족시키는 두 수 a, b의 모든 순서쌍 (a, b)에 대하여 a^2+b^2의 최솟값은?

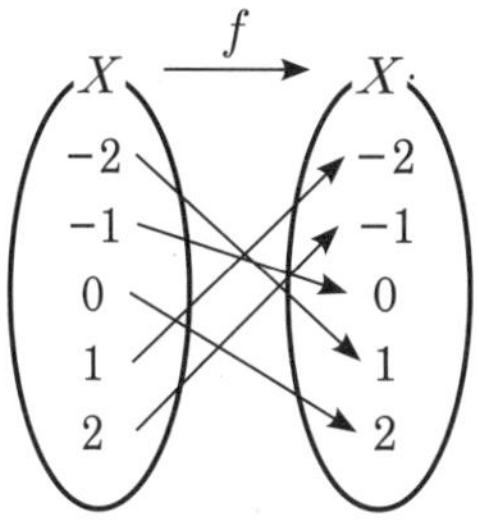

① 0 ② 1

③ 2 ④ 3

04

기출

함수 $f(x)=\dfrac{b}{x+a}+c$와 그 그래프에 대하여 〈보기〉에서 옳은 것만을 있는 대로 고른 것은? (단, a, b, c는 상수이고 $b \neq 0$)

〈보기〉

ㄱ. $x=b$, $y=c$는 점근선이다.

ㄴ. $a>0$, $b>0$, $c>0$이면 f의 그래프는 제 1, 2, 3, 4 사분면을 모두 지난다.

ㄷ. $abc \neq 0$이면 f는 일대일함수이다.

① ㄱ ② ㄴ

③ ㄷ ④ ㄴ, ㄷ

05

기출

곡선 $y=\sqrt{|x|+x}$과 직선 $y=x+k$가 만나는 점의 개수가 2가 되도록 하는 실수 k의 값이 α와 β일 때, $\alpha^2+\beta^2$의 값은?

① 1 ② $\frac{1}{2}$

③ $\frac{1}{3}$ ④ $\frac{1}{4}$

01

두 함수 $f(x), g(x)$가

$f(x)=\begin{cases} x-2 & (x \geq 3) \\ 2x+1 & (x<3) \end{cases}$, $g(x)=x^2+1$일 때,

$(g \circ f)(1)+(f \circ g)(2)$의 값은?

① 7

② 9

③ 11

④ 13

02

역함수를 갖는 함수 $f(x)$에 대하여 $f^{-1}(1)=3$이고, $f(2x+1)=g(x)$라 할 때, $g^{-1}(1)$의 값은?

① −2

② −1

③ 1

④ 2

03

실수 전체의 집합에서 정의된 함수 $f(x)=|x-1|+\frac{a}{2}x-2$가 역함수를 가질 때, 다음 중 상수 a의 값이 될 수 있는 것은?

① 0

② 1

③ 2

④ 3

04

함수 $y=\frac{-x+b}{x+a}$의 그래프가 점 (0, 2)를 지나고, 점근선의 방정식이 $x=2, y=-1$일 때, 다음 〈보기〉의 설명 중 옳은 것을 모두 고른 것은?

〈보기〉

ㄱ. $a=-2, b=-4$이다.

ㄴ. x절편은 4이다.

ㄷ. 그래프는 직선 $y=x+3$에 대하여 대칭이다.

① ㄱ

② ㄴ

③ ㄷ

④ ㄱ, ㄴ

05

함수 $y=\frac{2x+5}{x+1}$의 그래프를 x축의 방향으로 a만큼, y축의 방향으로 b만큼 평행이동하면 $y=\frac{k}{x}$의 그래프와 일치한다. 이때, $a+b+k$의 값은? (단, k는 상수이다.)

① 1

② 2

③ 3

④ 4

06

유리함수 $y=\dfrac{a}{x+3}-2$의 그래프가 모든 사분면을 지나기 위한 실수 a의 값은?

① $a<3$
② $a<6$
③ $a>3$
④ $a>6$

07

두 함수 $y=\dfrac{2}{x+1}+1$과 $y=m(x+1)+1$의 그래프가 서로 만나도록 실수 m의 값을 정할 때, m의 값으로 적당한 것은?

① −2
② −1
③ 0
④ $\dfrac{1}{2}$

08

무리함수 $y=\sqrt{-x+1}$의 그래프를 x축의 방향으로 2만큼, y축의 방향으로 −1만큼 평행이동한 후, x축에 대하여 대칭이동하면 $y=-\sqrt{ax+b}+c$의 그래프와 일치한다. 이때, 세 상수 a,b,c에 대하여 abc의 값은?

① −4
② −3
③ −2
④ −1

09

무리함수 $f(x)=-\sqrt{x+a}+b$의 역함수를 $g(x)$라 할 때, $f(x)$의 정의역은 $\{x|x\geq 2\}$이고, $g(x)$의 정의역은 $\{x|x\geq 5\}$이다. 두 상수 a,b에 대하여 $a+b$의 값은?

① 1
② 2
③ 3
④ 4

10

두 집합 $A=\{(x,y)|y=\sqrt{x+1}\}$, $B=\{(x,y)|y=x+k\}$에 대하여 $n(A\cap B)=2$일 때, 실수 k의 값의 범위는? (단, $n(X)$는 집합 X의 원소의 개수이다.)

① $k>\dfrac{5}{4}$
② $1<k<\dfrac{5}{4}$
③ $1\leq k<\dfrac{5}{4}$
④ $1\leq k\leq\dfrac{5}{4}$

02 등차수열과 등비수열

출제경향 및 대비법

등차수열, 등비수열의 일반항 구하기, 등차중항과 등비중항 문제, 그리고 등차수열과 등비수열의 주어진 항으로부터 첫째항, 공차, 공비를 추론하여 합을 구하는 문제가 출제되었다. 이 단원에서는 등차 · 등비수열의 일반항과 합의 공식, 등차 · 등비중항의 관계에 대해서 제대로 숙지하고 이를 적용하는 연습을 많이 해야 한다.

1 등차수열

(1) 등차수열

① 등차수열의 뜻 : 이웃하는 두 항 사이의 차가 일정한 수열

$a_2-a_1=a_3-a_2=a_4-a_3=\cdots=a_{n-1}-a_{n-2}=a_n-a_{n-1}=d$(공차)

② 등차수열의 일반항

첫째항 a, 공차가 d인 등차수열 일반항 a_n은 $a_n=a+(n-1)d$, $d=a_n-a_{n-1}$

(2) 등차중항

① $a_{n+1}-a_n=a_n-a_{n-1}$, $2a_n=a_{n+1}+a_{n-1}$

② 세 수 a, b, c가 이 순서대로 등차수열을 이룰 때, 아래의 등식이 성립하며, 이때 b를 a와 c의 등차중항이라 한다.

$2b=a+c \Leftrightarrow b=\dfrac{a+c}{2}$

(3) 등차수열을 이루는 수

① 세 수가 등차수열을 이룬다. $\Rightarrow a-d,\ a,\ a+d$

② 네 수가 등차수열을 이룬다. $\Rightarrow a-3d,\ a-d,\ a+d,\ a+3d$

(4) 등차수열의 합

첫째항이 a, 공차가 d, 끝항이 l인 등차수열에서 첫째 항부터 제 n항까지의 합 S_n은 다음과 같이 나타낼 수 있다.

① 첫째항과 공차를 알 때, $S_n=\dfrac{n[2a+(n-1)d]}{2}$

② 첫째항과 끝항을 알 때, $S_n=\dfrac{n(a+l)}{2}$

(5) 등차수열의 합과 일반항과의 관계

수열 $\{a_n\}$에서 $a_1+a_2+\cdots+a_{n-1}+a_n=S_n$이라 할 때,

$$\begin{cases} a_n=S_n-S_{n-1}\ (n\geq 2) \\ a_1=S_1 \end{cases}$$

$S_n=An^2+Bn+C$에서 첫째항: $a_1=S_1$, 공차: $2A$

① $C=0$이면 첫째항부터 등차수열

② $C\neq 0$이면 제2항부터 등차수열

참고 등차수열의 일반항 a_n과 합 S_n의 특징

① 등차수열의 일반항: $a_n=An+b(A, B$는 상수$)$꼴로서 n에 관한 일차식이고 n의 계수가 공차이다.

② 등차수열의 합: $S_n=An^2+Bn(A, B$는 상수$)$꼴로서 n에 관한 이차식이고 상수항은 0이다. 또, (n^2의 계수)×2 = 공차이다.

③ 등차수열이 되기 위한 필요충분조건 $\Rightarrow S_n=An^2+Bn$

개념더하기

▶ $S_n=An^2+Bn+C$에서 첫째항: $a_1=S_1$, 공차: $2A$

① $C=0$이면 첫째항부터 등차수열

② $C\neq 0$이면 제2항부터 등차수열

▶ 간단한 등차수열의 합공식

① 자연수의 합

$1+2+3+\cdots+n=\dfrac{n(n+1)}{2}$

② 홀수의 합

$1+3+5+\cdots+(2n-1)=n^2$

③ 짝수의 합

$2+4+6+\cdots+2n=n(n+1)$

2 등비수열

(1) 등비수열의 뜻: 이웃하는 두 항 사이의 비(공비)가 일정한 수열

$$\frac{a_2}{a_1}=\frac{a_3}{a_2}=\frac{a_4}{a_3}=\cdots=\frac{a_n}{a_{n-1}}=r\ (\text{공비})$$

수열 1, 2, 4, 8, … 과 같이 첫째항부터 차례로 일정한 수를 곱하여 얻어지는 수열을 등비수열이라 하고, 그 일정한 수를 공비라 한다.

(2) 등비수열의 일반항

① $\frac{a_n}{a_{n-1}}=r$에서 $a_n=ra_{n-1}$

② 첫째항 a, 공비가 r인 등비수열의 일반항 a_n은

$a_n=(\text{첫째 항})\cdot(\text{공비})^{n-1}=ar^{n-1}$

(3) 등비중항

① $\frac{a_{n+1}}{a_n}=\frac{a_n}{a_{n-1}}$에서 $a_n^2=a_{n+1}\times a_{n-1}$

② 세 수 a, b, c가 차례로 등비수열을 이룰 때, b를 a와 c의 등비중항이라 한다.

$b^2=ac \Leftrightarrow b=\pm\sqrt{ac}$ (단, $ac>0$)

$b=\sqrt{ac}$를 기하평균이라 한다.

(4) 등비수열을 이루는 수

세 수가 등비수열을 이루면 a, ar, ar^2

(5) 등비수열의 합

등비수열의 첫째 항을 a, 공비를 r라고 할 때, 첫째항부터 제n항까지의 합 S_n은

① $r>1$일 때, $S_n=\frac{a(r^n-1)}{r-1}$

② $r<1$일 때, $S_n=\frac{a(1-r^n)}{1-r}$

③ $r=1$일 때, $S_n=na$

3 등비수열의 응용

(1) 원리합계의 계산

원금 a를 연이율 r로 n년간 예금할 때, 원리합계 S는

① 단리법: $S=a(1+rn)$ ← 공차 ar인 등차수열

② 복리법: $S=a(1+r)^n$ ← 공비 $(1+r)$인 등비수

(2) 적금(복리법)

일정한 금액을 일정한 기간마다 계속해서 적립하는 것을 적금 또는 적립예금이라고 한다.

① 기수불

각 기간의 초에 적립하는 것을 기수불이라 한다.

(주로 매달 또는 매년 일정한 금액의 예금을 할 때 많이 사용된다.)

원금을 a, 이율을 r, 기간을 n이라 할 때 기수불의 적금 총액 S는

$$S=\frac{a(1+r)((1+r)^n-1)}{r}$$

② 기말불

각 기간의 말에 적립하는 것을 기말불이라 한다.

(주로 원리금+이자를 상환할 때 많이 사용한다.)

원금을 a, 이율을 r, 기간을 n이라 할 때, 기말불의 적금 총액 S는 $S=\frac{a((1+r)^n-1)}{r}$

(3) 상환

정해진 금액을 일정한 기간마다 정한 기한에 일정한 금액을 지불하여 빚을 갚는 것을 상환이라 한다.

금년초에 A원을 빌리고 금년말부터 연이율 r로 n년 동안 매년말 갚아야 할 상환금

$$a=\frac{Ar(1+r)^n}{(1+r)^n-1}$$

개념더하기

▶ 등비수열의 여러 가지 공식

① 등비수열의 합 S_n의 변형 공식(끝항을 알 때)

첫째항을 a, 공비를 r, 끝항을 l라 할 때

$S=\frac{rl-a}{r-1}=\frac{a-rl}{1-r}$

(단, $l=ar^{n-1}, r\neq 1$)

② 수열의 합 S_n의 특징

ⅰ) S_n이 n의 2차식이면 등차수열이고

ⅱ) S_n이 n의 지수승 꼴이면 등비수열이다.

③ 등비수열의 합 S_n과 일반항 a_n의 관계

$S_n=Ar^n+B\ (r\neq 0, r\neq 1)$

꼴인 수열 $\{a_n\}$은

$A+B=0$일 때 등비수열의 합이 존재하고

첫째항 $a_1=A(r-1)$, 공비 r

$\therefore\ a_n=A(r-1)r^{n-1}$

정답 및 해설 p.308

01

기출

등차수열 $\{a_n\}$에 대하여 $a_2 = 5$, $a_9 = 19$일 때, $a_1 + a_2 + a_3 + \cdots + a_7 + a_8$의 값은?

① 80
② 72
③ 64
④ 56

02

기출

모든 항이 실수인 등비수열 $\{a_n\}$에 대하여 $a_1 = 12$, $a_5 a_9 = 18$일 때, $a_3 a_7$의 값은?

① 9
② 12
③ 27
④ 36

03

모의

등차수열 $\{a_n\}$이

$$a_7 + a_{13} = 4a_{11},\ \sum_{k=1}^{20} a_k = 10$$

을 만족시킬 때, a_9의 값은?

① 1
② 2
③ 3
④ 4

04

모의

공비가 2인 등비수열 $\{a_n\}$에 대하여 $a_1 + a_2 + a_4 = 55$일 때, a_3의 값은?

① 15
② 20
③ 25
④ 30

05

기출

세 수 a, 5, $a + 4b$가 이 순서대로 등차수열을 이루고, 세 수 1, $2b$, $4a + 6b$가 이 순서대로 등비수열을 이룰 때, $a + b$의 값은? (단, $a > 0$, $b > 0$)

① 2
② 3
③ 4
④ 5

정답 및 해설 p.308

01

등차수열 $\{a_n\}$에서 $a_1=2, a_2+a_3=16$일 때, $a_1+a_2+\cdots+a_{20}$의 값은?

① 780

② 790

③ 800

④ 810

02

등차수열 $\{a_n\}$에서 $a_1=6, a_{10}=-12$일 때, $|a_1|+|a_2|+|a_3|+\cdots+|a_{20}|$의 값은?

① 280

② 284

③ 288

④ 292

03

세 수 $2k-5, k^2-1, 2k+3$이 순서대로 등차수열을 이룰 때, k의 값은? (단, $k \neq 0$)

① 1

② 2

③ 3

④ 4

04

수열 $\{a_n\}$의 첫째항부터 제n항까지의 합 S_n이 다항식 $2x^2+x+1$을 $x-n$으로 나눈 나머지라 할 때, a_5의 값은?

① 13

② 15

③ 17

④ 19

05

각 항이 양수인 등비수열 $\{a_n\}$에 대하여 $a_3+a_5=24, a_2a_4=64$일 때, a_9의 값은?

① 62

② 64

③ 66

④ 68

06

첫째항이 1, 공비가 $-\frac{1}{2}$인 등비수열 $\{a_n\}$에 대하여 수열 $\left\{\frac{1}{a_n}\right\}$의 제8항은?

① -128

② $-\frac{1}{128}$

③ $\frac{1}{64}$

④ 64

07

첫째항이 0이 아닌 두 수열 $\{a_n\}$, $\{b_n\}$은 공비가 각각 3, 4인 등비수열이다. 이때, 다음 〈보기〉의 수열 중 등비수열인 것을 모두 고른 것은?

〈보기〉

ㄱ. $\left\{\frac{1}{2}a_n\right\}$ ㄴ. $\{a_n - b_n\}$ ㄷ. $\{2a_n - a_{n+1}\}$

① ㄱ, ㄴ

② ㄴ, ㄷ

③ ㄱ, ㄷ

④ ㄱ, ㄴ, ㄷ

08

이차방정식 $x^2-6x+4=0$의 두 근 α, β에 대하여 세 수 α, p, β는 이 순서대로 등차수열을 이루고, 세 수 α, q, β는 이 순서대로 등비수열을 이룬다. 이때, $p+q$의 값은? (단, $q>0$)

① 5

② 6

③ 7

④ 8

09

첫째항부터 제n항까지의 합 S_n에 대하여 다음 중 $S_n = 2^n + 5$를 만족시키는 수열 $\{a_n\}$의 값으로 옳지 않은 것은?

① $a_1 + a_6 = 31$

② $a_2 + a_4 = 10$

③ $a_2 + a_5 = 18$

④ $a_3 + a_4 = 12$

10

첫째항부터 제n항까지의 합이 20, 첫째항부터 제$2n$항까지의 합이 10인 등비수열에서 첫째항부터 제$3n$항까지의 합은?

① 12

② 15

③ 18

④ 22

03 수열의 합과 수학적 귀납법

출제경향 및 대비법

합과 일반항의 관계가 다수 출제되었다. 수열의 합으로부터 일반항을 도출하여 특정 항을 구하는 문제가 예상된다. 또한 나열된 수열에서 규칙성을 추론하여 $\sum$을 이용한 수열의 합으로 나타낼 수 있어야 하며, $\sum$의 성질은 합 · 차 · 실수배만 성립함을 인지하고 있어야 한다. 수학적 귀납법은 나열 후 소거해서 일반항을 유추하는 기본적인 점화식만 출제될 것으로 예상된다.

1 합의 기호 시그마

(1) 기호 $\sum$의 정의

↓ 끝항의 번호

$$a_1+a_2+a_3+\cdots+a_n=\sum_{k=1}^{n}a_k \longleftarrow \text{ 제 } k\text{항 (일반항)}$$

↑ 첫째항 번호

(2) $\sum$의 성질

① $\sum_{k=1}^{n}a_k=\sum_{i=1}^{n}a_i=\sum_{j=1}^{n}a_j$

② $\sum_{k=1}^{n}ca_k=c\sum_{k=1}^{n}a_k$ (c는 상수)

③ $\sum_{k=1}^{n}(a_k\pm b_k)=\sum_{k=1}^{n}a_k\pm\sum_{k=1}^{n}b_k$ (복호동순)

④ $\sum_{k=1}^{n}c=cn$ (c는 상수)

2 여러가지 $\sum$의 성질

(1) 자연수의 거듭제곱의 합

① $\sum_{k=1}^{n}k=1+2+3+\cdots+n=\frac{n(n+1)}{2}$

② $\sum_{k=1}^{n}k^2=1^2+2^2+3^2+\cdots+n^2=\frac{n(n+1)(2n+1)}{6}$

③ $\sum_{k=1}^{n}k^3=1^3+2^3+3^3+\cdots+n^3=\left\{\frac{n(n+1)}{2}\right\}^2=\left\{\sum_{k=1}^{n}k\right\}^2$

(2) 분수수열의 합

$$\sum_{k=1}^{n}\frac{1}{k(k+d)}=\sum_{k=1}^{n}\frac{1}{d}\left(\frac{1}{k}-\frac{1}{k+d}\right)$$

예 ① $\sum_{k=1}^{n}\frac{1}{k(k+1)}=\sum_{k=1}^{n}\left(\frac{1}{k}-\frac{1}{k+1}\right)=1-\frac{1}{n+1}$

② $\sum_{k=1}^{n}\frac{1}{k(k+1)(k+2)}=\frac{1}{2}\sum_{k=1}^{n}\left(\frac{1}{k(k+1)}-\frac{1}{(k+1)(k+2)}\right)$

$=\frac{1}{2}\left(\frac{1}{1\cdot 2}-\frac{1}{(n+1)(n+2)}\right)$

개념더하기

▶ 평행이동

$$\sum_{k=a}^{n+a}f(k)=\sum_{k=0}^{n}f(k+a)$$

예 $\sum_{k=5}^{n+5}(k-5)^3=\sum_{k=0}^{n}k^3$ r

$\therefore a_n=A(r-1)r^{n-1}$

▶ 거듭제곱의 합

① $\sum_{k=1}^{n-1}k=\frac{n(n-1)}{2}$

② $\sum_{k=1}^{n-1}k^2=\frac{n(n-1)(2n-1)}{6}$

③ $\sum_{k=1}^{n-1}k^3=\left\{\frac{n(n-1)}{2}\right\}^2$

(3) 무리식을 포함한 수열의 합

① 일반항을 유리화한다.

② 수열의 합을 $\sum$를 쓰지 않은 합의 꼴로 나타내어 계산한다.

3 수열의 귀납적 정의

(1) 귀납적 정의

수열 $\{a_n\}$을

① 첫째 항 a_1

② 이웃하는 항 a_n과 a_{n+1}의 관계식($n \geq 1$)으로 정의하는 것을 수열의 귀납적 정의하고 하며, 이때 서로 이웃하는 항 사이의 관계식을 점화식이라고 한다.

(2) 기본적인 귀납적 정의

① $a_{n+1} - a_n = d$(일정) ⇨ 공차가 d인 등차수열

② $2a_{n+1} = a_n + a_{n+2}$ ⇨ 등차수열

③ $a_{n+1} \div a_n = r$(일정) ⇨ 공비가 r인 등차수열

④ ${a_{n+1}}^2 = a_n a_{n+2}$ ⇨ 등비수열

개념더하기

01

기출

수열 $\{a_n\}$의 첫째항부터 제n항까지의 합 S_n이 $S_n = \dfrac{n}{n+1}$일 때, $a_4 + a_5 + a_6$의 값은?

① $\dfrac{1}{42}$

② $\dfrac{2}{35}$

③ $\dfrac{3}{28}$

④ $\dfrac{4}{21}$

02

모의

$1\times1+(1+2)\times2+(1+2+3)\times3+\cdots+(1+2+\cdots+8)\times8$의 값은?

① 528

② 699

③ 750

④ 852

03

기출

수열 $\{a_n\}$에 대하여 $\sum_{k=1}^{20} a_k(a_k+1)=30$, $\sum_{k=1}^{20} a_k(a_k-3)=10$일 때, $\sum_{k=1}^{20}(a_k+1)^2$의 값은?

① 55

② 60

③ 65

④ 70

04

기출

수열 $\{a_n\}$에 대하여 $\sum_{k=1}^{n} a_k = n^2 + pn$이고, $a_1 + a_6 = 20$일 때, a_{10}의 값은? (단, p는 상수이다.)

① 21

② 23

③ 25

④ 27

05

모의

수열 $\{a_n\}$이 $a_1=10$, $a_{n+1}=\dfrac{n+2}{n+1}a_n$ $(n=1, 2, 3, \cdots)$을 만족시킬 때, $\dfrac{1}{5}a_{100}$의 값은?

① 100

② 101

③ 121

④ 143

01

공차가 3인 등차수열 $\{a_n\}$에 대하여 $\sum_{k=5}^{8} a_k - \sum_{k=1}^{4} a_k$의 값은?

① 42
② 44
③ 46
④ 48

02

등차수열 $\{a_n\}$에 대하여 $a_1+a_3+a_5=20$,

$a_4+a_6+a_8=56$이 성립할 때, $\sum_{k=1}^{10}(a_{k+1}-a_k)$의 값은?

① 40
② 41
③ 42
④ 43

03

$\sum_{k=1}^{10} 2k+\sum_{k=2}^{10} 2k+\sum_{k=3}^{10} 2k+\cdots+\sum_{k=10}^{10} 2k$의 값은?

① 770
② 810
③ 880
④ 930

04

두 등차수열 $\{a_n\}$, $\{b_n\}$에서 $a_1+b_1=10$, $a_{10}+b_{10}=20$일 때, $\sum_{k=1}^{10}(a_k+b_k)$의 값은?

① 140
② 145
③ 150
④ 155

05

$\sum_{k=1}^{10}(a_k+b_k)^2=40$, $\sum_{k=1}^{10} a_k b_k=5$일 때, $\sum_{k=1}^{10}(a_k^2+b_k^2)$의 값은?

① 15
② 20
③ 25
④ 30

06

수열 $\{a_n\}$에 대하여 $\sum_{k=1}^{n} a_k = n^2$일 때, $\sum_{k=1}^{10} a_k^2$의 값은?

① 1290

② 1310

③ 1330

④ 1350

07

$\frac{3}{1^2}+\frac{5}{1^2+2^2}+\frac{7}{1^2+2^2+3^2}+\cdots+\frac{19}{1^2+2^2+\cdots+9^2}$

의 값은?

① $\frac{27}{5}$

② $\frac{29}{5}$

③ $\frac{32}{5}$

④ $\frac{36}{5}$

08

자연수 전체의 집합을 정의역으로 하는 두 함수

$f(n)=(n-1)(n+1)$, $g(n)=2n+1$이 있다.

$h(n)=(f \circ g)(n)$일 때, $\sum_{n=1}^{10} \frac{1}{h(n)}$의 값은?

① $\frac{3}{22}$

② $\frac{5}{22}$

③ $\frac{7}{22}$

④ $\frac{9}{22}$

09

수열 $\{a_n\}$이

$a_1=1, a_2=3, a_{n+1}=\frac{a_n+a_{n+2}}{2}$ $(n=1,2,3,\cdots)$

를 만족시킬 때, $a_2+a_4+a_6+a_8+a_{10}$의 값은?

① 51

② 53

③ 55

④ 57

10

모든 항의 값이 양수인 수열 $\{a_n\}$은

$\frac{a_{n+2}}{a_{n+1}}=\frac{a_{n+1}}{a_n}$ $(n=1,2,3,\cdots)$

을 만족시키고, $a_1=3, a_3=147$이다. 이때, $\frac{a_{13}}{a_6}=p^p$을 만족시키는 양의 정수 p의 값은?

① 4

② 5

③ 6

④ 7

04 지수와 로그

출제경향 및 대비법

지수와 로그에서는 지수와 로그의 성질을 이용한 계산 문제가 다수 출제되었다. 로그에서 특히 밑과 진수의 범위에 대해서 주의해야 하며, 상용로그의 지표와 가수를 구할 수 있어야 한다. 이 단원에서 어려운 문제는 거의 출제되지 않으나, 기본적인 지수 · 로그의 성질을 제대로 숙지할 필요가 있다.

개념더하기

1 거듭제곱근 $\sqrt[n]{a}$

n제곱하여 a가 되는 수를 a의 n제곱근이라 한다.

n을 $n \geq 2$인 정수라 할 때, 실수 a에 대하여 방정식 $x^n = a$의 해를 a의 n제곱근이라 한다.

(1) n : 짝수 $\begin{cases} a>0 : a\text{의 실수인 } n\text{제곱근} \Rightarrow \pm\sqrt[n]{a}\text{로 두 개} \\ a<0 : a\text{의 실수인 } n\text{제곱근} \Rightarrow \text{존재하지 않는다.} \end{cases}$

(2) n : 홀수 $\begin{cases} a>0 \\ a<0 \end{cases}$: a의 실수인 n제곱근은 $\sqrt[n]{a}$이다.

2 거듭제곱근의 성질

$a>0$, $b>0$이고 m, n이 2이상의 자연수일 때,

(1) $(\sqrt[n]{a})^n = a$

(2) $\sqrt[n]{a^m} = (\sqrt[n]{a})^m$

(3) $\sqrt[n]{a}\sqrt[n]{b} = \sqrt[n]{ab}$

(4) $\dfrac{\sqrt[n]{a}}{\sqrt[n]{b}} = \sqrt[n]{\dfrac{a}{b}}$

(5) $(\sqrt[n]{a^m}) = \sqrt[nk]{a^{mk}}$ (단, k : 자연수)

(6) $\sqrt[m]{\sqrt[n]{a}} = \sqrt[mn]{a}$

3 지수의 정의

$a>0$, $b>0$일 때, 유리수 m, n에 대하여

(1) $a^0 = 1$

(2) $a^{-n} = \dfrac{1}{a^n}$ $(a \neq 0)$

(3) $a^{\frac{1}{n}} = \sqrt[n]{a}$

4 지수법칙

$a>0$, $b>0$일 때, 유리수 m, n에 대하여

(1) $a^m \times a^n = a^{m+n}$

(2) $a^m \div a^n = \dfrac{a^m}{a^n} = a^{m-n}$

(3) $(a^m)^n = a^{mn}$

(4) $(ab)^n = a^n b^n$

(5) $\left(\dfrac{a}{b}\right)^n = \dfrac{a^n}{b^n}$

5 대소비교

두 수의 대소를 비교 할 때 ⇒ 밑수를 통일시키거나, 지수를 통일한다.

01

기출

$(\sqrt[4]{8})^{\frac{2}{3}} \times (\sqrt[6]{36})^{\frac{3}{2}}$의 값은?

① $2\sqrt{3}$

② $4\sqrt{3}$

③ $3\sqrt{2}$

④ $9\sqrt{2}$

02

기출

자연수 m, n에 대하여 $(\sqrt{2^5})^{\frac{1}{3}}$이 m의 n제곱근일 때, $m+n$의 최솟값은?

① 19

② 38

③ 57

④ 76

03

기출

$\log_2\left(1+\frac{1}{2}\right)+\log_2\left(1+\frac{1}{3}\right)+\log_2\left(1+\frac{1}{4}\right)+\cdots$

$+\log_2\left(1+\frac{1}{127}\right)$의 값은?

① 6

② 7

③ 8

④ 9

04

모의

두 양수 a, b가 $\log_3 ab=1$, $\log_2(a^2+1)(b^2+1)=4$를 만족시킬 때, a^3+b^3의 값은?

① $2\sqrt{3}$

② 6

③ $6\sqrt{3}$

④ 12

05

기출

$\log\frac{11}{100}$의 지표와 가수를 각각 n, α라 할 때, n^2+10^{α}의 값은 $\frac{q}{p}$이다. $p+q$의 값은? (단, p와 q는 서로소인 자연수이다.)

① 25

② 27

③ 29

④ 31

01

-27의 세제곱근 중 실수인 것의 개수를 m, 2의 네제곱근 중 실수인 것의 개수를 n이라 할 때, $m+n$의 값은?

① 1
② 2
③ 3
④ 4

02

$\sqrt[4]{(-3)^4}+\sqrt[5]{-32}+\sqrt[5]{9}\,\sqrt[5]{27}+\sqrt[3]{\sqrt{64}}$ 를 간단히 하면?

① 2
② 3
③ 4
④ 6

03

양의 실수 a에 대하여 다음 〈보기〉 중 $\sqrt[8]{a^5}$과 같은 것을 모두 고른 것은?

〈보기〉

ㄱ. $(\sqrt[8]{a})^5$　　ㄴ. $\sqrt{\sqrt[4]{a^5}}$　　ㄷ. $\sqrt[4]{a\sqrt[2]{a}}$

① ㄱ
② ㄱ, ㄴ
③ ㄴ, ㄷ
④ ㄱ, ㄴ, ㄷ

04

두 실수 x, y가 $2^{2x}=5^{2y}=k$를 만족시키는 $x+y-2xy=0$일 때, $2k$의 값은? (단, $xy\neq 0$)

① 16
② 18
③ 20
④ 22

05

$\log_a(\log_2 4)+\log_a(\log_4 8)+\log_a(\log_8 16)=4$를 만족시키는 실수 a의 값은? (단, $a>0, a\neq 1$)

① $\frac{1}{2}$
② $\frac{\sqrt{2}}{2}$
③ $\sqrt{2}$
④ $2\sqrt{2}$

06

함수 $f(x) = \log_2(1+\frac{1}{x})$에 대하여

$f(1)+f(2)+f(3)+\cdots+f(n)=5$일 때, 자연수 n의 값은?

① 31

② 32

③ 33

④ 34

07

두 양수 a, b에 대하여

$ab=27, \log_3\frac{b}{a}=5$가 성립할 때, $4\log_3 a+9\log_3 b$의 값은?

① 31

② 32

③ 33

④ 34

08

$\log_2 5=a, \log_3 2=b$일 때, $\log_6 15$를 a, b로 나타낸 식을 $f(a, b)$라 하자. 이때, $f(8, 9)$의 값은?

① 7.1

② 7.2

③ 7.3

④ 7.4

09

$10 < x < 100$이고, $\log x$와 $\log\frac{1}{x}$의 소수 부분이 같을 때, $\log x$의 값은?

① $\frac{1}{2}$

② 1

③ $\frac{3}{2}$

④ 2

10

$\log_2 9 = n+\alpha$(n은 정수, $0 \le \alpha < 1$)일 때, $\frac{n-2^{\alpha}}{n+2^{\alpha}}$의 값은?

① $\frac{2}{11}$

② $\frac{3}{11}$

③ $\frac{4}{11}$

④ $\frac{5}{11}$

05 수열의 극한과 급수

출제경향 및 대비법

수열의 극한은 식을 정리하고 마지막에 $n\to\infty$를 취하여 수열의 극한값을 구하는 문제가 과거 다수 출제되었고, 올해도 1문제는 꼭 나올 것으로 예상된다. 급수에서는 급수의 수렴조건 문제 및 등비급수와 도형에서의 활용이 출제되었다. 교과서에서 나오는 코흐의 눈송이 관련 문제와 같이 등비급수의 활용문제는 수능처럼 복잡한 도형은 아니지만, 등비급수를 추론하고 계산하는 연습이 필요하다.

개념더하기

1 수열의 극한

수열 $\{a_n\}$ 즉, $a_1, a_2, a_3, \cdots, a_n, \cdots$ 에서 n이 한없이 커질 때, 제n항 a_n이 일정한 값 α에 한없이 가까워지면, 수열 $\{a_n\}$은 α에 수렴한다고 하고, α를 수열 $\{a_n\}$의 극한값 또는 극한이라고 한다.
이것을 기호로 나타내면

$n \longrightarrow \infty$일 때, $a_n \longrightarrow \alpha$

또는 $\lim_{n\to\infty} a_n = \alpha$(일정) ⇒ 극한값 존재

참고 $\lim_{n\to\infty} a_n = \alpha \Leftrightarrow \lim_{n\to\infty} a_{n-1} = \lim_{n\to\infty} a_{n+1} = \alpha$

2 수열의 수렴과 발산

(1) 수렴

$\lim_{n\to\infty} a_n = \alpha$(일정)이면 수열 $\{a_n\}$은 α에 수렴한다고 하며, α를 극한값이라고 한다.

(2) 발산

수열 $\{a_n\}$이 수렴하지 않을 때 발산한다고 한다.

- $\lim_{n\to\infty} a_n = \infty$ ⇒ 양의 무한대로 발산
- $\lim_{n\to\infty} a_n = -\infty$ ⇒ 음의 무한대로 발산
- $\lim_{n\to\infty} a_n$: 일정하지 않다 ⇒ 진동(발산) : 극한값 없다.

3 수열의 극한에 대한 기본 성질

(1) 극한값의 기본 성질

수열 $\{a_n\}$, $\{b_n\}$이 모두 수렴하고, $\lim_{n\to\infty} a_n = \alpha$, $\lim_{n\to\infty} b_n = \beta$일 때,

① $\lim_{n\to\infty} ka_n = k\lim_{n\to\infty} a_n = k\alpha$ (k는 상수)

② $\lim_{n\to\infty}(a_n \pm b_n) = \lim_{n\to\infty} a_n \pm \lim_{n\to\infty} b_n = \alpha \pm \beta$ (복호동순)

③ $\lim_{n\to\infty} a_n \cdot b_n = \lim_{n\to\infty} a_n \cdot \lim_{n\to\infty} b_n = \alpha \cdot \beta$

④ $\lim_{n\to\infty} \frac{a_n}{b_n} = \frac{\lim_{n\to\infty} a_n}{\lim_{n\to\infty} b_n} = \frac{\alpha}{\beta}$ $(b_n \neq 0,\ \beta \neq 0)$

(2) 수열의 극한의 대소 관계

① $a_n \leqq b_n$이고, $\lim_{n\to\infty} a_n = \alpha$, $\lim_{n\to\infty} b_n = \beta$ 이면 $\alpha \leqq \beta$

② $a_n \leqq b_n$ 이고, $\lim_{n\to\infty} a_n = \infty$이면 $\lim_{n\to\infty} b_n = \infty$

③ $a_n \leqq c_n \leqq b_n$이고, $\lim_{n\to\infty} a_n = \lim_{n\to\infty} b_n = \alpha$이면 $\lim_{n\to\infty} c_n = \alpha$

4 수열의 극한값을 구하는 방법

(1) $\dfrac{\infty}{\infty}$꼴의 부정형

분모의 최고차항으로 분모, 분자를 나눈다.

(분자의 차수)>(분모의 차수)이면 ⇒ $\lim_{n\to\infty} a_n = \infty$ 또는 $-\infty$

(분자의 차수) = (분모의 차수)이면 ⇒ $\lim_{n\to\infty} a_n =$ (최고차항의 계수의 비)

(분자의 차수)<(분모의 차수)이면 ⇒ $\lim_{n\to\infty} a_n = 0$

(2) $\infty - \infty$꼴의 부정형

① 다항식의 극한은 최고차항으로 묶는다.

② 무리식의 극한은 분모 또는 분자를 유리화한다.

5 등비수열의 극한

첫째 항이 a, 공비가 r인 무한수열 $a,\ ar,\ ar^2, \cdots,\ ar^n, \cdots$와 같이 한없이 계속되는 등비수열

6 등비수열의 수렴 조건

(1) 등비수열 $\{r^n\}$의 수렴 조건 ⇨ $-1 < r \leq 1$

(2) 등비수열 $\{ar^{n-1}\}$의 수렴 조건 ⇨ $a = 0$ 또는 $-1 < r \leq 1$

7 r^n을 포함한 식의 극한

공비 r의 값의 범위를 나누어 구한다.

(1) $|r| > 1$일 때, $\lim_{n\to\infty} r^n = \infty$ 또는 발산

(2) $r = 1$일 때, $\lim_{n\to\infty} r^n = 1$

(3) $|r| < 1$일 때, $\lim_{n\to\infty} r^n = 0$

(4) $r = -1$일 때, $\lim_{n\to\infty} r^n =$ 발산(진동)

8 급수

수열 $\{a_n\}$의 각 항을 차례로 덧셈 기호 +로 연결한 식 $a_1 + a_2 + \cdots + a_n + \cdots$을 급수라 한다. 여기서 a_n을 이 급수의 제n항이라고 하며, 기호 $\sum$를 사용하여 다음과 같이 나타낸다.

$$a_1 + a_2 + \cdots + a_n + \cdots = \sum_{n=1}^{\infty} a_n$$

급수 $\sum_{n=1}^{\infty} a_n$의 첫째 항부터 제 n항까지의 합 S_n을 이 급수의 제 n항까지의 부분합이라 한다.

$$\lim_{n\to\infty} S_n = \lim_{n\to\infty} \sum_{k=1}^{n} a_k = \sum_{n=1}^{\infty} a_n = S$$

개념더하기

▶ 급수의 합

급수 $\sum_{n=1}^{\infty} a_n$의 부분합으로 이루어진 수열 $S_1,\ S_2,\ S_3, \cdots,\ S_n, \cdots$이 일정한 수 S에 수렴하면 즉, $\lim_{n\to\infty} S_n = S$이면 급수 $\sum_{n=1}^{\infty} a_n$은 S에 수렴한다고 한다. 이때, S를 이 급수의 합이라고 한다.

9 급수와 수열의 극한 사이의 관계

(1) 급수 $\sum_{n=1}^{\infty} a_n$이 수렴하면 ⇨ $\lim_{n\to\infty} a_n = 0$ (역은 성립하지 않는다.)

(2) $\lim_{n\to\infty} a_n \neq 0$이면 ⇨ 급수 $\sum_{n=1}^{\infty} a_n$은 발산

10 등비급수

첫째 항이 $a\,(a \neq 0)$이고 공비가 r인 등비수열 $\{ar^{n-1}\}$에서 얻은 급수

$a+ar+ar^2+\cdots+ar^{n-1}+ar^n+\cdots = \sum_{n=1}^{\infty} ar^{n-1}$ ………… (*)을 등비급수라고 한다.

11 등비급수의 수렴·발산

$a \neq 0$일 때, 등비급수 $a+ar+ar^2+\cdots+ar^{n-1}+\cdots$은

(1) $|r|<1$일 때 수렴하고, 그 합은 $S=\frac{a}{1-r}$이다.

(2) $|r| \geq 1$일 때 발산한다.

12 순환소수

무한소수 중 소수점 아래의 어떤 부분이 반복되는 소수를 순환소수라 한다.
순환소수는 무한등비급수의 방법으로 기약분수로 고칠 수 있다.

13 등비급수의 응용

① 같은 모양의 그림이 반복되는 것은 거의 등비수열을 이룬다.
② 첫째항과 둘째항만 구하면 공비는 구해진다.
③ 닮은꼴에서 길이의 닮음비가 $m:n$이면, 넓이의 비는 $m^2:n^2$이고 부피의 비는 $m^3:n^3$이다.

❶ 주의

주의할 점은 길이의 합인지, 넓이의 합인지 꼭 확인해야 한다.

개념더하기

▶ 대우를 생각하면 $\lim_{n\to\infty} a_n \neq 0$이면 급수 $\sum_{n=1}^{\infty} a_n$은 발산한다.

역으로 $\lim_{n\to\infty} a_n = 0$이라고 해서 $\sum_{n=1}^{\infty} a_n$이 반드시 수렴하는 것은 아니다.

예 $a_n=\sqrt{n+1}-\sqrt{n}$일 때, $\lim_{n\to\infty} a_n = 0$이지만 $\sum_{n=1}^{\infty} a_n$은 발산한다.

01

기출

$\lim_{n\to\infty}\left\{n^2\left(1-\sqrt{1-\frac{3}{n^2}}\right)\right\}$의 값은?

① $\frac{2}{3}$

② $\frac{3}{4}$

③ $\frac{4}{3}$

④ $\frac{3}{2}$

02

기출

수열 $\{a_n\}$이 $\sum_{n=1}^{\infty}a_n=1$, $\sum_{n=1}^{\infty}na_n=2$를 만족시킬 때,

$\sum_{n=1}^{\infty}n^2(a_n-a_{n+1})$의 값은?

① 1

② 2

③ 3

④ 4

03

기출

두 수열 $x_n=\frac{n-2}{2n+6}$, $y_n=\frac{7n^2+n+1}{3n^2-2}$에 대하여

$z_n=\frac{x_n+y_n+|x_n-y_n|}{2}$일 때, $\lim_{n\to\infty}z_n$의 값은?

① $\frac{1}{2}$

② $\frac{7}{6}$

③ $\frac{7}{3}$

④ $\frac{17}{6}$

04

기출

두 수열 $\{a_n\}$, $\{b_n\}$에 대하여 무한급수 $\sum_{n=1}^{\infty}(a_n+2b_n-2)$와 $\sum_{n=1}^{\infty}(2a_n+b_n-1)$이 모두 수렴할 때, $\lim_{n\to\infty}(a_n+b_n)$의 값은?

① −2

② 0

③ 1

④ 2

05

기출

그림과 같이 넓이가 1인 정삼각형에서 각 변을 삼등분하고, 각 변의 가운데 선분 위에 정삼각형을 그린 후 색칠하여 얻은 그림을 R_1이라 하자. 그림 R_1에서 다시 각 변을 삼등분하고, 각 변의 가운데 선분 위에 정삼각형을 그린 후 색칠하여 얻은 그림을 R_2라 하자. 이와 같은 과정을 계속하여 n번째 얻은 그림을 R_n이라 하고 그림 R_n에 색칠되어 있는 부분의 넓이를 S_n이라 할 때, $\lim_{n\to\infty}S_n$의 값은?

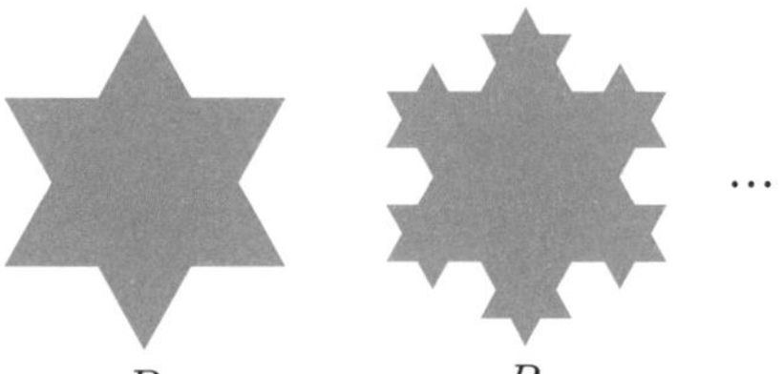

R_1 R_2 …

① $\frac{14}{9}$

② $\frac{8}{5}$

③ $\frac{13}{8}$

④ $\frac{5}{3}$

01

$\lim_{n\to\infty}\frac{\sqrt{kn+1}}{n(\sqrt{n+1}-\sqrt{n-1})}=5$일 때, 상수 k의 값은?

① 24
② 25
③ 26
④ 27

02

수열 $\{a_n\}$의 첫째항부터 제n항까지의 합 S_n이 $S_n=\sqrt{n^2+2n}$ 일 때, $\lim_{n\to\infty}\frac{1}{a_n}$의 값은?

① $\frac{1}{4}$
② $\frac{1}{2}$
③ 1
④ 2

03

수열 $\{a_n\}$이 모든 자연수 n에 대하여 $4n^2+2<(2n-1)a_n<4n^2+3$을 만족시킬 때, $\lim_{n\to\infty}\frac{a_n}{2n+1}$의 값은?

① $\frac{1}{2}$
② 1
③ $\frac{3}{2}$
④ 2

04

함수 $f(x)$를 $f(x)=\lim_{n\to\infty}\frac{x^n+3}{x^n+1}$으로 정의할 때, $f(-3)+f(\frac{1}{4})+f(1)$의 값은?

① 6
② 8
③ 10
④ 12

05

수렴하는 수열 $\{a_n\}$에 대하여 $\lim_{n\to\infty}\frac{4\times 3^n-2^{n+1}\times a_n}{3^n\times a_n+2^n}=3$을 만족시킬 때, $\lim_{n\to\infty}a_n$의 값은?

① $\frac{1}{3}$
② $\frac{2}{3}$
③ $\frac{4}{3}$
④ $\frac{5}{3}$

06

자연수 n에 대하여 두 직선 $2x+y=4^n$, $x-2y=2^n$이 만나는 교점의 좌표를 (a_n, b_n)이라 할 때, $\lim_{n\to\infty}\frac{b_n}{a_n}=p$이다. $60p$의 값은?

① 20
② 25
③ 30
④ 35

07

수열 $\{a_n\}$에 대하여 급수

$$(a_1-1)+\left(a_2-\frac{2^3}{1^2+2^2}\right)+\left(a_3-\frac{3^3}{1^2+2^2+3^2}\right)+\cdots+\left(a_n-\frac{n^3}{1^2+2^2+3^2+\cdots+n^2}\right)+\cdots$$

이 수렴할 때, $\lim_{n\to\infty}a_n$의 값은?

① 1
② 2
③ 3
④ 4

08

$\sum_{n=1}^{\infty}(2a_n+b_n)=6$, $\sum_{n=1}^{\infty}(a_n-b_n)=9$일 때, 급수 $\sum_{n=1}^{\infty}(a_n+b_n)$의 합은?

① −2
② −1
③ 1
④ 2

09

길이가 6인 반원의 지름을 1:2로 내분하여 각각을 지름으로 하는 반원을 만들고 두 반원의 넓이의 합을 S_1이라 하자. 만들어진 두 반원 중 큰 반원을 가지고 위와 같은 일을 반복하고 그 두 반원의 넓이의 합을 S_2라고 하자. 이와 같은 방법으로 계속하여 S_n을 구할 때 $\sum_{n=1}^{\infty}S_n$의 값은?

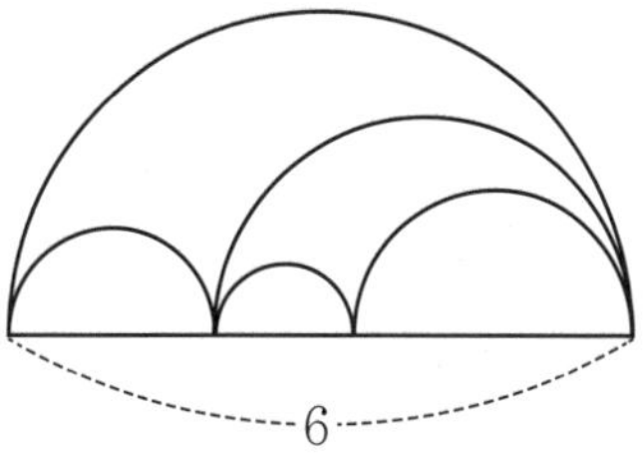

① 3π
② $\frac{7}{2}\pi$
③ 4π
④ $\frac{9}{2}\pi$

10

그림과 같이 직각삼각형 ABC에 내접하고 $\overline{BC}$ 위에 한 변이 있는 정삼각형을 한없이 배열하고 정삼각형의 넓이를 차례로 $S_1, S_2, S_3, \cdots$이라고 할 때, 이들 정삼각형의 넓이의 합은?
(단, $\overline{AB}=2$, $\angle A=60^\circ$)

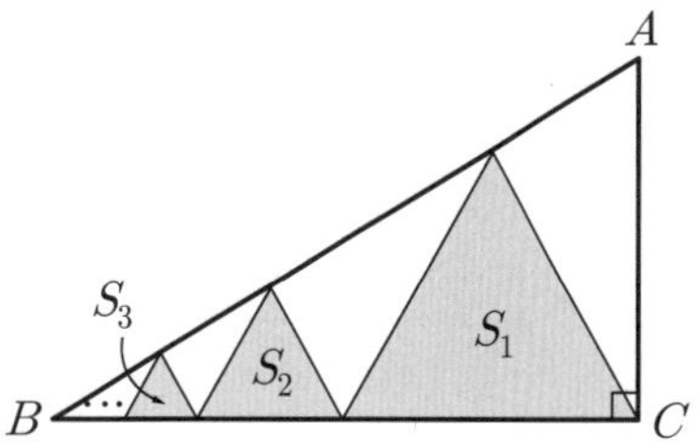

① $\frac{\sqrt{3}}{4}$
② $\frac{3\sqrt{3}}{4}$
③ $\frac{11\sqrt{3}}{16}$
④ $\frac{13\sqrt{3}}{16}$

06 함수의 극한과 연속

출제경향 및 대비법

함수의 극한에서는 수능이나 모의고사에서 흔히 출제되는 단순 계산 2, 3점 문제와 극한값이 존재하기 위한 조건 및 함수의 극한의 대소 관계가 출제되었다. 함수의 극한의 성질을 잘 이해하고 절댓값 기호가 있는 다항함수 극한의 계산에 대해서 제대로 공부해 둘 필요가 있다. 함수의 연속성과 관련해서는 불연속점이 있는 함수에서 함수의 평행이동을 통해 연속이 되게 만드는 과거 모의고사에서 자주 출제된 유형의 문제가 나올 것으로 예상된다.

1 함수의 극한

함수 $f(x)$에서 x가 a와 다른 값을 취하면서 a에 한없이 가까워질 때, $f(x)$의 값이 일정한 값 α에 한없이 가까워지면 함수 $f(x)$는 α에 수렴한다고 하고, 기호로는 다음과 같이 나타낸다.

$\lim_{x\to a} f(x)=\alpha$ 또는 $x\to a$일 때 $f(x)\to\alpha$

이때, α를 $x\to a$일 때의 함수 $f(x)$의 극한값 또는 극한이라고 한다.

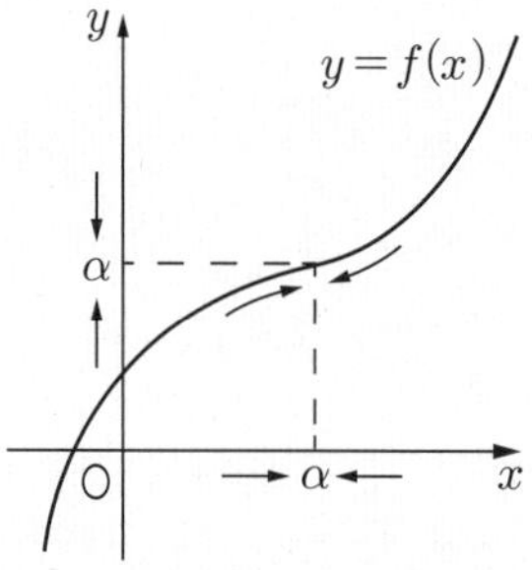

2 함수의 극한값

(좌극한) = (우극한)일 때, 극한값이 존재한다.

$\lim_{x\to a+} f(x)=\lim_{x\to a-} f(x)=\alpha \iff \lim_{x\to a} f(x)=\alpha$

(극한값 존재)

예 극한값이 존재하지 않는 경우 : 좌극한 또는 우극한이 존재하지 않거나, 좌극한과 우극한이 존재하지만 서로 다른 값을 가질 때, 극한값은 존재하지 않는다.

3 함수의 극한의 성질

(1) 함수의 극한에 관한 기본 성질

$\lim_{x\to a} f(x)=\alpha$, $\lim_{x\to a} g(x)=\beta$(α, β는 상수)일 때,

① $\lim_{x\to a} kf(x)=k\lim_{x\to a} f(x)=k\alpha$($k$는 상수)

② $\lim_{x\to a}\{f(x)\pm g(x)\}=\lim_{x\to a} f(x)\pm\lim_{x\to a} g(x)=\alpha\pm\beta$ (복부호동순)

③ $\lim_{x\to a} f(x)\cdot g(x)=\lim_{x\to a} f(x)\cdot\lim_{x\to a} g(x)=\alpha\beta$

④ $\lim_{x\to a}\dfrac{f(x)}{g(x)}=\dfrac{\lim_{x\to a} f(x)}{\lim_{x\to a} g(x)}=\dfrac{\alpha}{\beta}$ $(g(x)\neq 0,\ \beta\neq 0)$

(2) 함수의 극한의 대소 관계

a에 가까운 값 x에 대하여 항상

① $f(x)\le g(x)$이고 $\lim_{x\to a} f(x)=\alpha$, $\lim_{x\to a} g(x)=\beta$ 이면 $\alpha\le\beta$

② $f(x)\le g(x)\le h(x)$이고 $\lim_{x\to a} f(x)=\lim_{x\to a} h(x)=\alpha$ 이면, $\lim_{x\to a} g(x)=\alpha$

개념더하기

▶ 예 함수 $f(x)=\dfrac{1}{x^2}$의 그래프에서 $x\to 0$일 때

즉, $\lim_{x\to 0} f(x)=\lim_{x\to 0}\dfrac{1}{x^2}=\infty$

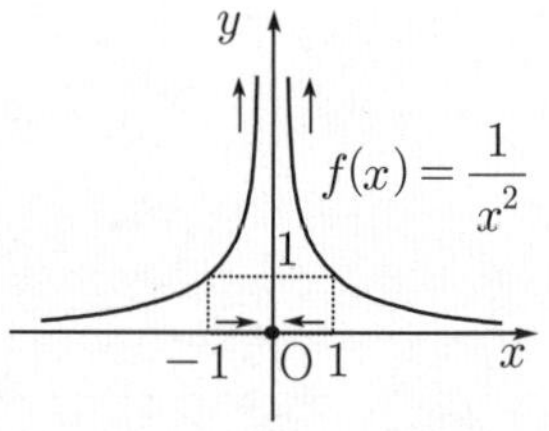

▶ 예 함수 $f(x)=-\dfrac{1}{x^2}$에서 $x\to 0$일 때

즉, $\lim_{x\to 0} f(x)$

$=\lim_{x\to 0}\left(-\dfrac{1}{x^2}\right)=-\infty$

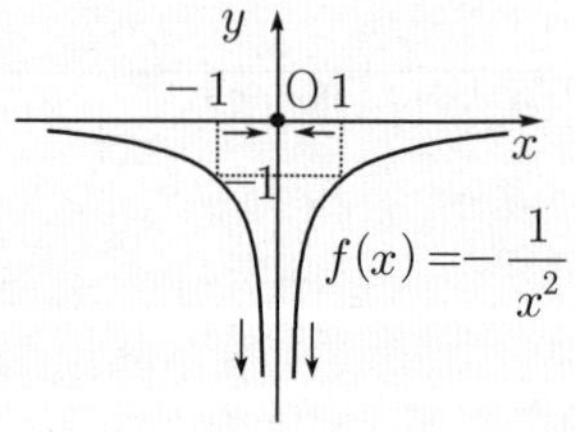

4 극한값의 계산

(1) $\frac{0}{0}$꼴의 극한값

① 유리함수의 경우 : 분모, 분자를 인수분해하고 약분하여 부정형이 되는 원인을 없앤다.

② 무리함수의 경우 : 분모 또는 분자 중 $\sqrt{}$ 가 있는 쪽(경우에 따라서는 분모와 분자를 모두)를 유리화하여 부정형이 되는 원인을 없앤다.

(2) $\frac{\infty}{\infty}$꼴의 극한값

분모, 분자를 각각 분모의 최고차항으로 나누어서 부정형이 되는 원인을 없앤다.

(3) $\infty-\infty$꼴의 극한값

근호가 없는 다항식은 최고차항으로 묶고, 근호가 있을 때는 유리화한다.

(4) $\infty\times 0$꼴의 극한값

통분 또는 유리화하여 $\frac{\infty}{\infty}$, $\frac{0}{0}$, $\infty\times c$, $\frac{c}{\infty}$ (c는 유한확정값)으로 변형할 수 있는지 조사한다.

5 미정계수의 결정

(1) $\frac{\infty}{\infty}$의 꼴

$\lim\limits_{x\to\infty}\frac{f(x)}{g(x)}=\alpha$ (α는 유한확정값)일 때,

$\alpha\neq 0$이고 {$f(x)$의 차수}={$g(x)$의 차수}이면 극한값 α는 최고차항의 계수의 비

(2) $\frac{0}{0}$의 꼴

$\lim\limits_{x\to a}\frac{f(x)}{g(x)}=\alpha$ (α는 유한확정값)일 때,

$$\begin{cases} x\to a \text{ 일 때, } \lim\limits_{x\to a}g(x)=0\text{이면 } \lim\limits_{x\to a}f(x)=0 \\ x\to a \text{ 일 때, } \lim\limits_{x\to a}f(x)=0\text{이면 } \lim\limits_{x\to a}g(x)=0 \end{cases}$$

6 함수의 연속

(1) $x=a$에서 연속

함수 $f(x)$가 실수 a에 대하여 다음 세 조건을 만족시킬 때, 함수 $f(x)$는 $x=a$에서 연속이다.

① $x=a$에서 함수 $f(x)$가 정의되어 있다. ⇒ $f(x)$의 값이 존재한다.

② 극한값 $\lim\limits_{x\to a}f(x)$가 존재한다. ⇒ $\lim\limits_{x\to a-0}f(x)=\lim\limits_{x\to a+0}f(x)$

③ $\lim\limits_{x\to a-0}f(x)=\lim\limits_{x\to a+0}f(x)$ ⇒ ①=②

(2) $x=a$에서 불연속

함수 $f(x)$가 위의 세 가지 조건 중 어느 하나라도 만족하지 않으면 함수 $f(x)$는 $x=a$에서 불연속이다.

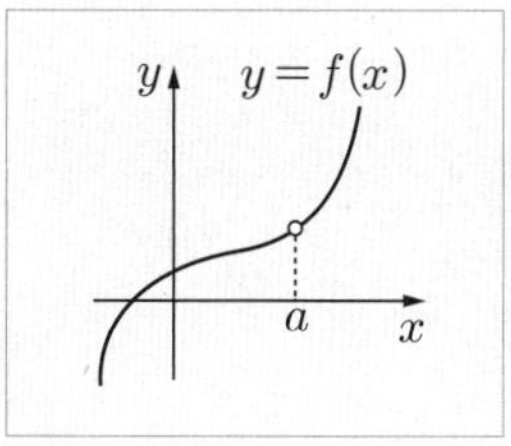

$x=a$에서의 함숫값 $f(a)$가 존재하지 않는다.

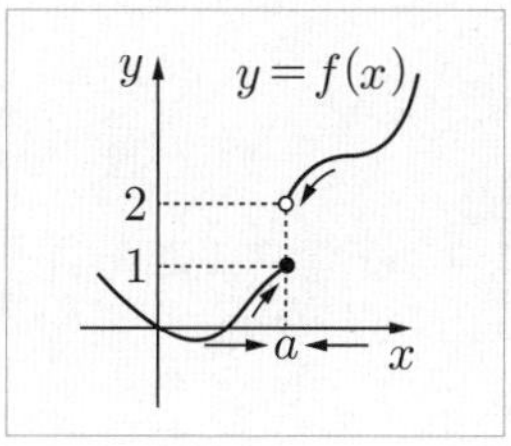

$\lim\limits_{x\to a-0}f(x)\neq\lim\limits_{x\to a+0}f(x)$

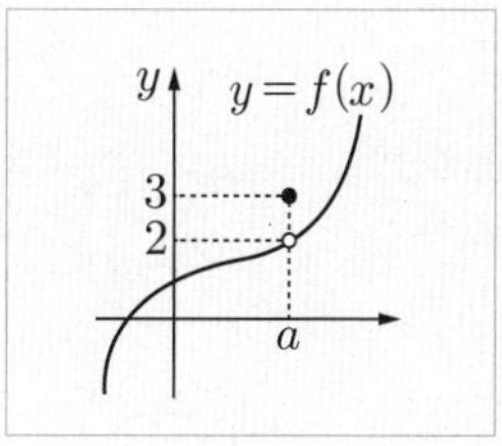

$\therefore \lim\limits_{x\to a}f(x)\neq f(a)$

개념더하기

▶ 여러 가지 함수의 연속성

① 다항함수: $f(x)$ ⇒ $(-\infty,\infty)$에서 연속

② 분수함수: $\frac{f(x)}{g(x)}$ ⇒ $f(x)$, $g(x)$가 연속일 때, $g(x)\neq 0$인 x의 범위에서 연속

③ 무리함수: $\sqrt{f(x)}$ ⇒ $f(x)$가 연속일 때, $f(x)\geq 0$인 x의 범위에서 연속

④ 가우스 함수: $[x]$ ⇒ x가 정수인 점에서 불연속

▶ x^n을 포함한 식의 극한

$|x|>1$, $|x|<1$, $x=1$, $x=-1$인 경우로 나누어 생각한다.

① $|x|>1$일 때, $\lim\limits_{n\to\infty}|x^n|=\infty$

② $|x|<1$일 때, $\lim\limits_{n\to\infty}x^n=0$

③ $x=1$일 때, $\lim\limits_{n\to\infty}x^n=1$

④ $x=-1$일 때, $\lim\limits_{n\to\infty}x^n$은 존재하지 않는다(진동).

7 연속함수의 기본 성질

두 함수 $f(x)$, $g(x)$가 $x=a$ 또는 구간 $[a, b]$에서 연속이면, 다음 각 함수도 $x=a$ 또는 $[a, b]$에서 연속이다.

(1) $f(x) \pm g(x)$

(2) $kf(x)$ (단, k는 상수)

(3) $f(x) \cdot g(x)$

(4) $\frac{f(x)}{g(x)}$ (단, $g(x) \neq 0$)

(5) $(f \circ g)(x)$ (단, $g(x)$의 치역이 $f(x)$의 정의역 안에 포함)

8 최대·최소의 정리

함수 $f(x)$가 닫힌구간 $[a, b]$에서 연속이면 함수 $f(x)$는 이 구간에서 반드시 최댓값과 최솟값을 갖는다.(역은 성립하지 않는다.)

9 사이값의 정리

$y=k$함수 $f(x)$가 닫힌구간 $[a, b]$에서 연속이고 $f(a) \neq f(b)$이면, $f(a)$와 $f(a)$사이의 임의의 값 k에 대하여 $f(c)=k$인 c가 a와 b 사이에 적어도 하나 존재한다.

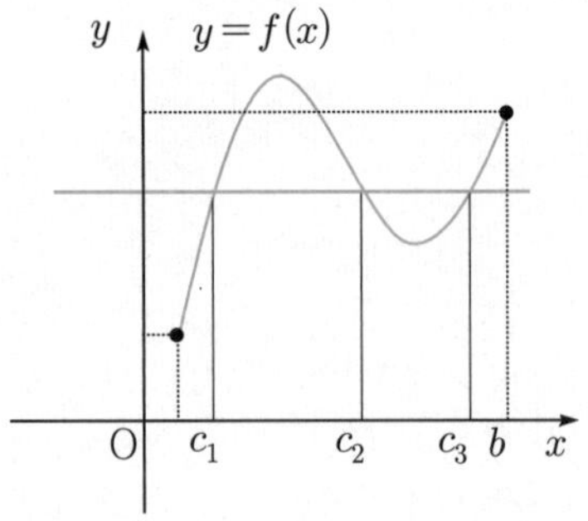

개념더하기

▶ 사이값의 정리의 활용

함수 $f(x)$가 닫힌구간 $[a, b]$에서 연속이고 $f(a)$와 $f(b)$의 부호가 다르면, 즉 $f(a)\ f(b) < 0$이면, 방정식 $f(x)=0$은 a와 b 사이에 적어도 하나의 실근을 가진다.

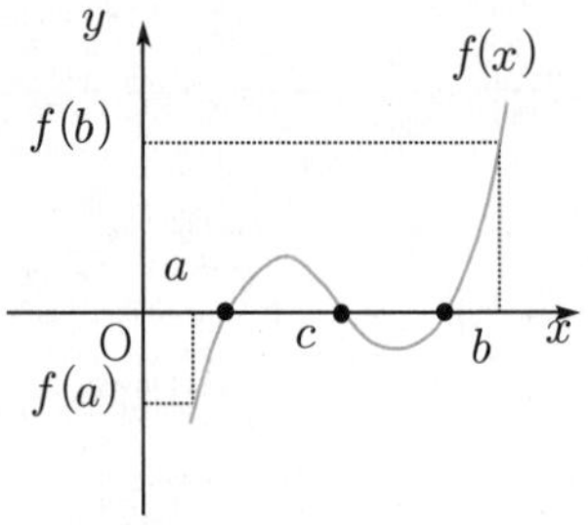

01

기출

$\lim_{x \to 2-} \frac{-x^2-x+6}{|x-2|}$의 값은?

① −5
② 0
③ 1
④ 5

02

기출

함수 $f(x)=\frac{x}{|x|}(x \neq 0)$와 $g(x)=x|x|$에 대하여 〈보기〉에서 옳은 것만을 있는 대로 고른 것은?

〈보기〉

ㄱ. $\lim_{x \to 0} f(x)$가 존재한다.
ㄴ. $\lim_{x \to 0} f(g(x))$가 존재한다.
ㄷ. $\lim_{x \to 0} g(g(x))$가 존재한다.

① ㄱ
② ㄱ, ㄴ
③ ㄴ, ㄷ
④ ㄷ

03

기출

함수 $f(x)$가 모든 양수 x에 대하여 부등식 $x^2-1<\frac{f(2x)}{4}<x^2+1$을 만족시킬 때, $\lim_{x \to \infty} \frac{f(x)}{x^2}$의 값은?

① 1
② 2
③ 3
④ 4

04

기출

최고차항의 계수가 a인 이차함수 $f(x)$가 $x=2$에서 최댓값을 갖는다. $\lim_{x \to \infty} \frac{f(x+2)-f(x)}{ax+1}$의 값은?

① 1
② 2
③ 3
④ 4

05

기출

함수 $y=f(x)$의 그래프가 그림과 같다. 함수 $f(x)f(x-a)$가 실수 전체의 집합에서 연속이 되도록 하는 모든 실수 a의 값의 합은?

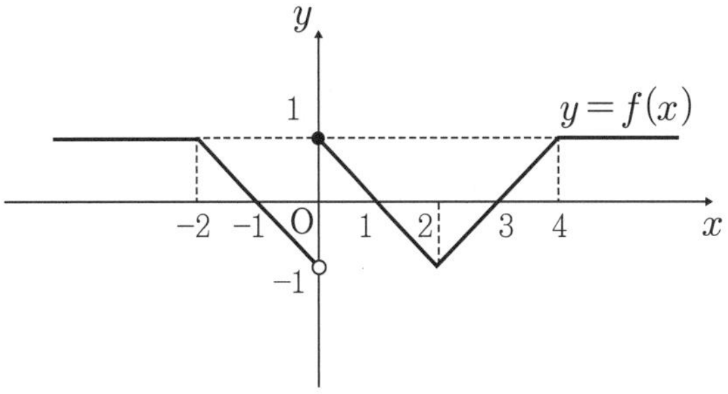

① −1
② 0
③ 1
④ 3

정답 및 해설 p.315~316

01

함수 $f(x)=\begin{cases} x^2+a & (x \geq -1) \\ x^2-x-2a & (x < -1) \end{cases}$에 대하여

$\lim_{x \to -1} f(x)$의 값이 존재하기 위한 상수 a의 값은?

① $\frac{1}{3}$

② $\frac{1}{2}$

③ $\frac{2}{3}$

④ $\frac{3}{4}$

02

다항함수 $f(x)$가 $\lim_{n \to \infty} \frac{f(x)}{x^3}=0$, $\lim_{x \to 0} \frac{f(x)}{x}=5$를 만족시킨다. 방정식 $f(x)=x$의 한 근이 -2일 때, $f(1)$의 값은?

① 6

② 7

③ 8

④ 9

03

두 함수 $f(x), g(x)$가

$\lim_{x \to \infty} f(x)=\infty$, $\lim_{x \to \infty}\{f(x)-2g(x)\}=2$를 만족시킬 때,

$\lim_{x \to \infty} \frac{f(x)+2g(x)}{f(x)-g(x)}$의 값은?

① 1

② 2

③ 3

④ 4

04

함수 $f(x)$에 대하여 $\lim_{x \to 2} \frac{f(x-2)}{x-2}=3$일 때,

$\lim_{x \to 0} \frac{x-2f(x)}{x^2+f(x)}$의 값은?

① $-\frac{8}{3}$

② $-\frac{7}{3}$

③ $-\frac{5}{3}$

④ $-\frac{4}{3}$

05

함수 $y=f(x)$가 모든 양수 x에 대하여 부등식

$4x+1 < f(x) < 4x+3$을 만족시킬 때,

$\lim_{x \to \infty} \frac{\{f(x)\}^3}{x^2+1}$의 값은?

① 15

② 16

③ 17

④ 18

06

두 함수 $y=f(x)$, $y=g(x)$의 그래프가 그림과 같을 때,

$\lim_{x\to -1-} f(g(x)) + \lim_{x\to -1+} g(f(x))$의 값은?

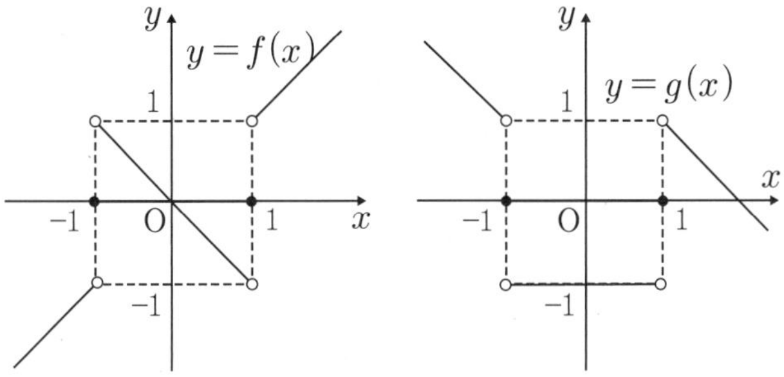

① −2

② −1

③ 1

④ 2

07

함수 $f(x)=\begin{cases} x^2-2x & (|x|>1) \\ -x^2+ax+b & (|x|\le 1) \end{cases}$가 모든 실수 x에서 연속이 되도록 상수 a, b의 값을 정할 때, $3a+b$의 값은?

① −4

② −2

③ 2

④ 4

08

함수 $f(x)=\lim_{n\to\infty}\frac{ax^{n+2}+2x+3}{x^n+b}$이 $x=1$에서 연속이 되도록 상수 a, b의 값을 정할 때, a^2+b^2의 최솟값은?

① 4

② 6

③ 8

④ 10

09

$x\neq 3$인 모든 실수 x에서 연속인 함수 $f(x)$가

$(x-5)f(x)=\frac{1}{2}-\frac{1}{x-3}$을 만족시킬 때, $f(5)$의 값은?

① $\frac{1}{4}$

② $\frac{1}{2}$

③ 2

④ 4

10

두 함수 $y=f(x)$, $y=g(x)$의 그래프가 그림과 같다.

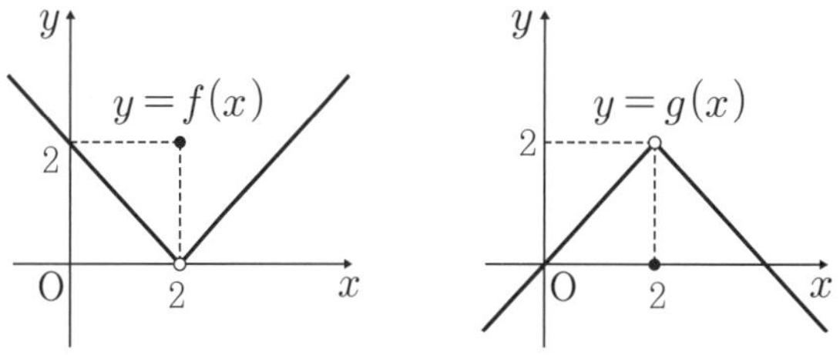

이때, 다음 〈보기〉의 함수 중 $x=2$에서 연속인 것을 모두 고른 것은?

〈보기〉

ㄱ. $f(x)g(x)$　　ㄴ. $g(f(x))$　　ㄷ. $f(g(x))$

① ㄱ

② ㄴ

③ ㄱ, ㄴ

④ ㄱ, ㄴ, ㄷ

07 미분법

출제경향 및 대비법

미분법 단원에서는 미분계수의 정의가 제일 중요하고, 출제빈도가 가장 높다. 특히 미분계수를 구할 때 있어서 분자·분모 모양을 맞추고 계산하는 문제에 대한 연습이 많이 필요하다. 미분가능성과 관련해서 미분가능하기 위해서는 함숫값, 좌우 극한값, 좌우 미분계수가 같아야 한다는 내용을 알고 적용하는 문제가 출제되었다. 접선에서의 활용에서 곡선 위의 한 점이 주어질 때, 기울기가 주어질 때, 곡선 밖의 한 점이 주어질 때의 접선의 방정식을 구하는 방법을 미리 숙지하고 있어야 하며, 미분계수=접선의 기울기 문제가 출제될 것으로 예상된다.

1 미분계수

(1) 평균변화율

① 함수 $y=f(x)$에서 x의 증분 Δx에 대한 y의 증분 Δy의 비율

$$\frac{\Delta y}{\Delta x}=\frac{f(b)-f(a)}{b-a}=\frac{f(a+\Delta x)-f(a)}{\Delta x}$$ 를

x의 값이 a에서 b까지 변할 때의 함수 $y=f(x)$의 평균변화율이라 한다.

② 평균변화율의 기하학적 의미 : $y=f(x)$의 평균변화율은 직선 PQ의 기울기

(2) 순간변화율(미분계수)

① 함수 $y=f(x)$에 대하여 x의 값이 a에서 $a+\Delta x$까지 변할 때의 평균변화율에서 Δx가 0에 한없이 가까워질 때의 극한값

$$\lim_{\Delta x\to 0}\frac{\Delta y}{\Delta x}=\lim_{\Delta x\to 0}\frac{f(a+\Delta x)-f(a)}{\Delta x}$$ 를 함수 $y=f(x)$의 $x=a$에서의 변화율 또는 미분계수

라 하고, 기호로 $f'(a)$, $y'_{x=a}$, $\left[\frac{dy}{dx}\right]_{x=a}$ 와 같이 나타낸다.

② 변화율의 기하학적 의미 : 함수 $y=f(x)$의 $x=a$에서의 미분계수 $f'(a)$는 곡선 $y=f(x)$ 위의 점 $(a, f(a))$에서의 접선의 기울기와 같다.

2 미분가능성과 연속

함수 $f(x)$가 $x=a$에서 미분가능하면, $f(x)$는 $x=a$에서 연속이다. 그러나 그 역은 성립하지 않는다.

함수 $y=f(x)$가 $x=a$에서 미분가능하면 미분계수 $f'(a)$는 a에 의하여 결정되는 상수이다.

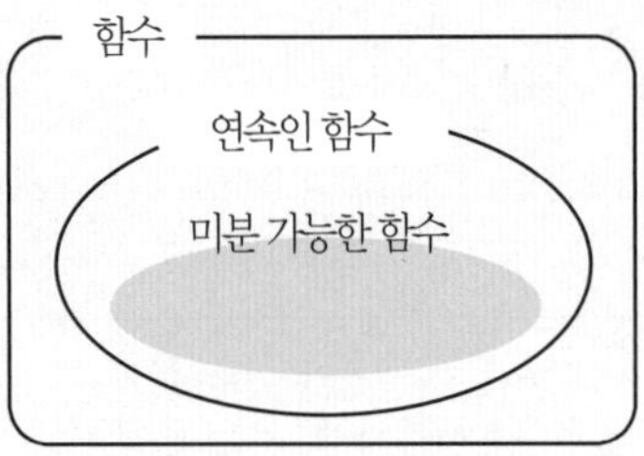

개념더하기

▶ 평균변화율

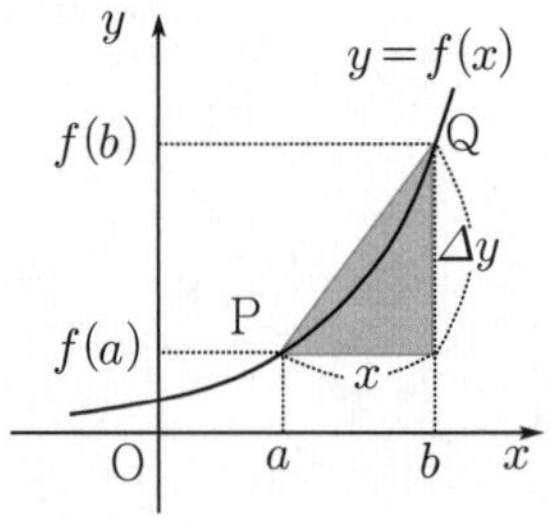

▶ 순간변화율

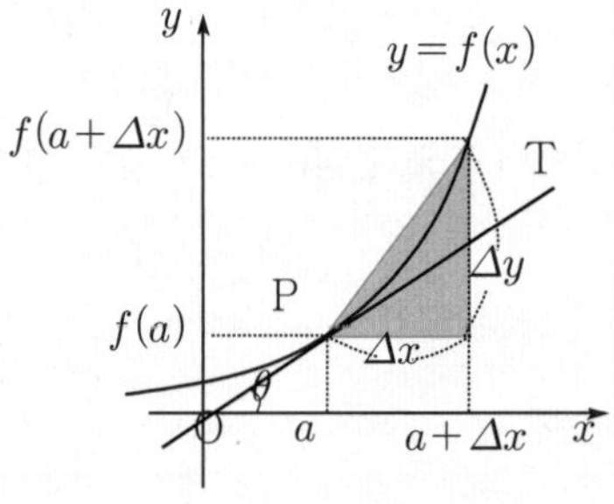

3 도함수

(1) 도함수의 정의

미분가능한 함수 $f(x)$의 정의역에 속하는 임의의 원소 x에 대하여 $f'(x)$를 대응시키면 새로운 함수

$$f'(x)=\lim_{\Delta x\to 0}\frac{f(x+\Delta x)-f(x)}{\Delta x}$$

가 정해진다. 이때, 이 함수 $f'(x)$를 함수 $f(x)$의 도함수라 하고 기호로 다음과 같이 나타낸다.

$$y',\ f'(x),\ \frac{dy}{dx},\ \frac{d}{dx}f(x)$$

또, 함수 $f(x)$의 도함수 $f'(x)$를 구하는 것을 함수 $f(x)$를 x에 대하여 미분한다고 하며, 그 계산법을 미분법이라 한다.

(2) 도함수의 기하학적 의미

도함수 $f'(x)$는 $y=f(x)$의 그래프 위의 임의의 점 x, $f(x)$에서 접선의 기울기를 뜻한다.

4 접선의 방정식

(1) 접선의 방정식

곡선 $y=f(x)$ 위의 점 $\mathrm{P}(a,\ f(a))$에서의 접선의 방정식은

$y-f(a)=f'(a)(x-a)$

(2) 법선의 방정식

곡선 $y=f(x)$ 위의 점 $\mathrm{P}(a,\ f(a))$에서의 접선의 방정식은

$$y-f(a)=-\frac{1}{f'(a)}(x-a)$$

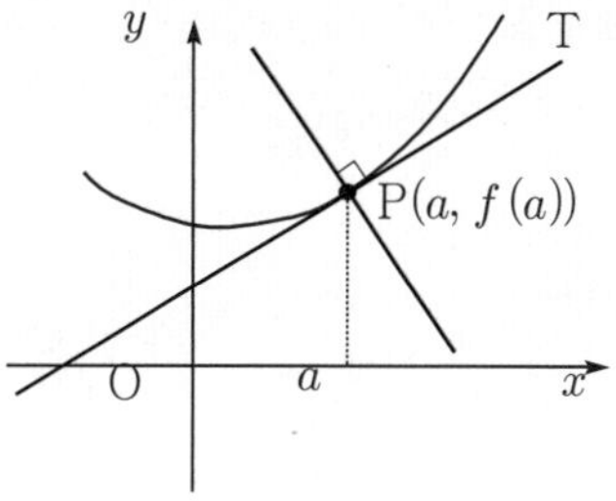

5 평균값의 정리

(1) 롤의 정리

함수 $f(x)$가 닫힌구간 $[a,b]$에서 연속이고 열린구간 (a,b)에서 미분가능할 때, $f(a)=f(b)$이면 $f'(c)=0$ 인 c가 a와 b 사이에 적어도 하나 존재한다.

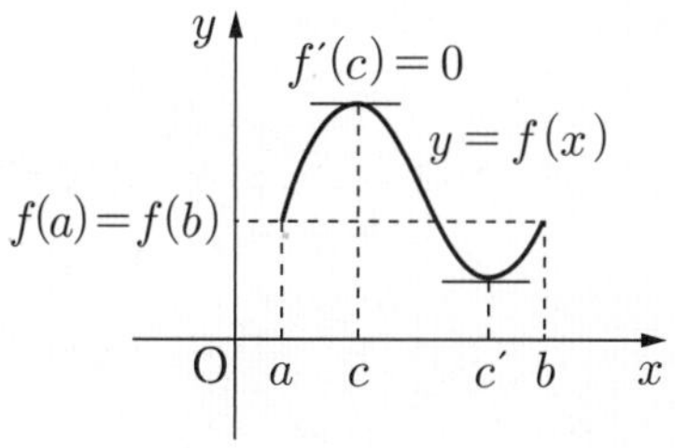

(2) 평균값 정리

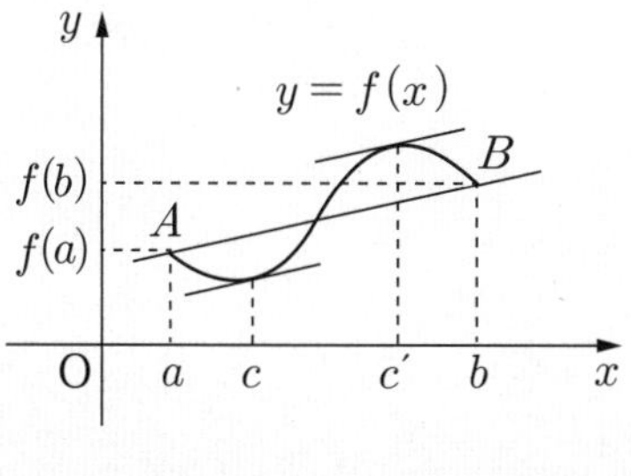

함수 $f(x)$가 닫힌구간 $[a,b]$에서 연속이고 열린구간 (a,b)에서 미분가능할 때,

$$\frac{f(b)-f(a)}{b-a}=f'(c)$$ 인

(평균 변화율 = 미분계수)

c가 a와 b 사이에 적어도 하나 존재한다.

* 평균값 정리에서 $f'(c)=0$인 경우가 롤의 정리이다.

개념더하기

▶ 미분법의 기본 공식

두 함수 $f(x)$, $g(x)$의 도함수가 존재할 때,

① $y=c$(c는 상수) $y'=0$

② $y=x^n$(n은 자연수)
 $y'=nx^{n-1}$

③ $y=cf(x)$(c는 상수)
 $y'=cf'(x)$

④ $y=f(x)\pm g(x)$
 $y'=f'(x)\pm g'(x)$ (복부호동순)

⑤ $y=f(x)g(x)$
 $y'=f'(x)g(x)+f(x)g'(x)$

⑥ $y=f(x)g(x)h(x)$
 $y'=f'(x)g(x)h(x)$
 $+f(x)g'(x)h(x)$
 $+f(x)g(x)h'(x)$

▶ 두 곡선의 공통접선

두 곡선 $y=f(x)$, $y=g(x)$가

① 점 $(\alpha,\ \beta)$에서 접할 조건
 i) $f(\alpha)=g(\alpha)=\beta$
 ii) $f'(\alpha)=g'(\alpha)$

② 점 $(\alpha,\ \beta)$에서 직교 조건
 i) $f(\alpha)=g(\alpha)=\beta$
 ii) $f'(\alpha)\cdot g'(\alpha)=-1$

01

기출

다항함수 $f(x)$의 그래프 위의 점 $(2, f(2))$에서의 접선의 기울기가 -2일 때, $\lim_{h \to 0} \frac{f(2+2h)-f(2-3h)}{h}$의 값은?

① −10

② −8

③ −6

④ −4

02

기출

다항함수 $f(x)$에 대하여 $f'(27) = \frac{1}{9}$일 때, $\lim_{x \to 3} \frac{f(x^3)-f(27)}{x-3}$의 값은?

① $\frac{1}{9}$

② $\frac{1}{3}$

③ 3

④ 9

03

모의

$f(2)=3$, $f'(2)=1$인 함수 $f(x)$에 대하여 $\lim_{x \to 2} \frac{x^2 f(2)-4f(x)}{x-2}$의 값은?

① 2

② 4

③ 6

④ 8

04

기출

함수 $f(x) = \begin{cases} x^3 - x & (x < 1) \\ ax^2 + b & (x \geq 1) \end{cases}$가 $x=1$에서 미분가능할 때, ab의 값은? (단, a, b는 상수이다.)

① −1

② −2

③ −3

④ −4

05

기출

함수 $f(x) = \begin{cases} -x & (x < 0) \\ x^2 & (x \geq 0) \end{cases}$에 대해 〈보기〉에서 옳은 것만을 있는 대로 고른 것은?

〈보기〉

ㄱ. 함수 $f(x)$는 $x=0$에서 미분가능하다.

ㄴ. 함수 $xf(x)$는 $x=0$에서 미분가능하다.

ㄷ. 함수 $x^3 f(x)$는 $x=0$에서 미분가능하다.

① ㄴ

② ㄷ

③ ㄴ, ㄷ

④ ㄱ, ㄴ, ㄷ

06

기출

다항함수 $f(x)$에 대하여 곡선 $y = x^3 f(x)$ 위의 점 $(1, 2)$에서의 접선의 기울기가 2일 때, $f'(1)$의 값은?

① -4
② -1
③ 1
④ 4

07

기출

이차함수 $f(x) = ax^2 + bx + 10$에 대하여

$\lim_{n\to\infty} \frac{n}{3}\left\{f\left(2+\frac{2}{n}\right) - f\left(2+\frac{4}{n}\right)\right\} = 2$일 때, $f(4)$의 값은?

① -10
② -2
③ 1
④ 8

08

기출

서로 다른 두 양의 정수 a, b에 대하여 함수 $f(x) = (2x-a)(2x-b)$에서 x의 값이 a에서 b까지 변할 때의 평균변화율을 $M(a, b)$라 하자. $M(a, b) < 9$를 만족시키는 모든 순서쌍 (a, b)의 개수는?

① 4
② 6
③ 8
④ 10

09

기출

그림과 같이 함수 $f(x) = x^3 - 2x$에 대하여 $x = -1$, 1에서의 접선을 각각 l_1, l_2라 하자. 두 직선 l_1, l_2는 평행하다. 두 직선 사이의 거리는?

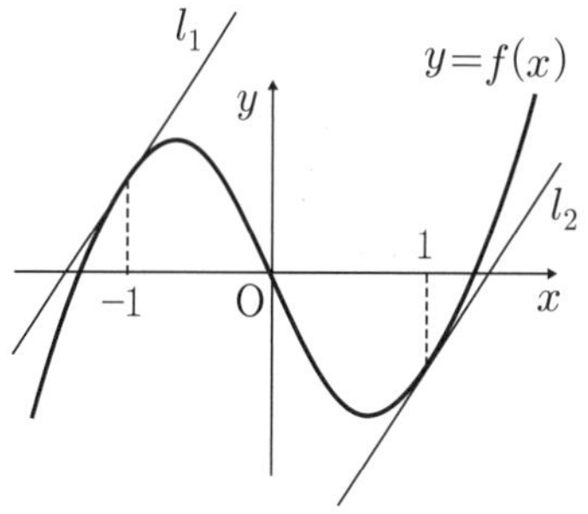

① $\frac{4\sqrt{2}}{3}$
② $2\sqrt{2}$
③ $\frac{4\sqrt{3}}{3}$
④ $2\sqrt{3}$

10

모의

곡선 $y = x^3 - ax^2 + 2ax - 3$은 실수 a의 값에 관계없이 항상 두 점을 지난다. 이 두 점에서 곡선에 그은 접선이 서로 수직일 때, 모든 a의 값의 곱은?

① $-\frac{1}{4}$
② $-\frac{1}{8}$
③ 0
④ $\frac{1}{8}$

01

함수 $f(x)=x^2+2x$에 대하여 x의 값이 0에서 4까지 변할 때의 함수 $f(x)$의 평균변화율 a와 $x=b$에서의 미분계수가 서로 같다. 이때, a^2+b^2의 값은? (단, a, b는 상수이다.)

① 16
② 24
③ 32
④ 40

02

함수 $f(x)=(4x-3)(x^2+2)$에 대하여

$\lim_{h\to0}\frac{f(1+2h)-f(1)}{h}$의 값은?

① 24
② 26
③ 28
④ 30

03

함수 $f(x)=x^4-2x^3+5$에 대하여 $g(x)=xf(x)$라 할 때,

$\lim_{h\to0}\frac{f(1+h)-g(1-h)}{2h}$의 값은?

① −1
② 0
③ 1
④ 2

04

미분가능한 함수 $f(x)$에 대하여 $f'(1)=5$일 때,

$\lim_{n\to\infty}5n\left\{f\left(\frac{n+2}{n}\right)-f\left(\frac{n+1}{n}\right)\right\}$의 값은?

① 5
② 15
③ 25
④ 35

05

함수 $y=f(x)$의 그래프는 y축에 대하여 대칭이고,

$f'(2)=-3$, $f'(4)=6$일 때, $\lim_{x\to-2}\frac{f(x^2)-f(4)}{f(x)-f(-2)}$의 값은?

① −8
② −4
③ 4
④ 8

06

함수 $f(x)=\sum_{k=1}^{10} kx^{k-1}$에 대하여 $f'(1)$의 값은?

① 330
② 335
③ 340
④ 345

07

미분가능한 함수 $f(x)$가 모든 실수 x, y에 대하여
$f(x+y)=f(x)+f(y)+2xy-1$을 만족시키고,
$f'(2)=5$일 때, $f'(0)$의 값은?

① 0
② 1
③ 2
④ 3

08

$\lim_{x\to1}\frac{x^{10}+2x^9+a}{x-1}=b$가 성립하도록 하는 두 상수 a, b에 대하여 $a+b$의 값은?

① 21
② 23
③ 25
④ 27

09

함수 $f(x)=\begin{cases} x^3 & (x \geq a) \\ 3x-b & (x < a) \end{cases}$가 $x=a$에서 미분가능할 때, $f(-2)$의 값은? (단, $a>0$)

① −14
② −12
③ −10
④ −8

10

두 함수 $f(x)=|x-2|+2$, $g(x)=ax^2+1$에 대하여 함수 $f(x)g(x)$가 실수 전체의 집합에서 미분가능할 때, 상수 a의 값은?

① $-\frac{1}{2}$
② $-\frac{1}{4}$
③ $\frac{1}{4}$
④ $\frac{1}{2}$

11

다음 〈보기〉의 함수 중 $x=1$에서 미분가능하지 않은 것을 모두 고른 것은?

〈보기〉
ㄱ. $f(x)=|x^2-1|$
ㄴ. $f(x)=(x-1)|x-1|$
ㄷ. $f(x)=\frac{x^2-1}{|x-1|}$

① ㄱ
② ㄱ, ㄴ
③ ㄴ, ㄷ
④ ㄱ, ㄷ

12

곡선 $y=\frac{1}{3}x^3-ax^2+1$ 위의 $x=-1$인 점에서의 접선과 $x=3$인 점에서의 접선이 평행할 때, 상수 a의 값은?

① 1
② 2
③ 3
④ 4

13

두 곡선 $y=x^3$, $y=ax^2+bx$가 점 (1, 1)에서 만나고 이 점에서 각 곡선에 그은 접선이 직교할 때, $a-b$의 값은?
(단, a, b는 상수이다.)

① $-\frac{11}{3}$
② $-\frac{5}{3}$
③ $\frac{5}{3}$
④ $\frac{11}{3}$

14

함수 $f(x)=x^3+2$와 그 역함수 $g(x)$에 대하여 곡선 $y=g(x)$ 위의 점 $(3, g(3))$에서의 접선의 방정식은?

① $y=\frac{1}{3}x$
② $y=\frac{1}{2}x$
③ $y=2x$
④ $y=3x$

15

닫힌구간 $[a, b]$에서 연속이고 열린구간 (a, b)에서 미분가능한 함수 $f(x)$의 그래프가 그림과 같을 때,
$f(b)=f(a)+(b-a)f'(c)$를 만족시키는 상수 c의 값은 모두 몇 개인가? (단, $a<c<b$)

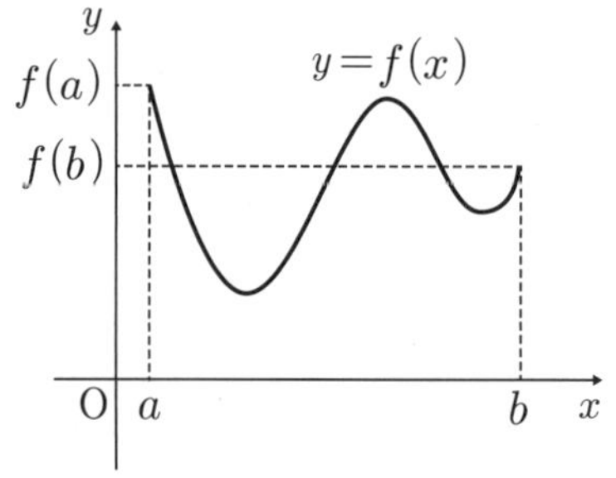

① 0
② 1개
③ 2개
④ 3개

08 미분의 활용

출제경향 및 대비법

3차, 4차 다항함수에서 극댓값, 극솟값을 구하기, $f'(x)$로부터 $f(x)$그래프를 유추하고 해석하는 문제가 출제되었다. 함수의 그래프 해석 문제가 자주 출제되기 때문에, 그래프 해석 방법에 대한 이해가 필요하다. 극값을 갖도록 또는 갖지 않도록 하는 조건을 알고 있어야 하며, 방부등식에서 실근의 개수 및 주어진 범위에서의 두 함수의 대소 관계 관련 문제가 출제되는 경향이 있어, 유형 문제 풀이 연습을 많이 해 두어야 한다. 위치와 속도 활용 문제는 최근 잘 나오지는 않지만, 위치를 미분하면 속도가 된다는 내용 정도만 숙지하고 적용할 수 있으면 된다.

1 함수의 증가와 감소

(1) 함수의 증가상태와 감소상태

함수 $f(x)$가 $x=a$에서 미분가능할 때,

① $f'(a)>0$이면 $f(x)$는 $x=a$에서 증가상태에 있다.

② $f'(a)<0$이면 $f(x)$는 $x=a$에서 감소상태에 있다.

(2) 함수의 증가와 감소

함수 $f(x)$가 어떤 구간에서 미분가능할 때, 그 구간의 모든 점에서

① $f'(x)>0$이면 $f(x)$는 그 구간에서 증가한다.

② $f'(x)<0$이면 $f(x)$는 그 구간에서 감소한다.

2 함수의 극대와 극소

(1) 함수의 극대·극소의 정의

① 함수 $f(x)$가 $x=a$에서 연속이고, x가 증가하면서 $x=a$를 지날 때, $f(x)$가 증가상태에서 감소상태로 바뀌면 $f(x)$는 $x=a$ 에서 극대가 되고, $f(a)$를 극댓값이라고 한다.

② 함수 $f(x)$가 $x=b$에서 연속이고, x가 증가하면서 $x=b$를 지날 때, $f(x)$가 감소상태에서 증가상태로 바뀌면 $f(x)$는 $x=b$에서 극소가 되고, $f(b)$를 극솟값이라고 한다.

③ 극대가 되는 점 $(a, f(a))$를 극대점, 극소가 되는 점 $(b, f(b))$를 극소점이라 한다.

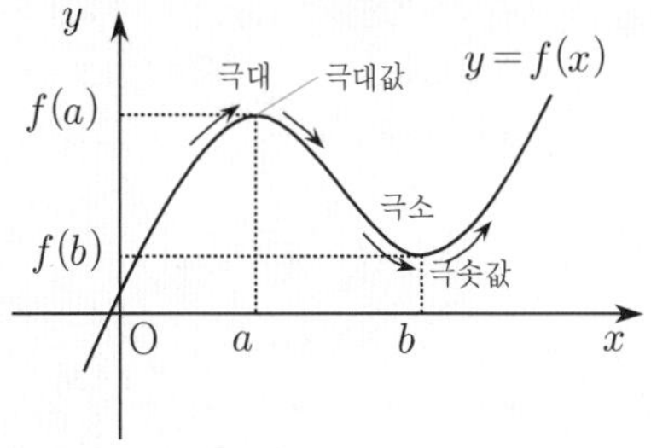

(2) 극값에서의 미분계수

미분 가능한 함수 $f(x)$가 $x=a$에서 극값을 가지면 $f'(a)=0$이다. 그러나 위의 성질의 역은 일반적으로 성립하지 않는다.

(3) 극대·극소의 판정

미분가능한 함수 $f(x)$에서 $f'(a)=0$일 때, $x=a$의 좌우에서

① $f'(x)$의 부호가 양(+)에서 음(−)으로 바뀌면 $f(x)$는 $x=a$에서 극대이고, 극댓값 $f(a)$를 갖는다.

② $f'(x)$의 부호가 음(−)에서 양(+)으로 $f(x)$바뀌면 $x=a$는에서 극소이고, 극솟값 $f(a)$를 갖는다.

개념더하기

▶ 극대·극소의 판정

미분가능한 함수 $f(x)$에서 $f'(a)=0$일 때, $x=a$의 좌우에서

① $f'(x)$의 부호가 양(+)에서 음(−)으로 바뀌면 $f(x)$는 $x=a$에서 극대이고, 극댓값 $f(a)$을 갖는다.

② $f'(x)$의 부호가 음(−)에서 양(+)으로 바뀌면 $f(x)$는 $x=a$에서 극소이고, 극솟값을 갖는다.

3 함수의 최대와 최소

다항함수 $f(x)$가 구간 $[a, b]$에서 극값을 가질 때,

① $f(x)$의 최댓값은 극댓값과 $f(a)$, $f(b)$중에서 가장 큰 값이다.

② $f(x)$의 최솟값은 극솟값과 $f(a)$, $f(b)$중에서 가장 작은 값이다.

4 방정식과 부등식에의 응용

(1) 삼차방정식의 실근의 개수

삼차방정식 $ax^3+bx^2+cx+d=0\ (a\neq 0)$에서 $f(x)=ax^3+bx^2+cx+d$라 할 때,
$f'(x)=0$의 두 실근을 α, $\beta\ (\alpha<\beta)$라 하면

① 서로 다른 세 실근을 갖는다. $\Leftrightarrow f(\alpha)\cdot f(\beta)<0$

② 서로 다른 두 실근을 갖는다. $\Leftrightarrow f(\alpha)\cdot f(\beta)=0$

③ 한 실근만을 갖는다. $\Leftrightarrow f(\alpha)\cdot f(\beta)>0$

(2) 부등식의 증명

$x>a$에서 $f(x)>0$을 증명할 때, 나음 중에서 한 가시를 보이면 된다.

① $x>a$에서 $f(x)$의 최솟값이 0보다 크다는 것을 보인다.

② $x>a$에서 $f(x)$가 증가함수이고 $f(a)\geq 0$임을 보인다.

즉, $f'(x)>0, f(a)\geq 0$임을 보인다.

5 속도와 가속도

(1) 속도·가속도

수직선 위를 움직이는 점 P의 시각 t에서의 좌표 x가 $x=f(t)$로 나타내어질 때,

$$v=\frac{dx}{dt}=\lim_{\Delta t\to 0}\frac{\Delta x}{\Delta t}=f'(t)$$

를 시각 t에서의 점 P의 순간속도 또는 속도라 한다.

$$a=\frac{dv}{dt}=\lim_{\Delta t\to 0}\frac{\Delta v}{\Delta t}=v'(t)=f(t)$$

를 시각 t에서의 가속도라 한다.

(2) 직선 위를 움직이는 점의 운동 방향

직선 위를 움직이는 점 P의 좌표가 $x=f(t)$로 나타내어질 때,

① $f'(t)>0$: 양의 방향으로 움직인다.

② $f'(t)<0$: 음의 방향으로 움직인다.

③ $f'(a)=0$이고 $t=a$의 앞뒤에서 $f'(t)$의 부호가 바뀌면 $t=a$에서 운동 방향이 바뀐다.

(3) 위치(거리) $\xrightarrow{\text{미분}}$ 속도(v) $\xrightarrow{\text{미분}}$ 가속도(a)

시각에 대한 변화율: 어떤 물체의 길이를 l, 넓이를 S, 부피를 V라고 할 때,

① 시각 t에서의 길이의 변화율: $\lim_{\Delta t\to 0}\frac{\Delta l}{\Delta t}=\frac{dl}{dt}$

② 시각 t에서의 넓이의 변화율: $\lim_{\Delta t\to 0}\frac{\Delta S}{\Delta t}=\frac{dS}{dt}$

③ 시각 t에서의 부피의 변화율: $\lim_{\Delta t\to 0}\frac{\Delta V}{\Delta t}=\frac{dV}{dt}$

개념더하기

▶ 속력

속도의 방향은 생각하지 않고 그 크기만 생각할 때, 속도의 절대값 $|v|$를 속력이라고 한다.

① 거리의 시각에 대한 변화율이 속도(velocity)이다.

② 속도의 시각에 대한 변화율이 가속도(acceleration)이다.

▶ 변화율 문제의 풀이

① t초 후의 관계식 $y=f(t)$를 세운다.

② 양변을 t에 관하여 미분한다.

$$\frac{dy}{dt}=\lim_{\Delta t\to 0}\frac{f(t+\Delta t)-f(t)}{\Delta t}=f'(t)$$

③ 주어진 조건을 대입한다.

01

기출

함수 $f(x) = 2kx^3 - 3kx^2 + 2$의 극댓값과 극솟값의 차가 2일 때, 상수 k의 값은? (단 $k > 0$)

① 1

② 2

③ 3

④ 4

02

기출

최고차항의 계수가 −1인 사차함수 $f(x)$가 다음 〈조건〉을 만족시킬 때, 닫힌구간 $\left[0,\ \frac{3}{2}\right]$에서 함수 $f(x)$의 최댓값은?

〈 조건 〉

(가) 모든 실수 x에 대하여 $f(-x) = f(x)$이다.

(나) 함수 $f(x)$는 극댓값 8을 갖는다.

(다) 함수 $f(x)$는 극솟값 -1을 갖는다.

① $\frac{55}{8}$

② 7

③ $\frac{119}{16}$

④ 8

03

모의

사차함수 $y = f(x)$의 그래프가 그림과 같고, $f'(a) = f'(6) = f'(b) = 0$이다.

$0 \le x \le 12$에서 $f(x)f'(x) > 0$을 만족시키는 모든 정수 x의 값의 합은? (단, $2 < a < 3,\ 9 < b < 10$)

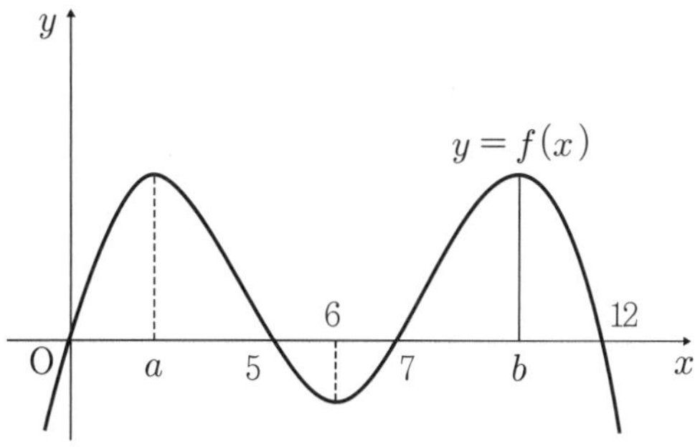

① 20

② 17

③ 15

④ 12

04

모의

두 함수 $f(x) = 5x^3 - 10x^2 + k,\ g(x) = 5x^2 + 2$에 대하여 $0 < x < 3$일 때, $f(x) \ge g(x)$가 성립하도록 하는 실수 k의 최솟값은?

① 20

② 21

③ 22

④ 23

05

모의

함수 $f(x)=x^4+2(a-1)x^2+4ax$가 극댓값을 갖지 않도록 하는 실수 a의 최솟값은?

① $-\frac{7}{2}$

② -2

③ $-\frac{1}{2}$

④ $\frac{1}{2}$

06

모의

그림과 같이 평평한 바닥에 60°로 기울어진 경사면과 반지름의 길이가 0.5m인 공이 있다. 이 공의 중심은 경사면과 바닥이 만나는 점에서 바닥에 수직으로 높이가 21m인 위치에 있다. 이 공을 자유 낙하시킬 때, t초 후 공의 중심의 높이 $h(t)$는 $h(t)=21-5t^2$(m)라고 한다. 공이 경사면과 처음으로 충돌하는 순간의 공의 속도는? (단, 경사면의 두께와 공기의 저항은 무시한다.)

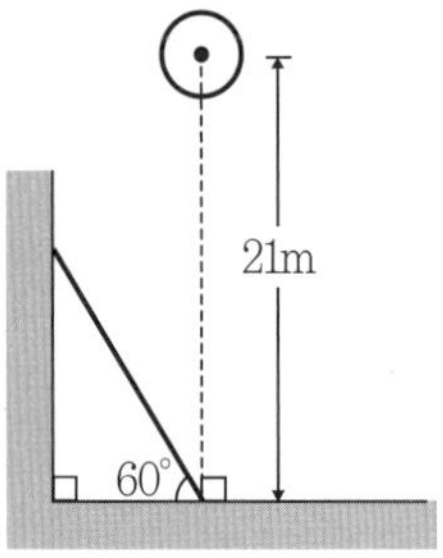

① −20m/초

② −17m/초

③ −15m/초

④ −12m/초

01

함수 $f(x)=\frac{1}{3}x^3+ax^2+(2a+3)x+5$가 임의의 두 실수 x_1, x_2에 대하여 $x_1<x_2$이면 $f(x_1)<f(x_2)$를 만족시킬 때, 정수 a의 개수는?

① 3
② 4
③ 5
④ 6

02

함수 $f(x)=2x^3+ax^2+bx-4$가 $x=-2$에서 극댓값 16을 갖고, $x=c$에서 극솟값을 가질 때, c의 값은? (단, a, b는 상수이다.)

① 1
② 2
③ 3
④ 4

03

함수 $f(x)=\frac{1}{3}x^3+ax^2+(5a-4)x+2$가 극값을 갖지 않도록 하는 실수 a의 최댓값과 최솟값의 합은?

① 3
② 4
③ 5
④ 6

04

삼차함수 $y=f(x)$의 도함수 $y=f'(x)$의 그래프가 그림과 같을 때, 〈보기〉 중 옳은 것을 모두 고른 것은? (단, $f(0)=0$)

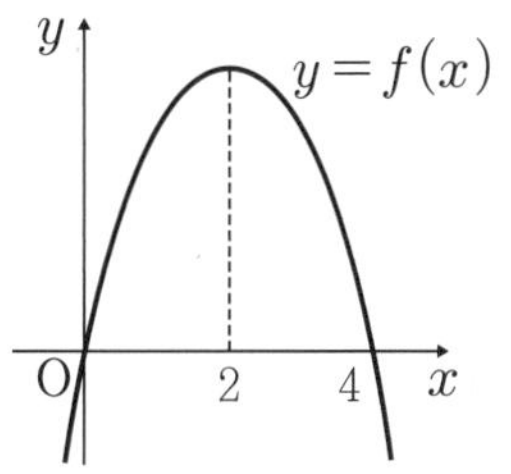

〈보기〉

ㄱ. $f(x)$의 극솟값은 4이다.
ㄴ. $f(x)$는 $x=2$일 때, 극댓값을 갖는다.
ㄷ. 함수 $y=f(x)$의 그래프는 $x=0$에서 x축에 접한다.

① ㄱ
② ㄴ
③ ㄷ
④ ㄱ, ㄷ

05

구간 $[-3, 2]$에서 함수 $f(x)=ax^3+3ax^2+b$의 최댓값이 10이고 최솟값이 −30일 때, 두 상수 a, b에 대하여 $a+b$의 값은? (단, $a>0$)

① −32
② −28
③ −24
④ −20

06

x에 대한 방정식 $2x^3-3x^2-12x-k=0$이 서로 다른 두 실근을 갖도록 하는 모든 실수 k의 값의 합은?

① −13
② −11
③ −9
④ −7

07

그림은 다항함수 $f(x)$의 도함수 $y=f'(x)$의 그래프이다. $f(a)=-5, f(b)=4, f(c)=1$일 때, 방정식 $f(x)+3=0$의 서로 다른 실근의 개수는?

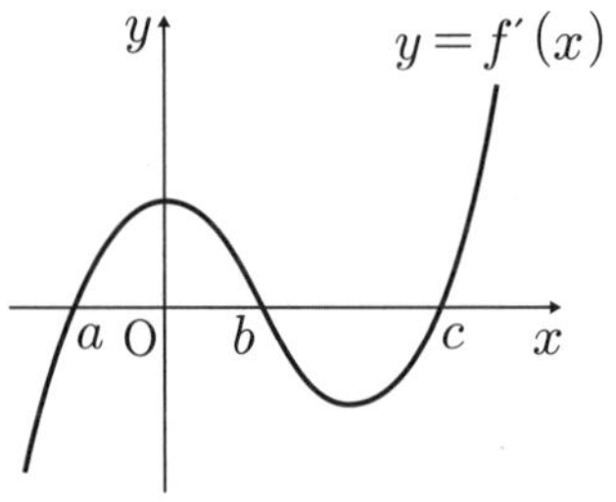

① 1
② 2
③ 3
④ 4

08

두 함수 $f(x)=x^3-x+a, g(x)=x^2+b$에 대하여 $x \geq 2$에 대하여 $f(x) \geq g(x)$가 성립할 때, 두 상수 a, b에 대하여 $a-b$의 최솟값은?

① −6
② −4
③ −2
④ 0

09

수직선 위를 움직이는 점 P의 시각 t에서의 위치 x가 $x=t^3+at^2+bt-1$이고, $t=3$일 때 점 P는 운동 방향을 바꾸며, 그때의 위치는 -1이다. 점 P가 $t=3$ 이외의 시각에도 운동 방향을 바꾼다고 할 때, 그때의 위치는? (단, a, b는 상수이다.)

① $\frac{5}{3}$
② 2
③ $\frac{5}{2}$
④ 3

10

지면과 수직인 방향으로 위를 향하여 처음 속도 $20m/s$로 쏘아 올린 물체의 t초 후의 높이를 hm라 하면 $h=20t-5t^2$인 관계가 성립한다. 이때, 다음 〈보기〉 중 옳은 것을 모두 고른 것은?

〈보기〉
ㄱ. 물체의 가속도는 항상 일정하다.
ㄴ. 물체는 쏘아 올린 지 4초 후에 다시 땅에 떨어진다.
ㄷ. 이 물체는 최고 10m까지 올라간다.

① ㄱ
② ㄴ
③ ㄱ, ㄴ
④ ㄴ, ㄷ

09 적분법

출제경향 및 대비법

곱의 미분이 된 함수를 적분하는 문제가 부정적분과 정적분에서 둘 다 출제되었다. 곱의 미분이 적용된 함수를 거꾸로 적분하는 방법에 대한 연습이 필요하다. 정적분 문제는 성질과 연계되거나 단순 계산하는 문제가 예상되며, 적분구간이 상수로 주어진 정적분을 포함한 등식에 대한 유형 문제 정리 문제가 출제되었기 때문에 유형 문제 숙지를 꼭 해야 한다. 정적분과 급수에 대한 문제가 단순 계산 또는 도형에서의 구분구적법과 연계해서 나올 수 있기 때문에 정적분과 급수 내용에 대해서 정확하게 이해하고 있어야 한다.

1 부정적분의 정의

미분하여 $f(x)$가 되는 함수를 함수 $f(x)$의 부정적분(또는 원시함수)라 하고, 함수 $f(x)$의 부정적분의 하나를 $F(x)$라고 할 때, 임의의 상수 C에 대하여

적분변수　부정적분상수

$$\int f(x)dx = F(x) + C$$

2 미분과 부정적분의 관계

$$F'(x) = f(x) \Leftrightarrow \int f(x)dx = F(x) + C$$

(1) $\dfrac{d}{dx}\left(\int f(x)dx\right) = f(x)$

(2) $\int\left(\dfrac{d}{dx}f(x)\right)dx = f(x) + C$

미분한다

$$\int \boxed{f(x)}\ dx = \boxed{F(x)+C}$$

적분한다

3 부정적분의 성립

(1) $\int k\,dx = kx + C$ (k는 상수)

(2) $\int x^n\,dx = \dfrac{1}{n+1}x^{n+1} + C$ ($n \neq -1$인 실수)

(3) $\int k \cdot f(x)dx = k\int f(x)dx$ (k는 상수)

(4) $\int \{f(x) \pm g(x)\}dx = \int f(x)dx \pm \int g(x)dx$ (복호동순)

(5) $\int (ax+b)^n\,dx = \dfrac{1}{a(n+1)}(ax+b)^{n+1} + C$

($a \neq 0$, $n \neq -1$인 실수)

개념더하기

4 구분구적법

도형의 넓이나 부피를 구할 때 잘게 나누어 하나하나의 넓이나 부피의 근삿값을 모두 합한 다음 이것의 극한값을 계산하여 도형의 부피를 구하는 방법을 구분구적법이라 한다.

$\Delta x = \dfrac{b-a}{n}$라 하면 $S = \lim\limits_{n\to\infty}\sum\limits_{k=1}^{n} f(x_k)\Delta x$

5 정적분의 정의

그림에서 구간 $[a,\ b]$를 n등분한 분점을 $a=x_0, x_1, \cdots, x_k, \cdots,$ $x_n=b$라 하고 $\Delta x = \dfrac{b-a}{n}$라 할 때, $\lim\limits_{n\to\infty}\sum\limits_{k=1}^{n} f(x_k)\Delta x$ 또는 $\lim\limits_{n\to\infty}\sum\limits_{k=0}^{n-1} f(x_k)\Delta x$의 값을 함수 $f(x)$의 a에서 b까지의 정적분이라 하고, $\int_a^b f(x)dx$로 나타낸다.

곧, $\lim\limits_{n\to\infty}\sum\limits_{k=1}^{n} f(x_k)\Delta x = \int_a^b f(x)dx$

6 정적분의 기본정리

연속함수 $f(x)$의 부정적분의 하나를 $F(x)$라 하면

$\int_a^b f(x)dx = [F(x)]_a^b = F(b)-F(a)$

➜ $\int_a^b f(x)dx = \int_a^b f(t)dt = \int_a^b f(y)dy$

7 정적분과 미분

함수 $y=f(x)$가 폐구간 $[a,\ b]$에서 연속일 때, (단, $a \le x \le b$)

(1) $\dfrac{d}{dx}\int_a^x f(t)dt = f(x)$ ($f(t)$의 t대신에 x를 대입한다.)

(2) $\dfrac{d}{dx}\int_x^{x+a} f(t)dt = f(x+a)-f(x)$

8 정적분의 성질

(1) $\int_a^a f(x)dx = 0$

(2) $\int_a^b f(x)dx = -\int_b^a f(x)dx$

(3) $\int_a^b kf(x)dx = k\int_a^b f(x)dx$ (k는 상수)

(4) $\int_a^b f(x)dx \pm \int_a^b g(x)dx = \int_a^b \{f(x)\pm g(x)\}dx$

(5) $\int_a^c f(x)dx + \int_c^b f(x)dx = \int_a^b f(x)dx$

(6) 우함수·기함수의 정적분

위끝, 아래끝의 절대값이 같고, 부호가 다를 때 사용한다.

① $f(x)$가 우함수이면 $\Rightarrow \int_{-a}^a f(x)dx = 2\int_0^a f(x)dx$

② $f(x)$가 기함수이면 $\Rightarrow \int_{-a}^a f(x)dx = 0$

개념더하기

▶ 정적분 그래프

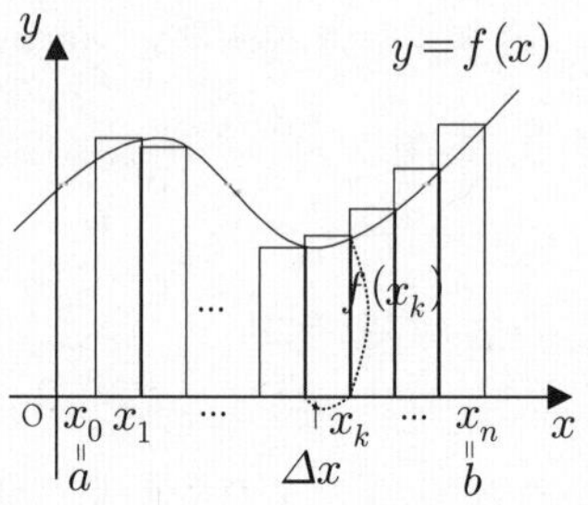

▶ 정적분의 활용

① 이차함수의 정적분

$f(x)=ax^2+bx+c$이고

$f(x)=0$의 두 실근이 α, β일때,

$\int_\alpha^\beta (ax^2+bx+c)dx$

$= \int_\alpha^\beta a(x-\alpha)(x-\beta)dx$

$= -\dfrac{a}{6}(\beta-\alpha)^3$

② 평행이동의 정적분

$\int_a^b f(x)dx$

$= \int_{a+c}^{b+c} f(x-c)dx$

$= \int_{a-d}^{b-d} f(x+d)dx$

③ 절대값 기호가 있는 함수의 정적분

구간을 나누어서 정적분의 공식을 사용한다.

$\int_a^b f(x)dx$

$= \int_a^c f(x)dx + \int_c^b f(x)dx$

④ 범위에 따라 함수가 다른 정적분

구간의 범위에 따르는 함수를 선택하여 정적분의 공식을 사용한다.

$\int_a^b f(x)dx$

$= \int_a^c f(x)dx + \int_c^b f(x)dx$

9 정적분으로 정의된 함수와 미분

(1) $\dfrac{d}{dx}\displaystyle\int_a^x f(t)dt = f(x)$

(2) $\dfrac{d}{dx}\displaystyle\int_x^{x+a} f(t)dt = f(x+a) - f(x)$

(3) $\dfrac{d}{dx}\displaystyle\int_a^x xf(t)dt = \int_a^x f(t)dt + xf(x)$

(4) $\dfrac{d}{dx}\displaystyle\int_a^x (x-t)f(t)dt = \int_a^x f(t)dt$

(5) $\dfrac{d}{dx}\displaystyle\int_{h(x)}^{g(x)} f(t)dt = f\{g(x)\}g'(x) - f\{h(x)\}h'(x)$

10 정적분으로 정의된 함수에서 $f(x)$ 구하기

(1) 적분구간이 상수로 되어 있을 때,

$f(x) = g(x) + \displaystyle\int_{상수}^{상수} f(t)\,dt$의 꼴 $\Rightarrow \displaystyle\int_{상수}^{상수} f(t)\,dt = a$로 치환한다.

(2) 적분구간에 변수 x가 있을 때,

$\displaystyle\int_a^x f(t)\,dt = g(x)$꼴 $\Rightarrow$ 양변을 x에 관하여 미분한다.

11 정적분으로 표현된 함수의 극한값

(1) $\displaystyle\lim_{x\to a}\frac{1}{x-a}\int_a^x f(t)dt = f(a)$

(2) $\displaystyle\lim_{x\to a}\frac{1}{x}\int_a^{x+a} f(t)dt = f(a)$

12 정적분과 급수

정적분의 정의 $\displaystyle\lim_{n\to\infty}\sum_{k=1}^{n} f(x_k)\Delta x = \lim_{n\to\infty}\sum_{k=0}^{n-1} f(x_k)\Delta x = \int_a^b f(x)dx$

임을 이용하여 다음과 같이 급수를 정적분으로 나타낼 수 있다.

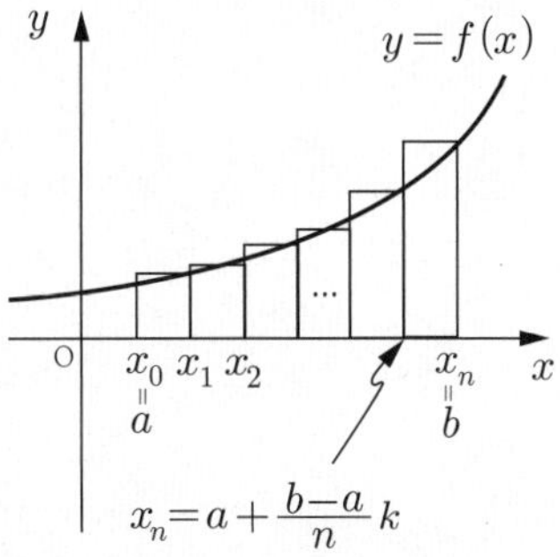

연속함수 $f(x)$에 대하여

$\displaystyle\lim_{n\to\infty}\sum_{k=1}^{n} f\left(a+\frac{b-a}{n}k\right)\cdot\frac{b-a}{n} = \int_a^b f(x)dx$

$\displaystyle\lim_{n\to\infty}\sum_{k=1}^{n} f\left(a+\frac{p}{n}k\right)\cdot\frac{p}{n} = \int_a^{a+p} f(x)dx$

$\displaystyle\lim_{n\to\infty}\sum_{k=1}^{n} f\left(\frac{p}{n}k\right)\cdot\frac{p}{n} = \int_0^p f(x)dx$

개념더하기

01

기출

삼차함수 $f(x)$가 다음 조건을 만족시킬 때, $f'(1)$의 값은?

〈조건〉
(가) 함수 $f'(x)$는 $x = 0$일 때 최댓값 1을 갖는다.
(나) $f(2) = f(0)$

① $-\frac{1}{2}$
② $-\frac{1}{4}$
③ $\frac{1}{2}$
④ $\frac{1}{4}$

02

기출

원점을 지나는 곡선 $y = f(x)$ 위의 점 $(t,\ f(t))$에서의 접선의 기울기가 $-3t^2+4t-3$일 때, 방정식 $f(x)=0$의 모든 실근의 합은?

① -2
② 0
③ 2
④ 3

03

기출

원점을 지나는 곡선 $y = f(x)$ 위의 임의의 점 $(x, f(x))$에서의 접선의 기울기가 x^2-2x-3일 때, $f(x)$의 극솟값은?

① -9
② -3
③ 0
④ 3

04

기출

$\int_{-2}^{2} |x^3|\,dx$의 값은?

① 0
② 2
③ 8
④ 16

05

기출

다항함수 $f(x)$가 $f(2)=-1$가 을 만족시킬 때, 정적분 $\int_{-2}^{2} 2f(x)\{f(x)+(2x+4)f'(x)\}dx$의 값은?

① 4
② 8
③ 16
④ 32

06

기출

다항함수 $f(x)$가 다음 〈조건〉을 만족시킬 때, $f(1)$의 값은?

〈조건〉

(가) $\lim_{x \to \infty} \frac{f'(x)}{x^2} = 3$

(나) $\lim_{x \to 0} \frac{f'(x)}{x} = 2$

(다) $f(0) = 0$

① 1
② 2
③ 3
④ 4

07

기출

함수 $f(x) = x^3 - 3x^2 + 4x \int_0^1 f(t)\,dt$에 대하여 $\lim_{x \to 1} \frac{1}{x-1} \int_1^x f(t)\,dt$의 값은?

① 0
② 1
③ 2
④ 3

08

모의

함수 $f(x) = x^2$에 대하여 $\lim_{n \to \infty} \sum_{k=1}^{n} \frac{6}{n} f\left(1 + \frac{k}{n}\right)$의 값은?

① 11
② 12
③ 13
④ 14

09

기출

최고차항의 계수가 1인 삼차함수 $f(x)$가 $x = 0$에서 극솟값 1을 가질 때, 닫힌구간 $[0,\ 2]$를 n등분한 각 분점(양 끝점도 포함)을 차례대로 $0 = x_0,\ x_1,\ x_2,\ \cdots,\ x_n = 2$라 하자. 함수 $f(x)$가 $\lim_{n \to \infty} \sum_{k=1}^{n} \frac{1}{n} f(x_k) = 10$을 만족시킬 때, $f(2)$의 값은?

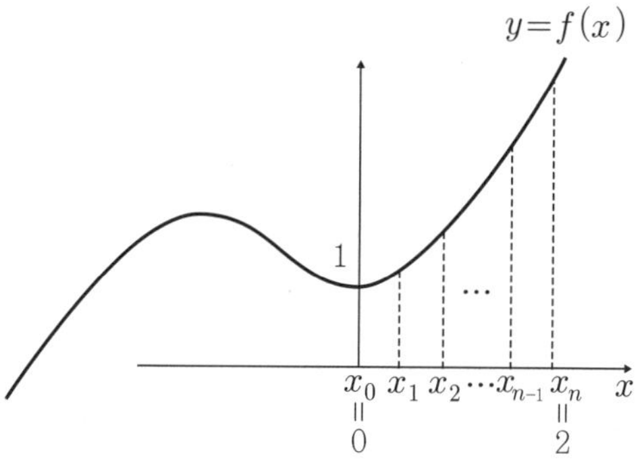

① 15 ② 20 ③ 26 ④ 30

10

기출

다음 그림은 사차함수 $f(x)$의 도함수 $y = f'(x)$의 그래프이다. $f'(x)$가 $\int_{-3}^{0} f'(x)\,dx = \int_0^3 f'(x)\,dx = \int_3^5 f'(x)\,dx = 0$을 만족시킬 때, 〈보기〉에서 옳은 것만을 있는 대로 고른 것은? (단, $-3 < a < 0 < b < 3 < c < 5$)

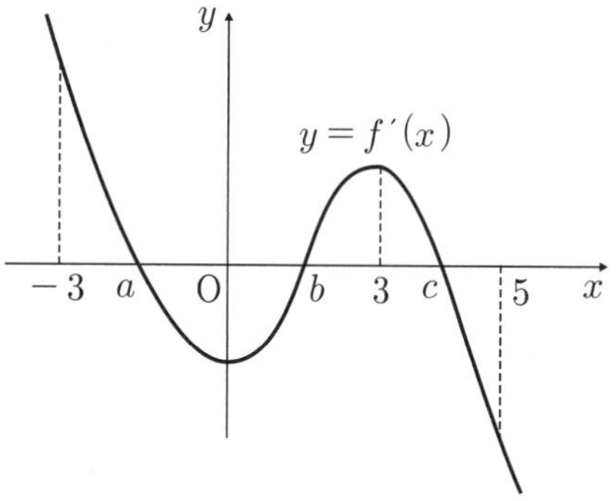

〈보기〉

ㄱ. $f(0) = 0$이면 $f(a)f(b)f(c) < 0$

ㄴ. $-3 \le x \le 3$에서 함수 $f(x)$의 최솟값은 $f(-3)$이다.

ㄷ. $\int_a^b |f'(x)|\,dx < \int_b^c f'(x)\,dx$이면 $f(c) > f(a)$이다.

① ㄱ ② ㄴ
③ ㄱ, ㄷ ④ ㄴ, ㄷ

01

곡선 $y=f(x)$ 위의 임의의 점 (x, y)에서의 접선의 기울기가 $2x-1$이고, $\int_{0}^{2} f(x)dx = \frac{8}{3}$일 때, $f(1)$의 값은?

① -1
② 0
③ 1
④ 2

02

함수 $f(x)$의 도함수가 $f'(x)=3ax(x+1)$ $(a>0)$이고, $f(x)$의 극댓값이 2, 극솟값이 -1일 때, $f(1)$의 값은?

① 8
② 10
③ 12
④ 14

03

함수 $f(x)$의 도함수 $y=f'(x)$의 그래프가 그림과 같고 $f(x)$의 극솟값이 1일 때, 함수 $f(x)$의 극댓값은?

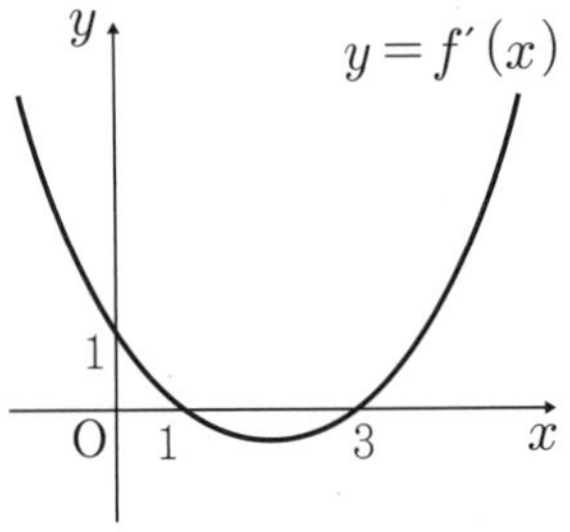

① $\frac{11}{9}$
② $\frac{4}{3}$
③ $\frac{13}{9}$
④ $\frac{5}{3}$

04

함수 $f(x)=\begin{cases} x^2 & (x \le 1) \\ 2-x & (x>1) \end{cases}$일 때,

정적분 $4\int_{1}^{3} xf(x-1)dx$의 값은?

① 6
② 7
③ 8
④ 9

05

함수 $f(x)=3x+|x-1|$에 대하여 정적분 $\int_{-2}^{2} f(x)dx$의 값은?

① 1
② 3
③ 5
④ 7

06

함수 $f(x)=5x^4+3x^2+1$에 대하여

정적분 $\int_{-1}^{2} f(x)dx+\int_{2}^{1} f(t)dt$의 값은?

① 6

② 7

③ 8

④ 9

07

연속함수 $f(x)$가 모든 실수 x에 대하여 다음 〈조건〉을 만족시킨다.

〈조건〉

(가) $f(x-2)=f(x+2)$

(나) $\int_{-2}^{2} f(x)dx=2$

(다) $\int_{2}^{4} f(x)dx=1$

정적분 $\int_{0}^{30} f(x)dx$의 값은?

① 5

② 10

③ 15

④ 20

08

함수 $f(x)$가 다음 두 〈조건〉을 만족시킬 때,

정적분 $\int_{-6}^{6} f(x)dx$의 값은?

〈조건〉

(가) 모든 실수 x에 대하여 $f(x+3)=f(x)$

(나) $0 \le x \le 3$일 때, $f(x)=-x(x-3)$

① 15

② 16

③ 17

④ 18

09

$f(x)=\int_{1}^{x}(2t-5)(t^2+1)dt$일 때,

$\lim_{h\to 0}\frac{f(1+h)-f(1)}{h}$의 값은?

① −8

② −6

③ −4

④ −2

10

삼차함수 $F(x)$와 함수 $f(x)$가

$F(x)=\int_{0}^{x}(x-t)f(t)dt$, $F'(-1)=F'(1)=1$

을 만족시킬 때, $f(2)$의 값은?

① 1

② 2

③ 3

④ 4

11

$\lim_{x\to 0}\frac{1}{x}\int_{2}^{2+x}(t^2+t-4)dt$의 값은?

① 0
② 1
③ 2
④ 3

12

사차함수 $f(x)$가 $f(-x)=f(x), f'(1)=0, f(0)=-3$을 만족시키고 $\int_{0}^{1}f(x)dx=4$일 때, $f(-1)$의 값은?

① 6
② 8
③ 10
④ 12

13

$\lim_{n\to\infty}\frac{2}{n}\left\{(1+\frac{2}{n})^2+(1+\frac{4}{n})^2+(1+\frac{6}{n})^2+\cdots+(1+\frac{2n}{n})^2\right\}$

의 값은?

① $\frac{26}{3}$
② $\frac{28}{3}$
③ $\frac{29}{3}$
④ $\frac{31}{3}$

14

그림과 같이 곡선 $y=x^2$과 x축 및 두 직선 $x=1$, $x=3$으로 둘러싸인 도형의 넓이를 구분구적법을 이용하여 나타낸 것은?

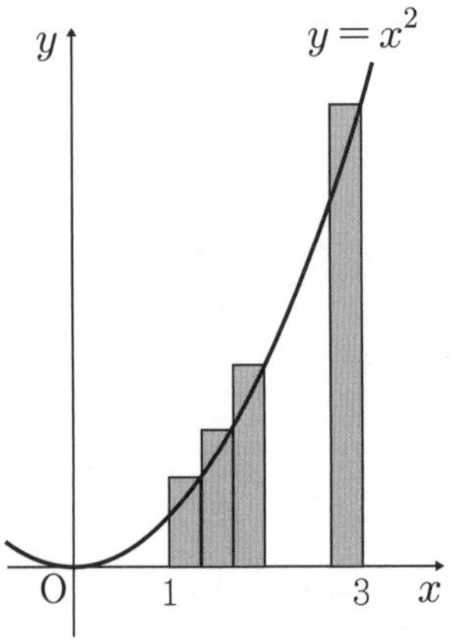

① $\lim_{n\to 0}\sum_{k=1}^{n}(1+\frac{4k}{n}+\frac{4k^2}{n^2})\times\frac{1}{n}$
② $\lim_{n\to 0}\sum_{k=1}^{n}(1+\frac{4k}{n}+\frac{4k^2}{n^2})\times\frac{2}{n}$
③ $\lim_{n\to 0}\sum_{k=1}^{n}(1+\frac{2k}{n}+\frac{2k^2}{n^2})\times\frac{1}{n}$
④ $\lim_{n\to 0}\sum_{k=1}^{n}(1+\frac{2k}{n}+\frac{2k^2}{n^2})\times\frac{2}{n}$

10 적분의 활용

출제경향 및 대비법

적분의 활용에서는 도형의 넓이와 정적분의 관계가 제일 중요하다. 최근 가천대 적성 모의고사에서도 두 도형으로 둘러싸인 넓이에 대한 문제가 출제되었다. 따라서 넓이와 정적분에 대한 내용 이해와 유형들에 대한 연습이 필수적이다. 속도와 거리에서의 활용은 속도를 적분하면 위치가 된다는 내용을 알고 문제에 적용할 수 있으면 된다. 다만 속도와 속력, 위치와 거리에 대한 구분을 할 수 있어야 한다.

1 정적분과 넓이

(1) 곡선과 x축 사이의 넓이

① $f(x) \geq 0$인 경우

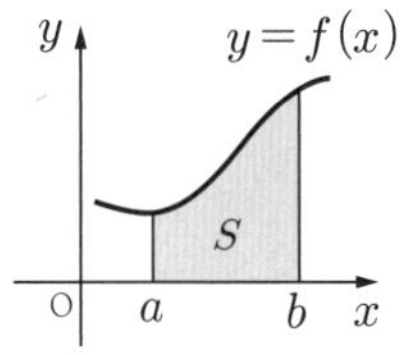

$S=\int_a^b |f(x)|dx=\int_a^b f(x)dx$

② $f(x) \leq 0$인 경우

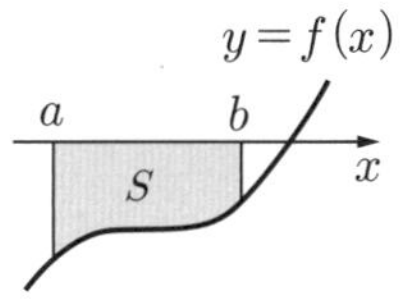

$S=\int_a^b |f(x)|dx=-\int_a^b f(x)dx$

(2) 두 곡선 $y=f(x)$, $y=g(x)$ 사이의 넓이

① $f(x) \geq g(x) \geq 0$인 경우

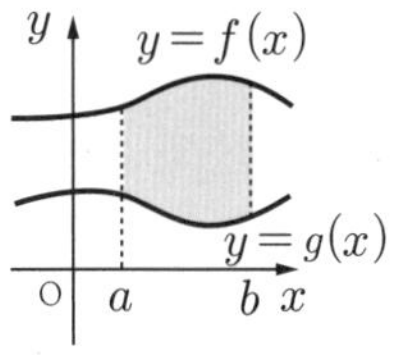

② $f(x) \geq g(x)$인 경우

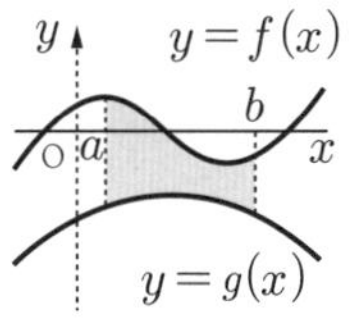

$S=\int_a^b | f(x)-g(x) | dx=\int_a^b \{f(x)-g(x)\}dx$

2 속도와 거리

수직선 위를 움직이는 점 P의 시각 t에서의 속도를 $v(t)$, 시각 $t=t_0$에서의 점 P의 위치가 x_0일 때

(1) 시각 t에서의 점 P의 위치 x는

$x=x_0+\int_{t_0}^{t} v(t)dt$ ← x_0은 출발점의 위치

(2) $t=a$에서 $t=b$까지의 점 P의 위치의 변화량은 $\int_a^b v(t)dt$

(3) 시각 $t=a$에서의 $t=b$까지 점 P가 실제로 움직인 거리 s는

$s=\int_a^b | v(t) | dt$ ← 경과 거리: 점 P가 움직인 거리의 총합을 뜻한다.

개념더하기

① 포물선의 그래프가 x축과 두 점에서 만날 때,

$y=ax^2+bx+c$

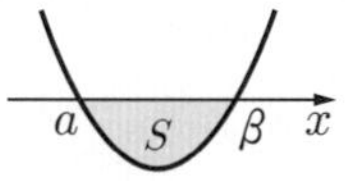

$S=\dfrac{|a|(\beta-\alpha)^3}{6}$

② 포물선과 직선이 서로 다른 두 점에서 만날 때,

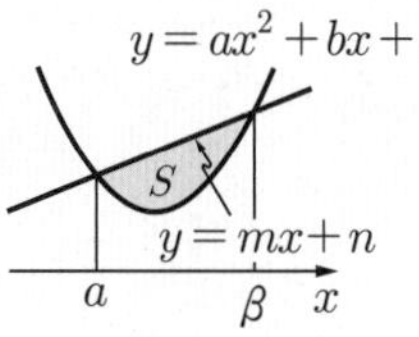

$S=\dfrac{|a|(\beta-\alpha)^3}{6}$

③ 포물선과 포물선이 서로 다른 두 점에서 만날 때,

$S=\dfrac{| a-a' | (\beta-\alpha)^3}{6}$

01

기출

그림과 같이 좌표평면에 네 점 O(0, 0), A(4, 0), B(4, 8), C(0, 8)을 꼭짓점으로 하는 직사각형 OABC가 있다. 직사각형 OABC의 내부의 영역 중에서 부등식 $\begin{cases} y \ge x^3 \\ y \ge k \end{cases}$의 영역의 넓이를 S_1이라 하고, 부등식 $\begin{cases} y \le x^3 \\ y \le k \end{cases}$의 영역의 넓이를 S_2라 하자. $S_1 = S_2$일 때, 상수 k의 값은? (단, $0 < k < 8$)

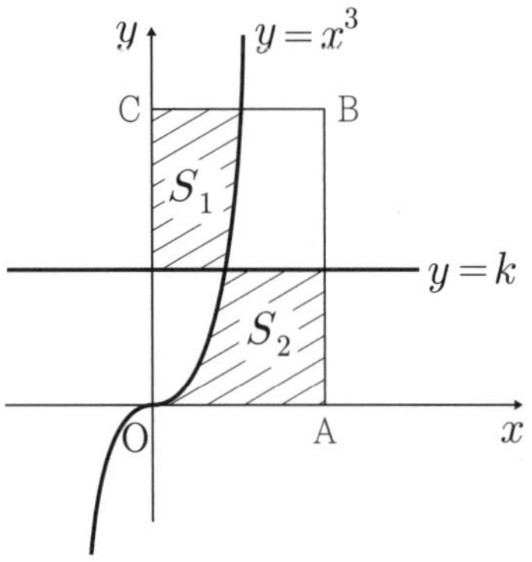

① $2\sqrt{2}$ ② 3
③ $3\sqrt{2}$ ④ $3\sqrt{3}$

02

기출

이차함수 $f(x) = (x-a)^2 + b$가 모든 실수 t에 대하여

$$\int_{2-t}^{2} f(x)dx + \int_{2+t}^{2} f(x)dx = 0$$

을 만족시킨다. 곡선 $y = f(x)$와 x축 및 y축으로 둘러싸인 부분의 넓이를 S_1, 곡선 $y = f(x)$와 x축으로 둘러싸인 부분의 넓이를 S_2라 하자. $S_2 = 2S_1$일 때, $f(4)$의 값은? (단, $a > 0$, $b < 0$)

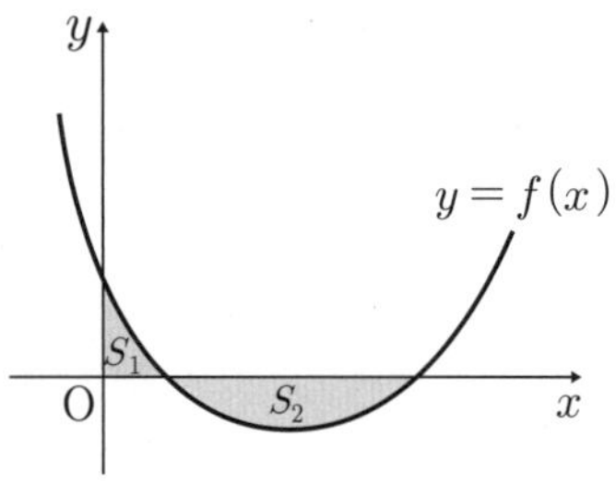

① $\frac{2}{3}$ ② $\frac{4}{3}$
③ $\frac{8}{3}$ ④ $\frac{10}{3}$

03

기출

곡선 $y = -x^2$와 점 $(0, p)$에서 이 곡선에 그은 두 접선으로 둘러싸인 부분의 넓이가 $\frac{9}{4}$일 때, p의 값은? (단, $p > 0$)

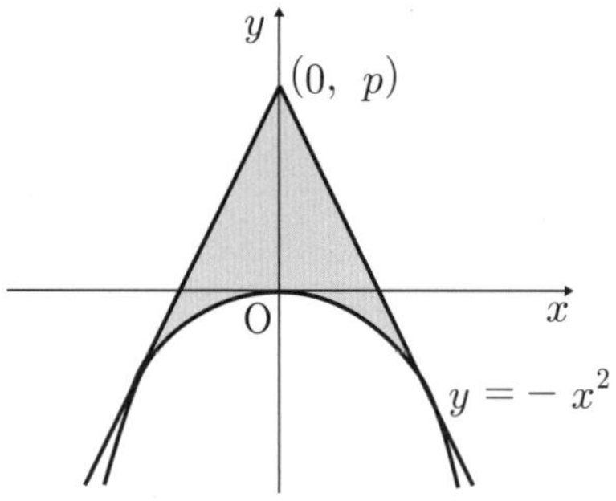

① $\frac{1}{2}$ ② $\frac{3}{2}$
③ $\frac{9}{4}$ ④ $\frac{27}{8}$

04

기출

수직선 위를 움직이는 점 P가 원점에서 출발한 후 t초가 지났을 때, 이 점의 속도는 $v(t) = at^3$이다. 2초가 지난 후 점 P의 위치가 52일 때, 상수 a의 값은?

① 4 ② 7
③ 10 ④ 13

05

기출

시각 $t=0$일 때, 원점에서 출발하여 수직선 위를 움직이는 두 점 P, Q의 시각 t에서의 속도는 각각 $f(t) = 3t^2 - 18t + 24$, $g(t) = a$이다. 두 점 P, Q가 시각 $t = b\ (b > 0)$에서 한 번만 만날 때, a의 값은? (단, a와 b는 상수이다.)

① $-\frac{15}{4}$ ② -3
③ 3 ④ $\frac{15}{4}$

01

그림과 같이 곡선 $y=f(x)$와 직선 $y=g(x)$로 둘러싸인 도형의 넓이는?

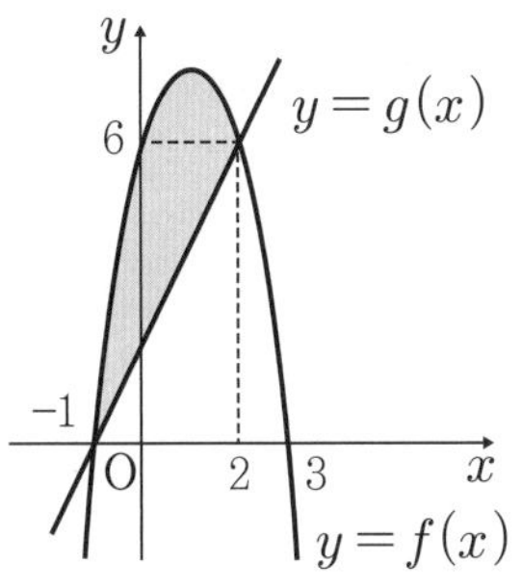

① 6
② 7
③ 8
④ 9

02

그림과 같이 $x \geq 0$에서 두 곡선 $y=x^n$, $y=x^{n+1}$으로 둘러싸인 도형의 넓이를 S_n이라 할 때,
$S_2+S_3+S_4+\cdots+S_{100}$의 값은? (단, n은 2 이상의 자연수이다.)

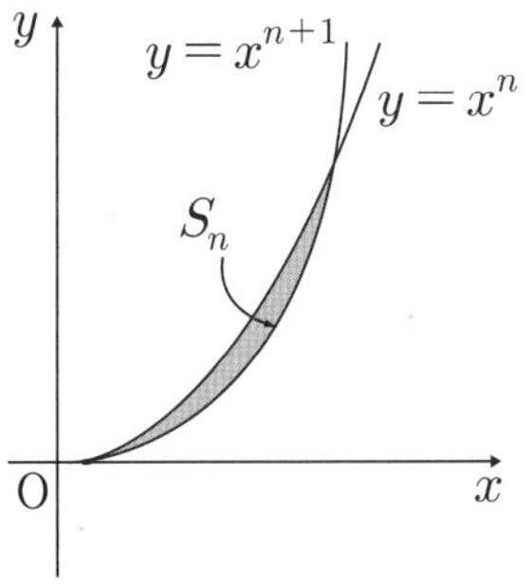

① $\frac{5}{17}$
② $\frac{31}{102}$
③ $\frac{16}{51}$
④ $\frac{11}{34}$

03

곡선 $y=x^3-3$ 위의 점 $(-1, -4)$에서의 접선과 이 곡선으로 둘러싸인 도형의 넓이는?

① $\frac{21}{4}$
② $\frac{23}{4}$
③ $\frac{25}{4}$
④ $\frac{27}{4}$

04

함수 $f(x)=|x^2-1|$의 그래프와 직선 $y=x+1$로 둘러싸인 두 도형의 넓이의 합은?

① $\frac{5}{3}$
② $\frac{11}{6}$
③ 2
④ $\frac{13}{6}$

05

그림과 같이 곡선 $y=x^2$의 안쪽 부분에 반지름의 길이가 1인 원을 내접시킬 때, 원과 곡선으로 둘러싸인 도형의 넓이는?

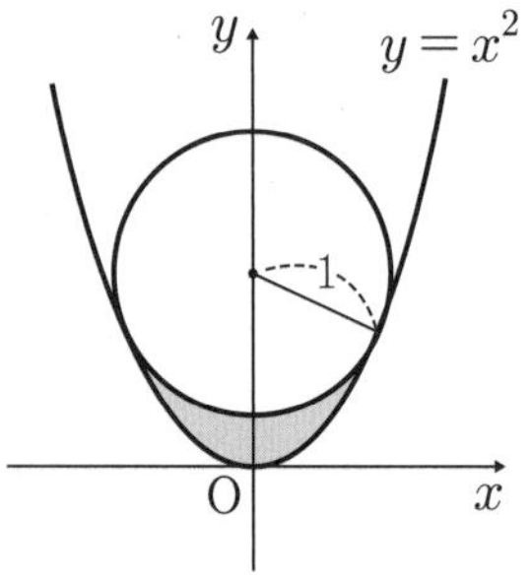

① $\frac{7\sqrt{3}}{4}-\frac{2\pi}{3}$

② $\frac{5\sqrt{3}}{4}-\frac{\pi}{3}$

③ $\frac{5\sqrt{3}}{4}-\frac{2\pi}{3}$

④ $\frac{3\sqrt{3}}{4}-\frac{\pi}{3}$

06

그림과 같이 네 점 $(0,0)$, $(1,0)$, $(1,1)$, $(0,1)$을 꼭짓점으로 하는 정사각형 내부를 두 곡선 $y=\frac{1}{2}x^2$, $y=ax^2$으로 나눈 세 도형의 넓이를 각각 S_1, S_2, S_3이라 하자. S_1, S_2, S_3이 이 순서대로 등차수열을 이룰 때, 양수 a의 값은?

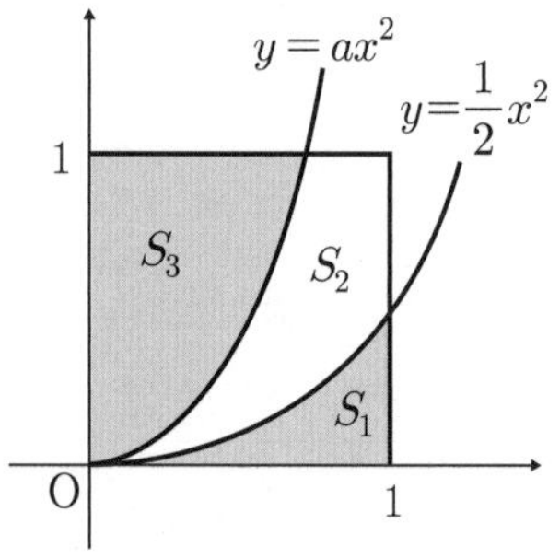

① $\frac{16}{9}$ ② $\frac{17}{9}$

③ $\frac{19}{9}$ ④ $\frac{20}{9}$

07

다음 두 〈조건〉을 만족시키는 다항함수 $f(x)$의 그래프와 x축으로 둘러싸인 도형의 넓이는?

〈조건〉

(가) $\lim_{x\to\infty}\frac{f(x)}{x^2}=-1$

(나) $\lim_{x\to 1}\frac{f(x)}{x-1}=-6$

① 32

② 34

③ 36

④ 38

08

지상 20m의 높이에서 처음 속도 $98m/s$로 똑바로 쏘아 올린 물체의 t초 후의 속도는 $v(t)=98-9.8t(m/s)$일 때, 물체가 지면에 떨어질 때까지 움직인 거리는 몇 m인가?

① 980

② 990

③ 1000

④ 1010

09

원점을 동시에 출발하여 수직선 위를 움직이는 두 동점 P, Q의 출발 후 t초 후의 속도가 각각
$v_p(t) = 6t^2 - 2t + 6, v_g(t) = 3t^2 + 12t - 4$일 때, 두 동점 P, Q가 출발 후 처음으로 만나는 위치는?

① 21

② 22

③ 23

④ 24

10

원점을 출발하여 수직선 위를 7초 동안 움직이는 점 P의 t초 후의 속도 $v(t)$의 그래프가 그림과 같을 때, 다음 〈보기〉 중 옳은 것을 모두 고른 것은?

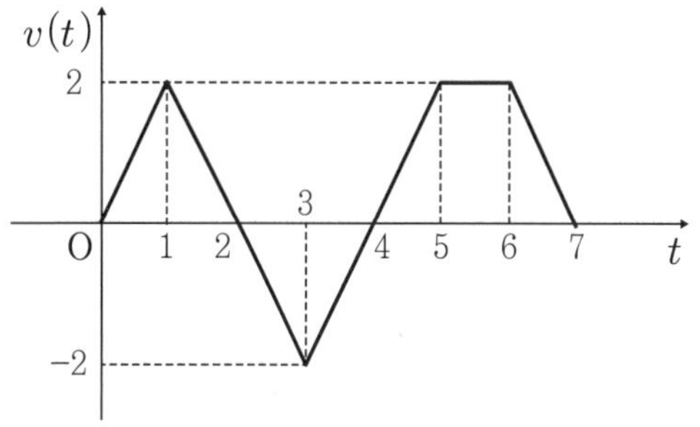

〈보기〉

ㄱ. 점 P는 출발 후 1초 동안 멈춘 적이 있었다.

ㄴ. 점 P는 움직이는 동안 운동 방향을 4번 바꿨다.

ㄷ. 점 P는 출발하고 나서 4초 후 출발점에 있었다.

① ㄱ

② ㄷ

③ ㄱ, ㄷ

④ ㄴ, ㄷ

11 순열과 조합

출제경향 및 대비법

순열에서는 주로 원순열, 이웃하는 경우, 특정 조건이 주어진 순열에서 문제가 많이 출제되는 경향이다. 조합보다는 순열에서 출제가 많이 되기 때문에 순열에 좀 더 비중을 둘 필요가 있다. 조합에서는 올해 모의고사에서 중복조합 문제가 출제되었다. 순열과 조합에서는 문장을 잘 해석하고 순열, 중복순열, 조합, 중복조합 문제 인지에 대한 구분을 할 수 있어야 하며, 순열과 조합과 연계된 함수의 개수가 출제될 수 있기 때문에 각 순열, 중복순열, 조합, 중복조합에 따른 함수의 개수 구하는 방법을 숙지하고 있어야 한다.

1 합의 법칙

두 사건 A, B가 동시에 일어나지 않을 때($A\cap B=\phi$) 사건 A가 일어나는 경우의 수가 m가지, 사건 B가 일어나는 경우의 수가 n가지이면, A 또는 B가 일어나는 경우의 수는 $m+n$가지이다.

$A\cap B=\phi$이면, $n(A\cup B)=n(A)+n(B)$

$A\cap B\neq\phi$이면, $n(A\cup B)=n(A)+n(B)-n(A\cap B)$

2 곱의 법칙

두 사건 A, B에 대하여 A가 일어나는 경우의 수가 m가지이고 그 각각에 대하여 B가 일어나는 경우의 수가 n가지이면 A가 일어나고 동시에 B가 일어나는 경우의 수는 $m\times n$가지이다.

$n(A\cap B)=n(A)\times n(B)$

3 순열

${}_nP_r$: 서로 다른 n개에서 r개를 택하여 순서있게 나열하는 방법의 수 (단, $n\geq r$)

$${}_nP_r=\underbrace{n(n-1)(n-2)\cdots(n-r+1)}_{r\text{개}}=\frac{n!}{(n-r)!}$$

4 이웃(포함, 인접)할 때와 이웃(포함, 인접)하지 않을 때의 순열

(1) 이웃(포함, 인접)하게 나열하는 순열의 수

① 이웃(포함, 인접)하는 것을 하나로 묶어서 한 묶음으로 생각한다.

② (한 묶음으로 구한 순열의 수)×(한 묶음 자체의 순열의 수)

(2) 이웃(포함, 인접)하지 않게 나열하는 순열의 수

① 이웃해도 좋은 것을 먼저 나열한다.

② ①의 양끝과 사이사이에 나열한다.

5 원순열

서로 다른 n개를 원형으로 나열하는 순열

(1) 원순열의 수 → $\frac{n!}{n}=(n-1)!$

(2) 같은 것을 포함한 원순열의 수

$$\frac{n!}{a!b!c!}\times\frac{1}{n}\ (a+b+c=n,\ a,b,c\text{는 서로소})$$

(3) 원형이 아닌 다각형인 경우(대칭인 경우)의 순열의 수

개념더하기

▶ 순열

① ${}_nP_n$: 서로 다른 n에서 n개 전체를 순서있게 나열하는 방법의 수

$${}_nP_n=n(n-1)(n-2)\cdots3\cdot2\cdot1=n!$$

② ${}_nP_0=1$

③ $0!=1$

▶ 목걸이(염주)순열

① 염주나 목걸이 등과 같이 뒤집어 놓아도 같은 것이 되는 순열

② 염주순열의 수 → $\frac{(n-1)!}{2}$

개념더하기

6 중복 순열

(1) 서로 다른 n개에서 중복을 허용해서 r개를 택하여 일렬로 나열하는 순열

(2) 중복순열의 수 ${}_n\Pi_r = n^r$

7 같은 것을 포함하는 순열

n개 중에서 같은 것이 각각 p개, q개, r개, ⋯ 있을 때, 이 n개를 모두 사용하여 일렬로 나열하는 순열의 수

$$\frac{n!}{p!q!r!\cdots} \text{ (단, } p+q+r+\cdots=n\text{)}$$

8 조합의 뜻

순서를 생각하지 않고 뽑는 것

9 조합의 수

순서를 생각하지 않고 뽑는 방법의 수

(1) ${}_nC_r$: 서로 다른 n개에서 순서를 생각하지 않고 r개를 뽑는 방법의 수

$${}_nC_r=\frac{{}_nP_r}{r!}=\frac{n(n-1)(n-2)\cdots(n-r+1)}{r!}=\frac{n!}{r!(n-r)!} \text{ (단, } n \geq r\text{)}$$

(2) ${}_nC_0 = 1$

(3) ${}_nC_1 = n$

(4) ${}_nC_n = 1$

(5) ${}_nC_r = {}_nC_{n-r}$

10 조편성

(1) 서로 다른 n개의 물건을 p개, q개, r개 $(p+q+r=n)$의 세 묶음으로 나눌 때

① p, q, r이 모두 다른 수이면 ⇒ ${}_nC_p \times {}_{n-p}C_q \times {}_rC_r$

② p, q, r 중 어느 두 개가 같으면 ⇒ ${}_nC_p \times {}_{n-p}C_q \times {}_rC_r \times \frac{1}{2!}$

③ p, q, r이 모두 같은 수이면 ⇒ ${}_nC_p \times {}_{n-p}C_q \times {}_rC_r \times \frac{1}{3!}$

(2) 세 사람에게 p개, q개, r개씩 나누어 주는 방법의 수

11 중복조합

서로 다른 n개의 원소 중에서 중복을 허락하여 r개를 택하는 조합을 중복조합이라 하고, 이 중복조합의 수를 ${}_n\mathrm{H}_r$로 나타내며,

${}_n\mathrm{H}_r = {}_{n+r-1}\mathrm{C}_r$로 계산한다.

출제경향이 보이는 가천대 기출문제

정답 및 해설 p.329

01 기출

철수와 영희를 포함한 5명의 학생이 원탁에 일정한 간격으로 둘러앉으려고 한다. 철수와 영희가 이웃하지 않고 한 자리 건너서 앉는 방법의 수는? (단, 회전하여 이웃이 모두 일치하는 경우는 같은 것으로 본다.)

① 9
② 12
③ 16
④ 24

02 기출

다섯 개의 수 3, 4, 5, 6, 7을 한 번씩 사용하여 일렬로 나열한 모든 다섯 자리 자연수의 합은?

① 5555500
② 6666600
③ 7777700
④ 8888800

03 기출

집합 $X=\{1,\ 2,\ 3,\ 4\}$에 대하여 다음 〈조건〉을 만족시키는 함수 $f: X \to X$의 개수는?

〈조건〉
ㄱ. 함수 f는 일대일 대응이다.
ㄴ. 집합 X의 임의의 원소 x에 대하여 $f(x) \neq x$이다.

① 9
② 12
③ 16
④ 24

04 모의

그림과 같이 7개의 숫자 1, 1, 2, 2, 3, 3, 3이 하나씩 적혀 있는 7장의 카드에서 5장의 카드를 택해 일렬로 나열하여 다섯 자리의 자연수를 만들 때, 짝수의 개수는?

1	1	2	2	3	3	3

① 32
② 34
③ 36
④ 38

05 기출

자연수 2310을 1보다 큰 세 자연수의 곱으로 나타내는 경우의 수는? (단, 곱하는 순서는 생각하지 않는다.)

① 24
② 25
③ 26
④ 27

정답 및 해설 p.329~330

01

A, B, C, D, E의 명의 학생이 일렬로 줄을 설 때, A와 B 사이에 적어도 한 명이 들어가도록 줄을 서는 방법의 수는?

① 48
② 60
③ 72
④ 84

02

0, 1, 2, 3, 4, 5의 6개의 숫자 중에서 서로 다른 개를 뽑아 만들 수 있는 세 자리 자연수 중 354보다 큰 짝수의 개수는?

① 16
② 18
③ 20
④ 22

03

1부터 9까지의 자연수를 사용해 세 자리 자연수를 만들려고 한다. 홀수는 중복을 허용하지만 짝수는 중복을 허용하지 않을 때, 만들 수 있는 세 자리 자연수의 개수는?

① 620
② 623
③ 626
④ 629

04

1, 2, 3, 4, 5의 숫자가 하나씩 적힌 5장의 카드를 나열하여 다섯자리의 수를 만든다. 이 수 중 짝수를 작은 수부터 차례로 나열할 때, n번째의 수를 a_n이라 하면 a_{32}의 값은?

① 41352
② 41532
③ 43512
④ 45132

05

1부터 6까지의 자연수가 하나씩 적혀 있는 6장의 카드가 있다. 이 카드를 모두 사용하여 일렬로 나열할 때, 2가 적혀 있는 카드는 4가 적혀 있는 카드보다 왼쪽에 나열하고 홀수가 적혀 있는 카드는 작은 수부터 크기 순서로 왼쪽부터 나열하는 경우의 수는?

① 56
② 60
③ 64
④ 68

06

그림과 같이 큰 정사각형을 각 변의 중점끼리 이어 8개의 합동인 직각삼각형으로 나눈 도형이 있다. 서로 다른 8가지의 색을 모두 사용하여 8개의 직각삼각형을 칠하는 방법의 수는?

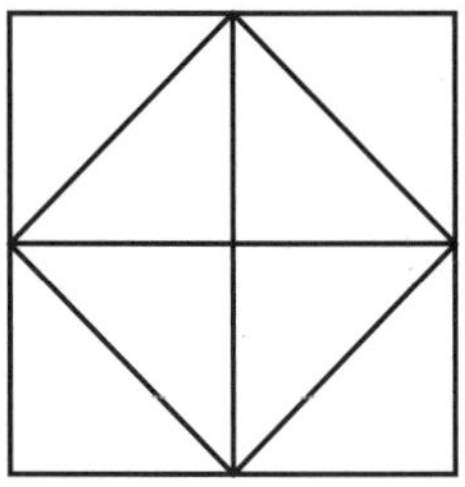

① 10080
② 10240
③ 10560
④ 10620

07

두 집합 $X=\{1,2,3,4,5\}$, $Y=\{x|x$는 18의 약수$\}$일 때, X에서 Y로의 함수 f에 대하여 $f(1)+f(3)$의 값이 홀수인 함수 f의 개수는?

① 3426
② 3600
③ 3842
④ 3888

08

집합 $X=\{1,2,3,4\}$일 때, X에서 X로의 함수 f 중에서 다음 〈조건〉을 만족시키는 함수의 개수는?

〈조건〉
집합 X의 모든 원소 x에 대하여 $f(x) \geq x$이다.

① 12
② 16
③ 20
④ 24

09

세 양의 정수 x, y, z에 대하여 부등식 $x+y+z<6$을 만족시키는 해의 개수는?

① 4
② 6
③ 8
④ 10

10

다음 〈조건〉을 만족시키는 양의 정수 x, y, z, w의 순서쌍 (x, y, z, w)의 개수는?

〈조건〉
(가) $x+y+z+5w=20$
(나) $x \geq w$

① 100
② 110
③ 120
④ 130

12 분할과 이항정리

출제경향 및 대비법

이항정리에서 전개식의 일반항을 이용한 특정 항의 계수 구하는 문제가 예상된다. 전개된 항을 이항정리를 통해 두 항의 합의 거듭제곱으로 바꾸는 문제가 출제되었기 때문에 이에 대한 연습이 필요하다. 분할은 집합의 분할인지 자연수의 분할인지 유형 구분을 잘 하여야 하며, 자연수의 분할에서는 단순 계산 문제가 아닌 특정 조건이 주어져, 조건을 구분하여 자연수의 분할을 해야 하는 문제가 출제되었다. 따라서 조건에 따른 자연수 분할에 대한 다른 유형들을 연습해 두어야 한다.

개념더하기

1 집합의 분할

(1) 유한집합을 공집합이 아닌 서로소인 몇 개의 부분집합의 합집합으로 나타내는 것을 집합의 분할이라 한다.

(2) $S(n, k)$: 원소의 개수가 n인 집합을 k개의 부분집합으로 분할한다.

2 자연수의 분할

(1) 자연수를 순서를 고려하지 않고 몇 개의 자연수의 합으로 나타내는 것을 자연수의 분할이라 한다.

(2) $P(n, k)$: 자연수 n을 k개의 자연수로 분할한다.

3 이항정리

n이 자연수일 때, $(a+b)^n$을 전개하면 다음과 같다.

$$(a+b)^n = {}_nC_0a^n + {}_nC_1a^{n-1}b + {}_nC_2a^{n-2}b^2 + \cdots + {}_nC_ra^{n-r}b^r + \cdots + {}_nC_nb^n = \sum_{r=0}^{n} {}_nC_r a^{n-r}b^r$$

이를 $(a+b)^n$에 대한 이항정리라 하고,

${}_nC_ra^{n-r}b^r$을 일반항, ${}_nC_0$, ${}_nC_1$, $\cdots$, ${}_nC_n$을 이항계수라 한다.

4 다항정리

n이 자연수일 때, $(a+b+c)^n$의 전개식의 일반항은

$$\frac{n!}{p!\,q!\,r!}\,a^p\,b^q\,c^r \text{(단, } p+q+r=n,\ p \geq 0,\ q \geq 0,\ r \geq 0)$$

* $(1+x)^n$의 전개식

$$(1+x)^n = \sum_{r=0}^{n} {}_nC_r\,x^r = {}_nC_0 + {}_nC_1\,x + {}_nC_2\,x^2 + \cdots + {}_nC_r\,x^r + \cdots + {}_nC_n\,x^n$$

5 이항계수의 성질

(1) ${}_nC_0 + {}_nC_1 + {}_nC_2 + {}_nC_3 + \cdots + {}_nC_n = 2^n$

(2) ${}_nC_0 - {}_nC_1 + {}_nC_2 - {}_nC_3 + \cdots + (-1)^n \cdot {}_nC_n = 0$

(3) ${}_nC_0 + {}_nC_2 + {}_nC_4 + \cdots = 2^{n-1}$

(4) ${}_nC_1 + {}_nC_3 + {}_nC_5 + \cdots = 2^{n-1}$

(5) ${}_nC_1 + 2{}_nC_1 + 2^2{}_nC_2 + \cdots + n{}_nC_n = n \cdot 2^{n-1}$

01

기출

$\left(x^2 - \frac{2}{x}\right)^n$의 전개식에서 상수항이 존재하도록 하는 자연수 n의 최솟값을 k라 하자. $n = k$일 때 상수항의 값은?

① 1
② 4
③ 6
④ 12

02

기출

$(1+2^6)_6C_0 + (2+2^5)_6C_1 + (2^2+2^4)_6C_2 + 2^3{}_6C_3$의 값은?

① 256
② 512
③ 640
④ 729

03

기출

9^{13}의 일의 자리의 수를 a, 십의 자리의 수를 b, 백의 자리의 수를 c라 할 때, $a+b+c$의 값은?

① 14
② 15
③ 16
④ 17

04

기출

자연수 11의 분할 중에서 숫자 5를 포함하고 홀수의 합으로만 나타내어지는 서로 다른 분할의 수는?

① 3
② 4
③ 5
④ 6

01

7명의 골프 선수를 3명, 2명, 2명씩 세 개의 조로 나누는 방법의 수는?

① 105
② 168
③ 204
④ 260

02

8층까지 있는 건물에 승강기가 설치되어 있다. 1층에서 탄 6명의 사람이 3명, 3명씩 4층 이상의 각각 다른 층에서 내리게 되는 방법의 수는?

① 170
② 180
③ 190
④ 200

03

아샘 고등학교는 1학년은 7학급이다. 1학년 농구대회의 대진표를 그림과 같이 작성하려고 할 때, 대진표를 작성하는 방법의 수는?

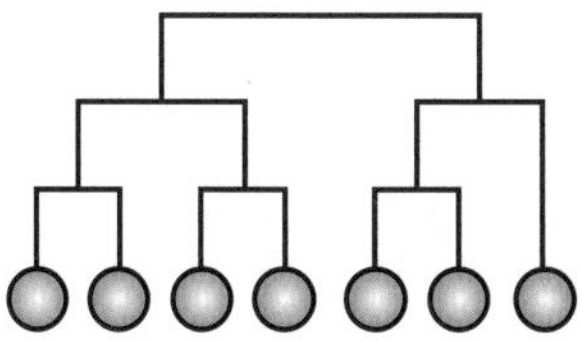

① 311
② 313
③ 315
④ 317

04

6의 분할 중 짝수로만 이루어지는 분할의 개수를 a, 3이 나타나는 분할의 개수를 b라 할 때, $a+b$의 값은?

① 4
② 6
③ 8
④ 10

05

다음 두 〈조건〉을 만족시키는 세 자연수 x, y, z의 순서쌍 (x, y, z)의 개수는?

〈조건〉
(가) $x+y+z=10$　　(나) $x>y>z$

① 2
② 4
③ 6
④ 8

06

$x(x^2+y)^5$의 전개식에서 x^3y^4의 계수는?

① 5

② 10

③ 18

④ 24

07

$(ax^3+\frac{2}{x^2})^4$의 전개식에서 x^2의 계수가 96일 때, x^7의 계수는? (단, $a>0$)

① 8

② 16

③ 32

④ 64

08

$(1+x)+(1+x)^2+(1+x)^3+\cdots+(1+x)^{10}$의 전개식에서 x^3의 계수는?

① 320

② 330

③ 340

④ 350

09

$\frac{{}_{55}C_1+{}_{55}C_3+{}_{55}C_5+\cdots+{}_{55}C_{55}}{{}_{55}C_0+{}_{55}C_1+{}_{55}C_2+{}_{55}C_3\cdots+{}_{55}C_{55}}$의 값은?

① $\frac{1}{55}$

② $\frac{1}{10}$

③ $\frac{1}{4}$

④ $\frac{1}{2}$

10

$\sum_{n=1}^{10}(\sum_{m=0}^{n}{}_{2n}C_{2m})$의 값은?

① $\frac{1}{3}(2^{10}-1)$

② $\frac{2}{3}(2^{10}-1)$

③ $\frac{1}{3}(4^{10}-1)$

④ $\frac{2}{3}(4^{10}-1)$

13 확률

출제경향 및 대비법

순열과 조합을 이용한 확률 문제가 많이 출제되는 경향이 있다. 확률 문제는 가천대 적성고사에서 1~2문제만 출제되고 있다. 최근 모의고사에서는 1문제만 출제되고 있는데, 순열을 이용한 확률 문제인지, 조합을 이용한 확률 문제인지 잘 구분하여 풀이를 해야 한다. 2014학년도와 작년에는 조건부 확률이 출제되었으므로, 조건부 확률에 대한 내용 이해와 유형 정리를 할 필요가 있다. 아직까지 독립시행의 확률이 출제되지 않았으므로 올해 나올 가능성도 배제할 수 없다.

1 확률의 정의

(1) 확률

하나의 사건이 일어날 수 있는 가능성을 수치로 나타낸 것

➜ 사건 A가 일어날 확률을 $P(A)$로 나타낸다.

(2) 수학적 확률

어떤 시행에서 얻어지는 근원사건이 모두 같은 정도로 일어날 것이라고 기대될 때 전사건 S에 속하는 근원사건의 총수를 $n(S)$, 사건 A에 속하는 근원사건의 개수를 $n(A)$라 하면, 사건 A가 일어날 확률 $P(A)$는

$$P(A) = \frac{n(A)}{n(S)} = \frac{\text{사건 } A\text{가 일어나는 경우의 수}}{\text{일어날 수 있는 모든 경우의 수}}$$

(3) 통계적 확률(경험적 확률)

한 사건 A가 일어날 확률을 P라 할 때, n번의 반복시행에서 사건 A가 일어난 횟수를 r이라 하면, 상대도수 $\frac{r}{n}$은 n이 커짐에 따라 확률 P에 가까워짐을 볼 수 있다.

즉, $\lim_{n\to\infty}\frac{r}{n} = P$일 때, P를 사건 A의 통계적 확률이라고 한다.

➜ 회사의 불량품 조사, 출생아의 생존률, …에서 이용

(4) 기하학적 확률

전체 영역 중에서 주어진 사건이 차지하는 영역의 비율로써 구하는 확률

$$P(A) = \frac{\text{사건 } A\text{가 일어날 수 있는 영역의 크기}}{\text{일어날 수 있는 전 영역의 크기}}$$

➜ 도형의 길이, 넓이, 부피, … 에서 이용

2 확률의 성질

(1) 어떤 사건 A에 대하여 $0 \le P(A) \le 1$

(2) 전사건 S에 대하여 $P(S) = 1$

(3) 공사건 ϕ에 대하여 $P(\phi) = 0$

3 여사건의 확률

(1) 여사건(A^c) : 사건 A에 대하여 A가 일어나질 않을 사건

(2) $1 \leftrightarrow P(A^c) = 1 - P(A)$

(3) 문장 속에 '적어도 하나…'라는 문구가 있으면 여사건으로 해결한다.

➜ '적어도 하나…'의 확률 $= 1 -$ (반대인 사건의 확률)

개념더하기

개념더하기

4 확률의 덧셈정리

(1) $P(A \cup B)$의 의미

➜ A 또는 B가 일어날 확률

➜ A , B 중 적어도 하나가 일어날 확률

(2) 일반적인 사건 ($A \cap B \neq \phi$)

$P(A \cup B) = P(A) + P(B) - P(A \cap B)$

(3) 배반사건 ($A \cap B = \phi$)

$P(A \cup B) = P(A) + P(B)$

5 조건부 확률

두 사건 A , B에 대하여 사건 A가 일어났다는 전제 아래, 사건 B가 일어날 확률을 A가 일어났을 때의

B의 조건부 확률이라하고 $P_A(B)$ 또는 $P(B \mid A)$로 쓴다.

(1) $P_A(B) = P(B \mid A) = \dfrac{P(A \cap B)}{P(A)}$ (단, $P(A) \neq 0$)

(2) $P(A \cap B) = P(A) \cdot P(B \mid A)$

6 종속사건의 곱셈정리

사건 A, B에 대하여 사건 A가 일어날 경우와 사건 A가 일어나지 않을 경우에 따라 사건 B가 일어날 확률이 다를 때, 사건 B는 사건 A에 종속한다고 하고, 이 두 사건을 종속사건이라 한다.

$P(A \cap B) = P(A) \cdot P(B \mid A) = P(B) \cdot P(A \mid B)$

7 독립사건의 곱셈정리

사건 A, B에 대하여 사건 A가 일어나든 일어나지 않든 사건 B가 일어날 확률이 달라지지 않을 때, 사건 A와 B는 독립이라 하고, 이 두 사건을 독립사건이라 한다.

$P(A \cap B) = P(A) \cdot P(B)$

8 독립시행

어떤 시행을 여러 번 반복할 때, 매번 일어나는 사건이 모두 서로 독립일 경우에 이 시행을 독립시행이라고 한다.

예 주사위 던지기, 동전 던지기

9 독립시행의 정리

1회의 시행에서 사건 A가 일어날 확률을 p, 사건 A가 일어나지 않을 확률을 $q\,(q = 1 - p)$라 하고, 이 시행을 독립으로 n회 반복할 때, 사건 A가 r회 일어날 확률을 P_r이라 하면

$P_r = {}_nC_r p^r q^{n-r}$ $(p + q = 1\,,\ r = 0, 1, 2,\ \ldots, n)$

정답 및 해설 p.332~333

01

기출

A, A, B, B, C, C, C의 문자가 하나씩 적혀 있는 7장의 카드가 있다. 이 카드를 모두 한 번씩 사용하여 일렬로 임의로 나열할 때, A가 적힌 카드가 서로 이웃하지 않게 나열될 확률은?

① $\frac{2}{7}$ ② $\frac{3}{7}$

③ $\frac{4}{7}$ ④ $\frac{5}{7}$

02

기출

한 개의 주사위를 세 번 던질 때 나오는 눈의 수를 차례로 a, b, c라 하자. 세 수 a, b, c의 최댓값과 최솟값의 차가 2 이상일 확률은?

① $\frac{2}{3}$ ② $\frac{3}{4}$

③ $\frac{4}{5}$ ④ $\frac{5}{6}$

03

기출

흰 구슬 3개와 검은 구슬 3개가 들어 있는 항아리가 있다. 임의로 한 개의 구슬을 꺼내어 흰 구슬이면 항아리에 다시 넣고, 검은 구슬이면 바깥에 꺼내 놓는다. 반복하여 같은 방법으로 구슬을 꺼낼 때, 세 번째 꺼낸 구슬이 검은 색일 확률은?

① $\frac{1}{3}$ ② $\frac{3}{8}$

③ $\frac{79}{200}$ ④ $\frac{161}{400}$

04

기출

축구공 3개, 농구공 1개를 서로 다른 두 개의 통에 남김없이 집어넣었다. 통이 넘어져 들어 있던 공들이 모두 밖으로 나와 버렸다. 임의로 두 개의 통에 공을 모두 다시 집어넣었을 때 처음과 같은 배치로 공을 집어넣었을 확률은? (단, 공이 들어 있지 않은 통이 있을 수도 있다.)

① $\frac{1}{9}$

② $\frac{1}{8}$

③ $\frac{1}{6}$

④ $\frac{1}{3}$

05

기출

어떤 선거에서 부부간의 투표 행태를 조사하였다. 남편 중에서 75%가 투표를 하였고, 부인 중에서 70%가 투표를 하였다. 또한, 투표한 남편의 부인 중에서 60%가 투표를 하였다. 임의로 선택한 한 부인이 투표를 하였을 때, 그녀의 남편이 투표를 했을 확률은?

① $\frac{5}{14}$

② $\frac{9}{14}$

③ $\frac{11}{14}$

④ $\frac{13}{14}$

01

흰 공 6개, 파란 공 4개가 들어 있는 주머니에서 4개의 공을 꺼낼 때, 흰 공이 2개 이상일 확률은?

① $\frac{25}{42}$

② $\frac{29}{42}$

③ $\frac{37}{42}$

④ $\frac{41}{42}$

02

9명의 학생 중에 여학생이 n명 있다. 이 9명의 학생 중에서 임의로 2명의 대표를 선발하였을 때, 적어도 한 명이 여학생일 확률이 $\frac{5}{6}$이다. 이때, n의 값은?

① 4

② 5

③ 6

④ 7

03

41번부터 50번까지 한 줄에 배치되어 있는 10개의 좌석이 있다. 좌석 번호가 41, 42, 43, 46, 47인 5장의 극장표를 A, B, C, D, E 5명이 임의로 나누어 가졌을 때, A, B 두 사람이 서로 옆좌석에 앉게 될 확률은?

① $\frac{1}{20}$

② $\frac{3}{20}$

③ $\frac{3}{10}$

④ $\frac{2}{5}$

04

두 집합 $A=\{1, 2, 3\}$, $B=\{x|x$는 18의 양의 약수$\}$에 대하여 함수 $f: A \to B$를 만들 때, 다음 〈조건〉을 만족시킬 확률은?

〈조건〉

$x_1 \in A, x_2 \in A$일 때, $x_1 < x_2$이면 $f(x_1) \leq f(x_2)$

① $\frac{1}{27}$

② $\frac{1}{9}$

③ $\frac{5}{27}$

④ $\frac{7}{27}$

05

주머니 속에 흰 바둑돌이 2개, 검은 바둑돌이 3개 들어 있다. 이 주머니에서 1개의 바둑돌을 꺼내 색을 확인하고 다시 넣는 시행을 3번 반복할 때, 검은 바둑돌을 2번 꺼낼 확률은?

① $\frac{8}{125}$

② $\frac{27}{125}$

③ $\frac{36}{125}$

④ $\frac{54}{125}$

06

한 개의 주사위를 던져서 4 또는 6의 눈이 나오면 x축의 양의 방향으로 2만큼, y축의 양의 방향으로 1만큼 움직이고, 그 밖의 눈이 나오면 x축의 음의 방향으로 1만큼, y축의 양의 방향으로 1만큼 움직이는 점 P가 원점에서 출발하여 점 $(2,4)$에 오게 될 확률은?

① $\frac{8}{81}$
② $\frac{4}{27}$
③ $\frac{16}{81}$
④ $\frac{8}{27}$

07

주머니 A에는 $1, 2, 3, 4, 5$의 숫자가 하나씩 적혀 있는 5장의 카드가 들어 있고, 주머니 B에는 $6, 7, 8, 9, 10$의 숫자가 하나씩 적혀 있는 카드가 들어 있다. 두 주머니 A, B에서 각각 카드를 임의로 한 장씩 꺼냈다. 꺼낸 2장의 카드에 적혀 있는 두 수의 합이 홀수일 때, 주머니 A에서 꺼낸 카드에 적혀 있는 수가 짝수일 확률은?

① $\frac{2}{13}$
② $\frac{4}{13}$
③ $\frac{16}{81}$
④ $\frac{8}{13}$

08

갑과 을이 포함된 4명의 학생이 2명씩 두 팀을 구성하기 위해 흰 공 2개, 검은 공 2개가 들어 있는 주머니에서 공을 꺼냈을 때 같은 색의 공이면 같은 팀이 되기로 하였다. 갑이 먼저 1개의 공을 꺼낸 후 다시 넣지 않고, 을이 남은 3개의 공 중에서 임의로 1개의 공을 꺼냈다. 을이 꺼낸 공이 흰 공이었을 때, 갑과 을 두 사람이 같은 팀이 될 확률은?

① $\frac{1}{4}$　② $\frac{1}{3}$
③ $\frac{1}{2}$　④ $\frac{2}{3}$

09

어느 고등학교의 동아리 연합 체육대회에 참석한 학생 중 2학년 학생이 전체의 40%이고, 이들 2학년의 남녀 구성비는 $3:2$라 한다. 추첨을 통해 행운상을 받을 때, 2학년 여학생이 받을 확률은?

① $\frac{3}{25}$　② $\frac{4}{25}$
③ $\frac{6}{25}$　④ $\frac{7}{25}$

10

표본공간 S의 두 사건 A, B에 대하여 옳은 것만을 〈보기〉에서 있는 대로 고른 것은? (단, $P(A) \neq 0, P(B) \neq 0$)

〈보기〉
ㄱ. $A \subset B$이면 $P(B|A) = 1$이다.
ㄴ. 두 사건 A, B가 서로 배반사건이면 $P(B|A) = 0$이다.
ㄷ. 두 사건 A, B가 서로 독립이면, A, B는 서로 배반사건이다.

① ㄱ　② ㄱ, ㄴ
③ ㄱ, ㄷ　④ ㄴ, ㄷ

14 확률분포

출제경향 및 대비법

확률분포에서 이산확률분포와 이항분포 위주로 출제가 되고 있다. 연속확률분포에 대한 내용은 거의 출제가 되지 않고 있다. 특히, 확률변수 $ax+b$일 때 평균과, 분산을 구하는 문제가 다수 출제되기 때문에 $E(aX+b)$, $V(aX+b)$, $\sigma(aX+b)$에 대한 공식 정리가 필수적이다. 이항분포를 $\sum$로 나타낸 식에서 평균 또는 분산을 유추하는 문제가 출제되었기 때문에, 이항분포에서 평균, 분산을 구하는 증명 과정에 대해서도 눈여겨 볼 필요가 있다.

1 이산확률분포

(1) 이산확률변수

확률변수 X가 유한개의 값 $x_1, x_2, \cdots, x_n$을 갖고, X가 이들 값을 취할 확률이 각각 $p_1, p_2, \cdots, p_n$일 때의 확률변수 X를 이산확률변수라 한다.

(2) 이산확률분포

$P(X=x_1)=p_1(i=1,\ 2, \cdots,\ n)$를 확률변수 X의 확률분포라 하고, 이 확률분포를 오른쪽 표와 같이 나타낸 것을 확률분포표라 한다.

X	x_1	x_2	x_3	$\cdots$	x_n	합계
$P(X=x_1)$	p_1	p_2	p_3	$\cdots$	p_n	1

(3) 이산확률변수의 X평균

X	$x_1, x_2, \cdots, x_i, \cdots, x_n$	계
P(X)	$p_1, p_2, \cdots, p_i, \cdots, p_n$	1

확률변수 X의 확률분포가 표와 같을 때,

$x_1p_1+x_2p_2+x_3p_3+\cdots+x_np_n$을

확률변수 X의 평균(mean) 또는 기대값(Expectation)이라 하고, 이것을 기호 m 또는 E(X)로 나타낸다. 즉,

$$E(X)=\sum_{i=1}^{n}x_i p_i=x_1p_1+x_2p_2+x_3p_3+\cdots+x_np_n=m$$

(4) 분산(variance)과 표준편차(standard deviation)

X	$x_1,\ x_2,\ x_3,\ \cdots,\ x_n$	계
P(X)	$p_1,\ p_2,\ p_3,\ \cdots,\ p_n$	1

① 확률변수 X의 평균을 m이라 할 때, $(X-m)^2$의 평균 $E\{(X-m)^2\}$을 확률변수 X의 분산이라 하고, V(X) 또는 $\sigma^2(X)$로 나타낸다. 즉,

$$V(X)=\sum_{i=1}^{n}(x_i-m)^2p_i=\sum_{i=1}^{n}x_i^{\ 2}p_i-m^2$$

② 분산 V(X)의 양의 제곱근을 표준편차라 하고, D(X) 또는 $\sigma(X)$로 나타낸다. 즉,

$$\sigma(X)=\sqrt{\sum_{i=1}^{n}(x_i-m)^2p_i}=\sqrt{\sum_{i=1}^{n}x_i^{\ 2}p_i-m^2}$$

* 평균, 분산, 표준편차의 성질 (단, a, b, c는 상수)

① $E(aX+b)=aE(X)+b$

② $V(aX+b)=a^2\ V(X)$

③ $\sigma(aX+b)=|a|\ \sigma(X)$

개념더하기

2 이항분포

한 번의 시행에서 사건 A가 일어날 확률이 p, 일어나지 않을 확률을 q라 하고, n회의 독립시행에서 사건 A가 일어날 횟수를 X라 하면, X의 확률분포는

$\mathrm{P}(X=r)={}_nC_r\, p^r\, q^{n-r}$ (단, $p+q=1$, $r=0, 1, 2, \cdots, n$)

를 따르고 이 확률분포를 이항분포라 하며, B(n, p)로 나타낸다.

＊ 평균과 분산

확률변수 X가 이항분포 $\mathrm{B}(n, p)$에 따를 때, X의 평균값을 m, 표준편차를 σ라 하면

$m=np$, $\sigma^2=npq$, $\sigma=\sqrt{npq}$ (단, $p+q=1$)

3 연속확률변수

농작물의 무게, 사람의 키, 통학 시간 등을 측정할 때, 그 측정값을 확률변수 X라고 하면 X는 어떤 연속하는 범위 안에서 값을 가지게 된다.

이와 같이 어떤 구간의 모든 실수값을 가지는 확률변수 X를 연속확률변수라고 한다.

(1) 확률밀도함수

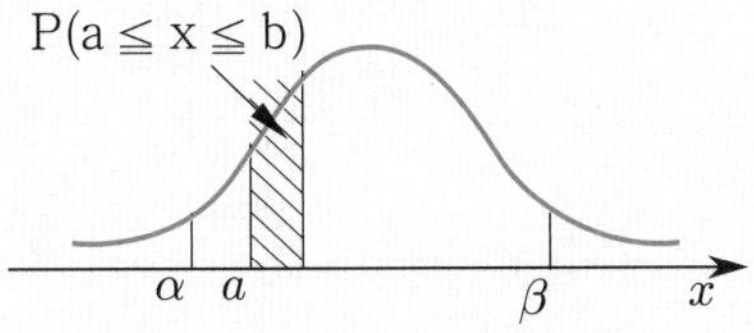

확률변수 X가 구간 $[\alpha, \beta]$에서 모든 값을 취하고 이 구간에서 정의된 함수 $f(x)$가

① $f(x) \geqq 0$ (단, $\alpha \leqq x \leqq \beta$)

② $y=f(x)$의 그래프와 x축 및 두 직선 $x=\alpha$, $y=\beta$로 둘러싸인 부분의 넓이는 1이다.

$\Rightarrow \int_\alpha^\beta f(x)dx=1$

③ $\mathrm{P}(a \leqq X \leqq b)$는 구간 $a \leqq x \leqq b$에서 $y=f(x)$의 그래프와 x축 사이의 넓이 b이다.
(단, $\alpha \leqq a < b \leqq \beta$)

$\Rightarrow \mathrm{P}(a \le X \le b)=\int_\alpha^\beta f(x)dx$ $(\alpha \le a \le b \le \beta)$

위와 같은 성질을 갖는 함수 $f(x)$를 X의 확률밀도함수라 한다.

(2) 연속확률변수의 평균과 표준편차

연속확률변수 X가 구간 $[\alpha, \beta]$의 모든 값을 갖고 X의 확률밀도함수가 $f(x)$일 때, X의 평균, 분산, 표준편차를 다음과 같이 정의한다.

연속확률변수 X의 확률밀도함수가 $f(x)$ $(\alpha \le x \le \beta)$ 일 때,

① 평균: $\mathrm{E}(X)=m=\int_\alpha^\beta xf(x)dx$

② 분산: $\mathrm{V}(X)=\mathrm{E}\{(X-m)^2\}=\int_\alpha^\beta (x-m)^2 f(x)dx$

$=\int_\alpha^\beta x^2 f(x)dx-m^2=\mathrm{E}(X^2)-m^2$

③ 표준편차: $\sigma(X)=\sqrt{\mathrm{V}(X)}$

개념더하기

01

기출

흰 공 3개와 검은 공 3개가 들어 있는 주머니가 있다. 주머니에서 임의로 3개의 공을 꺼낼 때, 포함된 흰 공의 수를 확률변수 X라 하자. $\mathrm{E}(2X-1)$의 값은?

① 1
② 2
③ 3
④ 4

02

모의

확률변수 X의 확률분포표는 다음과 같다.

X	1	2	3	4	5	합계
$\mathrm{P}(X=x)$	$\frac{3}{10}$	p	$\frac{1}{10}$	p	p	1

확률변수 $5X+3$의 평균 $\mathrm{E}(5X+3)$은?

① 17
② 18
③ 19
④ 20

03

모의

어느 양궁 선수가 화살을 쏘았을 때 과녁에 명중할 확률이 80%라고 한다. 이 사람이 100개의 화살을 쏘았을 때 명중한 화살의 개수를 확률변수 X라 하자. X의 평균과 표준편차의 합은?

① 80
② 84
③ 88
④ 92

04

기출

확률변수 Y가 이항분포 $\mathrm{B}\left(125,\ \frac{1}{5}\right)$을 따를 때 이차방정식 $x^2-\mathrm{V}(Y)x+\mathrm{E}(Y)=0$을 만족시키는 두 실근 α, β에 대하여 $|\beta-\alpha|$의 값은?

① $5\sqrt{3}$
② 10
③ $10\sqrt{3}$
④ 20

05

기출

$\frac{1}{4^{64}}\sum_{k=0}^{64} k^2\,{}_{64}\mathrm{C}_k\,3^{64-k}$의 값은?

① 268
② 278
③ 288
④ 298

01

흰 공 4개와 검은 공 3개가 들어 있는 주머니에서 2개의 공을 동시에 꺼낼 때, 나오는 흰 공의 개수를 확률변수 X라 하자. $P(0 \le X \le 2)$는?

① $\frac{2}{7}$

② $\frac{3}{7}$

③ $\frac{4}{7}$

④ $\frac{5}{7}$

02

확률변수 X의 확률분포표가 다음과 같을 때, $a+E(X)+V(X)$의 값은? (단, a는 상수이다.)

X	1	2	3	4	합계
$P(X=x)$	$\frac{1}{6}$	$\frac{1}{3}$	a	$\frac{1}{6}$	1

① $\frac{15}{4}$

② $\frac{17}{4}$

③ $\frac{19}{4}$

④ $\frac{21}{4}$

03

확률변수 X에 대하여 $E(X^2)=5E(X)$, $V(X)=4$일 때, $E(X)$는? (단, $E(X) \ge 2$)

① 2

② 3

③ 4

④ 5

04

동전 한 개를 6번 던져서 앞면에 나오는 횟수를 확률변수 X라 할 때, 확률변수 $aX+b$의 평균이 2, 분산이 24이다. 이때, 두 상수 a, b에 대하여 ab의 값은? (단, $a>0$)

① -40

② -32

③ -24

④ -16

05

한 개의 동전을 4번 던질 때, 앞면이 나오는 횟수를 확률변수 X라 하자. $(X-a)^2$의 기댓값을 $f(a)$라 할 때, $f(a)$의 최솟값은? (단, a는 상수이다.)

① 1

② $\frac{4}{3}$

③ $\frac{5}{3}$

④ 2

06

확률변수 X는 이항분포 $B(n,p)$를 따를 때, X의 평균이 $\frac{4}{5}$, X^2의 평균이 $\frac{32}{25}$이다. 이때, $P(X=3)$은?

① $\frac{8}{5^3}$

② $\frac{16}{5^3}$

③ $\frac{8}{5^4}$

④ $\frac{16}{5^4}$

07

확률변수 X가 이항분포 $B(4, \frac{2}{3})$를 따를 때, $P(X^2-4X+3 \geq 0)=\frac{q}{p}$이다. 이때, $p+q$의 값은? (단, p, q는 서로소인 자연수이다.)

① 40

② 42

③ 44

④ 46

08

$\sum_{x=0}^{72} x \times {}_{72}C_x(\frac{1}{6})^x(\frac{5}{6})^{72-x}$의 값은?

① 4

② 8

③ 12

④ 16

09

확률변수 X의 확률분포가 다음 표와 같을 때, $E(X)+V(X)$의 값은?

X	2	$\frac{1}{3}+2$	$\frac{2}{3}+2$
$P(X=x)$	${}_{15}C_0(\frac{2}{5})^{15}$	${}_{15}C_1(\frac{3}{5})(\frac{2}{5})^{14}$	${}_{15}C_2(\frac{3}{5})^2(\frac{2}{5})^{13}$

$\frac{3}{3}+2$	…	$\frac{15}{3}+2$	합계
${}_{15}C_3(\frac{3}{5})^3(\frac{2}{5})^{12}$	…	${}_{15}C_{15}(\frac{3}{5})^{15}$	1

① $\frac{12}{5}$

② $\frac{17}{5}$

③ $\frac{27}{5}$

④ 16

10

흰 공과 검은 공을 합하여 8개의 공이 들어 있는 주머니에서 1개의 공을 꺼내어 색을 확인하고 다시 주머니에 넣는 시행을 64번 반복할 때, 흰 공이 나오는 횟수를 확률변수 X라 하자. X의 평균이 24일 때, 주머니 속에 들어 있는 흰 공의 개수는?

① 1

② 2

③ 3

④ 4

15 정규분포표와 모평균의 추정

출제경향 및 대비법

주로 정규분포를 표준정규분포로 표준화하여 확률을 구하는 문제 위주로 출제되고 있다. 이항분포를 정규분포화하여 확률을 구하는 문제도 출제되었다. 모평균인지 표본평균인지에 대한 구분을 잘 할 수 있어야 하며, 2문제가 출제되는 비중 있는 단원이라서 내용 이해와 유형 정리에 각별히 신경 써야 한다. 특히 모평균의 추정, 신뢰구간 길이, 모비율 문제도 출제가 되지만 단순 공식 적용 문제이기 때문에 공식 정리 및 적용 연습만 잘 해두어도 문제를 푸는 데 있어서 크게 어려움은 없을 것이다.

1 정규분포(Normal distribution)

연속확률변수 X의 확률밀도함수 $f(x)$가

$$f(x)=\frac{1}{\sqrt{2\pi}\ \sigma}e^{-\frac{(x-m)^2}{2\sigma^2}}\ (\text{단}, -\infty<x<\infty)$$

으로 주어질 때 X의 확률분포를 정규분포라 하고, 확률밀도함수 $f(x)$의 그래프를 정규분포곡선이라 한다.

이때, 확률변수 X는 정규분포 $\mathrm{N}(m,\ \sigma^2)$을 따른다고 한다.

여기서 e는 무리수 $2.71828\cdots$, m, σ는 각각 확률변수 X의 평균, 표준편차이다.

* 정규분포곡선의 성질

① 직선 $x=m$에 대하여 대칭이고, x축이 점근선이다.

② $x=m$일 때, 최댓값 $\frac{1}{\sqrt{2\pi}\ \sigma}$를 가진다.

③ 곡선과 x축 사이의 넓이는 1이다.

④ m이 일정할 때, 표준편차 σ가 클수록 곡선의 높이는 낮아지고 폭은 넓어지고, σ가 작을수록 곡선의 높이는 높아지고 폭은 좁아진다.

⑤ σ가 일정할 때, m이 변하면 대칭축의 위치는 변하지만 곡선의 모양은 같다.

* 정규분포곡선은 m과 σ의 값에 따라 모양이 달라진다.

① m이 일정할 때

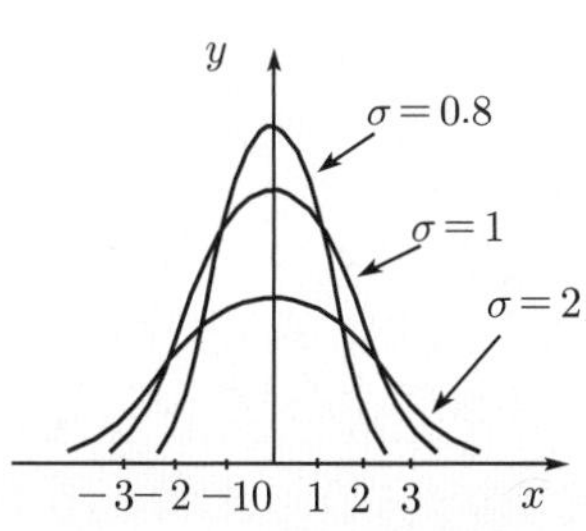

$m=0$이고 σ가 변할 때

② σ가 일정할 때

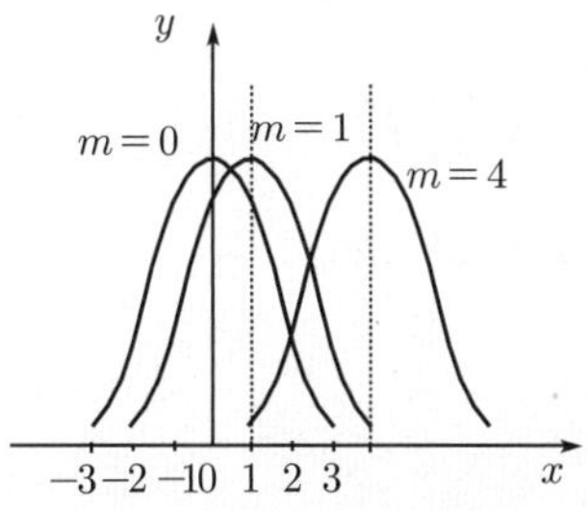

$\sigma=0$이고 m이 변할 때

정규분포곡선의 대칭축은 $x=m$이고, 정규분포곡선의 산포도는 σ의 값에 따라 정해진다.

개념더하기

개념더하기

2 표준정규분포

평균이 0, 표준편차가 1인 정규분포 N(0, 1^2)을 표준정규분포라고 한다.
표준정규분포의 확률밀도함수는 정규분포의 확률밀도함수에서 $m=0$, $\sigma=1$인 경우이므로

$$f(z)=\frac{1}{\sqrt{2\pi}}e^{-\frac{z^2}{2}}\ (-\infty<z<\infty)$$

(1) 정규분포의 표준화

정규분포 N(m, σ^2)을 따르는 확률변수 X에 대하여

확률변수 $Z=\frac{X-m}{\sigma}$을 생각하면, 평균 0, 표준편차가 1인 정규분포가 된다.

이와 같이 정규분포 N(m, σ^2)을 N(0, 1^2)으로 변환하는 것을 표준화라고 한다.

(2) 확률변수 X가 정규분포 $N(m, \sigma^2)$을 따를 때

$P(m-\sigma\leqq X\leqq m+\sigma) \fallingdotseq 0.6826$

$P(m-2\sigma\leqq X\leqq m+2\sigma) \fallingdotseq 0.9544$

$P(m-3\sigma\leqq X\leqq m+3\sigma) \fallingdotseq 0.9974$

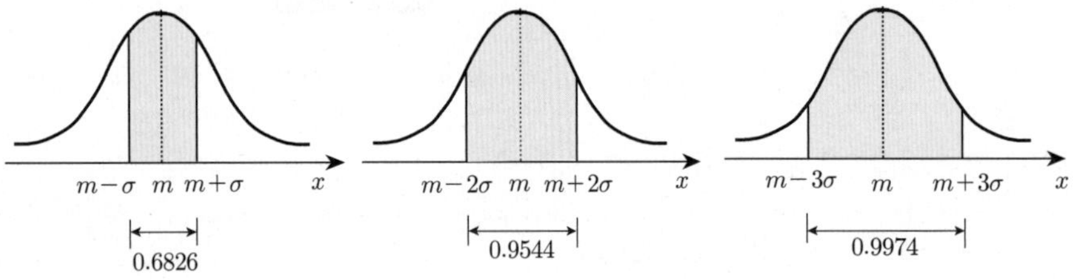

3 이항분포와 정규분포

확률변수 X가 이항분포 B(n, p)를 따를 때, n이 충분히 큰 확률변수의 X분포는 근사적으로 정규분포 N(np, npq)를 따른다(Laplace의 정리)는 것이 알려져 있다. (단, $p+q=1$)
이와 같이, 일반적으로 이항분포 B(n, p)는 n이 충분히 클 때, 근사적으로 정규분포 $N(np, npq)$에 따른다는 것이 알려져 있다.

4 모평균과 표본평균

(1) 표본평균의 평균과 분산

모집단의 평균이 m이고 표준편차가 σ인 크기 n인 표본에서 그 표본평균 $\overline{X}$의 평균,

$E(\overline{X})=m$, $V(\overline{X})=\frac{\sigma^2}{n}$, $\sigma(\overline{X})=\frac{\sigma}{\sqrt{n}}$

(2) 표본평균의 분포

모평균 m이, 모표준편차가 σ인 모집단에서 크기가 n인 표본을 임의추출할 때, 표본평균을 $\overline{X}$라 하면

① 모집단의 분포가 정규분포일 때는 $\overline{X}$의 분포는 정규분포 $N\left(m, \frac{\sigma^2}{n}\right)$을 따른다.

② 모집단의 분포가 정규분포가 아닐 때에도 n이 충분히 크면 $\overline{X}$의 분포는 근사적으로 정규분포 $N\left(m, \frac{\sigma^2}{n}\right)$을 따른다.

5 모평균의 추정

모표준편차가 σ이고 표본의 크기 n이 충분히 클 때 표본평균을 $\overline{X}$라 하면 모평균 m의 신뢰구간은 다음과 같다.

(1) 신뢰도 95%의 신뢰구간: $\overline{X}-1.96\frac{\sigma}{\sqrt{n}} \leqq m \leqq \overline{X}+1.96\frac{\sigma}{\sqrt{n}}$

(2) 신뢰도 99%의 신뢰구간: $\overline{X}-2.58\frac{\sigma}{\sqrt{n}} \leqq m \leqq \overline{X}+2.58\frac{\sigma}{\sqrt{n}}$

(3) 모평균의 신뢰구간의 길이: $2k\frac{\sigma}{\sqrt{n}}$

(4) 모평균과 표본평균의 차(오차): $\left|m-\overline{X}\right|=k\frac{\sigma}{\sqrt{n}}$

6 표본비율의 분포

모비율이 p이고 표본의 크기 n이 충분히 클 때, 표본비율 $\hat{p}$의 분포는 정규분포 $N\left(p, \frac{pq}{n}\right)$에 가까워진다.

따라서 $Z=\frac{\hat{p}-p}{\sqrt{\frac{pq}{n}}}$는 근사적으로 표준정규분포 $N(0,1)$을 따른다. (단, $q=1-p$)

7 모비율의 추정

표본비율을 $\hat{p}$이라 할 때, 표본의 크기 n이 충분히 크면 모비율 p의 신뢰구간은

(1) 신뢰도 95%의 신뢰구간 $\left[\hat{p}-1.96\sqrt{\frac{\hat{p}\hat{q}}{n}},\ \hat{p}+1.96\sqrt{\frac{\hat{p}\hat{q}}{n}}\right]$

(2) 신뢰도 99%의 신뢰구간 $\left[\hat{p}-2.58\sqrt{\frac{\hat{p}\hat{q}}{n}},\ \hat{p}+2.58\sqrt{\frac{\hat{p}\hat{q}}{n}}\right]$

개념더하기

01

기출

800칸으로 이루어진 직사각형 판이 있다. 두 개의 주사위를 동시에 던지는 시행을 1번 했을 때, 두 눈의 합이 7이면 5칸을 검정색으로 색칠하고 그렇지 않으면 1칸을 검정색으로 색칠하는 게임이 있다. 이 게임을 180번 시행했을 때, 800칸 중에서 40% 이상 검정색으로 색칠할 확률은? (단, 동일한 칸을 반복해서 색칠하지 않는다. 또한, 다음의 표준정규분포표를 이용하여 계산하시오.)

z	$\mathrm{P}(0 \le Z \le z)$
0.5	0.1915
1.0	0.3413
1.5	0.4332
2.0	0.4772

① 0.0228
② 0.0668
③ 0.1587
④ 0.3085

02

기출

어느 제과점에서 만드는 과자 한 개의 무게는 평균이 80g이고 표준편차가 4g인 정규분포를 따른다고 한다. 이 과자를 4개씩 봉투에 넣어 판매할 때, 임의로 선택한 과자봉투의 무게가 332g 이상일 확률은? (단, 봉투 자체의 무게는 무시하고, 다음의 표준정규분포표를 이용하여 계산하시오.)

z	$\mathrm{P}(0 \le Z \le z)$
0.5	0.19
1.0	0.34
1.5	0.43
2.0	0.48

① 0.02
② 0.07
③ 0.16
④ 0.31

03

기출

전국 단위의 어느 수학경시대회에 응시한 학생들의 점수가 분산이 100인 정규분포를 따른다고 한다. 응시자 중에서 25명을 임의로 추출하여 조사한 결과 평균점수가 60.14점이었다고 한다. 응시자 전체의 평균점수에 대한 신뢰도 95%의 신뢰구간은? (단, Z가 표준정규분포를 따르는 확률변수일 때, $\mathrm{P}(0 \le Z \le 1.96) = 0.4750$, $\mathrm{P}(0 \le Z \le 2.58) = 0.4950$ 으로 계산하시오.)

① [54.98, 65.30]
② [56.22, 64.06]
③ [57.56, 62.72]
④ [58.18, 62.10]

04

기출

어떤 식당의 예약고객 중에서 예약을 지키지 않는 고객의 비율이 0.2라 한다. 이 식당의 예약고객 중 400명을 임의추출하여 조사할 때, 예약을 지키지 않는 고객의 비율이 0.19 이상 0.22 이하일 확률은? (단, 다음의 표준정규분포표를 이용하여 계산하시오.)

z	$\mathrm{P}(0 \le Z \le z)$
0.5	0.1915
1.0	0.3413
1.5	0.4332
2.0	0.4772

① 0.3830
② 0.4772
③ 0.5328
④ 0.6826

01

확률변수 X, Y가 각각 정규분포 $N(2, 3^2)$, $N(0, 5^2)$을 따를 때, $P(2 \le X \le 8) = P(0 \le Y \le k)$를 만족시키는 실수 k의 값은?

① 8
② 10
③ 12
④ 14

02

어느 공장에서 생산되는 농구공의 무게는 평균이 600g, 표준편차가 20g인 정규분포를 따른다고 한다. 이 공장에서 생산된 농구공 n개를 임의추출하여 무게를 달아 보았을 때, 평균이 595g 이상 610g 이하일 확률이 0.8185이다. 이때, n의 값을 다음의 표준정규분포표를 이용하여 구하면?

z	$P(0 \le Z \le z)$
1.0	0.3413
1.5	0.4332
2.0	0.4772

① 16
② 25
③ 36
④ 49

03

어떤 기계에 필요한 소모품의 수명을 확률변수 X라고 하면 X는 정규분포 $N(250, 20^2)$을 따른다고 한다. 이 소모품 중 수명이 240시간 이상 280시간 이하인 것은 전체의 몇 %인지 다음의 표준정규분포표를 이용하여 구하면?

z	$P(0 \le Z \le z)$
0.5	0.1915
1.0	0.3413
1.5	0.4332
2.0	0.4772

① 30.85%
② 62.47%
③ 74.13%
④ 80.75%

04

20%의 불량률로 제품을 생산하는 기계가 100개의 제품을 생산할 때, 다음의 표준정규분포표를 이용하여 불량품이 28개 이하일 확률을 구하면?

z	$P(0 \le Z \le z)$
1.0	0.3413
1.5	0.4332
2.0	0.4772

① 0.4332
② 0.8664
③ 0.9332
④ 0.9772

05

어떤 공장에서 생산되는 제품의 무게는 평균이 400g, 표준편차가 10g인 정규분포를 따른다고 한다. 이 중에서 25개의 제품을 뽑아 측정한 무게의 표본평균이 402g 이하일 확률을 다음의 표준정규분포표를 이용하여 구하면?

z	$P(0 \le Z \le z)$
0.5	0.1915
1.0	0.3413
1.5	0.4332
2.0	0.4772

① 69%
② 77%
③ 84%
④ 91%

06

어느 공장에서 생산되는 제품의 무게는 평균이 30g, 표준편차가 5g인 정규분포를 따른다고 한다. 무게가 40g 이상인 제품을 불량품으로 판정한다면 이 공장에서 생산된 제품 중 2500개를 임의로 추출할 때, 불량품의 개수가 57 이상일 확률을 다음의 표준정규분포표를 이용하여 구하면?

z	$P(0 \le Z \le z)$
0.5	0.19
1.0	0.34
2.0	0.48

① 0.31
② 0.19
③ 0.16
④ 0.07

07

어느 공장에서 생산되는 통조림 400개를 임의추출하여 그 무게를 조사하였더니 평균이 200g, 표준편차가 20g이었다. 이 공장에서 생산되는 통조림의 무게는 정규분포를 따른다고 할 때, 다음의 표준정규분포표를 이용하여 통조림 무게의 평균 m을 신뢰도 95%로 추정한 신뢰구간은?

z	$P(0 \le Z \le z)$
1.64	0.450
1.96	0.475

① $198.04 \le m \le 201.96$
② $196.08 \le m \le 203.92$
③ $195.42 \le m \le 204.58$
④ $194.48 \le m \le 205.52$

08

어느 도시의 고등학교 1학년 남학생의 몸무게는 정규분포를 따른다고 한다. 이 도시의 고등학교 1학년 남학생 n명을 임의추출하여 몸무게를 조사하였더니 평균이 56kg, 표준편차가 5kg이었다. 이 도시의 고등학교 1학년 남학생 전체에 대한 몸무게의 평균 m을 신뢰도 95%로 추정한 신뢰구간이 $54.6 \le m \le 57.4$일 때, n의 값은?
(단, n은 충분히 큰 수이고, $P(0 \le Z \le 1.96) = 0.475$이다.)

① 36
② 49
③ 64
④ 81

MEMO

제대로 된 가천대

적성고사
예상문제집

영어

01 ··· 회화[대화문]
02 ··· 어휘 고르기
03 ··· 어법성 판단
04 ··· 빈칸 넣기
05 ··· 제목 찾기
06 ··· 문장 삽입

01 회화(대화문)

출제경향 및 대비법

대화문은 보통 2문제가 출제되고 다른 유형의 문제와 달리, 대화문 2문제는 EBS 비연계로 출제되었다. 그러나 최근 출제경향을 보면 EBS 연계 교재나 모의고사의 듣기 문항 중에서 대화문 형식의 문제와 지문의 난이도나 어휘 수준이 매우 유사함을 알 수 있다. 특정 회화체 표현을 암기할 필요는 없고, EBS 수능특강에 나와 있는 표현을 정리해서 복습하는 것이 많은 도움이 될 것이다.

영어 편 출제경향이 보이는 가천대 기출문제

정답 및 해설 p.339

01

다음 대화에서 빈칸에 가장 적절한 것은? 2019 3월 모의

A: Brian, we're finally in Manhattan!
B: Yeah, Mom. There are so many places to see!
A: Oh, there's the Museum of Natural History over there. Let's cross the street.
B: Hmm... [Pause] okay, Mom.
A: Are you sending a text message?
B: Well... yes. Actually I'm writing a message to Cindy.
A: You're always doing that. Why don't you stop doing it while walking?
B: But, look around, Mom. Most people are looking at their mobile phones while walking around.
A: It's a dangerous habit, though. Do you see the sign next to the crosswalk?
B: Yes. It says "______________!"
A: That means pedestrians should not look down on their phone.
B: Hmm... you're right. I'll keep that in mind.

① Keep Off
② Heads Up
③ Keep Along the Right Lane
④ Loitering Might Block the Way

02

다음 대화에서 빈칸에 가장 적절한 것은? 2019 5월 모의

A: Pat, you have a puzzled look on your face. Is there something wrong?
B: No, Ted. I'm just feeling a little down.
A: Why? Are you sick?
B: No. It's because of my psychology class. I'm never able to understand what the professor is talking about.
A: Do you complete the assigned readings before class?
B: No. I've been really busy with my internship at the magazine company recently.
A: Well, if you want to be able to get what the professor is talking about, it's vital to get yourself ready for the classes by doing all the assigned reading before class.

B : You're right. I have to admit I haven't been preparing enough for the classes.
A : ____________. Just prepare more, and you'll be able to understand the professor better.

① No problem. You've already prepared a lot
② That's not what I meant
③ Looks like you had a great time
④ It's never too late to change

03

다음 대화에서 빈칸에 가장 적절한 것은? 2018 기출

A : Hello, Mr. Brown? I'm Kathy Benson. We spoke on the phone? Your house is lovely.
B : Thank you, but I want to make some changes as my son has moved out to college. I'd like to change his room into a guest room and redo the kitchen.
A : Okay. Do you have any specific plans?
B : I guess just painting the walls a different color and changing the carpet will be enough for the guest room.
A : I see. And how about the kitchen? What do you have in mind?
B : ____________ Everything in it is outdated. I want all new appliances.
A : Then you may want to look at our kitchen design catalogue.
B : Yeah, I'd like to.
A : I'll go get it from my car.

① It couldn't get better, actually.
② Don't you love it as it is?
③ It really needs a lot of work.
④ It's already redone completely.

04

다음 대화에서 빈칸에 가장 적절한 것은? 2018 기출

A : Have you heard about Jikji?
B : Yes, I have. It is the oldest book that was printed with movable metal type.
A : Right. It is listed on the UNESCO Memory of the World Register. Do you know where Jikji is now?
B : I have no idea where it is. Maybe in the National Museum of Korea?
A : No. Unfortunately, it's in the National Library of France.
B : Really? How could that be?
A : A French diplomat bought and took it to France in the early 1900s, and later, it was donated to the library.
B : Oh, it is so sad that our precious cultural asset is in another country.
A : ____________

① Tell me about it.
② None of your business.
③ That's not going to happen!
④ That's not what I meant.

05

다음 대화에서 빈칸에 가장 적절한 것은? 2017 기출

A: Speaking before an audience is really frightening to me. Do you know how to overcome the fear of public speaking?
B: Well, I think the most important thing is to think positively.
A: To think positively?
B: Yes. For example, I constantly tell myself that I'm capable of making the audience interested.
A: That's a good idea. What else?
B: I rehearse my speech a lot, visualizing myself standing in front of my listeners.
A: You mean practice makes perfect, right?
B: Exactly.
A: That sounds like an effective way to remove fear. ______________
B: Good luck.

① Let's take another one.
② What's so good about it?
③ I'll try your ways.
④ You've got to be kidding.

06

다음 대화에서 빈칸에 가장 적절한 것은? 2017 기출

A: Sue, do you have any paper for the copy machine? I need to copy this flyer.
B: Right here. What's it about?
A: It's for my missing dog. Last night my dog ran out of my house while the front door was left open, and she hasn't come back.
B: Oh, no! Have you reported it to the police? One of my friends found her missing dog with the help of the police.
A: Really?
B: Yeah. And someone might find your dog and take her to the police station.
A: Hmm, that makes sense. Can you copy this flyer while I'm going to the police station?
B: Sure. How many copies do you need?
A: One hundred should be enough.
B: Okay. ______________

① I appreciate your advice.
② I'll get it done.
③ Don't mention it.
④ Let's figure out what to do first.

정답 및 해설 p.340

01

다음 대화에서 빈칸에 가장 적절한 것은? 2019 3월 모의

A: Come on in, Patty. Have a seat.
B: Thanks, Mr. Williams. I was wondering if you'd graded our math exams yet. I'm curious to know my grade.
A: Yes, I have. Let me find yours.
B: I was disappointed with my grade on the last exam.
A: Well, you got a really high grade this time. You did a great job.
B: Really? I can't believe it!
A: You did a lot better than before. Your grade is one of the highest in the class.
B: ____________________
A: I'm happy for you. How did you study for the exam?
B: Well, I reviewed my notes from class a lot. And I bought a workbook to get extra practice solving problems.
A: Oh, I see. Now I get how you improved so much.
B: Yes. I'll study the same way for the next exam. Now I feel confident I can do well.
A: I'm happy to hear that.

① What a vain effort I made!
② I bet you couldn't do it better than this.
③ Wow, my hard work paid off.
④ I should have studied much harder

02

다음 대화에서 빈칸에 가장 적절한 것은? 2019 5월 모의

A: Mr. Kim, how's the preparation for the school talent show going?
B: Everything is going smoothly, Ms. Han. The whole school is excited about the show.
A: Great. Have you sent out the invitations to the parents?
B: Yes, I sent them out yesterday.
A: Good. Have you found a place to rent sound equipment?
B: Yes, I've already found one.
A: Sounds good. And I love the posters hung all over the school.
B: Ms. Park's art students made them. They'll decorate the stage, too.
A: Wonderful! Please don't hesitate to ask me for any help. As the principal, I'd like to help out.
B: Actually, I need three judges for the talent show. Could you be one of them?
A: Sure, I'd be glad to. Thank you for asking me.
B: ____________________, Principal Han.

① I'm the one who should say thank you
② I'll do it then
③ Then maybe next time
④ You should have asked me in advance

03

다음 대화에서 빈칸에 가장 적절한 것은? 수능특강 영어 연계

M: Ruth, do you have a minute?
W: Hey, Steve! Sure. What's up?
M: I'm working on my economics class presentation for next week. Can you give me your opinion on my slides?
W: No problem. What's your presentation about?
M: It's about factors that affect product sales.
W: Sounds interesting. Let me take a look. [Pause] Hmm... it's great, but you use too many animation effects.
M: But I think they keep the audience's attention.
W: Well, using a few of them is good, but overusing them is actually distracting.
M: I see what you mean. I'll remove some of them. Do you think the text color matches the background?
W: Yes, it does. In this slide, how about converting this data into a chart? It'll look better than just listing it.
M: Oh, that's a good idea!
W: Yeah. It'll be easier for people to understand those numbers if they're in a chart. Everything else looks great, though.
M: ________________

① Okay. I'll keep the chart in the slide.
② No way. I need to add a number of lists.
③ I see. I'll try to pronounce that correctly.
④ Thanks. I'll make the changes you proposed.

04

다음 대화에서 빈칸에 가장 적절한 것은? 수능특강 영어 연계

W: I really want to get some exercise today, honey.
M: Me, too. I've been too busy to work out for the past two weeks.
W: What do you feel like doing?
M: Why don't we go for a bike ride around the lake? We haven't done that since last summer.
W: I don't think we should exercise outdoors.
M: Why not?
W: It's still pretty cold outside. And you know that you catch colds easily in cold weather.
M: Okay. But I want to do something active.
W: Then how about going rock climbing? An indoor rock climbing gym opened near the bank last week.
M: Oh, that's cool. They must rent the equipment, right?
W: Yeah, I heard they do.
M: Great. But do you think it'd be okay? I mean, we've never gone rock climbing before.
W: No problem. They have some easy walls and experts to help.
M: ________________

① Okay. That'll be perfect for beginners like us.
② Definitely. Bike riders should wear helmets.
③ I agree. We need to find a rock climbing gym.
④ Sure. The lake is very beautiful nowadays.

05

다음 대화에서 빈칸에 가장 적절한 것은? 수능특강 영어 연계

M: Sumin, what are you doing?
W: I'm filling out an application form for volunteering.
M: Cool. What kind of volunteer work?
W: Translating Korean children's stories into English, and then sending them to a non-profit organization which helps South African children.
M: What do they do with the translated stories?
W: They gather various stories from all around the world. Then they use them in South African schools.
M: That's so cool! It's so meaningful.
W: Why don't you do it, too? You're taking a Korean course.
M: I'd really love to, but I'm not sure if I can. I'm just a beginner in Korean, so I can't translate long Korean stories.
W: Don't worry. We can work together. We can apply as a team.
M: ______________________________

① Learning Korean is not difficult at all.
② Okay. I think I can do it with your help.
③ The volunteer work was really rewarding.
④ Sure. Let's sign up for the Korean course.

06

다음 대화에서 빈칸에 가장 적절한 것은? 수능특강 영어 연계

M: Allison, how was the lecture on artificial intelligence yesterday?
W: It was really good. It made me think about what the future is going to be like.
M: Was there a Q&A session afterwards?
W: Yes. Students got to ask the presenter questions. Why didn't you come?
M: I really wanted to go, but there was no way I could.
W: That's too bad. I know how interested you are in artificial intelligence.
M: Right. But I was thinking it was next week. Yesterday was the city bike race, and I'd already signed up for it a couple of months ago. So I had to do the race.
W: Oh, I didn't know that.
M: I found out the exact date of the lecture just two days ago. I really didn't want to miss it. I want to know more about the lecture.
W: ______________________________

① I agree. You'd better major in industrial engineering.
② Right. I also wanted to ask the presenter a question.
③ It'll be uploaded online, so you can watch it later.
④ Really? But you're not interested in artificial intelligence.

07

다음 대화에서 빈칸에 가장 적절한 것은? 수능완성 연계

W: Good morning, Peter.
M: Good morning. May I have a word with you?
W: Of course. Come on in, Please. What's it?
M: I don't know how to tell you this, but I won't be able to come to work starting next month.
W: Next month? That's so sudden.
M: I know. And I'm very sorry for the inconvenience and the short notice, but I finally made up my mind.
W: May I ask you why you are leaving?
M: I applied for a job at a fashion magazine and I got the position.
W: Congratulations. I know how much you want to work at a fashion magazine.
M: Thank you for understanding.
W: I'm very happy for you. Pursuing your dream is a big deal for an ambitious young person like you.
M: Is there anything I can do before I leave to make the transition as smooth as possible?
W: ______________________________

① Well, it's time to think again. We can give you a raise.
② You need to consult a counselor to cope with job stress.
③ I'm really sorry that you didn't make up your mind yet.
④ It'd be great if you could help train your replacement.

08

다음 대화에서 빈칸에 가장 적절한 것은? 수능완성 연계

W: Peter, Is everything okay? It looks like something's on your mind.
M: Hi, Jennifer. Yeah, I've been trying to get my son to eat more vegetables, but nothing has worked.
W: Have you tried gardening together?
M: No. Do you think that'll work?
W: It could. My son didn't like vegetables when he was young. So I started a small vegetable garden in our backyard that we worked on and he started to eat them.
M: That's good.
W: He even started working in the garden when I wasn't home.
M: But I live in an apartment without a yard.
W: Then, you can make a small garden on your apartment balcony.
M: Oh, that's a good idea. Maybe I should try that.
W: Why not? Just try it and tell me if it works out or not.
M: ______________________________

① Yes. This is why he does not eat vegetables.
② Sure. I only have a small vegetable garden.
③ You need gardening tools if you're going to do it.
④ Okay. I'll let you know if my son starts eating vegetables.

09

다음 대화에서 빈칸에 가장 적절한 것은? 수능완성 연계

W: Honey, how about going out for some coffee?
M: Good idea. Just a second. Let me grab my cell phone. It's charging in the kitchen.
W: Okay. Can you grab our tumblers, too?
M: What for?
W: To bring to the coffee shop. It's more environmentally friendly to use our own tumblers than to use their paper cups.
M: Yeah, but it's pretty inconvenient to carry them with us. Besides, paper cups can be recycled.
W: Actually, not all paper cups can be recycled.
M: Why is that?
W: Most paper coffee cups are not made entirely of paper. They have a thin coating of plastic inside.
M: So they're not being recycled because of that thin coating?
W: That's right. And a huge amount of them are dumped into landfills every year.
M: Then I guess bringing our own tumblers really is a good idea.
W: Definitely. It's worth the inconveniences.
M: ______________________

① You're right. I'll grab the tumblers, too.
② Thanks. I'm sorry for the inconvenience.
③ I know, but paper cups are too expensive.
④ Actually, I would rather have tea than coffee.

10

다음 대화에서 빈칸에 가장 적절한 것은? 수능완성 연계

W: Come and look at this ad. It's about a farm stay program.
M: Let me see. Oh, the farm is not far from here.
W: Yeah. However, this overnight program costs only $ 300 per family, including 3 meals.
M: Sounds great! What can we do there?
W: We can dig out sweet potatoes, pick corn, make cheese, and so on. Also, we can catch fish in the nearby river.
M: Perfect! Our kids will like it.
W: Yeah. They'll have lots of fun there and learn to enjoy nature.
M: I'm sure they will. Why don't we apply for the program for this Saturday and Sunday?
W: Okay. Let me check on the Internet if there's room left. Hmm.... It's all booked up for this weekend.
M: Would you check if there are any places left next weekend?
W: ______________________

① It's my fault. I'll find another hotel soon.
② There are a few available. I'll make a reservation.
③ I'm sorry. I'm not interested in farm stay program.
④ It's possible. I'll take care of the kids for you.

02 어휘 고르기

출제경향 및 대비법

가천대 어휘 문제는 매년 1문제씩 출제되다가 2018년부터 2문제씩 출제되고 있다. 어려운 어휘가 출제되고 있지는 않지만, 어색한 어휘를 고르거나, 두 단어 중 옳게 사용한 어휘를 고르는 등 어휘의 정확한 용도와 문장 분석이 되고 있는지를 파악하는 데 유용한 문제들이 많이 출제되고 있다.

영어 편 출제경향이 보이는 가천대 기출문제

정답 및 해설 p.343

01

(A), (B)의 각 네모 안에서 문맥에 맞는 말로 가장 적절한 것은? 2019 5월 모의

A growing segment of humankind has come to see war as simply (A) [inconceivable / unavoidable]. Nuclear weapons have turned war between superpowers into a mad act of collective suicide, and therefore forced the most powerful nations on earth to find alternative and peaceful ways to resolve conflicts. Simultaneously, the global economy has been transformed from a material-based economy into a knowledge-based economy. Previously the main sources of wealth were material assets such as gold mines, wheat fields and oil wells. Today the main source of wealth is knowledge. And whereas you can conquer oil fields through war, you cannot acquire knowledge that way. Hence as knowledge became the most important economic resource, the profitability of war declined and wars became increasingly (B) [restricted / spread] to those parts of the world where the economies are still old-fashioned material-based economies.

	(A)		(B)
①	inconceivable	……	restricted
②	inconceivable	……	spread
③	unavoidable	……	restricted
④	unavoidable	……	spread

02

다음 글의 밑줄 친 부분 중, 문맥상 낱말의 쓰임이 적절하지 않은 것은? 2019 3월 모의

The economic and technical forces that first led to language standardization and mass literacy have continued to ① gain momentum. Now that economic relationships are instantaneous and global, national vocabularies have grown still larger in scope. One of the domains of our national vocabulary is ② international. Basic literacy in the contemporary world requires knowledge of certain terms known by ③ literary people everywhere in the world, no matter what language they speak. This core lexicon of modern education includes basic words from world history, world cultures, geography, and the physical and biological sciences. Taught in all national educational systems, and not ④ confined to any particular national language, it is the most broadly shared literate vocabulary in the world.

*literacy 읽고 쓸 수 있는 능력
**lexicon 어휘

03

(A), (B)의 각 네모 안에서 문맥에 맞는 말로 가장 적절한 것은? 2018 기출

The dominant idea today is that, because creativity resides within the individual, we best expose it by telling stories of those rare geniuses—the ones who made the Sistine Chapel, Hamlet or the light bulb. This model basically follows the declaration made by Thomas Carlyle in the 1840s: "The history of the world is but the biography of great men." The most common alternative to the lone-genius model (A) [dismisses / places] creativity in networks. See, for example, Herbert Spencer's retort to Carlyle that "the genesis of the great man depends" on a "long series of complex influences." "Before he can remake his society," Spencer wrote, "his society must make him." Rather than focus on the solitary hero snatching inspiration from the heavens, this concept emphasizes the long, meandering course of innovation. Instead of heroic individuals, it (B) [prioritizes / trivializes] heroic cultures—the courts of sixteenth-century Florence, say, or the coffee shops of Enlightenment London.

*retort 반론, 반박
**meandering (대화, 논의 등이) 두서없이 진행되는

	(A)		(B)
①	dismisses	……	prioritizes
②	dismisses	……	trivializes
③	places	……	prioritizes
④	places	……	trivializes

04

다음 글의 밑줄 친 부분 중, 문맥상 낱말의 쓰임이 적절하지 않은 것은? 2018 기출

It is well known that emotional states affect food consumption, in terms of both what we choose to eat and its quantity. For example, we eat more when we are feeling emotional when compared with feeling ① neutral. We also tend to be drawn to sugary or fatty foods when we are feeling low, presumably because the taste feels good and perhaps also because of memories associated with such 'treats.' However, the sight, smell and taste of food is only half the explanation as to why we comfort-eat; research has shown that, even when these factors are ② obliterated, fatty foods can make us feel happier than non-fatty. On an evolutionary basis, it made sense for us to desire foods that would help us survive famine. It thus makes sense for the body to ③ impair some system whereby the stomach can send mood-enhancing signals to the brain on receipt of such fatty foods, in order to encourage us to keep eating such foodstuffs. Eating calorie-laden food has been made as ④ rewarding as possible for us so that our ancestors would have been motivated to undertake the huge effort to obtain such food.

05

(A), (B)의 각 네모 안에서 문맥에 맞는 말로 가장 적절한 것은? 2017 기출

Educational debate gives students a chance to consider significant problems from many points of view. As debaters analyze the potential affirmative and negative cases, they begin to realize the complexity of most contemporary problems and to appreciate the worth of a (A) [multivalued / unilateral] orientation. As they debate both sides of a proposition, they learn not only that most contemporary problems have more than one side but also that even one side of a proposition embodies a considerable range of values. Sometimes at the start of an academic year, some debaters may, on the basis of a quickly formulated opinion, feel that only one side of a proposition is "right." After a few debates, however, they usually (B) [refuse / request] an assignment on the other side of the proposition. By the end of the year (or semester), after they have debated on both sides of the proposition, they learn the value of suspending judgement until they have collected and analyzed an adequate amount of evidence.

*embody 담다

(A)		(B)
① multivalued	……	refuse
② multivalued	……	request
③ unilateral	……	refuse
④ unilateral	……	request

01

다음 글의 밑줄 친 부분 중, 문맥상 낱말의 쓰임이 적절하지 않은 것은? 수능특강 연계

After winning many contests, a ① conceited champion archer challenged an old master who was ② noted for his skills. The young man flawlessly hit a distant bull's eye, and then split that arrow with his second shot. "There," he said to the old man, "see if you can ③ equal that!" The master motioned the young archer to follow him up a mountain. When they reached a deep chasm spanned by a rather flimsy and shaky log, the old master stepped onto the middle of the dangerous bridge, picked a far away target, drew his bow, and fired a clean, direct hit. "Now, you," he said, as he stepped back onto the ④ dangerous ground. The young man was frozen with fear. "You have much skill with your bow," the master said, "but you have little skill with the mind that releases the shot."

02

다음 글의 밑줄 친 부분 중, 문맥상 낱말의 쓰임이 적절하지 않은 것은? 2019 5월 모의

Even though many of our memories are vivid and some may even be accurate, most of what we remember of our daily lives is neither exact nor rich in detail. There is overwhelming neuropsychological evidence that evolution did not design our memories to be video cameras ① precisely recording our daily experiences. For example, a key memory system in the brain is specifically structured to ② detract from experience unconscious rules and abstractions that allow organisms to deal with the ever-changing world that surrounds them in an expedient and self-serving manner. There is also evidence that we may ③ change our memories, if only a little, each time we recall them. The ④ fluidity of memory may reflect the challenges inherent in engineering brains able to make life-and-death decisions at a moment's notice in noisy, uncertain, and ever-changing environments. Memory is about survival, not accuracy.

*expedient 편의주의적인

03

(A), (B)의 각 네모 안에서 문맥에 맞는 말로 가장 적절한 것은? 2019 3월 모의

The extremely widespread view that the market only produces low quality mass culture is based on a misunderstanding of the way the market works. The market is an institution which responds to demand; if low quality art is asked for, it produces low quality art—but if high quality art is asked for, it produces high quality art. There is no reason to assume that such a demand for high quality culture is (A) [existent / non-existent]. In reality, we observe that there are indeed persons spending money to enjoy good art. A case in point is the many art festivals (including film festivals) where art of the highest quality is performed. Some of these festivals cater for a small minority of lovers of a particular art form such as modern music, which does not find a sufficiently large audience in the established artistic venues. The market thus does not require a mass audience. The general and wildly popular statement that "the market produces bad art" is (B) [supportable / insupportable].

*cater for ~의 요구를 충족시키다
**venue 장소

	(A)		(B)
①	existent	……	supportable
②	existent	……	insupportable
③	non-existent	……	supportable
④	non-existent	……	insupportable

04

다음 글의 밑줄 친 부분 중, 문맥상 낱말의 쓰임이 적절하지 않은 것은? 수능특강 영어 연계

The links between food consumption and lifestyles defined in relation to social ① <u>hierarchies</u> developed in various ways in centuries later than the sixteenth-century. The motif of quality became more ② <u>explicit</u>. Consumers now took for granted that the domain of social privilege expressed itself in the right – or duty – to obtain food products of ever higher quality. However, there were still ③ <u>correlations</u> between typologies of foods and beverages and the typologies of the consumers themselves. For example, in eighteenth-century Europe, coffee was considered the dominant bourgeois drink, whereas chocolate was aristocratic. What was defined here was a clearly ideological antithesis: the former awoke and stimulated the mind to work and to be ④ <u>futile</u>; whereas the latter was a drink for the inactive and lazy. In the following century, however, coffee had already become a popular beverage in France, as had tea in Holland and England.

05

(A), (B)의 각 네모 안에서 문맥에 맞는 말로 가장 적절한 것은? 수능특강 영어 연계

Health is perhaps the most striking example of the paradoxical combination of smart elements and often-stupid results. We now benefit from vastly more access to information on diseases, diagnoses, and treatments on the Internet. But there is a lot of (A) [false / reputable] intelligence about health. The information available through networks is frequently misleading. There are well over 150,000 health apps, yet only a tiny fraction can point to any evidence that they enhance their users' health. The dominant media disseminate half-truths and sometimes even lies as well as useful truths. And millions of people hardly make choices every day that clearly (B) [help / threaten] their own health. The word's health systems are in many ways pioneers of collective intelligence, but much doesn't work well. It's estimated that some 30 to 50 percent of antibiotic prescriptions are unnecessary, somewhere between 10 and 20 percent of diagnoses are incorrect, and each year 250,000 die in the United States alone because of medical error.

(A)		(B)
① false	……	help
② false	……	threaten
③ reputable	……	threaten
④ reputable	……	help

06

다음 글의 밑줄 친 부분 중, 문맥상 낱말의 쓰임이 적절하지 않은 것은? 수능특강 영어 연계

With the changes to open collaborative workstations and planning from cubicles, issues of privacy, noise, and loss of work focus have impacted the planning process in recent years. Many employees have complained that the very open workstation plans and integral collaborative spaces make concentration ① difficult. This is not to say that companies all want to go back to cubicles and private offices. Companies feel that the space plans that ② emphasize collaborative areas help with teamwork and the generation of ideas and solutions. The company also ③ saves money because the space requirements of the more open work areas take less square footage than a cubicle plan with aisles. However, many designers and manufacturers find that a blend of collaborative spaces and areas of privacy – although not necessarily private cubicles or offices – has its ④ disadvantages for many companies.

* cubicle 칸막이 한 좁은 공간[사무실]
**square footage (평방피트로 계산된) 면

07

(A), (B)의 각 네모 안에서 문맥에 맞는 말로 가장 적절한 것은? 수능특강 영어 연계

As society continues to rapidly change due to the evolution of a global economy and advances in technology, schools (A) [cease / continue] to function in the same way as they did 100 years ago. Students, teachers, and leaders are changing as a result of the proliferation of technology in the real world. Our information society needs people who can effectively manage and use ever-increasing amounts of information to solve complex problems and to make decisions in the face of uncertainty. This presents a bit of a paradox as the concept of schools as the traditional factory model of education is (B) [consistent / incompatible] with the evolving demands of the information age. Despite decades of national, state, and local promotion of educational uses of technology, classroom practice in most schools has changed little from that of the mid-20th century. This challenge is compounded by issues related to aging infrastructure, inequity in funding, and a global focus on standardization.

* proliferation 확산, 급증
** inequity 불공평

	(A)		(B)
①	cease	……	consistent
②	cease	……	incompatible
③	continue	……	incompatible
④	continue	……	consistent

08

(A), (B)의 각 네모 안에서 문맥에 맞는 말로 가장 적절한 것은? 수능특강 영어독해 연계

Hugh John Lofting was born in England to an Irish father and an English mother. Hugh was an (A) [imaginal /imaginative] child and loved to create stories to tell his brothers and sisters. He also loved animals and had many pets as a child. Hugh's concern for animals led to the creation of Doctor Dolittle. Doctor Dolittle began as a cheerful, charming doctor who became more serious as his adventures continued. This was perhaps a (B) [parallel/ opposite] to Hugh's life. His adulthood was marked with several sorrows. His first wife died in 1927, only four years after his great success in winning the Newbery Medal. He got remarried, but his second wife died less than a year later. In the twenty-seven years that followed the publication of his first Doctor Dolittle book, Hugh wrote thirteen other books about the kindly doctor, as well as a number of other books for children. The Doctor Dolittle stories are still some of the best loved of all time.

	(A)		(B)
①	imaginable	……	parallel
②	imaginable	……	opposite
③	imaginative	……	parallel
④	imaginative	……	opposite

09

다음 글의 밑줄 친 부분 중, 문맥상 낱말의 쓰임이 적절하지 않은 것은? 수능특강 영어독해 연계

Advocates who believe that animals have rights, sometimes called "rightists," are concerned with animals' quality of life. They make no utilitarian exceptions. They argue it's wrong to ever abuse or ① exploit animals or to cause animals any pain and suffering; animals shouldn't be eaten, held ② captive in zoos, or used in any (or most) educational or research settings. They believe the moral and legal rights of animals ③ exclude the right to life and the right not to be harmed. According to Gary Francione, a professor of law at Rutgers University, to say an animal has a " right" to have an interest protected means the animal is ④ entitled to have that interest protected even if it would benefit us to do otherwise. Rightists believe humans have an obligation to honor that claim for animals just as they do for nonconsenting humans (like infants, children, and adults with dementia) who can't protect their own interests.

*utilitarian 실리적인
**nonconsenting 동의를 표할 수 없는
***dementia 치매

10

다음 글의 밑줄 친 부분 중, 문맥상 낱말의 쓰임이 적절하지 않은 것은? 수능완성 연계

To begin with a psychological reason, the knowledge of another's personal affairs can tempt the possessor of this information to repeat it as gossip because as concealed information it remains socially ① inactive. Only when the information is ② masked can its possessor turn the fact that he knows something into something socially valuable like social recognition, prestige, and notoriety. As long as he keeps his information to himself he may feel ③ superior to those who do not know it. But knowing and not telling does not give him that feeling of, "superiority that, so to say, latently contained in the secret, fully ④ actualizes itself only at the moment of disclosure." This is the main motive for gossiping about well-known figures and superiors. The gossip producer assumes that some of the "fame" of the subject of gossip, as whose "friend" he presents himself, will rub off on him.

*latently 보이지 않게

정답 및 해설 p.348

11

다음 글의 밑줄 친 부분 중, 문맥상 낱말의 쓰임이 적절하지 않은 것은?
수능완성 연계

There are a number of ways in which technology can be used to protect social network users from disclosure or privacy threats or violations. More drastic technical solutions involve disabling or banning social media/social networking. For example, some schools and workplaces place explicit restrictions or in some cases a complete ban on social networking sites and they are ① disabled at the IT level so that students or employees cannot access these sites. The problem with this solution is that the benefits of using these sites are also ② lost. Additionally, while this may prevent use of these sites during school or work hours, it has no impact on what is done after hours. The context collapse that occurs in an online environment ③ defines the line between people's professional and personal lives such that online information exchanges that occur outside of school or work hours impact people's lives at school or work. Therefore, employing these strategies is not necessarily ④ effective in minimizing the potential risks overall.

*drastic 철저한, 격렬한

03 어법성 판단

출제경향 및 대비법

어법 문제는 2016 이후로 매년 2문제가 출제되고 있으며, 어법에 맞는 것을 둘 중에 하나 고르는 문제와 수능 유형으로 밑줄 친 부분 중 어법상 틀린 부분을 고르는 문제가 출제되고 있다. 단순한 문법적 지식만이 아니라 문장 분석 능력을 파악하는 데 유용한 문제이므로 올해도 출제 가능성이 무척 높다.

영어편 출제경향이 보이는 가천대 기출문제

정답 및 해설 p.348~349

01

다음 글의 밑줄 친 부분 중, 어법상 틀린 것은? 2019 3월 모의

After a problem which needs to be solved ① <u>has been</u> recognized, the process of defining and representing the problem may proceed with processes such as analogical thinking. ② <u>To form</u> an appropriate representation, a problem solver must often try out several different perspectives on a problem before finding ③ <u>them</u> that gives insight to a solution path. One way in which a variety of representations can be found is through analogical thinking. When an analogous problem can be identified, then the solution of the present problem is partly a matter of mapping one element onto another. For example, mapping involves comparing the problems for similarity in structure and ④ <u>identifying</u> their parallel elements. The solution of one problem then can guide the process of solving a novel one through this analogical mapping process.

*analogous 유사한

02

다음 글의 밑줄 친 부분 중, 어법상 틀린 것은? 2019 5월 모의

It has ① <u>long</u> been the responsibility of the marketers of cities and towns to promote them as possible travel destinations by developing a brand image. First the marketers' responsibility was to assess the city for possible places and also people of interest. These places and people were then photographed and information ② <u>written</u> about their history and stories, which was then communicated, first using print and now digitally. This branded image was both developed and then controlled by marketers. The ease of taking and posting photographs along with visitors posting and sharing travel stories ③ <u>have</u> changed the branding process by taking control away from the marketing department. For example, visitors posting travel images online have meant that the city is no longer in control of ④ <u>what</u> sites are defined as worth visiting. Those charged with increasing tourism must still develop a promotional strategy, but it will be based on encouraging visitors to co-brand along with the professionals.

03

(A), (B)의 각 네모 안에서 어법에 맞는 표현으로 가장 적절한 것은? 2018 기출

Apocalypse Now, a film produced and directed by Francis Ford Coppola, gained popularity, and with good reason. The film is the adaptation of J. Conrad's novel Heart of Darkness, which is set in the African Congo at the end of the 19th century. Unlike the original novel, Apocalypse Now is set in Vietnam and Cambodia during the Vietnam War. The setting, time period, dialogue and other incidental details are changed but the fundamental story line and themes of Apocalypse Now are the same as (A) [that / those] of Heart of Darkness. Both describe a physical journey, reflecting the central character's mental and spiritual journey, down a river to confront the deranged Kurtz character, who represents the worst aspects of civilization. By giving Apocalypse Now a setting that was contemporary at the time of its release, audiences were able to experience and identify with its themes more easily than they (B) [would be / would have] if the film had been a literal adaptation of the novel.

*deranged 정상이 아닌

(A) …… (B)
① that …… would be
② that …… would have
③ those …… would be
④ those …… would have

04

(A), (B)의 각 네모 안에서 어법에 맞는 표현으로 가장 적절한 것은? 2017 기출

Sea anemones look to most of the world like the flowers of the sea. Perhaps this is their disguise. They are predators with tentacles equipped with stinging cells. They use their tentacles to defend themselves and to capture prey, such as small fish and shrimp. Each stinging cell has a sensory hair that, when touched, mechanically triggers the cell explosion, (A) [what / which] is a harpoon-like structure that attaches to the flesh of the aggressor or prey and injects a dose of poison. The poison paralyzes the prey and allows the anemone to move it to its mouth for digestion. (B) [Finding / Found] throughout the world's oceans and at various depths, anemones are related to corals and jellyfish. Anemones attach themselves to the sea bottom with an adhesive foot and tend to stay in the same spot until food runs out or a predator attacks. Then the anemones release themselves and use flexing motions to swim to a new location.

*tentacle 촉수
**harpoon 작살

(A) …… (B)
① what …… Finding
② what …… Found
③ which …… Finding
④ which …… Found

05

다음 글의 밑줄 친 부분 중, 어법상 틀린 것은? 2017 기출

Perhaps the most prominent theme in existentialism is ① <u>that</u> of choice and responsibility for the consequences of the choices we make. Most existentialists believe that what differentiates human beings from other creatures ② <u>is</u> the freedom and the capacity to make choices. Existentialists believe that human beings do not have a fixed nature, or essence, as other animals and plants do. Each human being makes choices that create his or her own nature. Choice is therefore central to human existence, and it is inescapable; even avoidance or the refusal to choose is a choice. That freedom to choose must also be accompanied by commitment ③ <u>to taking</u> the responsibility to live with the consequences of those choices. Existentialists have argued that because individuals are free to choose their own path, they must accept the risk and responsibility of following their commitment ④ <u>whichever</u> it leads.

*existentialism 실존주의

06

(A), (B)의 각 네모 안에서 어법에 맞는 말로 가장 적절한 것은? 2016 기출

Consumerism as a way of life demands a social imagination— an ability to project how we will look and feel once we own and use goods, or (A) [how /what] our families and friends will think of us once we do. Many people find this social tapestry woven of goods and fantasies an entertaining problem and means for self-expression. The market place is not merely the institution upon which we hang our economic survival, but a major source of meaning. The task of managing one's personal place within the constant flow of changes in fashion and personal styles can be a demanding yet enjoyable experience. Like a fish in water, an individual's personal and social identity is so bound up with the consumer culture (B) [as / that] it becomes difficult to reflect on the broader question of how we came to be in this aquarium.

*tapestry 여러 가지 색실로 그림을 짜 넣은 작품

	(A)		(B)
①	how	……	as
②	how	……	that
③	what	……	as
④	what	……	that

01

다음 글의 밑줄 친 부분 중, 어법상 틀린 것은? 수능완성 연계

As a professor of medieval history at the University of Strasbourg in the 1920s and the 1930s, before moving to the Sorbonne in Paris in 1936, Marc Bloch encouraged his students to consider the landscape as a historical document. If written texts provided a view into conscious historical processes, topography, he suggested, provided valuable insight into phenomena that ① were unconscious and invisible, such as social, economic, and political structure. Bloch described rural history as a "vibrant human interaction with the soil." Studying the form of agricultural fields as seen from an airplane, he contended, ② to provide insight into the society that had produced them. Bloch demonstrated these connections as he took his students on field trips into the countryside near Strasbourg to see the elongated fields of Alsace, ③ which he considered to be characteristic of all of northern Europe. According to Bloch, students of history could best understand historical processes by looking at historical processes that were still very much ④ alive.

*topography 지형학
**elongate 길게 늘이다

02

다음 글의 밑줄 친 부분 중, 어법상 틀린 것은? 수능완성 연계

Emil Fischer was a renowned German chemist of the nineteenth century ① what did pioneering work in the field of organic chemistry. As the only living child of his parents, he was expected to join the family business. But eventually his father agreed to let him pursue the study of natural sciences after Emil proved ② unskilled in business. Fischer originally wanted to study physics, but once he met Adolf von Baeyer (an organic chemist who studied dye molecules), he decided to work for him and study chemistry. Caffeine, which is the main ingredient in beverages like coffee, was first synthesized by Emil Fischer. He identified the class of compounds similar to caffeine and named ③ them as purines. He was also involved in significant research work related to sugars, proteins, and enzymes. For his work on purines and sugars, he ④ was awarded the 1902 Nobel Prize in Chemistry.

*purine 퓨린(요산 화합물의 원질(原質))

03

다음 글의 밑줄 친 부분 중, 어법상 틀린 것은? 수능완성 연계

In the early industrial era, those who controlled finance capital and the means of production exercised near-total control over the workings of the economy. For a while, during the mid-decades of the past century, they had to share some of that power with labor, whose critical role in production ① assured some clout in decisions governing both the ways and means of doing business and the distribution of profits. Now that labor's clout has significantly diminished, knowledge workers have become the more important group in the economic equation. They are the catalysts of the Third Industrial Revolution and the ones responsible for keeping the high-tech economy ② running. For that reason, top management and investors have had increasingly to share at least some of their power with the creators of intellectual property, the men and women ③ whose knowledge and ideas fuel the high-tech information society. It is no wonder, then, that intellectual-property rights have become even more important than finance in some industries. Having a monopoly over knowledge and ideas ensures competitive success and market position. ④ Finance that success becomes almost secondary.

*clout: 영향력
**catalyst: 촉매제
***monopoly: 독점(권)

04

(A), (B)의 각 네모 안에서 어법에 맞는 표현으로 가장 적절한 것은? 수능특강 영어 연계

Even the peasant family defines its own identity at the table. "To live on one bread and one wine," that is, to share food, is in medieval language an almost technical way of signifying that one belongs to the same family. Even today in different dialectal expressions, the house is identified with the food that allows the domestic community to live there together. "Let's go home" (andiamo in casa) in the traditional vocabulary of the Romagna region (A) [meaning / meant], "Let's go into the kitchen." On all social levels sharing a table is the first sign of membership in a group. That might be the family but also a broader community – each brotherhood, guild, or association reasserts its own collective identity at the table. Every monastic community demonstrates its intimacy in the refectory where all are supposed to share the meal from which (B) [temporarily exclude / are temporarily excluded] only the excommunicated – those who are impure because they have some guilt.

*monastic: 수도원의
**refectory: (특히 수도원의) 식당
***excommunicate: 파문시키다

(A)	(B)
① meaning	temporarily exclude
② meaning	are temporarily excluded
③ meant	temporarily exclude
④ meant	are temporarily excluded

05

다음 글의 밑줄 친 부분 중, 어법상 틀린 것은? 수능특강 영어 연계

One of the most fundamental characteristics of money is that it acts as an easily transportable store of value. The fruits of our labor can be held in a ① crystallized form – instead of exchanging work directly for goods, we exchange it for cash, ② which can then be ③ spending at our convenience. Money therefore holds value the same way a battery holds energy, and makes it movable both in time and space (unlike some other stores of value, such as land). A paycheck in one's pocket can be spent whenever and wherever one wants – ④ provided, of course, that someone is willing to accept it. To be of use, money must be not just portable but also easily exchangeable.

06

(A), (B)의 각 네모 안에서 어법에 맞는 말로 가장 적절한 것은? 수능특강 영어 연계

Food is, indeed, rather like language, but one can be more free with food. It is not so tightly structured as the elements of language are. Consider the simplest case: the similarity of combining phonemes into a word and ingredients into a dish. "Tree" has three phonemes: /t/, /r/, and /i/ (/i/ is used to (A) [writing / write] the "ee" sound in standard sound transcriptions). A minimal sort of Texas chili might have three ingredients: beans, chili, and meat. With the word, (B) [though / despite] you mispronounce it (dree), drag out one sound (treeee), write it, yell it, or otherwise mangle it, it is still "the same word" to an English speaker. With the food, tripling the chili, or using a different type of bean, changes the dish materially and provides a quite different experience. To that extent, food is less tightly structured. One does not automatically reduce a range of different experiences to "the same thing."

*phoneme: 음소
**mangle: 불분명하게[부정확하게] 말하거나 쓰다

	(A)	(B)
①	write	though
②	write	despite
③	writing	though
④	writing	despite

07

(A), (B)의 각 네모 안에서 어법에 맞는 말로 가장 적절한 것은? 수능특강 영어 연계

Biologists report that many birds and sea mammals have the ability to sleep with only one hemisphere of the brain at a time. Whales, dolphins, and seals cannot afford (A) [shutting / to shut] down consciousness altogether because they are conscious breathers; when it is time to rest, they float on the surface of the water like logs or paddle in circles, (B) [keeping / keep] one half of their brains awake while the other half sleeps. Then they roll over or switch directions to give the other side a rest. Migratory birds employ a variety of half-asleep, half-awake states in order to cover great distances quickly. Even more sedentary birds, like mallard ducks, can sleep one hemisphere at a time. Since they typically sleep in rows, the ducks at the ends of the lines keep one eye open to watch for predators. Periodically, these guards turn around and switch places so the other half of their brains and bodies can sleep.

*hemisphere: (뇌의) 반구
**sedentary birds: 텃새

	(A)	(B)
①	shutting	keep
②	shutting	keeping
③	to shut	keep
④	to shut	keeping

08

다음 글의 밑줄 친 부분 중, 어법상 틀린 것은? 수능특강 영어 연계

Much of ① <u>what</u> we do each day is automatic and guided by habit, requiring little conscious awareness, and ② <u>that</u> is not a bad thing. As Duhigg explains, our habits are necessary mental energy savers. We need to relieve our conscious minds so we can solve new problems as they come up. Once we've solved the puzzle of how to ballroom dance, for example, we can do it by habit, and so be mentally freed to focus on a conversation while dancing instead. But ③ <u>trying</u> to talk when first learning to dance the tango, and it's a disaster — we need our conscious attention to focus on the steps. Imagine how little we'd accomplish if we had to focus consciously on every behavior — e.g., on ④ <u>where</u> to place our feet for each step we take.

09

(A), (B)의 각 네모 안에서 어법에 맞는 말로 가장 적절한 것은?

수능특강 영어독해 연계

You need to realize that there are mistakes that you can fix and there's no need to tell your boss about, and there are others that will have far-reaching implications (A) [which / where] you must own up to. Understanding the difference requires judgment and common sense. For example: If you call in figures to the agency preparing your company's annual report and a few hours later realize you called in the wrong set of numbers, you can simply call back the agency and correct your own mistake. There's no need to tell your boss what you did. But if you don't catch your mistake and the proof of the book arrives with the wrong numbers laid out in type, then you need to admit to your boss that you made a mistake. (B) [Point / Pointing] it out to him (if he hasn't already caught it) and tell him you'll get the agency on the phone and ask them to put together a new proof as soon as possible. Why do you need to admit your mistake? Because you will have cost the company money and the proof of the annual report will arrive later than expected. And in most practical terms because you will be found out.

	(A)	(B)
①	which	Point
②	which	Pointing
③	where	Point
④	where	Pointing

10

다음 글의 밑줄 친 부분 중, 어법상 틀린 것은?

수능특강 영어독해 연계

Bruce Abernethy, working with a group from Brunel University London, used fMRI (functional magnetic resonance imaging) ① to examine the brains of elite badminton players as they exercised their skills of anticipation. They scanned players of various skill levels as they watched occluded clips of shots being played (the video clips would cut off just before contact was made with the shuttlecock) and tried to predict ② in which area of the court the shots would land. The expert players showed more brain activity in areas of the brain ③ associated with observing and understanding other people's actions. One theory is that this activity represents the brain filling in the gaps and creating an 'internal model' — a guess as to what is about to happen based on the movements of the opponent. The more experience an athlete has, the better they are at doing this. A few years later, the same group at Brunel did a similar study with footballers, who watched occluded clips of an opponent ④ to run towards them with the ball. In some clips, the players would start a feint just before the video cut off, and the footballer in the scanner would have to predict whether they would go left or right. The earlier the clips were cut off, the bigger the difference in neural activity between semipro and novice footballers on fMRI scans.

04 빈칸 넣기

출제경향 및 대비법

매년 꾸준히 출제되고 있으며, 연결사 관련하여 멀티 블랭크 문제가 출제되고 있다. 문장 전체의 흐름과 빈칸 전후의 문맥 파악, 연결사의 용례에 대한 명확한 이해가 필요하다. 문장 전체의 내용과 빈칸 앞, 뒤 문장의 문맥, 핵심 내용을 이해하고 있는지를 파악하는 데 유용한 문제이므로 올해도 계속해서 출제될 것이라 예상된다.

영어편 출제경향이 보이는 가천대 기출문제

정답 및 해설 p.354

01

다음 글의 빈칸에 들어갈 말로 가장 적절한 것은? 2019 3월 모의

Tom dislikes his navigation system, even though he agrees that at times it would be useful. But he has no way to interact with the system to tailor it to his needs. Even if he can make some high-level choices—"fastest," "shortest," "most scenic," or "avoid toll road" —he can't discuss with the system why a particular route is chosen. He can't know why the system thinks route A is better than route B. Does it take into account the long traffic signals and the large number of stop signs? And what if two routes barely differ, perhaps by just a minute out of an hour's journey? He isn't given alternatives that he might well prefer despite a slight cost in time. The system's methods remain hidden so that even if Tom were tempted to trust it, the silence and secrecy promotes distrust, just as top-down business decisions made without ________________ are distrusted.

① conflict
② competition
③ consistence
④ collaboration

02

다음 글의 빈칸에 들어갈 말로 가장 적절한 것은? 2019 5월 모의

How can we maintain excitement, interest, and aesthetic pleasure for a lifetime? I suspect that part of the answer will come from the study of things that stand the test of time, such as some music, literature, and art. In all these cases, the works are varied and deep, so that there is something different to be perceived in each experience. Consider classical music. For many it is boring and uninteresting, but for others it can indeed be listened to with enjoyment over a lifetime. I believe that this lastingness derives from ______________. The music interleaves multiple themes and variations, some simultaneous, some sequential. Human conscious attention is limited by what it can attend to at any moment, which means that consciousness is restricted to a limited subset of the musical relationships. As a result, each new listening focuses upon a different aspect of the music. The music is never boring because it is never the same.

*aesthetic pleasure 미적 쾌감
**interleave (특히 얇은 막 같은 것을) 끼우다

① the irresistible attraction of classics
② the richness and complexity of its structure
③ listeners' attentive appreciation of the meaning of artistic works
④ the multiple and profound life experiences

03

다음 글의 빈칸에 들어갈 말로 가장 적절한 것은? 2018 기출

During the eighteenth century instrumental music was generally considered to be less important than vocal music, largely because of the role of words in ascribing meaning to musical sound. Kant, as late as 1790, in his Critique of Judgement, argued that instrumental music was "a mere divertissement of no serious consequence." However, the new concept of musical expression emerging at the turn of the century elevated instrumental music as most capable of expressing feelings beyond the limits of rational knowledge. In fact music's new status constituted a complete ______ of its lowly ranking among the arts during the Enlightenment period. More importantly, what had previously been seen as a disadvantage—that music without words could not convey definite meanings—now came to be perceived as its greatest advantage over all other forms of art.

*ascribe ~ to … …에 ~을 부여하다
**divertissement 여흥, 오락

① restoration
② inversion
③ immersion
④ retention

04

다음 글의 빈칸에 들어갈 말로 가장 적절한 것은? 2018 기출

Perhaps the most influential in determining authenticity of souvenirs is the meanings that the tourists themselves assign to their merchandise through a process of attribution of meaning. For most people, 'buying a souvenir is an act of acquisition of an object perceived as authentic.' However, according to a study, the perception of the souvenir vendors was that tourists really do not care if the design is traditional or contrived. The study concludes it is obvious that tourists understand that artificial and non-destination-specific items are not part of the craft tradition of local cultures, but rather such items are made specifically for tourists. Nonetheless, the souvenirs tourists take home are still a sort of trophy, which must reflect their image of the country visited—it must look authentic, traditional, or primitive, because the authenticity of the artifact is __________.

*contrived: 억지로 꾸민 듯한

① a vague abstraction that only the locals can naturally understand
② an outcome of the local tourist industry's attempts to sell out its traditional culture
③ an artificially manufactured illusion whose authenticity cannot be measured
④ a guarantee of the genuineness of one's experience abroad

05

다음 글의 빈칸에 들어갈 말로 가장 적절한 것은? 2017 기출

As a dancer, you can look at your aging in constructive ways. Your chronological age doesn't necessarily correlate with your body's suitability for dance. Many people keep their bodies flexible and strong throughout their lives. Erik Bruhn throws positive light on the subject, too. When he was interviewed during one of PBS's "Dance in America" programs, he said that as you get older, you can still dance the younger roles in the classical ballets. Your insight into them sharpens, and as a result your performance becomes that much more powerful. When you're older you have greater wisdom and experience to draw on, which can enable you to more skillfully round the edges and fill the phrases of your dancing. That is, you can still maintain or improve your technique as you __________, but the best part is developing your ability to comprehend and feel what dancing is about.

*chronological age 생활 연령

① perform
② rejuvenate
③ compete
④ mature

06

다음 글의 빈칸에 들어갈 말로 가장 적절한 것은? 2017 기출

> You are clinging, always clinging. Think about this seriously—how you are continually holding on to memories of the past. You have a great meal at a restaurant, instantly put it on your list of favorites, and go back to it. You like a book by an author and get her other books. You try a particular strategy at work and it is successful, so you repeat it over and over. Think about how you use memory all the time. You experience something as good or bad by comparing it with some event you have stored in your memory, something you cling to. There is no question that this method simplifies life—perhaps this is the reason you do it. But when too much of your life is run by memory and you don't even know it, ______________________. That's why the thrill of the rainbow or the green valley is so rare in your life.

① you are likely to forget the importance of having a routine
② you don't realize what a bless it has been all throughout your life
③ you lose the ability to experience life spontaneously
④ you have the problem of comparing your experiences to those of others

01

다음 글의 빈칸에 들어갈 말로 가장 적절한 것은?

수능특강 영어독해 연계

It is likely that some children and young people have no idea of what needs to be changed in their life. The concept of having power and control over our lives to effect change is a fairly abstract one, and goal setting is not something we typically encourage young people to do, aside from reaching academic goals or passing exams. Young people can feel powerless to change their life circumstances because typically they are not in control of large portions of their day-to-day existence — they have to attend school, do what they're told to by parents, live where they are told to, and so forth. Certainly, some aspects of their lives will be predetermined or fixed. However, helping a child to acknowledge what they can change, and explore how to change the way they respond to permanent situations, will ______________________ and life experience. Above all, the process of setting and reaching goals is empowering, and builds lifelong skills and awareness.

① make a move in standpoint
② help them to investigate themselves
③ make a progress in future life
④ create a idea to deal with the hardship

02

다음 글의 빈칸에 들어갈 말로 가장 적절한 것은?

수능특강 영어독해 연계

The imperative of a moral life is such that even immoral people try to justify their acts to themselves to suppress the guilt inside. Even confirmed criminals do not admit their role, to themselves or to those whom they love. Despite being aware that one is a rascal, deep down in one's heart one says: 'Indeed, this is only a minor aspect of my life; otherwise I am a good fellow.'One knows that one is lying but one still feels obliged to ______________________. This, therefore, is the mystery of man's moral life: somehow, even the evildoer acknowledge integrity as a superior value. Why is evil obliged to constantly pay this compliment to the good? Because somewhere in the inner being of a man the flame of an enduring goodness is caged.

① meet themselves halfway on all the lies
② keep out of their family quarrels
③ take a false position against oneself
④ tell on others' misbehaviour

03

다음 글의 빈칸에 들어갈 말로 가장 적절한 것은?

수능 완성 연계

As true professionals, scientists should feel accountable to their clients, the public. In turn, the public as responsible citizens should pressure the scientists to keep them informed as this acts as an important control against any unethical practice that might discredit the profession. By ______________________________ between both parties, the integrity and image of science as a profession of upright, trustworthy scholars will be promoted. Keeping the public well informed is not only a moral issue; it is also a selfish issue. If politicians, business people and the media become more familiar with a scientist's work, they are more likely to receive good research funding for projects and improve their chances of things like promotion in their careers.

① giving scientists more privileges and benefits
② increasing better communication and clearness
③ preventing good intercourse and simplicity
④ lowering the levels of mutual understanding

04

다음 글의 빈칸에 들어갈 말로 가장 적절한 것은?

수능 완성 연계

The major changes in eating patterns since the early twentieth century have been toward an increase in the consumption of heavily processed foods containing highly refined, extracted, chemically transformed, and reconstituted ingredients. It is only during the past decade that some of these processed ingredients and foods have begun to be studied in a more systematic manner. It was not until the early 1990s, for example, that researchers began to pay serious attention to chemically reconstituted trans-fats. Until recently, the study of the precise metabolic consequences of high sugar consumption — beyond its caloric value — has similarly been neglected. There are also few studies that examine specific highly processed food products. Instead, nutrition scientists have primarily evaluated highly processed foods on the basis of the relative quantities of the so-called good or bad nutrients they contain, such as their vitamin content or lack of fiber. But this ______________ the way processing techniques may also substantially transform and damage the original "food matrix" — that is, the unique combination of food components and the way they are all held together in a whole food.

*metabolic 신진대사의

① affects
② ignores
③ complicates
④ disciplines

정답 및 해설 p.357

05

다음 글의 빈칸에 들어갈 말로 가장 적절한 것은?

수능 완성 연계

A dramatic form of blindness occurs in a pathological condition called blindsight, which involves damage to the brain's visual cortex. Patients with this damage show the striking behavior of accurately reaching for and grasping an object placed in front of them, even while having ________________. If you place a hammer before the patient and ask, "Do you see something in front of you?" the patient will answer, "No, I don't." But ask the patient to reach for and grasp the hammer and the patient who just said it was invisible will do so successfully! This seemingly bizarre phenomenon happens because the condition of blindsight leaves intact subcortical retina-to-brain pathways that can guide visual behavior, even in the absence of consciously seeing the hammer.

① useful some purposes
② no any audible help
③ unconscious psychosis
④ no conscious visual experience of the object

06

다음 글의 빈칸에 들어갈 말로 가장 적절한 것은?

수능 완성 연계

Autonomous navigation for ground vehicles requires a very precise knowledge of the surroundings for safe driving. An essential requirement to understanding the surroundings is ________________ ________. Depending on the type of environment in which the vehicle is located it is necessary to tackle these tasks differently. There are mainly two types of environments, urbanized and nonurbanized areas. Urbanized areas comprise urban and interurban environments, where the surroundings are structured to a greater extent. Curbs, traffic signs, lane lines, or buildings create a distinguishable pattern along the streets and roads where the vehicle circulates. On the other hand, off-road environments offer a greater complexity due to the lack of reference elements.

① to have a GPS system fitted to the area
② to identify obstacles and path boundaries
③ to fix the vehicle in time
④ to go to the area in advance so as not to get lost

07

다음 글의 빈칸에 들어갈 말로 가장 적절한 것은?

수능특강 영어 연계

Our senses grasp an infinitesimally small portion of reality, we assume. Further, our brain organizes the available sensory information or environmental stimuli in order to make sense out of millions of bits and pieces of data. ____(A)____, we perceive what we think we need to perceive and miss the rest of what is occurring. What we do observe becomes the material for our interpretation and judgment, both of which are affected by our emotional state. We ignore what we don't want or enjoy, unless ignoring is impossible because of the strength of the stimulus. If a beggar's pleading becomes so distracting and disturbing that we cannot ignore him, we may give him some money just to be free of him. ____(B)____, if not seeing a beggar satisfies our desires, we ignore him, as though we didn't see him. Later, we easily forget him, as though he never existed.

*infinitesimally 극미하게

(A)	(B)
① However	By contrast
② However	For example
③ In other words	Also
④ In other words	Otherwise

08

다음 글의 빈칸에 들어갈 말로 가장 적절한 것은?

수능특강 영어 연계

Elderspeak is characterized by several components. Which ones are beneficial for older adults and which ones are not helpful? Kemper and Harden had older adults watch a videotape in which a speaker described a route that was also traced on a map. The older adults reported that the instructions were easier to follow when the speaker reduced the grammatical complexity and used semantic elaboration (that is, repeated and expanded upon what was said). Simpler grammar and semantic elaboration also helped older adults improve their accuracy when they had to reproduce the same route on a map of their own. ____(A)____ , shortening the length of the speaker's utterances into two-and five-word sentences did not improve the older adults' comprehension of the instructions, nor did it improve their performance when they traced a map of their own. ____(B)____, the older listener did not find that an extremely slow rate of speaking with many pauses or exaggerated prosody was helpful.

(A)	(B)
① Moreover	Also
② On the contrary	For example
③ On the contrary	Also
④ Moreover	For example

09

다음 글의 빈칸에 들어갈 말로 가장 적절한 것은?

수능특강 영어 연계

Nothing addresses our need to fit in with others as profoundly as traditions. Traditions satisfy our deep emotional needs for ____________ and create bonds not easily swayed. Developed over time in a country, community, or family, traditions are the foundation of a culture. While a ritual is time alone with the soul, traditions are the bonding glue of a group. When we participate in a tradition, we are not acting alone but in harmony with others in a common cause, belief, or event. The traditional singing of the "Star-Spangled Banner" at the opening of a sporting event bonds the crowd with a common sense of pride and unites them together for the game. For more than a hundred year, the passing of the Olympic torch throughout countries has set aside religious differences and race, and opened up nations' borders for a common tradition: the Olympics. Caught up in the security of a mutual custom, traditions have their own codes of ethics that transcend differences and unite a people, if only for a moment.

① belonging
② empathy
③ gratitude
④ liberation

10

다음 글의 빈칸에 들어갈 말로 가장 적절한 것은?

수능특강 영어 연계

One impact of the growth of the older population is the increased visibility of aging, which ____________ among the general population about older people, and about the diversity and uniqueness among older individuals. As older people become more numerous and visible, stereotypical attitudes and discriminatory practices that disadvantage older people are more likely to be challenged. For example, in comparing magazine advertisements in the year 2014 to those from 1980, we see a marked increase in both the number of ads that feature older people and in the average age of many models. While most people in ads are still young, our images of aging are changing along with heightened awareness of the aging of society. There may be no better example of this trend than the skyrocketing popularity of TV personality Betty White, age 92 at the time of this writing.

① increases pessimistic view
② results in more awareness
③ overcomes discrimination
④ solidifies social bias

05 제목 찾기

출제경향 및 대비법

매년 1문제가 출제되었으며, 가천대 모의적성고사에서는 보기가 한글뿐만 아니라 영문으로 출제되기도 하였다. 글 전체의 내용을 파악하고 있는지, 핵심 키워드를 뽑아낼 수 있는지에 대하여 묻는 유형이다. 최근 모의고사에 보기를 영어로 만든 문제들이 출제되었으므로 이에 대한 대비도 필요하다.

영어편 출제경향이 보이는 가천대 기출문제

정답 및 해설 p.359

01

다음 글의 제목으로 가장 적절한 것은? 2019 3월 모의

Here's an interesting thought. If glaciers started reforming, they have a great deal more water now to draw on–Hudson Bay, the Great Lakes, the hundreds of thousands of lakes of Canada, none of which existed to fuel the last ice sheet–so they would grow very much quicker. And if they did start to advance again, what exactly would we do? Blast them with TNT or maybe nuclear missiles? Well, doubtless we would, but consider this. In 1964, the largest earthquake ever recorded in North America rocked Alaska with 200,000 megatons of concentrated might, the equivalent of 2,000 nuclear bombs. Almost 3,000 miles away in Texas, water sloshed out of swimming pools. A street in Anchorage fell twenty feet. The quake devastated 24,000 square miles of wilderness, much of it glaciated. And what effect did all this might have on Alaska's glaciers? None.

*slosh: 철벅철벅 튀다

① The Firmness of Glaciers
② The Comparison of Earthquakes and Nuclear Bombs
③ The History of Earthquake in North America
④ The Formation Process of Glaciers

정답 및 해설 p.359

02

다음 글의 제목으로 가장 적절한 것은? 2019 3월 모의

There was a former colleague of mine who, at a recent meeting of the English Department, said that she thought it was now no longer important to teach Shakespeare because among other things he had a very feeble grasp of women. Now that seems to me as trifling an observation as can be made, but it does mean that, if you take this seriously, nobody's place in the whole canon is very secure. And this is both good and bad. John Donne's position was in the nineteenth century of no consequence at all. The Oxford Book of English Verse had only one poem of his. And now, of course, he was resurrected by Herbert Grierson and T. S. Eliot and he's one of the great figures of seventeenth-century poetry. But he wasn't always. This is true of music, too. Bach was eclipsed for two hundred years and rediscovered by Mendelssohn. This means that we are constantly reassessing the past.

*canon (고전) 주요 작품 목록
**resurrect 부활시키다

① 고전의 영원한 예술적 가치
② 여성에 대한 이해의 중요성
③ 문학과 음악 교육의 필요성
④ 예술가의 가치에 대한 재평가

03

다음 글의 제목으로 가장 적절한 것은? 2018 기출

Until well into the modern era, textiles were the world's primary manufactured product. Often woven with silver, gold, and silk, they were also the chief form of stored wealth for both rich and poor; most families wore their estate on their backs and hung it on their walls and windows. More to the point, people inherited these textile treasures from their parents; fashions would remain relatively unchanged for centuries, and all but the wealthiest possessed only a few items. Styles not only were static over time but were also rigidly divided by class. An inflexible social structure, reinforced by sumptuary laws, determined just who could wear what. In the mid-seventeenth century, however, the East India Company disrupted this age-old state of affairs, turning the worlds of English industry, trade, fashion, and social rank upside down in just a few decades. The Company's instrument in this commercial revolution was cotton.

*sumptuary law 사치 금지법

① 방직기술의 세대 간 전승
② 섬유와 사회 구조의 변화
③ 상류층의 패션 독점 효과
④ 동인도회사와 산업혁명의 도래

04

다음 글의 제목으로 가장 적절한 것은? 2017 기출

Easter Island was a typical Polynesian society in terms of its language, artifacts and main social institutions. Yet, with its writing and impressive statues, Easter Island seems to have exceeded the level of cultural development typical for Polynesian islands of its size. This may be connected to its extreme isolation, three thousand miles from the nearest inhabited land, freeing it from the endemic fighting that characterized most Polynesian island groups. Similarly, it has been argued that Britain's success during the eighteenth and nineteenth centuries stemmed from its island location. It was neither forced to defend itself by land nor tempted to seek extension of its boundaries. It therefore grew strong at the same time that continental countries were dissipating their energy and resources in ultimately pointless conflicts.

*endemic 고질적인 **dissipate 낭비하다

① 이스터 섬의 문화 발달 수준
② 폴리네시아 지역의 고질적 분쟁
③ 고립된 위치의 지정학적 이점
④ 영국과 유럽대륙의 정치적 갈등

05

다음 글의 제목으로 가장 적절한 것은? 2016 기출

As the zoo world repairs its reputation, a wonderful resource is being taken out of its curtain. For years, scientists studied the remains of dead animals at museums, examined lab animals closely, but simply overlooked the opportunities at their local zoos. Here they had a chance to study live animals at close range—growing, learning, resolving conflicts, building a home, winning a mate, parenting, and aging. Those who did take advantage of zoo studies laid legendary groundwork in the field of animal behavior. It was in a zoo setting, for instance, that the facial expressions of wolves were first studied in detail. Given the skittish nature of wolves, this subtle "language" would have been nearly impossible to decode in the wild. The panda was equally difficult to study in the wild. Its solitary habits and remote, forested habitats kept researchers from learning about reproduction—until the first panda cubs were born in zoos.

*skittish 겁이 많고 잘 놀라는
**solitary 혼자 있기 좋아하는

① 동물 연구의 변천 과정
② 동물학에 대한 동물원의 기여
③ 실험실 동물 행태 연구의 중요성
④ 늑대와 판다의 습성 비교

01

다음 글의 제목으로 가장 적절한 것은? 수능특강 영어 연계

In a New York Times interview with Gary Smith, the CEO of telecommunications company Ciena, he emphasizes the value of "soft skills": "Relationships really matter, and you need to get that right, both for your career as an individual and as a future leader. I think a lot of people pay attention to the technical stuff and the hard stuff. But it's the softer side that will get you every time if you're not paying attention to it. It's probably the biggest determinant of whether you're going to be successful." We most often use the term "soft skills" in relationship to emotional intelligence, or EQ. These skills are the social graces and interpersonal skills that are less easily defined or quantified than hard skills, but which often factor as key differentiators.

① A Way to Make Up Your Weakness
② The Difference Between EQ and IQ
③ Soft Skills : The Key to Your Success
④ Why Managers Should Pay Attention to Emotion

02

다음 글의 제목으로 가장 적절한 것은? 수능특강 영어 연계

In the case of perfume and odours emitted from non-food sources, people believed they were intuitively able to differentiate between 'naturally-occurring' and 'synthetic' odours by the nature of the source. 'Synthetic' is defined in the Oxford English Dictionary as 'a substance made by chemical synthesis, especially to imitate a natural product'. Perfumes, for example, were generally described as synthetic, whereas leather was considered to have its own natural odour. However, the distinction between naturally-occurring odours and those of synthetic origin is not as straightforward as it might seem; the odour of leather, for example, comes about as a result of tanning, which is itself a chemically-dependent process. Also, synthetic odours of leather are frequently used in product manufacturing processes in order to provide an illusion of leather and an association with quality and newness, as is the case when these odours are sprayed into some new cars. Furthermore, some odours of perfume are produced by combinations or extractions of naturally occurring products. The line between natural and unnatural, genuine and synthetic is therefore highly blurred with respect to the perception of smell, with distinctions varying between people.

*tanning 무두질

① 인공 냄새를 합성하는 방법
② 다양한 냄새의 원천
③ 가죽의 냄새를 제거하는 방법
④ 모호한 자연과 합성의 구분

03

다음 글의 제목으로 가장 적절한 것은? 수능특강 영어 연계

As pretty as the orchids they pollinate, orchid bees come in a brightly colored array of brilliant and metallic blues, greens, and purples. These bees are not social like honeybees — they are typically solitary in nesting, with no division of labor and little communal activity. The males leave the nest shortly after birth and never return, spending their lives collecting flower fragrances that they store in special grooves on their hind legs and that may be released to attract females. Females construct nests from mud, resins, and other materials and gather both nectar and pollen from a variety of plants. The two hundred species of orchid bees are native to Central and South America and play an important role in the pollination of many orchids. Only a single species can be found in the United States. This bee, Euglossa vidrissimia, is a recent arrival from either Mexico or Central America and was likely introduced to the United States accidentally.

*orchid 난초
**groove 홈
***resin 수지, 송진

① Characteristics of Orchid bees
② Distribution of Orchids
③ Ways of Collecting Flower Fragrances
④ Kidns of Plats Pollinated by Orchid Bees

04

다음 글의 제목으로 가장 적절한 것은? 수능특강 영어독해 연계

Given the dominance of economics in public life, it is no surprise that so many university students, if given the chance, opt to study a little as part of their education. Every year, around five million college students in the United States alone graduate with at least one economics course under their belts. A standard introductory course that originated in the United States — and is widely known as Econ 101 – is now taught throughout the world, with students from China to Chile learning from translations of the very same textbooks used in Chicago and Cambridge, Massachusetts. For all of these students, Econ 101 has become a staple part of a broad education, whether they then head off to become an entrepreneur or doctor, journalist or political activist. Even for those who never study economics, the language and mindset of Econ 101 so pervades public debate that it shapes the way that we all think about the economy: what it is, how it works, and what it is for.

① The Necessity of Offering a Wide Choice of Courses
② Beyond Econ 101 : A Way to Be a Great Economist
③ Economics : A Breakthrough for the Financial Crisis
④ Econ 101 : Becoming a Fundamental Course to Undergraduates

정답 및 해설 p.362

05

다음 글의 제목으로 가장 적절한 것은? 수능특강 영어독해 연계

When the interactors are communicating about the external world, pointing is sufficient to make minds meet on a referent. However, when they need to share referents in their inner worlds, a different tool is required. In a sense, language is a tool for reaching joint attention by "pointing" to places in our inner worlds. This mechanism is bootstrapped by pointing, other forms of gestures, and emotive expressions. Susan Goldin-Meadow goes beyond this metaphorical assertion and writes that in children, "pointing gestures form the platform on which linguistic communication rests and thus lay the groundwork for later language learning." For example, prelinguistic children at about twelve months can sometimes refer metonymically to an absent object by pointing to a place where that object has recently been or is normally located. For example, an infant may point to Daddy's chair as a reference to the absent daddy. This type of pointing can be seen as a transition from using pointing as a proto-demonstrative with a temporary meaning to using pointing symbolically with a more permanent meaning.

*proto-demonstrative: 초기 단계의[원형의] 지시사
**bootstrap: (자연스럽게 혹은 최소의 노력으로) 달성하다
***metonymically: 환유적으로

① 어린이 학습에 있어서 언어의 중요성
② 가리키기에서 말하기로의 변화과정
③ 언어학습에서 가리키는 몸짓의 역할
④ 언어학습을 위한 도구로써의 가리키기

06

다음 글의 제목으로 가장 적절한 것은? 수능특강 영어독해 연계

Beginners in rock climbing should not buy a complete set of equipment immediately. In most cases, when first attempting climbing under the guidance and support of an instructor, you can rent the necessary climbing equipment from the climbing gym. Often, this is included in the initial fee for a beginners' course. With a little experience, novice climbers can better assess what equipment is appropriate and necessary for them. Advice from instructors and advanced climbers can also be useful, although their advice sometimes tends toward personal favorites or trendy brands that are often very expensive and not necessarily the best choice for beginners. Because of the large number of products available, climbing equipment is now much more affordable. Extra care is required when purchasing used equipment, especially for inexperienced climbers who may not be able to evaluate wear and tear of such equipment.

① 암벽등반 초급자의 장비 구매 시 고려사항
② 적합한 실외 암벽등반 장비를 선택하는 방법
③ 중고 암벽등반 장비 구매시 장점과 단점
④ 강사 및 상급 등반가의 조언의 유용성

07

다음 글의 제목으로 가장 적절한 것은? 수능완성 연계

The growth of human brains may have been related to increasing tool use. Although humans are not the only animals who use tools, our species has developed this skill to a far greater extent than any other animal. The emergence of tool use was the result of an unprecedented coordination between stereoscopic eyes, brains and limbs, which had first emerged while our human ancestors were still a forest-dwelling species. The upright stride was also very helpful, because it allowed arms and hands to be used for a much wider range of purposes (although it became harder to swing around in trees). As a result, humans learned to perform ever more tasks with their hands, even while walking. Today, by contrast, great apes cannot do this; they have to sit still to execute such tasks. As a result of these developments, early humans slowly became more powerful with respect to other larger animals.

*stereoscopic 입체적으로 보는

① The difference of growth between humans and great Apes
② The coordination of the body parts
③ Tool making and brain growth
④ Learning how to perform tasks with hands while walking

08

다음 글의 제목으로 가장 적절한 것은? 수능완성 연계

In the 1970s, some anthropologists began to accept that oral traditions are not repeated verbatim, like the performances of a literate culture. These researchers began to study the improvisational creativity of the performer, and began to emphasize the ways that folklore was a living, practiced tradition. These new perspectives have changed the way we look at early European theater. They've driven home the importance of a previously neglected fact: until at least the late medieval period, many European actors remained illiterate. Some scholars, for example, believe that Shakespeare didn't write scripts, but rather taught his actors their parts orally. Scholars argue that the scripts we have today are transcriptions of actual performances, done from memory by someone in Shakespeare's group.

*verbatim: 글자 그대로
**improvisational: 즉흥의

① The reason why tradition repeats
② The traditions and improvisational creativity of early European theater
③ The condition of being a good actor
④ The reason why European actors are illiterate

09

다음 글의 제목으로 가장 적절한 것은? 수능완성 연계

In the settlement of America, the government did not play a large role in property rights; rather, it was up to settlers to claim their property. Since water was a significant factor in the development of towns, the first settlements were usually located near bodies of water. This accounts for the curved shapes of states in the humid East and along the coasts where there are many rivers. The property rights regime associated with this type of settlement is called riparian rights, which give the right to use the water to the owner of the land adjacent to the body of water. This method of allocation made sense because those that owned land near the water had easy access.

*riparian rights 강기슭 토지 소유권

① The human instinct to have many rights
② Why ancient civilization flourished along with the river
③ Tragedy of common land
④ American property rights closely related to water

10

다음 글의 제목으로 가장 적절한 것은? 수능완성 연계

After serving in the Ambulance Service in World War I, Robert Hutchins returned home to earn a bachelor's and a law degree from Yale University. In 1929, in news that rocked the academic world, he was named president of the University of Chicago at only thirty years of age. He headed up the university until 1951, arousing controversy for many of his reforms (such as abandoning intercollegiate football and using comprehensive exams rather than classroom time to measure academic progress). During the McCarthy era, he aroused the ire of many conservatives by opposing loyalty oaths and vigorously defending academic freedom. At a news conference just after his retirement in 1951, a right-wing journalist asked with clear disdain, "Is Communism still being taught at the university?" Hutchins, who was used to loaded questions, was not about to be suckered into an answer that might be misunderstood. He replied calmly: Yes, and cancer at the medical school.

*McCarthy era 매카시 시대(1950년대 초 미국을 휩쓴 공산주의자 색출기)
**ire 분노

① The life of a genius doctor
② Robert Hutchins loyal to the government's policies
③ Robert Hutchins who defends academic freedom
④ Harmful effect education on communism

06 문장 삽입

출제경향 및 대비법

2017년부터 연속으로 1문제씩 출제되고 있다. 올해 모의적성고사에서도 꾸준히 1문제씩 출제되었다. 글의 내용과 흐름을 전체적으로 잘 파악하고 있는지를 평가하는 데 유용한 유형이고 단순히 글 전체적인 흐름뿐만 아니라 앞뒤 문장 간의 호응을 파악해야 하는 복합적인 문제이므로 세부적인 부분까지 읽는 것이 중요하다.

영어편 출제경향이 보이는 가천대 기출문제

정답 및 해설 p.364

01

글의 흐름으로 보아, 주어진 문장이 들어가기에 가장 적절한 곳은?

2018 기출

> For example, each change in our historical conception of atomic structure was presented as the building on prior conceptions, and each scientist's contribution was conveyed as increased detail to the former model of the atom.

Professor Nancy W. Brickhouse conducted interviews with three science teachers. The first teacher viewed theories as truths uncovered through rigid experimentation, and, not surprisingly, the intent of instruction in this classroom was for students to learn the "truth." (①) Students' performance in science activities was evaluated solely by the outcome of the activity, not on the process. (②) The second teacher, on the other hand, thought of theories as tools to solve problems and, therefore, students used theories to explain observations and to resolve problems. (③) The third teacher viewed science as the accumulation of knowledge, which was a position clearly reflected in classroom instruction. (④) In summary, Brickhouse concluded that the teacher's science philosophies influence laboratory instruction, the way in which demonstrations are used, and instructional goals.

02

글의 흐름으로 보아, 주어진 문장이 들어가기에 가장 적절한 곳은? 2017 기출

> Animals, however, have no expectations about mental capacity.

When people face real adversity—disease, unemployment, or the disabilities of age—affection from a pet takes on new meaning. (①) A pet's continuing affection becomes crucially important for those enduring hardship because it reassures them that their core essence has not been damaged. Thus pets are important in the treatment of depressed or chronically ill patients. (②) In addition, pets are used to great advantage with the institutionalized aged. In such institutions it is difficult for the staff to retain optimism when all the patients are deteriorating. (③) Children who visit cannot help but remember what their parents or grandparents once were and be depressed by their incapacities. (④) They do not worship youth. They have no memories about what the aged once were and greet them as if they were children. An old man holding a puppy can relive a childhood moment with complete accuracy. His joy and the animal's response are the same.

*adversity 역경
** deteriorate 악화되다

03

글의 흐름으로 보아, 주어진 문장이 들어가기에 가장 적절한 곳은? 2019 3월 모의

> However, this is NOT the mark of an effective academic writer.

It takes no special talent to create academic writing that is complex. All you have to do is throw a lot of big words at your topic, create overly complex sentences, dump information all over the page, and use subject-specific jargon. Anybody can do this. (①) Textbooks and academic journals are often filled with this kind of writing. (②) An effective academic writer, like an effective teacher, makes complex things seem simple. In your academic writing, always seek clarity and simplicity. (③) The purpose of writing is not to show how smart you are, how much you know, or how many big words you can use. (④) It is to transmit an idea or convey meaning in the most efficient and effective way possible.

*jargon 전문 용어

04

글의 흐름으로 보아, 주어진 문장이 들어가기에 가장 적절한 곳은? 2019 5월 모의

In the absence of spoken language, other animals have to rely on their senses to detect sensory cues or the emotional states of others.

Curiously, for all the value we ascribe to our ability to speak, language could have a dulling effect on the rest of our perceptions. Humans have developed and refined a communication system that can convey extremely specific information. (①) It's possible that as a result we have become less reliant on our other senses for gleaning information from our surroundings. (②) If I can verbalize my anxiety, what need have you to focus on my body language, smells, or other physical or psychological signs that might accompany these feelings? (③) If I tell you that I've just placed some fresh strawberries on the kitchen table, why should you have to detect their presence by sense of smell? (④) It's one key reason why we may be less perceptive than many other animals.

*ascribe ~ to ~이 …에 있다고 여기다

**glean 조금씩 수집하다

01

글의 흐름으로 보아, 주어진 문장이 들어가기에 가장 적절한 곳은? 수능특강 영어독해 연계

Many of these beautiful creatures can be found nowhere else.

Mexico and Central America, vast and varied, both old and new, are some of the greatest places on earth to see and enjoy butterflies. (①) Mexico offers a hard-to-beat combination of great diversity and amazing abundance. (②) The more than 2,400 butterfly species found in Mexico and Central America (about 1,750 in Mexico alone) represent more than 10% of the world's total species. (③) Just as importantly for your enjoyment, Mexico more consistently has greater concentrations of butterflies than perhaps anywhere else. In northern Mexico, there are times during peak butterfly seasons when one has very limited visibility looking down trails, because the warm, late summer air is saturated with butterflies! (④) In Chiapas, as I walked down a trail to an ancient Mayan ruin set deep in the Lacandonan rain forest, butterflies actually interfered with my search for other butterflies, as scores of Many-banded, Pale and Ruddy Daggerwings and other large brushfoots such as Orion Cecropians, landed all over me, including on my face and arms.

02

글의 흐름으로 보아, 주어진 문장이 들어가기에 가장 적절한 곳은? 수능특강 영어독해 연계

However, what is clear is that the availability of practically infinite mathematical ability, and abundant calculating speed, do result in discoveries that our biological brains have not yet made.

Human intelligence has its own considerable strengths. (①) The fundamental human limitation of having a relatively small brain, constrained by the energy and physical space available to it, has resulted in a lot of evolutionary "cleverness." (②) Human intelligence makes use of very effective pruning techniques that prevent the brain from running in overdrive, attempting to process billions of potential situations of which only one or two might be useful. (③) The expense of this brute computational approach is simply not suited to biological beings. (④) We are "blindsided" to some degree by the biological imperative to conserve energy and make the best use of our brains, given their physical limitations. In this way, machine thought, which can leverage incredible amounts of energy and space, is fundamentally different.

03

글의 흐름으로 보아, 주어진 문장이 들어가기에 가장 적절한 곳은? 수능특강 영어 연계

> This helps it survive in the muddy lakes of the Amazon, where little oxygen is available.

The pirarucu is one of the largest freshwater fish in the world at up to ten feet long and weighing more than four hundred pounds. That's a true river monster! (①) Because of its size, it is called arapaima, or "dragon fish." All fish can breathe in water, right? Not this one. (②) Unlike most fish, which use their gills to take in oxygen from water, the pirarucu needs to come to the surface about every ten minutes to breathe air. (③) The pirarucu is one of the native fishermen's favorite meals. (④) Every part of the fish is eaten. Even the pirarucu's tough scales are considered valuable and are used as files, like sandpaper. But the pirarucu is endangered. To make sure this gorgeous giant will be around for a long time to come, only certain native people are allowed to catch a limited number of pirarucu each year.

04

글의 흐름으로 보아, 주어진 문장이 들어가기에 가장 적절한 곳은? 수능특강 영어 연계

> Another part of your imagination that can boost your memory is your musical sense.

Ironically, some of the most powerful techniques for boosting your memory are also the oldest. (①) Under the umbrella term 'Mnemonics' (it has a silent 'M'), these involve tapping into the fact that our brains have evolved to deal very well with both visual images and spatial locations. (②) By turning facts into mental images, and imagining them along a route of locations, you can harness these natural memory powers to remember almost anything you like. (③) The more improbable and emotionally charged the images the better, as our brains evolved to pay special attention to those features. (④) Rhythm and rhyme are potent memory boosters. This explains why you might find it hard to remember the periodic table of elements, yet your memory banks are overflowing with old jingles!

05

글의 흐름으로 보아, 주어진 문장이 들어가기에 가장 적절한 곳은?

수능특강 영어 연계

They are also domestic sources of energy production and so are not dependent on imports from what may be hostile countries.

Solar power and wind power are considered alternatives to fossil-fuel-based energy generation from coal, petroleum, and natural gas, which predominate worldwide energy production at the start of the 21st century. Both of them solve what is seen as the most prevalent negative consequence of fossil-fuel-based energy generation: air pollution. (①) This includes air pollution from chemicals, particulate matter, organic compounds, toxic materials, and the emissions that lead to climate change. (②) Solar power and wind power are also popular because they are renewable sources of energy production and so do not suffer the negative consequence of diminishing supplies. (③) Finally, solar power and wind power have the technical capability to be distributed, meaning they are what is sometimes referred to as decentralized energy generation sources. (④) They can be placed on individual homes and in small areas and do not rely on large, single generation stations that can be subject to large-scale blackouts, terrorist attacks, or other centralized vulnerabilities.

06

글의 흐름으로 보아, 주어진 문장이 들어가기에 가장 적절한 곳은?

수능특강 영어 연계

But behind these considerations is an unstated assumption: that it is one person's ten unaided fingers that produce the sounds.

To know whether an artistic performance succeeds or fails requires that we know what counts as success or failure in any performance context. Music critics will consider a pianist's tone, phrasing, tempo, accuracy, and ability to sustain a line or build to a climax. (①) Speed and brilliance may be important considerations, which is not to say the fastest performance will be the best. (②) The excitement a virtuoso pianist generates with a glittering shower of notes is intrinsically connected with this fact. (③) An aurally identical experience that is electronically synthesized can never dazzle us in the same way: sound synthesizers can produce individual notes as fast as you please, while pianists cannot. (④) Built into the thrill of hearing a virtuoso is admiration for what the performance represents as a human achievement. Forgery and other forms of fakery in the arts misrepresent the nature of the performance and so misrepresent achievement.

07

글의 흐름으로 보아, 주어진 문장이 들어가기에 가장 적절한 곳은? 수능특강 영어 연계

Indeed, the diligent scholar at one time had been able to master the entire sum of academic learning.

The word "scientist" in its present meaning did not become a part of language until the modern era. (①) In ancient and medieval times philosophy was everything, and the philosopher was the caretaker of human wisdom. (②) He knew of the moral law, religion, government, natural history, alchemy, mathematics, healing, and all knowledge. (③) This is in striking contrast with the world of today, in which a man may devote a lifetime to a single type of germ or bacteria and still consider his subject vast and complex enough for a full generation of profound study. (④) Having few details to bother about in his pursuit of knowledge, the ancient could think in broad and encompassing terms.

08

글의 흐름으로 보아, 주어진 문장이 들어가기에 가장 적절한 곳은? 수능완성 연계

They say that we can understand action only by observing whole actions.

Psychologists have talked a lot about the "black box." That is a metaphor for any internal part of an organism that you cannot see into or that seems forbiddingly complex to look into. (①) Or that stops living whenever you cut it open to see what makes it live. (②) Some psychologists, perhaps chiefly the sensory and the physiological psychologists, have wanted to look into the tiny parts of the human body that might carry the internal events that ultimately cause a muscle to contract and act upon the outside world. (③) Other psychologists have disdainfully called that strategy "reductionism" and have claimed that action cannot be understood by looking at its tiny components. (④) They suggest we should not only leave the black box unopened, but we should not even speculate about what goes on in there.

*disdainfully 경멸적으로

09

글의 흐름으로 보아, 주어진 문장이 들어가기에 가장 적절한 곳은? 수능완성 연계

For example, when using a computer to prepare a class report, students may have to prepare a table that includes columns of information.

The cognitive view of motivation suggests that individuals are motivated to understand the world, to have control over their lives, and to be self-directed. (①) Cognitive theorists stress that individuals are motivated when they experience a cognitive disequilibrium in which they try to find a solution to a problem. (②) Cognitive disequilibrium occurs when students realize that they need to know more about a particular subject. (③) Cognitive disequilibrium is created when the students realize that they do not know how to prepare such tables. (④) The students are motivated to find a solution to the problem — to learn how to compose such tables. People are also motivated by curiosity, an urge to explore, or simply an impulse to try something that is fun.

*cognitive disequilibrium 인지적 비평형

10

글의 흐름으로 보아, 주어진 문장이 들어가기에 가장 적절한 곳은? 수능완성 연계

You might be inclined to think this means that the body has a built-in clock that controls the length of life by limiting cell reproduction.

What controls the number of times cells divide? (①) The answer may lie with our telomeres, the protective tips on the ends of our chromosomes (a bit like the protective tips on the ends of shoestrings). (②) These tips become shorter each time cells divide. (③) Eventually, when the telomeres have nearly disappeared, the cells stop dividing, causing the cells to age and deteriorate. (④) However, scientists view this process not as a clock, but rather as a mechanism that may have developed through evolution to prevent the growth of tumors early in life. This mechanism would have been beneficial when human life expectancy was short, but it has become costly as life expectancy has increased, because cells that cannot be replenished will age and become defective over time.

*chromosome 염색체
**tumor 종양
***telomere 말단소체

제대로 된

가천대

적성고사

예상문제집

정답 및 해설

- 국어
- 수학
- 영어

국어

1 화법

출제경향이 보이는 가천대 기출문제

01 [정답] ①

해설 ㉠은 선배의 질문에 잠시 머뭇거리면서 생각을 떠올리는 상황에 쓰인 간투사이다. 따라서 자신을 낮추는 것도 아니며, 선배의 말을 호응하는 것도 아니다.

02 [정답] ④

해설 ㉣의 "(고개를 끄덕이며) 1학년 때 성적이 낮은 이후를 말하는 대신 학교생활에 충실했기 때문에 2학년 때 성적이 올랐다고 대답한 게 인상적이네요."는 선배가 하는 말에 호응하며 경청하고 있는 후배의 모습을 알게 한다.

03 [정답] ④

해설 청중은 개발로 인한 습지 파괴를 염려하며 습지 보존 계획에 관해 질문하고 있다.

04 [정답] ①

해설 지진 해일 장면과 화산 폭발 장면은 제시되지 않았다.

05 [정답] ④

해설 발표 주제가 드론 산업의 다양한 성과에 맞춰져 있으므로, 발표를 들은 청중은 평창 동계올림픽의 드론 퍼포먼스나, 드론 관련 몰카범죄 뉴스, 아마존의 택배와 관련된 뉴스가 떠오를 수 있다. 그러나 드론의 실생활 유입이 먼 미래의 일이라는 것은 발표 내용과는 동떨어진 사실이다.

06 [정답] ②

해설 면접자는 의도에서 벗어난 대답에 대한 수정을 요구하는 것이 아니라, 추가 질문을 하고 있는 것이다.

기출과 EBS를 재해석한 기출예상문제

01 [정답] ④

해설 ㉣의 "친한 애들은 많은데 그런 거에 관심이 없어요. 그래서 아예 그런 얘긴 안 꺼내요."라는 말을 통해 진로 문제로 인한 부모님과의 갈등 같은 화제에 대해서는 아이들이 관심이 없어서 이 문제에 대해 친구들끼리 대화를 하지 않는다는 것을 알 수 있다. 이를 통해 참여자의 관심 여부가 화제 선정에 영향을 주는 것이지 지위의 차이로 인한 것은 아님을 알 수 있다.

02 [정답] ①

해설 대화의 내용으로 보아, '은영'은 발표를 앞두고 긴장감과 불안감을 느끼고 있다. 이러한 경우에 해 줄 수 있는 조언의 내용으로는, 지금의 긴장감과 불안감을 너무 부정적으로만 여기지 말고, 말하기 전의 긴장감과 불안감은 누구에게나 생길 수 있는 감정이므로 자연스럽게 받아들이라는 것이 가장 적절하다.

03 [정답] ④

해설 토의 과정을 살펴보면, 선생님이 주요 질문을 중간 중간 효과적으로 하고 있고, 이에 학생들이 답변을 해 나가면서 화제에 대한 생각을 구체화해 나가는 것을 볼 수 있다.

04 [정답] ①

해설 이 토의의 출발 지점을 살펴보면, 선생님이 기부 문화가 정착되지 못한 원인을 생각해 보자고 하며 논의를 이끌고 있다. 기부 문화가 정착되지 못한 원인을 따지는 것은 기부 문화 자체가 정착되지 못한 것, 즉 기부 문화가 아직은 미성숙한 단계인 것을 전제하고 있는 것이다.

05 [정답] ③

해설 도서관 측 발표자는 문제점을 개선하기 위해 개가식 열람실의 공간을 확대하고 일반 열람실을 축소하자고 했다.

06 [정답] ③

해설 공간 문제에 초점을 맞추어 토의를 진행하자고 했으므로 논의의 초점에서 벗어나지 말자고 한 것이지 논의를 마무리한 것이 아니다.

07 [정답] ④

해설 ㉣은 엄마가 자기의 생각을 이야기하면서 아들을 칭찬하고 있는 발화이다. 사회 · 문화적 배경의 차이가 듣기에 영향을 준 것은 아니므로 ④는 적절하지 않다.

08 [정답] ③

해설 '요령의 격률'이란 상대방에게 부담이 되는 표현은 최소화하고 이익을 극대화하는 표현을 최대화하라는 것이다. 그런데 아들에게 계획을 철저히 잘 세워 보라고 말한 것은 부담을 주고 있는 것이다.

09 [정답] ④

해설 ㉣은 성호가 지수에게 강연에서 함께 들었을 것으로 추측되는 '자기에게 맞는 공부 방법 찾기'에 대한 내용을 다시 한 번 상기시키는 것이다. 또한 강연의 내용을 적절히 활용하지 못하는 지수에 대한 가벼운 질책이 의문문의 형식으로 제시되고 있다. 성호의 경험은 언급된 바 없으며 상대방의 구체적인 의견을 묻고 있는 것도 아니다.

10 [정답] ③

해설 ⓒ에서 성호는 로봇 공학이 주도적인 산업이 되고 전망이 밝다는 이야기를 하고 있지만 근거가 분명하지 않다. 질의 격률은 근거가 불충분한 정보는 말하지 않도록 하는 것이다. 그러므로 ⓒ는 질의 격률을 어겼다고 볼 수 있다.

② 작문

출제경향이 보이는 가천대 기출문제

01 [정답] ③

해설 〈자료 2〉는 건강 상태에 영향을 미치는 변수의 도시 간 차이가 발생한다는 것을 나타내고 있다. 특히 대도시 지역에 거주하는 사람들과 중소 및 농어촌 도시의 지역인들은 여러 건강 변수의 차이로 건강 불평등이 생기고 있다. 따라서 이러한 변수의 격차를 해소하기 위해서는 대도시보다는 중소 및 농어촌 도시에 이들 변수의 격차를 줄여야 한다. 그러나 보기 ③은 이와는 반대로 대도시 지역의 녹지 공간 조성을 내용으로 하기에 자료를 잘못 분석하였다.

02 [정답] ①

해설 ① 선생님은 학생의 자기소개서가 동아리 활동에서 특장을 찾고 있는 점을 칭찬하고, 대학입학을 위한 자기소개에서 지원 학교나 학과와 관련된 사항이 없는 것을 조언하는 것이 타당하다. ②의 미래의 직업에 대한 뚜렷한 각성이나, ③ 동아리 활동의 어려움, ④ 직업 선택에 관한 사항이 학생의 자기소개서에는 포함되지 않았다.

03 [정답] ④

해설 보기의 점검 사항에서 반영된 것은 ㄱ, ㄴ, ㄷ이다.

04 [정답] ④

해설 ㉠, ㉡, ㉢의 고쳐 쓰기는 모두 적절한 고쳐 쓰기이다. ㉣의 접속사는 문맥의 흐름에 따라 '그래서'가 적절한 것으로 고쳐 쓰기 할 필요가 없다.

05 [정답] ①

해설 문제 해결적 글쓰기가 형식적 한계를 넘어서는 새로운 방법에 대한 추구를 가능하게 한다는 본문의 내용과 일치하는 것은 ①번이다. 나머지는 본문의 내용과 다르다.

06 [정답] ③

해설 글이 짧아질수록 그 의미의 밀도가 높아진다는 것은 (나)에서 언급되지 않은 사실이다.

07 [정답] ③

해설 ㉠, ㉡, ㉣의 고쳐 쓰기는 모두 적절하다. 그러나 문맥의 전, 후 흐름에 따라 ㉢에 해당하는 접속사는 '그렇지만'이 적절하다. 따라서 수정할 필요가 없다.

기출과 EBS를 재해석한 기출예상문제

01 [정답] ④

해설 문단은 여러 문장이 모여 하나의 통일된 생각을 나타내는 글의 단위이며, 이를 문단의 통일성이라고 한다. 각 문단들의 내용을 고려할 때, ㉣은 매점 설치로 인한 환경 훼손 문제를 다루는 현재 문단에 두는 것이 적절하다. 앞 문단으로 위치를 옮길 경우 문단의 통일성이 깨져 부적절하다.

02 [정답] ③

해설 건의문에서는 독자의 행동 변화를 유도하기 위해 감정에 호소하는 표현 방식을 간혹 사용하기도 하지만, 이 글에서는 문제에 대한 해결책을 논리적으로 제시하고 있을 뿐 '감정에 호소하는 표현'을 활용했다고 볼 수는 없다.

03 [정답] ②

해설 앞뒤 문맥을 고려할 때 내용 전환의 표지인 '그런데'와 같은 표현으로 수정하는 것이 적절하다.

04 [정답] ④

해설 상인들의 아이디어가 모여 위기 극복의 열쇠가 될 수 있다는 내용은 전체 글의 맥락과 어울리는 내용이다. '낙숫물이 댓돌을 뚫는다'는 작은 힘이라도 꾸준히 계속하면 큰일을 이룰 수 있음을 비유적으로 이르는 말로 상인들의 노력을 표현하기에 적절한 속담으로 볼 수 있다. 또한 '열쇠가 되지 않을까?'와 같은 설의법이 반영된 표현을 활용하고 있으므로 ④의 내용이 ㉮에 가장 적절한 표현이다.

[오답 피하기] ① 설의적 표현을 사용하지 않았다.

② '달도 차면 기운다'는 '좋은 일이 계속되지는 않는다'라는 의미로 문맥상 적절하지 않은 속담이다.

③ '꿔다 놓은 보릿자루'는 '어울리지 못하고 우두커니 있다'라는 의미이므로 경제 위기에 대한 극복 노력을 하지 않는 상인들을 비유적으로 표현하기 적절한 속담이다. 그러나 정부의 재래시장 활성화를 위한 정책 요구는 전체 글의 내용과 거리가 먼 내용이다.

05 [정답] ④

해설 식사문은 기념식, 입학식, 결혼식, 취임식 등 각종 행사에서 청중을 상대로 낭독하기 위해 작성한 글이다. 식사문은 사적인 관계보다는 공적인 관계를 중시하며, 개인보다는 공동 생활의 유대감과 친밀감 조성을 중시한다. 또한 식사문은 격식을 갖추어 행사의 특성과 상황에 맞는 내용을 준비해야 한다. 그런데 청중들의 반응을 파악하면서 제시한 내용의 실천 가능성을 점검하는 기회를 갖는 것은 이 글에서 드러나지 않는다.

06 [정답] ④

해설 ㉣은 신년식 행사를 통해 회사의 발전을 위해 제안하고자 하는 구체적인 실천 방안에 해당한다. 이것은 청중으로 하여금 필요성을 인식시키고 동참할 것을 설득하는 데 중점을 두고 있다. 그러나 비유적 표현은 드러나 있지 않다.

07 [정답] ④

해설 'Ⅱ-2-가'에서는 저작권 침해의 원인으로 '저작물의 범위에 대한 일반인들의 인식 부족'을 제시하고 있다. 그런데 법적으로 저작물의 범위를 구체화한다고 해서 저작물의 범위에 대한 일반인들의 인식이 향상되지는 않는다. 오히려 일반인들에 대한 홍보, 캠페인 등의 활동이 적절할 것이다.

08 [정답] ②

해설 ㉡과 ㉢은 중복되는 내용이 아니다.

09 [정답] ④

해설 첫 줄에 대구법이 나타났고, 마지막 줄에 참여를 직접적으로 드러내고 있다.

10 [정답] ③

해설 객관적인 정보 전달의 목적을 가진 기사문의 구성 중, 전문에서는 전달하고자 하는 정보의 핵심을 요약하여 전달한다. 본교 1학년 학생들이 1학년 체험 활동을 수행하기 위해 수련회에 참가하였다는 것이 주요 내용이므로, 수련회 활동을 준비하는 느낌을 강조해서 표현하는 것은 적절하지 않다.

3 문법

출제경향이 보이는 가천대 **기출문제**

[음운]

01 [정답] ①

해설 '권력'은 [궐력]으로 음운의 교체, '외곬'은 [외골]로 자음군 단순화의 음운의 탈락, '솜이불'은 [솜니불]로 'ㄴ'음 첨가가 일어난다.

[오답 피하기] ② '생산냥'은 유음화의 예외적 현상으로 음의 첨가와 관련이 없다.

③ '예사말'은 표준 발음이 [예사말]로 아무런 음운 변동이 일어나지 않는다.

④ '절약'은 [저략]의 연음 법칙 현상을 나타내기에 역시 음운 변동과 관련이 없다.

02 [정답] ①

해설 ㉠의 '배워'는 두 개의 단모음이 합쳐져 이중모음이 된 예이다.

03 [정답] ③

해설 '넓적하다'는 [넙쩌카다]로 자음군 단순화와 된소리되기, 거센소리되기가 나타난다. '삯일'은 [상닐]로 자음군 단순화와 ㄴ첨가, 비음화가 나타난다.

04 [정답] ②

해설 ㉠의 음운 변동에 해당하는 것은 [달림], [바치], [국빱], [밤만]. ㉡의 음운 변동에 해당하는 것은 [커], [삼도], [가서], [점따]. ㉢의 음운 변동에 해당하는 것은 [달치], [싸코], [이팍]이다. [솜니불]은 첨가 현상으로 어디에도 속하지 않는다.

05 [정답] ①

해설 'ㅗ 〉 ㅜ'의 변화를 거치기 때문에 중모음에서 고모음으로 바뀐 경우이다. 따라서 '오똑이 〉 오뚝이'(깡총깡총 〉 깡충깡충)는 혀의 높낮이가 바뀐 경우에 해당한다. '믈 〉 물'(블 〉 불)은 입술 모양이 바뀌는 변화에 해당한다.

[단어]

06 [정답] ②

해설 ①은 모두 ㉠의 예에 해당, ③은 모두 ㉡의 예에 해당, ④의 '마중'은 ㉡의 예이며, '다듬이'는 ㉠의 예이다.

07 [정답] ③

해설 ①은 모두 ㉠의 예에 해당, ②는 모두 ㉡의 예에 해당, ④의 '까마귀'는 ㉡의 예이며, '다듬이'는 ㉠의 예이다.

08 [정답] ②

해설 관형사 '이'는 조사를 취할 수 없다. 그러나 부사 '빨리'는 '빨리도, 빨리는' 등으로 경우에 따라 조사를 취할 수 있다. ㉠과 ㉡은 모두 관형사로 관형어에 속한다. ㉢과 ㉣은 모두 부사로 활용을 하지 않는다.

09 [정답] ③

해설 ①은 접속 조사 – 보격 조사, ②는 관형격 조사 – 부사격 조사, ③은 서술격 조사 – 보조사, ④는 보조사 – 호격 조사이다.

10 [정답] ③

해설 ㉢의 '엄청'은 바로 뒤의 부사 '빨리'를 수식하고 있다.

11 [정답] ②

해설 어미 활용을 하는 품사는 동사, 형용사, 서술격 조사이다. 보기에서는 '간직하고, 있는, 이다'만 해당한다. 그리고 이 중에서 다른 말과의 문법적 관계를 표시하는 것은 서술격 조사 '이다'뿐이다.

12 [정답] ③

해설 '예쁘게'는 '예쁘- + -게'로 형태소 분석되므로 2개의 형태소이면서 1개의 단어인 예에 해당한다. 따라서 정답은 ③이다. '가을이'는 조사 '이'를 포함한 '가을 + 이'로 분석되기 때문에 2개의 형태소이면서 2개의 단어가 맞다. '되어'는 '되- + -어'로 형태소 분석이 되지만 어미는 단어가 아니기 때문에 '되어'는 1개의 단어에 해당한다. '물들었다'는 '물 + 들- + -었- + -다'의 구성으로 4개의 형태소가 결합한 1개의 단어이다.

13 [정답] ③

해설 '병따개'는 '따다 + -개'로 '따개'가 된 후 '병'과 결합한 것이다. '볶음밥'은 '볶다 + -(으)ㅁ'이 결합한 후 '밥'이 결합한 것이다. '나들이'는 마지막에 접미사 '-이'가 결합한 것이다.

14 [정답] ④

해설 작은 실수로 인해(원인), 얼음으로(재료) / 아저씨는 붓으로(도구), 우리는 그를 대표로(자격) / 그는 큰 소리로(방법, 수단), 물이 포도주로(변화의 결과) / 비 소리에 잠에서 깼다.(원인) / 그는 반장으로 회의에 참석했다.(자격)

[문장]

15 [정답] ③

해설 ㉢은 관형사로서 관형어에 해당한다.

16 **[정답]** ④

해설 ㉣은 형용사 '그렇다'의 어간 '그렇-'에 부사형 어미 '-게'가 붙어 이루어진 부사어이다.

17 **[정답]** ②

해설 ㉠은 관형절을 안은 문장이며, ㉢은 부사절을 안은 문장, 그리고 ㉤은 명사절을 안은 문장이다. ㉡은 주어부가 단어와 단어가 이어진 홑문장이다. ㉣은 주어와 목적어, 그리고 서술어로 이루어진 홑문장이다.

18 **[정답]** ①

해설 ①의 "철수가 여행 가기"는 명사절로 모문에 안겨 있다. 이때, '여행'은 '여행을 간다'의 목적어 역할을 담당하고 있다.

19 **[정답]** ③

해설 ㉢의 '다른'은 품사가 관형사이다. 따라서 ㉠의 예문에 해당하는 것이다.

20 **[정답]** ②

해설 ㉢은 ㉠과 ㉡의 두 문장이 결합한 겹문장이다. 이 과정에서 ㉠이 ㉡에 관형절로 안겨 있는 구조이다. 그리고 ㉠의 주어가 생략되어 버렸다. "향기가 좋은 꽃이 방안에 가득하다." 역시 "꽃이 향기가 좋다"+ "꽃이 방안에 가득하다."→ "향기가 좋은 꽃이 방안에 가득하다."로 구성되어 ㉢과 동일한 모습을 띠고 있다. ④의 예시문은 관형절로 안기면서 홑문장의 부사어가 생략된 구조이다.

21 **[정답]** ④

해설 ㉠은 용언을 수식하는 부사어(부속 성분), ㉡은 체언을 수식하는 관형어(부속 성분)이다. 부사어는 한 자리 서술어에서는 부속 성분이지만, 두 자리 서술어에서는 필수적 성분으로 쓰일 수 있다. 그러나 관형어는 서술어의 자릿수에 관계없이 항상 부속 성분으로만 기능한다.

[문법 요소]

22 **[정답]** ②

해설 이 문장은 선어말 어미 '-시-'를 사용해 주체를 높였고, '-다'를 썼으므로 상대를 높이지 않았다. '할머니께'와 '드리다'를 썼으므로 객체를 높이고 있다.

23 **[정답]** ①

해설 ①은 주체 높임의 간접 높임이다. ②는 상대 높임, ③은 주체 또는 상대 높임, ④는 비문이다.

24 **[정답]** ④

해설 ④의 ㉠은 현재 소설을 읽고 있는 것으로 볼 수 있다. ㉡은 말에 올라타는 것인지, 말에 탄 상태인지 명확하지 않다.

[맞춤법, 올바른 문장, 국어사]

25 **[정답]** ①

해설 사이시옷의 발음을 설명할 수 있는 단어는 '만둣국, 아랫니, 뒷일, 북엇국, 뒷윷, 고갯짓, 깻잎, 뱃머리'이다. '예삿말, 머릿말, 전셋방'은 원래 사이시옷이 들어가는 단어가 아니다. 이들은 '예사말, 머리말, 전세방'으로 사이시옷의 발음을 설명할 수 없는 단어들이다.

26 **[정답]** ①

해설 'ᄆᆞᅀᆞᆯᄒᆞᆯ'은 '마을'을 뜻하는 ㅎ 종성 체언 'ᄆᆞᅀᆞᆶ'이 목적격 조사와 결합한 것이기 때문에 목적격 조사는 'ᄋᆞᆯ'이 맞다. 따라서 정답은 ①이다. '오ᄂᆞ닌'에서 '닌'의 초성 'ㄴ'은 이어 적기에 따라 표기된 것이다. 한편, '가온딧'의 'ㅅ'은 중세 국어의 관형격 조사 중 하나로서 현대 국어에서는 더 이상 쓰이지 않는다.

27 **[정답]** ①

해설 '와'는 현재에도 쓰이는 접속조사이다.

28 **[정답]** ③

해설 ㉠'ᄀᆞᆯᄋᆞ샤ᄃᆡ'에서는 '-시-'가 '샤'의 형태로 표현되어 현대 국어와 차이가 있고, ㉡'ᄋᆡ'는 현대 국어의 '의'가 달리 표현된 것이다. ㉣'ᄢᅥ'는 'ㅂ'계 합용병서에 해당한다. 반면, '일홈'은 'ㅎ' 종성 체언과 상관이 없다.

29 **[정답]** ②

해설 〈보기〉에 제시된 '돌'의 형태로 보아, 중세 국어의 'ㅎ'으로 끝나는 체언이 단독으로 쓰일 경우 'ㅎ'을 표기하지 않았다.

기출과 EBS를 재해석한 **기출예상문제**

01 **[정답]** ④

해설 ④는 형태소의 끝소리 'ㄷ, ㅌ'이 'ㅣ' 앞에서 'ㅈ, ㅊ'으로 바뀌는 현상인 구개음화에 대한 설명이다. ㄴ에서는 '빛'의 끝소리 'ㅊ'이 모음으로 시작하는 조사를 만나 뒷음절의 첫소리로 나는 연음 현상이 나타날 뿐, 구개음화 현상은 나타나지 않는다. ①은 자음동화 중 비음화에 대한 설명으로, ㄷ에서 파열음 'ㅂ'이 비음 'ㅁ'을 만나 'ㅁ'으로 동화된다. ②는 자음 축약에 대한 설명으로, ㄱ에서 'ㅎ'과 'ㄱ' 두 음운이 만나 'ㅋ'한 음운으로 줄어들고 있다. ③은 된소리되기에 대한 설명으로 ㄴ에서 'ㄷ'과 'ㅂ'이 만나 'ㅃ' 소리가 된다.

02 **[정답]** ②

해설 파열음은 비음 앞에서 비음으로 동화된다. (ㄱ)에서는 음절의 끝소리 규칙과 비음화가 적용되었고, (ㄴ)에서는 비음화와 자음군 단순화(겹받침 중 하나가 탈락하는 현상)가 적용되었다. 따라서 (ㄱ)과 (ㄴ)에 공통된 음운 현상은 비음화이다.

[오답 피하기] ① 'ㄹ'에 인접한 'ㄴ'은 'ㄹ'로 발음된다. 유음화에 대한 설명이다.

③ 형태소의 끝소리인 'ㄷ, ㅌ'이 'ㅣ' 앞에서 'ㅈ, ㅊ'으로 바뀐다. 구개음화에 대한 설명이다.

④ 자음으로 끝나는 말과 'ㅣ'나 'y'로 시작하는 말 사이에 'ㄴ'이 첨가된다. '솜이불[솜니불]' 등에서 보이는 'ㄴ'첨가에 대한 설명이다.

03 [정답] ③

해설 '못이'는 받침이 모음으로 시작되는 형식 형태소와 만나면서 연음되어 [모시]로 발음되므로, 〈보기〉의 '음절의 끝소리 규칙'을 적용하여 발음해야 할 사례에 해당하지 않는다. 〈보기〉의 '음절의 끝소리 규칙'에 의하면, ①의 '꽃'은 [꼳]으로 발음되며, ②의 '덮다'는 [덥따]로 발음된다. 또 ④의 '부엌'은 [부억]으로 발음된다.

04 [정답] ④

해설 '밤낮'의 결합은 연결 어미를 필요로 하지 않는다. 명사와 명사의 결합은 국어의 일반적인 단어 배열법과 일치한다. 따라서 통사적 합성법에 따른 합성어라고 할 수 있다.

05 [정답] ③

해설 ③의 '자기'는 앞서 나온 3인칭 주어 '철수'를 다시 반복하여 지칭한 재귀 대명사이다.

[오답 피하기] ① 재귀 대명사이다.

② 1인칭 대명사이다.

④ 미지칭 대명사이다.

06 [정답] ④

해설 ㄴ에서 '걸-'은 의존 형태소이면서 실질 형태소이다.

07 [정답] ④

해설 ㄹ에서 밑줄 친 부분은 '영화관에 가다'에 명사형 어미 '-기'가 붙어서 만들어진 명사절이다. 그 뒤에 부사격 조사인 '에'가 붙어 있으므로, 목적어가 아니라 부사어의 기능을 하고 있다. 예를 들어, '우리는 그가 솔직했음을 알았다.'에서 '그가 솔직했음'은 명사절로, 목적어의 기능을 하고 있다.

08 [정답] ④

해설 ㄷ은 '독립어, 주어, 부사어, 서술어'로 구성된 문장으로 주성분에 해당하는 문장 성분을 2개(주어, 서술어) 갖고 있다. ㄹ은 '주어, 관형어, 목적어, 서술어'로 구성된 문장으로 주성분에 해당하는 문장 성분을 3개(주어, 목적어, 서술어) 갖고 있다.

[오답 피하기] ① ㄱ은 '주어, 서술어', ㄴ은 '주어, 보어, 서술어'의 주성분만으로 이루어진 문장이다.

② ㄷ은 '아야'라는 독립어(감탄사)를 포함하고 있는 문장이다.

③ ㄹ은 '자동차를', ㅁ은 '밥을'이라는 목적어를 주성분으로 포함하고 있는 문장이다.

09 [정답] ②

해설 문장 성분 간의 호응이 적절하지 않은 문장이나 중의적인 표현을 적절하게 고쳐 쓸 수 있는지를 묻는 문제이다. ㉠ '~점은'과 호응되도록 '~다는 것이다'로 서술어를 바르게 고쳤다. ㉣ 선생님이 학생을 보고 싶은 경우라고 했으니까 주격 조사를 '-은'으로 바르게 고쳤다. ㉡의 '바야흐로'라는 부사어와 서술어가 호응되기 위해서는 '그녀는 바야흐로 노래를 부르려 한다.'로 고쳐야 한다. ㉢에서 중의성을 해소하기 위해서는 쉼표를 쓰거나 어순을 바꾸면 되는데 '나는 철수와, 영희를 만났다.'는 '내가 철수와 함께 영희를 만났다.'라는 뜻이 된다. 그러니까 '나는, 철수와 영희를 만났다'로 고쳐야 적절한 표현이다.

10 [정답] ③

해설 객체인 '선생님께'를 높이기 위해 '주면' 대신에 '드리면'으로 써야 한다. '드리시면'은 객체인 '선생님'을 높임과 동시에 생략된 주어인 '나'를 높이는 표현이 되기 때문에 적절하지 않다.

[오답 피하기] ① 화자가 청자보다 손윗 사람일지라도, 공적인 말하기 또는 다수의 사람들을 상대로 하는 말하기인 경우에는 청자를 높이는 표현이 적절하다.

② '그렇-+-시-+-었-+-어+요'에 주체 높임 선어말 어미 '-시'가 포함되어 있지만, 이 상황에서는 높임의 의미가 담겨 있다기보다는 비꼼의 의미가 담겨 있다.

④ 선생님께서 과제를 갖고 오지 않은 학생 개인에게 이야기하는 것이므로, 가장 낮은 등급의 상대 높임 표현이 사용되고 있다.

11 [정답] ④

해설 높임법은 문장의 발화 상황에 등장하는 인물의 나이나 사회적 지위 등에 의해 상황에 따라 상대적으로 결정된다고 했다. ㄱ에서는 화자가 '가셨다'라는 행위의 주체인 '할머니'를 높여서 발화하였고, ㄴ에서는 철수가 '드렸다'는 행위의 대상인 '아버지'를 높여서 표현하였다. ㄷ은 방금 집으로 오신 '삼촌'을 높이고, 청자에게 삼촌이 '오셨어요'라고 높여서 말함으로써 행위의 주체와 청자를 동시에 높여서 발화한 문장이다. 따라서 ㄱ은 행위의 주체, ㄴ은 행위의 대상, ㄷ은 행위의 주체와 청자를 높였다는 ④가 정답이다.

12 [정답] ③

해설 〈보기 1〉은 우리말의 높임법에 대한 설명이고 〈보기 2〉는 높임법의 적용 사례이다. 〈보기 2〉에서는 학생인 창렬과 선생님의 대화가 이루어지고 있으므로, 발화에서의 행위의 주체에 대한 '주체 높임법'이 잘 이루어지고 있는지, 두 대화 상대자 사이에 '상대 높임법'이 잘 이루어지고 있는지, 대화에서 나타나는 대상에 대한 '객체 높임법'이 올바른지를 파악하면 된다. ㉢에서 선생님은 학생에게 '제주도 방언을 잘 아시는 분이 자네 동네에 사신다고 하던데'라며 주체 높임법을 쓰고 있다. 즉 '제주도 방언을 잘 아시는 분'은 문장의 주체이기 때문에 '사신다고'에서 '-시-'를 사용했고, 청자인 창렬이 선생님보다 아랫사람이므로 '자네'라는 표현을 사용했다. 따라서 ㉢에서는 문장의 주체와 청자 등에 맞게 높임 표현을 사용한 것이다.

① ㉠에서는 '~래'의 주체인 선생님이 청자인 창렬보다 높은 지위이므로 '~교무실로 오라셔.'라고 해야 올바른 높임이 된다. ② ㉡에서 '찾았다고'의 주체는 선생님이므로 '저를 찾으셨다고'라고 해야 한다. ④ ㉣에서는 창렬이 자신을 높일 필요가 없기 때문에 '제가 아시는'이 아니라 '제가 아는'이라고 해야 올바른 높임이 된다.

13 [정답] ④

해설 ㄹ의 '나는 장차 네가 가는 곳으로 따라가겠다.'는 '장차'라는 부사와 '-겠-'을 통해 미래의 일을 나타내는 미래 시제 표현이면서, 동시에 '나'가 '네'가 있는 곳에 따라가려는 '의지'를 나타내는 표현이다. '추측'과는 관련이 없다. ①은 부사 '내일'과 미래 시제 선어말 어미 '-겠-'을 통해 미래를 나타냈고, 그 일을 할 것에 대한 화자의 의지를 나타냈다. ②는 '-(으)ㄹ 것'을 써서 윤미가 다음 주에 올 것이라는 미래에 대한 추측을 나타냈다. ③은 '-겠-'을 써서 학교에 늦을지도 모른다는 약한 추측을 나타냈다.

14 [정답] ④

해설 부사절을 안은 문장은 ④이다. ④는 주어(그는)와 서술어(자상하다)를 갖춘 문장 안에 부사절(얼굴이 험상궂은 것과는 다르게)을 안고 있다. ①은 주어와 서술어의 관계가 한 번만 맺어져 있는 홑문장이다. ②는 대조를 이루는 두 문장이 대등하게 이어진 문장이다. ③은 관형절을 안은 문장이다.

15 [정답] ①

해설 '우정은 보석과 같다.'에서 서술어 '같다'는 '우정은'이라는 주어 외에 '보석과'라는 부사어를 필요로 한다. 따라서 '같다'는 주어와 부사어를 모두 필요로 한다는 점에서 두 자리 서술어에 해당한다.

[오답 피하기] ② '되다'는 주어(물이)와 보어(얼음이)를 필요로 하는 두 자리 서술어이다.

③ '쏟아지다'는 주어(소낙비가)만을 필요로 하는 한 자리 서술어이다.

④ '넣다'는 주어(아이가), 목적어(편지를), 부사어(우체통에)를 필요로 하는 세 자리 서술어이다.

4 독서

출제경향이 보이는 가천대 **기출문제**

01 [정답] ④

해설 본문에 따르면 극중극은 틀 극의 상황을 다양하게 전개하는 도구가 된다.

02 [정답] ③

해설 〈보기〉의 설명에 따르면, 「햄릿」은 완전 삽입 구조 방식으로 다른 극을 포함한다. 따라서 햄릿은 틀 극의 배우일 뿐, 극중극의 배우는 아니다.

03 [정답] ③

해설 심신 이원론은 물리적 세계의 인과적 폐쇄성 원칙에 따라 인과 관계를 부정하지만, 상호 작용론은 인과 관계를 인정한다고 볼 수 있다.

04 [정답] ①

해설 양면 이론은 인간의 연장성과 사유성을 인정하지만, 동일론은 사유성을 인정하지 않기 때문에 ①은 적절하지 않다.

05 [정답] ②

해설 용해 펌프는 표층수의 탄소가 대기로 방출되는 과정을 포함하기 때문에, 표층수의 탄소 농도 변화와 관련된다. 생물 펌프는 생물들을 통해 표층수의 탄소가 심층수로 이동하는 과정을 포함하며, 역학 펌프 역시 해수의 흐름을 따라 표층에서 심층으로서의 탄소 이동을 포함한다. 따라서 a와 c가 적절한 설명이다.

06 [정답] ④

해설 〈보기〉에서 탄소의 이동은 심층수에서 표층수로의 이동이며, 이를 통해 추론할 수 있는 것은 그 다음 표층수에서 대기로의 방출이다. ④는 이것과 반대로 대기에서 해수로의 유입을 추론했으므로 잘못된 추론이다.

기출과 EBS를 재해석한 **기출예상문제**

01 [정답] ④

해설 (다)~(바) 단락에서 여압 장치의 작동 과정을 자세히 설명하고 있다.

02 [정답] ④

해설 (라) 단락에서 객실 내 공기가 누설되지 않도록 다양한 장치를 사용한다고는 했지만, 그 종류에 대해서는 언급하지 않았다.

[오답 피하기] ① (가) 단락

② (다) 단락

③ (마) 단락

03 [정답] ③

해설 ⓒ '누설되다'는 '기체나 액체 따위가 밖으로 새어 나가다.'의 의미로 사용되었다. ③ '누설되다'는 '비밀이 새어 나가다.'의 의미이다.

[오답 피하기] ① 생각하고 헤아려 보다.

② 동력을 가하여 움직이게 하다.

③ 정도가 알맞고 바르다.

04 [정답] ②

해설 (바) 단락을 보면 감압 밸브를 통해 빠져나가는 객실 내 공기의 양이 조절된다.

[오답 피하기] ① (다) 단락

③ (마) 단락에 따르면 적정한 객실 상승률을 유지해 승객이 불편을 느끼지 않도록 해야 하는데, (바) 단락에 보면 객실 압력 제어기는 객실 상승률을 설정할 수 있다.

④ (라) 단락에 따르면 민간 항공기는 객실 고도가 8,000ft 이상이 되는 것을 금지하므로, (바) 단락 내용에 따라 객실 압력 제어기를 통해 객실 고도를 8,000ft 이하로 설정할 것이다.

05 [정답] ①

해설 (가) 단락. 동작 감지기 = 열선 감지기. 실내 천장에 설치하여 온도 변화가 생기면 이를 감지하고 알람 신호를 내보낸다.

[오답 피하기] ② (가) 단락. 물체가 복사하는 적외선은 물체의 온도에 비례한다고 하였으므로, 물체의 온도가 높을수록 적외선이 많이 방출된다. 따라서 침입자가 발생하면 감지 구역의 온도가 높아져 적외선이 많이 방출될 것이다.

③ (나) 단락. 구역 내 침입자가 움직이지 않고 가만히 있다면 더 이상의 온도 변화가 없어서 열선 감지기의 신호는 변화가 없게 된다.

④ (가) 단락에서 물체의 온도에 비례하여 적외선의 양이 다르다고 했다. 즉 물체가 가진 온도에 따라 방출되는 적외선의 양은 다르다.

06 [정답] ④

해설 (라) 단락을 보면 외부 회로에 연결하면 과잉 전하의 차이만큼 전류가 흐르는 것은 맞지만, 초전 소자에 입사된 적외선의 강도가 충분히 크지 않으므로 흐르는 전류의 양이 소량이다.

[오답 피하기] ① (가) 단락. 물체가 복사하는 적외선은 물체의 온도에 비례한다. (나) 단락. 집광 렌즈는 적외선을 모으는 기능을 한다.

② (다) 단락을 보면 집광 렌즈에 의해 모아진 적외선은 초전 소자의 표면에 입사되고, (라) 단락을 보면 입사된 적외선의 열에 의해 초전 소자의 온도가 상승한다.

③ (라) 단락을 보면 초전 소자의 온도 상승으로 내부 전하의 배열이 흐트러지고 이로 인해 자발 분극이 감소하면서 과잉 전하가 나타나는 초전 현상이 나타난다.

07 [정답] ①

해설 ⓐ, ⓑ는 열선 감지기의 오감지 사례가 맞지만, ⓒ는 열선 감지기의 영향이 미치지 않는 곳에서 침입자가 발생한 경우, ⓓ는 열선 감지기의 특성을 이용한 경우라고 볼 수 있다.

08 [정답] ②

해설 'ⓑ 배치하다'는 '일정한 차례나 간격에 따라 벌여 놓다.'의 의미로 사용되었다.

09 [정답] ③

해설 기계식 레이더의 단점은 (가) 단락과 (라) 단락에 제시되어 있지만, 그것의 보완점은 제시하고 있지 않다.

10 [정답] ②

해설 (가) 단락에서 기수 부분에 있는 접시나 평판 모양의 안테나가 기계식 장치에 의해 회전하면서 전자파를 주사하고 수신하는 구조로 되어있다고 했으므로 맞는 설명이다.

[오답 피하기] ① (가) 단락을 보면 현재 비행기에서 사용되고 있는 대부분의 레이더들은 기계식 레이더라고 했다.

③ (바) 단락을 보면 AESA 레이더의 TRM이 발열이 심하고 고가라서 소재에 대한 연구가 진행 중이라고 하였으므로, 틀린 설명이다.

④ (다) 단락을 보면 기계식 레이더는 TRM이 없어 공랭식 냉각장치를 사용한다고 했다. 액체 형태의 유체를 순환시켜 열을 처리하는 것은 AESA 레이더이다.

11 [정답] ④

해설 (마) 단락을 보면 AESA 레이더는 목표물이 먼 거리에 있는 경우, 비록 다른 대상에 대한 탐지 능력이 떨어지지만 TRM에서 주사되는 전자파를 특정 방향으로 집중시키면 원거리 탐지도 가능하다고 하였으므로, 틀린 설명이다.

[오답 피하기] ① (가) 단락

② (나) 단락을 보면 AESA 레이더와 기계식 레이더는 같이 기수 부분에 있는 평판을 통해 전자파를 발신하고 수신한다고 하였으므로, 맞는 설명이다.

③ (나) 단락을 보면 TRM은 반사된 전자파를 수신한 후 기계식 레이더에 비해 훨씬 간단한 경로로 RF 처리 장치에 전달해 정확한 정보를 빠르게 얻을 수 있도록 한다고 하였다.

12 [정답] ①

해설 본문에 쓰인 '습득'은 '학문이나 기술 따위를 배워서 자기 것으로 함'의 의미로 쓰였다. ①은 '주워서 얻음'의 의미로 쓰였다.

[오답 피하기] ② 의복, 기구, 장비 따위에 장치를 부착함.

③ 필요하거나 요구됨.

④ 드러나지 않은 사실이나 물건 따위를 더듬어 찾아 알아냄.

13 [정답] ④

해설 이 글은 질료보다 형상에 주목했던 서구 회화의 특징을 소개하고 이에 반대되는 특성을 드러내며 등장한 앵포르멜 미술에 대해 설명하고 있다. 그리고 대표적 작가인 뒤뷔페를 통해 앵포르멜 미술의 특징을 자세히 설명하고 있다.

[오답 피하기] ① 앵포르멜 미술이 '타시슴'이라고 불린다는 점과 대표적 작가인 뒤뷔페가 '오트 파트'라는 기법을 활용했다는 점이 드러나고 있지만, 이것이 앵포르멜 미술의 유형을 구분하고 있다고 보기는 어려우며, 각 유형의 변모 과정을 설명하고 있지도 않다.

② 앵포르멜 미술이 다른 여러 나라의 미술에 영향을 끼쳤다는 점이 언급되었지만, 이것이 현대 사회에 끼친 영향력을 설명하는 것이라고 보기는 어렵다. 또한 현대 사회에서 찾아볼 수 있는 앵포르멜 미술 작품에 대해 설명하고 있지도 않다.

③ 앵포르멜 미술을 바라보는 두 가지 대립적 관점에 대한 설명은 나타나지 않는다.

14 [정답] ③

해설 ㉠은 정형화된 양식을 통해 조화와 균형을 보여 줬다.

15 [정답] ②

해설 ㄱ. 2차 세계 대전 이전인 20세기 초반의 서구의 사유에는 형상이 질료보다 중시되었다. 2차 세계 대전 이후 앵포르멜이 대두되었다.

ㄴ. 앵포르멜은 형상을 받아들이는 바탕으로서의 질료가 아니라 그 자체로서 존재하는 질료에 주목하였다. 또한 질료를 수동적인 바탕으로 보지 않았나.

ㄷ. 앵포르멜은 정형화된 양식에 반발하면서 대두된 미술이다.

16 [정답] ④

해설 '이렇게 미술에 대한 완전히 새로운 방식을 제시한 앵포르멜 미술은 ~'을 통해 앵포르멜은 미술에 대한 완전히 새로운 방식을 제시했음을 확인할 수 있다.

[오답 피하기] ① 몬드리안이 차가운 색감을 사용했다는 것은 알 수 없다.

② 이 글에서 2차 세계 대전 이후의 몬드리안의 표현에 대해서는 알 수 없다.

③ 앵포르멜이 정형화된 양식에 반발하면서 대두된 것이지만 몬드리안 때문에 대두된 것은 아니다.

17 [정답] ④

해설 (다) 단락을 보면 예술에서는 상상력과 인식 능력의 조화로운 역할이 중요하게 요구된다고 나와 있다.

[오답 피하기] ① (가) 단락에 나온 내용이다.

② (나) 단락에 나온 내용이다.

③ (나) 단락에 나온 내용이다.

18 **[정답]** ①

해설 (가) 단락에 나온 내용이다.

[오답 피하기] ② (라) 단락을 보면 '예술 작품이 감상자들에게 감동을 주는 것은 바로 예술 형식의 구조, 균형, 질서이다.'라고 나와 있다.

③ (라) 단락을 보면 '일반인은 일상적 사물들을 수천 번 접해도 그 내적 의미를 느끼지 못한다.'라고 나와 있다.

④ (가) 단락을 보면 상징적 형식이란 보편적 형식을 토대로 인간이 의미 세계를 형성하고 세계를 바라보는 틀을 갖추게 되는 것이라는 내용이 나와 있다.

19 **[정답]** ①

해설 이 글은 독일의 철학자 카시러의 이론을 바탕으로 상징 형식으로서의 예술의 특징에 대해 설명하고 있다.

[오답 피하기] ② 변모 과정은 나타나 있지 않다.

③ 상징적 기능의 작용의 예는 나타나 있지 않다.

④ 상징 형식의 종류는 나타나 있지만, 각 종류의 차이점은 나타나 있지 않다.

20 **[정답]** ①

해설 〈보기〉에서 '고정된 기법'은 예술가가 고유한 형식을 갖게 된 것이다. 윗글에서 예술가의 직관과 상상력이 작품의 형식으로 나타난다고 했으니, 고정된 기법(예술가의 고유한 형식)은 예술가의 직관과 상상력에 의해 나타날 것이다.

[오답 피하기] ② 예술에서 비유의 단계는 나타나지 않는다.

③ 예술이 주관성을 배제하는 것을 추구한다는 것은 적절하지 않다.

④ 윗글에서 예술가는 내적 의미에 대해 느껴야 한다고 나와 있다.

21 **[정답]** ③

해설 (가) 단락에서 '상식적 실재론'에 대해 설명하고, (나) 단락에서 '표상적 실재론'에 대해 설명하고 있다. 필자는 두 가지 이론 중 '표상적 실재론'을 집중적으로 설명하고 있다.

[오답 피하기] ① 예시를 통해 '표상적 실재론'을 설명하고는 있지만, 여러 가지 이론을 설명하고 있지는 않다.

② '상식적 실재론'과 '표상적 실재론'에 대한 절충안은 이 글에 드러나지 않는다.

④ 이 글에서 귀납법은 쓰이지 않았다.

22 **[정답]** ③

해설 (라) 단락에서 동물은 추상의 능력을 지니지 못한다고 하였다. 따라서 단순 관념을 비교, 추상하여 복합 관념을 만들어 낸다는 설명은 옳지 않다.

[오답 피하기] ① (라) 단락에서 '단순 관념'이 감각적 경험을 통해 갖게 되는 관념이라 하였다.

② (라) 단락에서 대상의 제1성질과 제2성질에 의해 감각으로 지각된다고 하였다. 이때 얻어진 감각이 인간에게 가장 먼저 제공하는 것은 '단순 관념'이라고 하였으므로, 제1성질과 제2성질을 통해 얻어지는 관념이 '단순 관념'이라는 것을 알 수 있다.

④ (라) 단락에서 '사과'를 예로 들어 형태, 색, 맛 등이 단순 관념에 해당한다고 설명하고 있다.

23 **[정답]** ④

해설 ㉠은 오감을 통해 대상 자체가 지닌 고유한 특성을 지각한다고 생각했다. 또한 ㉡은 '제1성질'이 대상 자체가 갖고 있는 특성이라고 설명하면서, 인간이 대상을 지각할 때 제1성질과 제2성질이 관여한다고 언급하였다. 따라서 두 관점 모두 대상이 지닌 고유한 물리적 특성을 인정한다고 볼 수 있다.

[오답 피하기] ① 관념을 통해 대상을 간접적으로 지각할 수 있다는 견해를 가진 것은 ㉡이다.

② ㉠은 감각 기관을 통해 세계를 있는 그대로 지각할 수 있다고 주장했다.

③ ㉡은 대상의 측정 가능한 객관적 성질인 '제1성질'과 측정 불가능한 주관적 성질인 '제2성질'에 의해 감각으로 지각된다고 보았다. 측정 가능한 객관적 성질을 선별하였다는 설명은 적절하지 않다.

24 **[정답]** ①

해설 ⓐ에 쓰인 '보다'는 '대상을 평가하다.'라는 사전적 의미를 지닌다. 이와 문맥상 의미가 동일한 것은 ①이다.

[오답 피하기] ② 앞말이 뜻하는 행동이나 상태를 추측하거나 어렴풋이 인식하고 있음을 나타내는 말.

③ 사람을 만나다.

④ 어떤 일을 경험함을 나타내는 말.

25 **[정답]** ③

해설 열등감에 대한 보상은 아들러의 주장이다.

26 **[정답]** ②

[오답 피하기] ① 갓 태어난 아기는 아직 열등감이 나타나지 않는다.

③ 열등감은 병적인 상태가 아니다.

④ 인간은 누구나 열등감이 있다.

27 **[정답]** ②

[오답 피하기] ㄱ. 프로이트는 열등감에 대해 병적인 것이라고 하지 않았다.

ㄴ. 열등감 극복이 과다 보상의 결과인 것은 아니다.

28 **[정답]** ④

해설 사회·문화적 요인을 근거로 삼는 것은 아들러이다.

29 **[정답]** ③

해설 상대주의자들끼리 절대적 진리관에 대한 논쟁이 있다고 설명하진 않는다.

[오답 피하기] ① (나) 단락

② (마) 단락

④ (가) 단락

30 **[정답]** ②

해설 프로타고라스만 상대주의자이다.

[오답 피하기] ① 따분한 상대주의와 흥미로운 상대주의가 구분되어야 한다고 주장한다.

④ 상대주의의 종류 중 도덕 상대주의에 초점을 맞추고 있다.

31 **[정답]** ④

해설 자신들과 반대되는 사람들을 문화 제국주의자이자 인종차별주의자라 생각한다.

32 **[정답]** ④

해설 각 문화에 살고 있는 부족원들이 도덕 상대주의자가 아니라면 서로의 문화의 도덕성에 대해 판단을 내릴 수 있다. 도덕 상대주의자가 판단을 내릴 수 없는 것이다.

33 **[정답]** ①

해설 표제는 글 전체의 핵심 내용을 담고 있어야 하며 부제는 그 보충설명이어야 한다. 이 글의 주제는 '법이 적용되는 과정'이고 그것을 삼단 논법이 적용되기 어려운 경우에 사실관계의 입증 여부에 따라 나누어 설명하고 있다. 그러므로 표제와 부제에 가장 적절한 것은 ①이다.

[오답 피하기] ② 표제에 법에 대한 내용이 담겨 있지 않다.

③ 4문단에만 속하는 내용이다.

④ 3문단에만 해당하는 내용이다.

34 **[정답]** ④

해설 4문단의 내용을 보면 의제는 어떤 사항이 다른 사항과 본질은 같지 않지만 법률에서 두 사항을 동일한 것으로 처리하여 동일한 효과를 주는 일로, 법이 공익상의 필요 등 때문에 사실 관계의 존재나 부존재를 법 정책적으로 확정하는 것임을 알 수 있다. 따라서 의제가 법규에 의해 일정한 사실 관계의 존재 또는 부존재를 확정한다는 것은 맞는 설명이다.

[오답 피하기] ① 4문단을 보면 추정은 사실이 명확하지 않은 경우에도 일단 진실로 가정하여 법적 효과를 발생시킨다고 하였으므로 틀린 설명이다.

② '의제'는 본질이 다른 것을 법률상 동일한 것으로 처리하여 동일한 효과를 발생시키는 것이다.

③ 추정은 의제와 달리 반대 사실 관계가 입증된다면 번복될 수 있다.

35 **[정답]** ③

해설 '조사'의 뜻은 '사물의 내용을 명확히 알기 위하여 자세히 살펴보거나 찾아봄.'이다.

[오답 피하기] ① '확정'은 '일을 확실하게 정함.'을 뜻하는 말이다. '체계나 견해, 조직 따위가 굳게 섬. 또는 그렇게 함.'은 '확립'이다.

② '적용'은 '알맞게 이용하거나 맞추어 씀.'을 뜻하는 말이다. '어떠한 것을 받아들임.'은 '수용'이다.

④ '입증'의 사전적 의미는 '어떤 증거 따위를 내세워 증명함.'이다. '어떤 사실이나 주장이 옳지 아니함을 그에 반대되는 근거를 들어 증명함.'이라는 사전적 의미를 가진 단어는 '반증'이다.

36 **[정답]** ①

해설 이 글은 법이 삼단 논법에 따라 적용되는 과정을 살펴본 후, 삼단 논법을 간단히 적용할 수 없는 경우의 방법을 원고가 제시한 증거를 피고가 인정하느냐 아니냐에 따라 나누어 설명하고 있다.

[오답 피하기] ② 다른 학자의 이론적 틀이 나오지 않았다.

③ 통설의 내용을 분석하지 않았고, 새로운 해석 방향도 제시되지 않았다.

④ 학자들의 의견을 비교한 것은 확인할 수 없다.

37 **[정답]** ④

시간의 흐름에 따라 상표권이 생기고 그 특징에 대해 살펴본 것은 맞으나, 상표를 문제로 보고 이를 해결하기 위한 대책 마련의 촉구는 글에서 확인할 수 없다.

[오답 피하기] ① 상표의 탄생과 변화하는 흐름을 산업화의 진전이라는 역사적 사건을 기준으로 하여 설명하고 있다.

② 3~5문단에서 대량 생산이 가능한 기업의 등장이라는 원인에 따라, 운송 효율 개선이라는 원인에 따라, 각 거래에서 발생하는 이윤이 전보다 적다는 원인에 따라, 포장된 제품과 통조림이 보급되었다는 원인에 따라 등 원인과 결과의 관계를 반복적으로 제시하여 상표의 중요성이 증대되는 과정을 보여 주고 있다.

③ 유명한 문학 작품인 「로미오와 줄리엣」의 구절을 글의 첫머리에 인용함으로써 '이름과 본질'이라는 핵심 화제를 제시하고 독자의 흥미를 유발하고 있다.

④ 마지막 문단의 '오래된 친구처럼'에서 직유법을 통해 상표의 유용성을, '그러면 기업의 자산으로서는 쓸모가 없어질 것이다. 이름이 도대체 무엇이냐고? 이름은 손도, 발도, 얼굴도 아니다. 그러나 기업에 이윤을 가져다주는 것이라는 점은 분명하다.'에서 문답법으로 상표가 기업에 주는 이윤을 부각하고 있다.

38 **[정답]** ③

해설 판매자의 평판을 믿을 수밖에 없게 된 것이 아니라, 상표나 기업의 이름을 믿을 수밖에 없게 된 것이다. 판매자의 평판을 믿는 것은 산업화 이전의 거래이다.

[오답 피하기] ① 5문단에서 확인할 수 있다.

② 5문단에서 확인할 수 있다.

④ 2문단에서 확인할 수 있다.

39 **[정답]** ②

해설 5문단을 보면, 기업들은 상표의 가치를 중요시하게 되었다. 그렇다면 기업들이 상표의 가치를 높이기 위해 구체적인 상품이 아니라 상표 자체를 중심으로 하는 광고를 만들기도 한다고 볼 수 있다.

[오답 피하기] ① 5문단을 보면, 상표에 대한 구매자들의 충성도가 높아지면 제품 가격에 프리미엄이 붙었다고 제시되어 있다. 따라서 이 글에서 상표에 대한 구매자들의 충성도가 높아져도 제품 가격에 프리미엄을 붙이면 판매가 급격히 떨어진다고 보기는 어렵다.

③ 5문단을 보면, 전문성을 전혀 갖고 있지 않은 기업도 유명상표를 사들이기만 하면 쉽게 한 분야에 진입할 수 있다고 하였다. 이로 보아 유명한 상표가 없는 기업들은 제품의 질이 좋아도 처음에는 상품을 판매하는 데에 어려움이 있을 것이다.

④ 5문단을 보면, 기업들이 상표의 가치를 높이기 위해 구체적인 상품이 아니라 상표 자체를 중심으로 하는 광고를 만들기도 한다는 것을 알 수 있다. 기업들이 제품의 품질을 최우선으로 유지하기 위해 신경 쓰는지는 알 수 없다.

40 **[정답]** ④

해설 Ⓐ는 인격적 거래 관계로 소비자와 상품의 실제 생산자 간의 믿음을 바탕으로 하는 것이고, Ⓑ는 비인격적 거래 관계로 소비자와 생산자는 서로 알지도 못하는 관계이다. 소비자는 기업이나 상표를 믿고 거래를 하는 것이므로 Ⓑ는 실제로 생산하는 사람을 믿는 것은 아니다.

[오답 피하기] ①, ② Ⓐ는 인격적 거래 관계로 생산자와 소비자 사이의 거래가 판매자 개인에 대한 신뢰 등 인격적인 것으로 이루어지고, Ⓑ는 비인격적 거래 관계이므로 그렇지 않다.

③ Ⓐ는 실제로 생산자가 소비자에게 물건을 직접 판매하므로 상품을 생산한 사람에 대한 정보가 드러나는 반면에, Ⓑ는 생산자(노동자)가 아닌 기업이 소비자에게 물건을 판매하므로 그 정보가 드러나지 않는다.

41 [정답] ②

해설 '특정한 지리적 영토나 공간에 대한 독점적 태도를 의미하는 영토성을 갖는다'는 것은 절대주의 국가와 국민 국가의 공통점이지 차이점이 아니다.

[오답 피하기] ① 3문단에서 확인할 수 있다.

③ 1문단에서 확인할 수 있다.

④ 3문단에서 확인할 수 있다.

42 [정답] ④

해설 근대 국가의 폐단이 다른 국가와 엄격히 구별되는 배타적 결사체이기 때문에 발생한 것이지만, 이런 폐단을 벗어나기 위해 군주 주권제로 돌아가는 것은 윗글과 〈보기〉에서 확인할 수 없는 내용이다.

[오답 피하기] ① 〈보기〉 첫 번째 줄에서 확인할 수 있다.

② 침략과 식민지화 등의 결과가 나타난 이유는 다른 국가와 엄격히 구분되는 배타적 결사체이자 주권 국가인 근대 국가가 형성되면서 국가 간의 경쟁이 나타나고 자국의 이익을 우선시하는 풍토가 형성되었기 때문이다.

③ 〈보기〉의 내용에서 확인할 수 있다.

43 [정답] ②

해설 ㉠은 '국가가 사유 재산을 절대적으로 보장하든, 자원의 배분을 계획하고 통제하든, 사회적 약자를 보호하기 위해 복지 정책을 펴든, 국가는 어떤 형태로든 사회 혹은 시장에 개입하게 된다고 하였으므로 ②는 틀린 설명이다.

[오답 피하기] ① ㉠자유주의자들과 ㉡마르크스는 모두 국가를 필요악으로 보았으니 맞는 설명이다. 필요악이란 없는 것이 바람직하지만 사회적인 상황에서 어쩔 수 없이 요구되는 악을 가리킨다.

③ 5문단에서 확인할 수 있다.

④ ㉢베버는 ㉡마르크스와 달리 국가를 역사적으로 존재하는 하나의 제도로 파악하고, 이념적인 측면보다 역사적인 측면에서 국가를 분석하고자 하였다.

44 [정답] ②

해설 이 글은 근대 국가가 성립되는 과정을 시간의 흐름에 따라 설명한 후 근대 국가에 대한 세 가지 이론을 비교 대조하여 설명하였다.

[오답 피하기] ① 유추와 예시는 사용되지 않았다.

③ 분석은 사용되지 않았다.

④ 윗글의 서술상의 특징으로 보기 어렵다.

45 [정답] ④

해설 이 글은 형상 기억 합금에 대해 설명하고 있다. 금속 합금과 형상 기억 합금의 구조적 차이를 살펴보고, 이에 따라 형상 기억 합금이 갖는 특수한 성질에 대해 설명하고 있다.

[오답 피하기] ① 이 글에서 형상 기억 효과를 나타내는 다양한 합금을 설명하고 있지 않다.

② 이 글에서 형상 기억 효과의 장점과 단점에 대해 설명하고 있지 않다.

③ 일반 금속과 형상 기억 합금의 성질은 설명하였지만, 일반 금속의 한계를 보완하는 방법은 설명하지 않았다.

46 [정답] ③

해설 (다) 단락에서 합금은 서로 다른 금속을 섞어서 만든 것으로, 원래의 금속이 지닐 수 없는 성질을 갖는다고 진술되어 있다.

[오답 피하기] ① (다) 단락에 '금속은 원자의 가장 바깥쪽에 있는 자유 전자가 어느 한 원자에 속하지 않고 원자들 사이를 자유롭게 이동하면서'라고 설명되어 있다.

② (나) 단락에 가해진 힘을 없애면 본래의 형상으로 되돌아가는 것을 탄성 변형이라고 하고, 본래의 형상으로 돌아가지 않는 것은 소성 변형이라고 설명되어 있으므로, 탄성 변형의 경우 본래의 형상으로 돌아간다.

④ (다) 단락에 합금은 '금속에 성질이 다른 금속이나 원소를 섞어서 만든 것'이라고 설명되어 있으므로, 금속에 다른 원소를 섞은 것은 합금이다.

47 [정답] ④

해설 (라) 단락의 '니티놀은 니켈과 타이타늄을 동일한 비율로 섞어 만든 합금으로, 고온에서는 오스테나이트라는 구조로 되어 있으나 저온에서는 일부의 원자가 조금씩 움직여 전체의 구조가 느슨한 마텐자이트라고 하는 결정 구조로 변한다.'에서 확인할 수 있다.

[오답 피하기] ① (라) 단락에서 니티놀이 고온 상태에서 저온 상태가 되면 일부의 원자가 조금씩 움직여 전체의 구조가 느슨한 마텐자이트라고 하는 결정 구조로 바뀐다고 하였으므로 옳지 않다.

② (나) 단락에서 형상 기억 합금은 탄성 한계보다 큰 힘을 가해 소성 변형되더라도 가열하면 본래의 형상으로 되돌아간다고 하였으므로 옳지 않다.

③ (라) 단락에서 '니티놀은 니켈과 타이타늄을 동일한 비율로 섞어 만든 합금'이라고 하였으므로 1:3이 아닌 1:1의 비율로 혼합하여 만든다.

48 [정답] ④

해설 (라) 단락 끝에서 '이 마텐자이트 구조에 열을 가하면 마텐자이트 구조가 변형되었는지에 상관없이 원래의 오스테나이트 구조가 복구된다.'라고 하였으므로, 변형된 형태인 ⓒ를 가열하면 ⓐ의 결정 구조로 회복된다.

[오답 피하기] ① (라) 단락에서 마텐자이트는 저온 상태에서의 결정 구조라고 하였으므로, ⓑ와 ⓒ는 저온 상태에서의 결정 구조이다.

② (라) 단락 끝에서 '이 마텐자이트 구조에 열을 가하면 마텐자이트 구조가 변형되었는지에 상관없이 원래의 오스테나이트

구조가 복구된다.'라고 하였으므로, ⓑ를 가열하면 ⓐ의 결정 구조로 회복된다.

③ (라) 단락에서 '형상 기억 합금은 온도에 따라 두 개의 결정 구조를 가지고 있다.', '니티놀은 ~ 고온에서는 오스테나이트라는 구조로 되어 있으나 저온에서는 일부의 원자가 조금씩 움직여 전체의 구조가 느슨한 마텐자이트라고 하는 결정 구조로 변한다.'라고 하였으므로, ⓐ와 ⓒ의 결정 구조는 동일하지 않다.

49 [정답] ④

해설 (다) 문단의 내용을 통해 볼 때, II형 폐포 세포는 계면 활성제를 분비하는데, 분비된 계면 활성제가 물 분자 사이에 있는 수소 결합을 방해하여 폐포 내를 둘러싼 액체의 표면 장력을 감소시킴을 알 수 있다.

[오답 피하기] ① (라) 문단의 내용을 통해 볼 때, 폐포를 구형이라고 가정한다면, 폐포의 붕괴를 막는 데 필요한 공기압은 표면 장력에 정비례하고 폐포의 직경에 반비례하게 된다.

② (가) 문단의 내용을 통해 볼 때, 우리가 숨을 들이마셔 폐가 팽창될 때에는 표면 장력을 가진 액체층도 함께 팽창됨을 알 수 있다.

③ (가) 문단의 내용을 통해 볼 때, 표면 장력은 액체의 표면이 스스로 수축하여 가능한 한 작은 면적을 취하려는 힘으로, 액체의 표면을 이루는 분자층에 의하여 생긴다. 그리고 폐가 쉽게 늘어날 수 있는 정도를 신전성이라고 하는데, 폐의 신전성은 폐에서의 표면 장력과도 관련이 있다.

50 [정답] ④

해설 폐가 팽창하거나 수축하지 않을 때, 폐포의 부피는 팽창하려는 공기압이 존재하는 한 안정 상태를 유지한다. 즉 폐포를 붕괴시킬 수 있는 힘(폐포에서 안쪽을 향해 작용하는 힘)과 반대 방향으로 팽창하려는 공기압이 균형을 이루기 때문에 폐포 벽이 안쪽으로 당겨져 폐포 자체가 붕괴되지 않는다고 할 수 있다.

[오답 피하기] ① 표면 장력에 의해 폐포의 안쪽으로 작용하는 힘이 발생하기 때문에 폐포가 오그라들 수 있는 것이다. 폐포의 안쪽으로 작용하는 힘은 폐포가 오그라드는 것을 막는 기능을 하지 않는다.

② 본문에서 확인할 수 없는 내용이다.

③ 본문에서 확인할 수 없는 내용이다.

51 [정답] ①

해설 폐포 벽에 위치한 II형 폐포 세포에서 분비된 계면 활성제는 물 분자 사이에 있는 수소 결합을 방해한다. 이로 인해 폐포 벽을 둘러싼 액체의 표면 장력은 감소하게 된다. 이 계면 활성제 덕분에 표면 장력에 의해 감소했던 신전성이 증가하고 호흡에 필요한, 호흡근이 소비하는 에너지양은 감소하게 된다. 반대로 계면 활성제의 분비가 감소하게 되면 폐의 신전성도 감소되어 호흡근이 일정 용적까지 폐를 팽창시키기 위해 더 많은 에너지를 써야 한다.

52 [정답] ①

해설 (나) 단락에서 폐포가 붕괴되지 않는 이유를 설명하기 위하여 비눗방울에서 나타나는 현상에 빗대어 설명하여 이해를 돕고 있다.

53 [정답] ②

해설 (나) 문단에서는 알루미늄이 대부분 흙 속에 흩어져 있다는 존재 형태를, (다) 문단에서는 화학적인 환원 반응을 통한 방법과 비용 문제를, (라) 문단에서는 전기 분해법을 통한 방법과 비용 문제를 한계로 제시하였다. (마) 문단에서는 홀-에루 법을 통해 앞의 한계들을 극복하게 되었음을 밝혔다. 이 과정을 통해 알루미늄 분리 방법의 한계와 그 극복 과정을 알루미늄의 화학적 성질을 바탕으로 설명하고 있다.

[오답 피하기] ① 알루미늄의 매장량은 본문에서 확인할 수 없는 내용이다.

③ 본문에서 확인할 수 없는 내용이다.

④ (나) 문단을 보면, 알루미늄이 산화물 형태로 흙 속에 흩어져 있어서 구리나 철보다 광산을 찾기가 어렵지만, (다) 문단을 보면 알루미늄 함량이 가장 많은 광물이 보크사이트라고 제시되어 있다. 이를 바탕으로 보크사이트에서 알루미늄을 추출하는 방법, 그 비용을 낮추는 방법에 대해 설명하고 있다. 알루미늄이 함유된 광석을 찾지 못했다는 내용과 그것이 당시 과학적 지식의 한계 때문이었다는 내용은 제시되어 있지 않다.

54 [정답] ④

해설 (바) 문단을 보면, 알루미늄을 재활용하는 데 드는 전력은 알루미늄을 보크사이트에서 추출하는 데 드는 전력에 비해 20분의 1밖에 안 된다고 제시되어 있다. 이는 보크사이트에서 알루미늄을 추출할 때가 알루미늄을 재활용할 때보다 전력이 20배 더 든다는 뜻이다.

[오답 피하기] ① (다) 문단을 보면, 화학적 환원 반응법을 통해 알루미늄을 얻은 것은 전기 분해법이 개발되기 전이라고 제시되어 있다.

② 알루미늄이 산화 알루미늄의 형태로 존재하고, 구리와 철은 광석으로 존재한다.

③ (라) 문단을 보면, 알루미늄은 알루미늄 이온을 함유하는 수용액으로부터 도금 석출하는 것이 불가능하다고 제시되어 있다. 즉 알루미늄 이온을 함유하는 수용액을 전기 분해해서 알루미늄을 얻을 수 없다.

55 [정답] ②

해설 (가) 단락에서 알루미늄은 인류의 고대 문명 건설에 큰 기여를 하지 못하였다고 했으므로 적절하지 못한 설명이다.

[오답 피하기] ① (가) 단락의 첫 문장에서 확인할 수 있다.

③ (마) 단락에서 확인할 수 있다.

④ (가) 단락의 '알루미늄은 지각에서 첫째로 많은 금속이고 셋째로 많은 원소이다. 사람들은 19세기 초만 해도 이 흔한 알루미늄을 금보다 귀하게 여겼다.'라는 부분에서 확인할 수 있는 설명이다.

56 [정답] ①

해설 (다), (라) 문단을 보면, 홀-에루 법이 발명되기 이전에 기존의 전기 분해법으로도 보크사이트에서 알루미늄을 분리할 수 있었다. 다만 산화 알루미늄 수용액을 전기 분해하는 방법으로 알루미늄을 얻을 수는 없었고, 산화 알루미늄을 고온으로 가열하여 액체 상태로 만든 후에 이를 전기 분해하는 방법으로 알루미늄을 얻을 수 있었다.

[오답 피하기] ② 철광석에서 철을 분리할 때 사용한 방법으로는 알루미늄을 분리할 수 없었기 때문에 전기 분해법이나 화학적 환원 반응법이 시도되었다.

③ 홀-에루 법을 이용하여 알루미늄을 분리하는 데에 전기가 많이 소모되지만 화학적 환원 반응법을 통해 얻는 것보다는 비용이 적게 들었다.

④ 기존의 전기 분해법으로 알루미늄을 분리하는 데 드는 비용에 비해 홀-에루 법이 경제성을 갖추었기 때문에 알루미늄이 널리 사용될 수 있었다.

5 문학

[문학 - 현대시]

출제경향이 보이는 가천대 기출문제

01 **[정답]** ①

해설 (가)에서는 비판의 주체가 화자로 바뀌고, (나)에서는 '그러나' 이후부터 시상이 전환된다.

02 **[정답]** ②

해설 특정 세대를 비판하는 것이 아니라 진실을 말하지 못하는 사람들을 의미한다.

03 **[정답]** ①

해설 (가)는 '하늘은 / 땅은 / 산은 / 강은 날더러 ~ 되라네(되라하네)'라는 표현에서, (나)는 '청솔잎을 빗질해 주던 바람', '강변으로 달려갔다' 등에서 자연물에 인격을 부여하며 시상을 전개하고 있다.

04 **[정답]** ②

해설 ㉡은 자신의 운명에 맞서겠다는 화자의 태도이기보다는 운명에 순응하며 살아가겠다는 태도를 드러낸 것이다. 따라서 정답은 ②이다.

05 **[정답]** ②

해설 (가)의 '나는지금거울을안가졌고마는거울속에는늘거울속의내가있소'에서 역설적인 표현을 통해 거울 밖의 화자와 거울 속의 자아의 단절이 심각한 상황이라는 것을 드러내고 있다. (나)에서는 역설적인 표현을 찾을 수 없다.

06 **[정답]** ④

해설 '사나이'가 '추억'처럼 계속 남아 있다는 표현은 화자의 자아 성찰 행위가 끊임없이 지속될 수밖에 없고, 자신의 내면적 자아에 대한 애증의 감정이 되풀이될 수밖에 없는 상황을 암시하고 있다. 따라서 ④의 '화자의 내적 고민이 해결되었다는 사실을 알 수 있군.'은 적절하지 않다.

기출과 EBS를 재해석한 기출예상문제

– 김영랑, 「독을 차고」

01 **[정답]** ④

해설 (가)의 화자는 '독을 차고' 자신의 신념을 지키며 살아나가겠다고 하고, (나)의 화자는 '떨어져도 튀는 공', '쓰러지는 법이 없는 공'이 되어 살아보겠다고 한다. 이는 어떤 어려움 속에서도 결코 좌절하거나 포기하지 않겠다는 화자의 삶의 자세가 나타난 것으로 볼 수 있다. 따라서 두 작품 모두 화자가 지향하는 삶의 자세가 나타났다고 할 수 있다. (가)의 '허무', '짐승', '내 마음을 노리매'와 (나)의 '떨어져도'는 부정적 현실과 관련이 있다. 그리고 (가)의 '독'과 (나)의 '튀는'은 이러한 부정적 현실에 대한 저항 의지로도 볼 수 있다. 따라서 부정적 현실에 대해 체념하는 모습이 드러나 있다는 내용은 적절하지 않다.

02 **[정답]** ③

해설 (가)의 화자는 '독'을 차고 살아가겠다고 말하는데, 이때의 독은 실제 의미의 독이 아니라, 암울한 현실에 굴복하지 않고 자신의 신념을 지켜 내고자 하는 화자의 굳은 의지를 의미한다.

03 **[정답]** ③

해설 ㉢에는 어려운 상황 속에서도 포기하지 않고 살아가려는 화자의 의지가 담겨 있다. 이를 담담한 어조를 통해 화자의 냉소적인 삶의 태도를 드러냈다고 말하는 것은 적절하지 못하다. '냉소적 태도'는 쌀쌀한 태도로 업신여기어 비웃는 모습이다.

04 **[정답]** ②

해설 '아!', '허무한듸!' 등의 표현에서 영탄의 어조를 확인할 수 있으며, 이를 통해 화자가 처한 현실에 대한 안타까움의 정서를 부각시키고 있다.

05 **[정답]** ④

해설 2연에서는 1연에서 '벗'이 화자를 향해 독을 흩어 버리라고 한 구체적인 이유를 상세화하여 나타내고 있다. 화자가 '벗'에 대해 허무가 나타나게 되었다는 것을 비유적으로 설명한 것은 아니다.

– 김수영, 「눈」

06 **[정답]** ①

해설 '기침을 하자', '마음껏 뱉자' 등의 청유문을 반복적으로 사용하여 자신을 끊임없이 돌아보고 현실에 저항하자는 뜻을 강조하고 있다.

[오답 피하기] ② '눈'을 의인화한 것은 맞지만, 과거에 대한 그리움을 표현하고 있지는 않다.

③ 이 글에서 화자가 지향하는 세계의 의미로 확대되고 있는 자연적 공간은 특별하게 드러나지 않는다.

④ 대조적 소재인 '눈'과 '가래'가 있지만 열거되지 않았고, 비교적 담담한 어조로 화자의 의지를 표현하고 있다.

07 **[정답]** ④

해설 '새벽'은 눈의 강인하고 끈질긴 생명력을 드러내는 시간적 배경이다. 화자의 자기 정화 의지를 방해하는 장애물로 볼 수 없다.
[오답 피하기] ① '눈'의 흰색과 관련되어 '눈'의 순수함이 드러난다.
② '기침'은 현실에 대한 화자의 부정적인 인식이 드러나는 소재이다.
③ '죽음'은 '눈'의 생명력과 대립되는 안일한 삶의 태도로, '젊은 시인'의 지향점과 반대에 있는 요소이다.

08 [정답] ③

해설 이 시의 '눈'은 화자가 지향하는 순수한 생명력, 현실의 불순함을 거부하는 비속물성과 영원성을 상징하며 긍정적인 이미지를 지닌다. 그러나 〈보기〉의 '눈보라'는 '굴뚝새'로 상징되는 민중을 억압하고 짓누르는 군부 독재의 폭력적 현실을 상징하므로 부정적인 이미지를 지닌다.
[오답 피하기] ① 이 글의 '눈'은 정적인 이미지를 지닌 반면 〈보기〉의 '눈보라'는 동적인 이미지를 지닌다.
② 이 글의 '기침을 하자'에서는 부정한 현실을 물리치고 순수한 삶을 회복하기 위한 의지가 나타나지만, 〈보기〉는 '눈보라'를 통해 권력의 횡포를 비판할 뿐 부정적 현실에 대한 극복 의지를 드러내지는 않는다.
④ 이 글에서는 '눈'과 '가래'라는 대립적 의미를 지닌 시어를 통해, 〈보기〉에서는 거센 '눈보라'와 연약한 '굴뚝새'의 대비를 통해 작가의 의도를 드러내고 있다.

09 [정답] ④

해설 이 시는 시적 화자가 청자인 '젊은 시인'에게 말하는 형식으로 되어 있으나, 실제로는 '눈은 살아 있다'며 '기침을 하자'는 말을 반복하면서 화자 자신을 향해 다짐하고 있는 것이다. 따라서, '젊은 시인'은 시적 화자와 대립 · 갈등하는 인물이 아니라, 시적 화자가 추구하는 바의 이상적 삶을 실천하는 인물로, 시적 화자의 분신이라고 할 수 있다.

10 [정답] ①

해설 이 시는 1연과 3연, 2연과 4연이 서로 짝을 이루는 abab의 대칭적 구조로 되어 있다. 그리고 각 연의 시상의 전개 역시 '눈은 살아 있다'와 '기침을 하자'는 문장이 첫 행을 이루고 나머지 행에서 이를 변형, 반복시키면서 의미를 구체화하는 점층적 구조를 통해, 역동적 리듬을 만들어 내고 있다.

– 정호승, 「희망을 만드는 사람이 되라」

11 [정답] ③

해설 이 시는 핵심적인 의미의 시어들이 선명한 이미지로 대립되고 있다. 긍정적 이미지와 부정적 이미지의 시어들이 명확하게 구별되기 때문에 중의적인 시어를 사용한 부분은 찾아볼 수 없다.

12 [정답] ①

해설 이 시의 시적 화자는 고통과 고난 속에서도 희망을 지니는 사람이 되라고 말하고 있다. '희망을 만드는 사람이 되라.'는 이러한 시적 화자의 중심 생각을 집약한 시구로, 절망적인 상황에서도 꿈과 희망을 잃어버리지 말고 적극적으로 희망을 만들어 가라고 말하고 있다.

13 [정답] ①

해설 ⓐ는 '어둠'으로 상징되는 암울한 현실, 꿈조차 잠들어 버린 현실, 즉 희망조차 완전히 사라져 버린 절망스런 상황을 의미한다. 그러나 ㉠의 경우, 모두들 잠들고 꿈조차 잠든 때에 '홀로 일어난 새벽'이기 때문에, 암울한 현실 속에서도 아침이 가까워 오는 희망의 시간이라고 할 수 있다.

14 [정답] ③

해설 이 시의 화자는 현실의 고통과 고난을 극복할 수 있는 희망을 진리라고 말하는 사람으로, 이런 아픔이 있는 이들을 사랑하고 있다.

15 [정답] ①

해설 별, 촛불, 봄눈은 꿈과 희망을 상징하는 긍정적 의미의 시어이다. 어둠, 겨울밤, 눈은 절망적 현실과 시련을 상징하는 부정적 의미의 시어이다.

– 김수영, 「어느 날 고궁을 나오면서」

16 [정답] ④

해설 7연에서 화자가 모래, 바람, 먼지, 풀 등의 자연물에 대비하여 자신의 왜소하고 보잘것없는 모습을 나타내고는 있으나, 이상적인 가치를 형상화하고 있다고 보기는 어렵다.

17 [정답] ④

해설 '보기'의 화자는 극한 상황에서도 이를 극복하려는 의지를 지니고 있다. 따라서 이 시의 화자에게 부당한 현실에 적극적으로 맞서라는 말을 해 줄 수 있을 것이다.

18 [정답] ②

해설 '붙잡혀 간 소설가'를 위해 '언론의 자유'를 요구하고 있으므로, '언론의 자유' 역시 본질적인 문제이다.

19 [정답] ③

해설 말줄임표로 시상을 마무리하여 반성과 자조 의식의 지속성을 표현하고 있다.

20 [정답] ④

해설 ㉣은 사회의 불의에 저항하는 중심에 서지 못하고 주변에서 옹졸하게 살아가는 자신의 소시민적 삶에 대해 반성하고 있는 구절이다. 화자는 정의롭고 떳떳한 삶을 바람직하게 생각하지만 아직 이를 실천에 옮겼다는 근거는 찾아볼 수 없다.

– 정호승, 「저문 강에 삽을 씻고」

21 [정답] ④

해설 '우리가 저와 같아서', '저물고, 저물어서', '삽을 씻으며(씻고)' 등이 반복되고 있으나 이를 통해 화자의 의지를 강조하고 있지는 않다. 이 글에서 화자는 자신의 삶에 대한 비애를 나타내고 있을 뿐이다.
[오답 피하기] ① 노동자의 고단한 삶과 강물을 중심 제재로 하여 내용을 전개하고 있다.

② 날이 저물어 가는 때부터 달이 뜬 밤까지 강을 바라보며 생각에 잠겨 있는 화자의 모습이 그려지고 있다.

③ 화자는 '우리가 저와 같아서'라며 자신들의 삶의 흐름을 강물의 흐름과 결부시키고 있다.

22 **[정답]** ④

해설 '달이 뜨는구나'는 시간의 흐름과 노동자들의 삶의 비애감을 나타내는 표현이다. 1970년대 국가 경제의 초고속 성장을 표현한 것은 아니다.

[오답 피하기] ① '슬픔도 퍼다 버린다'는 '슬픔'이라는 정서를 퍼서 버릴 수 있는 대상인 것처럼 구체화하여 표현한 것이다.

② '삽자루에 맡긴 한 생애'는 '삽'으로 표상되는 노동자의 삶을 표현한 것이다.

③ '샛강 바닥 썩은 물'은 산업화 때문에 강물이 오염되었음을 표현한 것이다.

23 **[정답]** ①

해설 이 시에서 화자는 하루하루를 힘겹게 보내며 생활고에 지친 모습을 보이고 있다. 이와 같은 노동자의 비애를 차분하고 절제된 어조로 표출하고 있다.

[오답 피하기] ② 고단한 자신의 삶을 되돌아보는 노동자의 삶을 나타내고 있지, 가난한 사람들을 사랑하고자 하는 모습은 드러나지 않는다.

③ 현실의 어려움에 지치고 비애가 깊어져 가는 모습이 드러나고 있으며, 어려움을 극복할 수 있다는 의지적 자세는 드러나지 않는다.

④ 비참한 현실의 삶에서 희망을 찾고 있지는 않다.

24 **[정답]** ④

해설 '달이 뜨는구나'는 시간의 흐름과 노동자들의 삶의 비애감을 나타내는 표현이다. '썩은 물'은 노동자들의 희망이 없는 삶의 모습을 의미하는 것이다.

① 이 시에서는 노동자의 삶과 강물의 이미지를 결합하여 표현하고 있다. 노동자의 삶도 흐르는 물과 같다는 것을 드러내고 있다.

② 화자는 노동자의 삶과 같은 강물에 삽을 씻으며 자신의 슬픔을 씻고자 하고 있다.

③ 돌아갈 뿐이라고 표현함으로써 적극적인 극복 의지가 없는 비극적인 삶에 대한 무력감을 드러내고 있다.

25 **[정답]** ①

해설 이 시의 화자는 독백체의 말투로 자신의 삶을 회고하고 있다.

– 한용운, 「나룻배와 행인」

26 **[정답]** ④

해설 이 시는 참된 사랑의 본질인 희생과 믿음을 노래한 시로, 2연에 '당신'에 대한 '나'의 헌신적 태도가 형상화되어 있기는 하지만, 하고자 하는 말을 반대로 표현하는 반어적인 표현은 사용되지 않았다.

27 **[정답]** ②

해설 이 시는 불교적인 인욕(忍辱)과 보시(布施)를 바탕으로 임에 대한 인내와 사랑을 표현한 시로, 시적 화자의 희생적인 자세가 드러나며 자기가 처한 현실에 대한 비관은 나타나지 않는다.

28 **[정답]** ②

해설 ㉮에는 당신(구도자)이 언젠가는 올 것으로 믿고 기다리는 인고(忍苦)의 자세가 드러나 있다.

29 **[정답]** ①

해설 ㉠과 ㉡은 시적 화자를 둘러싼 고난의 현실을 상징한다.

30 **[정답]** ①

해설 이 시는 불교적 세계관에 바탕을 두고 있는데, 중생을 제도하여 해탈에 이르게 하는 불교의 정신을 시로 형상화한 작품으로 볼 수 있다. '행인'은 나룻배가 건너게 해 줄 존재, 즉 구원의 대상이라고 볼 수 있다. 나룻배가 건너야 할 '여울'은 인생의 위험한 단계를 의미한다고 할 수 있다. '눈비'는 극복해야 할 시련과 고통으로 볼 수 있다.

[문학 - 현대산문]

출제경향이 보이는 가천대 **기출문제**

01 **[정답]** ①

해설 이 수필은 서간체 형식의 수필이다. 이 글에는 대화가 등장하고 있지 않으며, 글쓴이는 '당신'을 설득하고 있지도 않으므로 1번이 정답이다.

02 **[정답]** ②

해설 ㉠, ㉢, ㉣은 소나무로 대표되는 자연을 상징하는 것들이라면, '㉡궁제'는 자연을 훼손하여 만드는 인위적인 대상물이다.

03 **[정답]** ④

해설 허 생원이 동이의 등에 업혀 개울을 건너면서 조 선달과 나누는 대화에서 성 서방네 처녀와의 인연, 그리움 등이 드러난다. 특히 "오래간만에 가 보고 싶어. 동행하려나, 동이?"와 같은 대화(대사)를 통해 동이와의 친밀감 혹은 아들일 수도 있겠다고 생각하는 허 생원의 내면이 드러나고 있다.

04 **[정답]** ②

해설 "죽은 듯이 고요한 속에서 짐승 같은 달의 숨소리가 손에 잡힐 듯이 들리며, 콩 포기와 옥수수 잎새가 한층 달에 푸르게 젖었다. 산허리는 온통 메밀밭이어서 피기 시작한 꽃이 소금을 뿌린 듯이 흐붓한 달빛에 숨이 막힐 지경이다."와 같은 이 소설 배경에 대한 묘사는 허 생원과 성 서방네 처녀가 인연을 이어가지 못한 것에 대한 원망이나 갈등을 반영하는 것이 아니라, 오히려 이들의 만남의 낭만성을 강조하는 중요한 모티브 역할을 한다. 따라서 내적 갈등이 아니라 낭만 서정으로 인한 추억의 필연성을 강조하고 있다는 것이 더 올바른 해석인 것이다.

05 **[정답]** ①

해설 제시된 지문에서는 안 초시를 비롯한 등장 인물들의 행동과 안 초시의 혼잣말을 통해 작가가 드러내고자 하는 주제의식,

다시 말하면 근대화의 부정적인 속성으로 졸부가 속출하고 투기가 만연한 세태를 풍자 혹은 비판하고 있다.

06 [정답] ④

해설 박희완 영감 또한 관변 모씨의 개략에 속았다는 구체적인 진술이 지문에 제시되어 있다. "그 관변 모씨에게 박희완 영감부터 속아 떨어진 것이었다."라는 부분에서 그가 축항이 될 것이라는 정보를 알고 안 초시를 속인 것이 아니라 그도 속임을 당한 것임을 알 수 있다.

기출과 EBS를 재해석한 기출예상문제

– 임철우, 「아버지의 땅」

01 [정답] ④

해설 본문에 등장하는 '소총'은 전쟁의 잔혹함 등을 상징하며, 결말 부분에 내리는 '눈'은 전쟁으로 인한 사람들의 아픔과 상처를 따뜻하게 보듬어 주는 의미를 담고 있다. 이처럼 상징적 소재를 사용하여 작품의 주제를 드러내고 있다.

02 [정답] ④

해설 이 글의 '아아, 나는 까맣게 잊고 있었던 것이다. 어머니가 그토록 오랫동안 누군가를 기다려 왔었음을.'이란 부분을 통해 '나'는 어머니가 아버지를 기다려 온 것을 알면서 외면한 것은 아니란 사실을 확인할 수 있다.

03 [정답] ②

해설 [A]에 나타난 '눈'은 전쟁으로 인한 상처를 따뜻하게 감싸 안는 존재이다. 어떤 부정적인 것도 모두 포용하고 차별하지 않는 의미를 담고 있다. ②에 나타난 '눈'은 춥고 어두워도 따뜻하게 보듬는다는 점에서 유사하다.

[오답 피하기] ① 김남조의 「설일」에 등장하는 '눈'은 순수의 의미를 지니고 있다.

③ 신경림의 「가난한 사랑 노래」에 등장하는 '눈'은 외로움을 부각하는 배경의 역할을 하고 있다.

④ 최승호의 「대설주의보」에 나오는 '눈'은 '덤벼드는, 군단, 계엄령'의 시어들로 보아 부정적인 의미로 쓰이고 있다.

04 [정답] ④

해설 아버지에 대해 부정적이었던 나는 노인의 행동을 통해 전쟁의 냉혹함을 돌아보게 되고 자신이 가졌던 아버지에 대한 증오의 감정을 풀어 버리게 된다. ⓓ에서 느끼는 냉혹함은 자기 자신이 아니라 전쟁으로 인한 것으로 볼 수 있다.

05 [정답] ③

해설 〈보기〉에 제시된 「엄마의 말뚝2」는 6·25 전쟁으로 인해 상처 받은 가족의 이야기를 다루고 있다. '혼수상태에서 죽은 오빠의 이름을 부르며 발작 증세를 보이는 어머니의 모습'은 갑자기 아버지를 떠올리며 눈물을 흘리는 나의 어머니처럼 평생 가슴에 담아 두고 있었다는 점에서 유사하다. 그러므로 아버지의 삶을 부정하는 자식 때문에 속상해 하는 모습과는 어긋난다.

– 염상섭, 「삼대」

06 [정답] ③

해설 이 작품은 대체적으로 만연체이고, 인물의 대사에서는 만연체가 아닌 구어체가 사용되고 있다.

07 [정답] ③

해설 ㉠, ㉡, ㉣은 덕기 모친이자 상훈의 부인을 가리키고, ㉢은 덕기 부인을 가리킨다.

08 [정답] ③

해설 이 작품은 한 집안의 3대를 중심으로 전개되고 있다. 조부는 유교 인습을 버리지 못하는 사람이고(사상적 측면의 유교라기보다는 생활 관습으로서 유교를 신봉하는), 부친은 개화 지식인이지만 도덕적으로 타락한 인물이며, 손자 '덕기'는 일본 유학파 지식인이지만 아직 삶의 방향을 정하지 못한 인물이다.

09 [정답] ④

해설 덕기 부인은 시어머니와 시할아버지의 관계를 고려해 문안 드릴 기회를 만들고자 하는 능동적인 행동을 한다.

– 최윤, 「회색 눈사람」

10 [정답] ④

해설 이 글은 1인칭 서술자가 독백조로, 자신의 내면의 고백을 중심으로 하여 내용을 전개하고 있다(㉰). 그리고 이 글의 시작은 '그 즈음'이므로 과거를 회상하며 서술하고 있음을 알 수 있다. 작품의 말미 역시 '~ 흐느껴 울었던 것도 같다.'로 표현되어 과거를 회상하고 있다는 것을 알 수 있다(㉱).

[오답 피하기] ㉮ 과거와 현재를 교차하지 않고 과거의 이야기만이 제시되어 있다. ㉯ 인물에 대한 서술자 '나'의 논평은 사용되지 않고 있다.

11 [정답] ③

해설 '안'과의 만남은 그와 유대감을 느끼게 만들고, 그와 떨어지지 않으려는 마음을 유발하였다. 그리고 이 장면에서 '안'과의 대화는 자신의 마음을 몰라주는 '안'에 대한 원망과 혼란스러움을 유발하였다. 따라서 '안'과의 만남과 대화가 척박한 현실에서 벗어나고 싶은 나의 열망을 충족시켜 주었다는 감상은 적절하지 않다.

[오답 피하기] ① 〈보기〉로 볼 때 인쇄소에서 만난 사람들로 인해 나는 우울과 외로움에서 벗어나 민주주의를 향한 열망을 키웠고 이전과 다른 나의 생에 대한 만족을 경험하였다. 따라서 삶의 태도가 바뀌는 계기가 되었다는 설명은 적절하다.

② 우연히 인쇄소에 들어갔지만 결과적으로 민주주의 운동에 가담하게 되었다는 점에서 적절하다.

12 [정답] ④

해설 나는 인쇄소에서 '안'을 비롯한 사람들과 일을 하면서 어느새 집안일을 하듯이 행동하는 모습을 보여 준다. 그런데 '안'은 내게 인쇄소 일에서 손을 뗄 것을 말한다. 그렇다면 ㉠과 ㉡의 관계는 ④와 같은 설명이 적절하다. 여전히 자신을 믿지 못하는 것인가, 진짜 그러한 마음을 가지고 있는가 등 혼란함이 생긴 것이다.

13 **[정답]** ②

해설 '안'과의 대화가 중단된 후 나는 홀로 '안'에게 이야기를 하고 있는 상상을 하고 있다. 이것은 자신의 마음을 이해하지 못하는 '안'에게 마음으로라도 자신의 생각을 표현하려는 의도로 보는 것이 가장 자연스럽다. 말로는 못하지만 자신의 마음을 받아 줄 것을 소망하는 마음에서 비롯된 것이다.

– 김소진, 「자전거 도둑」

14 **[정답]** ②

해설 서술자인 '나'는 혹부리 영감 앞에서 '나'를 때리는 아버지의 행동을 통해 죽는 한이 있더라도 애비라는 존재는 되지 말자고 다짐하고 있으므로,이 글은 서술자가 겪은 경험과 생각이 함께 기술되고 있다고 할 수 있다.

[오답 피하기] ① 주어진 지문은 '혹부리 영감의 가게'라는 배경이 제시되어 있지만 배경을 구체적으로 묘사하고 있지는 않다.

③ 이 소설은 일인칭 주인공 시점으로 서술하고 있으므로 객관적인 묘사와는 거리가 멀다.

④ 이 소설은 일인칭 주인공 시점이지만 의식의 흐름에 따라 서술하고 있지는 않다.

15 **[정답]** ②

해설 혹부리 영감과 아버지는 고향이 함경도로 같은 지역 출신이라고 언급하기는 했지만 함께 자랐다는 정보는 찾을 수 없다.

[오답 피하기] ① 소주 두 병을 자루에 넣어 둔 것은 아버지이다. 아버지가 술을 훔친 것이 탄로 나면 혹부리 영감과의 거래가 끊길 것이라는 걱정에 아버지는 '나'가 대신 죄를 써 줄 것을 눈빛으로 부탁한 것이다.

③ 혹부리 영감에게 아버지 같은 사람 하나쯤 거래를 끊어도 장부상 거의 표가 나지 않을 것이라고 하였다.

④ 혹부리 영감은 신용 하나는 보증 수표나 다름없다는 데서 신용이 좋은 인물임을 알 수 있고, 성질이 불같고 매몰차기로 유명했다는 서술로 보아 인정이 없는 인물임을 짐작할 수 있다.

16 **[정답]** ③

해설 [A]에서 '나'는 혹부리 영감 앞에서 '나'를 혼내는 아버지의 무기력한 모습에 충격을 받아 아버지라는 존재는 되지 말자고 다짐한다. 이러한 '나'처럼 〈보기 2〉 영화의 브루노 역시 아버지의 도둑질로 아버지의 권위가 무너지는 것을 목격한다. 그러므로 〈보기 1〉에서 브루노가 받았을 '내면의 상처'는 무기력한 아버지의 모습을 목격함으로써 아버지라는 권위의 상징이 무너진 것에 대한 충격이라고 할 수 있다.

17 **[정답]** ④

해설 아버지는 혹부리 영감이 거래를 끊는다고 선언할까 봐 매우 두려워하여 겁내고 있으므로, ㉠에는 '매우 두려워 겁내는 모양'이라는 뜻을 가진 '전전긍긍(戰戰兢兢)'이 적절하다.

– 손창섭, 「잉여인간」

18 **[정답]** ③

해설 '봉우'는 자신의 아내에게 몇 달 동안 용돈을 안 받아도 좋으니 '만기'에게 돈을 빌려 달라고 하는 것일 뿐, 자신의 재산을 내놓는 것이 아니다. 또한 '봉우'의 아내에게 돈을 빌리기로 결정한 것은 '만기'이고, '봉우'는 옆에서 아내에게 간청하고 있을 뿐이다. 따라서 결단력이 있다는 설명은 적절하지 않다.

19 **[정답]** ③

해설 전후 한국 사회는 도덕과 예의 등 정신적 가치를 중시했던 전통적 가치관은 상실되고 물질 만능주의와 쾌락주의가 팽배해지기 시작했다. 이 작품에 등장하는 세 인물은 이러한 사회의 변화에 적응하지 못하고 무능력·무기력하게 대응하고 있을 뿐이다.

[오답 피하기] ① 불안감이 투영된 사물은 나타나지 않는다.

② 천진한 아이들의 모습에서 삶에 대한 희망이 엿보이기는 하지만, 반어적으로 제시된 것은 아니다.

④ 인물들은 현실의 문제에 대해 무능력·무기력하게 대응하고 있을 뿐이므로, 이들을 통해 저항 의지를 드러낸다는 설명은 적절하지 않다.

20 **[정답]** ③

해설 '복덕방'에는 '봉우'와 같은 무기력한 인물은 나타나지 않는다.

[오답 피하기] ② 두 작품 모두 물질 만능주의에 빠진 채 부도덕에 대해 무감각해진 세태에 대해 비판적인 시선을 보인다.

21 **[정답]** ②

해설 '봉우'는 아내에게 '제법 용기를 내서 아이가 어머니에게 조르듯이 옆에서 거들'고 있다. 따라서 '권위적인 표정과 목소리'가 아니라 '간절하게 호소하는 표정과 목소리'가 필요하다.

– 오정희, 「중국인 거리」

22 **[정답]** ②

해설 윗글에서 인물 간의 대립 같은 외적 뚜렷한 갈등은 나와 있지 않다.

23 **[정답]** ④

해설 윗글은 주인공 '나'의 시점에서 과거를 회상하는 1인칭 주인공 시점으로 서술자나 시점의 변화가 나타나지 않는다.

24 **[정답]** ④

해설 '베란다에 널린 얼룩덜룩한 담요와 레이스'는 중국인 거리의 풍경 모습을 나타낸 것이지 비유한 것은 아니다. 나머지 ①, ②, ③은 은유적 표현이다.

25 **[정답]** ④

해설 '나'는 예순다섯 걸음의 거리였던 곳을 예순걸음 만에 도착하였다. 이는 '나'가 육체적으로 성장했음을 알려 주지만, ㉣만을 통해서는 '나'의 정신적 성장에 대해서 유추해 낼 수 없다.

26 **[정답]** ④

해설 땅에 묻어 놓은 손수건을 다시 꺼냈을 때, '나'는 본인이 묻어 놓은 물건이 그대로 똑같이 있었다고 하였다.

[문학 - 고전시가]

출제경향이 보이는 가천대 기출문제

01 [정답] ②

해설 이 노래의 화자는 임과의 이별을 슬퍼하며 독수공방의 외로운 신세를 한탄하고 있다. 화자는 아직도 임의 모습이 눈에 암암하고 그 목소리가 귀에 쟁쟁하여 오동추야 밝은 달에 임을 다시 만나게 되기를 안타깝게 기다리고 있다. ② 겹겹이 겹쳐진 푸른 산을 들어가면 어느 낭군이 나를 찾을 수 있겠는가, 산은 첩첩 고개 되고 물은 흘러 소가 되니 한번 이별하면 찾을 수 없다는 신세 한탄이다.

02 [정답] ③

해설 보기에 사용된 표현 기교는 대구법(對句法)이다. ㉠, ㉡, ㉣ 모두 대구법이 사용되었으나, ㉢에는 직유법(이슬 같은 이 인생이)과 설의법(무삼 일로 생겨난고)이 사용되었다.

03 [정답] ④

해설 이 시의 작자는 임과의 이별을 슬퍼하며 독수공방하는 여인이다. 어린 양자, 낭군은 그리운 임이고, 공방미인은 독수공방하는 자신을 가리킨다.

04 [정답] ②

해설 (가)는 두 명의 화자가 등장해 대화의 방식으로 내용을 전개하고 있다. 제시된 예문의 1~3행, '글란 싱각 마오'는 화자 1이 하는 말이고, 그 밖의 말은 화자 2가 하는 말이다.

05 [정답] ②

해설 여인은 이별을 자신의 탓으로 돌리고 있지 님을 원망하고 있지 않다. 따라서 ㉡의 '자신을 떠난 님을 원망하는 화자의 마음을 직접적으로 제시하고 있군.'은 적절하지 않다. 따라서 정답은 ②이다.

06 [정답] ①

해설 (나)에서는 '빅 떠라 빅 떠라' / '닫 드러라 닫 드러라', '지국총(至匊悤) 지국총 어ᄉᆞ와(於思臥)' 등의 여음구를 넣어 작품에 생동감을 부여하고 있다. (가)에서는 여음구를 찾을 수 없다.

07 [정답] ②

해설 ㉡은 '산속에서 지내는 화자의 외롭고 쓸쓸한 생활을 나타내는 것'이 아니라, 속세를 벗어나 자연에 묻혀 고고하게 살아가려는 내면적 의지와 이에 대한 자부심을 표현한 것이다.

기출과 EBS를 재해석한 기출예상문제

– 정지상, 「송인」

01 [정답] ④

해설 푸른색의 색채 이미지는 나타나고 있지만, 이를 통해 현실 극복 의지를 드러내고 있는 것은 아니다.

[오답 피하기] ① 전통적인 한시의 기승전결(起承轉結)의 형식을 따르고 있다.

② 경물과 서정을 함께 담고 있는 구조를 취하고 있다.

③ 기구의 '비'의 이미지가 전구에서 '강'의 이미지로 이어지고, 결구에서 '눈물'로 집결되어 표현된다.

02 [정답] ④

해설 '파란데'와 '슬픈 노래 울린다'에 시각적 이미지와 청각적 이미지가 나타나 있으나, 슬픔을 극복하려는 의지는 보이지 않는다.

[오답 피하기] ① 푸르른 자연의 모습과 이별한 시적 화자의 정서가 대조를 이루고 있다.

② 설의법, 도치법, 과장법 등이 사용되었다.

03 [정답] ③

해설 '비'가 풀빛을 짙게 만든 것은 자연에 생기를 불어넣은 것이고, '눈물'이 대동강의 푸른 물결에 더해진다는 것은 이별한 화자의 슬픔의 깊이가 깊어짐을 표현한 것이다. 생기 있는 자연과 이별의 슬픔은 서로 대비되므로, 의미 역할의 동일성이 주제를 강조하고 있다는 설명은 적절하지 않다.

[오답 피하기] ① 생기 있는 '풀빛'과 '슬픈 노래'가 대조되면서 화자의 슬픔이 강조되고 있다.

② 기구의 비 갠 강변의 풍경과 승구의 임을 보내는 화자의 슬픔이 대비되면서 이별의 슬픔이 더욱 강조되고 있다.

④ '남포'에서 이별한 화자는 '대동강' 물을 보면서 이별의 슬픔이 깊어지고 있다.

– 「청산별곡」

04 [정답] ①

해설 이 시의 화자는 삶의 비애로 인해 현실을 부정적으로 인식하여 이상 세계를 찾아 떠나지만 절망적인 고독을 느끼고는 술로 삶의 고뇌를 잊고자 한다.

05 [정답] ③

해설 5연의 '돌'은 피할 수 없는 인간의 운명을 의미한다.

06 [정답] ②

해설 이 시의 '청산'은 가혹한 현실에서 벗어나고자 하는 이들이 찾는 일종의 도피처이지만, 〈보기〉의 '청산'은 아름다운 미래의 도래를 약속하는 곳이다.

07 [정답] ①

해설 화자는 현실에서의 괴로움을 ㉠을 통해 체념하거나 초극하고자 한다. 따라서 ㉠은 삶의 고뇌를 잠시 잊게 하는 일시적 해소책에 해당한다고 볼 수 있다.

08 [정답] ④

해설 이 시의 후렴구는 'ㄹ'과 'ㅇ'음을 반복하여 밝고 경쾌한 느낌을 주고 있다. 삶의 고뇌를 느끼는 화자의 모습과는 상반된다.

– 박인로, 「선상탄」

09 [정답] ③

해설 이 글에는 임진왜란 때 전란에 참여한 작자의 전쟁에 대한 정서가 잘 반영되어 있으며, 문화 민족의 자부심에 상처를 입힌 왜적에 대한 적개심과 우국 충정의 의지, 태평성대에 대한 간절한 희구(希求)를 절실히 드러내고 있다. 화자는 침략의 주체인 왜적과 도구의 근원인 배에 대한 원망과 우국 충정으로 왜적을 무찌를 수 있다는 기개를 드러내고 있다. 그러나 여기서 병선(兵船)을 타고 왜군을 정벌하러 가고 있는 상황은 아니다.

10 **[정답]** ①

해설 죽은 제갈 공명도 산 사마 중달을 쫓았고, 발이 없는 손빈도 방연을 잡아 죽였다는 고사를 인용하고 있다. 화자는 죽은 제갈 공명과 발 없는 손빈에 비하면 자신의 몸이 성하므로 왜구가 전혀 두렵지 않다고 하였다. 이러한 제갈 공명과 손빈의 고사를 인용한 이유는 화자가 비록 몸은 병들고 늙었지만 자신의 우국 충정으로 왜적의 무리를 추풍 낙엽처럼 무찌를 수 있다는 기백과 기개를 강조하기 위해서이다.

11 **[정답]** ②

해설 ㉡에서 '황운'은 전운(戰雲)을 비유한 것으로, 아직도 전쟁의 상처가 아물지 않고 있음을 개탄하고 있는 것이다.

[오답 피하기] ㉠ 변방의 중요한 요새지에서 병이 깊다고 앉아만 있겠는가?

㉢ 어리석고 미친 듯한 마음에 중국에서 처음 배를 만들었다는 헌원씨를 원망하노라.

㉣ 때때로 머리를 들어 임금이 계신 곳을 바라보며

12 **[정답]** ②

해설 ⓐ는 우리 나라를 둘러싸고 있는 오랑캐를 의미하지만, 여기서 구체적으로 말하는 오랑캐는 왜적을 의미한다. ⓒ는 바다의 추악한 자들이라는 의미로 역시 왜적을 의미한다. ⓓ는 쥐와 개 같은 도적이라는 말로 왜구를 비하하는 말이다. 그런데 ⓑ는 동남동녀를 거느리고 일본에 건너갔다가 그 곳에 남은 진시황의 신하로, 여기서 말하는 왜적은 아니다.

13 **[정답]** ③

해설 '주사'로 변방에 와 있는 화자는 왜적에 대한 적개심으로 가득차 있으며 무인다운 기개를 나타내 보이고 있어, 그 목소리는 자못 씩씩하고 당당하다. 이처럼 당당한 기개가 엿보이는 시조는 ③이다. ①은 정도전, ②는 홍장, ③은 남이, ④는 작자 미상

– 정철, 「관동별곡」

14 **[정답]** ④

해설 이 작품의 갈래는 가사이다. 가사는 고려말에서 조선초에 걸쳐 발생한 문학의 한 형식으로 4음보 율격의 연속체로 된 시가이다. ㉠ 가사는 구비 문학이 아니며, 이 작품은 한글 창제 이후에 지어져서 기록된 작품이다. ㉡ 가사는 운문 문학에 해당한다.

15 **[정답]** ①

해설 '긔 뉘신고, 놉돗던고' 등의 설의적 표현을 통해 개심대에서 비로봉을 바라보며 느낀 감회를 표현하고 있다.

[오답 피하기] ③ 은유적 표현은 있으나 임금의 각성을 촉구하고 있지는 않다.

16 **[정답]** ③

해설 '더 디위'라는 것은 공자의 정신적 경지를 뜻하는 것으로 '호연지기'를 가리키는 것이라 할 수 있다.

[오답 피하기] ① 무아지경(無我之境정): 정신이 한곳에 온통 쏠려 스스로를 잊고 있는 경지.

② 일취월장(日就月將): 나날이 다달이 자라거나 발전함.

④ 청출어람(靑出於藍): 제자나 후배가 스승이나 선배보다 나음을 비유적으로 이르는 말.

17 **[정답]** ④

해설 '圖도經경 열두 구비'란 단순히 '도경이라는 책에는 열두 구비'라는 의미로, 선정을 베풀기 위해 넘어야 할 열 두 고비라고 해석할 수 없다.

18 **[정답]** ③

해설 이 글에서 신선에 비유한 화자의 모습은 확인할 수 없다.

[오답 피하기] ① 공자의 고사는 '魯노國국~적닷 말고'를 통해 알 수 있다.

② 십이 폭포의 장관은 '磨마訶하衍연~거러시니'를 통해 알 수 있다.

④ 산에서 바다로의 여정 변화는 '山산中듕을 미양 보랴 東동海히로 가쟈스라.'라는 표현을 통해 알 수 있다.

– 이이, 「고산구곡가」

19 **[정답]** ④

해설 Ⓐ~Ⓓ는 '고산구곡담'에 있는 이름난 명승지의 아름다움을 일곡(一 谷)부터 구곡(九谷)까지 계절에 따라 열거하면서 노래한 작품의 일부이다. 하지만 일곡에서 구곡으로 갈수록 시적 의미가 고조되는 점층적 구성을 취하고 있지는 않다.

20 **[정답]** ③

해설 이 시는 자연을 벗하며 주자학을 연찬(硏鑽)하겠다는 학구적 열의가 강하게 나타난 노래이다. 제1수에서 '고산구곡담을 사람들이 모른다'는 말은 중의적 표현이다. 즉, 학문의 길을 비유적으로 표현한 것으로 「고산구곡가」에 나오는 지명들은 대개 자연의 아름다운 경치를 의미하면서 동시에 학문의 길을 의미한다. 그런데 제1수에 나타나 있듯이 '고산구곡담'에서 자연을 벗하며 학문에 임하는 화자나 그의 벗들은 주자학을 연구하는 유학자들이다. 따라서, 그들은 자연의 이치를 탐구하려는 학자들이 아니므로, '풍암', '청상'을 연구 대상으로서의 자연으로 보는 것은 옳지 않으며 〈보기〉의 관점과도 거리가 멀다.

21 **[정답]** ④

해설 (라)에서 '遊人(유인)'이란 '세상 사람'이라는 뜻으로 흰 눈 속에 묻혀 있는 기암 괴석의 아름다움을 보지 못하는 사람들의 어리석음을 안타까워하는 화자의 모습이 나타나 있다. 이는 또한 학문에 힘쓰지 않아 학문 세계의 즐거움을 모르는 세인에 대한 안타까움을 드러내는 표현이기도 하다. 따라서 (라)에 세상 사람들과 풍류를 함께 하는 즐거움이 담겨 있다는 ④의 진술은 적절하지 않다.

[오답 피하기] ① 학문의 즐거움은 (가)에서 확인할 수 있다.

② '꽃, 춘만(늦봄)', '세모, 눈' 등을 통해 계절을 알 수 있다.

③ '사람들이 모르니 알게 하면 어떠리.'라고 한 데서 알 수 있다.

22 [정답] ④

해설 (가)는 「고산구곡가」의 서곡으로, '내가 풀을 베고 집을 짓고 나니 사람들이 모여들어 주자학을 배운다.'는 내용이며, (나)는 '사람들이 이렇게 좋은 경치를 모르니 알게 하자.'는 내용이다. ㉠과 ㉡은 얼핏 모순된 진술처럼 보이지만, (가)가 전체 10수를 통합하는 노래라는 점에 착안하면 ④와 같이 해석하는 것이 적절하다.

23 [정답] ②

해설 ⓑ의 '춘만(春滿)'이란 '봄기운이 가득함.'을 의미한다.

[오답 피하기] ⓐ는 이이가 해주 고산에 정사(精舍)를 짓고 후진 양성에 힘쓴 것과 관계 깊다.

ⓒ의 '벽파(碧波)'에서 '碧'은 '푸를 벽'이다.

ⓓ는 달빛을 받으며 돌아온다는 뜻으로 물아일체의 경지를 드러내는 표현이다.

– 「창 내고자」

24 [정답] ④

해설 (가)와 (나)의 화자는 모두 답답하고 근심 어린 상황에 처해 있다. 이러한 상황 속에서 (가)의 화자는 노래를 통해, (나)의 화자는 마음에 창을 내어 답답한 현실의 고뇌로부터 벗어나고자 하는 의지를 표현하고 있다.

[오답 피하기] ① (가), (나)의 화자는 현실에 대한 부정적 인식을 바탕으로 시상을 전개하고 있으나, 대상에 대한 원망을 드러내지는 않았다.

② (가)와 (나) 모두 화자가 과거에 대해 회상하는 내용은 드러나지 않는다.

③ (가)와 (나) 모두 이상 세계에 대한 동경은 드러나지 않는다.

25 [정답] ④

해설 (나)의 화자가 자신의 가슴에 창을 내고자 하는 것은 답답함을 해소하고 싶은 마음을 비유적으로 표현한 것이다. 따라서 (나)의 화자가 실제로 창을 만드는 일을 통해 근심과 걱정을 잊으려고 한다는 내용은 적절하지 않다.

[오답 피하기] ① (가)의 화자는 '나도 불러 보리라'라는 표현을 통해 노래를 만든 이와 같이 근심에 빠져 있음을 드러내고 있다.

② (나)의 화자는 '잇다감 하 답답홀 제면 여다져 볼가 ᄒᆞ노라'라는 표현을 통해 답답한 자신의 마음을 표현하고 있다.

③ (가)의 화자는 노래를 만든 이가 노래를 불러 마음을 푼 것과 같이 자신도 노래를 부르며 마음을 풀고 싶다고 표현하고 있다.

26 [정답] ①

해설 (나)의 초장에서는 '창 내고쟈'를 반복하여 화자의 답답한 마음을 강조하고 있다(ⓑ). 또한 중장에서는 창문의 종류와 창문을 만드는 데에 사용되는 부속품들을 나열함으로써 해학적 분위기를 형성하고 있다 (ⓐ).

27 [정답] ②

해설 (나)와 〈보기〉는 모두 '창문'을 소재로 활용한 작품이다. 그런데 (나)의 화자는 가슴에 창문을 내어 답답한 마음을 해소하려 하는 반면, 〈보기〉의 화자는 창문 틈을 통해서 한숨이 들어온다고 하고 있으므로, 두 작품에서 '창문'이 지닌 의미가 상반됨을 알 수 있다.

[오답 피하기] ① (나)에서는 답답해하는 화자의 모습이, 〈보기〉에서는 한숨 쉬는 화자의 모습이 드러난다. 따라서 두 작품의 화자 모두 근심에 싸인 인물이라고 볼 수 있다.

③ (나)와 〈보기〉 모두 삶의 근심과 걱정에 싸여 있는 부정적 상황을 무겁지 않게 해학적으로 승화시키고 있다.

④ 〈보기〉의 중장과 (나)의 중장에서는 동일한 어구가 사용되었다. 이는 사설시조가 적층 문학으로서 작품 간의 활발한 상호 교섭 작용이 일어났음을 보여 주는 증거라고 할 수 있다.

[문학 - 고전산문]

출제경향이 보이는 가천대 기출문제

01 [정답] ④

해설 소설의 장면을 파악하는 문제이다. 보국이 평국을 조롱하는 것이 아니고, 계월이 자신의 남편 보국을 조롱하는 것이다.

02 [정답] ②

해설 위태한 상황을 일컫는 사자성어로 사면초가(四面楚歌), 누란지위(累卵之危), 초미지급(焦眉之急), 백척간두(百尺竿頭), 위기일발(危機一髮), 풍전등화(風前燈火), 명재경각(命在頃刻), 일발천균(一髮千鈞) 등이 있다.

[오답 피하기] ① '권토중래'는 한 번 패했다가 세력을 회복하여 다시 쳐들어오다 즉 실패 후에 재기하는 것을 이르는 말.

③ '각주구검'은 시세의 변천도 모르고 낡은 것만 고집하는 미련하고 어리석음을 비유적으로 이르는 말.

④ '와신상담'은 거북한 섶에 누워 자고 쓴 쓸개를 맛본다는 뜻으로, 원수를 갚으려 하거나 실패한 일을 다시 이루고자 굳은 결심을 하고 어려움을 참고 견디는 것을 이르는 말.

03 [정답] ④

해설 허균의 「남궁선생전」은 선생인 남궁두가 허균과 주고받은 대화를 통해 조선 사회의 기본 종교인 유교사상 뿐만 아니라 도교사상도 배제할 수 없음에 대해 허심탄회하게 보여 주고 있다. 인물의 행동이나 암시적인 비유가 아니라 인물 간의 대화에서 허균의 작품 창작 의도가 드러나고 있다.

04 [정답] ②

해설 남궁두는 과거 사람을 죽일 뻔한 전력을 갖고 있는 자로 새롭게 태어나고자, 다시 말하면 득도하고자 치상산에 들어간 것이다. 비록 도의 경지에 이르는 것에 실패했지만, 이에 이르고자 한 목적이 자신의 명성을 의식해서는 절대 아니다. 오히려 명성이나 부와 같은 속세의 명분이 아니라 덕행을 쌓고 마음을 단련하기 위함이었다.

05 [정답] ③

해설 서술자는 사건의 진행과정을 보여 주고 있을 뿐 직접적으로 개입하여 과거 사건을 요약, 제시하지 않고 있다. 또한 몽환소설의 형식으로 서사가 진행되지만 이곳에서 인물들의 좌절과 원망을 그리고 있을 뿐, 현실 극복의 의지는 보이지 않는다. 이 글의 핵심은 요, 순, 우, 탕 등의 임금의 시절을 통해 현실의 좌절감을 극대화하는 서사적 전략에 있다. 따라서 답은 ③번이다.

06 [정답] ②

해설 복건을 쓴 사람은 요, 순, 우, 탕 등 임금이 임금의 자리를 물려 받은 자가 임금을 배신하는 명분을 가졌으니, 네 임금이 잘못된 선례를 남긴 것이라고 생각하였다. 따라서 나라 흥망의 원인을 네 임금에서 찾고 있으므로 위정자의 권력 욕망이 나라를 망하게 했다는 것은 잘못된 감상이다.

기출과 EBS를 재해석한 기출예상문제

–「조신의 꿈」

01 [정답] ③

해설 작품 앞부분의 상세한 공간적 배경, 중반부의 지명, 끝 부분의 '정토사' 등의 구체적 장소 지정은 전설이 가지는 특징적 요소로, 이야기가 진실한 것임을 드러내는 의도적 장치이다.

[오답 피하기] ① 서술자가 작품의 내부에 위치한다는 것은 서술자가 등장인물이란 말이므로 옳지 않다.

② 서술자가 전지적 입장에서 서술하고 있을 뿐, 작품에 개입하여 설명적인 논평을 행한 부분은 찾을 수 없다.

④ 시간 순차 구성으로 전개시키고 있다.

02 [정답] ③

해설 ㉢과 ㉤에 나타난 인물의 기쁨은 성격이 전혀 다르다. ㉢은 욕망을 성취한 기쁨을 표현한 것이며, ㉤의 기쁨은 인간의 욕망으로 인한 고통에서 벗어난 기쁨을 의미한다.

03 [정답] ③

해설 〈보기〉의 시는 가난으로 인한 한(恨)을 지니면서도 그것을 사랑으로 극복해 내는 서민들의 삶의 애환을 박 타는 '흥부 부부'를 소재로 하여 표현하고 있다. 이 작품의 조신과 흥부 부부에게 공통적인 것은 가난한 상황이다. 그러나 그러한 상황에 대한 태도는 서로 상반된다.

04 [정답] ④

해설 작품의 전개 구조를 도식화한 것이다. 갈등 해소의 계기가 된 것은 아내와의 이별이 아니라 꿈에서 깨어난 것이고, 이것은 관음보살의 뜻에 의한 것이다. 이별은 세속적 삶의 괴로움을 말하는 ⓒ에 속한다.

–「조웅전」

05 [정답] ④

해설 장 소저의 생사를 걱정하는 모친을 위로하기 위해 애쓰고 있다.

06 [정답] ④

해설 서술자의 개입은 드러나지만, 서술자가 인물의 미래에 대해 직접 설명하지는 않는다.

07 [정답] ②

해설 선문을 통해 암시가 된다.

08 [정답] ③

해설 위 부인은 경황이 없는 상태여서 조웅을 알아보지도 못하고 있다.

–「수궁가」

09 [정답] ②

해설 주관이 확고하지 못하여 변덕이 심한 모습을 보여 주고 있다. ① 전혀 상황을 주도하고 있지 못하다. ③ 상대를 골탕 먹이기 위하여 일부러 머뭇거리는 것이라고 볼 수 없다. 오히려 머뭇거리면서도 은근히 별주부가 자신을 놓고 갈까 걱정하고 있다. ④ 토끼에게는 의지라고 말할 수 있을 만한 것이 없다.

10 [정답] ③

해설 자신의 처지에 대해 토끼의 동정심을 유발하는 부분은 찾아볼 수 없다.

11 [정답] ②

해설 산문체와 율문체가 모두 나타나 있다.

12 ④

해설 아니리는 판소리 중에서 장단과는 다르게 이야기하듯 말하는 부분이다.

–「숙영낭자전」

13 [정답] ①

해설 '그 기품 있는 체모와 아리따운 얼굴이 도저히 인간이라고는 믿어지지 않았다.', '부모는 기뻐하여 낭자를 애지중지하고' 등의 구절에서 백상군 부부가 숙영을 매우 흡족해 했음을 알 수 있다.

[오답 피하기] ② '잠자리에 누워 있던 낭자가 크게 놀라며 일어나 앉았다.'라는 구절과 이어지는 발언을 보면, 숙영은 남편이 돌아올 것을 예상하지 못했다.

③ 백공은 '동별당'에 숨어든 남자가 아들인 선군인지조차도 모르고 있다.

④ 하인은 선군이 밥을 먹지 않는 것을 근심하고 있다.

14 [정답] ④

해설 숙영은 남편인 선군이 과거를 보지 않았을 때 초래하게 될 문제점들을 근거로 설득하고 있을 뿐, 상대방이 얻게 될 현실적 이득을 나열하지는 않았다.

[오답 피하기] ① '낭군께서 이번 과거에 급제하시지 못하고 낙방거사가 되어 돌아오신다면 저는 결코 살지 아니할 것이옵니다.'에서 확인할 수 있다.

② '남의 웃음을 면하시도록 유념하소서.'에서 확인할 수 있다.

③ '입신양명하여 부모님을 영화롭게 하여 드리는 것이 자식된 도리입니다.'에서 확인할 수 있다.

15 [정답] ④

해설 선군은 과거와 아내 사이에서 갈등하고 있다고 할 수 없다. 그는 벼슬에 대해 별다른 의미를 부여하지 않고 있으며, 과거는 단지 부모의 요구와 아내의 권유로 인해 시도해 보는 것일 뿐이다.

[오답 피하기] ① 부모의 허락 없이 숙영을 집으로 데리고 온 것에서 부모의 결정이 절대적이었던 기존의 혼인 문화에서 탈피하는 모습을 읽을 수 있다.
② 선군은 기존의 가치관에서 중요시하던 '입신양명'보다 아내와 함께 지내며 느끼는 '애정'에 대해 더 큰 가치를 부여하고 있다.
③ 벼슬아치에 대해 별다른 의미를 두지 않는 선군은 유교적 가치관에서 탈피한 인물이라고 할 수 있다.

16 **[정답]** ③

해설 과거를 보러 서울로 가라는 부모의 말에 복종하지 않는 선군의 태도는 유교적인 도덕 관념인 효(孝)에 충실하지 못함을 보여 준다.

– 이첨, 「저생전」

17 **[정답]** ②

해설 ㄴ. 저생은 「국사」를 편찬하면서 '위수'와 대립하고 「춘추」를 두고 '왕안석'과 대립하고 있다. 이러한 대립을 통해 저생의 곧고 바른 성품이 드러난다. 이처럼 다른 인물과의 대립을 통해 저생의 성품과 업적을 드러내고 있다. ㄷ. 저생은 종이를 의인화한 인물로 사건은 시간의 흐름에 따라 전개되고 있다.

18 **[정답]** ③

해설 저생은 송나라 때에 정주학의 모든 선비들과 함께 문명의 좋은 정치를 이룩했으며, 사마온공이 「자치통감」을 편찬할 때 저생이 박식하고 아담하다고 해서 늘 옆에 두고 물어서 썼다고 했다. 따라서 저생이 '주도적인 역할을 했다.'는 진술은 글의 내용을 잘못 파악한 것이다.

19 **[정답]** ②

해설 〈보기〉에서 작가 이첨은 여러 왕과 왕조를 섬기며 화려한 벼슬살이를 했음을 짐작할 수 있다. 이 글에서 저생도 역시 여러 왕조를 거치면서 여러 가지 벼슬에 올랐다. 그러나 그런 한편으로 송나라 때 왕안석의 평론을 비판하다가 배척당하여 쓰이지 못하기도 했는데, 이는 작가 이첨이 직언을 하다 배척을 당하기도 했다는 사실과 연관 지을 수 있다.

20 **[정답]** ①

해설 도입부에서는 주인공 저생에 대한 소개와 함께 집안 취향, 학문에 대해 설명하고 있을 뿐, '작가의 평가'는 제시되어 있지 않다.

21 **[정답]** ③

해설 재주가 뛰어나다는 의미이다. 이것과 관련이 없는 것은 ③ 거두절미(부차적인 설명을 빼어 버리고 사실의 요점만 말하다.)이다.

[문학 - 극/수필]

– 함세덕, 「동승」

01 **[정답]** ②

해설 주지는 속세의 세상을 부정적으로 생각하고 있다.

02 **[정답]** ③

해설 도념은 주지와 같이 종교적인 신념이 강한 것이 아니라 어머니에 대한 그리움이 더욱 크다.

03 **[정답]** ④

해설 미망인이 지은 죄도 많은데 젖덩이인 도념을 데려가면 안 된다고 설득하고 있다

04 **[정답]** ④

해설 희곡에서는 서술자가 나타나지 않는다. 서술자가 나타나는 것은 서사 갈래만의 특징이다.
[오답 피하기] ① 무대 위에서 현재형으로 공연되는 것을 목표로 하고 있기 때문이다.
② 희곡에는 인물의 행동을 지시하는 행동 지시문이 있다.
③ 희곡은 무대 위에서 공연되는 것을 목적으로 한다.

–「하회 별신굿 탈놀이」

05 **[정답]** ③

해설 이 글과 같은 전통극은 배우와 관객 간의 거리가 가까우며 관객이 공연 중에 능동적으로 참여하기도 한다. 배우와 관객 사이의 벽은 서양 정통극에서 존재한다.

06 **[정답]** ④

해설 선비는 벼슬길에 오르지 못한 상층을 대변하는 인물로, 양반보다 벼슬이 우위에 있다고 볼 수 없다.

07 **[정답]** ④

해설 말뚝이와 초랭이는 둘 다 양반을 조롱하며 풍자하고 있다.

08 **[정답]** ③

해설 양반과 선비의 대화에서는 '팔대부', '문상시대', '팔서육경' 등 언어유희적 표현이 나타나는데, 이를 통해 이 둘은 자연스럽게 희화화되고, 이들의 무지와 허위의식이 폭로된다.

– 권근, 「주옹설」

09 **[정답]** ③

해설 손과 주옹 사이에 생각의 차이는 있지만 본격적인 갈등이 있지는 않다. 또한 손과 주옹 사이에 긴박한 사건은 없으며, 다만 손의 질문에 대해 주옹이 대답하는 방식으로 글이 전개된다.

10 **[정답]** ③

해설 굳이 위태로움을 찾아가서 사는 것이 불필요하다고 볼 수도 있지만, 주옹은 안일함 속에서 살다가 위기가 왔을 때 제대로 대처하지 못하기보다는 늘 위태로움 속에 살면서 조심하는 삶이 바람직하다고 주장한다.
[오답 피하기] ① 위험을 극복하는 것이 아니라, 위태로움 속에서 중용을 지켜 평온함을 유지하는 자세가 필요하다.
② 주옹은 직업 때문이 아니라 경계하고 조심하는 삶을 위해 배 위에서의 생활을 선택한 것이다.

④ 중용을 지키는 것은 필요하지만 땅에서는 안일함에 빠질 수 있으므로, 주옹은 위태로움의 공간인 배 위에서 살 것을 주장한다.

11 **[정답]** ②

해설 주옹이 언제부터 배 위에서 생활하게 되었는지는 글의 내용에 나타나지 않으므로, 이 글을 읽고 알 수 없다.

12 **[정답]** ④

해설 주옹은 '위험한 곳(물, 배 위)'에서 '중용'을 지키는 삶을 추구한다.

13 **[정답]** ④

해설 ㉣은 '사람의 마음은 변화가 많다.'라는 뜻이므로 '변화불측(變化不測)', '변화무쌍(變化無雙)' 등의 한자 성어가 적절하다.

[오답 피하기] ① 몹시 어렵고 위태로운 지경을 이르는 말.

② 매우 위태로운 처지에 놓여 있음을 비유적으로 이르는 말.

③ 미리 준비가 되어 있으면 걱정할 것이 없음.

수학

1 함수

출제경향이 보이는 가천대 기출문제

01 [정답] ②

$f(x)=\begin{cases} ax+1 & (x<0) \\ \frac{1}{2}x+1 & (x \ge 0) \end{cases}$ 이므로 $f(x)$가 일대일 대응이 되려면

함수 $y=f(x)$의 그래프는 a의 값에 관계없이 항상 점 $(0,\ 1)$을 지난다. $x \ge 0$에서 직선의 기울기가 양수이므로 $x<0$에서 직선의 기울기도 양수이어야 한다. 즉, $a>0$

02 [정답] ②

$g(2)=a$라 하면 $f(2)=4$에서 $f(g(2))=f(a)=4$이므로

$a=2$, 즉 $g(2)=2$ 또 $f(3)=3$에서 $g(3)=4$

$\therefore (g \circ f)(1)+(f \circ g)(3)=g(2)+f(4)$

$=2+1=3$

03 [정답] ②

$a=-1$ 또는 $b=2$이면 $f(a)f^{-1}(b)=0$

(ⅰ) $a=-1$일 때

$f(a)f^{-1}(b)=0$을 만족시키는 순서쌍은

$(-1,-2)$, $(-1,-1)$, $(-1,0)$, $(-1,1)$, $(-1,2)$이다.

따라서 구하는 식의 최솟값은

$a^2+b^2=(-1)^2+0=1$

(ⅱ) $b=2$일 때

$f(a)f^{-1}(b)=0$을 만족시키는 순서쌍은

$(-2,-2)$, $(-1,-2)$, $(0,-2)$, $(1,-2)$, $(2,-2)$이다.

따라서 구하는 식의 최솟값은

$a^2+b^2=(-2)^2+0=2$

(ⅰ), (ⅱ)에서 구하는 식의 최솟값은

$a^2+b^2=1$

04 [정답] ③

ㄱ. 점근선은 $x=-a$, $y=c$

ㄴ. $a>0$, $b>0$, $c>0$이므로 그래프는 다음과 같다.

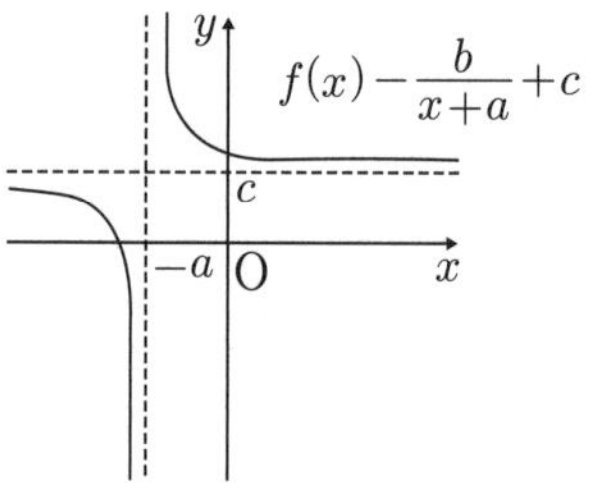

따라서 제 1, 2, 3사분면은 지나지만 제 4사분면은 지나지 않는다.

ㄷ. $abc \ne 0$이면 $f(x)$의 정의역의 서로 다른 원소가 공역의 서로 다른 원소와 대응되므로 이 함수는 일대일함수이다.

05 [정답] ④

(ⅰ) $x<0$일 때 $y=\sqrt{-x+x}=0$

(ⅱ) $x \ge 0$일 때 $y=\sqrt{x+x}=\sqrt{2x}$

(ⅰ), (ⅱ)에서 $y=\sqrt{x+|x|}$는 $y=0$ 또는 $y=\sqrt{2x}$

$y=x+k$의 기울기는 1이므로 직선 $y=x+k$가 곡선 $y=\sqrt{x+|x|}$과 두 점에서 만나려면

원점을 지나거나 $x>0$에서 이 곡선에 접해야 한다.

접점의 좌표를 구하면

$\frac{d}{dx}\sqrt{2x}=\frac{1}{\sqrt{2x}}=1$에서 $(\frac{1}{2},1)$

즉, $k=\frac{1}{2}$이고 원점을 지나는 경우는 $k=0$이므로 $\alpha=\frac{1}{2}$, $\beta=0$

$\therefore \alpha^2+\beta^2=\left(\frac{1}{2}\right)^2+0=\frac{1}{4}$

기출과 EBS를 재해석한 기출예상문제

01 [정답] ④

$(g \circ f)(1)+(f \circ g)(2)=g(f(1))+f(g(2))$

$=g(3)+f(5)=10+3$

$=13$

02 [정답] ③

$g^{-1}(1)=k$로 놓으면 $g(k)=1=f(2k+1)$

한편, $f^{-1}(1)=3$에서 $f(3)=1$이므로

$2k+1=3$

$\therefore k=1$

$\therefore g^{-1}(1)=1$

03 [정답] ④

$f(x)=|x-1|+\frac{a}{2}x-2$에서

(ⅰ) $x \ge 1$일 때

$f(x)=x-1+\frac{a}{2}x-2$

$=(\frac{a}{2}+1)x-3$

(ⅱ) $x<1$일 때

$f(x)=-(x-1)+\frac{a}{2}x-2$

$=-x+1+\frac{a}{2}x-2$

$=(\frac{a}{2}-1)x-1$

(ⅰ), (ⅱ)에 의하여

$f(x)=\begin{cases} (\frac{a}{2}+1)x-3 & (x \ge 1) \\ (\frac{a}{2}-1)x-1 & (x<1) \end{cases}$

함수 $f(x)$가 역함수를 가지려면 $f(x)$는 일대일대응이어야 하므로 함수 $f(x)$는 증가함수 또는 감소함수이다.

함수 $f(x)$의 구간에 따른 각각의 직선의 기울기의 부호는 서로 같아야 하므로 두 직선의 기울기의 곱은 항상 양수이다.

$(\frac{a}{2}+1)(\frac{a}{2}-1)>0$

$\therefore a<-2$ 또는 $a>2$

따라서 $a<-2$ 또는 $a>2$를 만족시키는 a의 값은 3이다.

04 **[정답]** ①

점근선의 방정식이 $x=2, y=-1$인 유리함수는

$y=\frac{k}{x-2}-1\ (k\neq 0)$ …… ㉠

로 나타낼 수 있다.

ㄱ. 주어진 조건에서 ㉠의 그래프가 점 $(0, 2)$를 지나므로

$2=\frac{k}{0-2}-1 \quad \therefore k=-6$

$k=-6$을 ㉠에 대입하여 정리하면,

$y=\frac{-6}{x-2}-1=\frac{-6-(x-2)}{x-2}=\frac{-x-4}{x-2}$

$\frac{-x-4}{x-2}=\frac{-x+b}{x+a}$이므로

$a=-2, b=-4$(참)

ㄴ. $y=\frac{-x-4}{x-2}$의 x절편을 구하면

$y=0$일 때 $x=-4$(거짓)

ㄷ. $y=\frac{-6}{x-2}-1$의 그래프는 $y=\frac{-6}{x}$의 그래프를 x축의 방향으로 2만큼, y축의 방향으로 -1만큼 평행이동한 것이다. 그런데 $y=\frac{-6}{x}$의 그래프는 직선 $y=\pm x$에 대하여 대칭이므로 $y=\frac{-x-4}{x-2}$의 그래프는 직선 $y=\pm x$를 x축의 방향으로 2만큼, y축의 방향으로 -1만큼 평행이동한 직선에 대하여 대칭이다.

따라서 $y=\pm x$에 x대신 $x-2$, y대신 $y+1$을 대입하면

$y+1=\pm(x-2)$

$\therefore y=x-3$ 또는 $y=-x+1$

따라서 직선 $y=x-3$ 또는 $y=-x+1$에 대하여 대칭이다.(거짓)

따라서 옳은 것은 ㄱ뿐이다.

05 **[정답]** ②

$y=\frac{2x+5}{x+1}=\frac{2(x+1)+3}{x+1}=\frac{3}{x+1}+2$이므로 이 그래프를 x축의 방향으로 1만큼, y축의 방향으로 -2만큼 평행이동하면

$y=\frac{3}{x}$의 그래프와 일치한다.

따라서 $a=1, b=-2, k=3$이므로

$a+b+k=2$

06 **[정답]** ④

유리함수 $y=\frac{a}{x+3}-2$의 점근선의 방정식이 $x=-3, y=-2$이므로 이 그래프가 모든 사분면을 지나기 위해서는 그림과 같이 $a>0$ 또 $x=0$에서의 의 y값이 양수이어야 하므로

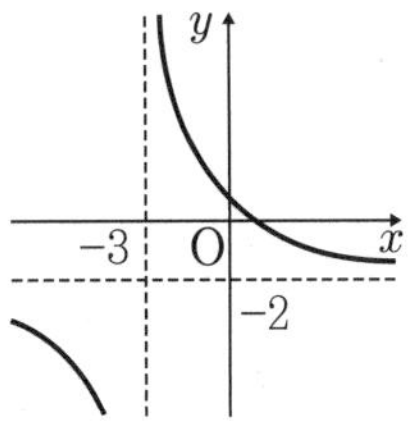

$\frac{a}{0+3}-2>0, a-6>0$

$\therefore a>6$

07 **[정답]** ④

직선 $y=m(x+1)+1$은 m의 값에 관계없이 점 $(-1, 1)$을 지나는 직선이고, $y=\frac{2}{x+1}+1$의 그래프와 만나도록 하는 m의 값의 범위는 $m>0$

따라서 m의 값으로 적당한 것은 $\frac{1}{2}$이다.

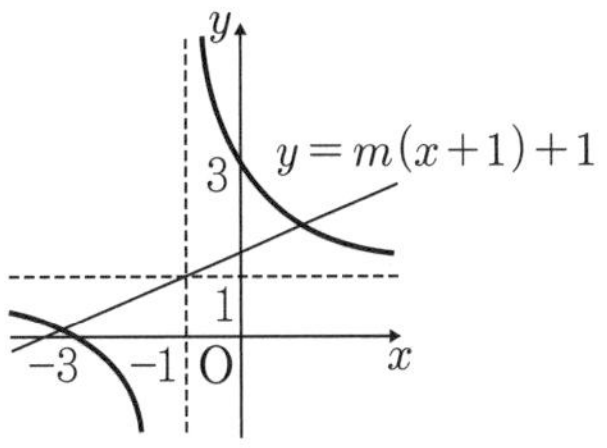

08 **[정답]** ②

$y=\sqrt{-x+1}$의 그래프를 x축의 방향으로 2만큼, y축의 방향으로 -1만큼 평행이동하면 $y=\sqrt{-(x-2)+1}-1$

$\therefore y=\sqrt{-x+3}-1$

이 그래프를 x축에 대하여 대칭이동하면

$-y=\sqrt{-x+3}-1$

$\therefore y=-\sqrt{-x+3}+1$

$\therefore a=-1, b=3, c=1$

$\therefore abc=\ 3$

09 **[정답]** ③

역함수 $g(x)$의 정의역은 함수 $f(x)$의 치역이므로

$f(x)=-\sqrt{x-2}+5$

$\therefore a=-2, b=5$

$\therefore a+b=3$

10 **[정답]** ③

$n(A\cap B)$는 두 함수 $y=\sqrt{x+1}, y=x+k$의 교점의 개수이므로 서로 다른 두 점에서 만나려면 직선 $y=x+k$의 위치는 (ⅰ), (ⅱ)의 사이 또는 (ⅱ)이어야 한다.

(ⅰ) 직선 $y=x+k$가 무리함수

$y=\sqrt{x+1}$의 그래프에 접할 때,

$\sqrt{x+1}=x+k$

양변을 제곱하면 $x+1=x^2+2kx+k^2$

$\therefore x^2+(2k-1)^2+k^2-1=0$

이 이차방정식의 판별식을 D라 하면

$D=(2k-1)^2-4(k^2-1)=0$

$-4k+5=0 \quad \therefore k=\frac{5}{4}$

(ⅱ) 직선 $y=x+k$가 점 $(-1, 0)$을 지날 때,

$0=-1+k \quad \therefore k=1$

(ⅰ), (ⅱ)에서 무리함수 $y=\sqrt{x+1}$의 그래프와 직선 $y=x+k$가 서로 다른 두 점에서 만나려면 $1 \le k < \frac{5}{4}$

2 등차수열과 등비수열

출제경향이 보이는 가천대 기출문제

01 [정답] ①

첫째 항을 a, 공차를 d라 놓으면

$a_2=5$에서 $a_2=a+d=5$ $a_9=a+8d=19$ …… ㉠

$a_9=19$에서 …… ㉡

이므로 ㉠과 ㉡을 연립하면 $a=3,\ d=2$

따라서 $a_n=2n+1$이므로 a_n의 합 S_n은

$S_n=\sum_{k=1}^{n} a_k=\sum_{k=1}^{n}(2k+1)$

$=2\sum_{k=1}^{n} k+n=2\left\{\frac{n(n+1)}{2}\right\}+n$

$\therefore a_1+a_2+a_3+\cdots+a_7+a_8$

$=\sum_{n=1}^{8} a_n=2\left\{\frac{8(8+1)}{2}\right\}+8=80$

다른 풀이

$a_n=2n+1$이고 $a_1=3,\ a_8=17$이므로 a_n의 합 S_n은

$S_n=\frac{n(a+l)}{2}$이므로

$a_1+a_2+a_3+\cdots+a_7+a_8=S_8=\frac{8(3+17)}{2}=80$

02 [정답] ④

첫째 항을 a, 공비를 r라 놓으면 등비수열 $a_n=ar^{n-1}$에 대하여

$a=a_1=12$

$a_5a_9=ar^4\times ar^8=a^2r^{12}=18$에서 $r^4=\frac{1}{2}$

$\therefore a_3a_7=ar^2\times ar^6=a^2r^8=144\times\frac{1}{4}=36$

03 [정답] ①

첫째 항을 a, 공차를 d라 놓으면

$a_7+a_{13}=4a_{11}$에서 $a+6d+a+12d=4(a+10d)$

$\therefore a=-11d$ …… ㉠

따라서 $\sum_{k=1}^{20} a_k=\frac{20(2a+19d)}{2}=10$에 ㉠을 대입하면

$d=-\frac{1}{3},\ a=\frac{11}{3}$, 이므로 $a_9=a+8d=\frac{11}{3}-\frac{8}{3}=1$

04 [정답] ②

첫째 항을 a, 공비를 r라 놓으면 $r=2$

$a_1+a_2+a_4=a+2a+8a=55$이므로 $a=5$

$\therefore a_3=5\times2^2=20$

05 [정답] ②

$a,\ 5,\ a+4b$가 등차수열을 이루므로 등차중항 공식에 의하여

$10=a+(a+4b),\ a+2b=5$ …… ㉠

또 $1,\ 2b,\ 4a+6b$가 등비수열을 이루므로 등비중항 공식에 의하여

$(2b)^2=1\times(4a+6b),\ 4b^2=4a+6b$ …… ㉡

㉠에서 $a=-2b+5$이므로 이 식을 ㉡에 대입하면

$4b^2=4(-2b+5)+6b,\ 4b^2+2b-20=0$

$2b^2+b-10=0$

$\therefore b=2(\because b>0)$

$b=2$를 ㉠에 대입하면 $a=1$

$\therefore a+b=3$

기출과 EBS를 재해석한 기출예상문제

01 [정답] ③

등차수열 $\{a_n\}$의 공차를 d라 하면

$a_2+a_3=(2+d)+(2+2d)=16$

$4+3d=16, 3d=12$

$\therefore d=4$

$\therefore a_1+a_2+\cdots+a_{20}=\frac{20\{2\times2+(20-1)\times4\}}{2}=800$

02 [정답] ②

등차수열의 첫째항이 6이므로 공차를 d라 하면

$a_{10}=6+9d=-12$에서 $d=-2$

$\therefore a_n=6+(n-1)\times(-2)=-2n+8$

$n\le4$일 때 $a_n\ge0$이고, $n>4$일 때 $a_n<0$이므로

$|a_1|+|a_2|+|a_3|+\cdots+|a_{20}|$

$=a_1+a_2+a_3+a_4-(a_5+a_6+\cdots+a_{20})$

$=(6+4+2+0)+(2+4+6+\cdots+32)$

$=12+\frac{16(2+32)}{2}$

$=12+272=284$

03 [정답] ②

$2k-5, k^2-1, 2k+3$이 순서대로 등차수열을 이루므로

$2(k^2-1)=(2k-5)+(2k+3)$

$2k^2=4k, 2k(k-2)=0$

$\therefore k=2(\because k\ne0)$

04 [정답] ④

$f(x)=2x^2+x+1$로 놓으면 $f(x)$를 $x-n$으로 나눈 나머지는 $f(n)$이므로 $S_n=2n^2+n+1$

$\therefore a_5=S_5-S_4$

$=(2\times5^2+5+1)-(2\times4^2+4+1)$

$=56-37=19$

05 [정답] ②

수열 $\{a_n\}$의 첫째항을 a, 공비를 r라 하면

$a_3+a_5=ar^2+ar^4$

$=ar^2(1+r^2)=24$ …… ㉠

$a_2a_4=ar\times ar^3$

$=(ar^2)^2=64$ …… ㉡

$a>0, r>0$이므로

㉡에서 $ar^2=8$

이 값을 ㉠에 대입하면 $r=\sqrt{2}, a=4$

$\therefore a_n=4\times(\sqrt{2})^{n-1}$

$\therefore a_9=4\times(\sqrt{2})^8=64$

06 [정답] ①

수열 $\{a_n\}$은 $1, -\frac{1}{2}, \frac{1}{4}, -\frac{1}{8}, \cdots$ 이므로

수열 $\left\{\frac{1}{a_n}\right\}$은 $1, -2, 4, -8, \cdots$

따라서 수열 $\left\{\frac{1}{a_n}\right\}$은 첫째항이 1, 공비가 -2인 등비수열이므로

$\frac{1}{a_n}=1\times(-2)^{n-1}=(-2)^{n-1}$

$\therefore \frac{1}{a_8}=(-2)^7=-128$

07 [정답] ③

두 수열 $\{a_n\}$, $\{b_n\}$의 첫째항을 각각 a, b라 하면

$a_n=a\times 3^{n-1}, b_n=b\times 4^{n-1}$

ㄱ. $\frac{1}{2}a_n=\frac{a}{2}\times 3^{n-1}$

수열 $\left\{\frac{1}{2}a_n\right\}$은 첫째항이 $\frac{a}{2}$, 공비가 3인 등비수열이다.

ㄴ. 수열 $\{a_n\}$은 $a, 3a, 9a, \cdots$이고, 수열 $\{b_n\}$은 $b, 4b, 16b, \cdots$이다. 따라서 수열 $\{a_n-b_n\}$은 $a-b, 3a-4b, 9a-16b, \cdots$이므로 등비수열이 아니다.

ㄷ. $2a_n-a_{n+1}=2a\times 3^{n-1}-a\times 3^n$

$=a(2-3)3^{n-1}=-a\times 3^{n-1}$

수열 $\{2a_n-a_{n+1}\}$은 첫째항이 $-a$, 공비가 3인 등비수열이다.

따라서 등비수열인 것은 ㄱ, ㄷ이다.

08 [정답] ①

이차방정식 $x^2-6x+4=0$의 두 근이 α, β이므로 근과 계수의 관계에서 $\alpha+\beta=6, \alpha\beta=4$

α, p, β가 이 순서대로 등차수열을 이루므로

$2p=\alpha+\beta=6 \qquad \therefore p=3$

α, q, β는 이 순서대로 등비수열을 이루므로

$q^2=\alpha\beta=4 \qquad \therefore q=2(\because q>0)$

$\therefore p+q=3+2=5$

09 [정답] ①

$S_n=2^n+5$에서

$n\ge 2$일 때, $a_n=S_n-S_{n-1}$

$=(2^n+5)-(2^{n-1}+5)$

$=2^n-2^{n-1}=2^{n-1} \quad \cdots\cdots$ ㉠

$n=1$일 때, $a_1=S_1=2^1+5=7$

이때, $a_1=7$은 ㉠에 $n=1$을 대입한 것과 같지 않으므로

$a_1=7, a_n=2^{n-1}(n\ge 2)$

따라서 $a_1=7, a_2=2, a_3=4, a_4=8, a_5=16, a_6=32$이므로 옳지 않은 것은 ①이다.

10 [정답] ②

첫째항을 a, 공비를 r, 첫째항부터 제n항까지의 합을 S_n이라 하면

$S_n=\frac{a(r^n-1)}{r-1}=20 \quad \cdots\cdots$ ㉠

$S_{2n}=\frac{a(r^{2n}-1)}{r-1}$

$=\frac{a(r^n-1)(r^n+1)}{r-1}=10 \quad \cdots\cdots$ ㉡

㉡ ÷ ㉠을 하면 $r^n=-\frac{1}{2}$

$S_{3n}=\frac{a(r^{3n}-1)}{r-1}=\frac{a(r^n-1)(r^{2n}+r^n+1)}{r-1}$

$=\frac{a(r^n-1)}{r-1}\times(r^{2n}+r^n+1)$

$=20\left\{(-\frac{1}{2})^2+(-\frac{1}{2})+1\right\}=20\times\frac{3}{4}=15$

3 수열의 합과 수학적 귀납법

출제경향이 보이는 가천대 기출문제

01 [정답] ③

$a_4+a_5+a_6=(a_1+a_2+a_3+a_4+a_5+a_6)-(a_1+a_2+a_3)$

$=S_6-S_3$

$=\frac{6}{7}-\frac{3}{4}=\frac{3}{28}$

02 [정답] ③

(주어진 식) $=\sum_{n=1}^{8}\left\{\left(\sum_{k=1}^{n}k\right)\times n\right\}=\sum_{n=1}^{8}\left\{\frac{n(n+1)}{2}\times n\right\}$

$=\frac{1}{2}\sum_{n=1}^{8}(n^3+n^2)$

$=\frac{1}{2}\left\{\left(\frac{8\times 9}{2}\right)^2+\frac{8\times 9\times 17}{6}\right\}$

$=648+102=750$

03 [정답] ③

$\sum_{k=1}^{20}a_k(a_k+1)=\sum_{k=1}^{20}a_k^{\ 2}+\sum_{k=1}^{20}a_k=30 \quad \cdots\cdots$ ㉠

$\sum_{k=1}^{20}a_k(a_k-3)=\sum_{k=1}^{20}a_k^{\ 2}-3\sum_{k=1}^{20}a_k=10 \quad \cdots\cdots$ ㉡

㉠ − ㉡을 하면

$4\sum_{k=1}^{20}a_k=20 \qquad \therefore \sum_{k=1}^{20}a_k=5$

이를 ㉠에 대입하면 $\sum_{k=1}^{20}a_k^{\ 2}=25$

$\therefore \sum_{k=1}^{20}(a_k+1)^2=\sum_{k=1}^{20}a_k^{\ 2}+2\sum_{k=1}^{20}a_k+\sum_{k=1}^{20}1$

$=25+2\times 5+1\times 20=55$

04 [정답] ②

$n=1$일 때 $a_1=1+p$

$\sum_{k=1}^{n} a_k = n^2+pn$ (단, $n \geq 1$) …… ㉠

$\sum_{k=1}^{n-1} a_k = (n-1)^2+p(n-1)$ (단, $n \geq 2$) …… ㉡

한편, $\sum_{k=1}^{n} a_k - \sum_{k=1}^{n-1} a_k = a_n$이므로 ㉠-㉡을 하면

$a_n = (n^2+pn)-(n^2-2n+1+pn-p)$

$= 2n+p-1$ (단, $n \geq 2$)

이 식에 $n=1$을 대입한 값이 a_1의 값과 같으므로

$a_n = 2n+p-1$ (단, $n \geq 1$)

$a_1+a_6=(1+p)+(11+p)$

$=2p+12=20$

$\therefore p=4$

즉, $a_n=2n+3$이므로

$a_{10}=2\times10+3=23$

05 [정답] ②

$a_{n+1}=\frac{n+2}{n+1}a_n$에서

$\frac{a_{n+1}}{(n+1)+1}=\frac{a_n}{n+1}$

즉, $\frac{a_{100}}{101}=\frac{a_{99}}{100}=\cdots=\frac{a_1}{2}$ 이므로

$a_{100}=101\times\frac{a_1}{2}=101\times\frac{10}{2}=505$

$\therefore \frac{1}{5}a_{100}=\frac{1}{5}\times505=101$

기출과 EBS를 재해석한 **기출예상문제**

01 [정답] ④

$a_5=a_1+4\times3$

$a_6=a_1+5\times3=(a_1+3)+4\times3=a_2+4\times3$

$a_7=a_1+6\times3=(a_1+2\times3)+4\times3=a_3+4\times3$

$a_8=a_1+7\times3=(a_1+3\times3)+4\times3=a_4+4\times3$

이므로 $a_5-a_1=a_6-a_2=a_7-a_3=a_8-a_4=12$

$\therefore \sum_{k=5}^{8}a_k-\sum_{k=1}^{4}a_k=(a_5+a_6+a_7+a_8)-(a_1+a_2+a_3+a_4)$

$=(a_5-a_1)+(a_6-a_2)+(a_7-a_3)+(a_8-a_4)$

$=12+12+12+12=48$

02 [정답] ①

등차수열 $\{a_n\}$의 공차를 d라 하면

$(a_4+a_6+a_8)-(a_1+a_3+a_5)$

$=(a_4-a_1)+(a_6-a_3)+(a_8-a_5)$

$=3d+3d+3d=9d$

$=56-20=36$

$\therefore d=4$

$\therefore \sum_{k=1}^{10}(a_{k+1}-a_k)=\sum_{k=1}^{10}d=\sum_{k=1}^{10}4=40$

03 [정답] ①

$\sum_{k=1}^{10}2k=2+4+6+\cdots+20$

$\sum_{k=2}^{10}2k=4+6+\cdots+20$

$\sum_{k=3}^{10}2k=6+\cdots+20$

⋮

$\sum_{k=10}^{10}2k=20$

$\therefore \sum_{k=1}^{10}2k+\sum_{k=2}^{10}2k+\sum_{k=3}^{10}2k+\cdots\sum_{k=10}^{10}2k$

$=2+2\times4+3\times6+\cdots+10\times20$

$=2\times1^2+2\times2^2+2\times3^2+\cdots+2\times10^2$

$=\sum_{k=1}^{10}2k^2=2\times\frac{10\times11\times21}{6}=770$

04 [정답] ③

$\sum_{k=1}^{10}(a_k+b_k)$

$=\sum_{k=1}^{10}a_k+\sum_{k=1}^{10}b_k$

$=(a_1+a_2+a_3+\cdots+a_{10})+(b_1+b_2+b_3+\cdots+b_{10})$

$=\frac{10(a_1+a_{10})}{2}+\frac{10(b_1+b_{10})}{2}$

$=5(a_1+a_{10})+5(b_1+b_{10})$

$=5\{(a_1+b_1)+(a_{10}+b_{10})\}$

$=5(10+20)=150$

05 [정답] ④

$\sum_{k=1}^{10}(a_k^2+b_k^2)=\sum_{k=1}^{10}\{(a_k+b_k)^2-2a_kb_k\}$

$=\sum_{k=1}^{10}(a_k+b_k)^2-\sum_{k=1}^{10}2a_kb_k$

$=\sum_{k=1}^{10}(a_k+b_k)^2-2\sum_{k=1}^{10}a_kb_k$

$=40-2\times5=30$

06 [정답] ③

첫째항부터 제항까지의 합을 S_n이라 하면

$\sum_{k=1}^{n}a_k=S_n=n^2$이므로

(i) $n\geq2$일 때,

$a_n=S_n-S_{n-1}=n^2-(n-1)^2$

$=2n-1$ …… ㉠

(ii) $n=1$일 때,

이때, 은 ㉠에 $n=1$을 대입한 것과 같으므로

$a_n=2n-1$

$\therefore \sum_{k=1}^{10}a_k^2=\sum_{k=1}^{10}(2k-1)^2=\sum_{k=1}^{10}(4k^2-4k+1)$

$$=4\sum_{k=1}^{10}k^2-4\sum_{k=1}^{10}k+\sum_{k=1}^{10}1$$

$$=4\times\frac{10\times11\times21}{6}-4\times\frac{10\times11}{2}+1\times10$$

$$=1330$$

07 [정답] ①

$$\frac{3}{1^2}+\frac{5}{1^2+2^2}+\frac{7}{1^2+2^2+3^2}+\cdots+\frac{19}{1^2+2^2+\cdots+9^2}$$

$$=\sum_{k=1}^{9}\frac{2k+1}{\sum_{i=1}^{k}i^2}=\sum_{k=1}^{9}\frac{2k+1}{\frac{k(k+1)(2k+1)}{6}}$$

$$=\sum_{k=1}^{9}\frac{6}{k(k+1)}=6\sum_{k=1}^{9}\frac{1}{k(k+1)}$$

$$=6\sum_{k=1}^{9}\left(\frac{1}{k}-\frac{1}{k+1}\right)$$

$$=6\left\{\left(\frac{1}{1}-\frac{1}{2}\right)+\left(\frac{1}{2}-\frac{1}{3}\right)+\cdots+\left(\frac{1}{9}-\frac{1}{10}\right)\right\}=6\left(\frac{1}{1}-\frac{1}{10}\right)=\frac{27}{5}$$

08 [정답] ②

$$h(n)=(f\circ g)(n)=f(g(n))=f(2n+1)$$
$$=(2n+1-1)(2n+1+1)$$
$$=2n(2n+2)=4n(n+1)$$

$$\therefore \sum_{n=1}^{10}\frac{1}{h(n)}=\sum_{n=1}^{10}\frac{1}{4n(n+1)}$$

$$=\frac{1}{4}\sum_{n=1}^{10}\left(\frac{1}{n}-\frac{1}{n+1}\right)$$

$$=\frac{1}{4}\left\{\left(\frac{1}{1}-\frac{1}{2}\right)+\left(\frac{1}{2}-\frac{1}{3}\right)+\cdots+\left(\frac{1}{10}-\frac{1}{11}\right)\right\}$$

$$=\frac{1}{4}\left(\frac{1}{1}-\frac{1}{11}\right)=\frac{5}{22}$$

09 [정답] ③

$a_{n+1}=\dfrac{a_n+a_{n+2}}{2}$에서 수열 $\{a_n\}$은 등차수열이고

첫째항이 1, 공차가 $a_2-a_1=2$이므로

$a_n=1+(n-1)\times2=2n-1$

$\therefore a_2+a_4+a_6+a_8+a_{10}=3+7+11+15+19=55$

10 [정답] ④

$\dfrac{a_{n+2}}{a_{n+1}}=\dfrac{a_{n+1}}{a_n}$에서 $a_{n+1}^2=a_na_{n+2}$이므로 수열 $\{a_n\}$은 등비수열이다. 이때 공비를 r라 하면 모든 항이 양의 값을 가지므로

$r>0$

$a_3=3r^2=147$에서 $r^2=49$

$\therefore r=7(\because r>0)$

따라서 $a_n=3\times7^{n-1}$ 이므로

$\dfrac{a_{13}}{a_{16}}=\dfrac{3\times7^{12}}{3\times7^5}=7^7$

$\therefore p=7$

4 지수와 로그

출제경향이 보이는 가천대 기출문제

01 [정답] ①

$$(\sqrt[4]{8})^{\frac{2}{3}}\times(\sqrt[6]{36})^{\frac{3}{2}}=\left(2^{\frac{3}{4}\times\frac{2}{3}}\right)\times(2\times3)^{\frac{2}{6}\times\frac{3}{2}}$$
$$=2^{\left(\frac{1}{2}+\frac{1}{2}\right)}\times3^{\frac{1}{2}}$$
$$=2\sqrt{3}$$

02 [정답] ②

$\left(\sqrt{2^5}\right)^{\frac{1}{3}}=\left(2^{\frac{5}{2}}\right)^{\frac{1}{3}}=2^{\frac{5}{6}}$이므로

$2^{\frac{5}{6}}$이 m의 n제곱근이 되려면

$\left(2^{\frac{5}{6}}\right)^n=2^{\frac{5}{6}n}=m$

$\dfrac{5}{6}n$이 자연수여야 하므로 n은 6의 배수여야 한다.

즉, n의 최솟값은 6이고 그때의 m의 값은 $2^5=32$

따라서 $m+n$의 최솟값은

$m+n=32+6=38$

03 [정답] ①

$$(\text{주어진 식})=\sum_{k=1}^{126}\log_2\left(1+\frac{1}{k+1}\right)$$
$$=\sum_{k=1}^{126}\log_2\left(\frac{k+2}{k+1}\right)$$
$$=\log_2\left(\frac{3}{2}\times\frac{4}{3}\times\frac{5}{4}\times\cdots\times\frac{128}{127}\right)$$
$$=\log_2 64=6$$

04 [정답] ③

$\log_3 ab=1$에서 $ab=3$

또 $\log_2(a^2+1)(b^2+1)=4$에서 $(a^2+1)(b^2+1)=16$이므로

$a^2b^2+a^2+b^2+1=16,\ (a+b)^2-2ab+a^2b^2+1=16$

$(a+b)^2=12\ (\because ab=3)$

$\therefore a+b=2\sqrt{3}\ (\because a>0,\ b>0)$

$$\therefore a^3+b^3=(a+b)^3-3ab(a+b)$$
$$=(2\sqrt{3})^3-3\times3\times2\sqrt{3}$$
$$=24\sqrt{3}-18\sqrt{3}=6\sqrt{3}$$

05 [정답] ④

$\log\dfrac{11}{100}=\log11-2$

$\log10^1<\log11<\log10^2$ 이므로 $1<\log11<2$

$\therefore -1<\log11-2<0$

즉, $\log\dfrac{11}{100}=n+\alpha\quad(0\le\alpha<1)$에 대하여

$n=-1,\ \alpha=(\log11-2)-(-1)=\log11-1=\log\dfrac{11}{10}$

$\therefore n^2+10^\alpha=(-1)^2+10^{\log\frac{11}{10}}=1+\frac{11}{10}=\frac{21}{10}=\frac{q}{p}$

따라서 $p=10,\ q=21$이므로

$p+q=31$

기출과 EBS를 재해석한 **기출예상문제**

01 [정답] ③

-27의 세제곱근 중 실수인 것은 $\sqrt[3]{-27}=-3$이므로

$m=1$

2의 네제곱근 중 실수인 것은 $\sqrt[4]{2},\ -\sqrt[4]{2}$ 이므로

$n=2$

$\therefore m+n=3$

02 [정답] ④

$\sqrt[4]{(-3)^4}+\sqrt[5]{-32}+\sqrt[5]{9}\,\sqrt[5]{27}+\sqrt[3]{\sqrt{64}}$
$=|-3|+\sqrt[5]{(-2)^5}+\sqrt[5]{9\times27}+\sqrt[6]{64}$
$=3+(-2)+\sqrt[5]{3^5}+\sqrt[6]{2^6}$
$=3+(-2)+3+2=6$

03 [정답] ④

ㄱ. $(\sqrt[8]{a})^5=\sqrt[8]{a^5}$

ㄴ. $\sqrt{\sqrt[4]{a^5}}=\sqrt[8]{a^5}$

ㄷ. $\sqrt[4]{a\sqrt[2]{a}}=\sqrt[4]{(\sqrt{a})^4\sqrt{a}}=\sqrt[4]{\sqrt{a^5}}=\sqrt[8]{a^5}$

따라서 $\sqrt[8]{a^5}$와 같은 것은 ㄱ, ㄴ, ㄷ이다.

04 [정답] ③

$x+y-2xy=0$의 양변을 xy로 나누면

$\frac{1}{y}+\frac{1}{x}-2=0$

$\therefore \frac{1}{x}+\frac{1}{y}=2$ …… ㉠

$2^{2x}=4^x=k$에서 $4=k^{\frac{1}{x}}$ …… ㉡

$5^{2y}=25^y=k$에서 $25=k^{\frac{1}{y}}$ …… ㉢

㉡×㉢을 하면

$100=k^{\frac{1}{x}+\frac{1}{y}}$

$k^2=100(\because ㉠)\ \therefore k=10(\because k>0)$

$\therefore 2k=20$

05 [정답] ③

$\log_a(\log_2 4)+\log_a(\log_4 8)+\log_a(\log_8 16)$
$=\log_a(\log_2 4\times\log_4 8\times\log_8 16)$
$=\log_a(\frac{\log_2 4}{\log_2 2}\times\frac{\log_2 8}{\log_2 4}\times\frac{\log_2 16}{\log_2 8})$
$=\log_a(\log_2 16)$
$=\log_a 4$

이므로 주어진 조건에서

$\log_a 4=4,\ a^4=4,$
$(a^2-2)(a^2+2)=0$
$(a-\sqrt{2})(a+\sqrt{2})(a^2+2)=0$

따라서 구하는 실수 a는 $\sqrt{2}$이다.

06 [정답] ①

$f(x)=\log_2(1+\frac{1}{x})=\log_2\frac{x+1}{x}$이므로

$f(1)+f(2)+f(3)+\cdots+f(n)$
$=\log_2\frac{2}{1}+\log_2\frac{3}{2}+\log_2\frac{4}{3}+\cdots+\log_2\frac{n+1}{n}$
$=\log_2(\frac{2}{1}\times\frac{3}{2}\times\frac{4}{3}\times\cdots\times\frac{n+1}{n})$
$=\log_2(n+1)=5$

따라서 $n+1=2^5$이므로 $n=31$

07 [정답] ②

$\log_3 ab=\log_3 a+\log_3 b=\log_3 27=\log_3 3^3=3$

$\log_3\frac{b}{a}=\log_3 b-\log_3 a=5$

이때, $\log_3 a=X, \log_3 b=Y$라 하면

$X+Y=3$ …… ㉠
$Y-X=5$ …… ㉡

㉠, ㉡을 연립하여 풀면 $X=-1,\ Y=4$

$\therefore 4\log_3 a+9\log_3 b=4X+9Y$
$=4\times(-1)+9\times4=32$

08 [정답] ③

$\log_3 2=b$에서 $\log_2 3=\frac{1}{b}$

$\therefore \log_6 15=\frac{\log_2 15}{\log_2 6}=\frac{\log_2 3+\log_2 5}{\log_2 2+\log_2 3}$
$=\frac{\frac{1}{b}+a}{1+\frac{1}{b}}=\frac{\frac{1+ab}{b}}{\frac{b+1}{b}}$
$=\frac{ab+1}{b+1}$

따라서 $f(a,b)=\frac{ab+1}{b+1}$이므로

$f(8,9)=\frac{8\times9+1}{9+1}=\frac{73}{10}=7.3$

09 [정답] ③

$10<x<100$이므로
$1<\log x<2$ …… ㉠

$\log x$의 소수 부분이 $\log\frac{1}{x}$의 소수 부분과 같으므로

$\log x-\log\frac{1}{x}=$(정수)
$2\log x=$(정수)
$2<2\log x<4(\because ㉠)$이므로
$2\log x=3$
$\therefore \log x=\frac{3}{2}$

10 [정답] ④

$\log_2 8 < \log_2 9 < \log_2 16$에서 $3 < \log_2 9 < 4$이므로 $n = 3$

$\alpha = \log_2 9 - 3 = \log_2 9 - \log_2 8 = \log_2 \frac{9}{8}$

$$\therefore \frac{n-2^n}{n+2^n} = \frac{3-2^{\log_2 \frac{9}{8}}}{3+2^{\log_2 \frac{9}{8}}} = \frac{3-\frac{9}{8}}{3+\frac{9}{8}} = \frac{5}{11}$$

5 수열의 극한과 급수

출제경향이 보이는 가천대 기출문제

01 [정답] ④

$$\lim_{n\to\infty}\left\{n^2\left(1-\sqrt{1-\frac{3}{n^2}}\right)\right\} = \lim_{n\to\infty} n^2\left\{\frac{1-\left(1-\frac{3}{n^2}\right)}{1+\sqrt{1-\frac{3}{n^2}}}\right\}$$

$$= \lim_{n\to\infty}\frac{3}{1+\sqrt{1-\frac{3}{n^2}}} = \frac{3}{2}$$

02 [정답] ③

$$\sum_{n=1}^{\infty} n^2(a_n - a_{n+1})$$

$$= \lim_{n\to\infty}\sum_{k=1}^{n} k^2(a_k - a_{k+1})$$

$$= \lim_{n\to\infty}\{1^2(a_1-a_2)+2^2(a_2-a_3)+\cdots+n^2(a_n-a_{n+1})\}$$

$$= \lim_{n\to\infty}\{a_1+3a_2+5a_3+\cdots+(2n-1)a_n-n^2a_{n+1}\}$$

$$= \sum_{n=1}^{\infty}\{(2n-1)a_n - n^2a_{n+1}\}$$

$$= 2\sum_{n=1}^{\infty} na_n - \sum_{n=1}^{\infty} a_n$$

$$= 4-1=3$$

03 [정답] ③

모든 n 에 대하여 $x_n < y_n$ 이므로

$$z_n = \frac{x_n+y_n+|x_n-y_n|}{2}$$

$$= \frac{x_n+y_n-x_n+y_n}{2}$$

$$= \frac{2y_n}{2} = y_n$$

$$\therefore \lim_{n\to\infty} y_n = \lim_{n\to\infty}\frac{7n^2+n+1}{3n^2-2} = \frac{7}{3}$$

04 [정답] ③

무한급수가 수렴하므로

$\lim_{n\to\infty}(a_n+2b_n-2)=0$ …… ㉠

$\lim_{n\to\infty}(2a_n+b_n-1)=0$ …… ㉡

㉠과 ㉡을 연립하면 $\lim_{n\to\infty} a_n = 0,\ \lim_{n\to\infty} b_n = 1$

$\therefore \lim_{n\to\infty}(a_n+b_n)=1$

05 [정답] ②

늘어나는 삼각형의 개수가 3, 12, 48로 네 배씩 증가하고 그 넓이는 $\frac{1}{9}$배로 감소하므로

$$S_n = 1+\frac{1}{3}+\frac{1}{3}\times\left(\frac{4}{9}\right)+\frac{1}{3}\times\left(\frac{4}{9}\right)^2+\cdots+\frac{1}{3}\times\left(\frac{4}{9}\right)^{n-1}$$

$$\therefore \lim_{n\to\infty} S_n = 1+\frac{\frac{1}{3}}{1-\frac{4}{9}} = 1+\frac{3}{5} = \frac{8}{5}$$

기출과 EBS를 재해석한 기출예상문제

01 [정답] ②

$$\lim_{n\to\infty}\frac{\sqrt{kn+1}}{n(\sqrt{n+1}-\sqrt{n-1})}$$

$$= \lim_{n\to\infty}\frac{\sqrt{kn+1}(\sqrt{n+1}+\sqrt{n-1})}{n(\sqrt{n+1}-\sqrt{n-1})(\sqrt{n+1}+\sqrt{n-1})}$$

$$= \lim_{nrarrow\infty}\frac{\sqrt{kn+1}(\sqrt{n+1}+\sqrt{n-1})}{2n}$$

$$\lim_{n\to\infty}\frac{\sqrt{k+\frac{1}{n}}\left(\sqrt{1+\frac{1}{n}}+\sqrt{1-\frac{1}{n}}\right)}{2}$$

$$= \frac{2\sqrt{k}}{2} = \sqrt{k}$$

따라서 $\sqrt{k}=5$이므로 k는 25이다.

02 [정답] ③

$n \ge 2$ 일 때,

$a_n = S_n - S_{n-1}$

$= \sqrt{n^2+2n} - \sqrt{(n-1)^2+2(n-1)}$

$= \sqrt{n^2+2n} - \sqrt{n^2-1}$ …… ㉠

이때, $a_1 = S_1 = \sqrt{3}$ 이므로 ㉠에 $n=1$을 대입한 것과 같다.

$\therefore a_n = \sqrt{n^2+2n} - \sqrt{n^2-1}$

$$\therefore \lim_{n\to\infty}\frac{1}{a_n} = \lim_{n\to\infty}\frac{1}{\sqrt{n^2+2n}-\sqrt{n^2-1}}$$

$$= \lim_{n\to\infty}\frac{\sqrt{n^2+2n}+\sqrt{n^2-1}}{(\sqrt{n^2+2n}-\sqrt{n^2-1})(\sqrt{n^2+2n}+\sqrt{n^2-1}}$$

$$= \lim_{n\to\infty}\frac{\sqrt{n^2+2n}+\sqrt{n^2-1}}{2n+1}$$

$$= \lim_{n\to\infty}\frac{\sqrt{1+\frac{2}{n}}+\sqrt{1-\frac{1}{n^2}}}{2+\frac{1}{n}}$$

$$= \frac{1+1}{2} = 1$$

03 **[정답]** ②

$4n^2+2<(2n-1)a_n<4n^2+3$에서

$$\frac{4n^2+2}{4n^2-1}<\frac{(2n-1)a_n}{4n^2-1}<\frac{4n^2+3}{4n^2-1}$$

$$\frac{4n^2+2}{4n^2-1}<\frac{a_n}{2n+1}<\frac{4n^2+3}{4n^2-1}$$

$$\lim_{n\to\infty}\frac{4n^2+2}{4n^2-1}=1, \lim_{n\to\infty}\frac{4n^2+3}{4n^2-1}=1$$

$$\therefore \lim_{n\to\infty}\frac{a_n}{2n+1}=1$$

04 **[정답]** ①

$$f(-3)=\lim_{n\to\infty}\frac{(-3)^n+3}{(-3)^n+1}$$

$$=\lim_{n\to\infty}\frac{1+3\times(-\frac{1}{3})^n}{1+(-\frac{1}{3})^n}=1$$

$$f(\frac{1}{4})=\lim_{n\to\infty}\frac{(\frac{1}{4})^n+3}{(\frac{1}{4})^n+1}=3$$

$$f(1)=\lim_{n\to\infty}\frac{1^n+3}{1^n+1}=\frac{4}{2}=2$$

$$\therefore f(-3)+f(\frac{1}{4})+f(1)=1+3+2=6$$

05 **[정답]** ③

$\lim_{n\to\infty}a_n=\alpha$ (α는 상수)라 하면

$$\lim_{n\to\infty}\frac{4\times3^n-2^{n+1}\times a_n}{3^n\times a_n+2^n}=\lim_{n\to\infty}\frac{4-2a_n\times(\frac{2}{3})^n}{a_n+(\frac{2}{3})^n}=\frac{4}{\alpha}$$

즉, $\frac{4}{\alpha}=3$이므로 $\alpha=\frac{4}{3}$

$$\therefore \lim_{n\to\infty}a_n=\frac{4}{3}$$

06 **[정답]** ③

$2x+y=4^n$ ...... ㉠

$x-2y=2^n$ ...... ㉡

㉠$\times2+$㉡에서 $5x=2\times4^n+2^n$

$$\therefore a_n=x=\frac{2\times4^n+2^n}{5}$$

㉠$-$㉡$\times2$에서 $5y=4^n-2\times2^n$

$$\therefore b_n=y=\frac{4^n-2^{n+1}}{5}$$

$$\therefore \lim_{n\to\infty}\frac{b_n}{a_n}=\lim_{n\to\infty}\frac{\frac{4^n-2^{n+1}}{5}}{\frac{2\times4^n+2^n}{5}}=\lim_{n\to\infty}\frac{4^n-2^{n+1}}{2\times4^n+2^n}$$

$$\therefore \lim_{n\to\infty}\frac{b_n}{a_n}=\lim_{n\to\infty}\frac{\frac{4^n-2^{n+1}}{5}}{\frac{2\times4^n+2^n}{5}}=\lim_{n\to\infty}\frac{4^n-2^{n+1}}{2\times4^n+2^n}$$

$$=\frac{1}{2}$$

따라서 $p=\frac{1}{2}$이므로

$$60p=60\times\frac{1}{2}=30$$

07 **[정답]** ③

급수 $\sum_{n=1}^{\infty}(a_n-\frac{n^3}{1^2+2^2+3^2+\cdots+n^2})$이 수렴하므로

$\lim_{n\to\infty}(a_n-\frac{n^3}{1^2+2^2+3^2+\cdots+n^2})=0$이다.

즉, $\lim_{n\to\infty}\left\{a_n-\frac{n^3}{\frac{n(n+1)(2n+1)}{6}}\right\}=0$에서

$$\lim_{n\to\infty}a_n-\frac{6n^3}{n(n+1)(2n+1)}=0$$

이때, $\lim_{n\to\infty}\frac{6n^3}{n(n+1)(2n+1)}=3$이므로

$$\lim_{n\to\infty}a_n=3$$

08 **[정답]** ③

$2a_n+b_n=c_n, a_n-b_n=d_n$ ...... ㉠

으로 놓으면 $\sum_{n=1}^{\infty}c_n=6, \sum_{n=1}^{\infty}d_n=9$

㉠의 두 식을 연립하여 a_n, b_n을 c_n, d_n으로 나타내면

$$a_n=\frac{1}{3}(c_n+d_n), b_n=\frac{1}{3}(c_n-2d_n)$$

이때, $a_n+b_n=\sum_{n=1}^{\infty}(\frac{2}{3}c_n-\frac{1}{3}d_n)$

$$=\frac{2}{3}\times6-\frac{1}{3}\times9$$

$$=4-3=1$$

09 **[정답]** ④

처음으로 만들어지는 반원의 반지름의 길이는 1, 2이므로

$$S_1=\frac{1}{2}\pi\times1^2+\frac{1}{2}\pi\times2^2$$

두 번째로 만들어지는 반원의 반지름의 길이는 $\frac{2}{3}, \frac{4}{3}$이므로

세 번째로 만들어지는 반원의 반지름의 길이는 $\frac{4}{9}, \frac{8}{9}$이므로

$$S_2=\frac{1}{2}\pi\times(\frac{2}{3})^2+\frac{1}{2}\pi\times(\frac{4}{3})^2$$

⋮

$$\therefore \sum_{n=1}^{\infty}S_n$$

$$=\frac{1}{2}\pi\left\{(1+\frac{2^2}{3^2}+\frac{2^4}{3^4}+\cdots)+(2^2+\frac{2^4}{3^2}+\frac{2^6}{3^4}+\cdots)\right\}$$

$$=\frac{1}{2}\pi(\frac{1}{1-\frac{4}{9}}+\frac{4}{1-\frac{4}{9}})=\frac{9}{2}\pi$$

10 [정답] ①

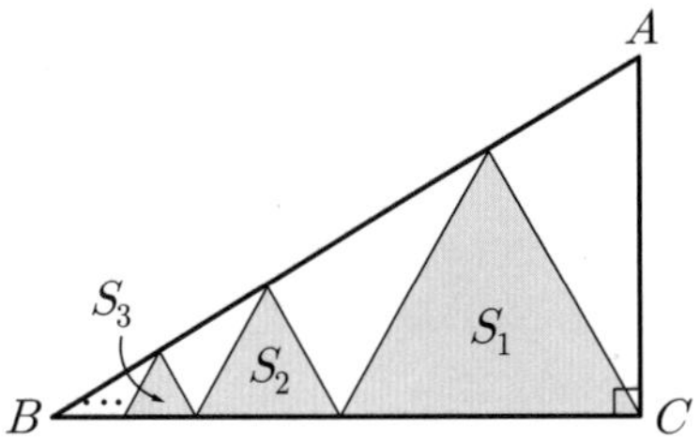

그림에서

$\overline{AC}=\overline{AB}\sin 30°=1, \overline{A_1C}=\overline{AC}\sin 60°=\frac{\sqrt{3}}{2}$이므로

$S_1=\frac{\sqrt{3}}{4}\times(\frac{\sqrt{3}}{2})^2=\frac{3\sqrt{3}}{16}$

ΔA_1B_1C와 $\Delta A_2B_2B_1$은 닮음이고 닮음비가 2 : 1이므로 넓이의 비는 4:1이다. 따라서 구하는 정삼각형의 넓이의 합은

$\frac{3\sqrt{3}}{16}+\frac{3\sqrt{3}}{16}\times\frac{1}{4}+\frac{3\sqrt{3}}{16}\times(\frac{1}{4})^2+\cdots$

$=\frac{\frac{3\sqrt{3}}{16}}{1-\frac{1}{4}}=\frac{\sqrt{3}}{4}$

6 함수의 극한과 연속

출제경향이 보이는 가천대 **기출문제**

01 [정답] ④

$$\lim_{x\to 2-}\frac{-x^2-x+6}{|x-2|}=\lim_{x\to 2-}\frac{-x^2-x+6}{-(x-2)}$$
$$=\lim_{x\to 2-}\frac{-(x+3)(x-2)}{-(x-2)}$$
$$=\lim_{x\to 2-}(x+3)=5$$

02 [정답] ④

ㄱ. $f(x)=\begin{cases}-1 & (x<0)\\ 1 & (x>0)\end{cases}$에서

$\lim_{x\to 0-}f(x)=-1$, $\lim_{x\to 0+}f(x)=1$이므로

$\lim_{x\to 0}f(x)$가 존재하지 않는다. (거짓)

ㄴ. $\lim_{x\to 0}g(x)=0$이므로 $\lim_{x\to 0}f(g(x))=\lim_{x\to 0}f(0)$

ㄱ에서 $\lim_{x\to 0}f(x)$가 존재하지 않으므로 $\lim_{x\to 0}f(g(x))$도 존재하지 않는다. (거짓)

ㄷ. $\lim_{x\to 0}g(x)=0$에서 $\lim_{x\to 0}g(g(x))=\lim_{x\to 0}g(0)=0$ (참)

03 [정답] ①

$2x=t$로 치환하면 $x=\frac{t}{2}$이므로

$x^2-1<\frac{f(2x)}{4}<x^2+1$에서

$\frac{t^2}{4}-1<\frac{f(t)}{4}<\frac{t^2}{4}+1$, $1-\frac{4}{t^2}<\frac{f(t)}{t^2}<1+\frac{4}{t^2}$

$\lim_{t\to\infty}\left(1-\frac{4}{t^2}\right)=\lim_{t\to\infty}\left(1+\frac{4}{t^2}\right)=1$이므로 $\lim_{\to\infty}\frac{f(t)}{t^2}=1$

$\therefore \lim_{x\to\infty}\frac{f(x)}{x^2}=1$

04 [정답] ④

이차함수 $f(x)$가 $x=2$에서 최댓값을 가지므로

$f(x)=a(x-2)^2+b$라 둘 수 있다.

$$\therefore \lim_{x\to\infty}\frac{f(x+2)-f(x)}{ax+1}=\lim_{x\to\infty}\frac{a\{x^2-(x-2)^2\}}{ax+1}$$
$$=\lim_{x\to\infty}\frac{a(4x-4)}{ax+1}=4$$

05 [정답] ②

$f(x-a)$는 $f(x)$를 x축의 방향으로 a만큼 평행이동한 그래프이다. $f(x)$는 $x=0$에서 불연속이므로, $f(x)f(x-a)$가 실수 전체에서 연속이 되려면, $x=0$, $x=a$에서 연속이 되어야 한다. 이를 만족시키는 a의 값은 -1, 0, 1이다.

따라서 a의 값의 합은 $-1+0+1=0$

기출과 EBS를 재해석한 **기출예상문제**

01 [정답] ①

$\lim_{x\to -1+}f(x)=\lim_{x\to -1+}(x^2+a)=1+a$

$\lim_{x\to -1-}f(x)=\lim_{x\to -1-}(x^2-x-2a)=1+1-2a=2-2a$

즉, $\lim_{x\to -1+}f(x)=\lim_{x\to -1-}f(x)$이어야 하므로

$1+a=2-2a$

$\therefore a=\frac{1}{3}$

02 [정답] ①

$f(x)$가 다항함수이고, $\lim_{x\to\infty}\frac{f(x)}{x^3}=0$이므로 $f(x)$는 2차 이하의 다항함수이다.

$f(x)=ax^2+bx+c$(a, b, c는 상수)로 놓으면

$\lim_{x\to 0}\frac{f(x)}{x}=\lim_{x\to 0}\frac{ax^2+bx+c}{x}=5$에서

$x\to 0$일 때 (분모)$\to 0$ 이므로 (분자)$\to 0$ 이어야 한다.

$f(0)=0$ $\therefore c=0$

즉, $\lim_{x\to 0}\frac{ax^2+bx}{x}=\lim_{x\to 0}(ax+b)=5$

$\therefore b=5$

또, 방정식 $f(x)=x$의 한 근이 -2이므로 $f(-2)=-2$에서

$4a-10=-2$ $\therefore a=2$

따라서 $f(x)=2x^2+5x$이므로 $f(1)=2+5=7$

03 [정답] ④

$f(x)-2g(x)=h(x)$로 놓으면

$g(x)=\frac{f(x)-h(x)}{2}$, $\lim_{x\to\infty}h(x)=2$

$$\therefore \lim_{x\to\infty}\frac{f(x)+2g(x)}{f(x)-g(x)}=\lim_{x\to\infty}\frac{f(x)+f(x)-h(x)}{f(x)-\frac{f(x)-h(x)}{2}}$$

$$=\lim_{x\to\infty}\frac{4f(x)-2h(x)}{f(x)+h(x)}$$

$$=\lim_{x\to\infty}\frac{4-2\times\frac{h(x)}{f(x)}}{1+\frac{h(x)}{f(x)}}$$

$$=\frac{\lim_{x\to\infty}4-2\lim_{x\to\infty}\frac{h(x)}{f(x)}}{\lim_{x\to\infty}1+\lim_{x\to\infty}\frac{h(x)}{f(x)}}$$

$$=4\left(\because \lim_{x\to\infty}\frac{h(x)}{f(x)}=0\right)$$

04 [정답] ③

$x-2=t$로 놓으면 $x\to2$일 때, $t\to0$이므로

$$\lim_{x\to2}\frac{f(x-2)}{x-2}=\lim_{t\to0}\frac{f(t)}{t}=3$$

$$\therefore \lim_{x\to0}\frac{f(x)}{x}=3$$

$$\therefore \lim_{x\to0}\frac{x-2f(x)}{x^2+f(x)}=\lim_{x\to0}\frac{1-2\times\frac{f(x)}{x}}{x+\frac{f(x)}{x}}$$

$$=\frac{\lim_{x\to0}1-2\lim_{x\to0}\frac{f(x)}{x}}{\lim_{x\to0}x+\lim_{\to0}\frac{f(x)}{x}}$$

$$=\frac{1-6}{0+3}$$

$$=-\frac{5}{3}$$

05 [정답] ②

양수 x에 대하여 $1<4x+1<f(x)<4x+3$이므로

$(4x+1)^2<\{f(x)\}^2<(4x+3)^2$

$$\therefore \frac{(4x+1)^2}{x^2+1}<\frac{\{f(x)\}^2}{x^2+1}<\frac{(4x+3)^2}{x^2+1}$$

이때, $\lim_{x\to\infty}\frac{(4x+1)^2}{x^2+1}=16$, $\lim_{x\to\infty}\frac{(4x+3)^2}{x^2+1}=16$ 이므로

$$\lim_{x\to\infty}\frac{\{f(x)\}^2}{x^2+1}=16$$

06 [정답] ②

$x\to1-$일 때, $g(x)=-1$이므로

$$\lim_{x\to1-}f(g(x))=f(-1)=0$$

$f(x)=t$로 놓으면 $x\to-1+$일 때, $t\to1-$이므로

$$\lim_{x\to-1+}g(f(x))=\lim_{t\to1-}g(t)=-1$$

$$\therefore \lim_{x\to1-}f(g(x))+\lim_{x\to-1+}g(f(x))$$

$$=0+(-1)=-1$$

07 [정답] ①

함수 $f(x)$가 모든 실수 x에 대하여 연속이려면 $x=-1$, $x=1$에서 연속이어야 한다.

(ⅰ) $x=-1$에서 연속이어야 하므로

$\lim_{x\to-1-}f(x)=\lim_{x\to-1+}f(x)=f(-1)$에서

$3=-1-a+b$

$\therefore a-b=-4$ …… ㉠

(ⅱ) $x=1$에서 연속이어야 하므로

$\lim_{x\to1-}f(x)=\lim_{x\to1+}f(x)=f(1)$에서

$-1=-1+a+b$

$\therefore a+b=0$ …… ㉡

㉠, ㉡을 연립하여 풀면 $a=-2$, $b=2$

$\therefore 3a+b=-4$

08 [정답] ④

(ⅰ) $|x|<1$일 때, $\lim_{n\to\infty}x^n=0$이므로

$$f(x)=\frac{2x+3}{b}$$

(ⅱ) $x=1$일 때, $\lim_{n\to\infty}x^n=1$이므로

$$f(1)=\frac{a+5}{1+b}$$

(ⅲ) $|x|>1$일 때, $\lim_{n\to\infty}\frac{1}{x^n}=0$이므로

$$f(x)=\lim_{n\to\infty}\frac{ax^2+\frac{2x}{x^n}+\frac{3}{x^n}}{1+\frac{b}{x^n}}=ax^2$$

함수 $f(x)$가 $x=1$에서 연속이 되려면

$\lim_{x\to1-}f(x)=\lim_{x\to1+}f(x)=f(1)$이어야 하므로

$$\frac{5}{b}=a=\frac{a+5}{1+b}$$

$\therefore ab=5$

이때, $a^2>0$, $b^2>0$이므로 산술평균과 기하평균의 관계에서

$a^2+b^2\geq2\sqrt{a^2b^2}=2|ab|=10$

(단, 등호는 $a^2=b^2$일 때 성립한다.)

따라서 a^2+b^2의 최솟값은 10이다.

09 [정답] ①

$x\neq5$일 때, $f(x)=\frac{1}{x-5}\left(\frac{1}{2}-\frac{1}{x-3}\right)$

이때, 함수 $f(x)$가 $x\neq3$인 모든 실수 x에서 연속이므로 $x=5$에서도 연속이어야 한다.

$$\therefore f(5)=\lim_{x\to5}f(x)$$

$$=\lim_{x\to5}\frac{1}{x-5}\left(\frac{1}{2}-\frac{1}{x-3}\right)$$

$$=\lim_{x\to5}\left\{\frac{1}{x-5}\times\frac{x-5}{2(x-3)}\right\}$$

$$= \lim_{x \to 5} \frac{1}{2(x-3)}$$
$$= \frac{1}{4}$$

10 [정답] ④

ㄱ. $\lim_{x\to 2} f(x)g(x) = \lim_{x\to 2} f(x) \times \lim_{x\to 2} g(x) = 0 \times 2 = 0$

$f(2)g(2) = 2 \times 0 = 0$

$\therefore \lim_{x\to 2} f(x)g(x) = f(2)g(2)$

따라서 함수 $f(x)g(x)$는 $x=2$에서 연속이다.

ㄴ. $f(x)=t$라 하면 $x\to 2$일 때, $t\to 0$이므로

$\lim_{x\to 2} g(f(x)) = \lim_{t\to 0} g(t) = 0$

$g(f(2)) = g(2) = 0$

$\therefore \lim_{x\to 2} g(f(x)) = g(f(2))$

따라서 함수 $g(f(x))$는 $x=2$에서 연속이다.

ㄷ. $g(x)=t$라 하면 $x\to 2$일 때, $t\to 2$이므로

$\lim_{x\to 2} f(g(x)) = \lim_{t\to 2} f(t) = 0$

$f(g(2)) = f(0) = 2$

$\therefore \lim_{x\to 2} f(g(x)) \neq f(g(2))$

따라서 함수 $f(g(x))$는 $x=2$에서 불연속이다.

그러므로 $x=2$에서 연속인 함수는 ㄱ, ㄴ이다.

7 미분법

출제경향이 보이는 가천대 **기출문제**

01 [정답] ①

$f(x)$의 $x=2$에서의 접선의 기울기가 -2이므로 $f'(2)=-2$

$$\therefore \lim_{h\to 0} \frac{f(2+2h)-f(2-3h)}{h}$$
$$= \lim_{h\to 0} \frac{f(2+2h)-f(2)+f(2)-f(2-3h)}{h}$$
$$= \lim_{h\to 0} \frac{f(2+2h)-f(2)}{2h} \times 2 + \frac{f(2-3h)-f(2)}{-3h} \times 3$$
$$= 5f'(2) = -10$$

02 [정답] ③

$3^3 = 27$이므로 $\lim_{x\to 3} \frac{f(x^3)-f(27)}{x-3} = f'(3^3)$

$$\lim_{x\to 3} \frac{f(x^3)-f(27)}{x-3} = \lim_{x\to 3} \frac{f(x^3)-f(27)}{x-3} \times \frac{x^2+3x+9}{x^2+3x+9}$$
$$= \lim_{x\to 3} \frac{f(x^3)-f(x^3)}{x^3-3^3} \times (x^2+3x+9)$$
$$= f'(3^3) \times (3^2+3\times 3+9)$$
$$= \frac{1}{9} \times 27 = 3 \left(\because f'(27) = \frac{1}{9}\right)$$

다른 풀이

$$\frac{d}{dx}\{f(x^3)\} = 3x^2 f'(x^3)$$
$$\lim_{x\to 3} \frac{f(x^3)-f(27)}{x-3} = 3\times 3^2 \times f'(3^3)$$
$$= 27f'(27) = 3$$

03 [정답] ④

$$\lim_{x\to 2} \frac{x^2 f(2) - 4f(x)}{x-2}$$
$$= \lim_{x\to 2} \frac{(x^2-4)f(2) - 4\{f(x)-f(2)\}}{x-2}$$
$$= \lim_{x\to 2} \left\{(x+2)f(2) - 4 \times \frac{f(x)-f(2)}{x-2}\right\}$$
$$= 4f(2) - 4f'(2)$$
$$= 4\times 3 - 4\times 1 = 8$$

04 [정답] ①

함수 $f(x)$가 $x=1$에서 연속이므로

$\lim_{x\to 1-} (x^3-x) = \lim_{x\to 1+} ax^2+b = f(1) \quad \therefore a+b=0$

함수 $f(x)$가 $x=1$에서 미분가능이므로

$f'(x) = \begin{cases} 3x^2-1 & (x<1) \\ ax^2+b & (x>1) \end{cases}$ 에 대하여

$\lim_{x\to 1-} (3x^2-1) = \lim_{x\to 1+} 2ax \quad \therefore a=1$

따라서 $a=1,\ b=-1$이므로 $ab=-1$

05 [정답] ③

ㄱ. $f'(x) = \begin{cases} -1 & (x<0) \\ 2x & (x>0) \end{cases}$ 에서

$\lim_{x\to 0-} (-1) = -1,\ \lim_{x\to 0+} 2x = 0$

따라서 함수 $f(x)$는 $x=0$에서 미분가능하지 않다. (거짓)

ㄴ, ㄷ.

$x^n f(x) = \begin{cases} -x^{n+1} & (x<0) \\ x^{n+2} & (x>0) \end{cases}$ 에서

$\{x^n f(x)\}' = \begin{cases} -(n+1)x^n & (x<0) \\ (n+2)x^{n+1} & (x>0) \end{cases}$

따라서 $\lim_{x\to 0-} -(n+1)x^n = 0,\ \lim_{x\to 0+} (n+2)x^{n+1} = 0$ 이므로

함수 $xf(x)$와 함수 $x^3 f(x)$는 $x=0$에서 미분가능하다. (참)

06 [정답] ①

$g(x) = x^3 f(x)$에 대하여

점 $(1,\ 2)$를 지나므로 $g(1)=2$

$\therefore f(1) = 2$

점 $(1,\ 2)$에서의 접선의 기울기가 2이므로 $g'(1)=2$

$g'(x) = \{x^3 f(x)\}' = 3x^2 f(x) + x^3 f'(x)$이므로

$g'(1) = 3f(1) + f'(1) = 2$

$\therefore f'(1) = -4$

07 [정답] ②

$$\lim_{n\to\infty}\frac{n}{3}\left\{f\left(2+\frac{2}{n}\right)-f\left(2+\frac{4}{n}\right)\right\}$$

$$=\lim_{n\to\infty}\frac{1}{3}\left\{2\times\frac{f\left(2+\frac{2}{n}\right)-f(2)}{\frac{2}{n}}-4\times\frac{f\left(2+\frac{4}{n}\right)-f(2)}{\frac{4}{n}}\right\}$$

$$=\frac{1}{3}\{2f'(2)-4f'(2)\}$$

$$=-\frac{2}{3}f'(2)=2$$

$\therefore f'(2)=-3$

$f(x)=ax^2+bx+10$ 이므로

$f'(x)=2ax+b$에서 $f'(2)=4a+b=-3$

$f(4)=16a+4b+10$

$=4(4a+b)+10$

$=4\times(-3)+10=-2$

08 [정답] ①

$$M(a,\ b)=\frac{f(b)-f(a)}{b-a}$$

$$=\frac{(2b-a)(2b-b)-(2a-a)(2a-b)}{b-a}$$

$$=\frac{2(b^2-a^2)}{b-a}$$

$$=\frac{2(b-a)(b+a)}{b-a}$$

$$=2(a+b)$$

따라서 $2(a+b)<9$에서 $(a+b)<\frac{9}{2}$를 만족시키는 서로 다른 양의 정수의 순서쌍 $(a,\ b)$는 $(1,2)$, $(2,1)$, $(1,3)$, $(3,1)$의 4개다.

09 [정답] ②

$f(x)=x^3-2x$에서 $f'(x)=3x^2-2$이므로

$f(\pm1)=\mp1,\ f'(\pm1)=1$

따라서 접선 l_1, l_2의 방정식은

$y-f(\mp1)=x-(\mp1),\ y=x\pm2$이므로

두 직선 사이의 거리는 점 $(-1,\ 1)$과 점 $(1,-1)$을 잇는 선분의 길이와 같으므로

$\sqrt{(-1-1)^2+(1-(-1))^2}=2\sqrt{2}$

10 [정답] ①

$y=x^3-ax^2+2ax-3=a(-x^2+2x)+x^3-3$에서

$-x^2+2x=0$이면 $-x(x-2)=0$

$x=0$ 또는 $x=2$

즉, 주어진 곡선은 a의 값에 관계없이 두 점 $(0,-3)$, $(2,\ 5)$를 지난다.

$f(x)=x^3-ax^2+2ax-3$이라 하면

$f'(x)=3x^2-2ax+2a$

$f'(0)=2a$ …… ㉠

$f'(2)=12-4a+2a=12-2a$ …… ㉡

두 점에서 곡선에 그은 접선이 서로 수직이므로 ㉠, ㉡에서

$2a\times(12-2a)=-1,\ 4a^2-24a-1=0$

따라서 근과 계수의 관계에서 모든 a의 값의 곱은 $-\frac{1}{4}$이다.

기출과 EBS를 재해석한 기출예상문제

01 [정답] ④

x의 값이 0에서 4까지 변할 때의 함수 $f(x)$의 평균변화율은

$$\frac{f(4)-f(0)}{4-0}=\frac{(4^2+2\times4)-0}{4}=6$$

$\therefore a=6$

또 함수 $f(x)$의 $x=b$에서의 미분계수는

$$f'(b)=\lim_{h\to0}\frac{f(b+h)-f(b)}{h}$$

$$=\lim_{h\to0}\frac{\{(b+h)^2+2(b+h)\}-(b^2+2b)}{h}$$

$$=\lim_{h\to0}\frac{h(h+2b+2)}{h}$$

$$=2b+2$$

즉, $2b+2=6$이므로 $b=2$

$\therefore a^2+b^2=36+4=40$

02 [정답] ③

$f(x)=(4x-3)(x^2+2)$에서

$f'(x)=4(x^2+2)+(4x-3)\times2x$

$=12x^2-6x+8$

$$\therefore\lim_{h\to0}\frac{f(1+2h)-f(1)}{h}=\lim_{h\to0}\frac{f(1+2h)-f(1)}{2h}\times2$$

$=2f'(1)$

$=2(12-6+8)=28$

03 [정답] ②

$g(x)=xf(x)$에서 $g(1)=f(1)$

이때, $f'(x)=4x^3-6x^2$, $g'(x)=f(x)+xf'(x)$이므로

$f'(1)=-2$, $g'(1)=f(1)+f'(1)=4-2=2$

$$\therefore\lim_{h\to0}\frac{f(1+h)-g(1-h)}{2h}$$

$$=\lim_{h\to0}\frac{f(1+h)-f(1)-g(1-h)+g(1)}{2h}$$

$$=\frac{1}{2}\lim_{h\to0}\frac{f(1+h)-f(1)}{h}+\frac{1}{2}\lim_{h\to0}\frac{g(1-h)-g(1)}{-h}$$

$$=\frac{1}{2}f'(1)+\frac{1}{2}g'(1)$$

$$=-1+1=0$$

다른 풀이

$$\lim_{h\to0}\frac{f(1+h)-g(1-h)}{2h}$$

$$=\lim_{h\to0}\frac{f(1+h)-(1-h)f(1-h)}{2h}$$

$$=\lim_{h\to0}\frac{f(1+h)-f(1-h)}{2h}+\lim_{h\to0}\frac{hf(1-h)}{2h}$$

$$=f'(1)+\frac{f(1)}{2}$$

$$=-2+\frac{4}{2}=0$$

04 [정답] ③

$h=\dfrac{1}{n}$이라 놓으면 $n\to\infty$일 때, $h\to 0+$이고, $f'(1)=5$이므로

$$\lim_{n\to\infty}5n\left\{f\left(\frac{n+2}{n}\right)-f\left(\frac{n+1}{n}\right)\right\}$$
$$=\lim_{h\to 0+}\frac{5}{h}\{f(1+2h)-f(1+h)\}$$
$$=5\lim_{h\to 0+}\frac{f(1+2h)-f(1)-\{f(1+h)-f(1)\}}{h}$$
$$=5\lim_{h\to 0+}\left\{\frac{f(1+2h)-f(1)}{2h}\times 2-\frac{f(1+h)-f(1)}{h}\right\}$$
$$=5\{2f'(1)-f'(1)\}$$
$$=5f'(1)$$
$$=5\times 5=25$$

05 [정답] ①

$f'(2)=-3$, $f'(4)=6$이고, 의 그래프는 $y=f(x)$축에 대하여 대칭이므로 $f'(-2)=3$

$$\therefore \lim_{x\to -2}\frac{f(x^2)-f(4)}{f(x)-f(-2)}$$
$$=\lim_{x\to -2}\frac{f(x^2)-f(4)}{x^2-4}\times\frac{x-(-2)}{f(x)-f(-2)}\times(x-2)$$
$$=f'(4)\times\frac{1}{f'(-2)}\times(-4)$$
$$6\times\frac{1}{3}\times(-4)=-8$$

06 [정답] ①

$$f'(x)=\sum_{k=1}^{10}(kx^{k-1})'$$
$$=\sum_{k=1}^{10}k(k-1)x^{k-2}$$
$$\therefore f'(1)=\sum_{k=1}^{10}k(k-1)$$
$$=\sum_{k=1}^{10}(k^2-k)$$
$$=\frac{10\times 11\times 21}{6}-\frac{10\times 11}{2}$$
$$=385-55=330$$

다른 풀이

$f(x)=1+2x+3x^2+4x^3+\cdots+10x^9$ 이므로

$f'(x)=2+2\times 3x+3\times 4x^2+\cdots+9\times 10x^8$

$$\therefore f'(1)=2+2\times 3+3\times 4+\cdots+9\times 10$$
$$=\sum_{k=1}^{9}k(k+1)$$
$$=\sum_{k=1}^{9}(k^2+k)$$
$$=\frac{9\times 10\times 19}{6}+\frac{9\times 10}{2}$$
$$=285+45=330$$

07 [정답] ②

주어진 식에 $x=1, y=0$을 대입하면

$f(1)=f(1)+f(0)-1$에서 $f(0)=1$이므로

$$f'(2)=\lim_{h\to 0}\frac{f(2+h)-f(2)}{h}$$
$$=\lim_{h\to 0}\frac{f(2)+f(h)+4h-1-f(2)}{h}$$
$$=\lim_{h\to 0}\frac{f(h)-1}{h}+4$$

즉, $\displaystyle\lim_{h\to 0}\frac{f(h)-1}{h}+4=5$에서 $\displaystyle\lim_{h\to 0}\frac{f(h)-1}{h}=1$

$$\therefore f'(0)=\lim_{h\to 0}\frac{f(0+h)-f(0)}{h}$$
$$=\lim_{h\to 0}\frac{f(h)-1}{h}=1$$

08 [정답] ③

$\displaystyle\lim_{x\to 1}\frac{x^{10}+2x^9+a}{x-1}=b$에서 $x\to 1$일 때, (분모)$\to 0$이므로 (분자)$\to 0$이어야 한다.

즉, $\displaystyle\lim_{x\to 1}(x^{10}+2x^9+a)=0$에서

$1+2+a=0$

$\therefore a=-3$

$f(x)=x^{10}+2x^9$로 놓으면 $f(1)=3$이므로

$$\lim_{x\to 1}\frac{x^{10}+2x^9-3}{x-1}=\lim_{x\to 1}\frac{f(x)-f(1)}{x-1}=f'(1)$$

이때, $f'(x)=10x^9+18x^8$이므로

$f'(1)=10+18=28=b$

$\therefore a+b=-3+28=25$

09 [정답] ④

함수 $f(x)$가 $x=a$에서 미분가능하면 $x=a$에서 연속이므로

$f(a)=\displaystyle\lim_{x\to a}f(x)$에서 $a^3=3a-b$

$\therefore b=3a-a^3$ …… ㉠

또 $f(x)$의 에서의 미분계수 $f'(a)$가 존재하므로

$$\lim_{x\to a+}\frac{f(x)-f(a)}{x-a}=\lim_{x\to a+}\frac{x^3-a^3}{x-a}$$
$$=\lim_{x\to a+}\frac{(x-a)(x^2+ax+a^2)}{x-a}$$
$$=\lim_{x\to a+}(x^2+ax+a^2)$$
$$=3a^2$$
$$\lim_{x\to a-}\frac{f(x)-f(a)}{x-a}=\lim_{x\to a-}\frac{3x-b-a^3}{x-a}$$
$$=\lim_{x\to a-}\frac{3x-3a}{x-a}\ (\because ㉠)$$
$$=\lim_{x\to a-}\frac{3(x-a)}{x-a}=3$$

즉, $3a^2=3$에서 $a^2=1$

$\therefore a=1\ (\because a>0)$

$a=1$을 ㉠에 대입하면 $b=2$

$\therefore f(-2)=3\times(-2)-2=-8$

10 [정답] ②

$f(x)=\begin{cases}x & (x\ge 2)\\ -x+4 & (x<2)\end{cases}$ 이므로

$$f(x)g(x)=\begin{cases} x(ax^2+1) & (x \ge 2) \\ (-x+4)(ax^2+1) & (x<2) \end{cases}$$

$p(x)=x(ax^2+1),\ q(x)=(-x+4)(ax^2+1)$로 놓으면

$p'(x)=3ax^2+1,\ q'(x)=-3ax^2+8ax-1$

함수 $f(x)g(x)$가 실수 전체의 집합에서 미분가능하므로

$x=2$에서도 미분가능하다.

즉, $p'(2)=q'(2)$에서 $12a+1=-12a+16a-1$

$8a=-2 \quad \therefore a=-\dfrac{1}{4}$

11 **[정답]** ④

ㄱ. $f'(1)=\lim\limits_{h\to 0}\dfrac{f(1+h)-f(1)}{h}$

$=\lim\limits_{h\to 0}\dfrac{|(1+h)^2-1|-|1^2-1|}{h}$

$=\lim\limits_{h\to 0}\dfrac{|h^2+2h|}{h}$

에서

$\lim\limits_{h\to 0-}\dfrac{|h^2+2h|}{h}=\lim\limits_{h\to 0-}\dfrac{-h^2-2h}{h}$

$=\lim\limits_{h\to 0-}-h-2=-2$

$\lim\limits_{h\to 0+}\dfrac{|h^2+2h|}{h}=\lim\limits_{h\to 0+}\dfrac{h^2+2h}{h}$

$=\lim\limits_{h\to 0+}h+2=2$

이므로 $f(x)$는 $x=1$에서 미분가능하지 않다.

ㄴ. $f'(1)=\lim\limits_{x\to 1}\dfrac{f(x)-f(1)}{x-1}$

$=\lim\limits_{x\to 1}\dfrac{(x-1)|x-1|}{x-1}$

$=\lim\limits_{x\to 1}|x-1|=0$

이므로 $f(x)$는 $x=1$에서 미분가능하다.

ㄷ. $f(x)=\dfrac{x^2-1}{|x-1|}$에서 $f(1)$의 값은 존재하지 않는다.

즉, $f(x)$는 $x=1$는 에서 불연속이므로 미분가능하지 않다.

따라서 $x=1$에서 미분가능하지 않은 함수는 ㄱ, ㄷ이다.

12 **[정답]** ①

$f(x)=\dfrac{1}{3}x^3-ax^2+1$로 놓으면

$f'(x)=x^2-2ax$

$x=-1, x=3$인 점에서의 접선의 기울기는 각각

$f'(-1)=1+2a,\ f'(3)=9-6a$

이때, 두 접선이 평행하므로

$1+2a=9-6a$

$8a=8 \quad \therefore a=1$

13 **[정답]** ①

$f(x)=x^3,\ g(x)=ax^2+bx$로 놓으면

$f'(x)=3x^2,\ g'(x)=2ax+b$

곡선 $y=g(x)$가 점 $(1, 1)$을 지나므로

$g(1)=1$에서 $a+b=1 \quad \cdots\cdots$ ㉠

점 $(1, 1)$에서 두 곡선의 접선이 직교하므로

$f'(1)g'(1)=-1$에서 $3(2a+b)=-1$

$\therefore 6a+3b=-1 \quad \cdots\cdots$ ㉡

㉠, ㉡을 연립하며 풀면

$a=-\dfrac{4}{3},\ b=\dfrac{7}{3}$

$\therefore a-b=-\dfrac{11}{3}$

14 **[정답]** ①

$g(3)=t$라 하면 $f(t)=3$이므로

$t^3+2=3,\ t^3=1$

$\therefore t=1$

두 곡선 $y=f(x), y=g(x)$는 직선 $y=x$에 대하여 서로 대칭이므로 곡선 $y=g(x)$ 위의 점 $(3, 1)$에서의 접선도 곡선 $y=f(x)$ 위의 점 $(1, 3)$에서의 접선과 직선 $y=x$에 대칭이다.

즉, $f'(x)=3x^2$에서 $f'(1)=3$이므로 곡선 $y=f(x)$ 위의 점 $(1, 3)$에서의 접선의 방정식은

$y-3=3(x-1) \quad \therefore y=3x$

따라서 곡선 $y=g(x)$ 위의 점 $(3, 1)$에서의 접선의 방정식은

$x=3y \quad \therefore y=\dfrac{1}{3}x$

15 **[정답]** ④

$f(b)=f(a)+(b-a)f'(c)$에서 $\dfrac{f(b)-f(a)}{b-a}=f'(c)$

두 점 $(a, f(a))$, $(b, f(b))$의 기울기가 접선의 기울기가 같은 점은 그림과 같이 3개다.

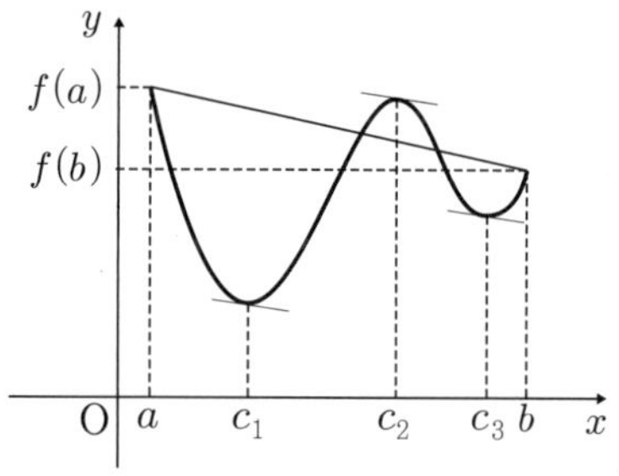

8 미분의 활용

출제경향이 보이는 가천대 기출문제

01 **[정답]** ②

$f'(x)=6kx^2-6kx=0$

$=6kx(x-1)=0$

이므로 $x=0$, 1에서 극값을 갖는다. (단, $k>0$)

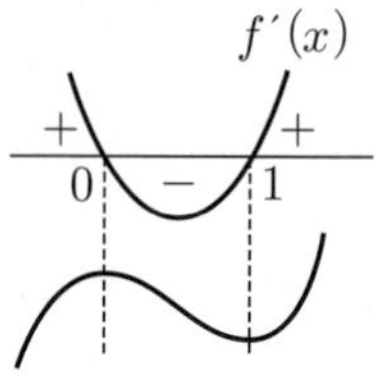

즉, $f(0)=2$는 극댓값, $f(1)=-k+2$는 극솟값이다.

$\therefore f(0)-f(1)=k=2$

02 [정답] ③

(가)에서 최고차항의 계수가 −1인 사차함수 $f(x)$가 y축에 대해 대칭이므로 $f(x)=-x^4+ax^2+b$라 둘 수 있다.

$f'(x)=-4x^3+2ax$이고 함수가 극댓값과 극솟값을 모두 가지므로 $a>0$이고 $x=0$에서 극솟값 −1을 가지며, $x=\pm\sqrt{\frac{a}{2}}$에서 극댓값 8을 갖는다.

따라서 $b=-1,\ a=6$이고

$x=\sqrt{\frac{6}{2}}=\sqrt{3}$에서 $\frac{3}{2}<\sqrt{3}$이므로

닫힌구간 $\left[0,\ \frac{3}{2}\right]$에서 $f(x)$의 최댓값은

$f\left(\frac{3}{2}\right)=-\left(\frac{3}{2}\right)^4+6\left(\frac{3}{2}\right)^2-1=\frac{119}{16}$

03 [정답] ①

$x=a,\ 6,\ b$에서 극값을 가지고, $f(x)>0,\ f'(x)>0$ 또는 $f(x)<0,\ f'(x)<0$을 만족시키는 정수 x의 값은 1, 2, 8, 9이므로 정수 x의 값의 합은 $1+2+8+9=20$

04 [정답] ③

$h(x)=f(x)-g(x)$로 놓으면

$h(x)=5x^3-10x^2+k-(5x^2+2)$

$\quad=5x^3-15x^2+k-2$

$\therefore h'(x)=15x^2-30x=15x(x-2)$

$h'(x)=0$에서 $x=0$ 또는 $x=2$

x	(0)	⋯	2	⋯	(3)
$f'(x)$		−	0	+	
$f(x)$		↘	$-22+k$	↗	

$0<x<3$에서 함수 $h(x)$는 $x=2$일 때 극소이면서 최소이므로 최솟값은 $-22+k$이다.

$0<x<3$에서 $h(x)\ge0$이려면 $h(2)\ge0$이어야 하므로

$h(2)=-22+k\ge0 \qquad \therefore k\ge22$

따라서 실수 k의 최솟값은 22이다.

05 [정답] ②

$f(x)=x^4+2(a-1)x^2+4ax$에서

$f'(x)=4x^3+4(a-1)x+4a=4(x+1)(x^2-x+a)$

함수 $f(x)$가 극댓값을 갖지 않으려면 방정식 $f'(x)=0$이 서로 다른 세 실근을 갖지 않아야 한다. 즉, 방정식 $f'(x)=0$이 서로 다른 세 실근을 가지려면 이차방정식 $x^2-x+a=0$이 −1이 아닌 서로 다른 두 실근을 가져야 한다.

$a\ne-2,\ D=1-4a>0$에서 $a\ne-2,\ a<\frac{1}{4}$이므로

구하는 a의 값의 범위는 $a=-2$ 또는 $a\ge\frac{1}{4}$

따라서 실수 a의 최솟값은 -2이다.

06 [정답] ①

$h(t)=21-5t^2=1$일 때, 공이 경사면과 처음으로 충돌하므로

$5t^2=20$에서 $t=2$

따라서 $h'(t)=-10t$에서 $t=2$일 때의 공의 속도는

$h'(2)=-20\text{m/초}$

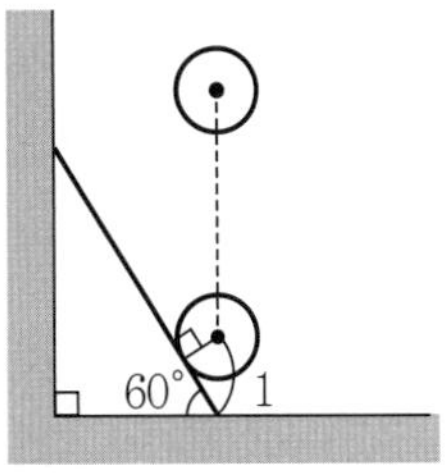

기출과 EBS를 재해석한 기출예상문제

01 [정답] ③

임의의 두 실수 $x_1,\ x_2$에 대하여 $x_1<x_2$일 때, $f(x_1)<f(x_2)$이면 $f(x)$는 구간 $(-\infty,\infty)$에서 증가함수이므로 모든 실수 x에 대하여 $f'(x)\ge0$이다.

즉, $f(x)=\frac{1}{3}x^3+ax^2+(2a+3)x+5$에서

$f'(x)=x^2+2ax+2a+3\ge0$

이때, $f'(x)=0$의 판별식을 D라 하면

$\frac{D}{4}=a^2-2a-3\le0,\ (a+1)(a-3)\le0$

$\therefore -1\le a\le3$

따라서 정수 a는 $-1, 0, 1, 2, 3$의 5개다.

02 [정답] ①

$f(x)=2x^3+ax^2+bx-4$에서

$f'(x)=6x^2+2ax+b$

이때, 함수 $f(x)$가 $x=-2$에서 극댓값 16을 가지므로

$f(-2)=16$에서 $-16+4a-2b-4=16$

$\therefore 2a-b=18 \qquad \cdots\cdots ㉠$

$f'(-2)=0$에서 $24-4a+b=0$

$\therefore 4a-b=24 \qquad \cdots\cdots ㉡$

㉠, ㉡을 연립하여 풀면

$a=3, b=-12$

즉, $f(x)=2x^3+3x^2-12x-4$에서

$f'(x)=6x^2+6x-12$

$\quad=6(x^2+x-2)$

$\quad=6(x+2)(x-1)$

$f'(x)=0$에서 $x=-2, x=1$

x	(0)	−2	⋯	1	⋯
$f'(x)$	+	0	−	0	+
$f(x)$	↗	극대	↘	극소	↗

함수 $f(x)$는 $x=1$에서 극솟값을 가지므로

$c=1$

03 [정답] ③

$f(x)=\frac{1}{3}x^3+ax^2+(5a-4)x+2$에서

$f'(x)=x^2+2ax+5a-4$

함수 $f(x)$가 극값을 갖지 않기 위해서는 방정식 $f'(x)=0$이 중근 또는 허근을 가져야 하므로 $x^2+2ax+5a-4=0$의 판별식을 D라 하면 $\frac{D}{4}=a^2-(5a-4)\le0,\ a^2-5a+4\le0$

$(a-1)(a-4)\le0 \quad \therefore 1\le a\le4$

따라서 실수 a의 최댓값은 4, 최솟값은 1이므로 그 합은

$4+1=5$

04 **[정답] ③**

주어진 그래프에서 $f'(0)=0$, $f'(4)=0$이므로 함수 $f(x)$의 증가, 감소를 조사하면 다음과 같다.

x	$\cdots$	0	$\cdots$	4	$\cdots$
$f'(x)$	−	0	+	0	−
$f(x)$	↘	극소	↗	극대	↘

ㄱ. $f(x)$의 극솟값은 $f(0)=0$이다. (거짓)

ㄴ. $f(x)$는 $x=4$일 때, 극댓값을 갖는다. (거짓)

ㄷ. 함수 $f(x)$는 $x=0$일 때 극소이고, 극솟값은 0이므로 x축에 접한다. (참)

따라서 옳은 것은 ㄷ뿐이다.

05 **[정답] ③**

$f(x)=ax^3+3ax^2+b$에서

$f'(x)=3ax^2+6ax=3ax(x+2)$

$f'(x)=0$에서 $x=-2$, 또는 $x=0$

$-3\le x\le 2$에서

$f(-3)=b$, $f(-2)=4a+b$, $f(0)=b$, $f(2)=20a+b$

이때, $a>0$이므로 최댓값은 $20a+b$, 최솟값은 b이다.

즉, $20a+b=10$, $b=-30$이므로

$a=2$, $b=-30$

$\therefore a+b=-28$

06 **[정답] ①**

$2x^3-3x^2-12x-k=0$에서

$2x^3-3x^2-12x=k$ ⋯⋯ ㉠

$f(x)=2x^3-3x^2-12x$로 놓으면

$f'(x)=6x^2-6x-12=6(x+1)(x-2)$

$f'(x)=0$에서 $x=-1$, 또는 $x=2$

함수 $f(x)$의 증가, 감소를 조사하고, 그래프를 그리면 다음과 같다.

x	$\cdots$	0	$\cdots$	2	$\cdots$
$f'(x)$	+	0	−	0	+
$f(x)$	↗	7	↘	−20	↗

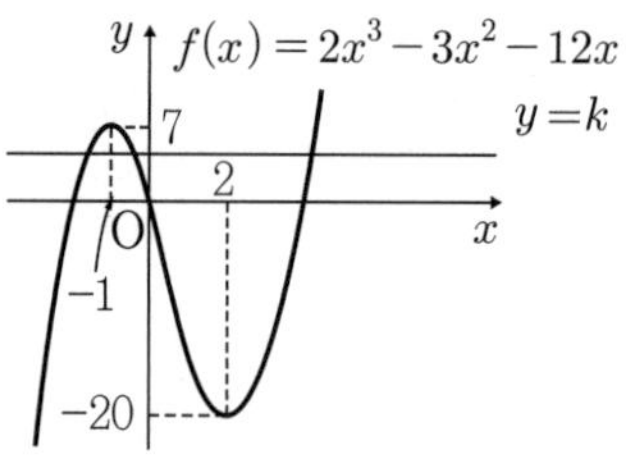

방정식 ㉠의 서로 다른 실근의 개수는 곡선 $y=2x^3-3x^2-12x$와 직선 $y=k$의 교점의 개수와 같으므로 $k=7$ 또는 $k=-20$이면 서로 다른 두 실근을 갖는다. 따라서 모든 실수 k의 값의 합은

$7+(-20)=-13$

07 **[정답] ②**

주어진 그래프에서 $f'(a)=f'(b)=f'(c)=0$이므로 함수 $f(x)$의 증가, 감소를 조사하면 다음과 같다.

x	$\cdots$	a	$\cdots$	b	$\cdots$	c	$\cdots$
$f'(x)$	−	0	+	0	−	0	+
$f(x)$	↘	극소	↗	극대	↘	극소	↗

또한 $f(a)=-5$, $f(b)=4$, $f(c)=1$이므로 $y=f(x)$의 그래프의 개형은 그림과 같다.

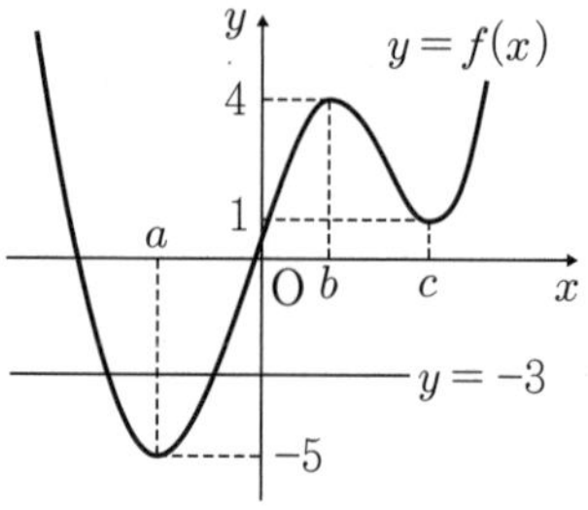

방정식 $f(x)+3=0$의 서로 다른 실근의 개수는 함수 $y=f(x)$의 그래프와 직선 $y=-3$의 교점의 개수와 같으므로 위의 그림에서 서로 다른 실근의 개수는 2이다.

08 **[정답] ③**

$h(x)=f(x)-g(x)$로 놓으면

$h(x)=x^3-x+a-(x^2+b)$

$\quad =x^3-x^2-x+a-b$

$h'(x)=3x^2-2x-1=(3x+1)(x-1)$

한편, $x\ge 2$일 때 $h'(x)>0$이므로 함수 $h(x)$는 $x\ge 2$에서 증가한다.

즉, $x\ge 2$에서 함수 $h(x)$의 최솟값은 $x=2$일 때이므로 $f(x)\ge g(x)$, 즉 $h(x)\ge 0$이려면

$h(2)=2+a-b\ge 0$

$\therefore a-b\ge 2$

따라서 $a-b$의 최솟값은 -2이다.

09 **[정답] ③**

$f(t)=t^3+at^2+bt-1$로 놓으면

점 P의 시각 t에서의 속도 v는

$v=f'(t)=3t^2+2at+b$

$t=3$일 때, 점 P의 위치는 -1이므로

$f(3)=27+9a+3b-1=-1$

$\therefore 3a+b=-9$ ⋯⋯ ㉠

$t=3$일 때, 점 P의 속도는 0이므로

$v=f'(3)=27+6a+b=0$

$\therefore 6a+b=-27$ ⋯⋯ ㉡

㉠, ㉡을 연립하여 풀면 $a=-6$, $b=9$

즉, $f(t)=t^3-6t^2-9t-1$이므로

$f'(t)=3t^2-12t+9=3(t-1)(t-3)$

$f'(t)=0$에서 $t=1$ 또는 $t=3$

따라서 점 P가 $t=3$ 이외에 운동 방향을 바꾸는 시각은 $t=1$이고 그때의 위치는 $f(1)=1-6+9-1=3$

10 [정답] ③

물체의 t초 후의 속도를 v, 가속도를 a라 하면

$v=\dfrac{dh}{dt}=20-10t, a=\dfrac{dv}{dt}=-10$

ㄱ. 물체의 가속도는 $-10\text{m}/\text{초}^2$으로 항상 일정하다. (참)

ㄴ. 물체가 다시 땅에 떨어질 때의 높이는 0m이므로

$20t-5t^2=0, 5t(4-t)=0$

$\therefore t=4(\because t>0)$

즉, 4초 후에 다시 땅에 떨어진다. (참)

ㄷ. $h=20t-5t^2=-5(t-2)^2+20$이므로 물체는 $t=2$일 때 최고 20m까지 올라간다. (거짓)

따라서 옳은 것은 ㄱ, ㄴ이다.

9 적분법

출제경향이 보이는 가천대 기출문제

01 [정답] ④

(가)에서 이차함수 $f'(x)$가 $x=0$일 때 최댓값 1을 가지므로

$f'(x)=ax^2+1$ (단, $a<0$)

따라서 $f(x)=\dfrac{a}{3}x^3+x+C$ (단, C는 적분상수)

또 (나)에서 $f(2)=f(0)$이므로

$\dfrac{8}{3}a+2+C=C \qquad \therefore a=-\dfrac{3}{4}$

$\therefore f'(1)=-\dfrac{3}{4}+1=\dfrac{1}{4}$

02 [정답] ②

점 $(t,\ f(t))$에서의 접선의 기울기는 함수 $y=f(x)$의 $x=t$에서의 미분계수와 같으므로

$f'(x)=-3x^2+4x-3$

$\therefore f(x)=-x^3+2x^2-3x+C$ (단, C는 적분상수)

함수가 원점을 지나므로 $f(0)=0$, 즉 $C=0$

$f(x)=-x^3+2x^2-3x$

$=-x(x^2-2x+3)$

따라서 $x=0$이 유일한 실근이므로 모든 실근의 합은 0이다.

03 [정답] ①

$(x,\ f(x))$에서의 접선의 기울기가 x^2-2x-3이므로

$f'(x)=x^2-2x-3$이고

$f'(x)=x^2-2x-3=(x+1)(x-3)=0$

$x=-1,\ 3$에서 극값을 갖는다.

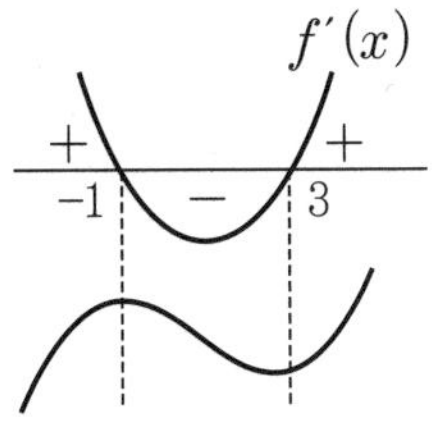

함수 $f(x)$가 $x=3$에서 극솟값 $f(3)$을 가지므로

$f(x)=\int f'(x)\,dx$에서

$f(x)=\int x^2-2x-3\,dx$

$=\dfrac{x^3}{3}-x^2-3x+C$ (단, C는 적분상수)

$f(x)$가 원점을 지나므로 $f(0)=0 \qquad \therefore C=0$

따라서 $f(x)$의 극솟값은

$f(3)=\dfrac{3^3}{3}-3^2-3\times3=-9$

04 [정답] ③

x^3은 기함수이지만 $|x^3|$은 우함수이므로

$\int_{-2}^{2}|x^3|\,dx=2\int_{0}^{2}x^3\,dx$

$=2\times4=8$

05 [정답] ②

$\int_{-2}^{2}2f(x)\{f(x)+(2x+4)f'(x)\}dx$

$=\int_{-2}^{2}2f(x)^2+2(2x+4)f(x)f'(x)dx$

$g(x)=(2x+4)\{f(x)\}^2$라 하면

$g'(x)=2\times\{f(x)\}^2+(2x+4)\times2f(x)f'(x)$

$=2\{f(x)\}^2+2(2x+4)f(x)f'(x)$

$\therefore \int_{-2}^{2}g'(x)\,dx=g(2)-g(-2)=8\{f(2)\}^2=8$

06 [정답] ②

(가)의 $\dfrac{\infty}{\infty}$ 꼴에서 극한값이 존재하고 분모와 분자의 최고차항 계수의 비가 3이므로

$f'(x)=3x^2+ax+b$

(나)의 $\dfrac{0}{0}$ 꼴에서 극한값이 2이므로 $f'(x)=3x^2+ax+b=0$

$\therefore f'(x)=3x^2+ax$

$\lim\limits_{x\to0}\dfrac{f'(x)}{x}=\lim\limits_{x\to0}\dfrac{3x^2+ax}{x}=a=2$

따라서 $f'(x)=3x^2+2x$이므로

$f(x)=\int f'(x)dx=x^3+x^2+C$ (단, C는 적분상수)

$\therefore f(x)=x^3+x^2$ (조건 (다))

$\therefore f(1)=1^3+1^2=2$

07 [정답] ②

$\int_{0}^{1}f(t)dt=c$라 하면 $f(x)=x^3-3x^2+4cx$

$\int_{0}^{1}(t^3-3t^2+4ct)dt=\dfrac{1}{4}-1+2c=c$

$\therefore c=\dfrac{3}{4}$

따라서 $f(x)=x^3-3x^2+3x$이므로

$\lim\limits_{x\to1}\dfrac{1}{x-1}\int_{1}^{x}f(t)dt=f(1)=1$

08 [정답] ④

$$\lim_{n\to\infty}\sum_{k=1}^{n}\frac{6}{n}f\left(1+\frac{k}{n}\right)=6\int_1^2 f(x)dx=14$$

09 [정답] ④

$f'(x)=3x(x+a)\ (x>0)$이라 하면

$f(x)=x^3+\frac{3}{2}ax^2+1$

$$\therefore \lim_{n\to\infty}\sum_{k=1}^{n}\frac{1}{n}f\left(\frac{k}{n}\right)=\lim_{n\to\infty}\frac{1}{2}\sum_{k=1}^{n}\frac{2}{n}f\left(\frac{k}{n}\right)$$

$$=\frac{1}{2}\int_0^2 x^3+\frac{3}{2}ax^2+1\,dx$$

$$=\frac{1}{2}\left[\frac{x^4}{4}+\frac{a}{2}x^3+x\right]_0^2$$

$$=\frac{1}{2}(6+4a)=3+2a=10$$

$\therefore a=\frac{7}{2}$

따라서 $f(x)=x^3+\frac{21}{4}x^2+1$이므로

$f(2)=8+21+1=30$

10 [정답] ③

ㄱ. $f(0)=0$에서

$f(a)=f(0)-\int_a^0 f'(x)dx>0$

$f(b)=f(0)+\int_0^b f'(x)dx<0$

$f(c)=f(0)+\int_0^3 f'(x)dx+\int_3^c f'(x)dx>0$ (참)

ㄴ. $f(-3)=f(0)=f(3)$이고 $f(x)$가 $x=a$에서 극대, $x=b$에서 극소이므로 $-3\le x\le 3$에서 함수 $f(x)$의 최솟값은 $f(b)$이다. (거짓)

ㄷ. 구간 $(a,\ b)$에서 $f'(x)<0$이므로

$-\int_a^b f'(x)dx<\int_b^c f'(x)dx,\quad \int_a^c f'(x)dx>0$

$\therefore f(c)>f(a)$ (참)

따라서 답은 ㄱ, ㄷ이다.

기출과 EBS를 재해석한 **기출예상문제**

01 [정답] ③

$f'(x)=2x-1$이므로

$f(x)=\int(2x-1)dx=x^2-x+C$

$$\therefore \int_0^2 f(x)dx=\int_0^2(x^2-x+C)dx$$

$$=\left[\frac{1}{3}x^3-\frac{1}{2}x^2+Cx\right]_0^2=\frac{2}{3}+2C$$

즉, $\frac{2}{3}+2C=\frac{8}{3}$에서 $C=1$

따라서 $f(x)=x^2-x+1$이므로

$f(1)=1-1+1=1$

02 [정답] ④

$f'(x)=3ax^2+3ax$이므로

$$f(x)=\int(3ax^2+3ax)dx$$

$$=ax^3+\frac{3}{2}ax^2+C$$

$f'(x)=3ax(x+1)=0$에서 $x=-1$ 또는 $x=0$

x	$\cdots$	-1	$\cdots$	0	$\cdots$
$f'(x)$	$+$	0	$-$	0	$+$
$f(x)$	↗	극대	↘	극소	↗

즉, $f(x)$는 $x=-1$에서 극대, $x=0$에서 극소이다.

$f(-1)=2$에서 $\frac{1}{2}a+C=2$ …… ㉠

$f(0)=-1$에서 $C=-1$ …… ㉡

㉡을 ㉠에 대입하면 $a=6$

$\therefore f(x)=6x^3+9x^2-1$

$\therefore f(1)=6+9-1=14$

03 [정답] ③

$f'(1)=0,\ f'(3)=0$이므로

$f'(x)=a(x-1)(x-3)\ (a>0)$으로 놓으면

$f'(0)=1$이므로 $a=\frac{1}{3}$

$\therefore f'(x)=\frac{1}{3}(x-1)(x-3)$

$$f(x)=\int f'(x)dx=\int\left\{\frac{1}{3}(x-1)(x-3)\right\}dx$$

$$=\int\frac{1}{3}(x^2-4x+3)dx$$

$$=\frac{1}{9}x^3-\frac{2}{3}x^2+x+C$$

$f'(x)=0$에서 $x=1$ 또는 $x=3$

함수 $f(x)$의 증가, 감소를 조사하면 다음과 같다.

x	$\cdots$	1	$\cdots$	3	$\cdots$
$f'(x)$	$+$	0	$-$	0	$+$
$f(x)$	↗	극대	↘	극소	↗

즉, $f(x)$는 $x=1$에서 극댓값을 갖고, $x=3$에서 극솟값 1을 가지므로 $f(3)=3=6+3+C=1$에서 $C=1$

$\therefore f(x)=\frac{1}{9}x^3-\frac{2}{3}x^2+x+1$

따라서 극댓값은 $f(1)=\frac{1}{9}-\frac{2}{3}+1+1=\frac{13}{9}$

04 [정답] ②

$f(x)=\begin{cases}x^2 & (x\le 1)\\ 2-x & (x>1)\end{cases}$에서

$f(x-1)=\begin{cases}(x-1)^2 & (x\le 2)\\ 3-x & (x>2)\end{cases}$

$$\therefore 4\int_1^3 xf(x-1)dx$$

$$=4\left\{\int_1^2 xf(x-1)dx+\int_2^3 xf(x-1)dx\right\}$$

$$=4\left\{\int_1^2 x(x-1)^2dx+\int_2^3 x(3-x)dx\right\}$$

$= 4\left\{\int_1^2 (x^3-2x^2+x)dx + \int_2^3 (-x^2+3x)dx\right\}$

$= 4\left(\left[\frac{1}{4}x^4 - \frac{2}{3}x^3 + \frac{1}{2}x^2\right]_1^2 + \left[-\frac{1}{3}x^3 + \frac{3}{2}x^2\right]_2^3\right)$

$= 4\left\{\left(\frac{2}{3} - \frac{1}{12}\right) + \left(\frac{9}{2} - \frac{10}{3}\right)\right\}$

$= 4\left(\frac{7}{12} + \frac{7}{6}\right) = 7$

05 [정답] ③

$f(x) = \begin{cases} 4x-1 & (x \ge 1) \\ 2x+1 & (x < 1) \end{cases}$이므로

$\int_{-2}^2 f(x)dx = \int_{-2}^1 (2x+1)dx + \int_1^2 (4x-1)dx$

$= [x^2+x]_{-2}^1 + [2x^2-x]_1^2$

$= (2-2) + (6-1) = 5$

06 [정답] ①

$f(x) = 5x^4+3x^2+1$에서 $f(-x) = f(x)$이므로 $f(x)$는 우함수이다.

$\therefore \int_{-1}^2 f(x)dx + \int_2^1 f(t)dt$

$= \int_{-1}^2 f(x)dx + \int_2^1 f(x)dx$

$= \int_{-1}^1 f(x)dx$

$= 2\int_0^1 f(x)dx$

$= 2\int_0^1 (5x^4+3x^2+1)dx$

$= 2[x^5+x^3+x]_0^1$

$= 2 \times 3 = 6$

07 [정답] ③

$f(x-2) = f(x+2)$에서 x대신 $x+2$를 대입하면

$f(x) = f(x+4)$이고, $\int_{-2}^2 f(x)dx = 2$이므로

모든 실수 t에 대하여 $\int_t^{t+4} f(x)dx = 2$

즉, $\int_0^4 f(x)dx = 2$이므로

$\int_0^4 f(x)dx = \int_0^2 f(x)dx + \int_2^4 f(x)dx$에서

$2 = \int_0^2 f(x)dx + 1$ ($\because$ (다))

$\therefore \int_0^2 f(x)dx = 1$

$\therefore \int_0^{30} f(x)dx$

$= \int_0^2 f(x)dx + \int_2^6 f(x)dx + \int_6^{10} f(x)dx + \cdots + \int_{26}^{30} f(x)dx$

$= \int_0^2 f(x)dx + 2 \times 7$

$= 1 + 14 = 15$

08 [정답] ④

$f(x) = -x^2+3x$ $(0 \le x \le 3)$이고, $f(x+3) = f(x)$이므로 함수 $f(x)$의 그래프는 그림과 같다.

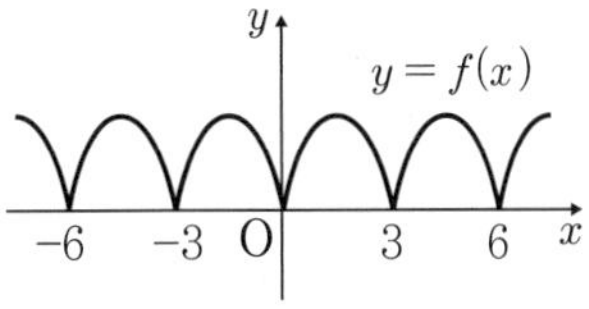

$\therefore \int_{-6}^6 f(x)dx = 4\int_0^3 f(x)dx$

$= 4\int_0^3 (-x^2+3x)dx$

$= 4\left[-\frac{1}{3}x^3 + \frac{3}{2}x^2\right]_0^3$

$= 4\left(-9 + \frac{27}{2}\right) = 18$

09 [정답] ②

$f(x) = \int_1^x (2t-5)(t^2+1)dt$의 양변을 x에 대하여 미분하면

$f'(x) = (2x-5)(x^2+1)$

$\therefore \lim_{h \to 0} \frac{f(1+h) - f(1)}{h} = f'(1) = -6$

10 [정답] ④

$F(x) = \int_0^x (x-t)f(t)dt$에서

$F(x) = x\int_0^x f(t)dt - \int_0^x tf(t)dt$

위의 식의 양변을 x에 대하여 미분하면

$F'(x) = \int_0^x f(t)dt + xf(x) - xf(x)$

$\therefore F'(x) = \int_0^x f(t)dt$

한편, $F(x)$가 삼차함수이므로 $f(t)$는 일차함수이다.

즉, $f(t) = at+b$(a, b는 상수)로 놓으면

$F'(x) = \int_0^x (at+b)dt$ …… ㉠

㉠의 양변에 $x = -1$을 대입하면

$F'(-1) = \int_0^{-1} (at+b)dt$

$= -\int_{-1}^0 (at+b)dt$

$= -\left[\frac{1}{2}at^2 + bt\right]_{-1}^0$

$= \frac{1}{2}a - b = 1$ …… ㉡

㉠의 양변에 $x = 1$을 대입하면

$F'(1) = \int_0^1 (at+b)dt$

$= \left[\frac{1}{2}at^2 + bt\right]_0^1$

$= \frac{1}{2}a + b = 1$ …… ㉢

㉡, ㉢을 연립하여 풀면 $a = 2$, $b = 0$

따라서 $f(t) = 2t$이므로 $f(2) = 4$

11 **[정답]** ③

$f(t)=t^2+t-4$로 놓고 $f(t)$의 한 부정적분을 $F(t)$라 하면

$$\lim_{x\to0}\frac{1}{x}\int_2^{2+x}(t^2+t-4)dt=\lim_{x\to0}\frac{1}{x}\int_2^{2+x}f(t)dt$$
$$=\lim_{x\to0}\frac{1}{x}\left[F(t)\right]_2^{2+x}$$
$$=\lim_{x\to0}\frac{F(2+x)-F(2)}{x}$$
$$=F'(2)=f(2)=4+2-4=2$$

12 **[정답]** ④

사차함수 $f(x)$가 $f(-x)=f(x)$를 만족시키므로

$f(x)=ax^4+bx^2+c\ (a\neq0)$로 놓으면

$f(0)=-3$이므로 $c=-3$

$f'(x)=4ax^3+2bx$

$f'(1)=0$이므로 $4a+2b=0$

$\therefore b=-2a$

즉, $f(x)=ax^4-2ax^2-3$이므로

$$\int_0^1 f(x)dx=\int_0^1(ax^4-2ax^2-3)dx$$
$$=\left[\frac{a}{5}x^5-\frac{2a}{3}x^3-3x\right]_0^1$$
$$=\frac{1}{5}a-\frac{2}{3}a-3=4$$

$\therefore a=-15$

따라서 $f(x)=-15x^4+30x^2-3$이므로

$f(-1)=-15+30-3=12$

13 **[정답]** ①

$$\lim_{n\to\infty}\frac{2}{n}\left\{(1+\frac{2}{n})^2+(1+\frac{4}{n})^2+(1+\frac{6}{n})^2+\cdots+(1+\frac{2n}{n})^2\right\}$$
$$=\lim_{n\to\infty}\sum_{k=1}^{n}(1+\frac{2k}{n})^2\times\frac{2}{n}$$
$$=\int_1^3 x^2dx=\left[\frac{1}{3}x^3\right]_1^3=\frac{26}{3}$$

14 **[정답]** ②

그림과 같이 구간 $[1, 3]$을 n등분하면 각 분점의 x좌표는 왼쪽에서 부터 차례로 $1+\frac{2}{n}, 1+\frac{4}{n}, 1+\frac{6}{n}, \cdots, 1+\frac{2n}{n}(=3)$이므로 n개의 직사각형의 넓이의 합을 S_n이라 하면

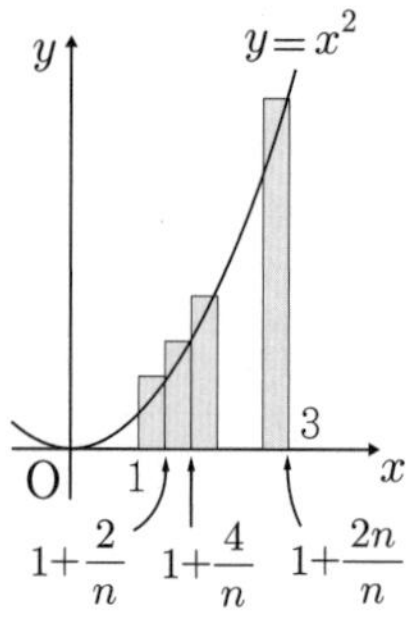

$$S_n=(1+\frac{2}{n})^2\times\frac{2}{n}+(1+\frac{4}{n})^2\times\frac{2}{n}+\cdots+(1+\frac{2n}{n})^2\times\frac{2}{n}$$
$$=\lim_{n\to\infty}\sum_{k=1}^{n}(1+\frac{4k}{n}+\frac{4k^2}{n^2})\times\frac{2}{n}$$

10 적분의 활용

출제경향이 보이는 가천대 기출문제

01 **[정답]** ②

$y=x^3$, $y=8$과 y축으로 둘러싸인 부분의 넓이와 x축, $y=k$, y축, $x=4$로 둘러싸인 부분의 넓이가 같으므로

$8\times2-\int_0^2 x^3dx=4k$에서

$4k=16-4=12$

$\therefore k=3$

02 **[정답]** ③

$\int_{2-t}^{2}f(x)dx+\int_{2+t}^{2}f(x)dx=0$에서

$\int_{2-t}^{2}f(x)dx=\int_{2}^{2+t}f(x)dx=0$

따라서 함수 $f(x)$는 $x=2$에 대하여 대칭이므로 $a=2$이다.

$S_2=2S_1$이므로

$\int_0^2\{(x-2)^2+b\}dx=0$에서

$\int_0^2(x^2-4x+4+b)dx=0,\ \frac{8}{3}+2b=0$

$\therefore b=-\frac{4}{3}$

$f(x)=(x-2)^2-\frac{4}{3}$이므로

$f(4)=4-\frac{4}{3}=\frac{8}{3}$

03 **[정답]** ③

접점의 좌표를 $(t, -t^2)$이라 하면

접점에서의 접선의 방정식은 $y=-2t(x-t)-t^2$이고

점 $(0, p)$를 지나므로

$p=-2t(0-t)-t^2\quad\therefore t=\pm\sqrt{p}$

즉, 두 접점은 $(-\sqrt{p}, -p)$, $(\sqrt{p}, -p)$이고

두 접선은 $y=2\sqrt{p}x+p$, $y=-2\sqrt{p}x+p$로 서로 y축 대칭이 된다.

따라서 두 접선으로 둘러싸인 부분의 넓이는

$$\frac{9}{4}=2\int_0^{\sqrt{p}}(-\sqrt{p}x+p)-(-x^2)dx$$
$$=2\int_0^{\sqrt{p}}(-\sqrt{p}x+p+x^2)dx$$
$$=2\left[-\sqrt{p}x^2+px+\frac{x^3}{3}\right]_0^{\sqrt{p}}$$
$$=\frac{2}{3}(\sqrt{p})^3$$

따라서 $\frac{2}{3}(\sqrt{p})^3=\frac{9}{4}$이므로 $p=\frac{9}{4}$

04 **[정답]** ④

점 P의 위치는 $\int_0^2 v(t)dx$이다.

$$\int_0^2 v(t)dx=\int_0^2 at^3dx=\left[\frac{a}{4}t^4\right]_0^2=4a=52$$

따라서 상수 a의 값은 13이다.

05 [정답] ④

시각 t에서의 속도를 적분하면 둘 다 원점에서 출발하므로

P의 위치 : $F(t)=t^3-9t^2+24t$, Q의 위치 : $G(t)=at$

$F(x)=G(t)$일 때, 두 점이 만나므로 P와 Q는 $t=0$일 때를 제외하고 $t=b$에서 단 한번만 만나므로

$$F(t)-G(t)=t^3-9t^2+24t-at$$
$$=t(t-b)^2$$
$$\therefore b=\frac{9}{2},\ a=\frac{15}{4}$$

기출과 EBS를 재해석한 **기출예상문제**

01 [정답] ④

곡선이 두 점 $(-1,0)$, $(3,0)$을 지나므로

$f(x)=a(x+1)(x-3)\ (a<0)$

이 곡선이 점 $(2,6)$을 지나므로

$6=a\times3\times(-1)$

$\therefore a=-2$

$$\therefore f(x)=-2(x+1)(x-3)$$
$$=-2x^2+4x+6$$

한편, 직선은 두 점 $(-1,0)$, $(2,6)$을 지나므로

$$y=\frac{6}{3}(x+1)$$

$\therefore g(x)=2x+2$

따라서 곡선 $y=f(x)$와 직선 $y=g(x)$로 둘러싸인 도형의 넓이는

$$\int_{-1}^{2}\{-2x^2+4x+6-(2x+2)\}dx$$
$$=\int_{-1}^{2}(-2x^2+2x+4)dx$$
$$=\left[-\frac{2}{3}x^3+x^2+4x\right]_{-1}^{2}$$
$$=(-\frac{16}{3}+4+8)-(\frac{2}{3}+1-4)$$
$$=9$$

02 [정답] ④

두 곡선 $y=x^n$, $y=x^{n+1}$의 교점의 x좌표는

$x^n=x^{n+1}$에서 $x^n(x-1)=0$

$\therefore x=0$ 또는 $x=1$

$$\therefore S_n=\int_0^1(x^n-x^{n+1})dx$$
$$=\left[\frac{1}{n+1}x^{n+1}-\frac{1}{n+2}x^{n+2}\right]_0^1$$
$$=\frac{1}{n+1}-\frac{1}{n+2}$$
$$\therefore S_2+S_3+S_4+\cdots+S_{100}$$
$$=\left(\frac{1}{3}-\frac{1}{4}\right)+\left(\frac{1}{4}-\frac{1}{5}\right)+\cdots+\left(\frac{1}{101}-\frac{1}{102}\right)$$
$$=\frac{1}{3}-\frac{1}{102}$$
$$=\frac{33}{102}$$
$$=\frac{11}{34}$$

03 [정답] ④

$y=x^3-3$에서 $y'=3x^2$이므로 곡선 $y=x^3-3$ 위의 점 $(-1,4)$에서의 접선의 기울기는 3이다.

즉, 접선의 방정식은

$y+4=3(x+1)$

$\therefore y=3x-1$

곡선 $y=x^3-3$과 직선 $y=3x-1$의 교점의 x좌표는

$x^3-3=3x-1$에서 $x^3-3x-2=0$

$(x+1)^2(x-2)=0$

$\therefore x=-1$ 또는 $x=2$

따라서 구하는 넓이는

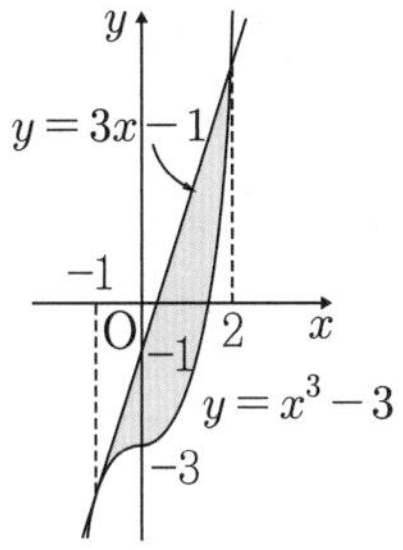

$$\int_{-1}^{2}\{(3x-1)-(x^3-3)\}dx$$
$$=\int_{-1}^{2}(-x^3+3x+2)dx$$
$$=\frac{27}{4}$$

04 [정답] ④

$f(x)=\begin{cases}x^2-1 & (x\le-1 \text{ 또는 } x\ge1)\\ -x^2+1 & (-1<x<1)\end{cases}$이므로 함수

$y=x^2-1$의 그래프와 직선 $y=x+1$의 교점의 x좌표는

$x^2-1=x+1$에서

$x^2-x-2=0$

$(x+1)(x-2)=0$

$\therefore x=-1$ 또는 $x=2$

또 함수 $y=-x^2$의 그래프와 직선 $y=x+1$의 교점의 x좌표는

$-x^2+1=x+1$에서

$x^2+x=0$

$x(x+1)=0$

$\therefore x=0$

그림에서 구하는 넓이는

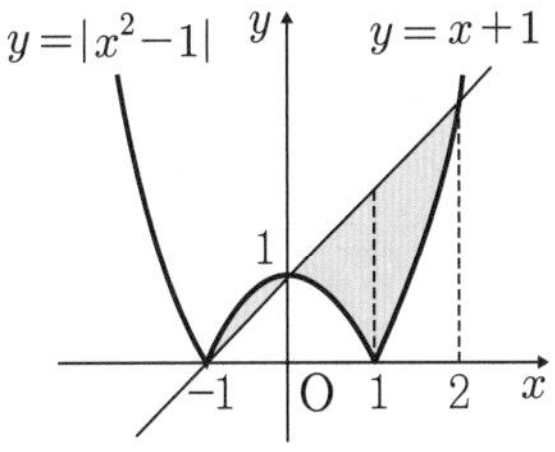

$$\int_{-1}^{0}\{(1-x^2)-(x+1)\}dx+\int_{0}^{1}\{x+1)-(1-x^2)\}dx+\int_{1}^{2}\{(x+1)-x^2-1)\}dx$$
$$=\int_{-1}^{0}(-x^2-x)dx+\int_{0}^{1}(x^2+x)dx+\int_{1}^{2}(-x^2+x+2)dx$$
$$=\left[-\frac{1}{3}x^3-\frac{1}{2}x^2\right]_{-1}^{0}+\left[\frac{1}{3}x^3+\frac{1}{2}x^2\right]_0^1+\left[-\frac{1}{3}x^3+\frac{1}{2}x^2+2x\right]_1^2$$
$$=\left\{0-(\frac{1}{3}-\frac{1}{2})\right\}+\left\{(\frac{1}{3}+\frac{1}{2})-0\right\}$$
$$+\left\{(-\frac{8}{3}+2+4)-(-\frac{1}{3}+\frac{1}{2}+2)\right\}=\frac{13}{6}$$

05 **[정답]** ④

원의 방정식을 $x^2+(y-a)^2=1\ (a>0)$이라 하고 $y=x^2$과 연립하면

$y+(y-a)^2=1$

$y^2-(2a-1)y+a^2-1=0$ …… ㉠

원과 곡선이 내접하므로 ㉠의 판별식을 D라 하면

$D=(2a-1)^2-4(a^2-1)=0$

$4a^2-4a+1-4a^2+4=0$

$-4a=-5$

$\therefore a=\dfrac{5}{4}$

이것을 ㉠에 대입하면

$y^2-\dfrac{3}{2}y+\dfrac{9}{16}=0$

$\therefore (4y-3)^2=0$

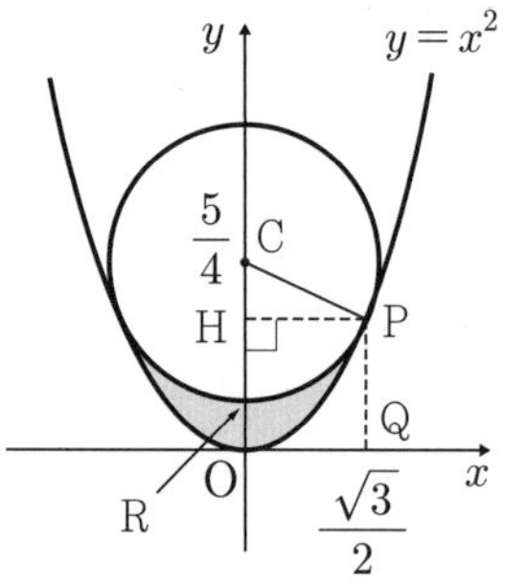

즉, $y=\dfrac{3}{4}$이고 $y=x^2$에서 $x=\pm\dfrac{\sqrt{3}}{2}$

한편, ΔCHP에서 $\overline{CP}=1$, $\overline{CH}=\dfrac{5}{4}-\dfrac{3}{2}=\dfrac{1}{2}$이므로

$\angle PCR=60^\circ$

따라서 구하는 넓이는

$2\left\{(\text{사다리꼴 } OQPC\text{의 넓이})-(\text{부채꼴 } CRP\text{의 넓이})-\int_0^{\frac{\sqrt{3}}{2}} x^2dx\right\}$

$=2\left\{\dfrac{1}{2}\times\left(\dfrac{5}{4}+\dfrac{3}{4}\right)\times\dfrac{\sqrt{3}}{2}-\pi\times1^1\times\dfrac{60}{360}-\left[\dfrac{1}{3}x^3\right]_0^{\frac{\sqrt{3}}{2}}\right\}$

$=2\left(\dfrac{\sqrt{3}}{2}-\dfrac{\pi}{6}-\dfrac{\sqrt{3}}{8}\right)=\dfrac{3\sqrt{3}}{4}-\dfrac{\pi}{3}$

06 **[정답]** ①

$S_1+S_2+S_3=1$이고, S_2는 등차중항, 즉 $S_1+S_3=2S_2$이므로

$1-S_2=2S_2$

$\therefore S_2=\dfrac{1}{3}$

$S_1=\displaystyle\int_0^1\dfrac{1}{2}x^2dx=\left[\dfrac{1}{6}x^3\right]_0^1=\dfrac{1}{6}$이므로

$S_3=-S_1-S_2+1=-\dfrac{1}{6}-\dfrac{1}{3}+1=\dfrac{1}{2}$

$ax^2=1$에서 $x=\dfrac{1}{\sqrt{a}}\ (\because x>0)$이므로

$S_3=\dfrac{1}{\sqrt{a}}\times1-\displaystyle\int_0^{\frac{1}{\sqrt{a}}}ax^2dx$

$=\dfrac{1}{\sqrt{a}}-\left[\dfrac{a}{3}x^3\right]_0^{\frac{1}{\sqrt{a}}}$

$=\dfrac{2}{3\sqrt{a}}=\dfrac{1}{2}$

$\therefore a=\dfrac{16}{9}$

07 **[정답]** ③

$\displaystyle\lim_{x\to1}\dfrac{f(x)}{x-1}=-6$에서 $x\to1$일 때, (분모)$\to0$이므로 (분자)$\to0$,

즉 $f(1)=0$이어야 한다.

$\therefore \displaystyle\lim_{x\to1}\dfrac{f(x)}{x-1}=\lim_{x\to1}\dfrac{f(x)-f(1)}{x-1}=f'(1)=-6$

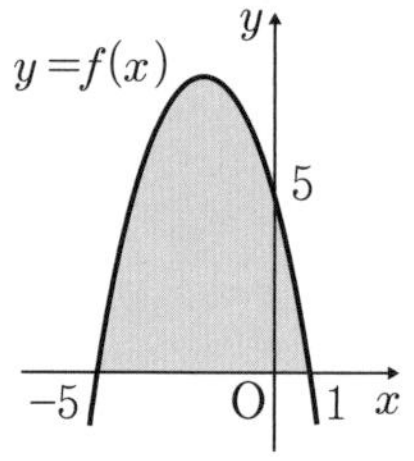

또 $\displaystyle\lim_{x\to\infty}\dfrac{f(x)}{x^2}=-1$에서 $f(x)=-x^2+ax+b$(a, b는 상수)이므로

$f'(x)=-2x+a$

$f'(1)=-2+a=-6\ \ \therefore a=-4$

$f(1)=-1+a+b=0\ \ \therefore b=5$

즉, $f(x)=-x^2-4x+5$이므로

$f(x)=0$에서 $(x+5)(x-1)=0$

$\therefore x=-5$ 또는 $x=1$

따라서 구하는 넓이는

$\displaystyle\int_{-5}^1(-x^2-4x+5)dx$

$=\left[-\dfrac{1}{3}x^3-2x^2+5x\right]_{-5}^1$

$=\left(-\dfrac{1}{3}-2+5\right)-\left(\dfrac{125}{3}-50-25\right)=36$

08 **[정답]** ③

물체가 최고 높이에 도달하는 순간의 속도는 0이므로

$v(t)=98-9.8t=0\ \ \therefore t=10$

최고 높이에 도달할 때까지 물체가 움직인 거리는

$\displaystyle\int_0^{10}v(t)dt=\int_0^{10}(98-9.8t)dt=\left[98t-4.9t^2\right]_0^{10}=490$(m)

따라서 물체가 지면에 떨어질 때까지 움직인 거리는

$490+(490+20)=1000$(m)

09 **[정답]** ④

두 점 P, Q의 t초 후의 위치를 각각 $x_P(t)$, $x_Q(t)$라 하면

$x_P(t)=\displaystyle\int_0^t(6t^2-2t+66)dt=\left[2t^3-t^2+6t\right]_0^t$

$=2t^3-t^2+6t$

$$x_Q(t)=\int_0^t(3t^2+12t-4)dt=\left[t^3+6t^2-4t\right]_0^t$$
$$=t^3+6t^2-4t$$

이때, 두 점 P, Q가 출발 후 처음으로 만나는 시각은 $t=2$이므로 그때의 위치는 $x_P(2)=16-4+12=24$

10 [정답] ②

ㄱ. 점 P가 멈출 때는 $v(t)=0$일 때, 즉 $t=2, t=4, t=7$인 순간이고, $v(t)=0$인 t의 값이 연속적으로 나타나는 구간은 없으므로 점 P가 출발 후 1초 동안 멈춘 적은 없다. (거짓)

ㄴ. $v(t)$의 부호가 바뀔 때 점 P의 운동 방향이 바뀌므로 점 P가 운동방향을 바꾸는 때는 $t=2, t=4$에서의 2번이다. (거짓)

ㄷ. $\int_0^4 v(t)dt=0$이므로 점 P는 출발하고 나서 4초일 때 출발점으로 되돌아온다. (참)

따라서 옳은 것은 ㄷ뿐이다.

11 순열과 조합

출제경향이 보이는 가천대 기출문제

01 [정답] ②

철수, 영희를 각각 A, B라고 하자. A, B가 이웃하지 않고 한 자리 건너서 앉아야 하므로 A, B 사이에 다른 한명을 앉힌 후, 하나의 팀으로 생각하여 원탁에 앉으면 된다.

A, B 사이에 한명이 들어갈 경우의 수는 가지,

A, B의 자리가 서로 바뀌는 경우의 수는 가지,

A, B와 A, B 사이의 한 명을 제외한 나머지 2명을 원탁에 앉히는 경우의 수는 2!이다.

따라서 구하고자 하는 방법의 수는 $3\times2\times2=12$(가지)이다.

02 [정답] ②

일의 자리의 수가 1인 경우의 수는 $4!=24$이고 2, 3, 4, 5도 동일하다.

$$\therefore\ 24\times(25+25\times10+\cdots+25\times10^4)$$
$$=24\times25(1+10+10^2+10^3+10^4)$$
$$=24\times25\left(\frac{10^5-1}{10-1}\right)$$
$$=24\times25\left(\frac{99999}{9}\right)$$
$$=24\times25\times11111$$
$$=600\times11111$$
$$=6666600$$

03 [정답] ①

조건 ㄴ에서 $f(1)$은 3개의 수 2, 3, 4가 가능하다.

$f(1)=a$라 하면 조건 ㄱ에서 $f(a)$도 3개의 수가 가능하다.

(i) $f(a)=1$일 때, 나머지 개의 원소는 값이 정해진다.

(ii) $f(a)\neq1$일 때, $f(a)=b$라 하면 b는 2가지 경우가 가능하다.

따라서 구하는 함수 f의 개수는

$3\times(1+2)=9$

다른 풀이

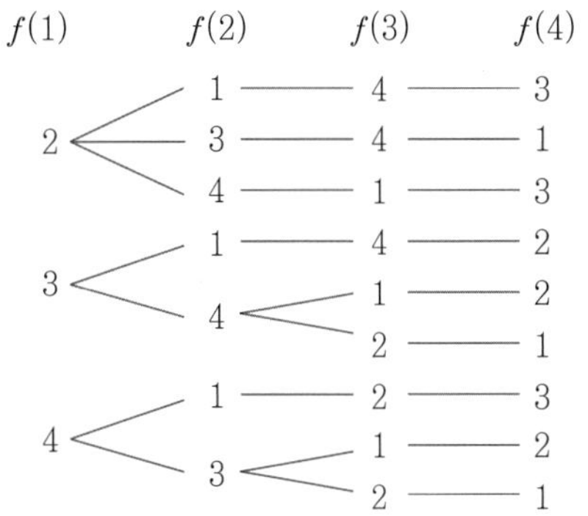

04 [정답] ④

일의 자리는 2이고 나머지 4자리의 경우는

(i) 1, 1, 2, 3일 때,

$\frac{4!}{2!}=12$

(ii) 1, 1, 3, 3일 때,

$\frac{4!}{2!2!}=6$

(iii) 1, 2, 3, 3일 때,

$\frac{4!}{2!}=12$

(iv) 1, 3, 3, 3일 때,

$\frac{4!}{3!}=4$

(v) 2, 3, 3, 3일 때,

$\frac{4!}{3!}=4$

따라서 구하는 짝수의 개수는 38이다.

05 [정답] ②

2310을 소인수분해 하면

$2310=2\times3\times5\times7\times11$이다.

구하고자 하는 경우의 수는 서로 다른 5개의 소수 2, 3, 5, 7, 11을 적어도 하나의 소수를 포함하는 세 그룹으로 나누는 경우의 수이므로

(i) (1, 1, 3)의 분할에서 ${}_5C_2=10$

(ii) (1, 2, 2)의 분할에서 $5\times\frac{{}_4C_2}{2}=15$

따라서 구하는 경우의 수는

$10+15=25$

기출과 EBS를 재해석한 기출예상문제

01 [정답] ③

전체 5명의 학생을 일렬로 세우는 방법의 수는 5!

A와 B 사이에 아무도 들어가지 않는 경우의 수는 A와 B가 이웃하여 서는 경우의 수와 같으므로

$4!\times2!$

따라서 구하는 방법의 수는

$5!-4!\times 2!=120-24\times 2=72$

02 **[정답] ③**

354보다 큰 짝수는 백의 자리의 숫자가 4 이상인 짝수이다.

(ⅰ) 백의 자리의 숫자가 4인 경우

4□0, 4□2의 꼴인 자연수의 개수는

$2\times {}_4P_1=8$

(ⅱ) 백의 자리의 숫자가 5인 경우

5□0, 5□2, 5□4의 꼴인 자연수의 개수는

$3\times {}_4P_1=12$

(ⅰ), (ⅱ)에서 구하는 자연수의 개수는

$8+12=20$

03 **[정답] ④**

(ⅰ) 짝수가 0개일 때

(홀, 홀, 홀) → ${}_5\Pi_3=5^3=125$

(ⅱ) 짝수가 1개일 때

(짝, 홀, 홀) → $4\times {}_5\Pi_2=4\times 5^2=100$

(홀, 짝, 홀) → $5\times 4\times 5=100$

(홀, 홀, 짝) → ${}_5\Pi_2\times 4=5^2\times 4=100$

$\therefore 100+100+100=300$

(ⅲ) 짝수가 2개일 때

(짝, 짝, 홀) → ${}_4P_2\times 5=60$

(짝, 홀, 짝) → $4\times 5\times 3=60$

(홀, 짝, 짝) → $5\times {}_4P_2=60$

(ⅳ) 짝수가 3개일 때

(짝, 짝, 짝) → ${}_4P_3=24$

(ⅰ)~(ⅳ)에서 구하는 자연수의 개수는

$125+300+180+24=629$

04 **[정답] ②**

(ⅰ) 1□□2, 1□□4의 꼴인 짝수의 개수는

$2\times 3!=12$

(ⅱ) 2□□4의 꼴인 짝수의 개수는

$3!=6$

(ⅲ) 3□□2, 3□□4의 꼴인 짝수의 개수는

$2\times 3!=12$

(ⅳ) 41352의 1개

(ⅰ)~(ⅳ)에서 $12+6+12+1=31$이므로

a_{32}의 값은 41532이다.

05 **[정답] ②**

2, 4와 1, 3, 5의 순서가 정해져 있으므로 2, 4와 1, 3, 5를 각각 X, Y로 생각하여 6개의 숫자 X, X, Y, Y, Y, 6을 일렬로 나열한 후 첫 번째 X는 2, 두 번째 X는 4, 첫 번째 Y는 1, 두 번째 Y는 3, 세 번째 Y는 5로 바꾸면 된다.

따라서 구하는 방법의 수는 $\dfrac{6!}{2!3!}=60$

06 **[정답] ①**

안쪽의 4개의 직각삼각형에 칠하는 방법의 수는 8가지의 색 중에서 4가지의 색을 택하여 원형으로 배열하는 원순열의 수이므로

$\dfrac{{}_8P_4}{4}$

그 각각에 대하여 나머지 4가지의 색을 바깥쪽의 4개의 직사각형에 칠하는 방법의 수는 4!

따라서 구하는 방법의 수는

$\dfrac{{}_8P_4}{4}\times 4!=420\times 24=10080$

07 **[정답] ④**

$Y=\{1,2,3,6,9,18\}$이므로 $f(1)+f(3)$의 값이 홀수인 경우는 다음과 같다.

(ⅰ) $f(1)=$(짝수), $f(3)=$(홀수)

$f(1)$의 값이 될 수 있는 것은 2, 6, 18

$f(3)$의 값이 될 수 있는 것은 1, 3, 9

이므로 그 경우의 수는

$3\times 3=9$

이때, 나머지 X의 원소 2, 4, 5에 대응할 수 있는 Y의 원소의 개수는 6개에서 중복을 허용하여 3개를 택하는 중복순열의 수와 같으므로 ${}_6\Pi_3$

$\therefore 9\times {}_6\Pi_3=9\times 6^3=1944$

(ⅱ) $f(1)=$(홀수), $f(3)=$(짝수)

(ⅰ)과 마찬가지 방법으로 구하면

$9\times {}_6\Pi_3=1944$

(ⅰ), (ⅱ)에서 구하는 함수의 개수는

$1944+1944=3888$

08 **[정답] ④**

X의 모든 원소 x에 대하여 $f(x)\ge x$를 만족하는 경우는 다음과 같다.

(ⅰ) $x=1$일 때, $f(1)\ge 1$이므로

$f(1)=1, 2, 3, 4$의 4가지

(ⅱ) $x=2$일 때, $f(2)\ge 2$

$f(2)=2, 3, 4$ 의 3가지

(ⅲ) $x=3$일 때, $f(3)\ge 3$

$f(3)=3, 4$의 2가지

(ⅳ) $x=4$일 때, $f(4)\ge 4$

$f(4)=4$의 1가지

(ⅰ)~(ⅳ)에 의하여 구하는 함수의 개수는

$4\times 3\times 2\times 1=24$

09 **[정답] ④**

x, y, z가 양의 정수이므로

$x+y+z\ge 3$

주어진 조건에 의하여 $3\le x+y+z<6$을 만족시킨다.

즉, $x+y+z=3$ 또는 $x+y+z=4$ 또는 $x+y+z=5$에 대하여 양의 정수해의 개수를 구하면 된다.

이때, $x\ge 1, y\ge 1, z\ge 1$이므로

x', y', z'을 음이 아닌 정수라 하면

$x=x'+1, y=y'+1, z=z'+1$

(ⅰ) $x+y+z=3$에서 $x'+y'+z'=0$이므로 양의 정수해의 개수는 ${}_3H_0={}_2C_0=1$

(ⅱ) $x+y+z=4$에서 $x'+y'+z'=1$이므로 양의 정수해의 개수는 ${}_3H_1={}_2C_1=3$

(ⅲ) $x+y+z=5$에서 $x'+y'+z'=2$이므로 양의 정수해의 개수는 ${}_3H_2={}_4C_2=6$

(ⅰ), (ⅱ), (ⅲ)에서 구하는 해의 개수는

$1+3+6=10$

10 [정답] ③

방정식 $x+y+z+5w=20$에서

(ⅰ) $w=1$인 경우

$x+y+z=15$에서 x, y, x가 양의 정수이고 $x \geq w$이므로

$x \geq 1, y \geq 1, z \geq 1$

이때, x', y', z'을 음이 아닌 정수라 하면

$x'=x-1, y'=y-1, z'=z-1$에서

$x'+y'+z'=12$

즉, x', y', z'에서 중복을 허락하여 12개를 택하는 중복조합의 수이 므로 ${}_3H_{12}={}_{14}C_{12}={}_{14}C_2=91$

(ⅱ) $w=2$인 경우

$x+y+z=10$에서 x, y, x가 양의 정수이고 $x \geq w$이므로

$x \geq 2, y \geq 1, z \geq 1$

이때, x', y', z'을 음이 아닌 정수라 하면

$x'=x-2, y'=y-1, z'=z-1$에서

$x'+y'+z'=6$

즉, x', y', z'에서 중복을 허락하여 6개를 택하는 중복조합의 수이므로 ${}_3H_6={}_8C_6={}_8C_2=28$

(ⅲ) $w=3$인 경우

$x+y+z=5$이므로

$x=3, y=1, z=1$의 1가지

(ⅰ), (ⅱ), (ⅲ)에서 구하는 순서쌍의 개수는

$91+28+1=120$

12 분할과 이항정리

출제경향이 보이는 가천대 기출문제

01 [정답] ④

상수항이 존재하기 위해서는 n보다 작거나 같은 음이 아닌 정수 m에 대하여

$(x^2)^m \times \left(-\frac{2}{x}\right)^{n-m}$의 차수가 0이어야 하므로

$(x^2)^m \times \left(-\frac{2}{x}\right)^{n-m}$의 차수 $3m-n$에서 자연수 n의 최솟값 k는

$k=3$이다.

따라서 구하는 상수항의 값은

${}_3C_1 \times x^2 \times \left(-\frac{2}{x}\right)^2=12$

02 [정답] ④

$(1+x)^6={}_6C_0+{}_6C_1x+{}_6C_2x^2+\cdots+{}_6C_6x^6$이므로

$(1+2^6){}_6C_0+(2+2^5){}_6C_1+(2^2+2^4){}_6C_2+2^3\times{}_6C_3$

$={}_6C_0+{}_6C_1 2+{}_6C_2 2^2+\cdots+{}_6C_6 2^6$

$=(1+2)^6=729$

03 [정답] ①

이항정리를 이용하여,

$$\begin{aligned}9^{13} &= (-1+10)^{13}\\ &= (-1+10)^{13}\\ &= {}_{13}C_0(-1)^{13}10^0+{}_{13}C_1(-1)^{12}10^1+\cdots+{}_{13}C_{13}(-1)^0 10^{13}\\ &= -1+130-7800+286000-7150000+\cdots+10^{13}\\ &= (-1+130)+(-7800+286000)-7150000+\cdots+10^{13}\\ &= 129+278200-7150000+\cdots+10^{13}\\ &= 278329+\cdots+10^{13}\end{aligned}$$

따라서 $a=9$, $b=2$, $c=3$이므로 $a+b+c=14$

04 [정답] ②

$11=5+6$이므로 6의 홀수로 이루어진 분할에 5를 더한 것으로 생각하면 된다.

$$\begin{aligned}6&=1+5=3+3\\ &=1+1+1+3\\ &=1+1+1+1+1+1\end{aligned}$$

따라서 구하는 분할의 수는 4이다.

기출과 EBS를 재해석한 기출예상문제

01 [정답] ①

7명의 골프 선수를 3명, 2명, 2명씩 세 개의 조로 나누는 방법의 수는 ${}_7C_3\times{}_4C_2\times{}_2C_2\times\frac{1}{2!}=105$

02 [정답] ④

6명을 3명, 3명의 두 개의 조로 나누는 방법의 수는

${}_6C_3\times{}_3C_3\times\frac{1}{2!}=10$

또한, 이 두 개의 조가 4층, 5층, 6층, 7층, 8층의 5개의 층 중 2개의 층에 내리는 방법의 수는 ${}_5P_2=20$

따라서 구하는 방법의 수는

$10\times20=200$

03 [정답] ③

7개의 학급을 먼저 4개, 3개로 나누는 방법의 수는

${}_7C_4\times{}_3C_3=35$

4개의 학급을 2개, 2개로 나누는 방법의 수는

${}_4C_2\times{}_2C_2\times\frac{1}{2!}=3$

3개의 학급을 2개, 1개로 나누는 방법의 수는

${}_3C_2\times{}_1C_1=3$

따라서 구하는 방법의 수는

$35\times3\times3=315$

04 [정답] ②

$6=5+1=4+2=3+3$
$=4+1+1=3+2+1=2+2+2$
$=3+1+1+1=2+2+1+1$
$=2+1+1+1+1$
$=1+1+1+1+1+1$

즉, 짝수로만 이루어지는 분할은 $6, 4+2, 2+2+2$의 3개

$\therefore a=3$

3이 나타나는 분할은 $3+3, 3+2+1, 3+1+1+1$의 3개

$\therefore b=3$

$\therefore a+b=6$

05 [정답] ②

$x+y+z=10$을 만족시키는 세 자연수 x, y, z의 순서쌍의 개수는 10을 3개의 자연수로 분할하는 방법과 같으므로

$10=8+1+1=7+2+1=6+3+1$
$=6+2+2=5+4+1=5+3+2$
$=4+4+2=4+3+3$

따라서 구하는 순서쌍은

$(7,2,1), (6,3,1), (5,4,1), (5,3,2)$의 4개다.

06 [정답] ①

$x(x^2+y)^5$의 전개식에서 x^3y^4의 계수는

$(x^2+y)^5$의 전개식에서 x^2y^4의 계수와 같다.

$(x^2+y)^5$의 전개식의 일반항은 ${}_5C_r(x^2)^{5-r}y^r={}_5C_rx^{10-2r}y^r$

$x^{10-2r}y^r=x^2y^4$에서 $r=4$

따라서 x^3y^4의 계수는 ${}_5C_4={}_5C_1=5$

07 [정답] ④

$(ax^3+\frac{2}{x^2})^4$의 전개식의 일반항은

${}_4C_r(ax^3)^{4-r}(\frac{2}{x^2})^r={}_4C_r2^ra^{4-r}x^{12-5r}$

$x^{12-5r}=x^2$에서 $r=2$

즉, x^2의 계수는 ${}_4C_22^2a^2=96$

$a^2=4 \quad \therefore a=2(\because a>0)$

따라서 x^7의 계수는 $x^{12-5r}=x^7$에서 $r=1$이므로

${}_4C_12^12^3=64$

08 [정답] ②

$(1+x)+(1+x)^2+(1+x)^3+\cdots+(1+x)^{10} \quad \cdots\cdots ㉠$

㉠은 첫째항이 $1+x$, 공비가 $1+x$인 등비수열의 첫째항부터 제10항까지의 합이므로

$\frac{(1+x)\{(1+x)^{10}-1\}}{(1+x)-1}=\frac{(1+x)^{11}-x-1}{x} \quad \cdots\cdots ㉡$

㉠의 전개식에서 x^3의 계수는 ㉡의 $(1+x)^{11}$의 전개식에서 x^4의 계수와 같다. $(1+x)^{11}$의 전개식의 일반항은 ${}_{11}C_r1^{11-r}x^r$

$x^r=x^4$에서 $r=4$

따라서 구하는 x^3의 계수는

${}_{11}C_4=330$

09 [정답] ④

${}_{55}C_0+{}_{55}C_1+{}_{55}C_2+\cdots+{}_{55}C_{55}=2^{55}$

${}_{55}C_1+{}_{55}C_3+{}_{55}C_5+\cdots+{}_{55}C_{55}=2^{54}$

$\therefore$(주어진 식)$=\frac{2^{54}}{2^{55}}=\frac{1}{2}$

10 [정답] ④

$\sum_{m=0}^{n}{}_{2n}C_{2m}={}_{2n}C_0+{}_{2n}C_2+{}_{2n}C_4+\cdots+{}_{2n}C_{2n}=2^{2n-1}$

$\sum_{n=1}^{10}(\sum_{m=0}^{n}{}_{2n}C_{2m})=\sum_{n=1}^{10}2^{2n-1}$
$=2+2^3+2^5+\cdots+2^{19}$
$=\frac{2(4^{10}-1)}{4-1}$
$=\frac{2}{3}(4^{10}-1)$

13 확률

출제경향이 보이는 가천대 **기출문제**

01 [정답] ④

(A가 적힌 카드가 서로 이웃하지 않는 확률)=(전체 확률)−(A가 서로 이웃할 확률)

$\therefore 1-\frac{\frac{6!}{3!2!1!}}{\frac{7!}{2!2!3!}}=\frac{5}{7}$

02 [정답] ④

세 수 a, b, c의 최댓값과 최솟값의 차가 2미만일 경우의 수를 구해 보자.

1) 차가 0일 때,
세 수 a, b, c가 같은 수가 나올 경우이므로 6가지이다.

2) 차가 1일 때,
나올 수 있는 최솟값은 1, 2, 3, 4, 5의 5가지이다.

최솟값이 일 때, 세 수가 되는 경우는 (1, 1, 2), (1, 2, 2)이므로

$\frac{3!}{2!}\times 2=6 \quad \therefore 30$(가지)

따라서 구하는 확률은 $1-\frac{36}{216}=\frac{5}{6}$

03 [정답] ③

세 번째 꺼낸 구슬이 검은 색이려면,

(검은 구슬, 검은 구슬, 검은 구슬), (검은 구슬, 흰 구슬, 검은 구슬)
(흰 구슬, 검은 구슬, 검은 구슬), (흰 구슬, 흰 구슬, 검은 구슬)
의 네 가지 경우 중 하나여야 한다.

따라서 구하는 확률은

$\frac{3}{6}\times\frac{2}{5}\times\frac{1}{4}+\frac{3}{6}\times\frac{3}{5}\times\frac{2}{5}+\frac{3}{6}\times\frac{3}{6}\times\frac{2}{5}+\frac{3}{6}\times\frac{3}{6}\times\frac{3}{6}=\frac{79}{200}$

04 [정답] ②

축구공을 집어넣는 경우의 수를 x, 농구공을 집어넣는 경우의 수를 y라 할 때,

$3x+y$를 두 개의 다항식 A, B로 나눈다고 생각해 보자. 다항식 A를 기준으로 보았을 때,

처음과 같은 배치로 공을 집어넣은 경우의 수는

$0, x, 2x, 3x, 0+y, x+y, 2x+y, 3x+y$의 8가지이다.

따라서 구하는 확률은 $\frac{1}{8}$이다.

05 [정답] ②

남편이 투표하는 사건과 부인이 투표하는 사건을 각각 A, B라 할 때,

$\mathrm{P}(A)=0.75$, $\mathrm{P}(B)=0.7$, $\mathrm{P}(B|A)=0.6$

$\mathrm{P}(B|A)=\frac{\mathrm{P}(A\cap B)}{\mathrm{P}(A)}=\frac{\mathrm{P}(A\cap B)}{0.75}=0.6$

$\therefore \mathrm{P}(A\cap B)=0.45$

따라서 구하는 확률은

$\mathrm{P}(A|B)=\frac{P(A\cap B)}{P(B)}=\frac{0.45}{0.7}=\frac{9}{14}$

기출과 EBS를 재해석한 기출예상문제

01 [정답] ③

10개의 공 중에서 4개를 꺼낼 때, 흰 공이 2개 이상인 사건을 A라 하면 A^c은 흰 공이 1개 또는 모두 파란 공인 사건이다.

(i) 흰 공 1개, 파란 공 3개를 꺼낼 확률은

$\frac{{}_6C_1\times{}_4C_3}{{}_{10}C_4}=\frac{4}{35}$

(ii) 파란 공 개를 꺼낼 확률은

$\frac{{}_4C_4}{{}_{10}C_4}=\frac{1}{210}$

(i), (ii)에서 $P(A^C)=\frac{4}{35}+\frac{1}{210}=\frac{5}{42}$

따라서 구하는 확률은

$P(A)=1-P(A^C)=1-\frac{5}{42}=\frac{37}{42}$

02 [정답] ②

여학생이 $n(0\le n\le 9)$명이므로 남학생은 $(9-n)$명이다.

적어도 한 명이 여학생인 사건을 A라 하면 A^C은 2명 모두 남학생인 사건이므로 $P(A^C)=\frac{{}_{9-n}C_2}{{}_9C_2}$

즉, $P(A)=1-P(A^C)=1-\frac{{}_{9-n}C_2}{{}_9C_2}$

$=1-\frac{(9-n)(8-n)}{9\times 8}$

$=\frac{5}{6}$

$(9-n)(8-n)=12=4\times 3$

$\therefore n=5(\because 0\le n\le 9)$

03 [정답] ③

5명이 극장표를 나누어 갖는 경우의 수는

${}_5P_5=5!$

A, B 두 사람의 극장표 좌석 번호를 (A, B)의 순서쌍으로 나타낼 때, 서로 옆좌석에 앉게 되는 경우는

$(41,42), (42,41), (42,43), (43,42), (46,47), (47,46)$의 6가지이다.

이때, C, D, E 세 사람이 나머지 좌석 3개에 앉게 되는 경우의 수는 $3!$

즉, A, B 두 사람이 옆좌석에 앉게 되는 경우의 수는 $6\times 3!$

따라서 구하는 확률은 $\frac{6\times 3!}{5!}=\frac{3}{10}$

04 [정답] ④

$B=\{1,2,3,6,9,18\}$이므로

집합 A에서 집합 B로의 함수 f의 개수는

${}_6\Pi_3=216$

이때, $x_1<x_2$이면 $f(x_1)\le f(x_2)$를 만족시키는 함수는 집합 B의 원소 중에서 중복을 허용하여 3개를 선택한 후 순서대로 집합 A의 원소 1, 2, 3에 대응시키면 되므로 함수의 개수는

${}_6\Pi_3={}_8C_3=56$

따라서 구하는 확률은 $\frac{56}{216}=\frac{7}{27}$

05 [정답] ④

검은 바둑돌을 꺼낼 확률은 $\frac{3}{5}$이므로 바둑돌을 3번 꺼낼 때, 검은 바둑돌을 2번 꺼낼 확률은

${}_3C_2(\frac{3}{5})^2(\frac{2}{5})^1=\frac{54}{125}$

06 [정답] ④

4는 6의 눈이 나오는 횟수를 a, 그 밖의 눈이 나오는 횟수를 b라 하면

x좌표가 2이므로 $2a-b=2$ …… ㉠

y표가 4이므로 $a+b=4$ …… ㉡

㉠, ㉡을 연립하여 풀면

$a=2, b=2$

즉, 4 또는 6의 눈이 2번, 그 밖의 눈이 2번 나와야 한다.

4 또는 6의 눈이 나올 확률은 $\frac{1}{3}$이므로 구하는 확률은

${}_4C_2(\frac{1}{3})^2(\frac{2}{3})^2=\frac{8}{27}$

07 [정답] ②

두 주머니 A, B에서 꺼낸 카드에 적혀 있는 수가 짝수인 사건을 각각 A, B라 하고, 2장의 카드에 적혀 있는 두 수의 합이 홀수인 사건을 E라 하면

$P(A\cap E)=P(A)P(E|A)=\frac{2}{5}\times\frac{{}_2C_1}{{}_5C_1}=\frac{4}{25}$

$P(B\cap E)=P(BP(E|B)=\frac{3}{5}\times\frac{{}_3C_1}{{}_5C_1}=\frac{9}{25}$

$P(E)=P(A\cap E)+P(B\cap E)$

$=\frac{4}{25}+\frac{9}{25}=\frac{13}{25}$

따라서 구하는 확률은

$$P(A|E)=\frac{P(A\cap E)}{P(E)}=\frac{\frac{4}{25}}{\frac{13}{25}}=\frac{4}{13}$$

08 **[정답]** ②

갑이 흰 공, 검은 공을 꺼내는 사건을 각각 A, B라 하고, 을이 흰 공을 꺼내는 사건을 E라 하면

$P(A\cap E)=P(A)P(E|A)=\frac{2}{4}\times\frac{1}{3}=\frac{1}{6}$

$P(B\cap E)=P(BP(E|B)=\frac{2}{4}\times\frac{2}{3}=\frac{1}{3}$

$P(E)=P(A\cap E)+P(B\cap E)$

$=\frac{1}{6}+\frac{1}{3}=\frac{1}{2}$

따라서 구하는 확률은

$$P(A|E)=\frac{P(A\cap E)}{P(E)}=\frac{\frac{1}{6}}{\frac{1}{2}}=\frac{1}{3}$$

09 **[정답]** ②

행운상을 받는 학생이 2학년일 사건을 A, 여학생일 사건을 B라 하면 $P(A)=\frac{4}{10}=\frac{2}{5}$, $P(B|A)=\frac{2}{5}$

따라서 구하는 확률은

$P(A\cap B)=P(A)P(B|A)=\frac{2}{5}\times\frac{2}{5}=\frac{4}{25}$

10 **[정답]** ②

ㄱ. $P(B|A)=\frac{P(A\cap B)}{P(A)}=\frac{P(A)}{P(A)}$ $(\because A\subset B)$

$=1$ (참)

ㄴ. 두 사건 A, B가 서로 배반사건이면 $P(A\cap B)=0$이므로

$P(B|A)=\frac{P(A\cap B)}{P(A)}=0$ (참)

ㄷ. 두 사건 A, B가 서로 독립이면

$P(A\cap B)=P(A)P(B)$

이때, $P(A)\neq 0, P(B)\neq 0$이므로

$P(A\cap B)\neq 0$

즉, A, B는 배반사건이 아니다. (거짓)

따라서 옳은 것은 ㄱ, ㄴ이다.

14 확률분포

출제경향이 보이는 가천대 **기출문제**

01 **[정답]** ②

이산확률분포표를 나타내면 다음과 같다.

X	0	1	2	3	합계
$P(X=x)$	$\frac{{}_3C_3}{{}_6C_3}$	$\frac{{}_3C_1\times{}_3C_2}{{}_6C_3}$	$\frac{{}_3C_2\times{}_3C_1}{{}_6C_3}$	$\frac{{}_3C_3}{{}_6C_3}$	1

$\mathrm{E}(X)=0\times\frac{1}{20}+1\times\frac{9}{20}+2\times\frac{9}{20}+3\times\frac{1}{20}=\frac{3}{2}$

$\therefore \mathrm{E}(2X-1)=2\mathrm{E}(X)-1=2$

02 **[정답]** ①

확률의 총합이 1이므로 $\frac{3}{10}+p+\frac{1}{10}+p+p=1$

$\therefore p=\frac{2}{10}$

$\mathrm{E}(X)=\sum_{i=1}^{5}x_ip_i$

$=1\times\frac{3}{10}+2\times\frac{2}{10}+3\times\frac{1}{10}+4\times\frac{2}{10}+5\times\frac{2}{10}$

$=\frac{14}{5}$

$\therefore \mathrm{E}(5X+3)=5\mathrm{E}(X)+3=5\times\frac{14}{5}+3=17$

03 **[정답]** ②

확률변수 X는 이항분포 $\mathrm{B}(100,\ 0.8)$을 따르므로

$\mathrm{E}(X)=100\times 0.8=80$

$\sigma(X)=\sqrt{100\times 0.8\times 0.2}=\sqrt{16}=4$

$\therefore \mathrm{E}(X)+\sigma(X)=80+4=84$

04 **[정답]** ③

확률변수 Y가 이항분포 $\mathrm{B}\left(125,\ \frac{1}{5}\right)$을 따른다.

$n=125$, $p=\frac{1}{5}$에 대하여

$\mathrm{E}(Y)=125\times\frac{1}{5}=25$, $\mathrm{V}(Y)=125\times\frac{1}{5}\times\frac{4}{5}=20$

$x^2-\mathrm{V}(Y)x+\mathrm{E}(Y)=0$에 대입하면 $x^2-20x+25=0$

두 실근 α, β에 대하여 근과 계수와의 관계에서

$\alpha+\beta=20$, $\alpha\beta=25$이므로

$(\beta-\alpha)^2=(\beta+\alpha)^2-4\alpha\beta=300$

$\therefore |\beta-\alpha|=10\sqrt{3}$

05 **[정답]** ①

$\frac{1}{4^{64}}\sum_{k=0}^{64}k^2\,{}_{64}\mathrm{C}_k\,3^{64-k}=\sum_{k=0}^{64}k^2\,{}_{64}C_k\left(\frac{3}{4}\right)^{64-k}\left(\frac{1}{4}\right)^k$

확률변수 X가 $\mathrm{B}\left(64,\ \frac{1}{4}\right)$를 따를 때, $\mathrm{E}(X^2)$과 같으므로

$\mathrm{E}(X^2)=V(X)+\{\mathrm{E}(X)\}^2$

$=64\times\frac{1}{4}\times\frac{3}{4}+\left(64\times\frac{1}{4}\right)^2$

$=12+256=268$

기출과 EBS를 재해석한 **기출예상문제**

01 **[정답]** ④

확률변수 X가 가질 수 있는 값은 0, 1, 2이고, 그 각각의 확률은

$P(X=0)=\frac{{}_3C_2}{{}_7C_2}=\frac{1}{7}$

$P(X=1)=\frac{{}_4C_1\times{}_3C_1}{{}_7C_2}=\frac{4}{7}$

$P(X=2)=\frac{{}_4C_2}{{}_7C_2}=\frac{2}{7}$

$\therefore P(0\le X<2)=P(X=0)+P(X=1)$

$\frac{1}{7}+\frac{4}{7}=\frac{5}{7}$

02 **[정답]** ①

확률의 총합이 1이므로

$\frac{1}{6}+\frac{1}{3}+a+\frac{1}{6}=1\ \therefore a=\frac{1}{3}$

$E(X)=1\times\frac{1}{6}+2\times\frac{1}{3}+3\times\frac{1}{3}+4\times\frac{1}{6}=\frac{5}{2}$

$V(X)=E(X^2)-\{E(X)\}^2$

$=1^2\times\frac{1}{6}+2^2\times\frac{1}{3}+3^2\times\frac{1}{3}+4^2\times\frac{1}{6}-(\frac{5}{2})^2=\frac{11}{12}$

$\therefore a+E(X)+V(X)=\frac{1}{3}+\frac{5}{2}+\frac{11}{12}=\frac{15}{4}$

03 **[정답]** ③

$E(X)=a$로 놓으면 $E(X^2)=5a$이고

$V(X)=E(X^2)-\{E(X)\}^2$ 이므로

$4=5a-a^2$

$a^2-5a+4=0,\ (a-4)(a-1)=0$

$\therefore a=E(X)=4(\because a\ge 2)$

04 **[정답]** ①

1회의 시행에서 동전의 앞면이 나올 확률은 $\frac{1}{2}$이고, 동전을 6번 던지는 시행에서 확률변수 X의 확률분포는 독립시행의 확률을 따르므로 X는 이항분포 $B(6,\frac{1}{2})$을 따른다.

따라서 X의 평균과 분산은

$E(X)=6\times\frac{1}{2}=3$

$V(X)=6\times\frac{1}{2}\times\frac{1}{2}=\frac{3}{2}$ 이므로

$E(aX+b)=aE(X)+b=3a+b=2$ ...... ㉠

$V(aX+b)=a^2V(X)=\frac{3}{2}a^2=24$

$a^2=16\ \ \therefore a=4(\because a>0)$

$a=4$를 ㉠에 대입하면 $b=-10$

$\therefore ab=4\times(-10)=-40$

05 **[정답]** ①

1회의 시행에서 동전의 앞면이 나올 확률은 $\frac{1}{2}$이고, 동전을 4번 던지는 시행에서 확률변수 X의 확률분포는 독립시행의 확률을 따르므로 X는 이항분포 $B(4,\frac{1}{2})$을 따른다.

따라서 X의 평균과 분산은

$E(X)=4\times\frac{1}{2}=2$

$V(X)=4\times\frac{1}{2}\times\frac{1}{2}=1$

이때, $V(X)=E(X^2)-\{E(X)\}^2$에서

$1=E(X^2)-2^2$

$\therefore E(X^2)=1+2^2=5$

이때, $(X-a)^2$의 기댓값은

$f(a)=E((X-a)^2)$

$=E(X^2-2aX+a^2)$

$=E(X^2)-2aE(X)+a^2$

$=5-4a+a^2$

$=(a-2)^2+1$

따라서 $f(a)$의 최솟값은 1이다.

06 **[정답]** ④

확률변수 X가 이항분포 $B(n,p)$를 따를 때, X의 평균이 $\frac{4}{5}$이므로

$E(X)=np=\frac{4}{5}$ ...... ㉠

또, X^2의 평균이 $\frac{32}{25}$이므로

$V(X)=np(1-p)=E(X^2)-\{E(X)\}^2$에서

$np(1-p)=\frac{32}{25}-(\frac{4}{5})^2=\frac{16}{25}$ ...... ㉡

㉡÷㉠을 하면

$1-p=\frac{4}{5}$

$\therefore p=\frac{1}{5}$

$p=\frac{1}{5}$을 ㉠에 대입하면

$\frac{1}{5}n=\frac{4}{5}$

$\therefore n=4$

따라서 확률변수 X가 이항분포 $B(4,\frac{1}{5})$을 따르므로

$P(X=3)={}_4C_3(\frac{1}{5})^3(\frac{4}{5})=\frac{16}{5^4}$

07 **[정답]** ④

확률변수 X가 이항분포 $B(4,\frac{2}{3})$를 따르므로 $X=r$일 때의 확률은

$P(X=r)={}_4C_r(\frac{2}{3})^r(\frac{1}{3})^{4-r}\ (r=0,1,2,3,4)$

$\therefore P(X^2-4X+3\ge 0)=P((X-1)(X-3)\ge 0)$

$=P(X\le 1)+P(X\ge 3)$

$=1-P(X=2)$

$=1-{}_4C_2(\frac{2}{3})^2(\frac{1}{3})^2$

$=1-6\times\frac{4}{81}=\frac{19}{27}$

$\therefore p+q=27+19=46$

08 **[정답]** ③

$\sum_{x=0}^{72}x\times{}_{72}C_x(\frac{1}{6})^x(\frac{5}{6})^{72-x}$의 값은 이항분포 $B(72,\frac{1}{6})$을 따르는 확률변수 X의 평균을 나타내므로

$\sum_{x=0}^{72}x\times{}_{72}C_x(\frac{1}{6})^x(\frac{5}{6})^{72-x}=E(X)=72\times\frac{1}{6}=12$

09 **[정답]** ③

확률변수 $X=\frac{1}{3}Y+2$라 하면 $Y=3X-6$이므로

Y의 확률분포는 다음 표와 같다.

Y	0	1	2	3	…	15	합계
$P(Y=y)$	${}_{15}C_0\left(\frac{2}{5}\right)^{15}$	${}_{15}C_1\left(\frac{3}{5}\right)\left(\frac{2}{5}\right)^{14}$	${}_{15}C_2\left(\frac{3}{5}\right)^2\left(\frac{2}{5}\right)^{13}$	${}_{15}C_3\left(\frac{3}{5}\right)^3\left(\frac{2}{5}\right)^{12}$	…	${}_{15}C_{15}\left(\frac{3}{5}\right)^{15}$	1

따라서 확률변수 Y는 이항분포 $B(15, \frac{3}{5})$을 따르므로 Y의 평균과 분산은

$E(Y)=15\times\frac{3}{5}=9$

$V(Y)=15\times\frac{3}{5}\times\frac{2}{5}=\frac{18}{5}$

이때, $X=\frac{1}{3}Y+2$이므로

$E(X)=E(\frac{1}{3}Y+2)=\frac{1}{3}E(Y)+2$

$=\frac{1}{3}\times 9+2=5$

$V(X)=V(\frac{1}{3}Y+2)=(\frac{1}{3})^2V(Y)$

$=\frac{1}{9}\times\frac{18}{5}=\frac{2}{5}$

$\therefore E(X)+V(X)=5+\frac{2}{5}=\frac{27}{5}$

10 **[정답]** ③

주머니 속에 들어 있는 흰 공의 개수를 x라 하면 주머니에서 꺼낸 1개의 공이 흰 공일 확률은 $\frac{x}{8}$이고, 확률변수 X의 확률분포는 독립시행의 확률을 따르므로 X는 이항분포 $B(64, \frac{x}{8})$를 따른다.
이때, x의 평균이 24이므로

$64\times\frac{x}{8}=24$

$\therefore x=3$

따라서 흰 공의 개수는 3이다.

15 정규분포표와 모평균의 추정

출제경향이 보이는 가천대 기출문제

01 **[정답]** ③

검은 색으로 색칠해야 할 칸은 800×0.4=320칸 이상이다.
180번의 시행에서 5칸을 색칠한 횟수를 X, 1칸을 색칠한 횟수를 Y라 하자.

$\begin{cases} X+Y=180 & \cdots\cdots ㉠ \\ 5X+Y\ge 320 & \cdots\cdots ㉡ \end{cases}$

㉠과 ㉡을 연립하면

$5X+(180-X)\ge 320$

$\therefore X\ge 35$

두 눈의 합이 7이 되는 경우는 (1, 6), (2, 5), ⋯, (6, 1)의 6번이므로 7이 되는 확률은 $\frac{1}{6}$이다. 따라서 확률변수 X는 이항분포이므로

$m=180\times\frac{1}{6}=30,\ \sigma^2=180\times\frac{1}{6}\times\frac{5}{6}=5^2$

따라서 $\mathrm{B}\left(180, \frac{1}{6}\right)$이므로 $\mathrm{N}(30, 5^2)$

$\mathrm{P}(X\ge 35)=\mathrm{P}\left(Z\ge\frac{35-30}{5}\right)=\mathrm{P}(Z\ge 1)$

$=0.5-\mathrm{P}(0\le Z\le 1)$

$=0.5-0.3413=0.1587$

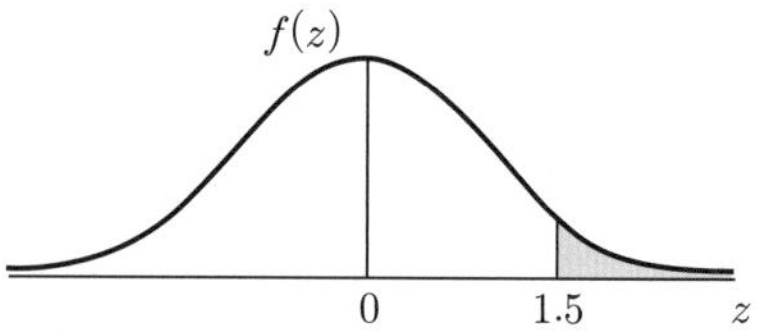

02 **[정답]** ②

과자 한 개의 무게의 확률변수 X는 정규분포 $N(80,\ 4^2)$을 따르고, $n=4$인 표본평균의 확률변수 $\overline{X}$는

$N(80,\ \frac{4^2}{4})\approx N(80,\ 2^2)$을 따른다. 임의로 선택한 과자봉투의 무게가 332g 이상이므로 표본의 평균은 $\frac{332}{4}=83$g 이상이다.

즉, $Z=\frac{\overline{X}-80}{2}$이므로

$\mathrm{P}(\overline{X}\ge 83)=\mathrm{P}\left(Z\ge\frac{83-80}{2}\right)=\mathrm{P}(Z\ge 1.5)$

$=0.5-\mathrm{P}(0\le Z\le 1.5)$

$=0.5-0.43=0.07$

03 **[정답]** ②

신뢰도 95 %에서 $\mathrm{P}(-1.96\le Z\le 1.96)=0.95$이므로

$|\overline{X}-m|\le 1.96\times\frac{\sigma}{\sqrt{n}}=1.96\times\frac{10}{\sqrt{25}}=3.92$

따라서 $60.14-3.92\le m\le 60.14+3.92$에서

$56.22\le m\le 64.06$

04 **[정답]** ③

모비율 $p=0.2$, $n=400$일 때, 표본비율 $\hat{p}$에 대하여

$\mathrm{E}(\hat{p})=0.2,\ V(\hat{p})=\frac{0.2\times 0.8}{400}=\left(\frac{2}{100}\right)^2$

표본비율 $\hat{p}$은 정규분포 $\mathrm{N}\left(0.2, \left(\frac{2}{100}\right)^2\right)$을 따르므로 그림과 같이 표준정규분포를 이용하여 구하면

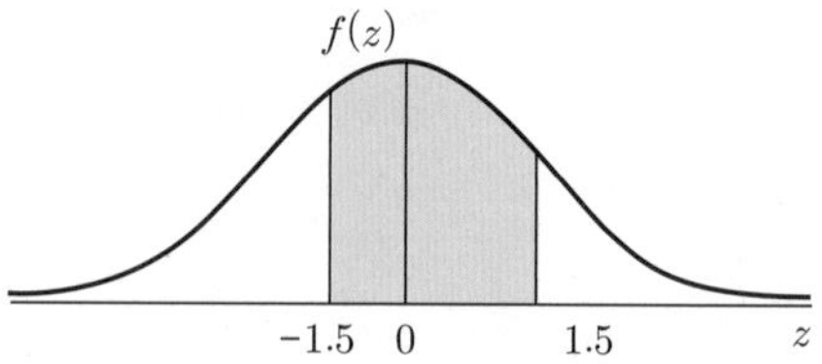

$\mathrm{P}(0.19\le\hat{p}\le 0.22)=\mathrm{P}\left(\frac{0.19-0.2}{0.02}\le\hat{p}\le\frac{0.22-0.2}{0.02}\right)$

$=\mathrm{P}(-0.5\le\hat{p}\le 1)$

$= P(0 \le \hat{p} \le 0.5) + P(0 \le \hat{p} \le 1)$
$= 0.1915 + 0.3413$
$= 0.5328$

기출과 EBS를 재해석한 기출예상문제

01 [정답] ②

두 확률변수 X, Y가 각각 정규분포 $N(2, 3^2)$, $N(0, 5^2)$을 따르므로

$Z_X = \frac{X-2}{3}$, $Z_Y = \frac{Y-0}{5}$으로 놓으면 Z_X, Z_Y는 모두 표준정규분포 $N(0, 1)$을 따른다.

$P(2 \le X \le 8) = P(0 \le Y \le k)$에서

$P(\frac{2-2}{3} \le Z_X \le \frac{8-2}{3}) = P(\frac{0-0}{5} \le Z_Y \le \frac{k-0}{5})$

$P(0 \le Z_x \le 2) = P(0 \le Z_Y \le \frac{k}{5})$

따라서 $\frac{k}{5} = 2$이므로 $k = 10$

02 [정답] ①

농구공의 무게를 확률변수 X라 하면 X는 정규분포 $N(600, 20^2)$을 따르고, 임의추출한 농구공 n개의 표본평균 $\overline{X}$는 정규분포 $N(600, (\frac{20}{\sqrt{n}})^2)$을 따른다.

$$P(595 \le \overline{X} \le 610) = P\left(\frac{595-600}{\frac{20}{\sqrt{n}}} \le Z \le \frac{610-600}{\frac{20}{\sqrt{n}}}\right)$$
$$= P(-\frac{\sqrt{n}}{4} \le Z \le \frac{\sqrt{n}}{2})$$
$$= P(0 \le Z \le \frac{\sqrt{n}}{4}) + P(0 \le Z \le \frac{\sqrt{n}}{2})$$

이때, $P(0 \le Z \le 1) = 0.3413$, $P(0 \le Z \le 2) = 0.4772$이므로

$\frac{\sqrt{n}}{4} = 1$, $\frac{\sqrt{n}}{2} = 2$에서 $\sqrt{n} = 4$

$\therefore n = 16$

03 [정답] ②

확률변수 X는 정규분포 $N(250, 20^2)$을 따르므로 $Z = \frac{X-250}{50}$으로 놓으면 Z는 표준정규분포 $N(0, 1)$을 따른다.

$$\therefore P(240 \le X \le 280) = P(\frac{240-250}{20} \le Z \le \frac{280-250}{20})$$
$$= P(-0.5 \le Z \le 1.5)$$
$$= P(0 \le Z \le 0.5) + P(0 \le Z \le 1.5)$$
$$= 0.1915 + 0.4332$$
$$= 0.6247$$

따라서 구하는 것은 전체의 62.47%이다.

04 [정답] ④

불량품의 개수를 확률변수 X라 하면 X는 이항분포 $B(100, \frac{1}{5})$을 따르므로

$E(X) = 100 \times \frac{1}{5} = 20$, $V(X) = 100 \times \frac{1}{5} \times \frac{4}{5} = 16$

따라서 확률변수 X는 근사적으로 정규분포 $N(20, 4^2)$을 따르므로

$$P(X \le 28) = P(Z \le \frac{28-20}{4})$$
$$= P(Z \le 2)$$
$$= 0.5 + P(0 \le Z \le 2)$$
$$= 0.5 + 0.4772 = 0.9772$$

05 [정답] ③

생산되는 제품의 무게를 확률변수 X라 하면 X는 정규분포 $N(400, 10^2)$을 따르고, 임의추출한 25개의 표본평균 $\overline{X}$는

$E(\overline{X}) = m = 400$, $\sigma(\overline{X}) = \frac{\sigma}{\sqrt{n}} = \frac{10}{\sqrt{25}} = 2$

이므로 정규분포 $N(400, 2^2)$을 따른다.

$$\therefore P(\overline{X} \le 402) = P(Z \le \frac{402-400}{2})$$
$$= P(Z \le 1)$$
$$= 0.5 + P(0 \le Z \le 1)$$
$$= 0.5 + 0.34 = 0.84$$

따라서 구하는 확률은 84%이다.

06 [정답] ③

제품의 무게를 확률변수 X라 하면 X는 정규분포 $N(30, 5^2)$을 따르므로 $Z_X = \frac{X-30}{5}$으로 놓으면 Z_X는 표준정규분포 $N(0,1)$을 따른다.

즉, 불량품일 확률은

$$P(X \ge 40) = P(Z_X \ge \frac{40-30}{5})$$
$$= P(Z_X \ge 2) = 0.5 - P(0 \le Z_X \le 2)$$
$$= 0.5 - 0.48 = 0.02$$

이때, 불량품의 개수를 확률변수 Y라 하면 Y는 이항분포 $B(2500, 0.02)$를 따르므로

$E(X) = 2500 \times 0.02 = 50$, $V(X) = 2500 \times 0.02 \times 0.98 = 49$

따라서 확률변수 Y는 근사적으로 정규분포 $N(50, 7^2)$을 따르므로

$$P(Y \ge 57) = P(Z_Y \ge \frac{57-50}{7})$$
$$= P(Z_Y \ge 1) = 0.5 - P(0 \le Z_Y \le 1)$$
$$= 0.5 - 0.34 = 0.16$$

07 [정답] ①

표본의 크기 $n = 400$, 표본평균 $\overline{x} = 200$, 표본표준편차 $s = 20$이고, 표본의 크기 n이 충분히 크므로 모표준편차 대신 표본표준편차를 사용할 수 있다.

모평균 m의 신뢰도 95%의 신뢰구간은

$$200 - 1.96\frac{20}{\sqrt{400}} \le m \le 200 + 1.96\frac{20}{\sqrt{400}}$$
$$200 - 1.96 \le m \le 200 + 1.96$$
$$\therefore 198.04 \le m \le 201.96$$

08 **[정답]** ②

표본평균 $\overline{x}=56$, 표본표준편차 $s=5$이고, 표본의 크기 n이 충분히 크므로 모표준편차 대신 표본표준편차를 사용할 수 있다.

신뢰도 95%로 추정한 모평균 m의 신뢰구간은

$$56-1.96\frac{5}{\sqrt{n}} \le m \le 56+1.96\frac{5}{\sqrt{n}}$$

이때, $54.6 \le m \le 57.4$에서 $56-1.4 \le m \le 56+1.4$

$1.96\frac{5}{n}=1.4$, $\sqrt{n}=7$

$\therefore n=49$

영어

1 대화문

출제경향이 보이는 가천대 기출문제

01 [정답] ②

해석

A: Brian, 우리 드디어 맨하튼이야!
B: 네, 엄마. 볼 만한 장소가 매우 많네요
A: 오! 저기에 자연사 박물관이 있구나. 길을 건너자.
B: 흠... 알았어요, 엄마.
A: 너 문자 메세지 보내는 중이니?
B: 음... 네. 사실은 Cindy에게 메시지를 쓰고 있어요.
A: 너는 항상 그러는구나. 왜 걷는 동안에 그걸 멈추지 않니?
B: 하지만, 주변을 둘러보세요 엄마. 대부분의 사람들이 걷는 동안에 그들의 핸드폰을 보고 있어요.
A: 그래도 그건 위험한 버릇이야. 너 횡단보도 옆에 있는 표지판 보이니?
B: 네. 표지판에는 "고개를 드시오(조심해라)!" 라고 쓰여져 있어요.
A: 그건 보행자는 자신의 핸드폰을 내려다 보지 말아야 한다는 의미야.
B: 음... 맞아요. 명심할게요.

어휘

crosswalk 횡단보도
pedestrian 보행자

02 [정답] ④

해석

A: Pat, 얼떨떨한 표정이네. 뭐 잘못된 거라도 있어?
B: 아니, Ted. 기분이 좀 안 좋을 뿐이야.
A: 왜? 어디 아파?
B: 아니. 그건 심리학 수업 때문이야. 나는 교수님이 무슨 말씀을 하시는지 도무지 이해할 수 없어.
A: 수업 전에 읽기 과제를 다 하니?
B : 아니. 최근에 잡지사에서 인턴으로 일하느라 정말 바빴거든.
A: 음, 교수님이 말하시는 내용을 알고 싶다면, 수업 전에 미리 할당된 자료를 다 읽어서 수업에 대비하는 것이 중요해.
B: 네 말이 맞아. 나는 내가 수업을 위해 충분히 준비하지 않았다는 것을 인정해.
A: 변하기에 너무 늦은 때라는 건 없어. 준비만 더 하면 교수님 말을 잘 이해할 수 있을 거야.

어휘

puzzled 어리둥절해하는, 얼떨떨한
assigned 할당된

03 [정답] ③

해석

A: 안녕하세요, 브라운씨? Kathy Benson입니다. 통화했었죠? 집이 참 예쁘네요.
B: 고맙습니다. 하지만 좀 바꿨으면 좋겠어요. 아들이 대학으로 이사를 나가서요. 아들 방을 손님방으로 바꾸고, 부엌은 개조하고 싶습니다.
A: 좋습니다. 구체적인 계획이 있나요?
B: 제 생각엔, 벽을 다른 색깔로 칠하고, 카펫만 바꿔도 손님방으로는 충분할 것 같아요.
A: 알겠습니다. 주방은요? 생각해 둔 것이 있나요?
B: 부엌은 정말로 많은 작업을 필요로 해요. 모든 것이 구식이랍니다. 전부 새로운 기기로 바꿨으면 합니다.
A: 그렇다면 저희 주방 디자인 카탈로그를 보는 것이 좋겠습니다.
B: 네, 보고 싶네요.
A: 제가 차에 가서 그것을 가져오겠습니다.

어휘

move out 이사를 나가다
specific 구체적인
outdated 구식의
appliance (가정용)기기, 가전

04 [정답] ①

해석

A: 직지심체요절에 대해서 들어 봤니?
B: 응, 들어 봤어. 금속활자로 인쇄된 가장 오래된 책이잖아.
A: 맞아. UNESCO 세계기록유산에 등재되어 있어. 직지심체요절이 지금 어디에 있는지 아니?
B: 전혀 몰라. 아마 국립박물관에 있겠지?
A: 아니. 불행히도, 프랑스 국립도서관에 있어.
B: 정말? 어떻게 그런 일이?
A: 한 프랑스 외교관이 1900년대 초에 그것을 사서 프랑스로 가져갔고, 나중에 도서관에 기증했어.
B: 우리의 귀중한 문화 자산이 다른 나라에 있다니 너무나 슬프다.
A: 그러게 말이야.

어휘

movable metal type 금속활자
diplomat 외교관
donate 기부하다, 기증하다
asset 자산, 재산

05 [정답] ③

해석

A: 전, 청중 앞에서 말하는 것이 정말로 무섭습니다. 대중 연설의 두려움을 극복하는 방법을 알고 계신가요?

B: 음, 제 생각에 가장 중요한 것은 긍정적으로 생각하는 것이죠.
A: 긍정적으로 생각하는 것이요?
B: 네, 예를 들면, 저는 제가 청중들이 관심을 가지게 할 수 있다고 스스로에게 끊임없이 말합니다.
A: 그거 좋은 생각이네요. 다른 것은요?
B: 저는 청중들 앞에 서 있는 스스로를 상상하면서 연설의 예행연습을 많이 합니다.
A: 연습할수록 실력이 늘어난다는 것을 말씀하고 싶으신 거죠?
B: 맞아요.
A: 두려움을 없애는 효과적인 방법인 것 같네요. 당신의 방법을 시도해 볼께요.
B: 행운을 빌어요.

어휘

audience 청중
frightening 무서운
positively 긍정적으로
be capable of~ ~을 할 수 있다
rehearse 예행연습하다

06 [정답] ②

해석

A: Sue, 복사용 용지를 좀 가지고 있나요? 이 전단지를 복사해야 합니다.
B: 바로 여기 있어요, 무엇에 관한 전단지죠?
A: 저의 잃어버린 개에 대한 것이예요. 어젯밤 앞문이 열려 있는 사이에 개가 집을 뛰쳐나갔고, 돌아오지 않았어요.
B: 오. 저런! 그것을 경찰에게 신고했어요? 제 친구 중 한 명은 경찰의 도움으로 그녀의 잃어버린 개를 되찾았어요.
A: 정말로요?
B: 네, 그리고 누군가 당신의 개를 발견해서 경찰서에 데려다 놓았을지도 몰라요.
A: 음... 그거 일리가 있네요. 제가 경찰서에 가는 동안 이 전단지 좀 복사해 주실 수 있나요?
B: 그럼요. 몇 장을 복사해야 하죠?
A: 백 장이면 충분할 거예요.
B: 알겠어요. 그렇게 해 놓을게요.

어휘

copy machine 복사기
flyer 전단지
report 신고하다

기출과 EBS를 재해석한 **기출예상문제**

01 [정답] ③

해석

A: 들어와 Patty. 앉으렴.
B: 감사합니다. Williams 선생님. 선생님께서 이미 제 수학 시험 점수를 채점하셨는지 궁금했습니다. 제 점수를 알고 싶습니다.
A: 채점했지. 네 점수를 찾아보마.
B: 지난 시험 점수에 실망했었거든요.
A: 음, 이번에는 고득점을 했네. 정말 잘했구나.
B: 정말요? 믿겨지지 않아요!
A: 지난번보다 훨씬 잘했네. 네 점수가 반에서 최고득점 중 하나야.
B: 열심히 한 결실이 있네요.
A: 정말 잘됐구나. 시험공부는 어떻게 했니?
B: 음, 필기를 많이 복습했습니다. 그리고 문제 풀이 연습을 추가로 하려고 문제집을 샀습니다.
A: 오 그렇구나. 네가 어떻게 그렇게 많이 향상되었는지 알겠다.
B: 네. 다음 시험도 같은 방법으로 공부하려고요. 잘할 수 있다는 자신감이 생겼어요.
A: 그 말을 들으니 좋구나.

02 [정답] ①

해석

A: 김선생님, 학예회 준비 어떻게 되어가고 있나요?
B: 모든 게 순조롭습니다. 한선생님. 학교 전체가 행사에 대해 들떠 있어요.
A: 좋군요. 학부형들에게 초대장은 발송했나요?
B: 네, 어제 발송했습니다.
A: 잘됐네요. 음향 장비 임대할 곳은 찾으셨나요?
B: 네, 한군데 이미 찾았습니다.
A: 좋습니다. 그리고 학교 도처에 걸려 있는 포스터도 좋던데요.
B: 박선생님 미술부 학생들이 만들었습니다. 그 학생들이 무대 장식도 할 거라고 합니다.
A: 잘됐네요! 주저말고 도울 게 있으면 말씀하세요. 교장으로서, 도와드리고 싶네요.
B: 사실 심사위원 3명이 필요합니다. 혹시 해주실 수 있나요?
A: 그럼요, 기꺼이 하죠. 부탁해줘서 고맙네요.
B: 제가 감사하죠. 교장선생님.

03 [정답] ④

해석

남: Ruth, 잠깐 시간 있니?
여: 이봐, Steve! 물론이지. 무슨 일이야?
남: 다음 주에 있을 경제학 수업 발표 작업을 하고 있어. 내 슬라이드에 관해 너의 의견을 말해 줄 수 있어?
여: 그럼. 네 발표는 뭐에 관한 거야?
남: 제품 판매에 영향을 주는 요인들에 관한 거야.
여: 재미있겠다. 어디 볼게. [잠시 후] 음... 좋은데, 너무 많은 애니메이션 효과를 사용하네.
남: 하지만 난 그게 청중의 관심을 유지시킨다고 생각해.
여: 음, 그것들 중 몇 개를 사용하는 것은 좋지만 그것들을 너무 많이 사용하는 것은 사실 산만하게 해.
남: 무슨 말인지 알겠어. 그것들 중에 일부를 제거할게. 글자 색깔과 배경은 어울리는 거 같니?
여: 응, 어울려. 이 슬라이드에서 이 데이터를 차트로 변환하는 것은 어때? 그것을 그저 나열하는 것보다 그게 더 좋아 보일 거야.
남: 아, 그거 좋은 생각이다!
여: 응. 그것들이 차트로 표시되면 사람들이 그 숫자들을 이해하

기 더 쉬울 거야. 그거 외엔 다 괜찮아 보여.
남: 고마워. 네가 제안한 대로 변경할게.

어휘
work on ~을 작업하다
economics 경제학
overuse 너무 많이 쓰다
distracting 산만하게 하는
remove 제거하다
convert 변환하다, 전환하다
though 그렇지만, 하지만

04 [정답] ①

해석
여: 오늘 정말로 운동을 좀 하고 싶어요, 여보.
남: 저도 그래요. 지난 2주 동안 너무 바빠서 운동을 할 수 없었어요.
여: 무엇을 하고 싶으세요?
남: 호수 주변으로 자전거를 타러 가는 것은 어때요? 지난 여름 이후로 자전거 타러 못 가서요.
여: 야외에서는 운동하지 말아야 할 것 같아요.
남: 왜요?
여: 아직은 밖이 상당히 추워요. 그리고 당신은 추운 날씨에 쉽게 감기에 걸린다는 것을 아시잖아요.
남: 알겠어요. 하지만 뭔가 활동적인 것을 하고 싶어요.
여: 그렇다면 암벽 등반을 하러 가는 건 어떠세요? 실내 암벽 등반 체육관이 지난주에 은행 근처에 개장했어요.
남: 아, 그거 좋은데요. 그들은 틀림없이 장비를 대여해 줄 거예요. 그렇죠?
여: 네, 그렇게 한다고 들었어요.
남: 좋아요. 그런데 그것이 괜찮을 거라고 생각하세요? 제 말은 우리가 전에 한 번도 암벽 등반을 하러 가 본 적이 없다는 거예요.
여: 문제없어요. 몇 개의 쉬운 암벽이 있고 도움을 주는 전문가들이 있어요.
남: 좋아요. 그것이 우리 같은 초보자들에게 완벽할 거예요.

어휘
work out 운동하다
past 지난
outdoors 야외에서
catch a cold 감기에 걸리다
weather 날씨
gym 체육관(= gymnasium)
rent 대여하다
equipment 장비
beginner 초보자

05 [정답] ②

해석
남: 수민, 뭐 하고 있어?
여: 봉사 활동 신청서를 작성하고 있어.
남: 멋지다. 어떤 종류의 봉사 활동이야?
여: 한국 동화를 영어로 번역하고, 그러고 나서 그것들을 남아프리카 어린이를 도와주는 비영리 단체에 보내는 거야.
남: 그들이 그 번역된 동화로 무엇을 하는데?
여: 전 세계에서 다양한 동화를 모아. 그러고 나서 그들은 그것을 남아프리카의 학교에서 사용하지.
남: 그거 정말 멋지다! 정말 의미 있네.
여: 너도 그것을 해 보는 게 어때? 너 한국어 강의 듣고 있잖아.
남: 나도 정말 그러고 싶은데, 내가 할 수 있을지 모르겠어. 난 그저 한국어 초보자라서 내가 긴 한국어 동화를 번역할 수는 없어.
여: 걱정하지 마. 우리가 함께 작업하면 돼. 우린 팀으로 신청할 수 있거든.
남: 좋아. 네가 도와준다면 그것을 할 수 있을 것 같아.

어휘
fill out ~을 작성하다
application form 신청서
translate 번역하다
non-profit 비영리적인
meaningful 의미 있는
course 강의, 강좌
apply 신청하다
rewarding 보람 있는
sign up for ~을 신청하다

06 [정답] ③

해석
남: Allison, 어제 인공 지능에 관한 강연은 어땠니?
여: 그것은 정말 좋았어. 그것은 미래가 어떠할 것인지에 대해 내가 생각해 보게 했어.
남: 나중에 질의응답 시간도 있었니?
여: 응. 학생들이 발표자에게 질문을 할 기회가 있었어. 너는 왜 오지 않았니?
남: 나도 정말로 가고 싶었지만, 갈 수 있는 방법이 없었어.
여: 너무 안됐구나. 나는 네가 인공 지능에 얼마나 관심이 있는지 알고 있어.
남: 맞아. 하지만 나는 그것이 다음 주라고 생각하고 있었어. 어제는 시 자전거 경주가 있었고, 나는 이미 몇 달 전에 그것을 신청했어. 그래서 나는 경주를 해야 했어.
여: 아, 나는 그것을 몰랐어.
남: 나는 딱 이틀 전에 정확한 강연 날짜를 알게 되었어. 나는 정말로 그것을 놓치고 싶지 않았어. 나는 그 강연에 대해 더 많이 알고 싶어.
여: 그것은 온라인으로 업로드될 거라서, 너는 나중에 그것을 볼 수 있어.

어휘
lecture 강연
artificial intelligence 인공 지능

Q&A session 질의응답 시간
presenter 발표자
sign up for ~을 신청하다
participate in ~에 참가하다
upload 업로드하다
major in ~을 전공하다
industrial engineering 산업 공학

07 **[정답]** ④

해석

여: 좋은 아침입니다. Peter.
남: 좋은 아침이에요. 이야기를 나눌 수 있을까요?
여: 물론이지요. 들어오세요. 무엇인가요?
남: 이것을 어떻게 말씀드려야 할지 모르겠지만, 저는 다음 달부터 일하러 올 수 없어요.
여: 다음 달이요? 그것은 너무 갑작스럽군요.
남: 알아요. 그리고 폐를 끼치고 갑작스럽게 알려 드려서 매우 죄송하지만, 제가 마침내 결심했거든요.
여: 왜 그만두는지 물어봐도 될까요?
남: 패션 잡지에 일자리를 지원했는데, 그 자리를 얻었어요.
여: 축하해요. 당신이 패션 잡지에서 얼마나 일하고 싶어 하는지를 알아요.
남: 이해해 주셔서 감사합니다.
여: 정말 잘되었어요. 자신의 꿈을 좇는 것이 당신처럼 야망 있는 젊은이에게는 중요하지요.
남: (업무)이전을 가능한 한 순조롭게 하기 위해서, 그만두기 전에 제가 할 수 있는 일이 있을까요?
여: 후임자를 훈련시키는 것을 도와줄 수 있으면 좋겠네요.

어휘

notice 통지
pursue 추구하다
transition 이전, 이행
smooth 순조로운
replacement 후임자

08 **[정답]** ④

해석

여: Peter, 괜찮아요? 뭔가 걱정거리가 있는 것 같아요.
남: 안녕하세요, Jennifer. 그래요, 제 아들에게 야채를 더 먹이려고 애써 왔는데 아무것도 효과가 없었어요.
여: 함께 텃밭 가꾸기를 해 본 적이 있나요?
남: 아뇨, 그것이 효과가 있을까요?
여: 그럴 수도 있어요. 제 아들이 어렸을 때 야채를 좋아하지 않았거든요. 그래서 저는 뒤뜰에 우리가 작업하는 작은 야채 텃밭을 시작했고 그는 야채를 먹기 시작했어요.
남: 그거 좋네요.
여: 제가 집에 없을 때, 그는 심지어 텃밭에서 일하기 시작했어요.
남: 하지만 저는 아파트에 살아서 뜰이 없어요.
여: 그러면, 아파트 발코니에 작은 텃밭을 만들 수 있어요.
남: 오 그거 좋은 생각이군요. 시도해 봐야겠어요.
여: 그러세요. 한번 해 보고 좋게 진행되는지 아닌지를 말해 줘요.
남: 좋아요. 제 아들이 야채를 먹기 시작하면 알려 줄게요.

어휘

yard 뜰, 마당

09 **[정답]** ①

해석

여: 여보, 커피 마시러 나가는게 어때요?
남: 좋은 생각이에요. 잠깐만요. 내 휴대 전화를 가져올게요. 주방에서 충전하는 중이에요.
여: 알았어요. 우리 텀블러도 좀 가져와 줄래요?
남: 왜요?
여: 커피숍에 가져가려고요. 커피숍의 종이컵을 사용하는 것보다 우리 자신의 텀블러를 사용하는 것이 더 환경친화적이에요.
남: 네, 하지만 들고 다니기가 상당히 불편해요. 게다가, 종이컵은 재활용될 수 있잖아요.
여: 사실 모든 종이 컵이 재활용될 수 있는 것은 아니에요.
남: 왜 그런가요?
여: 대부분의 종이 커피 컵은 종이로만 만들어진 게 아니거든요. 그것들은 안에 얇은 비닐 코팅이 되어 있어요.
남: 그래서 그 얇은 코팅 때문에 그것들이 재활용되지 않고 있다고요?
여: 맞아요. 그리고 매년 엄청난 양의 종이컵이 쓰레기 매립지에 버려져요.
남: 그렇다면 우리 자신의 텀블러를 가져가는 건 정말 좋은 생각인 것 같네요.
여: 그렇고말고요. 불편을 감수할 만한 가치가 있어요.
남: 당신 말이 맞아요. 내가 텀블러도 가져올게요.

어휘

inconvenient 불편한
dump 버리다
landfill 매립지

10 **[정답]** ②

해석

여: 여보 와서 이 광고를 좀 봐요. 농장 체류 프로그램에 관한 거에요.
남: 한번 볼게요. 아, 농장이 여기서 멀지 않네요.
여: 그래요. 게다가 이 1박 프로그램은 세끼 식사를 포함해서 가족당 비용이 겨우 300달러에요.
남: 좋아요! 우리는 거기서 무엇을 할 수 있나요?
여: 고구마 캐기, 옥수수 따기, 치즈 만들기 등을 할 수 있어요. 또한, 우리는 근처에 있는 강에서 물고기를 잡을 수도 있어요.
남: 완벽하네요! 우리 아이들이 그것을 좋아할 거에요.
여: 그래요. 아이들은 거기서 무척 재미있는 시간을 보내고 자연을 즐기는 것을 배울 거에요.
남: 틀림없이 그럴 거에요. 여보, 이번 토요일과 일요일로 그 프로그램을 신청하는게 어때요?

여: 좋아요. 남은 자리가 있는지 인터넷으로 확인해 볼게요. 흠,,,이번 주말에는 예약이 끝났네요.
남: 다음 주말에 남은 자리가 있는지 확인해 줄래요?
여: (예약) 가능한 자리가 몇 개 있어요. 예약할게요.

어휘

overnight 1박의
be all booked up 예약이 끝나다.

2 어휘 고르기

출제경향이 보이는 가천대 기출문제

01 [정답] ①

해석

점점 더 많은 수의 사람들이 전쟁을 정말이지 상상도 할 수 없는 것으로 여기게 되었다. 정부, 기업, 그리고 사적인 개인들이 자신들의 가까운 미래를 고려할 때, 그들 중 많은 수가 전쟁을 일어날 가능성이 있는 사건으로 생각하지 않는다. 핵무기는 초강대국 사이의 전쟁을 집단 자살이라는 미친 행동으로 바꾸었으며 따라서 지구상의 가장 강력한 국가들이 갈등을 해결할 대안이 되는 평화적인 수단을 찾을 수밖에 없도록 했다. 동시에, 세계 경제는 물질에 기반을 둔 경제로부터 지식에 기반을 둔 경제로 변모했다. 이전에는 부의 주된 원천은 금광, 밀밭 그리고 유전과 같은 물질적인 자산이었다. 오늘날 부의 주된 원천은 지식이다. 그리고 여러분이 전쟁을 통해 유전을 정복할 수는 있지만 그런 방식으로 지식을 획득할 수는 없다. 따라서 지식이 가장 중요한 경제적인 원천이 됨에 따라, 전쟁의 수익성은 감소했고 전쟁은 경제가 여전히 구식의 물질 기반 경제인 세계의 일부 지역에 점차 한정되게 되었다.

어휘

segment 부분, 부문
corporation 기업
immediate 가까운, 즉각적인
nuclear weapon 핵무기
superpower 초강대국
suicide 자살
alternative 대안적인
resolve 해결하다
simultaneously 동시에
transform 변모시키다, 바꾸다
material-based 물질에 기반을 둔
previously 이전에
wealth 부
asset 자산
wheat field 밀밭
whereas ~에 반하여
conquer 정복하다
profitability 수익성
decline 감소하다
restricted 제한된, 한정된

해설

A는 전쟁을 불가피하게 여기는 것이 아니라 상상도 할 수 없는 것으로 여기는 것이며, B는 전쟁은 확산이 아니라 점차 한정되게 되는 것이다.

02 [정답] ③

해석

처음 언어의 표준화와 대중적인 읽고 쓸 수 있는 능력을 가져왔던 경제력과 기술력은 계속 추진력을 얻어 왔다. 경제 관계가 즉각적이고 세계적인 이상, 나라의 어휘들은 범위가 훨씬 더 커졌다. 우리나라가 갖고 있는 어휘의 영역 중 하나는 국제적인 것이다. 현대 세계의 기본적인 읽고 쓸 수 있는 능력은 어떤 언어를 쓰건 간에, 세계의 모든 곳에 있는 읽고 쓸 수 있는 능력이 있는 사람들에게 알려진 특정한 용어에 대한 지식을 필요로 한다. 현대 교육의 이런 핵심적인 어휘는 세계사, 세계 문화, 지리, 물리 과학과 생명과학으로부터 나온 기본적인 어휘들을 포함한다. 그것은 모든 국가 교육 체계에서 가르쳐지고, 특정한 (나라의) 국어에 국한되지 않으며 세계에서 가장 널리 공유되는 교양 어휘이다.

어휘

standardization 표준화
momentum 추진력
instantaneous 즉각적인

해설

문학적인 사람이 아니라 읽고 쓸 수 있는 능력이 있는 사람들에게 알려진 것이다. 따라서 literate 이라고 써야 한다.

03 [정답] ③

해석

오늘날의 지배적인 생각은, 창조성이 개인에 속하는 것이기 때문에 그 드문 천재들—시스티나 예배당, 「햄릿」 혹은 백열전구를 만든 이들—의 이야기를 함으로써 그것을 가장 잘 드러낸다는 것이다. 이 모형은 기본적으로 1840년대에 Thomas Carlyle이 했던, '세계의 역사는 위인의 전기에 불과하다.' 라는 선언을 따른다. 고립된 천재 모형에 대한 가장 일반적인 대안은 창조성을 관계망 속에서 찾는다. 예를 들어, Carlyle에 대한 Herbert Spencer의 '위인이 생겨나는 것은 긴 일련의 복잡한 영향에 의존한다'는 반론을 보라. '그가 자신의 사회를 개조할 수 있기에 앞서, 그의 사회가 그를 만들어야 한다.'라고 Spencer는 썼다. 하늘(혹은 무의식)로부터 영감을 잡아채는 고립된 영웅에게 초점을 맞추기보다, 이 발상은 혁신의 길고 두서없이 진행되는 과정을 강조한다. 영웅적인 개인들 대신에, 예를 들어 그것은 16세기 Florence의 궁중 혹은 계몽주의 시대 런던의 커피숍 같은 위대한 '문화'를 우선시한다.

어휘

dismiss 무시하다, 일축하다
place 놓다 (위치를) 찾다
prioritize 우선시하다
trivialize 하찮게 보이게 만들다
dominant 지배적인
creativity 창조성
reside 거주하다
declaration 선언
alternative 대안
complex 복잡한
solitary 고독한
snatch 낚아채다
inspiration 영감
heroic 영웅적인

04 [정답] ③

해석

감정 상태가 우리가 먹으려고 하는 것과 그 양의 측면에서 음식 소비에 영향을 미친다는 것은 잘 알려져 있다. 예를 들어, 우리는 감정이 절제될 때와 비교하여 감정적일 때 더 많이 먹는다. 우리는 또한 짐작건대 그 맛이 기분을 좋게 하고 아마도 또한 그러한 '특별한 음식'에 연관된 기억들 때문에, 기분이 처질 때 달거나 지방이 많은 음식에 이끌리는 경향이 있다. 그러나, 음식의 모양, 냄새, 그리고 맛은 우리가 왜 먹는 것으로 위안을 삼는지에 대해 단지 절반만 설명한다. 연구에 따르면, (자원자들에게 튜브를 통해 그들의 위에 곧바로 음식을 넣음으로써) 이러한 요소들이 제거되었을 때조차도 지방이 많은 음식은 지방이 없는 음식보다 우리를 더 행복하게 할 수 있다. 따라서 우리의 감정에 대한 음식의 영향은 반드시 맛있는 음식에 대한 즐거운 연상이나 자극 때문은 아니고, 더 생물학적인 수준에서 작동 할 수 있다. 진화론적 근거에서, 우리가 기근에서 살아남을 수 있도록 도와주는 음식, 즉 지방이 많은 음식을 열망하는 것은 이치에 맞는 것이었다. 따라서 우리가 그러한 식품들을 계속해서 먹도록 고무하기 위하여, 위가 지방이 많은 그런 음식을 받아들일 때 뇌에 감정을 고조시키는 신호를 보낼 수 있는 어떤 시스템을 신체가 만들어 내는 것이 이해가 된다. 칼로리가 높은 음식을 먹는 것이 우리에게 최대한 이득이 되므로, 우리 조상들이 그러한 음식을 얻으려는 막대한 노력을 하도록 동기 부여가 되었을 것이다.

어휘

affect 영향을 미치다
presumably 아마도
as to ~에 관하여
obliterate 없애다
evolutionary 진화의
make sense 이치에 맞다, 합리적이다
famine 기근
whereby 그로 인해
calorie-laden 칼로리 높은
undertake 수행하다

해설

손상시키다라는 의미인 impair 대신에 시스템을 만들다라는 의미에서 build라는 단어가 들어가는 것이 알맞다.

05 [정답] ②

해석

교육적 토론은 학생들에게 다양한 관점에서 중요한 문제들을 생각할 수 있는 기회를 준다. 토론자들은 잠재적인 찬성과 반대의 경우를 분석함으로써, 대부분의 당면 문제들이 지닌 복잡성을 깨닫기 시작하고, 다차원적 지향의 가치를 알아보게 된다. 한 명제의 양면에 대해 토론할 때, 그들은 대부분의 당면 문제들이 하나 이상의 측면이 있을 뿐 아니라 심지어 문제의 한 측면이 상당히 다양한 가치를 나타냄을 배운다. 때로 학년 초에 몇몇 토론자들은 급하게 형성된 의견에 근거해서 한 명제에 있어 오직 한 면만이 옳다고 느낄지도 모른다. 그렇지만, 몇 번의 토론 이후, 그들은 대개 반대쪽의 의견이 열거되기를 요청한다. 학년 (또는 학기) 말즈음에 그들은 명제의 양면에 대해 토론한 후, 충분한 양의 증거를 수집하고 분석하기 전까지 판단을 유보하는 것의 가치를 배우게 된다.

어휘

multivalued 다차원적
refuse 거부(하다)
unilateral 일방적인
request 요청(하다)
affirmative 긍정적인, 확언적인
complexity 복잡성
contemporary 현대의, 동시대의, 당면한
appreciate 인식(이해)하다, 감상하다, 감사하다
proposition 명제, 제안
considerable 상당한
formulated 형성된
suspending 유보하는

해설

(a)의 앞뒤 부분에서 토론 주제가 복잡한 성격을 띠고 있고, 이에 대한 다양한 관점이 필요하다고 언급하고 있으므로 (a)에는 다차원적이 들어가야 한다. 한편 (b)의 앞뒤 부분에서 학년 초에 문제의 한 쪽 면만 바라보던 학생들이 몇 번의 토론을 거쳐 태도를 바꾼다는 내용이 다루어지고 있으므로 (b)에는 요청이 들어가야 한다. 따라서 정답은 ②이다.

기출과 EBS를 재해석한 기출예상문제

01 [정답] ④

해석

여러 대회에서 우승한 후에, 우쭐한 우승자 궁수는 그의 (활 쏘는) 솜씨로 유명한 노대가에게 도전했다. 그 젊은이는 멀리 떨어진 과녁의 한복판을 완벽하게 맞힌 다음, 두 번째 활을 쏘아서 그 화살을 쪼갰다. 그는 그 노인에게 "자, 당신이 저것에 필적할 수 있는

지를 확인해 보시죠!"라고 말했다. 그 대가는 그 젊은 궁수에게 산위로 자신을 따라오라고 몸짓을 했다. 그들이 꽤 엉성하고 흔들거리는 통나무가 걸쳐 있는 깊은 골에 도착했을 때, 그 노대가는 그 위험한 다리의 한복판으로 나아가서, 멀리 떨어진 과녁을 고르고, 자신의 활시위를 당긴 다음, 명중타를 날렸다. "이제, 자네 차례네."라고, 안전한 지면으로 물러 나오며 그는 말했다. 그 젊은이는 두려움으로 얼어붙었다. "자네는 상당한 활 솜씨를 가지고 있지만, 활을 쏘는 마음에 있어서는 거의 솜씨가 없는 것이네."라고 그 대가는 말했다.

어휘

contest 대회
archer 궁수
bulls eye 과녁의 한복판
flawlessly 완벽하게
split 쪼개다
motion 몸짓을 해 보이다
chasm 골, 아주 깊은 틈
shaky 흔들거리는, 불안한
clean 능숙한, 솜씨 좋은

해설

글의 흐름상 dangerous를 safe로 고치는 것이 맞다.

02 [정답] ②

해석

우리 기억 중 많은 것들이 생생하고 어떤 것은 심지어 정확할지라도, 우리 일상생활에서 우리가 기억하는 것 중 대부분은 정확하지도 세부 사항이 풍부하지도 않다. 진화가 우리의 기억을 일상의 경험을 정확하게 기록하는 비디오카메라가 되도록 설계하지 않았다는 아주 강력한 신경심리학적 증거가 있다. 예를 들어, 뇌 속의 주요한 기억 체계는 편의주의적이고 자기 잇속을 차리는 방식으로 자신을 둘러싼 계속 변화하는 세상에 생물이 대처하도록 해주는 무의식적 규칙과 관념을 경험에서 끌어내도록 특별히 만들어져 있다. 우리가 비록 약간이지만 기억을 회상할 때마다 그것들을 변화시킬 수도 있다는 증거도 있다. 기억의 가변성은 요란하고 불확실하며 계속 변화하는 환경에서 생사가 걸린 결정을 즉석에서 할 수 있는 조작하는 뇌에 내재하는 어려움을 반영하는 것일 수도 있다. 기억은 생존에 대한 것이지, 정확성에 대한 것은 아니다.

어휘

overwhelming 아주 강력한, 압도적인
neuropsychological 신경심리학의
unconscious 무의식적인
abstraction 관념
organism 생물, 유기체
self-serving 자기 잇속만 차리는
fluidity 가변성
inherent 내재하는, 타고난
engineer 수작을 부리다, 조작하다
at a moment's notice 당장, 즉석에서

해설

detract는 (주의를) 딴 데로 돌리다라는 의미로 본문에서는 끌어내다의 extract가 필요하다.

03 [정답] ④

해석

시장이 저급의 대중문화만을 양산한다는 매우 널리 퍼진 관점은 시장이 작동하는 방식에 대한 오해에 기반을 두고 있다. 시장은 수요에 반응하는 제도이다. 즉, 만약 저급 예술이 요구되면, 그것은 저급 예술을 생산하지만, 만약 고급 예술이 요구되면, 그것은 고급 예술을 생산한다. 고급 문화에 대한 그런 수요가 존재하지 않는다고 가정할 이유는 없다. 실제로, 우리는 질 좋은 예술을 누리기 위해 돈을 쓰는 사람들이 정말로 있다는 것을 목격한다. 이에 대한 좋은 예는, 최고급의 예술이 펼쳐지는 (영화 축제를 포함한) 많은 예술 축제이다. 이런 축제 중 몇몇은 정평이 있는 예술의 장소에서 충분히 많은 청중을 마련하지 못하는 현대 음악과 같은 특정한 예술 형식에 대한 극소수 애호가들의 요구를 충족시킨다. 그러므로 시장은 많은 대중을 요구하지 '않는다.' '시장은 질 나쁜 예술을 생산한다'는 일반적이고도 매우 대중적인 말은 옹호될 수 없다.

어휘

extremely 매우, 극도로
view 관점
low quality (품질 등의) 저급(의)
mass culture 대중문화
misunderstanding 오해
institution 제도, 조직
demand 수요
ask for ~을 요구하다
assume 가정하다
exist 존재하다
case in point 좋은 예, 적례
minority 소수
art form 예술 형식
sufficiently 충분히
established 정평이 있는, 확립된
wildly 매우, 극도로
statement 말, 진술

04 [정답] ④

해석

음식 소비와 사회적 계층과 관련하여 정의된 생활양식 사이의 연관성은 16세기 이후에 다양한 방식으로 발전했다. '품질'에 대한 동기가 더 명확해졌다. 소비자들은 이제 사회적 특권의 영역이 그 어느 때보다 더 높은 품질의 식품을 구하는 권리 또는 의무로 표현되는 것을 당연하게 받아들였다. 그러나 음식과 음료의 유형 분류 체계와 소비자 자체의 유형 분류 체계 간에는 여전히 관련성이 있었다. 예를 들어 18세기 유럽에서 커피는 지배적인 중산층의 음료로 여겨진 반면에 초콜릿은 귀족적이었다. 여기서 정의된 것은 명백한 이념적 대립이었다. 전자는 정신을 각성시키고 자극하여, 일하고 생산적이 되게 했으며, 반면에 후자는 움직이지 않고 게으른 사람들을 위한 음료였다. 하지만 그 다음 세기에는, 프랑스에서 커피가 이미, 네덜란드와 영국에서 차가 그랬듯이, 인기 있는 음료가 되어 있었다.

어휘

consumption 소비
hierarchy 계층, 계급
motif (행동의) 동기, 자극, 모티브, 주제
privilege 특권
beverage 음료
dominant 지배적인
bourgeois 중산층의, 부르주아의
ideological 이념적인
inactive 움직이지 않는, 무기력한
antithetis 반대, 대조

해설

정신 각성의 효과로 생산적이 되게 하는 것이므로 무익한이 아니라 생산적인 productive가 적합하다.

05 [정답] ①

해석

건강은 아마도 똑똑한 요소와 흔히 생기는 어리석은 결과의 역설적인 조합의 가장 주목할 만한 예일 것이다. 우리는 오늘날 인터넷을 통해 질병, 진단, 그리고 치료에 관한 정보를 대단히 더 많이 이용할 수 있게 됨으로써 혜택을 누린다. 하지만 많은 잘못된 건강에 관한 정보들이 있다. 네트워크를 통해 이용할 수 있는 정보는 흔히 (우리를) 오도한다. 건강 관련 앱이 15만 개를 훌쩍 넘었지만, 그런데도 그것들이 이용자들의 건강을 증진한다는 어떠한 증거라도 보여줄 수 있는 것이 극히 일부밖에 없다. 지배적인 언론은 유용한 사실뿐 아니라 반쪽 진실과 때로는 심지어 거짓도 전파한다. 그리고 수백만 명의 사람들은 자기 자신의 건강에 분명하게 도움을 주는 선택을 거의 하지 않는다. 세계의 보건 시스템은 많은 면에서 집단적 지성의 선봉이지만, 많은 것들이 제대로 작동하지 않는다. 약 30에서 50퍼센트의 항생제 처방이 불필요하며, 대략 10퍼센트에서 20퍼센트의 진단이 부정확하고, 미국에서만 매년 25만 명이 의료 과실로 사망한다고 추정된다.

어휘

striking 주목할 만한, 두드러진
paradoxical 역설적인
combination 조합
element 요소
benefit from ~로부터 혜택을 누리다
vastly 굉장히, 대단히
access (정보 등의) 이용, 입수
diagnosis 진단 (pl. diagnoses)
intelligence 정보, 지성
misleading 오도하는, 오해시키는
fraction 일부, 부분
evidence 증거
disseminate 전파하다, 퍼뜨리다
threaten 위협하다
pioneer 선봉, 선구자
collective 집단적인
estimate 추정하다
antibiotic 항생제(의)
medical error 의료 과실

06 [정답] ④

해석

칸막이 한 좁은 공간에서 개방적인 협력 작업 공간과 배치로 변화함에 따라 최근 몇 년간 사생활 문제, 소음 및 업무 집중력 상실이 그런 배치 과정에 영향을 미치고 있다. 많은 직원들은 바로 그 개방적인 작업 공간 배치와 통합적인 협력 공간이 집중을 어렵게 한다고 불평해 왔다. 그렇다고 해서 기업들이 모두 칸막이 공간과 개인 사무실로 돌아가고 싶어 한다는 것을 말하는 것은 아니다. 기업들은 협력 구역을 강조하는 공간 배치가 팀워크 및 아이디어와 해결책의 생성에 도움이 된다고 생각한다. 또한 기업은 더 개방적인 작업 구역의 공간 요구 사항이 통로가 있는 칸막이 배치보다 더 작은 (평방피트로 계산된) 면적을 차지하기 때문에 돈을 절약한다. 그러나 많은 설계 회사와 시공 회사는 협력 공간과 사적인 공간을 조합하는 것이 반드시 개인적인 칸막이 공간이나 개인 사무실은 아니더라도, 많은 기업에 이점이 있다고 생각한다.

어휘

collaborative 협력적인
workstation 작업 공간
integral 통합적인, 완전한, 필수적인
generation 생성
manufacturer 시공 회사, 제조 회사
blend 조합

해설

많은 기업에 이점을 주기 때문에 advantages가 자연스럽다.

07 [정답] ③

해석

세계 경제의 발전과 기술 진보에 의해 사회가 계속 빠르게 변화할 때, 학교는 100년 전에 작동했던 바와 같은 방식으로 계속 작동하고 있다. 학생, 교사와 지도자들은 현실 세계에서 기술 확산의 결과로 변화하고 있다. 우리의 정보 사회는 복잡한 문제를 해결하고 불확실성에 직면해서 결정을 내릴 수 있도록 계속 증가하는 양의 정보를 효과적으로 운용하고 사용할 수 있는 사람들을 필요로 한다. 이것은 전통적인 공장 모형으로서의 학교의 개념이 정보화 시대의 진화하는 요구에 부합되지 못하기 때문에 약간의 역설을 제시한다. 수십 년 동안 국가, 주, 그리고 지역사회가 기술을 교육에 사용하는 것을 장려해 왔음에도 불구하고, 대부분의 학교에서 교실 관행은 20세기 중반의 관행에서 거의 변화하지 않았다. 이런 도전은 노후해지는 사회 기반 시설, 재정 지원의 불공평함, 그리고 표준화에 대한 세계적인 주목과 관련된 문제들에 의해 더 심각해진다.

어휘

evolution 발전
advance 진보
function 기능하다
in the face of ~에 직면하여
paradox 역설
incompatible with ~와 부합되지[양립하지] 않는
promotion 장려, 홍보
compound (문제 등을) 악화시키다
infrastructure 사회 기반 시설
standardization 표준화

해설

학교는 과거 방식과 같은 방식으로 계속 작동하므로 continue, 교육의 전통 공장 모형으로의 학교의 개념은 시대의 요구에 양립할 수 없으므로 incompatible이 자연스럽다.

08 [정답] ③

해석

Hugh John Lofting은 영국에서 아일랜드인 아버지와 영국인 어머니 사이에서 태어났다. Hugh는 상상력이 풍부한 아이였고 이야 기를 지어내어 자신의 형제자매들에게 말해주는 것을 대단히 좋아했다. 또한 그는 동물을 사랑했고 어릴 때 여러 애완동물을 길렀다. 동물에 대한 Hugh의 관심은 닥터 두리틀의 창조로 이어졌다. 닥터 두리틀은 모험이 계속되면서 더욱 진지해진 쾌활하고 매력 있는 의사로 시작되었다. 이것은 어쩌면 Hugh의 생애와 아주 유사한 것이었다. 그의 성인기는 여러 번의 슬픔으로 특징 지어졌다. 그의 첫 번째 아내는 그가 Newbery Medal을 수상하는 엄청난 성공을 거둔 뒤 고작 4년 후인 1927년에 죽었다. 그는 재혼했으나, 그의 두 번째 아내는 일 년도 되지 않아 죽었다. 그의 첫 번째 닥터 두리틀 책이 출판된 이후 27년 동안, Hugh는 그 친절한 의사에 관한 책을 13권 더 집필하였을 뿐 아니라 다수의 다른 아동용 도서도 집필하였다. 여전히 닥터 두리틀 이야기는 지금껏 가장 사랑받는 이야기 중 일부이다.

어휘

imaginative 상상력이 풍부한
concern 관심
creation 창조, 창작
serious 진지한, 엄숙한
parallel 아주 유사한 것, 상응하는 것
be marked with ~로 특징 지어지다
get remarried 재혼하다
publication 출판, 출간
kindly 친절한

해설

Hugh는 상상력이 풍부한 것이지 상상할 수 있는 것이 아니며, 닥터두리틀과의 유사성을 얘기하는 것이지 반대를 얘기하는 것이 아니다.

09 [정답] ③

해석

동물들에게 권리가 있다고 믿는 주창자들, 때로 '(동물) 권리 주장자'라고 불리는 사람들은 동물의 삶의 질에 관심이 있다. 그들은 실리적인 예외를 두지 않는다. 그들은 동물들을 학대하거나 착취하는 일 또는 동물에게 어떠한 아픔이나 고통을 일으키는 일은 잘못됐다고 주장하는데, 동물들은 잡아먹히거나, 동물원에 감금되거나, 어떠한 (또는 대부분의) 교육을 위한 또는 연구를 위한 환경에서도 이용되어서는 안 된다. 동물들의 윤리적 및 법적 권리에는 생명에 대한 권리와 해를 당하지 않을 권리가 포함되어 있다고 그들은 믿는다. Rutgers 대학교의 법학 교수인 Gary Francione에 따르면, 동물에게 어떤 권익을 보호받을 '권리'가 있다고 말하는 것은 비록 다르게 하는 것이(동물의 권익을 보호해 주지 않는 것이) 우리에게 이익이 될지라도 그 동물이 그 권익을 보호받을 자격이 있다는 것을 의미한다. (동물) 권리 주장자들은, 자기 자신의 권익을 보호할 수 없는 (유아, 아이들, 치매가 있는 성인들과 같은) 동의를 표할 수 없는 사람들을 위해서 하듯이 동물을 위해서도 그런 주장을 존중해야 할 의무가 사람들에게 있다고 믿는다.

어휘

advocate 주창자, 옹호자, 지지자
be concerned with ~에 관심이 있다
quality 질, 품질
make an exception 예외를 두다
abuse 학대하다
exploit 착취하다
suffering 고통
captive 감금된, 포로가 된
moral 윤리적인, 도덕적인
legal 법적인
interest 권익, 이익
be entitled to ~할 자격이 있다
benefit ~에게 이익이 되다
otherwise 다른 방법으로
obligation 의무
honor 존중하다, 이행하다
claim 주장, 권리

해설

동물들의 윤리적 및 법적 권리에는 생명에 대한 권리와 해를 당하지 않을 권리가 포함되어 있다고 그들은 믿는다는 것으로, 제외하다는 어울리지 않는다.

10 [정답] ②

해석

심리적인 이유부터 시작하자면, 다른 사람의 개인적인 일에 대해 아는 것은 이 정보를 가진 사람이 그것을 뒷공론으로 반복하도록 부추길 수 있는데, 왜냐하면 숨겨진 정보로서는 그것이 사회적으로 비활동적인 상태로 남기 때문이다. 그 정보를 소유한 사람은 그 정보가 반복될 때만 자신이 무언가를 알고 있다는 사실을 사회적 인지, 명성과 악명 같은 사회적으로 가치 있는 것으로 바꿀 수 있다. 자신의 정보를 남에게 말하지 않는 동안은, 그는 그것을 알지 못하는 사람들보다 자신이 우월하다고 느낄 수도 있다. 그러나 알면서 말하지 않는 것은 '말하자면 그 비밀 속에 보이지 않게 들어 있다가 폭로의 순간에만 완전히 실현되는 우월감'이라는 그 기분을 그에게 주지 못한다. 이것이 잘 알려진 인물과 우월한 사람에 대해 뒷공론을 하는 주요 동기이다. 뒷공론을 만들어 내는 사람은 자신이 그의 '친구'라고 소개하는 뒷공론 대상의 '명성' 일부가 자신에게 옮겨질 것이라고 생각한다.

어휘

psychological 심리적인
tempt 부추기다, 유혹하다
possessor 소유자
conceal 숨기다
inactive 비활동적인, 활동하지 않는
recognition 인지
prestige 명성
notoriety 악명
superior 우월한; 우월한 사람
actualize 실현하다
disclosure 폭로, 발각, 드러남
figure 인물
assume 생각하다, 추정하다
fame 명성
rub off on ~으로 옮겨지다, ~에 영향을 주다

해설

정보가 반복될 때만 자신이 무언가를 알고 있다는 사실을 사회적 인지, 명성과 악명 같은 사회적으로 가치 있는 것으로 바꿀 수 있는 것이므로, 정보를 가리는 것은 부자연스럽다.

11 [정답] ③

해석

소셜 네트워크 사용자들을 폭로나 사생활 위협 또는 침해로부터 보호하기 위해 기술이 사용될 수 있는 방법은 여러 가지가 있다. 더 철저한 기술적 해결책에는 소셜 미디어/소셜 네트워크를 작동하지 않게 하거나 사용을 금지하는 것이 포함된다. 예를 들어, 일부 학교와 직장은 소셜 네트워킹 사이트에 대한 명백한 제한을 두거나, 어떤 경우에는 완전한 금지를 시행하고, 학생 및 직원들이 이러한 사이트에 접근하지 못하도록 소셜 네트워크를 정보 통신 기술 차원에서 사용할 수 없게 만든다. 이 해결책의 문제는 이런 사이트를 이용하는 이점 역시 사라진다는 것이다. 게다가, 이렇게 하면 학교에 있는 동안이나 근무 시간에는 이러한 사이트의 사용을 막을 수는 있지만, 수업[근무] 시간 후에 행해지는 일들에는 아무런 영향을 미치지 못한다. 온라인 환경에서 발생하는 맥락의 붕괴는 학교 시간이나 근무 시간 외에 발생한 온라인상의 정보 교환이 사람들의 학교생활이나 직장생활에 영향을 줄 정도로 사람들의 직장생활과 사생활 간 경계를 모호하게 한다. 그러므로 이러한 전략을 이용하는 것이 잠재적 위험을 전반적으로 최소화하는 데 반드시 효과적인 것은 아니다.

어휘

disclosure 폭로
violation 침해
disable 사용할 수 없게 만들다, 무력하게 하다
ban 금지하다; 금지
explicit 명백한
restriction 제한
complete 완전한
access ~에 접근하다
after hours 수업[근무] 시간 후에
context collapse 맥락의 붕괴(소셜 미디어상에서 어떤 게시물이나 정보를 불특정 다수가 봄으로써, 인간관계나 규범의 경계가 허물어지는 현상)
employ 이용하다, 고용하다
potential 잠재적인
overall 전반적으로

해설

맥락의 붕괴는 온라인상의 정보 교환이 사람들의 학교생활이나 직장 생활에 영향을 줄 정도로 사람들의 직장생활과 사생활 간 경계를 모호하게 하는 것인데 분명히 밝히다의 define은 정반대의 의미를 지닌다.

3 어법성 판단

출제경향이 보이는 가천대 기출문제

01 [정답] ③

해석

해결될 필요가 있는 문제가 인식된 이후에, 문제를 정의하고 설명하는 과정은 유추적 사고와 같은 과정으로 계속될 수 있다. 적절한 설명을 만들어 내기 위해서, 문제를 해결하는 사람은 해결 경로에 통찰력을 제공하는 하나의 관점을 찾기 전에 많은 경우 어떤 문제에 관한 여러 가지 서로 다른 관점을 시험해 보아야 한다. 다양한 설명을 발견할 수 있는 한 가지 방법은 유추적 사고를 통해서이다. 유사한 문제를 찾아낼 수 있으면, 현재 문제의 해결은 어느 정도 하나의 요소를 다른 요소로 일정하게 대응시키는 문제이다. 예를 들어 일정하게 대응시키는 것은 구조의 유사성을 찾기 위해 문제들을 비교하고, 그 문제들의 아주 유사한 요소들을 찾는 것을 포함한다. 그런 다음 한 문제의 해결은 이러한 유추에 의한

대응 과정을 통해 새로운 문제의 해결 과정을 안내할 수 있다.

어휘

analogical 유사한, 유추적인
perspective 관점, 시각
parallel 평행한, 유사한

해설

하나의 관점을 찾는 것이므로 수를 일치시켜 one으로 쓰는 것이 적합하다.

02 [정답] ③

해석

브랜드 이미지를 개발함으로써 크고 작은 도시들을 가능한 여행 목적지로서 홍보하는 것은 오랫동안 그곳 마케팅 담당자들의 책임이었다. 우선 마케팅 담당자들의 책무는 (여행) 가능한 장소들과 흥미로운 사람들에 대하여 도시를 평가하는 것이었다. 그런 다음 이 장소들과 사람들을 사진으로 찍고 그 역사와 이야기에 대한 정보가 글로 작성된 후 (사람들에게) 전해졌는데, 처음에는 인쇄물을 이용하고 지금은 디지털 방식이다. 이 브랜드화된 이미지는 마케팅 담당자에 의해 개발도 되고 또 그런 다음에는 그들에 의해 통제도 되었다. 방문객들이 여행 이야기를 올리고 공유하는 것과 더불어 사진을 찍고 올리는 것의 수월함은 마케팅 부서의 통제권을 없앰으로써 브랜드를 창조하는 과정을 변화시켰다. 예를 들면, 방문객들이 여행 이미지를 온라인상에 올리는 것은 어떤 장소들이 방문할 가치가 있는 것으로 규정되는지가 이제는 도시의 통제를 벗어났다는 것을 의미하게 되었다. 관광을 증대시키는 책임을 맡은 사람들은 여전히 홍보 전략을 개발해야 하지만, 그것은 방문객들이 전문가들과 함께 공동으로 브랜드를 창조하도록 권장하는 것에 기반을 둘 것이다.

어휘

post 올리다, 게시하다
department 부서
charge 책임을 맡기다
promotional 홍보의

해설

문장의 주어는 The ease이므로 수를 일치하여 has로 쓰는 것이 좋다.

03 [정답] ④

해석

Francis Ford Coppola가 제작하고 감독한 영화 Apocalypse Now는 인기를 끌었으며, 충분히 그럴 만한 이유가 있었다. 이 영화는 J. Conrad의 소설 Heart of Darkness를 영화로 옮긴 것으로, 그 소설은 19세기 말의 아프리카 콩고를 배경으로 하고 있다. 원작 소설과는 다르게, Apocalypse Now는 베트남 전쟁 기간 동안의 베트남과 캄보디아를 배경으로 하고 있다. 배경과, 시대, 대화 그리고 다른 부수적인 세부사항들이 바뀌었지만 Apocalypse Now의 근본적인 이야기 구조와 주제는 Heart of Darkness의 그것과 동일하다. 두 작품 모두 중심 인물들의 정신적 영혼적 여정을 설명하는데, 강을 따라 내려가다 문명의 최악의 면들을 보여주는 비정상적인 인물인 Kurtz를 만나게 되는 육체적 여행을 비춰준다. Apocalypse Now에 개봉 당시와 같은 시대적 배경을 제공함으로써 설정해 줌으로써, 관객들은 영화가 소설의 원문 그대로의 각색이었다면 그들이 그랬었을 것보다 그 주제들을 더 쉽게 경험하고 알아볼 수 있었다.

어휘

adaptation 각색
incidental 부수적인
fundamental 근본적인
reflect 반영하다
confront 직면하다
contemporary 현대의, 동시대의

해설

story line and themes가 복수이므로 그것을 가리키는 대명사도 역시 복수형인 those를 써야 한다. 또한 if the film had been a literal adaptation of the novel에서 가정법 과거완료 표현이 쓰였으므로, they would have (done)처럼 주절에도 가정법 과거완료 표현이 쓰여야 한다.

04 [정답] ④

해석

말미잘은 세계 어느 곳에서나 바다 속 꽃처럼 보인다. 아마도 이것은 그들의 위장일 것이다. 그들은 쏘는 세포들을 갖춘 촉수를 가지고 있는 포식자이다. 그들은 스스로를 방어하고 작은 물고기나 새우와 같은 먹이를 잡기 위해서 그들의 촉수를 사용한다. 쏘는 세포 각각에는 닿으면 기계적으로 세포 폭발을 촉발하는 감각모가 있는데, 이는 공격자나 먹잇감의 살에 붙어 일정량의 독을 주입하는 작살 모양의 구조이다. 그 독은 먹이를 마비시켜서 말미잘이 소화를 위해 그것을 입으로 가져가도록 한다. 전 세계의 바다 도처의 다양한 깊이에서 발견되는 말미잘은 산호 및 해파리와 관련이 있다. 말미잘은 접착력이 있는 발로 스스로 해저 지반에 붙어서 먹을 것이 떨어지거나 포식자가 공격하기 전까지 같은 곳에 머물러 있는 경향이 있다. 그 후에 말미잘은 스스로 해저 지반에서 떨어져서 새로운 위치로 헤엄쳐나가기 위해 몸을 풀어주는 동작을 취한다.

어휘

disguise 위장, 변장
predator 포식자
tentacle 촉수
equipped with 장착하고 있는, 갖추고 있는
stinging 쏘는 듯한
sensory 감각의
trigger 유발하다
harpoon-like 작살 모양의

flesh 살
dose (1회) 복용량
paralyze 마비시키다
adhesive 접착력 있는
flexing 몸을 풀어주는

해설

관계대명사 what은 계속적 용법에 쓰일 수 없으므로 which가 올바르다.
(b)는 분사구문으로서 As it is found가 바뀐 문장이다. 따라서 Found가 맞다.

05 [정답] ④

해석

아마도 실존주의에서 가장 누드러진 수제는 선택과 우리가 한 선택의 결과에 대한 책임이라는 그것일 것이다. 대부분의 실존주의자들은 다른 생물체로부터 인간을 구별 짓게 하는 것이 자유와 선택을 할 수 있는 능력이라고 믿고 있다. 실존주의자들은 인간이 다른 종물이나 식물들과 같이 고정된 본성, 또는 본질을 지니지 않는다고 믿는다. 각 인간은 자신의 고유의 본성을 만드는 선택을 한다. 그러므로 선택은 인간 존재의 중심에 있고, 그것은 피할 수 없는 것으로서 심지어 회피하거나 선택을 거부하는 것도 하나의 선택이다. 또한 그러한 선택할 자유에는 그러한 선택들의 결과를 안고 살아갈 것을 책임지는 다짐이 반드시 수반되어야 한다. 실존주의자들은 개인들이 각자의 길을 선택함에 있어 자유롭기 때문에 그것이 이끄는 곳이 어디든지 간에 그들의 다짐에 따를 대의 위험과 책임을 받아들여야만 한다고 주장해 왔다.

어휘

prominent 주목할 만한, 유력한, 중요한
existentialism 실존주의
consequence 결과
differentiate 구별하다.
capacity 능력
avoidance 회피
refusal 거절
commitment 다짐, 헌신

해설

whichever는 복합관계대명사로 뒤에 불완전한 문장이 오는데 it leads는 목적어나 보어가 필요 없는 완전한 문장이다. 따라서 복합관계부사인 wherever가 와서 '그것이 이끄는 곳 어디나'라는 의미로 쓰여야 한다.

06 [정답] ④

해석

생활방식으로서의 소비지상주의는 우리가 일단 상품을 소유하고 사용하면 어떻게 보이고 어떤 기분이 들지 혹은 우리가 일단 그렇게 하면 가족과 친구들이 우리를 어떻게 여길지를 예상하는 능력인 사회적 상상력을 요구한다. 많은 사람들은 상품과 상상으로 짜인 이 사회적 직물이 즐거움을 주는 문제이자 자기표현의 수단이라고 생각한다. 시장은 우리가 경제적 생존을 의존하는 제도일 뿐 아니라 의미의 주된 근원이기도 하다. 패션과 개인 스타일의 끊임없는 변화의 흐름 속에서 한 사람의 위치를 관리하는 일은 힘들지만 즐거운 경험일 수 있다. 물 속의 물고기처럼, 한 사람의 개인 정체성과 사회적 정체성이 소비자 문화와 매우 밀접한 관계가 있어서 우리가 어떻게 이 수족관에 들어오게 되었는지에 대한 더 일반적인 질문에 대해 성찰하는 것이 어려워지고 있다

어휘

project 투영하다, 예상(추정)하다
tapestry 색실로 그림을 짜 넣은 직물
woven weave(짜다)의 과거분사
institution 제도
hang upon 의존하다
is bound up with ~와 묶여 있다, 결합되어 있다
demanding 힘든

해설

(A)는 '~에 대해 어떻게 생각하는가?'로 해석되지만 'what do~ think of something?' 형태로 쓰기 때문에 what이 들어가야 알맞다. (B)에는 개인의 개인적, 사회적 정체성이 소비문화와 너무 연관되어 있어서 우리가 어떻게 이런 상태가 되었는가를 생각할 수 없다는 내용이므로 so – that 구문으로 쓰이는 것이 문맥에 알맞다 따라서 that이 적절하다

기출과 EBS를 재해석한 기출예상문제

01 [정답] ②

해석

1936년 파리의 Sorbonne 대학교로 옮겨 가기 전, 1920년대와 1930년대에 Strasbourg 대학교의 중세사 교수로서 Marc Bloch는 학생들에게 풍경을 역사적 문헌으로 생각하도록 장려했다. 글로 된 문헌이 의식적인 역사 과정에 대한 하나의 관점을 제공한다면, 그는 지형학은 사회적, 경제적, 그리고 정치적 구조와 같은 무의식적이고 눈에 보이지 않는 현상에 대한 귀중한 통찰력을 제공한다고 언급했다. Bloch는 농촌사를 '인간과 토양과의 활기찬 상호 작용'으로 묘사했다. 그는 비행기에서 보이는 농지 형태를 연구하는 것은 그것들을 만든 사회에 대한 식견을 제공한다고 주장했다. Bloch는 북유럽 전체의 특징으로 여겼던 Alsace의 길게 늘어진 농지를 볼 수 있도록 학생들을 Strasbourg 근처의 농촌 지역으로 현장 학습을 데려갔을 때 이 연관성을 보여주었다. Bloch에 따르면, 역사학과 학생들은 여전히 매우 생생하게 살아 있는 역사 과정을 바라봄으로써 역사 과정을 가장 잘 이해할 수 있었다.

어휘

medieval 중세의
encourage 장려하다
landscape 풍경
conscious 의식적인
rural 농촌의

vibrant 활기찬
agricultural field 농지
contend 주장하다
demonstrate 입증하다, (증거를 들어) 보여주다
field trip 현장 학습
countryside 농촌 지역

해설

Studying the form of agricultural fields as seen from an airplane가 주어이며 삽입어구를 제외하면 주어를 받아주는 동사가 나와야 하므로 provided로 바꾸는 것이 좋다.

02 [정답] ①

해석

Emil Fischer는 유기 화학 분야에서 선구적인 연구를 했던 19세기의 유명한 독일 화학자였다. 부모의 유일한 생존 자녀로서, 그는 가업에 종사할 것으로 기대되었다. 하지만 Emil이 사업에 미숙한 것이 입증되고 난 후 결국 그의 아버지는 그가 자연 과학 연구를 계속하게 하는 데 동의했다. Fischer는 원래 물리학을 연구하기를 원했지만, Adolf von Baeyer(염료 분자를 연구했던 유기 화학자)를 만나자마자, 그는 그를 위해 일하면서 화학을 연구하기로 결심했다. 커피와 같은 음료의 주요한 성분인 카페인은 Emil Fischer에 의해 처음 합성되었다. 그는 카페인과 유사한 화합물의 종류를 확인하고 그것을 퓨린으로 명명했다. 그는 또한 당류, 단백질, 그리고 효소와 관련된 중요한 연구에 참여했다. 퓨린과 당류에 대한 그의 연구로, 그는 1902년 노벨 화학상을 수상했다.

어휘

renowned 유명한
chemist 화학자
pioneering 선구적인
organic chemistry 유기 화학
pursue (논의 · 조사 · 관여 등을) 계속하다
dye 염료
molecule 분자
ingredient 성분
beverage 음료
synthesize 합성하다
identify 확인하다
compound 화합물
significant 중요한
enzyme 효소

해설

a renowned German chemist of the nineteenth century를 수식하며 chemist는 화학자이므로 사람을 설명하는 역할인 관계대명사 who가 자연스럽다.

03 [정답] ④

해석

초기 산업 시대에는 금융 자본과 생산 수단을 통제했던 사람들이 경제의 운용에 거의 전적인 지배권을 행사했다. 지난 세기의 중반 몇십 년 동안에 잠시, 그들은 그 힘의 일부를 노동자와 공유해야만 했는데, 생산에서 노동자가 차지했던 중대한 역할은 사업을 하는 방식과 수단 그리고 이익의 분배 양쪽 모두를 좌우하는 결정에서 노동자에게 어느 정도의 영향력을 보장했다. 이제 노동의 영향력이 크게 줄어들었으므로, 지식 노동자들이 경제 방정식에서 더 중요한 집단이 되었다. 그들은 3차 산업 혁명의 촉매제이고 첨단 기술 경제를 지속시키는 책임이 있는 사람들이다. 그러한 이유 때문에, 최고 경영진과 투자자들은 자신들의 권한 중 최소한 일부를 지적 재산의 창안자들, 즉 첨단 정보 사회에 활기를 불어넣는 지식과 아이디어를 가진 남녀와 점점 더 공유해야 했다. 그러므로 일부 산업에서는 지적 재산권이 금융보다 훨씬 더 중요해진 것이 당연하다. 지식과 아이디어를 독점하는 것은 경쟁력 있는 성공과 시장 지위를 보장한다. 그 성공에 자금을 대는 것은 거의 부차적인 것이 된다.

어휘

era 시대
finance 금융, 자금; 자금을 대다
means of production 생산 수단
exercise (영향력 등을) 행사하다
working 운용, 작동
labor (자본가 · 기업에 대하여) 노동자, 노동 계급
assure 보장하다
govern 좌우하다, 지배하다
distribution 분배
profit 이익
diminish 줄어들다
equation 방정식
high-tech 최첨단의
increasingly 점점 더
intellectual property 지적 재산
fuel ~에 활기를 불어넣다
secondary 부차[이차]적인

해설

Finance that success가 문장의 주어이며 becmes가 동사이므로 주어에 맞는 명사 역할을 하는 동명사 financing으로 바꾸는 것이 좋다.

04 [정답] ④

해석

심지어 소작농 가족들도 식탁에서 그들 자신의 정체성을 분명하게 규정한다. '한 가지의 빵과 한 가지의 포도주를 먹고 사는 것,' 즉 음식을 공유하는 것은 중세의 언어로 어떤 사람이 동일한 가족에 속한다는 것을 거의 기술적인 방식으로 나타내는 것이다. 오늘날에도 다양한 방언 표현 속에서 집은 가정의 공동체가 그곳에서

함께 살 수 있도록 해 주는 음식과 동일시된다. 즉, Romagna 지역의 전통 어휘로 '집에 가자'(andiamo in casa)는 '부엌으로 들어가자'는 뜻이었다. 모든 사회적 계층에서 식탁을 공유하는 것은 집단의 구성원 자격의 첫 번째 표시이다. 그것은 가족일 수도 있지만 더 넓은 공동체일 수도 있는데, 각 성직자단, 조합 또는 협회는 식탁에서 자신의 집단 정체성을 다시 분명히 한다. 모든 수도원 공동체는 모두가 식사를 같이 하기로 되어 있는 식당에서 자신들의 친밀감을 보여 주는데, 파문당한 사람들, 즉 죄로 인해 순수하지 못한 사람들만 일시적으로 그 식사에서 제외된다.

어휘

peasant 소작농
identity 정체성
medieval 중세의
technical 기술적인
signify 나타내다, 보여주다
dialectal 방언의
identify 동일시하다
domestic 가정의, 국내의
brotherhood (공동생활을 하는) 성직자단
guild 길드, 조합
association 협회
reassert 다시 분명히 하다[주장하다]
collective 집단적인
temporarily 일시적으로

해설

"let's go home."이 주어이며 이하 in ~ region은 수식어구로 문장의 동사가 meant가 필요하며, 전치사+관계대명사는 관계부사와 마찬가지로 완전한 문장을 동반하며, 본문에서는 주어인 only the excommunicated와 동사가 도치되어 있는 형태로 파문당한 사람들, 즉 죄로 인해 순수하지 못한 사람들만 일시적으로 그 식사에서 제외되는 것이므로 수동태로 쓰는 것이 적합하다.

05 [정답] ③

해석

돈의 가장 근본적인 특징 중 하나는 그것이 쉽게 운반 가능한 가치 저장소로서의 역할을 한다는 것이다. 우리가 하는 노동의 결실은 구체적인 형태로 유지될 수 있다. 즉, 노동을 직접 상품과 교환하는 대신에, 우리는 그것을 현금으로 교환하고, 그 후 그것은 우리가 편한 때 사용될 수 있다. 따라서 돈은 배터리가 에너지를 보유하는 것과 같은 방식으로 가치를 유지하고, (토지와 같은 일부 다른 가치 저장소와는 달리) 시간과 공간 모두에서 가치를 움직일 수 있게 한다. 주머니 속의 급료 지불 수표는 본인이 원하는 언제 어디서나 사용할 수 있는데, 이는 물론, 누군가가 기꺼이 그것을 받으려고 한다면 말이다. 쓸모 있게 되려면, 돈은 휴대할 수 있을 뿐만 아니라 쉽게 교환할 수 있어야 한다.

어휘

fundamental 근본적인
transportable 운반[수송] 가능한
crystallize 구체화하다
at one's convenience ~이 편리한 때에
paycheck 급료 (지불 수표)
providing (만약) ~이라면
be willing to 기꺼이 ~하다
portable 휴대할 수 있는

해설

현금으로 교환하고, 현금은 편리한 때에 사용되는 것이므로 수동태인 spent가 적합하다.

06 [정답] ①

해석

실제로 음식은 언어와 상당히 유사하지만 우리는 음식에 대해서는 더 자유로울 수 있다. 그것은 언어의 요소들이 그런 것만큼 그렇게 엄격하게 구조화되어 있지 않다. 가장 단순한 경우, 즉 여러 음소를 한 단어로 결합하는 것과 여러 재료를 하나의 요리로 결합하는 것의 유사성을 생각해 보자. 'Tree'에는 /t/, /r/, 그리고 /i/의 세 가지 음소가 있다. (/i/는 표준 발음 표기에서 'ee'의 발음을 기술하기 위하여 사용된다.) 텍사스 칠리의 최소 유형에는 콩, 칠리, 고기의 세 가지 재료가 들어 있을 것이다. 단어의 경우는, (dree와 같이) 그 단어를 잘못 발음하거나, (treeee처럼) 하나의 소리를 끌거나, 그 단어를 쓰거나, 그 단어를 외치거나 아니면 그 단어를 불분명하게 말해도, 영어 화자에게 그것은 여전히 '똑같은 단어'이다. 음식의 경우는, 칠리를 세 배로 하거나, 혹은 다른 종류의 콩을 사용하는 일은 그 요리를 상당히 다르게 하고 아주 다른 경험을 제공한다. 그 정도로 음식은 덜 단단하게 구조화되어 있다. 우리는 다양한 다른 경험을 '똑같은 것'으로 기계적으로 축소하지 않는다.

어휘

ingredient 재료, 성분
transcription 표기
mispronounce 잘못 발음하다
drag out ~을 오래 끌다
triple 세 배로 만들다
materially 상당히

해설

(A)에서 '~하는데 사용되다'의 'be used to' 다음에는 동사의 기본형을 white를 써야 하며, (B) 다음에는 문장이 나오므로, 문장을 이끄는 접속사인 though가 알맞다.

07 [정답] ④

해석

생물학자들은 많은 조류와 해양 포유류가 한 번에 뇌의 한쪽 반구만을 가지고 잠을 잘 수 있는 능력을 가지고 있다고 보고한다. 고래, 돌고래, 그리고 물개는 의식이 있는 상태에서 호흡을 하기 때문에 의식을 완전히 닫을 수 없다. 쉴 시간이 되면, 그들은 통나무처럼 수면 위에 뜨거나 원을 그리며 물장구를 치고, 나머지 절반

이 자는 동안 뇌의 절반을 깨어 있는 상태로 유지한다. 그러다가 그들은 다른 쪽을 쉬게 하기 위해 뒤집거나 방향을 바꾼다. 철새들은 먼 거리를 빠르게 이동하기 위해 반은 자고 반은 깨어 있는 다양한 상태를 이용한다. 청둥오리와 같은 훨씬 더 많은 텃새들도 한 번에 한쪽 반구만 잠들게 할 수 있다. 그들은 보통 줄을 지어 잠을 자기 때문에, 줄의 끝에 있는 오리들은 한쪽 눈을 뜨고 포식자를 감시한다. 이 경비원들은 다른 절반의 뇌와 몸이 잘 수 있도록 주기적으로 몸을 돌리고 자리를 바꾼다.

어휘

consciousness 의식(지각 · 판단 기능이 정상인 상태)
log 통나무
paddle 물장구를 치다, (작은 배를 타고) 노를 젓다
migratory bird 철새
mallard duck 청둥오리

해설

'cannot afford to V'는 '~할 수 없다'의 뜻으로 동사의 기본형을 동반하며, 완전한 문장에 추가로 연결할 수 있는 것은 분사구문이므로 keeping이 필요하다.

08 [정답] ③

해석

우리가 매일 하는 일의 많은 부분은 자동적이고 습관에 의해 유도되며, 의식적인 인식을 거의 필요로 하지 않는데, 그것은 나쁜 것이 아니다. Duhigg의 설명에 따르면, 우리의 습관은 꼭 필요한 정신 에너지 절약 장치이다. 우리는 새로운 문제가 발생할 때 그것을 해결할 수 있도록 의식적인 마음의 부담을 덜어주어야 한다. 예를 들어, 사교댄스를 어떻게 추는지에 대한 문제를 해결하고 나면, 우리는 그것을 습관적으로 할 수 있어서 정신적으로 자유로워져 (춤에 집중하는) 대신에 춤을 추는 동안 대화에 집중할 수 있다. 하지만 탱고를 처음 배울 때 말하려고 해보라. 그러면 그것은 엉망진창이 된다. 우리는 스텝에 집중하기 위해 의식적인 주의를 필요로 한다. 만약 우리가 모든 행동, 예를 들어 우리가 딛는 모든 스텝에서 발을 어디에 두어야 할지에 의식적으로 초점을 맞추어야 한다면 우리가 성취할 수 있는 것이 얼마나 적을지 상상해 보라.

어휘

conscious 의식적인, 의식하고 있는
awareness 의식, 인식
ballroom dance 사교댄스를 추다; 사교댄스
disaster 엉망진창인 것, 재앙, 큰 실패
accomplish 성취하다
alert 경계하는

해설

탱고를 처음 배울 때 말하려고 해보라는 의미를 전달하며 동사원형으로 시작하는 명령문이 필요하다.

09 [정답] ①

해석

여러분이 고칠 수 있어서 여러분의 상사에게 말할 필요가 없는 실수가 있고, 광범위한 영향을 미치므로 자백해야만 하는 다른 실수가 있다는 것을 여러분은 깨달아야만 한다. 그 차이를 이해하려면 판단력과 상식이 필요하다. 예를 들면, 다음과 같다. 만약 여러분이 여러분의 회사의 연례 보고서를 준비하는 대행사에 수치를 전화로 알려줬는데 몇 시간 후에 당신이 잘못된 일련의 숫자를 알려줬다는 것을 깨닫는다면, 여러분은 그저 그 대행사에 다시 전화를 걸어서 여러분 자신의 실수를 수정하면 된다. 여러분이 한 일을 여러분의 상사에게 말할 필요는 없다. 하지만 여러분이 자신의 실수를 발견하지 못하여 잘못된 숫자가 활자로 찍혀서 교정용 인쇄물이 도착한다면, 여러분은 실수를 저질렀다는 것을 여러분의 상사에 게 자백할 필요가 있다. (그가 아직 그것을 잡아내지 못했다면) 그에게 그것을 알려주고 그 대행사에 전화로 연락하여 가능한 한 빨리 새로운 교정용 인쇄물을 만들어 달라고 하겠다고 그에게 말하라. 왜 여러분은 자신의 실수를 인정해야 하는 것일까? 왜냐하면 여러분이 회사에 돈을 쓰게 했을 것이며 연례 보고서의 교정용 인쇄물이 예상 보다 늦게 도착할 것이기 때문이다. 그리고 가장 현실적인 측면에서 말한다면, 여러분이 발각될 것이기 때문이다.

어휘

admit 자백하다, 인정하다
far-reaching 광범위한[지대한] 영향을 미치는
implication 영향
own up to ~을 자백하다, 인정하다
call in ~을 전화로 알려주다[요청하다]
figure 수치
agency 대행사
annual 연례의, 해마다의
in practical terms 현실적인 측면에서

해설

(A)는 you must own up to는 전치사의 목적어가 없는 상태의 불완전한 문장이므로 관계대명사가 필요하며, (B)는 해석상으로도 명령문이 필요하며 형태상으로도 and 뒤 문장이 명령문으로 쓰였으므로 앞 문장도 명령문으로 쓰는 것이 필요하다.

10 [정답] ④

해석

Brunel University London의 팀원들과 함께 연구하는 Bruce Abernethy는 엘리트 배드민턴 선수들이 예측 기술을 발휘할 때 그들의 뇌를 검사하기 위해 fMRI(기능 자기공명영상)를 사용했다. 그들은 다양한 기술 수준의 선수들이, 셔틀콕을 치는 장면이 담긴 차단 동영상이 상영되는 것을 시청하면서 (그 동영상들은 셔틀콕과 접촉이 이루어지기 직전에 저절로 멈추곤 했다) 친 셔틀콕이 코트의 어느 곳에 떨어질 것인지 예측하려고 애쓰는 동안 그들을 정밀 촬영 했다. 숙련된 선수들은 다른 사람들의 행동을 관찰하고 이해하는 것과 관련된 뇌 영역에서 더 많은 뇌 활동을 보여주었다. 한 가지 이론은 이 활동이 두뇌가 공백

을 메우고 '내적 모형'을 만드는 것, 즉 상대방의 움직임에 기초하여 앞으로 일어날 일에 대한 추측을 하는 것을 나타낸다는 것이다. 선수는 경험이 많을수록 이것을 더 잘 해낸 다. 몇 년 후에, Brunel 대학에서 같은 연구팀이 축구선수들을 대상으로 유사한 연구를 했는데 그 선수들은 상대 선수가 공을 가지고 자신들을 향해 달려오는 차단 동영상을 시청했다. 일부 동영상에서, 선수들은 동영상이 저절로 멈추기 직전 상대방을 속이는 동작을 시작하곤 했고 진단장치 속 축구선수는 그들이 왼쪽이나 오른쪽 중 어디로 갈지를 예측해야 하곤 했다. 동영상이 일찍 중단될수록, fMRI 정밀 촬영에서 준프로 축구선수와 초보 축구선수 사이의 신경 활동의 차이가 더 컸다.

어휘

anticipation 예측
scan 정밀 촬영하다
clip 동영상
cut off (기계 등이) 저절로 멈추다, ~을 중단시키다
land 떨어지다, 땅에 닿다
expert 숙련된
associated with ~와 관련된
represent 나타내다
gap 공백
opponent (경기 · 논쟁 · 게임 등의) 상대
footballer 축구선수
feint 속임 동작
neural 신경의
novice 초보자

해설

상대 선수가 공을 가지고 자신들을 향해 달려오는 차단 동영상을 시청했다는 문장으로 상대 선수인 명사를 수식하는 현재분사 running이 필요하다.

4 빈칸 넣기

출제경향이 보이는 가천대 기출문제

01 [정답] ④

해석

Tom은 가끔은 자신의 네비게이션 시스템이 유용할 것이라는 데에는 동의하지만, 좋아하지 않는다. 하지만 그에게는 그것(내비게이션 시스템)을 자신의 필요에 맞게 조정하기 위해 그 시스템과 상호작용하는 방법이 없다. 비록 그가 '최소시간', '최단거리', '최고 경치' 혹은 '유료도로 피하기' 등과 같은 몇몇 높은 수준의 선택을 할 수는 있지만, 왜 특정한 경로가 선택되는지에 대해 그는 그 시스템과 논의할 수 없다. 그 시스템이 왜 경로 A가 경로 B보다 더 좋다고 생각하는지 그는 알 수 없다. 그것이 긴 교통 신호와 많은 수의 정지 신호를 고려하는 걸까? 그리고 두 경로가 한 시간의 이동시간 중 아마 단 1분 정도로 거의 차이가 없으면 어떻게 될까? 시간이 조금 더 걸려도 아마 더 좋아할 것 같은 대안을 그는 제공받지 못한다. 그 시스템의 방법은 계속 감추어져 있어서 결국 Tom이 그것을 신뢰하고 싶어지더라도, 침묵과 비밀 상태로 인해 불신이 가중되는데, 공동 작업 없이 내려진 상의하달식의 사업 결정이 신뢰를 받지 못하는 것과 마찬가지이다.

어휘

at times 가끔은
tailor 맞추다, 조정하다
alternative 대안

02 [정답] ②

해석

어떻게 우리는 흥분, 흥미와 미적 쾌감을 평생 동안 유지할 수 있을까? 나는 그 답의 일부는 몇몇 음악, 문학, 미술과 같이 오랜 세월에도 불구하고 실제로 건재한 것들에 대한 연구에서 찾을 수 있는 것은 아닌가하고 생각한다. 모든 이러한 사례에서, 작품들은 다채롭고 심오해서 경험마다 서로 다르게 인지되는 무언가가 있다. 고전 음악에 대해 생각해 보자. 많은 사람들에게 그것은 지루하고 재미없지만, 어떤 사람들에게는 그것이 참으로 평생 동안 즐겁게 감상될 수 있다. 나는 이런 영속성은 그것의 구조적인 풍요로움과 복잡성에서 파생된다고 믿는다. 그 음악에는 다양한 주제와 변주곡이 끼워져 있는데, 그 중 몇몇은 동시에 존재하고, 또 몇몇은 순차적으로 제시된다. 인간의 의식적 주의 집중은 그것이 어느 순간에 집중할 수 있는 것에 의해 제한되는데, 이는 의식이 음악적 관계의 제한적인 작은 부분에 한정된다는 것을 의미한다. 그 결과, 매번 새로운 감상은 그 음악의 다른 측면에 집중한다. 그것이 결코 똑같은 것이 아니기 때문에 그 음악은 결코 지루하지 않다.

어휘

stand the test of time 오랜 세월에도 불구하고 건재하다, 세월의 시험을 견디다
derive from ~에서 파생하다[유래하다]
variation (음악) 변주곡
simultaneous 동시에 일어나는
sequential 잇따라 일어나는
conscious 의식하는, 지각하는
subset 작은 부분, (수학) 부분집합

03 [정답] ②

해석

18세기 동안 주로 음악 소리에 의미를 부여하는 데 있어서의 가사의 역할 때문에, 기악은 일반적으로 성악보다 덜 중요하다고 간주되었다. 1790년까지도 칸트는 'Critique of Judgement'에서, 기악은 '그다지 중요하지 않은 겨우 여흥에 불과한 것'이라고 주장했다. 그러나, 세기의 전환기에 나타난 음악적 표현에 대한 새로운 개념은 기악을 이성적인 지식의 한계 너머 감정을 가장 잘 표현할 수 있는 것으로 격상시켰다. 실제로 음악의 새로운 지위로 계몽주의 시대에 예술들 중에서도 낮았던 그것의 지위가 완전히 뒤집히게 되었다. 더욱 중요한 것은, 예전에는 단점으로 보였던 것 – 가사가 없는 음악이 분명한 뜻을 전달할 수 없다는 것 –

이제는 다른 모든 형태의 예술에 비해 가장 큰 장점으로 간주되게 되었다는 것이다.

어휘

instrumental music 기악
vocal music 성악
as late as ~만큼
mere 겨우 ~의, ~에 불가한
rational 이성적인
Enlightenment 깨우침, 계몽주의 시대
be perceived as ~로 이해하다, ~로 간주되다
restoration 복원, 부활
inversion 도치, 뒤집음
immersion 담금, 몰두
retention 보유, 정체

04 [정답] ④

해석

아마 기념품이 진짜라는 것을 결정하는 데 가장 큰 영향을 주는 것은 의미 부여의 과정에서 관광객 스스로가 상품에 부여하는 의미일 것이다. 대부분의 사람들에게 있어서 '기념품을 사는 것은 진품이라고 인식되는 물건을 취득하는 행위이다.' 그러나 한 연구에 따르면 기념품 행상인들의 인식은 관광객들이 디자인이 전통적인지 혹은 억지로 꾸민 것인지에 대해서는 실제로 상관하지 않는다는 것이다. 그 연구는 관광객이 인위적이고 목적지 특유의 물품이 아닌 것들은 지역 문화의 공예 전통의 일부가 아니라 오히려 그러한 물품은 특별히 관광객들을 위해 만들어진다는 것을 알고 있는 것이 분명하다고 결론짓는다. 그럼에도 불구하고 관광객들이 집으로 가져가는 기념품은 여전히 일종의 전리품이며, 그리고 그것은 방문한 나라들에 대한 이미지를 반영할 것이 틀림없다. 즉, 그 공예품이 진품인 것이 그 사람의 해외에서의 경험이 진짜라는 것을 보증하는 것이기 때문에, 그것은 틀림없이 진품이거나 전통적이거나 원시적으로 보일 것이다.

어휘

authenticity 진짜임
souvenir 기념품
merchandise 상품, 판매하다
vendor 행상인, 판매 회사
artificial 인공의, 거짓의
trophy 큰상, 전리품
primitive 원시의, 초기의

05 [정답] ④

해석

무용수로서 당신은 노화를 건설적으로 바라볼 수 있다. 당신의 생활연령이 춤추는 데 적합한 신체와 반드시 연관되어 있는 것은 아니다. 많은 사람들이 일생 동안 유연하고 튼튼하게 자신의 신체를 유지한다. Erik Bruhn 역시 이 주제에 대해 긍정적인 시각에서 바라보고 있다. PBS 의 "Dance in America" 프로그램 중에 가진 인터뷰에서 그는 "당신이 나이가 들더라도 고전 발레 작품에서 여전히 젊은 역할들을 담당하여 춤출 수 있습니다." 라고 말했다. 그 역할들에 대한 당신의 이해가 선명해지고, 그 결과 당신의 무용은 그만큼 더 강력한 것이 된다. 당신이 나이를 더 먹었을 때 당신은 의지할 만한 더 훌륭한 지혜와 경험을 갖추게 되고, 이로 인해 당신은 좀 더 기술적으로 모퉁이를 돌고 춤의 악구들을 채워나갈 수 있다. 즉, 당신은 성숙해지며 여전히 기술을 유지하거나 향상시킬 수 있지만, 가장 많은 비중을 차지하는 것은 춤이 무엇인지 이해하고 느낄 수 있는 능력을 개발하는 것이다.

어휘

constructive 건설적인
chronological 발생 순서대로 된, 연대순의
correlate with ~와 연관성이 있다
suitability 적합, 적당
flexible 신축성 있는, 유연한
sharpen 날카롭게 하다, 선명해지다
comprehend 이해하다
rejuvenate 다시 젊어 보이게 하다, 활기를 되찾게 하다
compete 경쟁하다, 겨루다
mature 어른스러워지다, 성숙해지다

06 [정답] ③

해석

당신은 집착, 항상 집착하고 있다. 얼마나 당신이 계속 과거의 기억을 붙잡고 있는지, 이에 대해 심각하게 생각해 보라. 당신은 식당에서 근사한 식사를 했고, 즉시 그것을 당신의 좋아하는 것들의 목록에 넣고, 다시 그것을 찾는다. 당신은 어떤 저자의 책을 좋아하고 그녀의 다른 책들을 구한다. 당신은 직장에서 특정한 전략을 시도해보고 그것이 성공해서 그것을 계속해서 반복한다. 당신이 항상 어떻게 기억을 사용하는지에 대해 생각해보라. 당신은 기억 속에 저장해 온 어떤 사건 즉, 당신이 집착하는 것과 비교함으로써, 어떤 것을 좋은 것 또는 나쁜 것으로 경험한다. 이런 방법이 삶을 단순하게 한다는 것에는 의심의 여지가 없고, 아마도 이것이 당신이 그렇게 하는 이유일 것이다. 하지만 당신 인생의 너무 많은 부분이 기억에 의해 움직여지고 심지어 그렇다는 것을 알지도 못할 때, 당신은 삶을 자연스럽게 경험하는 능력을 잃는다. 그것이 당신 인생에서 무지개 또는 푸른 골짜기를 봤을 때 드는 설렘이 매우 드문 이유이다.

어휘

cling 꼭 붙잡다, 애착을 갖다
strategy 계획
repeat 반복하다
over and over 여러 번 되풀이하여
method 방법
valley 골짜기
thrill 황홀감, 흥분
spontaneously 자발적으로, 자연스럽게

기출과 EBS를 재해석한 **기출예상문제**

01 **[정답]** ①

해석

일부 아이들과 젊은이들은 자신의 인생에서 무엇이 변화될 필요가 있는가에 관해 모를 가능성이 있다. 변화를 가져오기 위해 자신의 삶에 힘과 통제권을 가진다는 개념은 매우 추상적인 것이고, 목표 설정은 학문적 목표를 달성하는 것이나 시험에 통과하는 것을 빼고서는, 우리가 젊은이들에게 하라고 보통 권장하는 것이 아니다. 젊은이들은 자신의 생활환경을 변화시키는 것에 무기력하다고 느낄 수 있는데 그것은 그들이 학교에 가야하고, 부모가 시킨 일을 해야 하고, 살라고 한 곳에서 살아야 하는 등등 자신의 일상적 존재의 많은 부분이 대개 자신의 통제권 바깥에 있기 때문이다. 분명히, 그들 삶의 몇몇 측면은 미리 정해지거나 고정될 것이다. 하지만 아이가 자신이 변화시킬 '수 있는' 것을 인정하고 변하지 않는 상황에 반응하는 방식에 변화를 주는 방법을 탐구하도록 돕는 것은 관점과 삶의 경험에서 변화를 만들어낼 것이다. 무엇보다도, 목표를 설정하고 달성하는 과정은 힘을 북돋아 주며 평생 지속하는 기술과 깨달음을 만들어준다.

어휘

effect (어떤 결과를) 가져오다, 초래하다
abstract 추상적인
aside from ~을 빼고서는, 제외하고
academic 학문적인
circumstance 환경
portion 부분
attend ~에 다니다, 출석하다
and so forth ~ 등등
predetermined 미리 결정된
fixed 고정된
acknowledge 인정하다
permanent 변하지 않는, 영구적인

02 **[정답]** ③

해석

도덕적인 삶의 명령은 부도덕한 사람들조차 내면의 죄책감을 억누르기 위해 자신들의 행동을 자신에게 정당화하려는 그러한 것이다. 상습범들조차도 자신들의 역할을 자신이나 자신이 사랑하는 사람들에게 인정하지 않는다. 자신이 악당이라는 것을 알면서도 자신의 마음속 깊은 곳에서는, '정말로 이것은 내 인생에서 사소한 측면일 뿐이고, 그 외에는 나는 좋은 사람이야.'라고 말한다. 자신이 거짓말하고 있다는 것을 알지만, 그래도 어쩔 수 없이 자신에게 거짓 태도를 보여야 한다고 느낀다. 그래서 이것이 인간의 도덕적인 삶의 수수께끼인데, 어찌된 일인지 악행을 저지르는 사람조차도 고결함을 우월한 가치로 인정한다. 왜 악이 끊임없이 선에 대해 이런 찬사를 보내지 않을 수 없는가? 사람의 내면적 존재의 어딘가에 오랫동안 지속되는 선함의 불꽃이 가두어져 있기 때문이다.

어휘

imperative 명령, 의무
immoral 부도덕한
justify 정당화하다
guilt 죄책감
confirmed criminal 상습범
admit 인정하다
minor 사소한
aspect 측면
otherwise 그 외에는
obliged to 어쩔 수 없이 ~해야 하는
mystery 수수께끼
evildoer 악행을 저지르는 자
integrity 고결함
superior 우월한
constantly 끊임없이, 항상
pay a compliment to ~에게 찬사를 보내다
flame 불꽃
enduring 오랫동안 지속되는

03 **[정답]** ②

해석

진정한 전문가로서, 과학자는 그들의 고객인 대중에게 책임을 느껴야 한다. 이어서, 책임 있는 시민으로서 대중은 자신들에게 정보를 계속 제공하도록 과학자에게 압력을 가해야 하는데, 왜냐하면 이것은 그 직종에 대한 신임을 떨어뜨릴 수 있는 어떤 비윤리적인 관행에 대해서도 중요한 통제의 역할을 하기 때문이다. 두 집단 간의 원활한 소통과 투명성을 고취함으로써, 강직하고 신뢰할 수 있는 학자의 직업으로서의 과학의 진실성과 이미지가 고취될 것이다. 대중에게 잘 알리는 것은 도덕적인 문제일 뿐만 아니라 자기 본위의 문제이기도 하다. 정치인, 사업가, 대중매체가 과학자의 연구에 더 친숙해지면, 과학자들은 프로젝트를 위한 상당한 연구 자금을 받고 그들의 경력상 승진 같은 것을 할 가능성이 더 많다.

어휘

accountable 책임이 있는
inform 정보를 제공하다
unethical 비윤리적인
discredit 신임을 떨어뜨리다
profession 직업
integrity 진실성
upright 강직한
funding 자금

04 **[정답]** ②

해석

20세기 초 이후 식사 패턴의 주된 변화는 고도로 정제되고, 추출되고, 화학적으로 변형되고, 개조된 성분을 함유하고 있는 고가공 식품의 소비가 증가하는 쪽으로 진행되어 왔다. 이러한 가공된 재

료와 식품의 일부가 더 체계적인 방식으로 연구되기 시작한 것은 겨우 지난 십 년간이다. 예를 들어, 1990년대 초반이 되어서야 연구자들은 화학적으로 개조된 '트랜스' 지방에 진지하게 관심을 갖기 시작했다. 최근까지, 칼로리양을 넘어서 고당분 섭취가 신진대사에 끼치는 정확한 결과에 대한 연구 또한 마찬가지로 무시되어 왔다. 특정 고가공식품을 조사하는 연구 역시 거의 없다. 대신, 영양학자들은 주로 고가공식품들을 그것들이 함유하고 있는, 가령 비타민 함량이나 섬유질 부족과 같이 소위 좋은 또는 나쁜 영양소의 상대적 양에 기초하여 평가해 왔다. 하지만 이것은 가공 처리 기술이 원래의 '식품 매트릭스', 즉 식품 성분들의 고유한 조합과 하나의 자연 식품 안에 그 성분들이 모두 결합되어 있는 방식을 또한 상당히 변형시키고 손상시킬 수도 있다는 측면을 간과한다.

어휘
major 주된
consumption 소비
processed food 가공식품
contain 함유하다, 포함하다
refine 정제하다
extract 추출하다
transform 변형하다
reconstitute 개조하다, 재구성하다
ingredient 성분, 재료, 원료
systematic 체계적인
precise 정확한
consequence 결과, 중요성
caloric value 칼로리양
neglect 무시하다, 간과하다
nutrition영양
evaluate 평가하다
relative 상대적인
quantity 양, 분량
substantially 상당히, 충분히
component 성분
whole food 자연 식품(식품 첨가물을 사용하지 않은 자연 그대로의 식품)

05 [정답] ④

해석
실명의 극적인 한 유형은 '맹시'라고 불리는 병리학적 상태에서 발생하는데, 이는 뇌의 시각 피질 손상과 관련이 있다. 이 손상을 입은 환자는 물체에 대한 의식적인 시각 경험이 없을 때조차 정확히 그들 앞에 놓인 물체에 손을 내밀어 잡는 인상적인 행동을 보여준다. 여러분이 그 환자 앞에 망치를 놓고 "당신 앞에 있는 무엇인가가 보입니까?"라고 묻는다면, 그 환자는 "아니요, 안 보입니다."라고 대답할 것이다. 그러나 그 환자에게 망치에 손을 내밀어 잡아 보라고 요청하면 그것이 안 보인다고 방금 말한 그 환자는 성공적으로 이를 해낼 것이다! 이런 기이해 보이는 현상이 일어나는데, 그 이유는 맹시라는 상태가 의식적으로 망치를 볼 수 없을 때조차 시각 행동을 인도할 수 있는, 피질 하부의 망막에서 뇌로 가는 통로를 온전한 상태로 두기 때문이다.

어휘
pathological 병리학의, 병적인
striking 인상적인
grasp 잡다
seemingly 겉보기에
bizarre 기이한
phenomenon 현상
intact 온전한, 손상되지 않은

06 [정답] ②

해석
지상 차량의 자율 주행은 안전 운전을 위해 주변 환경에 대한 매우 정확한 숙지를 필요로 한다. 주변 환경을 이해하는 데 있어 필수 요건은 장애물 및 경로 경계를 확인하는 것이다. 차량이 위치한 환경의 유형에 따라 이러한 과제를 다르게 처리할 필요가 있다. 주로 두 가지 유형의 환경이 있는데, 도시화된 지역과 도시화되지 않은 지역이다. 도시화된 지역은 도시 내 환경과 도시 간 환경으로 구성되어 있고, 그곳에서는 주변 환경이 더 크게 구조화되어 있다. 연석, 교통 표지판, 차선, 혹은 건물이 차량이 순환하는 도로와 길을 따라 식별 가능한 패턴을 만든다. 반면, 일반 도로가 아닌 환경은 참고 요소의 결핍 때문에 더 큰 복잡성을 제공한다.

어휘
autonomous navigation 자율 주행
precise 정확한
surroundings (주변) 환경
requirement 요건, 요구 사항
identify 확인하다, 동일시하다
obstacle 장애(물)
boundary 경계(선)
tackle 처리하다, 다루다
urbanized 도시화된
comprise 포함하다, (부분으로) 이루어지다
structured 구조화된
to a great extent 크게
curb 연석(차도와 인도 사이의 경계가 되는 돌)
distinguishable 식별 가능한
circulate 순환하다
reference 참고, 참조

07 [정답] ④

해석
우리가 가정하기를, 우리의 감각은 현실의 극미하게 작은 부분을 파악한다. 더구나, 우리의 두뇌는 수많은 이런저런 데이터를 이해하기 위해 이용 가능한 감각 정보나 환경 자극을 구조화한다. 다시 말해, 우리는 우리가 인지할 필요가 있다고 생각하는 것을 인지하고 일어나고 있는 것의 나머지는 놓친다. 우리가 정말로 관찰하는 것은 우리의 해석과 판단을 위한 자료가 되고, 그 둘 다는 우리의 감정 상태에 영향을 받는다. 만약 무시하는 것이 자극의 강도 때문에 불가능한 것이 아니라면, 우리는 우리가 원하지 않거나 즐기지 않는 것은 무시한다. 만약 어떤 거지의 애원이 너무나도 마음을 어지럽히고 불안하게 하여 우리가 그를 무시할 수 없다면, 우리는 단지 그로부터 자유롭기 위해서 그에게 약간의 돈을 줄지도 모른다. 그렇지 않고, 만약에 거지를 보지 않는 것이 우리의 욕구를 충족시킨다면, 우리는 마치 우리가 그를 보지 않은 것처럼 그를 무시한다. 후에, 그가 결코 존재하지 않은 것처럼 우리는 그를 쉽게 잊는다.

어휘

grasp 파악하다, 이해하다, 붙잡다
sensory 감각의
interpretation 해석, 이해, 설명
judgment 판단, 심사
pleading 애원, 간청
distracting 마음을 어지럽히는, 정신을 산란하게 하는
disturbing 불안하게 하는, 어지럽히는

08 **[정답] ③**

해석

노인 언어는 몇 가지 구성 요소에 의해 특징지어진다. 어떤 구성 요소가 노인에게 유익하고 어떤 것이 도움이 되지 않을까? Kemper와 Harden은 노인들에게 지도상에서도 따라가게 되는 어떤 경로를 한 화자가 묘사하고 있는 비디오테이프를 시청하게 했다. 노인들은 화자가 문법적 복잡성을 줄이고 의미의 상세화를 사용했을 때(즉, 발화되는 내용을 반복하고 상세히 말했을 때) 설명을 이해하기가 더 쉽다고 말하였다. 더 단순한 문법과 의미의 상세화는 또한 노인들이 지도 위에 같은 경로를 재현해야 했을 때 정확성을 향상하는 데 도움을 주었다. 그에 반해서 화자의 발화 길이를 두 단어 문장과 다섯 단어 문장으로 줄이는 것은 설명에 대한 노인들의 이해를 향상하지 못했을 뿐 아니라, 그들이 지도를 따라갈 때에도 그들의 수행을 향상하지 못했다. 또한, 노인 청취자들은 많은 휴지[멈춤] 또는 과장된 운율로 매우 느리게 말하는 것이 도움이 된다는 것을 발견하지 못했다.

어휘

component 구성 요소
trace 따라가다, 추적하다
grammatical 문법적인
complexity 복잡성
semantic 의미의
elaboration 상세화
expand 말을 덧붙이다[더 상세히 하다]
accuracy 정확성
utterance 발화
comprehension 이해
exaggerated 과장된

09 **[정답] ①**

해석

전통만큼 깊이 다른 사람들과 어울리려는 우리의 욕구를 다루는 것은 없다. 전통은 귀속에 대한 우리의 깊은 정서적 욕구를 충족시키고, 쉽게 흔들리지 않는 결속력을 만들어 낸다. 전통은 시간이 흐르면서 국가, 지역 사회 혹은 가족 내에서 발전해서 한 문화의 토대가 된다. 의식은 영혼과 보내는 혼자만의 시간이지만, 전통은 한 집단을 묶어 주는 접착제이다. 전통에 참여할 때, 우리는 단독으로가 아니라 공동의 목적, 신념 혹은 행사 속에서 다른 사람들과 조화를 이루어 행동한다. 스포츠 행사의 개막식에서 전통적으로 '미국 국가'를 부르는 것은 공동의 자부심으로 군중을 결속시키고, 경기를 위해 그들을 하나로 통합한다. 100년이 넘는 세월 동안 여러 나라 전역에서의 올림픽 대회 성화의 봉송은 종교적 차이와 인종을 무색하게 했고, 공동의 전통인 올림픽 대회를 위해 국가들의 국경을 개방했다. 전통은 공동의 관습이 주는 안도감과 깊이 연관되어, 단지 잠깐이긴 하지만 차이를 초월하여 하나의 국민을 결속하는 그 나름대로의 윤리 규범을 가지고 있다.

어휘

address (문제를) 다루다, 대처하다
fit in with ~와 어울리다
bond 결속(력), 유대; 결속시키다, 묶다
ritual 의식
glue 접착제, 풀
common 공동의, 공통의
cause 목적, 대의
torch 횃불
set aside ~을 무색하게 하다, ~을 제쳐 두다
caught up in ~와 깊이 연관된, ~에 사로잡힌
security 안심, 안전
mutual 공동[공통]의, 상호의
code of ethics 윤리 규범

10 **[정답] ②**

해석

노인 인구 증가의 한 가지 영향은, 증가하는 노령화의 가시성인데, 그것은 일반 대중 사이에, 노인들에 대한, 그리고 노인 개개인들의 다양성과 고유성에 대한 더 많은 인식이 생기게 된 것이다. 노인들이 더 많아지고 눈에 띄게 되면서, 노인들을 불리하게 하는 정형화된 태도와 차별적인 관행들이 도전받을 가능성이 더 높아진다. 예를 들어, 2014년의 잡지 광고들과 1980년의 그것들을 비교해 보면, 노인들이 주연으로 출연하는 광고의 수와 많은 모델들의 평균 연령 두 가지 모두에서 뚜렷한 증가가 있다. 광고 속의 대부분의 사람들이 여전히 젊기는 하지만, 노령화에 대한 우리의 이미지는 사회의 노령화에 대한 높아진 인식과 함께 변화하고 있다. 이 글을 쓰고 있는 시점에 92세의 나이에 TV에 나오는 유명인인 Betty White의 치솟는 인기보다 이런 경향을 더 잘 보여주는 사례는 없을 것이다.

어휘

awareness 인식, 의식, 관심
diversity 다양성, 상이(점)
uniqueness 고유성, 유일함
numerous 많은
stereotypical 정형화된, 진부한

discriminatory 차별적인
marked 뚜렷한
feature ~을 주연으로 출연시키다
personality (연예인 · 스포츠 선수 등의) 유명인, 저명인사

5 제목 찾기

출제경향이 보이는 가천대 기출문제

01 [정답] ①

해석

여기 한 가지 흥미로운 생각이 있다. 만약 빙하들이 다시 형성되기 시작한다면, 그들은 이제 의지할 물이 더 많이 있다 – 마지막 빙하 대륙에 공급하기 위해 존재하지 않았었던 허드슨 만, 오대호, 캐나다의 수십만 개의 호수들 – 그래서 그들은 훨씬 더 빠르게 커질 것이다. 그리고 그들이 다시 진행하기 시작한다면 우리는 정확히 무엇을 해야 할까? 그들을 TNT 폭탄이나 아마도 핵미사일로 폭파시킬 것인가? 글쎄, 의심할 바 없이 우리는 하겠지만, 이것을 고려해야 한다. 1964년 북아메리카에서 기록된 것들 중 가장 큰 지진이 20만 메가톤의 응집된 힘으로 알래스카를 흔들었고, 이는 2000개의 핵폭탄과 맞먹는 힘이었다. 거의 3000마일 떨어진 텍사스에서도 물이 수영장 밖으로 철벅 튀어 나왔다. 앵커리지의 한 거리는 20피트가 내려 앉았다. 그 지진은 2만 4천 제곱마일의 황무지를 완전히 파괴했는데, 그 황무지의 많은 부분이 빙하로 덮여 있었다. 그리고 이 모든 힘이 알래스카의 빙하에 어떤 영향을 미쳤을까? 아무 영향도 주지 못했다.

어휘

glacier 빙하
reform 다시 형성되다
fuel 연료를 보급하다
ice sheet 대륙 빙하, 빙상
blast 폭파하다
TNT 폭약(= trinitrotoluene)
megaton 메가톤, TNT의 백만 톤
might (강력한) 힘
equivalent 동등한 것
devastate 완전히 파괴하다
wilderness 황야, 황무지
glaciate 빙하로 뒤덮다

해설

빙하의 형성이 다시 진행될 시 어떤 힘으로도 빙하에 영향을 줄 수 없음을 다양한 예시를 통해 설명하고 있으므로 빙하의 견고함에 대한 내용이다.

02 [정답] ④

해석

최근 영문학과 모임에서, 무엇보다도 셰익스피어는 여성에 대한 이해가 매우 부족하기 때문에 셰익스피어를 가르치는 것은 이제 더 이상 중요하지 않다고 생각한다고 말한 내 예전 동료가 있었다. 지금 그것은 나에게 더할 나위 없이 하찮은 의견처럼 보이지만, 이것을 진지하게 받아들여 보면, 전체 (고전) 주요 작품 목록에서 어느 누구의 자리도 아주 확고하지는 않다는 것을 정말로 의미한다. 그리고 이것은 좋기도 하고 나쁘기도 하다. 존 던의 위치는 19세기에 전혀 중요하지 않았다. 'The Oxford Book of English Verse'에는 그의 시가 단 한 편밖에 없었다. 그리고 지금은 물론, Herbert Grierson과 T. S. Eliot에 의해 부활되어서 그는 17세기 시에 있어 가장 훌륭한 인물 중 하나이다. 하지만 그가 항상 그러하지는 않았다. 이것은 음악에서도 마찬가지이다. 바흐는 200년 동안 가려져 있다가 멘델스존에 의해 다시 발견되었다. 이것은 우리가 끊임없이 과거를 재평가하고 있다는 것을 의미한다.

어휘

feeble 부족한, 미미한
grasp 이해, 파악
trifling 하찮은, 사소한
consequence 중요함
eclipse 가리다
overlook 간과하다

해설

시대의 흐름에 따라 예술가에 대한 평가가 달라져온 것에 대한 내용이므로 정답은 ④번이다.

03 [정답] ②

해석

현대 시대까지, 직물은 세계에서 가장 중요한 공장 생산품이었다. 종종 은, 금, 비단으로 짜여졌던 직물은 또한 부자와 가난한 자들 모두에게 주된 축적된 부의 형태였다. 대부분의 가정에서는 그들의 재산을 등에 걸쳤고, 창과 벽에 걸었다. 더 중요한 것은 사람들은 그들의 부모로부터 그들의 직물로 된 보물들을 상속받았다. 패션은 비교적 몇 세기 동안 변하지 않은 채로 유지되었으며, 그리고 거의 부자들만이 오직 몇 가지 품목들을 보유했다. 스타일은 시간이 지나도 고정적일 뿐만 아니라 계급에 의해 엄격하게 분리되었다. 사치 금지법으로 인해 강화된 경직된 사회 구조는 단지 누가 무엇을 입을 수 있을 지를 결정했다. 그러나 17세기 중반, 동인도 회사는 단지 수십 년 만에 영국의 산업, 무역, 패션, 사회적 계급을 다 뒤집으면서 오래된 정세를 붕괴시켰다. 이런 상업 혁명에서 그 회사의 도구는 면화였다.

어휘

primary 주된, 주요한
manufactured product 공장 생산품
chief 주된, 최고의
estate 사유지, 재산
not only A but also B A뿐만 아니라 B도
sumptuary law 사치 금지법
commercial 상업의

해설

섬유와 사회 구조에 대해서 다룬 글이며, 다른 보기들의 내용도 들어가지만 모두 지엽적인 내용들이다. 때문에 문장 전체를 이야기하고 있는 정답은 ②번이다.

04 [정답] ③

해석

이스터 섬은 언어, 유물, 주요 사회제도의 측면에서 볼 때 전형적인 폴리네시아 사회였다. 그렇지만, 저술과 인상적인 조각상들과 더불어, 이스터 섬은 그 정도 크기의 폴리네시아 섬들의 전형적인 문화적 발달 수준을 뛰어넘는 것처럼 보인다. 이는 그 섬이 사람이 사는 육지 중 가장 가까운 곳으로부터 3000마일 떨어져 있을 만큼 극도로 고립되어 있다는 점과 연관이 있는 것 같은데, 이러한 고립으로 인해 이스터 섬 주민들은 대부분의 폴리네시아 섬들을 특징짓는 고질적인 전쟁으로부터 자유롭게 되었다. 이와 유사하게 18~19세기 동안의 영국의 성공이 영국 섬의 위치로부터 나왔다고 주장된다. 스스로를 방어할 필요도 없었고 국경을 넓히고자 하는 마음도 들지 않았다. 그 결과, 유럽 대륙의 국가들이 본질적으로 의미 없는 갈등 속에서 힘과 자원을 낭비하는 동안에 그 섬은 강해졌다.

어휘

typical 전형적인
impressive 인상적인
inhabited 거주하는
endemic 고유의, 고질적인
tempt 유도하다
ultimately 궁극적으로, 최종적으로
pointless 무의미한

해설

폴리네시아 사회의 역사, 문화 등 다양한 면면을 담은 글이 지만 그 중심에 있는 것은 폴리네시아 군도의 고립된 위치에 의한 이점이므로 정답은 ③번이다

05 [정답] ②

해석

동물원 업계가 명성을 회복하면서 훌륭한 자산이 장막 밖으로 꺼내어지고 있다. 수 년 동안 과학자들은 박물관에서 죽은 동물의 유해를 연구하고 실험실 동물을 면밀하게 관찰했지만, 자기 지역 동물원에서의 기회를 그냥 간과해버렸다. 여기 동물원에서 그들은 살아 있는 동물을, 태어나고 자라고 배우고 갈등을 해결하고 보금자리를 만들고 짝을 얻고 새끼를 돌보고 늙는 것을 근거리에서 연구할 기회를 가졌다. 동물원 연구를 실제로 이용한 사람들은 동물 행동의 분야에서 전설적인 기초를 닦았다. 예를 들어 바로 동물원 환경에서 늑대의 표정이 처음으로 상세히 연구되었다. 늑대의 겁이 많고 잘 놀라는 속성을 고려하면, 이 미묘한 '언어'는 야생에서라면 거의 해독하기 불가능했을 것이다. 판다도 똑같이 야생에서 연구하기 어려웠다. 혼자 있기 좋아하는 판다의 습성과 멀리 떨어진, 숲으로 뒤덮인 서식지는, 첫 번째 판다 새끼들이 동물원에서 태어나기 전까지는, 연구원들이 번식에 대하여 알지 못하게 하였다.

어휘

reputation 평판, 명성
remains 나머지, 유적, 유해
lab 연구실
groundwork 준비 작업, 기반
skittish 겁이 많고 잘 놀라는
solitary 혼자 있기 좋아하는

해설

박물관이나 실험실에서 동물을 연구하던 동물학자들이 동물원에 있는 동물들의 행태와 습성을 연구하기 시작하면서 동물학이 발전하였다는 내용이므로, '동물학에 대한 동물원의 기여'가 적절한 제목이다. 그래서 정답은 ②번이다

기출과 EBS를 재해석한 **기출예상문제**

01 [정답] ③

해석

통신사 Ciena의 최고 경영자인 Gary Smith는 New York Times와의 인터뷰에서, '소프트 스킬'의 가치를 다음과 같이 강조한다. "관계는 정말 중요해서 여러분은 개인으로서의 경력과 미래의 지도자로서의 경력 모두를 위하여 그것을 올바르게 해야 합니다. 저는 많은 사람들이 기술적인 부분과 하드한 부분에 주의를 기울인다고 생각합니다. 하지만 여러분이 더 소프트한 면에 주의를 기울이지 않는다면 여러분을 매번 짜증나게 하는 것은 바로 그런 면일 것입니다. 그것은 아마도 여러분이 성공할 것인가의 여부에 가장 큰 결정 요인일 것입니다." 우리는 감성 지능, 즉 EQ와 관련해서 '소프트 스킬'이라는 용어를 매우 자주 사용한다. 이러한 기술은 하드 스킬보다 정의하거나 수량화하기가 덜 용이하지만, 흔히 핵심적인 차별화 요인으로 작용하는 사람 다루는 기술과 대인 관계 기술이다.

어휘

emphasize 강조하다
matter 중요하다
get ~ right ~을 올바르게 하다
stuff 부분
get 괴롭히다, 난처하게 하다
determinant 결정 요인
social grace 사람 다루는 기술
interpersonal 대인 관계의
quantify 수량화하다
factor as ~의 요인으로 작용하다
differentiator 차별화 요인[요소]

해설

소프트 스킬의 가치를 강조하는 내용을 인용하며 성공할 것인가 여부의 가장 큰 결정요소로 핵심적 차별화 요인으로 작용하는 기

술로 언급하고 있으므로 정답은 ③ 소프트 스킬 : 성공의 열쇠이다.

02 [정답] ④

해석

향수와 음식이 아닌 근원지에서 풍겨 나오는 냄새의 경우에 사람들은 근원지의 특성에 따라 '자연에 존재하는' 냄새와 '(인위적으로) 합성한' 냄새를 직관적으로 구별할 수 있다고 믿었다. '합성 물질'은 옥스퍼드 영어 사전에 '특히 천연물을 모방하기 위해 화학적 합성으로 만들어진 물질'로 정의되어 있다. 예를 들면, 향수는 일반적으로 합성한 것으로 설명된 반면 가죽은 그것 자체의 자연스러운 냄새가 있다고 여겨졌다. 그러나 자연에 존재하는 냄새와 합성한 기원을 가진 냄새 사이의 구별은 보이는 것만큼 그렇게 간단하지 않다. 예를 들면, 가죽의 냄새는 무두질의 결과로 발생하는데, 그것은 그 자체가 화학 작용에 의존하는 과정이다. 또한 가죽의 합성한 냄새는, 이런 냄새가 몇몇 새 차에 뿌려질 때 그러한 것처럼, 가죽이라고 착각하게 하고 품질 및 새로움과 연관성이 생기게 하기 위해 제품 제조 과정에서 자주 사용된다. 게다가 몇몇 향수 냄새는 자연에 존재하는 산물의 결합 또는 추출에 의해 생산된다. 따라서 자연적인 것과 자연적이지 않은 것, 진짜와 합성의 경계는 냄새에 대한 인식이라는 면에서 매우 모호해지는데, 사람 사이에도 다양한 차이가 있다.

어휘

perfume 향수
odour 냄새
emit 풍겨 나오다, 발산하다
intuitively 직관적으로
differentiate 구별하다
occur (어디에[어디에서]) 존재하다[발견되다]
synthetic (인위적으로) 합성한; 합성 물질
distinction 구분
come about 발생하다
manufacturing process 제조 과정
illusion 착각
association 연관성
chemical synthesis 화학적 합성
combination 조합
extraction 추출
blur 모호하게 만들다
with respect to ~라는 면에서, ~에 대해
perception 인식

해설

자연의 냄새와 합성한 기원을 가진 냄새의 구별이 간단하지 않으며, 자연적인 것과 자연적이지 않은 것, 진짜와 합성의 경계는 냄새의 인식면에서 모호해지며 사람 사이에도 차이가 있다고 하고 있다.

03 [정답] ①

해석

난초벌은 자신들이 가루받이를 해 주는 난초만큼 예쁜데, 아주 밝은 금속성의 청색, 초록색, 자주색이 선명한 색깔로 배열된 형태를 띤다. 이 벌들은 꿀벌처럼 사회적이지 않다. 그 벌들은 분업이 없고 공동체 활동이 거의 없으며 보통 홀로 벌집을 짓는다. 수컷은 태어나자마자 벌집을 떠나 돌아오지 않으며, 꽃의 향을 모으며 일생을 보내는데, 그 향을 뒷다리의 특별한 홈에 저장하고 그 향은 암컷을 유혹하기 위해 방출되기도 한다. 암컷들은 진흙, 수지와 다른 재료들로 벌집을 만들며 다양한 식물로부터 꿀과 꽃가루를 모은다. 200종의 난초벌은 중앙아메리카와 남아메리카 토종벌이며 많은 난초의 수분에 중요한 역할을 한다. 한 종류만 미국에서 발견될 수 있다. 이 벌, 즉 Euglossa vidrissimia는 멕시코 혹은 중앙아메리카로부터 최근에 들어온 것인데, 아마도 우연히 미국으로 들어왔을 것이다.

어휘

pollinate 가루받이[수분]하다
array 배열
brilliant (색이) 아주 밝은, 빛나는
metallic 금속성의
solitary 혼자 하는, 홀로 있는
fragrance 향, 향기
hind 뒤의
release 발산하다
nectar 꿀
pollen 꽃가루

해설

윗글은 난초벌의 모습과 다양한 습성을 설명하고, 난초에 있어 난초벌의 역할과 기원에 대해 다루고 있어 전반적으로 난초벌의 특성에 대해 전달하고 있다.

04 [정답] ④

해석

공적 생활에서 경제학의 우세를 고려해볼 때, 아주 많은 대학생들이 기회가 주어진다면 자신의 교육 일부로 (경제학을) 약간은 공부하기로 선택한다는 사실은 놀랄 일이 아니다. 매년, 미국에서만 대략 오백만 명의 대학생들이 적어도 하나의 경제학 과목은 경험하고 졸업한다. 미국에서 시작된, 그리고 Econ 101로 널리 알려진 표준 입문 과목을 이제 전 세계에서 가르치고 있으며, 중국에서부터 칠레의 학생에 이르기까지 시카고와 매사추세츠주(州)의 케임브리지에서 사용되는 바로 그 똑같은 교과서의 번역본으로 배운다. 이 모든 학생들에게, Econ 101은 그들이 그 뒤에 (대학을) 떠나서 기업가나 의사, 언론인이나 정치 활동가가 되든지 간에 폭넓은 교육의 주요한 일부가 되었다. 심지어 경제학을 절대 공부하지 않는 학생들에게조차도, Econ 101의 언어와 사고방식은 공개 토론에 매우 만연해 있어서 그것은 우리 모두가 경제에 관해 생각하는 방식, 즉 그것이 무엇인지, 어떻게 작용하는지, 그리고 무엇을 위한 것인지에 대한 생각을 형성한다.

어휘

given ~을 고려해볼 때
dominance 우세, 우위, 지배
graduate 졸업하다
under one's belt 경험으로
standard 표준의
originate 시작되다, 생기다
translation 번역(본)
staple 주요한, 주된
broad 폭넓은, 광범위한
head off 떠나다, 출발하다
mindset 사고방식, 태도
pervade 만연하다, 널리 퍼지다

해설

학부생들이 경제학 과목을 약간은 공부하기로 선택하며, 전 세계에서 가르치고 있으며, 졸업 후 진로와 무관하게 폭넓은 교육의 주요한 일부가 된 Econ 101 과목에 대한 설명을 하고 있으므로 정답은 ④번이다.

05 [정답] ③

해석

대화를 하는 사람들이 외부 세계에 대해 의사소통할 때, (손으로) 가리키는 것은 지시 대상에서 사람들의 생각이 (서로) 만나게 하기에 충분하다. 하지만 그들이 자신의 내면세계에 있는 지시 대상을 공유할 필요가 있을 때에는 다른 도구가 필요하다. 어느 면에서 언어는 우리의 내면세계에 있는 장소들을 '가리킴'으로써 공동의 주의 집중에 이르게 하는 도구이다. 이 방법은 가리킴, 다른 형태의 몸짓과 감정 표현으로 달성된다. Susan Goldin-Meadow는 이 런 비유적 주장을 넘어서서, 아이들에게 '가리키는 몸짓은 언어적인 의사소통이 기초하는 기반을 형성하며, 따라서 이후의 언어 학습을 위한 기틀을 마련한다.'라고 쓰고 있다. 예를 들어, 12개월 정도 된 언어를 사용하기 전의 아이들은 때때로 부재하는 대상이 최근에 있었거나 보통 위치하는 장소를 가리켜서 그것을 환유적으로 지칭한다. 예를 들어, 유아는 부재하는 아빠를 가리키는 표현으로 아빠의 의자를 가리킬 수 있다. 이런 유형의 지시는 가리킴을 일시적인 의미를 지닌 초기 단계의 지시사로 이용하는 것으로부터, 가리킴을 더 영구적인 의미로 상징적으로 사용하는 것으로의 이행으로 볼 수 있다.

어휘

external 외부의
pointing 가리키는 것, 지시
sufficient 충분한
referent 지시 대상
inner world 내면세계
point to ~을 가리키다
reference 가리키는 표현, 의미하는 표현
absent 부재한, 없는
transition 이행, 변화
temporary 일시적인
symbolically 상징적으로
permanent 영구적인
in a sense 어느 면에서, 어떤 의미에서
joint 공동의
mechanism 방법, 메커니즘
gesture 몸짓, 제스처
emotive 감정의, 정서의
metaphorical 비유적인, 은유적인
assertion 주장, 단언
platform 기반, 근거
rest on ~에 기초하다
lay the groundwork 기틀을 마련하다

해설

의사소통에서 가리킴의 역할을 설명하며 아이들에게 언어적인 의사소통이 기초하는 기반을 형성하며, 언어 학습을 위한 기틀을 마련한다고 하고있으므로 정답은 ③번이다.

06 [정답] ①

해석

암벽 등반 초급자는 완전한 장비 세트를 즉시 사서는 안 된다. 대부분의 경우, 강사의 지도와 도움을 받으며 처음 등반을 시도할 때, 등반 체육관에서 필요한 등반 장비를 대여받을 수 있다. 보통 이것은 초급자 강좌의 가입비에 포함되어 있다. 약간의 경험이 있으면, 초보 등반가는 자기에게 어떤 장비가 적합하고 필요한지 더 잘 가늠할 수 있다. 강사와 상급 등반가의 조언도, 가끔 그들의 조언이 보통 매우 비싸고 초급자에게 반드시 제일 나은 선택인 것은 아닌 개인적으로 특히 좋아하는 것이나 최신 유행 브랜드를 권하는 경향이 있을지라도, 유용할 수 있다. 구매 가능한[시장에 나온] 제품이 대단히 많기 때문에, 등반 장비는 현재 훨씬 더 저렴하다. 중고 장비를 구매할 때, 그런 장비의 마모를 감정할 수 없을지도 모르는 미숙한 등반가들에게는 특히, 각별한 주의가 필요하다.

어휘

equipment 장비, 용품
instructor 강사
initial fee 가입비
novice 초보자
assess 가늠하다, 평가하다
advanced 상급의
trendy 최신 유행의
affordable 저렴한, (가격이) 알맞은
extra 각별한, 추가의, 여분의
inexperienced 미숙한, 경험이 부족한
evaluate (양 · 가치 · 품질 등을) 감정[평가]하다
wear and tear (일상적인 사용에 의한) 마모, 손상

해설

암벽 등반 초급자는 장비를 즉시 사서는 안 되며 도움이 필요하

고, 중고 장비의 경우 마모도를 감정할 수 없는 미숙한 등반가들은 주의가 필요하다는 내용이므로 정답은 ①번이다

07 [정답] ③

해석

인간 두뇌의 성장은 도구 사용의 증가와 관련이 있었을지도 모른다. 비록 인간이 도구를 사용하는 유일한 동물은 아니지만, 우리 종은 이 기술을 다른 어느 동물보다 훨씬 더 큰 정도로 발전시켰다. 도구 사용의 출현은 입체적으로 보는 눈, 뇌와 팔다리 사이의 전례 없는 공동 작용의 결과였는데, 이것은 우리 인간의 조상들이 여전히 숲에 사는 종이었던 동안 처음 나타났다. 직립 보행 또한 매우 도움이 되었는데, 왜냐하면 (비록 나무 사이에서 이리저리 이동하는 것은 더 어려워졌지만) 훨씬 더 광범위한 목적을 위해 팔과 손을 사용할 수 있게 되었기 때문이었다. 그 결과, 인간은 심지어 걷는 동안에도 자신의 손으로 훨씬 더 많은 과제를 수행하는 법을 배웠다. 반대로 오늘날, 유인원들은 이런 일을 할 수 없으며 그러한 과제를 실행하기 위해서는 가만히 앉아 있어야 한다. 이러한 발전의 결과로, 초기 인간은 다른 더 큰 동물들에 비해서 서서히 더 강력해졌다.

어휘

species 종
upright 직립의
stride 큰 걸음
range 범위
emergence 출현
unprecedented 전례 없는
coordination 공동 작용, 공동 작업
limb 팔다리, 사지(四肢)
dwell 살다, 거주하다
great ape 유인원
execute 실행하다

해설

첫 문장에서 두뇌 성장과 도구 사용 증가 관련을 언급하며 인간이 도구 사용 기술로 많은 발전을 했다는 내용을 전달하므로 도구 사용과 두뇌 성장이 정답이다.

08 [정답] ②

해석

1970년대에, 일부 인류학자들은 구전이 문자 문화의 공연처럼 글자 그대로 되풀이되지 않는다는 것을 받아들이기 시작했다. 이 연구자들은 공연자의 즉흥적인 창의성을 연구하기 시작했고 민속 문화가 살아 있는, 숙련된 전통이었던 방식을 강조하기 시작했다. 이러한 새로운 시각들은 우리가 유럽의 초기 극장을 바라보는 방식을 바꾸어 놓았다. 그것들은 이전에 무시되었던 사실의 중요성을 납득하게 만들었다. 즉, 적어도 중세 시기 말까지는, 많은 유럽 배우들이 문맹으로 남아 있었다는 것이다. 예를 들어, 일부 학자들은 셰익스피어가 대본을 쓰지 않았고, 사실은 배우들에게 그들의 역할을 구두로 가르쳤다고 믿는다. 학자들은 오늘날 우리가 가지고 있는 대본은 셰익스피어 집단에 속한 누군가의 기억으로부터 행해진 실제 공연의 필사본이라고 주장한다.

어휘

anthropologist 인류학자
oral tradition 구전
performance 공연, 수행
literate culture 문자 문화
emphasize 강조하다
folklore 민속 문화
practiced 숙련된, 경험이 있는
perspective 시각, 관점
drive home ~을 납득하게 만들다
neglected 무시된
medieval 중세의
script 대본
transcription 필사본

해설

일부 인류학자들이 구전의 특성을 수용하고 공연자의 즉흥적 창의성 연구를 했으며 이것이 초기 유럽 극장에 대한 관점을 바꿨으며, 셰익스피어도 구두로 배우들에게 가르쳤다는 내용이므로 정답은 ②번이다.

09 [정답] ④

해석

미국의 정착 과정에서 정부는 재산권에서 큰 역할을 수행하지 않았다. 도리어 자신들의 재산에 대한 권리를 주장하는 것은 정착민의 책임이었다. 물은 마을 발달에서 중요한 요소였기 때문에, 최초의 정착지는 대개 수역 근처에 위치했다. 이것은 강이 많은 습한 동부와 해안을 따라 있는 주의 모양이 곡선인 것을 설명한다. 이 정착 유형과 관련된 재산권 제도는 강기슭 토지 소유권이라고 불리는데, 이는 수역에 인접한 토지의 소유주에게 그 물을 사용할 권리를 부여한다. 이러한 할당 방법은 물 근처에 땅을 소유한 사람들이 쉽게 접근할 수 있었으므로 타당했다.

어휘

settlement 정착 (과정), 정착지
property rights 재산권
claim (권리를) 주장하다
account for ~을 설명하다
regime 제도
owner 소유주, 주인
adjacent 인접한

해설

미국의 정착 과정에서 최초의 정착지는 대개 수역 근처에 위치했고 이에 따라 수역에 인접한 토지의 소유주가 그 물을 사용할 권리를 부여받았다는 내용의 글이다.

10 [정답] ③

해석

제1차 세계 대전에서 이동식 야전 병원에서 복무한 후, Robert Hutchins는 집으로 돌아와 예일 대학교에서 학사 및 법학 학위를 땄다. 1929년, 학계를 뒤흔들었던 뉴스 속에서, 그는 고작 30세의 나이에 시카고 대학의 총장으로 임명되었다. 그는 1951년까지 그 대학을 이끌었고, (대학 대항 미식축구 경기 폐지와 학업 진척도를 측정하기 위해 수업 시간 (평가) 대신 종합 시험을 이용하는 것과 같은) 그의 개혁 중 많은 것에 있어 논란을 불러일으켰다. 매카시 시대에 그는 충성 맹세에 반대하고 학문의 자유를 강력하게 옹호함으로써 많은 보수주의자들의 분노를 불러일으켰다. 1951년 그의 퇴임 직후 열린 기자 회견에서 우파 기자 한 명이 누가 봐도 거만하게 "귀 대학에서 여전히 공산주의를 가르치고 있습니까?"라고 물었다. 유도 질문에 익숙했던 Hutchins는 속아서 오해받을지도 모르는 대답으로 끌려가려 하지 않았다. 그는 침착하게 대답했다. "그렇습니다, 그리고 암도 의과 대학에서 가르칩니다."

어휘

ambulance service 이동식 야전 병원
bachelor's degree 학사 학위
rock 뒤흔들다
head up ~을 이끌다
arouse 불러일으키다, 자극하다
controversy 논란, 논쟁
reform 개혁; 개혁하다
abandon 폐지하다, 그만하다
intercollegiate 대학 대항의, 대학 간의
comprehensive 종합적인
measure 측정하다
conservative 보수주의자; 보수적인
oppose 반대하다
loyalty oath 충성 맹세
vigorously 강력하게
defend 옹호하다, 방어하다
disdain 거만[오만]한 태도; 경멸하다, 멸시하다
loaded 유도적인, 숨은 뜻이 있는
be suckered into 속아서 ~으로 끌려가다

해설

Robert Hutchins가 학문의 자유를 강력하게 옹호했고 그래서 많은 보수주의자들의 분노를 일으켰다고 했고, 그가 유도 질문에 넘어갈 만한 사람도 아니라는 면을 보여주고 있다.

6 문장 삽입

출제경향이 보이는 가천대 기출문제

01 [정답] ④

해석

Nancy W. Brickhouse 교수는 세 명의 과학교사들과 인터뷰를 진행했다. 첫번째 교사는 이론을 엄격한 실험을 통해서 밝혀진 진실이라고 생각했고, 당연히, 이러한 교실 안에서의 지도의 의도는 학생들이 그 "진실"을 배우는 것이었다. 학생들의 과학활동 수행능력은 과정이 아니라 활동의 결과에 의해서만 평가되었다. 두 번째 교사는, 반면에, 이론을 문제를 해결하기 위한 도구들이라고 생각했고, 따라서 학생들은 관찰한 것을 설명하고 문제를 해결하기 위해서 이론들을 활용했다. 세 번째 교사는 과학을 지식이 축적된 것이라고 보았고, 이는 원자 이론의 발달과 관련한 교실 수업에서 명백히 반영된 입장이었다. (예를 들어서, 원자구조에 대한 역대 개념에서의 각각의 변화는 이전의 개념들 위에 지어진 건축물로서 제시되었고, 각 과학자들의 공헌은 이전의 원자모델에 단순히 늘어난 세부사항으로 학생들에게 전달되었다.) 요약하면, Brickhouse는 교사의 과학적 철학이 실험실 수업, 설명이 사용되는 방식, 그리고 수업 목표에 영향을 미친다고 결론 지었다.

어휘

conception 개념
contribution 공헌
convey 전달하다
rigid 엄격한
intent 의도
evaluate 평가하다
accumulation 축적
reflect 반영하다
philosophy 철학
demonstration 예시, 시범을 보임

해설

주어진 문장은 원자구조에 대한 개념의 변화가 이전의 개념 위에 지어진 건축물과 같다고 말하고 있다. 이는 ④ 앞에 있는 문장에서 언급하고 있는 "지식의 축적"에 대한 구체적 예시이다. 따라서 주어진 문장은 ④ 바로 뒤에 와야 한다

02 [정답] ④

해석

사람들이 진정한 역경, 즉, 질병, 실업, 또는 노화에 의한 장애 등에 직면할때, 애완동물로부터 느끼는 애정은 새로운 의미를 담게 된다. 고난을 견디고 있는 그들에게 애완동물의 지속적인 애정은 매우 중요해지는데, 그 애정이 그들의 핵심적인 본질이 손상되지 않았다고 안심시켜주기 때문이다. 그러므로 애완동물은 우울증 또는 만성질환자의 치료에 중요하다. 게다가, 애완동물은 보호시설에 보내진 노인들에게 큰 이점을 제공한다. 그러한 시설에서 모든 환자들이 악화되고 있을 때 직원들이 낙관적인 마음을 유지하는 것은 어렵다. 방문하는 자녀들은 한때 그들의 부모나 조부모가

어땠는지 기억하고 그들의 무기력함에 우울해질 수밖에 없다. 그렇지만, 동물들은 정신적 능력에 대해 전혀 기대하지 않는다. 그들은 젊음을 숭배하지 않는다. 동물들은 노인들이 한때 어땠는지 기억하지 못하고 그들이 마치 애들인 것처럼 그들을 맞이한다. 강아지를 키우는 노인은 완벽하게 어린 시절을 다시 회상할 수 있다. 그의 기쁨과 동물들의 반응은 같은 것이다.

어휘
face 얼굴, 표정, 겉면, 직면하다, 마주보다
reassures 안심시키다
chronically 만성적으로
aged 고령의, 노인들
institutionalize 제도화하다, 보호 시설로 보내다
optimism 낙관론, 낙관주의
cannot help but V ~하지 않을 수 없다
as if 마치 ~인 것처럼
accuracy 정확도

해설
주어진 문장에서 동물들이 정신적 능력에 대해 기대하지 않는다고 하고 있는데, 이는 (조)부모의 과거와 능력에 비추어 그들의 현재와 무기력함을 슬퍼하는 자녀들과 상반되고, 전체 흐름상 ④ 뒤의 'they'가 '동물들' 이라는 것을 알 수 있다. 따라서 정답은 ④번이다.

03 [정답] ②

해석
복잡한 학문적인 글을 쓰는데는 특별한 재능이 필요하지 않다. 당신이 해야 할 것은 오직 길고 어려운 말을 주제에 많이 던지고 과도하게 복잡한 문장을 만들고, 페이지 전체에 정보를 쏟아내고 그 주제에 고유한 전문용어를 사용하는 것뿐이다. 누구나 이런 것을 할 수 있다. 교과서와 학술지는 종종 이러한 글들로 가득 차 있다. 하지만 이것은 효과적인(유능한) 학술 저자의 표시가 아니다. 효과적인 학술 저자는, 효과적인 선생님과 마찬가지로, 복잡한 것을 간단해 보이도록 만든다. 언제나 당신의 학술적 글쓰기에서 항상 명확성과 단순성을 추구해라. 글쓰기의 목적은 당신이 얼마나 똑똑하고, 또는 얼마나 많은 깊고 어려운 말을 사용할 수 있는가를 보여 주는 것이 아니라, 오히려 가능한 가장 효율적이고 효과적인 방법으로 당신의 생각을 알리고 의미를 전달하는 것이다.

어휘
overly 너무, 몹시
dump 버리다, 의기소침
jargon 은어, 전문용어
clarity 명료성
simplicity 간단함
transmit 전송하다, 전달하다

해설
복잡한 학문적 글쓰기 방식을 여러 가지 예를 들어 설명한 후에 이런 유형의 글쓰기가 효과적인 것이 아님을 역설하는 내용이므로 글의 흐름이 바뀌는 정답은 ②번이다.

04 [정답] ④

해석
이상하게도, 우리가 말을 하는 능력에 있다고 여기는 가치에도 불구하고, 언어는 우리의 나머지 다른 지각을 둔하게 하는 영향을 미칠 수 있다. 인간은 극도로 구체적인 정보를 전달할 수 있는 의사소통 시스템을 발전하고 개선해 왔다. 결과적으로 우리는 주변으로부터 정보를 모으는 데 있어서, 다른 감각들에게 덜 의존하게 되었다는 것이 가능하다. 만약 내가 불안함을 말로써 표현할 수 있다면, 당신은 이러한 감정을 수반할 수도 있는 나의 몸짓, 냄새, 또는 다른 육체적, 심리적 신호에 집중할 필요가 있을까? 만약 내가 싱싱한 딸기를 주방 테이블에 올려 놓았다고 말을 했다면, 왜 당신이 후각으로 그 존재를 찾아야 하는가? 말하는 능력이 없어서, 다른 동물들은 감각 신호나 다른 이의 감정 상태를 찾기 위해 그들의 감각에 의존해야 한다. 이것이 우리가 다른 동물들에 비하여 덜 지각적인지에 대한 중요한 이유이다.

어휘
curiously 기묘하게, 이상하게, 신기한 듯
for all ~에도 불구하고
specific 구체적인, 명확한
verbalize 말로 표현하다

해설
④번 뒤의 중요한 이유가 지칭하는 것은 바로 앞 문장에 들어갈 내용으로, 즉 언어 능력이 없는 동물이 언어가 아닌 다른 감각에 의존해야 함을 뜻하며, 그러므로 이런 능력을 가진 동물에 비해 인간은 언어가 아닌 다른 지각력은 동물보다 떨어진다는 내용으로 정답은 ④번이다.

기출과 EBS를 재해석한 기출예상문제

01 [정답] ③

해석
(지형이) 광대하고 다채로우며 오래됐기도 하고 새롭기도 한 멕시코와 중앙아메리카는 나비를 보고 즐기기에 지상에서 최고의 장소들 중 일부이다. 멕시코에서는 대단한 다양성과 놀랄 만한 풍부함이 능가하기 어려울 만큼 잘 결합되어 있다. 멕시코와 중앙아메리카에서 발견되는 2,400가지가 넘는 나비 종(멕시코에만 약 1,750종)은 세계 전체 종의 10%가 넘는 것에 해당한다. 이 아름다운 생물들 중 많은 것들은 그 밖의 다른 곳에서는 발견될 수 없다. 여러분의 즐거움에 못지않게 중요한 것인데, 멕시코에서는 아마 다른 어느 곳보다 더 한결같이 나비들이 더 대단하게 집중되어 있다. 멕시코 북부에서는, 절정의 나비 철 동안에, 따뜻한 늦여름 하늘이 나비로 가득하기 때문에 오솔길을 내려다볼 때 시계(視界)가 매우 제한되는 시기가 있다! Chiapas에서, 내가 Lacandonan 우림에 깊숙이 자리한 고대 마야 유적으로 가는 오솔길을 걸어 내려갈 때, 많은 수의 Many-banded Daggerwing과 Pale Daggerwing과 Ruddy Daggerwing 나비들, 그리고 Orion Cecropian과 같은 네발나빗 과의 다른 커다란 나비들이 내 얼굴과 두 팔을 포함하여 나의 온몸에 앉으면서, 나비들은 다른 나비들에 대한 나의 조사를 실제로 방해했다.

어휘

vast 광대한, 어마어마한
varied 다채로운, 변화한
hard-to-beat 능가하기[이기기] 어려운, 아주 좋은
combination 결합
abundance 풍부
represent 해당하다, 나타내다, 대표하다
creature 생물, 동물, 창조물
consistently 한결같이, 지속적으로, 일관되게
concentration 집중, 농도
peak 절정기의, 한창인; 최고조, 봉우리
visibility 시계(視界), 가시성, 눈에 잘 보임
trail 오솔길, 자취
ruin 유적, 폐허, 붕괴
rain forest 우림(雨林)
scores of 많은 수의, 수십의

해설

주어진 문장의 이 아름다운 생명체들은 바로 앞의 2400가지가 넘는 나비 종을 지칭하며, 그 밖의 다른 곳이라 함은 멕시코와 중앙아메리카 외에 다른 곳을 의미하므로 정답은 ③번이다.

02 [정답] ④

해석

인간의 지능은 고유의 상당한 강점을 지니고 있다. 이용할 수 있는 에너지와 물리적인 공간에 의해 제약을 받는, 비교적 작은 뇌를 지녔다는 근본적인 인간의 한계는 많은 진화적 '지략'을 낳았다. 인간의 지능은 유용한 것이 겨우 한두 개만 있을 수 있는 수십억의 잠재적 상황을 처리하려고 시도하면서 뇌가 과열 상태로 작동하는 것을 방지하는 매우 효과적인 가지치기(불필요한 것을 잘라내기) 기법을 이용한다. 이런 무지막지한 계산적 접근으로 인한 손실은 생물학적 존재들에게 전혀 적합하지 않다. 그런데 분명한 것은 거의 무한한 수학적 능력을 이용할 수 있는 것과 넉넉한 계산 속도가 우리의 생물학적인 뇌가 아직까지 하지 못한 발견을 정말로 가져온다는 것이다. 물리적 제약이 있어서 에너지를 아껴 쓰고 우리의 뇌를 최대한 이용해야 한다는 생물학적 명령으로 인해 우리는 어느 정도 '불시에 공격을 당한다.' 이런 면에서 엄청난 양의 에너지와 공간을 최대한 활용할 수 있는 기계의 사고는 근본적으로 다르다.

어휘

considerable 상당한, 많은
strength 강점, 장점
fundamental 근본적인
relatively 비교적, 상대적으로
constrain 제약하다, 제한하다
effective 효과적인
overdrive 과열 상태
potential 잠재적인
expense 손실, 비용
brute 무지막지한, 야만적인
computational 계산의, 계산을 요구하는
be suited to ~에 적합하다
availability 이용할 수 있음
infinite 무한한
abundant 넉넉한, 풍족한
imperative 명령, 필요
conserve 아껴 쓰다, 아끼다

해설

인간 지능의 계산적 접근과 계산 속도에 관련된 내용을 일목요연하게 전달한 후 물리적 제약점으로 인한 인간과 기계의 차이를 설명하는 내용으로 이러지므로 흐름이 바뀌는 ④번이 정답이다.

03 [정답] ③

해석

피라루쿠는 길이가 10피트에 이르고 무게는 400파운드가 넘는 세계에서 가장 큰 민물고기 중 하나이다. 그것은 진정한 강의 괴물이다! 그것의 크기 때문에 arapaima, 즉 '드래곤 피시'라고 불린다. 모든 물고기는 물속에서 숨 쉴 수 있다. 그렇지 않은가? 이 물고기는 아니다. 물속에서 산소를 얻기 위해 아가미를 사용하는 대부분의 물고기와 달리, 피라루쿠는 공기를 들이마시기 위해 10분 정도마다 수면으로 올라와야 한다. 이는 이용 가능한 산소가 거의 없는 아마존강의 탁한 호수에서 그것이 생존하는 것을 돕는다. 피라루쿠는 토착 어민이 가장 좋아하는 음식 중 하나이다. 그 물고기의 모든 부위를 먹는다. 심지어 피라루쿠의 거친 비늘조차 귀중하게 여겨지며, 사포처럼 줄로 사용된다. 그러나 피라루쿠는 멸종 위기에 처해 있다. 이 멋진 거대한 물고기가 장래에 오랫동안 반드시 존재하게 하기 위해 오직 특정 토착민만이 매년 제한된 수의 피라루쿠를 잡는 것이 허락된다.

어휘

freshwater 민물의
survive 생존하다
available 이용 가능한
scale 비늘
sandpaper 사포
endangered 멸종 위기에 처한
gorgeous 멋진

해설

주어진 문장의 this가 지칭하는 것은 공기를 들이마시기 위해 매 10분 정도마다 수면으로 올라와야 하는 것을 지칭하므로 정답은 ③번이다.

04 [정답] ④

해석

역설적이게도, 여러분의 기억력을 신장시키기 위한 가장 강력한 기법들 중 일부는 또한 가장 오래되기도 했다. '기억술'(묵음 'M'이 들어 있다)이라는 포괄적 용어 속에 이 기법들은 우리의 두뇌가 시각적 이미지와 공간적 장소 둘 다를 매우 잘 다루도록 진화했다

는 사실을 활용하는 것을 포함한다. 사실을 정신적 이미지로 바꾸고 그것들을 장소의 경로를 따라 상상함으로써, 여러분은 이 타고난 기억 능력을 여러분이 좋아하는 거의 모든 것을 다 기억하기 위해 사용할 수 있다. 그 이미지가 더 사실일 것 같지 않고 더 감정적으로 북받칠수록 더 좋은데, 우리의 두뇌가 그런 특징들에 특별한 관심을 기울이도록 진화했기 때문이다. 여러분의 기억력을 신장시킬 수 있는 상상력의 또 다른 부분은 여러분의 음악적 감각이다. 리듬과 운율은 강력한 기억력 증폭기이다. 이것은 왜 여러분이 원소의 주기율표를 기억하는 것은 어렵다고 여길지도 모르지만, 여러분의 기억 저장소가 오래된 광고 시엠송으로 넘쳐흐르는지를 설명해준다!

어휘

ironically 역설적이게도, 반어적으로
technique 기법, 기술
boost 신장시키다, 북돋우다
umbrella term 포괄적 용어
tap into ~을 활용[이용]하다, ~에 다가가다
spatial 공간적인, 공간의
harness 이용하다, 활용하다
improbable 사실[있을 것] 같지 않은
emotionally charged 감정이 북받친
potent 강력한, 강한
booster 증폭기, (사기 · 자신감 등을) 높이는 것
periodic table 주기율표
overflow 넘쳐흐르다, 넘치다

해설

기억력을 신장시키기 위한 기법을 설명하고 있으며 사실을 정신적 이미지로 바꾸고 그것들을 장소의 경로를 따라 상상하는 기법을 설명하고 있으며, 이외에 음악적 감각을 설명하는 내용이 등장하고 리듬과 운율로 연결되어야 글의 응집성이 완성되므로 ④번이 자연스럽다.

05 **[정답] ③**

해석

태양 에너지와 풍력은 석탄, 석유, 그리고 천연가스를 원료로 하는 화석 연료 기반의 에너지 발전의 대안으로 여겨지는데, 이들(석탄, 석유, 그리고 천연가스)은 21세기 초반에 전 세계의 에너지 생산을 주도하고 있다. 두 에너지는 모두 화석 연료 기반의 에너지 발전의 가장 널리 퍼진 부정적인 결과로 간주되는 것, 즉 대기 오염을 해결한다. 이것은 화학 물질, 입자상 물질, 유기 화합물, 독성 물질, 기후 변화를 일으키는 배기가스로 인한 대기 오염을 포함한다. 태양 에너지와 풍력은 재생 가능한 에너지 생산 원천이어서 감소하는 공급량의 부정적인 결과를 겪지 않기 때문에 또한 인기가 있다. 그것들은 또한 자국의 에너지 생산 원천이어서 적대국일 수 있는 곳으로부터의 수입에 의존하지 않는다. 마지막으로 태양 에너지와 풍력은 골고루 퍼뜨릴 수 있는 기술력을 가지는데, 이는 그것들이 때로 분산형 에너지 발전 원천이라고 불리는 것이라는 의미이다. 그것들은 개인 주택과 소규모 지역에 배치될 수 있어서, 대규모 정전, 테러 공격, 또는 여타의 중앙 집중식 취약성의 영향을 받기 쉬울 수 있는 대규모 단일 발전소에 의존하지 않는다.

어휘

solar power 태양 에너지
wind power 풍력
alternative 대안
fossil-fuel-based 화석 연료 기반의
predominate 주도하다, 지배권을 가지다
prevalent 흔한, 널리 퍼진, 우세한
consequence 결과
organic compound 유기 화합물
toxic 독(성)의, 유독한
emission (차 엔진 따위의) 배기(가스)
renewable 재생 가능한
diminish 감소하다
supply 공급량, 비축량
domestic 자국의, 국내의
hostile 적대적인, 적군의
distribute (골고루) 퍼뜨리다, 분배하다
refer to ~ as ... ~을 ...이라고 부르다
subject to ~의 영향을 받는[받기 쉬운]
blackout 정전

해설

제시문의 They는 태양 에너지와 풍력을 지칭한다. 글의 도입부로부터 이 둘에 대한 긍정적 기술을 하며 ②번 문장의 태양 에너지와 풍력이 또한 인기 있는 이유를 설명하고, ③번 문장이 이어지고 그 이후 finally~ 이하의 내용으로 마무리하는 구조이다.

06 **[정답] ②**

해석

예술 공연의 성패 여부를 알기 위해서는 어떤 공연 상황에서든지 성공이나 실패로 간주되는 것을 알아야 한다. 음악 비평가들은 피아니스트의 악음, 악구를 구분하여 연주하기, 박자, 정확성, 그리고 멜로디를 유지하거나 최고조에 이르게 하는 능력을 고려할 것이다. 속도와 (음색의) 맑음은 중요한 고려 사항일 수 있는데, 이는 가장 빠른 연주가 최고일 것이라는 말은 아니다. 그러나 이런 고려 사항의 이면에는 무언의 가정이 들어 있는데, 그것은 그 음을 만들어 내는 것이 바로 한 사람의, '도움을 받지 않는 열 개의 손가락'이라는 것이다. 거장 피아니스트가 찬란하게 쏟아 내는 음들로 만들어 내는 흥분은 본질적으로 이 사실과 관계가 있다. 전자 장치를 이용하여 소리가 합성된 동일한 청각 경험은 결코 우리를 (그와) 똑같이 감탄시킬 수 없는데, 피아니스트는 여러분이 원하는 만큼 빨리 개개의 음을 낼 수 없지만, 전자 음향 합성 장치는 그렇게 할 수는 있다. 연주가 인간의 성취임을 보여주는 것에 대한 찬탄은 거장의 연주를 듣는 전율을 형성한다. 예술에서의 위조와 여러 다른 형태의 속임수는 공연의 본질을 잘못 전하고 그런 이유로 성취를 잘못 전한다.

어휘

count as ~으로 간주되다
critic 비평가
tone 악음, 고른음(진동이 규칙적이고 일정한 높이가 있는 음)
phrase 악구를 구분하여 연주하다[부르다]
sustain 유지하다
line 멜로디, (일련의) 음
brilliance (음색의) 맑음
unstated 무언의, 진술되지 않은
assumption 가정
glittering 찬란한, 빛나는
shower 쏟아져 옴, 많음
note (악기의) 음, 음표
intrinsically 본질적으로
aurally 청각적으로
identical 동일한
synthesize 합성하다
dazzle 감탄시키다
build ~ into ... ~을 ...으로 만들다
admiration 찬탄, 감탄
represent 보여주다, 제시하다
fakery 속임수
misrepresent 잘못 전하다[표현하다]

해설

~ intrinsically connected with this fact에서 이러한 사실은 주어진 문장의 무언의 가정 즉, 그 음을 만들어 내는 것이 바로 한 사람의, '도움을 받지 않는 열개의 손가락'이라는 것이라는 내용을 지칭하고 있으므로 정답은 ②번이다.

07 [정답] ②

해석

현재 의미의 '과학자'라는 단어는 현대에 이르러서야 언어의 일부분이 되었다. 고대와 중세 시대 때는 철학이 가장 중요한 것이었고, 철학자가 인간의 지혜의 관리인이었다. 그는 도덕률, 종교, 통치체제, 자연사, 연금술, 수학, 치료, 그리고 모든 지식에 대해 알고 있었다. 정말이지, 부단히 노력하는 학자는 한때 학문적 지식의 전체[총체]에 숙달할 수 있었다. 이것은 오늘날의 세계와는 현저한 대조를 이루는데, 오늘날의 세계에서는 한 사람이 한 가지 유형의 미생물이나 세균에 전 생애를 바치고 여전히 자신의 (학문) 주제를 온전히 한 세대가 심오한 연구를 할 만큼 충분히 광대하고 복잡하다고 생각할 수 있다. 고대인들은, 자신의 지식의 추구에서 신경을 써야 할 세부 사항을 거의 가지지 않았기에, 폭넓고 포괄적인 측면에서 사고할 수 있었다.

어휘

medieval 중세의
philosophy 철학
caretaker 관리인, 돌보는 사람
moral law 도덕률
mathematics 수학
diligent 부단히 노력하는, 부지런한, 근면한
striking 현저한, 눈에 띄는, 두드러진
germ 미생물, 세균
bacteria 세균, 박테리아
encompassing 포괄적인, 총괄하는

해설

제시문의 the diligent scholar는 고대와 중세의 철학자를 지칭한다. ①번 문장부터 제시문까지 고대와 중세의 박학다식한 철학자의 특성에 대해 기술하고 있으며, ③번 문장의 this는 제시문의 내용을 가리키고 있다.

08 [정답] ④

해석

심리학자들은 '블랙박스'에 대해 많은 이야기를 해 왔다. 그것은 여러분이 속을 볼 수 없거나 속을 들여다보기가 무서울 정도로 복잡해 보이는 유기체의 어느 내부 부분이든 그것에 대한 비유적 표현이다. 혹은 무엇이 그것을 살아 있게 하는지 알아보기 위해 잘라서 열 때마다 생명이 끊어지는 (유기체의 그 어느 내부 부분이든 그것에 대한 비유적 표현이다). 몇몇 심리학자들, 아마도 주로 감각 심리학자들과 생리 심리학자들은 궁극적으로 근육을 수축하게 하여 외부 세계에 따라 행동하는 내부의 사건을 책임지고 있을 수도 있는 인체의 아주 작은 부분들을 조사하고 싶어 했다. 다른 심리학자들은 그 전략을 경멸적으로 '환원주의'라고 불렀고 행동은 작은 구성 요소들을 봄으로써 이해될 수는 없다고 주장했다. 그들은 우리가 오직 전체 행동을 관찰함으로써만 행동을 이해할 수 있다고 말했다. 우리는 블랙박스를 닫힌 채로 두어야 할 뿐만 아니라, 그 안에서 무슨 일이 일어나고 있는지 추측조차 해서도 안 된다고 말한다.

어휘

metaphor 비유, 은유
organism 유기체
forbiddingly 무서울 정도로
physiological 생리적인
contract 수축하다
component 구성 요소
speculate 추측하다

해설

주어진 문장의 그들은 3번 이하에 등장하는 다른 심리학자들을 말하며, 이들은 행동은 그것의 작은 구성 요소들을 봄으로써 이해될 수 없고 전체 행동을 관찰함으로써만 이해될 수 있다고 말하고 있으므로 정답은 ④번이다.

09 [정답] ③

해석

동기에 대한 인지적인 관점은, 개인은 세상을 이해하고, 자신의 삶을 통제하며, 스스로 방향을 결정하려는 동기가 있다고 말한다. 인지 이론가들은 개인들이 문제에 대한 해결책을 찾으려고 노력하는 '인지적 비평형'을 경험할 때 동기가 생긴다고 강조한다. 인지적 비평형은 학생들이 특정한 주제에 관해서 더 많은 것을 알 필요가 있다는 것을 깨달을 때 발생한다. 예를 들어서, 수업 리포트를 준비하기 위해서 컴퓨터를 사용할 때, 학생들은 여러 칸의 정보를 포함하는 표를 준비해야 할지도 모른다. 인지적 비평형은 그 학생들이 이런 표를 준비하는 방법을 알지 못한다는 것을 깨달을 때 생긴다. 그 학생들은 그 문제에 대한 해결책을 찾으려는, 즉 그런 표를 구성하는 방법을 배우려는 동기가 생긴다. 사람들은 호기심, 탐험하려는 욕구, 또는 단순히 재미있는 무언가를 시도하려는 충동에 의해서도 동기가 생긴다.

어휘

column (컴퓨터에서 표를 구성하는) 칸, 열
cognitive 인지의
self-directed 스스로 방향을 결정하는, 자발적인
theorist 이론가
compose 구성하다
urge 욕구
impulse 충동

해설

인지적 비평형을 경험할 때 동기가 생긴다고 강조하며 이는 학생들이 특정한 주제에 관해서 더 많은 것을 알 필요가 있다는 것을 깨달을 때 발생한다는 내용으로 주어진 문장은 학생을 예시로 드는 도입부이므로 정답은 ③번이다.

10 **[정답] ④**

해석

세포가 분열하는 횟수는 무엇이 통제하는가? 그 대답은 (신발끈 양 끝에 있는 보호용 말단부와 약간 비슷한) 우리 염색체의 양 끝에 있는 보호용 말단부인 말단소체에 있을 수도 있다. 이 말단부는 세포가 분열할 때마다 점차 짧아진다. 마침내 말단소체가 거의 사라지면 세포가 분열하는 것을 멈추어, 세포가 노화되고 쇠약해지게 한다. 여러분은 이것이 신체가 세포 복제를 제한함으로써 수명을 통제하는 체내 시계를 가지고 있음을 의미한다고 생각하고 싶어 할지도 모른다. 그러나 과학자들은 이 과정을 시계가 아니라, 오히려 생애 초기의 종양 증식을 막기 위해 진화를 통해 발전되었을 수도 있는 기제로 간주한다. 이 기제는 인간의 기대 수명이 짧았을 때는 유익했을 것이나, 기대 수명이 길어져서 그것의 대가가 커졌는데, 그 이유는 보충될 수 없는 세포는 시간이 흐르면서 노화되고 결함이 생기게 될 것이기 때문이다.

어휘

divide 분열하다, 나누다
tip 말단부
shoestring 신발 끈
deteriorate 쇠약해지다, 악화하다
be inclined to do ~하고 싶어 하다
built-in 체내의, 내재한
reproduction 복제, 번식
mechanism 기제
life expectancy 기대 수명
costly 대가가 큰
replenish 보충하다
defective 결함이 있는

해설

주어진 문장의 this는 말단소체가 거의 사라지면 세포가 분열하는 것을 멈추어, 세포가 노화되고 쇠약해지게 한다는 내용을 지칭하고 있으므로 정답은 ④번이다.

MEMO

MEMO

제대로 된 가천대 적성고사 예상문제집

2019. 9. 19. 초 판 1쇄 인쇄
2019. 9. 27. 초 판 1쇄 발행

지은이 | 현민적성
펴낸이 | 이종춘
펴낸곳 | BM (주)도서출판 **성안당**
주소 | 04032 서울시 마포구 양화로 127 첨단빌딩 3층(출판기획 R&D 센터)
10881 경기도 파주시 문발로 112 출판문화정보산업단지(제작 및 물류)
전화 | 02) 3142-0036
031) 950-6300
팩스 | 031) 955-0510
등록 | 1973. 2. 1. 제406-2005-000046호
출판사 홈페이지 | **www.cyber.co.kr**
ISBN | 978-89-315-8842-2 (53370)
정가 | 22,000원

이 책을 만든 사람들
기획 | 최옥현
진행 | 오영미
교정 | 김은주, 오영미, 이진영, 한여진
본문 · 표지 디자인 | 앤미디어
홍보 | 김계향
국제부 | 이선민, 조혜란, 김혜숙
마케팅 | 구본철, 차정욱, 나진호, 이동후, 강호묵
제작 | 김유석

www.cyber.co.kr
성안당 Web 사이트

■ 도서 A/S 안내

성안당에서 발행하는 모든 도서는 저자와 출판사, 그리고 독자가 함께 만들어 나갑니다.
좋은 책을 펴내기 위해 많은 노력을 기울이고 있습니다. 혹시라도 내용상의 오류나 오탈자 등이 발견되면 "좋은 책은 나라의 보배"로서 우리 모두가 함께 만들어 간다는 마음으로 연락주시기 바랍니다. 수정 보완하여 더 나은 책이 되도록 최선을 다하겠습니다.
성안당은 늘 독자 여러분들의 소중한 의견을 기다리고 있습니다. 좋은 의견을 보내주시는 분께는 성안당 쇼핑몰의 포인트(3,000포인트)를 적립해 드립니다.
잘못 만들어진 책이나 부록 등이 파손된 경우에는 교환해 드립니다.